ISBN 978-88-8398-080-0

Florence, Italy

www.e-p-a-p.com
www.europeanpress.eu

Les procédures budgétaires de l'Union européenne de 2012 à 2014

Le passage du cadre financier 2007-2013 au nouveau cadre financier 2014-2020

Ilkka Saarilahti

À MARJA ET MIKAEL

PRÉFACE

Les procédures budgétaires annuelles de l'Union européenne de ces trois dernières années ont atteint un tel degré de complexité que, de nouveau – et ce depuis fort longtemps –, elles ont fait, de manière récurrente, la une de la presse européenne généraliste, alors même que ces procédures sont souvent considérées comme des sujets avant tout techniques, réservés à des spécialistes. Ce regain d'intérêt témoigne en même temps de l'importance politique prise par les questions budgétaires et financières dans les débats relatifs à l'Union européenne en général.

L'ouvrage de M. SAARILAHTI offre les clefs de lectures indispensables afin de pouvoir cerner et comprendre les différents éléments qui expliquent cette complexité, qu'ils soient liés au nouveau cadre législatif et financier, à la situation économique de l'Union et des États membres ou à la pénurie des paiements (ou à la prétendue "sous-budgétisation" exercée ces dernières années), tout en plaçant ces différents éléments dans un contexte plus général.

Ainsi, l'ouvrage analyse de façon approfondie et fort intéressante non seulement les changements apportés à la procédure budgétaire de l'Union européenne par le traité de Lisbonne et par le nouveau cadre financier pluriannuel pour la période 2014-2020, mais aborde également des questions essentielles, notamment celle des "impayés" et des "factures non honorées à temps" (les fameux "*backlog of payments*" et "*snowball effect*").

À ce titre, cet ouvrage consacre une place importante, d'une part, à l'examen du contenu du nouveau règlement du Conseil fixant le cadre financier pluriannuel pour 2014-2020, du 2 décembre 2013, et, d'autre part, au nouvel accord interinstitutionnel sur la discipline budgétaire, la coopération en matière budgétaire et la bonne gestion financière qui accompagne ce nouveau règlement.

Ce travail fait suite à un premier ouvrage portant sur les procédures budgétaires de l'Union européenne de 2004 à 2008 (lequel mettait avant tout l'accent sur les conséquences des élargissements de 2004 et de 2007 et du cadre financier pour 2007-2013), et à un second ouvrage portant sur les procédures budgétaires de 2009 à 2011, analysant en profondeur les premiers effets du traité de Lisbonne sur les procédures budgétaires annuelles de l'Union. Ces deux ouvrages ont été fort bien accueillis tant par un public de chercheurs et d'étudiants, que par les praticiens.

Monsieur SAARILAHTI est un éminent spécialiste des finances publiques de l'Union européenne. Sa thèse de doctorat traite de la question générale de la flexibilité des finances publiques et des budgets de l'Union, thème qui revêt une grande importance non seulement pour cerner les enjeux les plus saillants des procédures budgétaires annuelles de l'Union, mais également pour appréhender les principales problématiques en jeu lors des négociations portant sur le nouveau cadre financier pluriannuel pour 2014-2020.

Par ailleurs, l'auteur est, notamment, contributeur permanent à la Revue de l'Union européenne pour les questions budgétaires. Il est depuis 2007 *Fellow* du *Robert Schuman Centre* de l'Institut universitaire européen de Florence, dans le cadre du programme de *Fellowship* des Institutions de l'Union européenne.

Prof. Brigid LAFFAN
Directrice du Robert Schuman Centre
for Advanced Studies de
l'Institut universitaire européen

INTRODUCTION

Cet ouvrage est le troisième Tome[1] d'une série d'études dédiées à l'examen des procédures budgétaires annuelles de l'Union européenne, rédigées entre 2007 et 2014 au *Robert Schuman Centre for Advanced Studies* (RSCAS) de l'Institut universitaire européen de Florence.

Il se concentre sur les procédures budgétaires de l'Union européenne pour 2012-2014.

Ces procédures ont été importantes dans l'histoire financière de l'Union européenne pour plusieurs raisons. En effet, elles incluent non seulement la première procédure de conciliation budgétaire, introduite par le traité de Lisbonne, qui se soit achevée avec succès[2], mais également la première procédure budgétaire sous le nouveau cadre financier pluriannuel pour 2014-2020.

L'ouvrage poursuit ainsi l'examen des changements apportés au système de finances publiques de l'Union européenne et aux pratiques budgétaires sous le traité de Lisbonne.

Il attache également une grande importance à l'exa-men du fonctionnement effectif de l'accord interinstitutionnel du 17 mai 2006 sur la discipline budgétaire et la bonne gestion financière (ci-après : l'"AII de 2006") et du cadre financier pour 2007-2013[3] (ci-après : le "CF"), ainsi qu'aux négociations sur le nouveau règlement du Conseil fixant le cadre financier pluriannuel pour 2014-2020[4] (ci-après : le "CFP") et à la mise en place du nouvel accord interinstitutionnel du 2 décembre 2013 sur la discipline budgétaire, la coopération en matière budgétaire et la bonne gestion financière[5] (ci-après : l'"AII de 2013") qui leurs succèdent.

Par ailleurs, l'ouvrage présente, sous forme de graphiques et de tableaux, le contenu des budgets de l'Union européenne pour 2012-2014. Tous les graphiques et les tableaux présentés sont en euros et à prix courants, sauf indication contraire.

S'agissant des pourcentages d'augmentation d'une année sur l'autre, et dans un souci de ne reprendre que les montants *in fine* retenus par l'autorité budgétaire, les chiffres présentés ne tiennent compte[6] que des *budgets rectificatifs formellement adoptés* au moment donné.

Il traite également de la mise en œuvre des budgets, notamment en ce qui concerne les budgets rectificatifs et la mobilisation de certains instruments spécifiques (et notamment l'instrument de flexibilité, la réserve pour aides d'urgences, le Fonds de solidarité de l'Union européenne et le Fonds européen d'ajustement à la mondialisation[7]).

Cet ouvrage est basé sur une série d'articles relatifs aux innovations des procédures budgétaires de l'Union, publiés dans la Revue de l'Union euro-

---

[1] Le Tome I (intitulé "*Les procédures budgétaires de l'Union européenne de 2004 à 2008. Du règlement financier de 2002 et de l'élargissement de 2004 à l'élargissement de 2007 et au nouveau cadre financier pour 2007-2013*") a été publié en 2008 et le Tome II ("*Les procédures budgétaires de l'Union européenne de 2009 à 2011. Du traité de Nice au traité de Lisbonne*") en 2011.

[2] Il s'agit de la procédure budgétaire pour 2012 (voir première partie).

[3] JO C 139 du 14.6.2006, pp. 1/17 et modification au JO C 326 du 20.12.2008, p. 3.

[4] JO L 347 du 20.12.2013, pp. 884/891.

[5] JO C 373 du 20.12.2013, pp. 1/11.

[6] À la différence notable par exemple de la Commission, qui inclut systématiquement dans ses documents, en plus des budgets rectificatifs définitivement adoptés, également les *projets* de budgets rectificatifs soumis pour adoption aux deux branches de l'autorité budgétaire.

[7] Il s'agit d'instruments spéciaux créés dans le cadre des négociations sur les nouveaux accords interinstitutionnels dans le domaine budgétaire et qui ont une grande importance pendant l'adoption (avant tout pour l'instrument de flexibilité) et la mise en œuvre du budget de l'Union européenne.

péenne[8]. L'approche et la présentation adoptées dans l'ouvrage sont chronologiques avec, à la clef, dans des chapitres récapitulatifs spécifiques, un examen horizontal des points saillants lors des différentes procédures budgétaires annuelles de l'Union.

S'agissant des termes utilisés :

- les termes employés sont ceux qui apparaissent dans les bases légales publiées au *Journal officiel de l'Union européenne* (le "JO"). Ainsi, par exemple, a été retenue l'appellation "*réserve pour aides d'urgence*" utilisée dans les règlements financiers du 25 juin 2002 (ci-après : le "RF de 2002") et du 25 octobre 2012 (ci-après : le "RF de 2012"), ainsi que dans le règlement fixant le CFP (et dans l'AII de 2006), bien que les documents budgétaires (et l'AII de 2013) fassent référence à la "réserve d'aide d'urgence". De même, la rubrique *4* du cadre financier pour 2007-2013 est intitulée "*L'UE acteur mondial*"[9], et ceci en dépit du terme repris par la Commission européenne dans ses documents budgétaires ("*L'UE en tant que partenaire mondial*") ;

- le terme "*institution*" est utilisé au sens des règlements financiers de l'Union européenne[10], c'est-à-dire qu'il couvre le *Parlement européen*, le *Conseil européen*, le *Conseil de l'Union européenne*, la *Commission européenne*, la *Cour de justice de l'Union européenne*, la *Cour des comptes européenne*, le *Comité économique et social européen*, le *Comité des régions*, le *Médiateur européen*, le *Contrôleur européen de la protection des données* et le *Service européen pour l'action extérieure* ;

- les termes "*autorité budgétaire*" ou "*les deux branches de l'autorité budgétaire* " sont utilisés pour des raisons historiques et pratiques pour désigner le Parlement européen et le Conseil quand ceux-ci délibèrent dans le domaine budgétaire, même si ces termes ne sont pas employés par le traité et bien que la procédure budgétaire soit devenue, suite à l'entrée en vigueur du traité de Lisbonne, une procédure *législative* spéciale ;

- l'acronyme "*ABB*" (pour "*Activity-based budgeting*") est préféré à l'acronyme "*EBA*" (pour "*établissement du budget par activités*"), car c'est le terme qui s'est imposé dans l'usage quotidien, et

- les termes "*crédits pour engagements*" et "*crédits pour paiements*" sont utilisés lorsque l'on se place manifestement au niveau du *montant global du CF et du CFP* ou du *total du budget de l'Union européenne*[11]. Dans les autres cas, on préfèrera les termes "*crédits d'engagement*" et "*crédits de paiement*".

Par ailleurs, l'ouvrage utilise systématiquement le terme "*budget de* l'Union européenne", cette appellation n'étant devenue juridiquement correcte

---

[8] Il s'agit des sept numéros suivants de la Revue de l'Union européenne :
- n° 561 de septembre 2012, pp. 533/557 ;
- n° 572 d'octobre-novembre 2013, pp. 574/588 ;
- n° 573 de décembre 2013, pp. 641/651 ;
- n° 583 de décembre 2014, pp. 632/640 ;
- n° 584 de janvier 2015, pp. 54/64 ;
- n° 585 de février 2015, pp. 124/132, et
- n° 586 de mars 2015, pp. 189/195.

Les manuscrits des différentes parties, qui reflètent la situation au moment de leur rédaction, ont été achevés comme suit : première partie (pages 17-134) : mai 2012 ; deuxième partie (pages 135-217) : avril 2013 et troisième partie (pages 219-355) : mai 2014.

[9] Pour "*EU as a global player*".

[10] Article 1er, paragraphe 2 du RF de 2002 (JO L 311 du 26.11.2010, p. 10) et article 2, point b) du RF de 2012 (JO L 298 du 26.10.2012, p. 17).

[11] Sur le sens exact des notions de "*crédits pour engagements*" et de "*crédits pour paiements*", voir notamment le Rapport annuel de la Cour des comptes sur l'exécution du budget relatif à l'exercice 2009, Annexe I (point 6 ; JO C 303 du 9.11.2010, pp. 220/221).

qu'avec l'entrée en vigueur du traité de Lisbonne, le 1er décembre 2009[12].

L'auteur remercie le Professeur Brigid LAFFAN, Directrice du *Robert Schuman Centre for Advanced Studies* de l'Institut universitaire européen pour la préface et l'inclusion de ce livre dans la série de l'Institut, ainsi que l'Union européenne pour le financement de sa publication.

De grands remerciements sont adressés à Messieurs Stefano BARTOLINI, Merrick BRYAN-KINNS, Jean-Paul GROSSIR, Hervé JOUANJEAN, Laurent LABOURÉ et Tobias PABSCH pour l'aide apportée à différents stades de la préparation de cet ouvrage et à leurs précieux commentaires.

Les opinions exprimées dans cet ouvrage reflètent les vues personnelles de l'auteur et n'engagent donc ni les différentes personnes mentionnées ci-dessus, ni les institutions de l'Union européenne.

Finalement, un grand merci à Fàbio PEREIRA pour la mise en page.

Convento di San Domenico, avril 2014

---

[12] Le terme juridiquement correct avant le traité de Lisbonne étant : "*budget (général) des* Communautés européennes".

SOMMAIRE

Deuxième partie. Le budget de l'Union européenne pour 2013 – La dernière année du cadre financier pour 2007-2013

Troisième partie. Le budget de l'Union européenne pour 2014 – La première année du nouveau cadre financier pluriannuel pour 2014-2020

TABLEAUX

ANNEXES

Annexes concernant les procédures budgétaires de l'Union européenne de 2012 à 2014 :

ABRÉVIATIONS

ABB	*Activity-based budgeting* (EBA)
ABM	*Activity-based management* (GPA)
ACP	Afrique, Caraïbes, Pacifique
AD	Administrateur
AII de 1988	Accord interinstitutionnel, du 29 juin 1988, sur la discipline budgétaire et l'amélioration de la procédure budgétaire[1]
AII de 1993	Accord interinstitutionnel, du 29 octobre 1993, sur la discipline budgétaire et l'amélioration de la procédure budgétaire[2]
AII de 1999	Accord interinstitutionnel, du 6 mai 1999, sur la discipline budgétaire et l'amélioration de la procédure budgétaire[3]
AII de 2006	Accord interinstitutionnel, du 17 mai 2006, sur la discipline budgétaire et la bonne gestion financière[4]
AII de 2013	Accord interinstitutionnel, du 2 décembre 2013, sur la discipline budgétaire, la coopération en matière budgétaire et la bonne gestion financière[5]
AM	Amendement
AMF	Assistance macrofinancière
APB	Avant-projet de budget
APBR	Avant-projet de budget rectificatif
APD	Accords de pêche durable
AST	Assistant
BBI	*Bio-based Industries* (*Bio-industries*)
BCE	Banque centrale européenne
BEI	Banque européenne d'investissement
BR	Budget rectificatif
BRS	Budget rectificatif et supplémentaire
BUDG	Commission des budgets du PE (Cobu)
CCR	Centre commun de recherche
CCRP	Comité consultatif des ressources propres
CdR	Comité des régions
CE	Communauté européenne
CEPD	Contrôleur européen de la protection des données
CESE	Comité économique et social européen
CF	Cadre financier pluriannuel pour 2007-2013
CFP	Cadre financier pluriannuel pour 2014-2020
CNS	Conseil de l'Union européenne
Cobu	Commission des budgets du PE (BUDG)
Cocobu	Commission du contrôle budgétaire du PE (CONT)
COM	Commission européenne
COMBUD	Comité budgétaire du Conseil
CONT	Commission du contrôle budgétaire du PE (Cocobu)
Coreper	Comité des représentants permanents
COSME	Programme pour la compétitivité des entreprises et des petites et moyennes entreprises
CSC	Cadre stratégique commun
CTE	Coopération territoriale européenne
c/e	Crédits d'engagement (crédits pour engagements)
c/p	Crédits de paiement (crédits pour paiements)
DAS	Déclaration d'assurance
DG	Direction générale
DNO	Dépenses non obligatoires
DO	Dépenses obligatoires
EaSI	*Employment and social innovation* (Emploi et innovation sociale)
EBA	Établissement du budget par activité(s)
ECSEL	*Electronic Components and Systems for European Leadership* (Composants et systèmes électroniques pour un leadership européen)

[1] JO L 185 du 15.7.1988, pp. 33/37.
[2] JO C 331 du 7.12.1993, pp. 1/10.
[3] JO C 172 du 18.6.1999, pp. 1/22 et rectificatif au JO C 303 du 20.10.1999, p. 6.
[4] JO C 139 du 14.6.2006, pp. 1/17 et modification au JO C 326 du 20.12.2008, p. 3.
[5] JO C 373 du 20.12.2013, pp. 1/11.

Egnos	*European Geostationary Navigation Overlay Service* (Système européen de navigation par recouvrement géostationnaire)
EPSO	Office de sélection du personnel des Communautés européennes/ Office européen de sélection du personnel
Eurodac	Base de données européenne des empreintes digitales
EUSA	*European School of Administration* (École européenne d'administration)
FAM	Fonds "Asile et migration"
FEAD	Fonds européen d'aide aux plus démunis
Feader	Fonds européen agricole pour le développement rural
FEAGA	Fonds européen agricole de garantie
FEAMP	Fonds européen pour les affaires maritimes et la pêche
FED	Fonds européen de développement
FEDER	Fonds européen de développement régional
FEI	Fonds européen d'investissement
FEM	Fonds européen d'ajustement à la mondialisation
FEOGA	Fonds européen d'orientation et de garantie agricole
FEP	Fonds européen pour la pêche
FET	Technologies futures et émergentes
FSE	Fonds social européen
FSI	Fonds pour la sécurité intérieure
FSIE	Fonds structurels et d'investissement européens
F4E	*Fusion for Energy* (Développement de l'énergie de fusion)
GECT	Groupement européen de coopération territoriale
GMES	*Global Monitoring for Environment and Security* (Surveillance mondiale de l'environnement et de la sécurité)
GNSS	*Global Navigation Satellite System* (Système mondial de (radio)navigation par satellite)
GPA	Gestion par activité(s)
IAP	Instrument d'aide de préadhésion
ICD	Instrument de financement de la coopération au développement
ICSN	Instrument de (Instrument relatif à la) coopération en matière de sûreté nucléaire
IdS	Instrument contribuant à la stabilité et à la paix (Instrument de stabilité)
IEDDH	Instrument européen pour la démocratie et les droits de l'homme
IEJ	Initiative pour l'emploi des jeunes
IET	Institut européen d'innovation et de technologie
IEV(P)	Instrument européen de voisinage (et de partenariat)
IFOP	Instrument financier d'orientation de la pêche
IMI	Initiative en matière de médicaments innovants
IP	Instrument de partenariat pour la coopération avec les pays tiers (Instrument de partenariat)
IPI	Instrument financier de coopération avec les pays industrialisés (et les autres pays et territoires à revenu élevé)
ISPA	Instrument structurel de préadhésion
ITC	Initiative technologique conjointe
ITER	*International Thermonuclear Experimental Reactor* (Réacteur thermonucléaire expérimental international)
JO	Journal officiel de l'Union européenne (jusqu'au 31 janvier 2003 : Journal officiel des Communautés européennes)
LR	Lettre rectificative
MAB	Mesures d'accompagnement dans le secteur de la banane
MCI	Mission civile internationale
ME	Règlement (CE, Euratom) n° 2342/2002 de la Commission, du 23 décembre 2002, établissant les modalités d'exécution du règlement (CE, Euratom) n° 1605/2002 du Conseil portant règlement financier applicable au budget général des Communautés européennes[6]
MIE	Mécanisme pour l'interconnexion en Europe
MIT	Mécanisme international temporaire
n.d.	Non disponible

---

[6] JO L 357 du 31.12.2002, pp. 1/71 et rectificatif au JO L 345 du 28.12.2005, pp. 35/36. Modifié par :
- le règlement (CE, Euratom) n° 1261/2005 de la Commission du 20 juillet 2005 (JO L 201 du 2.8.2005, pp. 3/22),
- le règlement (CE, Euratom) n° 1248/2006 de la Commission du 7 août 2006 (JO L 227 du 19.8.2006, pp. 3/21), et
- le règlement (CE, Euratom) n° 478/2007 de la Commission du 23 avril 2007 (JO L 111 du 28.4.2007, pp. 13/45).

OCM	Organisation commune de marché
OIB	Office pour les infrastructures et la logistique à Bruxelles
OIL	Office pour les infrastructures et la logistique à Luxembourg
OLAF	Office européen de lutte antifraude
OP	Office des publications de l'Union européenne
OPOCE	Office des publications officielles des Communautés européennes
ORGP	Organisations régionales de gestion des pêches
PAC	Politique agricole commune
PAR	*Potentially abnormal RAL* (RAL potentiellement anormal)
PB	Projet de budget
PBR	Projet de budget rectificatif
PCH	Piles à combustible et Hydrogène
PCP	Politique commune de la pêche
PCR	Programme-cadre de recherche, de développement technologique et de démonstration
PCR Euratom	Programme-cadre de la Communauté européenne de l'énergie atomique pour des activités de recherche et de formation en matière nucléaire
PdM	Proposition de modification
PE	Parlement européen
PEAD	Programme européen d'aide aux démunis (Programme d'aide alimentaire en faveur des personnes les plus démunies dans l'Union européenne)
PEGASE	Mécanisme palestino-européen de gestion de l'aide socio-économique
PESC	Politique étrangère et de sécurité commune
PESD	Politique européenne de sécurité et de défense
PF	Perspectives financières pour 2000-2006
PIC	Programme-cadre pour l'innovation et la compétitivité
p.m.	Pour mémoire
PMO	*Paymaster's Office* (Office de gestion et de liquidation des droits individuels)
POSEI	Programmes d'options spécifiques à l'éloignement et l'insularité
PSDC	Politique de sécurité et de défense commune
PSP	Planification stratégique et de programmation
PTOM	Pays et territoires d'outre-mer
RAA	Régime applicable aux autres agents des Communautés européennes/ de l'Union européenne
RAL	Reste(s) à liquider
RD	Règlement délégué (UE) n° 1268/2012 de la Commission, du 29 octobre 2012, relatif aux règles d'application du règlement (UE, Euratom) n° 966/2012 du Parlement européen et du Conseil relatif aux règles financières applicables au budget général de l'Union[7]
RDT	Recherche et développement technologique
RF de 2002	Règlement (CE, Euratom) n° 1605/2002 du Conseil, du 25 juin 2002, portant règlement financier applicable au budget général des Communautés européennes[8]
RF de 2012	Règlement (UE, Euratom) n° 966/2012 du Parlement européen et du Conseil, du 25 octobre 2012, relatif aux règles financières applicables au budget général de l'Union et abrogeant le règlement (CE, Euratom) n° 1605/2002 du Conseil[9]
RNB	Revenu national brut
RP	Ressources propres
RPDC	Règlement portant dispositions communes
RPT	Ressources propres traditionnelles
RSUE	Représentant spécial (représentants spéciaux) de l'Union européenne
RTE	Réseaux transeuropéens
S.	Section
Sapard	Programme spécial d'adhésion pour l'agriculture et le développement rural
SC	Secrétaire

[7] JO L 362 du 31.12.2012, pp. 1/111.

[8] JO L 248 du 16.9.2002, pp. 1/48 et rectificatif au JO L 25 du 30.1.2003, p. 43. Modifié par :

- le règlement (CE, Euratom) n° 1995/2006 du Conseil du 13 décembre 2006 (JO L 390 du 30.12.2006, pp. 1/26 et rectificatif au JO L 48 du 22.2.2008, p. 88) ;
- le règlement (CE) n° 1525/2007 du Conseil du 17 décembre 2007 (JO L 343 du 27.12.2007, pp. 9/10), et
- le règlement (UE, Euratom) n° 1081/2010 du Parlement européen et du Conseil du 24 novembre 2010 (JO L 311 du 26.11.2010, pp. 9/14).

[9] JO L 298 du 26.10.2012, pp. 1/96. Modifié par :

- le règlement (UE, Euratom) n° 547/2014 du Parlement européen et du Conseil du 15 mai 2014 (JO L 163 du 29.5.2014, pp. 18/21), et
- le règlement (UE, Euratom) n° 1142/2014 du Parlement européen et du Conseil du 22 octobre 2014 (JO L 317 du 4.11.2014, pp. 28/34).

SEAE Service européen pour l'action extérieure
SESAR *Single European Sky Air Traffic Management (ATM) Research* (Recherche sur la gestion du trafic aérien dans le ciel unique européen)
SIS Système d'information Schengen
SPA Stratégie politique annuelle
S2R *Shift2Rail*
TFUE Traité sur le fonctionnement de l'Union européenne
TIC Technologies de l'information et de la communication
TMA Taux maximal d'augmentation (des DNO)
TTF Taxe sur les transactions financières
TUE Traité sur l'Union européenne
TVA Taxe sur la valeur ajoutée
UE Union européenne
UNRWA *United Nations Relief and Works Agency for Palestine Refugees in the Near East* (Office de secours et de travaux des Nations unies pour les réfugiés de Palestine dans le Proche-Orient)
VAUE Corps volontaire européen d'aide humanitaire – Volontaires de l'aide de l'UE
VIS *Visa Information System* (Système d'information sur les visas)

Agences décentralisées de l'Union européenne

ACER *Agency for the Cooperation of Energy Regulators* (Agence de coopération des régulateurs de l'énergie ; Ljubljana)
BEREC (Office) *(Office of the) Body of European Regulators for Electronic Communications* ((Office de l') Organe des régulateurs européens des communications électroniques (ORECE) ; Riga)
CdT Centre de traduction des organes de l'Union européenne (Luxembourg)
Cedefop Centre européen pour le développement de la formation professionnelle (Thessalonique)
Cepol Collège européen de police (Bramshill, puis depuis 2014 Budapest)
CPVO *Community Plant Variety Office* (Office communautaire des variétés végétales (OCVV) ; Angers)
EASA *European Aviation Safety Agency* (Agence européenne de la sécurité aérienne (AESA) ; Cologne)
EASO *European Asylum Support Office* (Bureau européen d'appui en matière d'asile (BEAA) ; La Valette)
EBA *European Banking Authority* (Autorité bancaire européenne (ABE) ; Londres)
ECDC *European Centre for Disease Prevention and Control* (Centre européen de prévention et de contrôle des maladies ; Stockholm)
ECHA *European Chemicals Agency* (Agence européenne des produits chimiques ; Helsinki)
EEA *European Environment Agency* (Agence européenne pour l'environnement (AEE) ; Copenhague)
EFCA *European Fisheries Control Agency* (Agence européenne de contrôle des pêches (AECP) ; Vigo)
EFSA *European Food Safety Authority* (Autorité européenne de sécurité des aliments ; Parme)
EIGE *European Institute for Gender Equality* (Institut européen pour l'égalité entre les hommes et les femmes ; Vilnius)
EIOPA *European Insurance and Occupational Pensions Authority* (Autorité européenne des assurances et des pensions professionnelles (AEAPP) ; Francfort-sur-le-Main)
EMA *European Medicines Agency* (Agence européenne des médicaments (AEM) ; Londres)
EMCDDA *European Monitoring Centre for Drugs and Drug Addiction* (Observatoire européen des drogues et des toxicomanies (OEDT) ; Lisbonne)
EMSA *European Maritime Safety Agency* (Agence européenne pour la sécurité maritime (AESM) ; Lisbonne)
ENISA *European Network and Information Security Agency* (Agence européenne chargée dela sécurité des réseaux et de l'information ; Heraklion)
ERA *European Railway Agency* (Agence ferroviaire européenne (AFE) ; Lille-Valenciennes)
ESMA *European Securities and Markets Authority* (Autorité européenne des marchés financiers (AEMF) ; Paris)
ETF *European Training Foundation* (Fondation européenne pour la formation ; Turin)
eu-LISA *Agency for the Operational Management of Large-Scale IT Systems in the Area of Freedom, Security and Justice* (Agence européenne pour la gestion opérationnelle des systèmes d'information à grande échelle au sein de l'espace de liberté, de sécurité et de justice ; Tallinn - Strasbourg)
EU-OSHA *European Agency for Safety and Health at Work* (Agence européenne pour la sécurité et la santé au travail ; Bilbao)

Eurofound	*European Foundation for the Improvement of Living and Working Conditions* (Fondation européenne pour l'amélioration des conditions de vie et de travail ; Dublin)
Eurojust	*European Union's Judicial Cooperation Unit* (Unité de coopération judiciaire de l'Union européenne ; La Haye)
Europol	*European Police Office* (Office européen de police ; La Haye)
FRA	*European Union Agency for Fundamental Rights* (Agence des droits fondamentaux de l'Union européenne ; Vienne)
Frontex	Agence européenne pour la gestion de la coopération opérationnelle aux frontières extérieures (Varsovie)
GSA	*European GNSS Agency* (Agence du GNSS européen ; Prague)
OHIM	*Office for Harmonization in the Internal Market* (Office de l'harmonisation dans le marché intérieur (OHMI) ; Alicante)

Agences exécutives

AECER	Agence exécutive du Conseil européen de la recherche (*European Research Council Executive Agency ERCEA* ; Bruxelles)
AECI	Agence exécutive pour la compétitivité et l'innovation (*Executive Agency for Competitiveness and Innovation EACI* ; Bruxelles)
AECSA	Agence exécutive pour les consommateurs, la santé et l'alimentation (*Executive Agency for Consumers, Health and Food CHAFEA* ; Luxembourg)
AEEAC	Agence exécutive "Éducation, audiovisuel et culture" (*Education, Audiovisual and Culture Executive Agency EACEA* ; Bruxelles)
AEIR	Agence exécutive pour l'innovation et les réseaux (*Innovation and Networks Executive Agency INEA* ; Bruxelles)
AEPME	Agence exécutive pour les petites et moyennes entreprises (*Executive Agency for Small and Medium-sized Enterprises EA SME* ; Bruxelles)
AER	Agence exécutive pour la recherche (*Research Executive Agency REA* ; Bruxelles)
AE RTE-T	Agence exécutive du réseau transeuropéen de transport (*Trans-European Networks-Transport Executive Agency TEN-T EA* ; Bruxelles)
AESC	Agence exécutive pour la santé et les consommateurs (*Executive Agency for Health and Consumers EAHC* ; Luxembourg)

PREMIÈRE PARTIE

LE BUDGET DE L'UNION EUROPÉENNE POUR 2012 – UN BUDGET DE RIGUEUR AU NIVEAU EUROPÉEN

Dans les annales des finances publiques de l'Union européenne, la procédure budgétaire pour 2012 restera la première au cours de laquelle la procédure de conciliation budgétaire introduite par le traité de Lisbonne s'est achevée avec succès.

Le budget de l'Union pour 2012 qui en résulte reflète le contexte de la triple crise à laquelle ont été confrontés en 2011 les États membres de l'UE : économique, de la dette et de l'euro.

Il en va de même pour les sept budgets rectificatifs (BR) adoptés en 2011. Ainsi, les deux branches de l'autorité budgétaire ont par exemple inclus, à l'initiative du Conseil et pour la première fois depuis quinze ans, une réserve négative pour couvrir dans le BR n° 1/2011 les crédits de paiement nécessaires. De même, de nouveau à l'initiative du Conseil, l'autorité budgétaire n'a retenu qu'un montant de 200 millions d'euros en crédits de paiement (soit 350 millions d'euros de moins que ce que proposait la Commission) dans le BR n° 6/2011, dans le cadre de l'accord politique global sur le budget de l'Union pour 2012 atteint lors de la réunion du comité de conciliation des 18 et 19 novembre 2011 ; ce BR n° 6/2011 est en même temps le seul BR qui augmente les crédits de paiement en 2011.

Les deux branches de l'autorité budgétaire sont finalement arrivées à un accord sur une révision du cadre financier pluriannuel pour 2007-2013 (ci-après : le "CF") afin de financer le projet ITER[1] en 2012 et 2013, pour un montant complémentaire de 1,3 milliard d'euros. Cet accord intervient plus de seize mois après la présentation par la Commission de sa première proposition et suite au refus du Parlement européen de réviser le CF à cette fin en décembre 2010.

*

* *

S'agissant du "paquet législatif Lisbonne", le Parlement européen a décidé, le 6 juillet 2011, de ne pas donner son approbation, que le Conseil lui avait demandée en janvier 2011 au projet de règlement du Conseil fixant le cadre financier pluriannuel pour 2007-2013. D'autre part, les discussions sur le projet pour un nouvel accord interinstitutionnel (AII) sur la coopération en matière budgétaire entre le PE, le Conseil et la Commission[2] n'ont pas progressé en 2011. Par contre, les trois institutions ont avancé dans leurs travaux sur la révision du règlement financier[3] (ci-après : le "RF de 2002"), sur la base d'une nouvelle proposition présentée par la Commission le 22 décembre 2010.

Par ailleurs, la Commission a présenté, à partir du 29 juin 2011, ses différentes propositions concernant le nouveau cadre financier pluriannuel pour la période 2014-2020 (ci-après : le "CFP").

---

[1] *International Thermonuclear Experimental Reactor* ou réacteur thermonucléaire expérimental international.

[2] Cet AII était destiné à remplacer l'accord interinstitutionnel, du 17 mai 2006, sur la discipline budgétaire et la bonne gestion financière (ci-après : l'"AII de 2006" ; JO C 139 du 14.6.2006, pp. 1/17 et modification au JO C 326 du 20.12.2008, p. 3).

[3] JO L 248 du 16.9.2002, pp. 1/48 et rectificatif au JO L 25 du 30.1.2003, p. 43. Le RF du 25 juin 2002 a été modifié par :
- le règlement (CE, Euratom) n° 1995/2006 du Conseil du 13 décembre 2006 (JO L 390 du 30.12.2006, pp. 1/26 et rectificatif au JO L 48 du 22.2.2008, p. 88) ;
- le règlement (CE) n° 1525/2007 du Conseil du 17 décembre 2007 (JO L 343 du 27.12.2007, pp. 9/10), et
- le règlement (UE, Euratom) n° 1081/2010 du Parlement européen et du Conseil du 24 novembre 2010 (JO L 311 du 26.11.2010, pp. 9/14).

I. – Introduction

Le budget de l'Union européenne pour l'exercice 2012, arrêté le 1er décembre 2011, s'élève à 147 232 millions d'euros en crédits pour engagements (+3,5 % par rapport au budget pour 2011[4]) et à 129 088 millions d'euros en crédits pour paiements (+1,9 %). Ceci représente respectivement 1,12 % et 0,98 % du revenu national brut (RNB) estimé de l'Union européenne. Les marges laissées sous les plafonds du CF sont de 1 860 millions d'euros en crédits pour engagements[5] et de 12 446 millions d'euros en crédits pour paiements[6].

Comme lors des années précédentes, les négociations budgétaires annuelles de l'Union européenne ont couvert en 2011 aussi bien de grandes questions "horizontales" (ou de principe) que toute une série de points ponctuels parfois techniques et souvent extrêmement détaillés, qui ont comme point commun de présenter – à première vue – une importance relativement limitée. En même temps, les négociations budgétaires ont gardé pour principe directeur que "tout est dans tout" qui, conjugué avec le principe selon lequel "il n'y a un accord sur rien tant qu'il n'y a pas d'accord sur tout", a conduit dans la pratique à placer sur le même pied tous les sujets débattus. C'est pourquoi les différentes composantes de la négociation sont de nouveau répertoriées *infra* (chapitre III ; pages 30-87) par ordre *chronologique*, sans chercher nécessairement à évaluer l'importance relative de chacune d'elles. Les "points saillants" qui ont tout particulièrement marqué cette procédure budgétaire, la deuxième à se dérouler intégralement sous les règles du traité de Lisbonne, seront néanmoins recensés en guise de conclusion à la fin du chapitre III (pages 87-93) et au chapitre V (page 96).

Avant d'aborder les différents aspects détaillés de la procédure budgétaire pour 2012, il convient de présenter brièvement l'environnement budgétaire en 2011 (chapitre II).

II. – L'environnement budgétaire en 2011

1. Sept budgets rectificatifs

Les budgets rectificatifs[7] (BR) adoptés en 2011 sont présentés, avec leur montant, dans le tableau 1, page 19[8].

Le *BR n° 1/2011* traite de l'intervention du Fonds de solidarité de l'Union européenne en faveur de la Croatie, la Hongrie, la Pologne, la République tchèque, la Roumanie et la Slovaquie (voir pages 25-27). Il s'élève à 182,4 millions d'euros[9].

La Commission avait proposé de couvrir les crédits de paiement par un appel à de nouvelles ressources versées par les États membres, en indiquant qu'elle lui était impossible de proposer des redéploiements de crédits en tout début d'année[10].

---

[4] Budgets rectificatifs n° 1-7/2011 compris (voir chapitre II).

[5] La marge est calculée en tenant compte :

- de la mobilisation de l'instrument de flexibilité afin de financer en 2012 la politique de voisinage de l'Union européenne (rubrique *4* (*L'UE acteur mondial*) du CF), pour un montant de 150 millions d'euros, et la stratégie "Europe 2020" (sous-rubrique *1a* (*Compétitivité pour la croissance et l'emploi*) du CF), pour un montant 50 millions d'euros (voir page 76), et
- de la révision du CF pour le financement complémentaire du projet ITER en 2012 (voir pages 76-85).

[6] Le budget de l'UE pour l'exercice 2012 a été publié au JO L 56 du 29.2.2012 en deux tomes, avec deux rectificatifs aux JO L 79 du 19.3.2012, pp. 1/96 et 184 du 13.7.2012, pp. 19/27. Le Tome I (pp. I-1/555) contient l'état général des recettes, une partie des tableaux des effectifs, le patrimoine immobilier de l'Union et les états des recettes et des dépenses des autres institutions que la Commission (sections I, II et IV-X). Le Tome II (pp. II-1/1342) contient l'état des recettes et des dépenses de la Commission (section III et annexes) et les tableaux des effectifs de la Commission, des offices, des organes et des agences de l'UE.

[7] Les budgets rectificatifs sont mentionnés aux articles 37 et 38 du RF de 2002. Les BR ont été traités en conformité avec les points 8-17 de l'annexe de la déclaration commune, du 30 novembre 2009, sur les mesures transitoires applicables à la procédure budgétaire après l'entrée en vigueur du traité de Lisbonne (voir pages 373-376).

[8] Un tiret dans la colonne "dépenses" du tableau 1 indique que le budget rectificatif ne concerne que la partie "recettes" du budget de l'Union européenne.

[9] Le BR n° 1/2011 inscrit 178,6 millions d'euros en crédits d'engagement et de paiement pour la Hongrie, la Pologne, la République tchèque, la Roumanie et la Slovaquie à l'article *13 06 01* (*Fonds de solidarité de l'Union européenne – États membres*) et 3,8 millions d'euros en crédits d'engagement et de paiement pour la Croatie à l'article *13 06 02* (*Fonds de solidarité de l'Union européenne – Pays dont l'adhésion est en cours de négociation*).

[10] La Commission a présenté le projet de BR n° 1/2011 le 14 janvier 2011.

Tableau 1. Les budgets rectificatifs adoptés en 2011

Section III – Commission – sauf indication contraire, en millions d'euros

PBR		Lectures		Budget rectificatif			Dépenses		Remarques
N:o	*Date*	*Conseil*	*PE*	*N:o*	*Date*	*JO L*	*c/e*	*c/p*	
1/11	14.1.	15.3.	6.4.	**1/11**	6.4.	172 du 30.6.2011, pp. 1/13	182,4	0***	Fonds de solidarité (Croatie, Hongrie, Pologne, République tchèque, Roumanie et Slovaquie)
3/11	15.4.	16.6.	5.7.	**2/11**	5.7.	213 du 19.8.2011, pp. 1/20	-	-	Inscription du solde définitif (article 15, paragraphe 3 du RF de 2002)
2/11	25.3.*	23.5.	5.7. *(1)*	**3/11**	14.7.	251 du 27.9.2011, pp. 1/20	19,5	0** **	Fonds de solidarité (Croatie, République tchèque et Slovénie), apurement de la réserve négative et crédits de paiement pour le FEM
4/11	17.6.	12.9.	28.9.	**4/11**	28.9.	312 du 25.11.2011, pp. 1/56	41,1	0	Flux migratoires et flux de réfugiés ; actualisation des montants des ressources propres
5/11	22.6.	12.9.	25.10. *(2)*	**5/11**	28.10	342 du 22.12.2011, pp. 1/5	0	0	Tableau des effectifs du SEAE (*Section X*)
6/11	18.10.**	30.11. *(3)*	1er.12.	**6/11**	1er.12.	20 du 24.1.2012, pp. 1/106	3,3	200,0	Augmentation des crédits de paiement pour les sous-rubriques *1a* et *1b* du CF etc. ; actualisation des montants des ressources propres
7/11	21.11.	30.11. *(3)*	13.12.	**7/11**	13.12.	62 du 2.3.2012, pp. 1/16	38,0	0	Fonds de solidarité (Espagne et Italie)

** Lettre de la Commission proposant un financement alternatif du PBR n° 2/2011 le 7 juin 2011*

*** La Commission a présenté des chiffres actualisés le 11 novembre 2011*

**** Les crédits de paiement sont financés par la création d'une réserve négative de 182,4 millions d'euros*

*** ** Y compris "apurement" de la réserve négative créée par le biais du BR n° 1/2011*

(1) Le PE a adopté un amendement à la position du Conseil. Le Conseil a accepté l'amendement le 14 juillet 2011

(2) Le PE a adopté un amendement à la position du Conseil. Le Conseil a accepté l'amendement le 27 octobre 2011

(3) Réduction du délai de consultation des Parlements nationaux afin de permettre l'adoption de la position du Conseil le 30 novembre 2011

Le Conseil n'a toutefois pas souhaité couvrir les crédits de paiement par de l'"argent frais", et a proposé dans sa position sur le projet de BR, adoptée le 15 mars 2011[11], de créer une réserve négative de 182,4 millions d'euros, comme le permet le règlement financier[12].

Le Parlement européen a fortement critiqué, notamment lors du trilogue du 30 mars 2011 (voir chapitre III), cette position du Conseil, mais afin de ne pas retarder l'adoption du BR a fini par l'accepter.

Le BR n° 1/2011, adopté le 6 avril 2011, établit ainsi dans le budget de l'Union pour 2011 une réserve négative d'un montant de 182,4 millions d'euros en crédits de paiement[13]. Cette réserve négative a été "apurée" par le biais du BR n° 3/2011 (voir *infra*).

Le *BR n° 2/2011*[14] traite, conformément à l'article 15, paragraphe 3 du RF de 2002, de la budgétisation du solde définitif de l'année antérieure. L'excédent pour 2010 s'élève à 4,5 milliards d'euros[15].

Le *BR n° 3/2011*[16] traite :

- de l'intervention du Fonds de solidarité de l'Union européenne en faveur de la Croatie, la République tchèque et la Slovénie, pour un montant de 19,5 millions d'euros en crédits d'engagement et de paiement[17] (voir page 27) ;

- de l'"apurement" de la réserve négative de 182,4 millions d'euros en crédits de paiement, créée par le biais du BR n° 1/2011, et

- de l'inscription de 50 millions d'euros en crédits de paiement pour le Fonds européen d'ajustement à la mondialisation.

Le projet de budget rectificatif présenté par la Commission le 25 mars 2011 ne concernait que le financement de la mobilisation du Fonds de solidarité. Comme pour le projet de BR n° 1/2011, la Commission proposait de couvrir les crédits de paiement (19,5 millions d'euros) par de l'"argent frais".

Le Conseil n'a pas accepté cette proposition, et a souhaité de nouveau financer les crédits de paiement par voie de redéploiements[18].

---

[11] JO C 85 du 18.3.2011, p. 2.

[12] Selon l'article 44 du règlement financier : "*La section du budget de la Commission peut comporter une "réserve négative", dont le montant maximal est limité à 200 millions d'euros. Cette réserve, qui est inscrite dans un titre particulier, peut concerner tant des crédits d'engagement que des crédits de paiement.*

La mise en œuvre de cette réserve doit être réalisée avant la fin de l'exercice par voie de virement (...)".

Pour le Conseil, le recours à la réserve négative offrait un moyen pour donner à la Commission davantage de temps afin de trouver des sources de redéploiement au cours de l'année 2011.

[13] Nouveau chapitre *40 03* (*Réserve négative*), doté de deux articles :

- *40 03 01* (*Réserve négative (Sous-rubrique 3b : Citoyenneté)*), doté d'un "p.m." en crédits d'engagement et de -178,6 millions d'euros en crédits de paiement, et

- *40 03 02* (*Réserve négative (Rubrique 4 : L'UE acteur mondial)*), doté d'un "p.m." en crédits d'engagement et de -3,8 millions d'euros en crédits de paiement.

Il convient de relever qu'une réserve négative a été instaurée pour la dernière fois il y a quinze ans dans le budget général pour 1997 (JO L 44 du 14.2.1997, pp. 1253/1254 ; voir page 395).

[14] Le BR n° 2/2011 est basé sur le projet de BR n° 3/2011 (voir tableau 1, page 19).

[15] L'excédent pour 2010 se compose comme suit : enregistrement de recettes plus important que le montant budgétisé (+1 801 millions d'euros), sous-exécution des crédits de paiement (+2 716 millions d'euros) et solde positif des échanges monétaires (+22 millions d'euros). Le montant élevé par rapport aux années précédentes de l'excédent pour 2010 s'explique en partie par la non-adoption par le Parlement européen du projet de BR n° 10/2010 (voir Tome II, pp. 240/241), mais également par l'important montant des amendes et des intérêts de retard perçus en 2010 (et dont le montant exact est forcément difficile à prévoir lors de l'élaboration et de l'adoption des budgets de l'Union européenne).

L'excédent pour 2008 s'élevait à 1,8 milliard d'euros et celui pour 2009 à 2,3 milliards d'euros (voir Tome II, p. 336).

[16] Le BR n° 3/2011 est basé sur le projet de BR n° 2/2011 (voir tableau 1, page 19).

[17] Le BR n° 3/2011 inscrit ces crédits à l'article *13 06 01* pour la République tchèque et la Slovénie (18,4 millions d'euros) et à l'article *13 06 02* pour la Croatie (1,2 million d'euros).

[18] Le Conseil proposait de redéployer les crédits de paiement à partir :

- des articles *04 02 01* (*Achèvement du Fonds social européen (FSE) – Objectif n° 1 (de 2000 à 2006)*) et *04 02 06* (*Achèvement du Fonds social européen (FSE) – Objectif n° 3 (de 2000 à 2006)*), pour un montant de 18,4 millions d'euros, pour la République tchèque et la Slovénie, et

Le 7 juin 2011, la Commission a adressé une lettre aux deux branches de l'autorité budgétaire où elle propose un financement alternatif du projet de BR, pour un montant de 19,5 millions d'euros en crédits de paiement, à partir du poste *32 04 14 01* destiné au financement des projets énergétiques dans le cadre du plan européen pour la relance économique, tenant compte de la sous-exécution (en crédits de paiement) sur cette ligne budgétaire.

Notamment suite à cette lettre le Parlement européen a adopté, le 5 juillet 2011, un amendement à la position du Conseil, qui concerne :

- le financement (en crédits de paiement) de la mobilisation du Fonds de solidarité de l'UE à partir de crédits inscrits poste *32 04 14 01* (*Projets énergétiques en vue d'aider à la relance économique*), tel que proposé par la Commission dans sa lettre du 7 juin 2011 ;

- l'"apurement" de la réserve négative créée dans le budget pour 2011, à partir de crédits du poste *32 04 14 01*, et

- une augmentation des crédits de paiement pour le Fonds européen d'ajustement à la mondialisation (article *40 02 43*), pour un montant de 50 millions d'euros, de nouveau à partir de crédits du poste *32 04 14 01*.

Par ailleurs, le Parlement a indiqué dans sa résolution sur le projet de BR qu'il "*estime que les redéploiements adoptés par le Conseil sont contraires à la déclaration commune relative aux crédits de paiement* [adoptée en décembre 2010[19]], *à laquelle il est attaché et par laquelle il se considère lié*"[20].

Le 14 juillet 2011 le Conseil a informé le PE qu'il approuve l'amendement[21], le comité de conciliation, conformément à la dernière phrase du paragraphe 4, point c) de l'article 314 du traité sur le fonctionnement de l'Union européenne (TFUE), ne se réunissant ainsi pas.

Le *BR n° 4/2011* renforce, pour un montant total de 52,2 millions d'euros en crédits d'engagement et de 43,9 millions d'euros en crédits de paiement[22], les ressources de l'Union européenne en faveur de la gestion des flux migratoires et des flux de réfugiés, à la suite des "*développements intervenus* (en 2011) *dans les pays du sud de la Méditerranée*"[23], dont :

- 30 millions d'euros en crédits d'engagement et 24 millions d'euros en crédits de paiement[24] pour l'Agence européenne pour la gestion de la coopération opérationnelle aux frontières extérieures (l'Agence "Frontex") ;

- 12 millions d'euros en crédits d'engagement et 12,3 millions d'euros en crédits de paiement pour le Fonds européen pour les réfugiés[25] ;

- 6,5 millions d'euros en crédits d'engagement et 4,9 millions d'euros en crédits de paiement pour le Fonds pour les frontières extérieures, et

- 3,7 millions d'euros en crédits d'engagement et 2,8 millions d'euros en crédits de paiement pour le Fonds européen pour le retour.

Ce BR traite également de la révision des prévisions relatives aux RPT et aux assiettes TVA (taxe sur la valeur ajoutée) et RNB, telle qu'adoptée lors de la réunion du comité consultatif des ressources

---

- du poste *22 02 07 01* (*Programmes régionaux et horizontaux*), pour un montant de 1,2 million d'euros, pour la Croatie.

[19] Voir Tome II, pp. 219/220 et page 32, note en bas de page 90.

[20] Doc. *PE P7_TA(2011)0302*, p. 9.

[21] L'Autriche, les Pays-Bas et la Suède ont voté contre l'approbation de l'amendement du PE.

[22] Au total 41,1 millions d'euros des crédits d'engagement proviennent de la marge de la sous-rubrique 3a (*Liberté, sécurité et justice*) du CF et 11,1 millions d'euros de redéploiements à l'intérieur de la sous-rubrique. Les crédits de paiement proviennent tous de redéploiements, pour l'essentiel à partir de crédits destinés à l'origine au financement des projets énergétiques dans le cadre du plan européen pour la relance économique, mais connaissant une sous-exécution en 2011 (voir Tome II, pp. 100/104).

[23] Doc. *COM(2011) 375 final* du 17 juin 2011, p. 4.

[24] Il s'agit des dépenses opérationnelles de l'agence.

[25] Il s'agit des crédits destinés aux mesures d'urgence.

propres (CCRP) du 17 mai 2011, de la révision du financement des réductions brutes appliquées aux versements au titre du RNB de la Suède et des Pays-Bas en 2011, ainsi que de la budgétisation de la première mise à jour de la correction britannique de 2009, du montant définitif de la correction de 2007 et du montant définitif corrigé de la correction de 2006, et de leur financement.

Le *BR nº 5/2011* est lié à une modification du tableau des effectifs du Service européen pour l'action extérieure (section X du budget de l'Union européenne).

Le projet de budget rectificatif nº 5/2011, présenté par la Commission le 22 juin 2011, incluait également une proposition de modification du tableau des effectifs du Contrôleur européen de la protection des données[26] (section IX du budget l'UE), mais le Parlement européen, considérant qu'une telle demande ne remplit pas les critères du RF de 2002[27] et doit ainsi être présentée dans le cadre de la procédure budgétaire annuelle et non par le biais d'un budget rectificatif, a adopté, le 26 octobre 2011, un amendement[28] écartant cette modification. Le Conseil a approuvé l'amendement à l'unanimité le jour suivant, le comité de conciliation ne se réunissant ainsi pas.

Le *BR nº 6/2011*, qui a fait l'objet d'un accord politique dans le contexte de l'accord sur le projet commun de budget pour 2012 (voir page 66), traite[29] :

- de la révision des prévisions de recettes après la révision de celles relatives aux ressources propres et aux "autres recettes"[30] ;

- du renforcement, sous la sous-rubrique *1a* (*Compétitivité pour la croissance et l'emploi*) du CF, pour 82 millions d'euros en crédits de paiement de l'article *08 04 01* (*Coopération – Nanosciences, nanotechnologies, matériaux et nouvelles technologies de production*) et pour 60 millions d'euros en crédits de paiement du poste *09 04 01 01* (*Appui à la coopération en matière de recherche dans le domaine des technologies de l'information et de la communication (TIC – Coopération)*), afin de pouvoir faire face à des besoins de paiements urgents en 2011, non pris en compte dans le "virement global"[31] ;

- du renforcement, sous la sous-rubrique *1b* (*Cohésion pour la croissance et l'emploi*) du CF, pour 226,4 millions d'euros en crédits de paiement de l'article *04 02 17* (*Fonds social européen (FSE) – Convergence*) et pour le même montant de l'article *04 02 19* (*Fonds social européen (FSE) – Compéti-*

[26] Transformation d'un poste AD 14 en poste AD 15, suite à la nomination d'un nouveau directeur.

[27] Selon l'article 37, paragraphe 1 du RF de 2002, la Commission, en cas de circonstances "*inévitables, exceptionnelles ou imprévues*" peut présenter des projets de BR. Selon le PE, la demande du CEPD ne remplit aucune de ces conditions.

[28] Le projet d'amendement a été discuté lors du trilogue du 19 octobre 2011 (voir chapitre III).

[29] Afin de pouvoir adopter sa position sur ce projet de BR le 30 novembre 2011 (voir tableau 1, page 19), le Conseil a dû raccourcir les délais de huit semaines et de dix jours entre la mise à disposition des parlements nationaux dans les langues officielles de l'Union de la proposition de la Commission et la position du Conseil prévus à l'article 4 du protocole nº 1 sur le rôle des parlements nationaux dans l'Union européenne (JO C 83 du 30.3.2010, p. 204).

[30] Pour un total net de 1 276,9 millions d'euros, qui se décompose comme suit :
- soldes TVA et RNB des années précédentes (+1 814,9 millions d'euros) ;
- rentrées plus importantes que prévues des "autres recettes" (et notamment des intérêts sur les retards de paiement et des amendes ; +662 millions d'euros), et
- rentrées moins importantes que prévues des RPT (-1 200 millions d'euros).

[31] *Virement de crédits n° DEC 34/2011 – Section III – Commission – du budget général pour 2011*, du 3 octobre 2011. Le "virement global" (voir page 398), qui tire son origine de la "procédure Notenboom" instaurée à la fin des années 1970, a pour objectif (depuis 1998) de répartir en fin d'année entre différentes lignes budgétaires les *crédits de paiement* non utilisés, compte tenu des taux d'exécution, c'est-à-dire de transférer des crédits de paiement des lignes budgétaires qui connaissent une sous-exécution par rapport aux prévisions vers des lignes avec de bons taux d'exécution réels ou escomptés. La Commission a proposé de transférer un total de 719,2 millions d'euros de 46 lignes vers 57 lignes relevant de différentes rubriques et sous-rubriques du CF. Il convient de relever qu'elle n'a néanmoins pas proposé d'inclure en 2011 la sous-rubrique *1b* (*Cohésion pour la croissance et l'emploi*) dans cet exercice, préférant régler la question des crédits de paiement supplémentaires estimés nécessaires en 2011 par le biais du projet de budget rectificatif nº 6/2011.

Le Parlement européen a approuvé le virement global tel que proposé par la Commission le 7 novembre 2011. Le Conseil s'est abstenu de statuer par manque de majorité qualifiée, de nombreux États membres reprochant à la Commission de ne pas avoir inclus la sous-rubrique *1b* dans la proposition.

tivité régionale), afin de faire face à des besoins urgents en crédits en 2011[32], de nouveau non couverts par le "virement global" ;

- du renforcement, sous la sous-rubrique *1b* du CF, pour un montant de 3,3 millions d'euros en crédits d'engagement et de 0,3 million d'euros en crédits de paiement, de l'article *04 02 20* (*Fonds social européen (FSE) – Assistance technique opérationnelle (de 2007 à 2013)*), afin d'apporter une expertise spécifique destinée à appuyer le programme opérationnel de réforme administrative dans le domaine de l'administration fiscale en Grèce ;

- d'une réduction, sous la rubrique *2* (*Conservation et gestion des ressources naturelles*) du CF, de 395 millions d'euros des crédits de paiement[33] du poste *05 04 05 01* (*Programmes de développement rural*) ;

- de la création, sous la rubrique *2* du CF, d'une nouvelle ligne budgétaire, l'article *11 09 05* (intitulé "*Programme de soutien au développement d'une politique maritime intégrée (PMI)*"), avec 23,1 millions d'euros en crédits d'engagement inscrits en réserve en attendant l'adoption de la base légale correspondante[34]. Ces crédits sont réaffectés à partir de deux lignes budgétaires[35] de la rubrique *2*, et

- de la réaffectation[36], au sein de la rubrique *4* (*L'UE acteur mondial*) du CF, de 100 millions d'euros en crédits d'engagement[37] en faveur du poste *19 08 01 02* (*Politique européenne de voisinage et de partenariat – Aide financière à la Palestine, au processus de paix et à l'UNRWA*[38]) et de 13,4 millions d'euros en crédits d'engagement[39] en faveur de l'article *21 06 07* (*Mesures d'accompagnement concernant le secteur de la banane (MAB)*).

En d'autres termes, le BR nº 6/2011 tel que retenu par les deux branches de l'autorité budgétaire traite avant tout d'une augmentation des crédits de paiement du budget pour 2011 pour un montant total *brut* de 595 millions d'euros[40], afin de répondre à

---

[32] Dans son projet de BR, la Commission proposait 408 millions d'euros supplémentaires pour les articles *04 02 17* et *04 02 19*. Dans la mise à jour du 11 novembre 2011 (voir tableau 1, page 19), elle a augmenté ce montant à 803 millions d'euros (voir note en bas de page 33).

[33] Dans le PBR nº 6/2011 présenté le 18 octobre 2011, la Commission avait seulement inscrit un "p.m." ("pour mémoire") concernant le poste *05 04 05 01*, dans l'attente des déclarations sur les paiements soumises par les États membres pour le 10 novembre 2011. Ces déclarations font état de besoins inférieurs de 433 millions d'euros par rapport aux prévisions. La Commission a ainsi proposé dans sa mise à jour du 11 novembre 2011 de transférer un total de 395 millions d'euros en faveur du Fonds social européen (FSE) sous la sous-rubrique *1b* (*Cohésion pour la croissance et l'emploi*) du CF (articles *04 02 17* et *04 02 19*).

En même temps, la Commission a proposé de maintenir 38 millions d'euros en crédits de paiement au poste *05 04 05 01* pour financer la mobilisation du Fonds de solidarité de l'UE pour l'Espagne et l'Italie. Cette mobilisation a été proposée le 21 novembre 2011 par le biais du projet de BR nº 7/2011 (voir page 24).

[34] Le règlement (UE) nº 1255/2011 du Parlement européen et du Conseil établissant un programme de soutien pour le développement d'une politique maritime intégrée a été adopté le 30 novembre 2011 (JO L 321 du 5.12.2011, pp. 1/10).

[35] Il s'agit des postes *17 04 01 01* (*Programmes d'éradication et de surveillance des maladies animales ainsi que de surveillance de l'état physique des animaux pouvant présenter un risque pour la santé publique lié à un facteur extérieur – Nouvelles actions*) et *17 04 02 01* (*Autres actions dans les domaines vétérinaire, du bien-être des animaux et de la santé publique – Nouvelles actions*).

[36] Ces crédits proviennent principalement du non engagement en 2011 des crédits prévus pour l'assistance macroéconomique (article *01 03 02*) pour le Kosovo (51,4 millions d'euros), la République kirghize (30 millions d'euros) et la Géorgie (21 millions d'euros).

[37] Ces 100 millions d'euros (dont 70,8 millions d'euros sont destinés à l'Autorité palestinienne via le mécanisme palestino-européen de gestion de l'aide socio-économique (PEGASE) et 29,2 millions d'euros à l'UNRWA) sont inscrits dans le budget pour 2011 dans le cadre d'un exercice d'anticipation des dépenses par rapport à 2012 ("*frontloading*" ; voir page 62).

[38] *United Nations Relief and Works Agency for Palestine Refugees in the Near East* ou Office de secours et de travaux des Nations unies pour les réfugiés de Palestine dans le Proche-Orient. Dans son projet de BR, la Commission proposait 60,4 millions d'euros en crédits d'engagement supplémentaires pour le poste *19 08 01 02*. Dans la mise à jour du 11 novembre 2011, ce montant a été porté à 100 millions d'euros. La mise à jour inclut également 13,4 millions d'euros supplémentaires proposés pour l'article *21 06 07*.

[39] Dont 8 millions d'euros dans le cadre d'un exercice de "*frontloading*" (voir page 62).

[40] La Commission avait proposé 945,3 millions d'euros supplémentaires.

des besoins qui subsistent après le "virement global". Un total de 142 millions d'euros est destiné à augmenter les crédits de paiement de la recherche dans la sous-rubrique *1a* (*Compétitivité pour la croissance et l'emploi*) et 453 millions d'euros[41] à augmenter ceux du Fonds social européen dans la sous-rubrique *1b* (*Cohésion pour la croissance et l'emploi*) du CF[42]. De cette augmentation brute, un montant de 395 millions d'euros provient des montants prévus à l'origine pour le développement rural (poste *05 04 05 01*).

L'effet *net* de ce BR est d'augmenter les crédits d'engagement du budget pour 2011 de 3,3 millions d'euros et les crédits de paiement de 200 millions d'euros (au lieu des 550 millions d'euros demandés par la Commission dans le projet de budget). En même temps, en raison des soldes TVA et RNB des années précédentes qui doivent être encaissés conformément au règlement (CE, Euratom) n° 1150/2000 et de l'augmentation des "autres recettes", notamment de 435 millions d'euros au titre d'amendes, le total des recettes augmente de 1 276,9 millions d'euros, ce qui entraîne une réduction des contributions des États membres au budget 2011 au titre de la ressource RNB de 1 076,9 millions d'euros[43].

Enfin, le *BR n° 7/2011* traite de l'intervention du Fonds de solidarité de l'Union européenne en faveur de l'Espagne et de l'Italie (voir page 27). Il s'élève à 38 millions d'euros, dont 21 millions d'euros pour l'Espagne et 16,9 millions d'euros pour l'Italie.

Il convient de relever les délais extrêmement courts pour approuver ce budget rectificatif, le Conseil adoptant sa position (consistant à accepter le projet de BR tel que proposé par la Commission) seulement neuf jours après la présentation du projet[44] et le Parlement européen approuvant la position du Conseil sans amendement treize jours après. Cette rapidité s'explique en partie par la déclaration commune suivante[45], adoptée lors de la réunion du comité de conciliation des 18 et 19 novembre 2011, dans le cadre de l'accord politique sur le projet commun de budget pour 2012 et le projet de BR n° 6/2011 (voir page 66) :

"*Le Parlement européen et le Conseil prennent note de l'intention de la Commission de présenter, le 21 novembre 2011, le projet de budget rectificatif (PBR) n° 7/2011, pour permettre la mobilisation du Fonds de solidarité de l'UE, qui devrait s'élever à 38 millions d'euros, tant en crédits d'engagement qu'en crédits de paiement. Les crédits de paiement seront redéployés à partir des "Programmes de développement rural" (poste 05 04 05 01 du budget).*

Le Parlement européen et le Conseil s'efforceront de prendre position sur le PBR n° 7/2011 avant la fin 2011 conformément à leurs procédures internes respectives".

---

[41] Dans son projet de BR, la Commission avait proposé 408,3 millions d'euros. Dans la mise à jour du 11 novembre 2011, elle a porté ce montant à 803,3 millions d'euros.

[42] Fin novembre 2011, la Commission évaluait le montant des besoins supplémentaires en crédits de paiement en 2011 pour le Fonds social européen à *1,5 milliard d'euros* :

- un total de *395 millions d'euros* a été couvert par voie de redéploiements à partir des crédits destinés à l'origine au développement rural par le biais du budget rectificatif n° 6/2011. Par ailleurs, le BR n° 6/2011 octroie *58 millions d'euros* de crédits supplémentaires (le restant des 200 millions d'euros – soit un total de 142 millions d'euros – étant utilisé pour la recherche) ;
- un total de *600,8 millions d'euros* a été ouvert par voie de virement de crédits à partir de 33 lignes budgétaires différentes (virement de crédits DEC n° 52/2011, approuvé par les deux branches de l'autorité budgétaire en décembre 2011) ;
- une partie du montant restant à couvrir a été financé par voie de virements "internes" de la Commission, effectués en décembre 2011 sur la base de l'article 23 du RF de 2002.

Le paiement du solde (le montant des crédits de paiement nécessaires étant, en outre, encore revu à la hausse en décembre 2011) a été reporté à 2012 (voir chapitre III).

[43] Le projet de BR présenté par la Commission tel que mis à jour le 11 novembre 2011 aurait conduit à une réduction des contributions des États membres de 726,6 millions d'euros.

[44] Pour ce faire, le Conseil a de nouveau dû raccourcir les délais de huit semaines et de dix jours, prévus à l'article 4 du protocole n° 1 sur le rôle des parlements nationaux dans l'Union européenne (voir page 22, note 29).

[45] Le fait que la mobilisation du Fonds de solidarité soit couverte (en crédits de paiement) par des redéploiements de crédits et non par un appel à de nouvelles ressources de la part des États membres (c'est-à-dire avec de l'"argent frais") a également contribué à son adoption rapide au sein du Conseil.

En plus de la création d'une réserve négative dans le budget rectificatif nº 1/2011, il convient de relever que tous les BR ont été adoptés en 2011 sans recours à une réunion du comité de conciliation comme prévu par l'article 314, paragraphe 4, c), dernière phrase du TFUE, le Conseil ayant accepté les amendements adoptés par le Parlement européen dans le contexte de l'adoption des projets de budgets rectificatifs nº 2/2011[46] et 5/2011 (voir *supra*).

2. *Quatre appels à la réserve pour aides d'urgence*

La réserve pour aides d'urgence[47] a été mobilisée quatre fois en 2011[48], pour un montant de 253,9 millions d'euros en crédits d'engagement (soit dans sa totalité) et de 100 millions d'euros en crédits de paiement (soit tout le montant budgétisé ; voir page 395).

La première mobilisation, intervenue en avril 2011 pour un montant de 60 millions d'euros en crédits d'engagement et de 30 millions d'euros en crédits de paiement, était destinée à financer, d'une part, une aide humanitaire[49] à la Libye (pour un montant de 30 millions d'euros en crédits d'engagement) et à la Côte d'Ivoire (25 millions d'euros) et, d'autre part, des mesures de protection civile[50] avant tout au Japon (5 millions d'euros), suite aux tremblements de terre et au tsunami du 11 mars 2011.

La deuxième mobilisation, intervenue en juin 2011 pour un montant de 65 millions d'euros en crédits d'engagement, était destinée à financer une aide humanitaire et des mesures de protection civile en Libye (pour un montant de 35 millions d'euros) et en Côte d'Ivoire (30 millions d'euros).

La troisième mobilisation, intervenue en septembre 2011 pour un montant de 100 millions d'euros en crédits d'engagement[51] et de 50 millions d'euros en crédits de paiement, était destinée à financer une aide humanitaire et alimentaire dans la Corne de l'Afrique, au Soudan et au Soudan du Sud, suite à une très grave sécheresse[52].

La quatrième mobilisation, intervenue en novembre 2011 pour un montant de 28,9 millions d'euros en crédits d'engagement et de 20 millions d'euros en crédits de paiement, était destinée à financer une aide humanitaire dans la Corne de l'Afrique et au Pakistan[53].

3. *Trois appels au Fonds de solidarité de l'Union européenne*

Le Fonds de solidarité de l'Union européenne[54] a été mobilisé trois fois en 2011, pour un montant total de 239,9 millions d'euros en crédits d'engagement et de paiement.

La première mobilisation a eu lieu le 2 mai 2011, suite aux dégâts provoqués par les inondations survenues entre mai et juillet 2010 en Croatie, Hongrie, Pologne, République tchèque, Roumanie et Slovaquie[55]. Elle s'élève à 182,4 millions d'euros en crédits d'engagement et de paiement[56] et a été

[46] Le projet de BR nº 2/2011 est devenu le budget rectificatif nº 3/2011 (voir tableau 1, page 19).
[47] La réserve pour aides d'urgence, son montant, ses conditions d'utilisation et son financement sont régis par le RF de 2002 (article 45) et l'AII de 2006 (point 25 de la Partie I).
[48] Les mobilisations en 2011 de la réserve pour aides d'urgence, du Fonds de solidarité de l'UE et du Fonds européen d'ajustement à la mondialisation sont récapitulées dans le tableau 2, page 26.
[49] Article *23 02 01* du budget pour 2011.
[50] Article *23 03 06* (*Interventions de protection civile dans les pays tiers*) du budget pour 2011.
[51] Dont 55 millions d'euros au titre de l'aide humanitaire et 45 millions d'euros au titre de l'aide alimentaire (article *23 02 02* du budget pour 2011).
[52] Selon les Nations unies, la sécheresse qui a touché en 2011 l'Érythrée, l'Éthiopie, le Kenya, l'Ouganda, la République de Djibouti, la Somalie et le Soudan était une des plus graves en 60 ans.
[53] Dont 55 millions d'euros au titre de l'aide humanitaire et 45 millions d'euros au titre de l'aide alimentaire (article *23 02 02* du budget pour 2011).
[54] Le Fonds de solidarité a été institué par le règlement (CE) nº 2012/2002 du Conseil, du 11 novembre 2002 (JO L 311 du 14.11.2002, pp. 3/8). Il fait l'objet de dispositions spécifiques au point 26 de la Partie I de l'AII de 2006.
[55] JO L 132 du 19.5.2011, p. 13.
[56] Dont 105,6 millions d'euros pour la Pologne, 25 millions d'euros pour la Roumanie, 22,5 millions d'euros pour la Hongrie, 20,4 millions d'euros pour la Slovaquie, 5,1 millions d'euros pour la République tchèque et 3,8 millions d'euros pour la Croatie.

Tableau 2. Les recours à la réserve pour aides d'urgence, au Fonds de solidarité et au Fonds européen d'ajustement à la mondialisation en 2011

En millions d'euros

Réserve pour aides d'urgence :				
Date	**Montant** *c/e*	*c/p*	**Destination**	–
avril 2011	60,0	30,0	Côte d'Ivoire et Libye (aide humanitaire) ; Japon (protection civile)	–
juin 2011	65,0	50,0	Côte d'Ivoire et Libye (aide humanitaire et protection civile)	–
septembre 2011	100,0	0	Corne de l'Afrique, Soudan et Soudan du Sud (aide humanitaire et alimentaire)	–
novembre 2011	28,9	20,0	Corne de l'Afrique et Pakistan (aide humanitaire)	–
Total :	***253,9***	***100,0***		

Fonds de solidarité de l'Union européenne :			
Date	**Montant**	**Destination et fait générateur**	**JO L**
2 mai 2011	182,4	Croatie, Hongrie, Pologne, République tchèque, Roumanie et Slovaquie (inondations)	132 du 19.5.2011, p. 13
6 juillet 2011	19,5	Croatie, République tchèque et Slovénie (inondations)	236 du 13.9.2011, p. 6
13 décembre 2011	38,0	Espagne (tremblement de terre en Murcie) et Italie (pluies torrentielles en Vénétie)	4 du 7.1.2012, p. 14
Total :	***239,9***		

Fonds européen d'ajustement à la mondialisation :			
Date	**Montant**	**Destination et secteur**	**JO L**
3 février 2011	2,6*	Pays-Bas (technologies de l'information et de la communication)	41 du 15.2.2011, p. 8
5 avril 2011	0,3	République tchèque (denrées alimentaires)	98 du 13.4.2011, p. 13
5 avril 2011	0,5	Pologne (fabrication de machines)	104 du 20.4.2011, p. 45
6 juillet 2011	30,0	Belgique (industrie automobile) et Danemark (construction navale et fabrication d'éoliennes)	195 du 27.7.2011, pp. 52/54
27 septembre 2011	16,0	Autriche (équippements électroniques et industrie métallurgique), Pays-Bas (imprimerie et reproduction) et Commission (assistance technique**)	263 du 7.10.2011, pp. 9/15
25 octobre 2011	9,7	Allemagne (industrie automobile), Danemark (fabrication d'éoliennes) et Portugal (habillement et production de chaussures)	289 du 8.11.2011, pp. 30/32
16 novembre 2011	42,3	Autriche (transport routier), Grèce (vente au détail) et Irlande (construction de bâtiments, travaux de construction spécialisés et architecture, ingénierie, services de contrôle et analyses techniques)	317 du 30.11.2011, pp. 28/32
13 décembre 2011	5,4	Italie (construction de bâtiments) et Portugal (industrie automobile)	4 du 7.1.2012, pp. 11 et 15
21 décembre 2011	24,5	France (industrie automobile***)	6 du 10.1.2012, p. 5
Total :	***131,3***		

** À partir de crédits inscrits pour 2010 ** Conformément à l'article 8 du règlement établissant le FEM *** À la demande du Parlement européen, cette mobilisation a été discutée lors du trilogue du 19 octobre 2011*

effectuée par le biais du budget rectificatif n° 1/2011 (voir page 18). Il convient de relever qu'il ne s'agit que de la troisième mobilisation du Fonds de solidarité de l'UE au bénéfice d'un pays dont l'adhésion est en cours de négociation[57].

La deuxième mobilisation a eu lieu le 6 juillet 2011, suite aux dégâts provoqués par les inondations survenues entre août et septembre 2010 en Croatie, République tchèque et Slovénie[58]. Elle s'élève à 19,5 millions d'euros en crédits d'engagement et de paiement[59] et a été effectuée par le biais du BR n° 3/2011 (voir pages 20-21).

La troisième mobilisation a eu lieu le 13 décembre 2011, suite aux dégâts provoqués par un tremblement de terre qui a frappé en mai 2011 la Murcie en Espagne et par les pluies torrentielles qui ont touchées à l'automne 2011 la Vénétie en Italie[60]. Elle s'élève à 38 millions d'euros en crédits d'engagement et de paiement, dont 21,1 millions d'euros pour l'Espagne et 16,9 millions d'euros pour l'Italie, et a été effectuée par le biais du BR n° 7/2011 (voir page 24).

4. Vingt-quatre appels au Fonds européen d'ajustement à la mondialisation

Le Fonds européen d'ajustement à la mondialisation[61] (FEM) a été mobilisé vingt-quatre fois en 2011, pour un montant total de 131,3 millions d'euros en crédits d'engagement et de paiement, ce qui est un nouveau record en montants mobilisés au cours d'une année. Ce record est notamment dû à la crise économique que connaissent les États membres de l'UE, ainsi qu'à l'élargissement des critères pour l'octroi de l'aide du Fonds, suite à une modification en juin 2009 du règlement l'établissant[62].

Les mobilisations du FEM en 2011 sont résumées pages 106-108.

Il convient de relever que la proposition de mobilisation du FEM, pour un montant de 24,5 millions d'euros[63], suite à 1 384 licenciements intervenus dans l'entreprise Renault et sept de ses fournisseurs principalement dans les régions d'Île de France, de Haute-Normandie et du Nord-Pas-de-Calais en France, a été exceptionnellement discutée lors du trilogue du 19 octobre 2011, le Parlement européen ayant soulevé des interrogations sur certains aspects de la proposition de la Commission (voir chapitre III).

Il convient également de relever que le Conseil n'a pas souhaité reconduire l'élargissement du champ d'application des interventions du FEM suite à la crise financière et économique, comme proposé par la Commission le 10 juin 2011[64]. Le financement de ces interventions, qui ont débutées comme indiqué *supra* suite à une modification du règlement établissant le FEM en juin 2009, décidée dans le contexte du plan européen pour la relance économique[65], prendra ainsi fin en 2012, quand les dernières demandes, déposées avant fin 2011, auront été traitées.

---

[57] La première fois était en 2002 (année de création du Fonds de solidarité), au bénéfice de la République tchèque, et la deuxième fois en 2006, pour la Bulgarie et la Roumanie (voir Tome II, p. 344).

[58] JO L 236 du 13.9.2011, p. 6.

[59] Dont 10,9 millions d'euros pour la République tchèque, 7,5 millions d'euros pour la Slovénie et 1,2 million d'euros pour la Croatie.

[60] JO L 4 du 7.1.2012, p. 14.

[61] Le Fonds européen d'ajustement à la mondialisation a été créé par le règlement (CE) n° 1927/2006 du Parlement européen et du Conseil, du 20 décembre 2006 (JO L 406 du 30.12.2006, pp. 1/6 et rectificatif au JO L 48 du 22.2.2008, pp. 82/88). Il fait l'objet de dispositions spécifiques au point 28 de la Partie I de l'AII de 2006.

[62] Règlement (CE) n° 546/2009 du Parlement européen et du Conseil modifiant le règlement (CE) n° 1927/2006 portant création du Fonds européen d'ajustement à la mondialisation, du 18 juin 2009 (JO L 167 du 29.6.2009, pp. 26/29).

[63] Doc. *COM(2011) 420 final* et *virement de crédits n° DEC 22/2011 – Section III – Commission – du budget général pour 2011*, du 11 juillet 2011. Il s'agit du deuxième montant le plus important mobilisé pour un objectif donné dans l'histoire du FEM, après les 35,2 millions d'euros octroyés en 2008 pour l'industrie du textile en Italie (voir Tome II, p. 345).

[64] Doc. *COM(2011) 336 final*.

[65] Voir Tome II, p. 94 et 100/104.

5. Mise en place du nouveau cadre législatif suite à l'entrée en vigueur du traité de Lisbonne

Afin d'introduire dans le domaine financier et budgétaire les changements nécessaires suite à l'entrée en vigueur du traité de Lisbonne, la Commission a présenté, le 3 mars 2010, le "paquet législatif Lisbonne", composé :

- d'une proposition de règlement du Conseil fixant le cadre financier pluriannuel pour 2007-2013, présentée sur la base de l'article 312 du TFUE[66] ;

- d'un projet pour un nouvel accord interinstitutionnel entre le Parlement européen, le Conseil et la Commission sur la coopération en matière budgétaire[67], et

- d'une proposition de modification du règlement financier[68] (voir Tome II, pp. 174 et 286/287).

Le Parlement européen a décidé, le 6 juillet 2011, de ne pas donner son approbation au projet de règlement du Conseil fixant le CF, tel que demandé par le Conseil en janvier 2011[69] (voir Tome II, p. 239 et 285/286).

En même temps, les discussions sur le projet pour un nouvel accord interinstitutionnel n'ont pas progressé en 2011. Il faudra donc attendre le nouveau cadre financier pluriannuel pour 2014-2020 et le nouvel AII y afférent pour régler ces questions, la Commission n'ayant pourtant pas retiré ses propositions.

En revanche, les deux branches de l'autorité législative ont avancé dans leurs travaux sur la révision du règlement financier, sur la base de la nouvelle proposition de la Commission présentée le 22 décembre 2010[70] (voir Tome II, pp. 239 et 287).

À cet effet, le Comité des représentants permanents a adopté un mandat de négociation le 25 mai 2011. Le Parlement européen, quant à lui, a voté ses amendements en plénière le 26 octobre 2011[71].

Le PE, le Conseil et la Commission ont organisé à ce titre entre octobre et décembre 2011 huit trilogues informels.

6. Le futur cadre financier pluriannuel pour 2014-2020

Conformément au point 30 de la Partie I de l'AII de 2006, la Commission a présenté sur base de l'article 312 du TFUE, le 29 juin 2011, ensemble avec sa communication intitulée "*Un budget pour Europe 2020*"[72], une proposition de règlement du Conseil fixant le cadre financier pluriannuel pour la période 2014-2020[73].

Le CFP proposé par la Commission est présenté dans le tableau 3, page 29.

La Commission propose de maintenir un certain nombre de programmes, projets, instruments et Fonds en dehors du CFP. Les montants y afférant sont repris dans le tableau 4, page 29.

La proposition de la Commission est accompagnée d'un projet d'accord interinstitutionnel entre le Parlement européen, le Conseil et la Commission sur la coopération en matière budgétaire et la bonne

---

[66] Doc. *COM(2010) 72 final.*

[67] Doc. *COM(2010) 73 final.*

[68] Doc. *COM(2010) 71 final.*

[69] Cette demande a été faite sur la base du doc. *Conseil 16973/3/10 REV 3 FIN 654 CADREFIN 70 INST 537* du 21 décembre 2010.

Dans sa résolution, le Parlement européen critique avant tout le fait que le projet de règlement réduit le "*degré de flexibilité du cadre financier pluriannuel*", ce qui "*aurait pour effet de réduire les pouvoirs et prérogatives dont le Parlement jouit actuellement*" (doc. *PE P7_TA(2011)0326* du 6 juillet 2011, point E). Par ailleurs, le PE indique qu'il "*considère que l'actuel accord interinstitutionnel sur la discipline budgétaire et la bonne gestion financière reste en vigueur jusqu'à l'entrée en vigueur du nouveau règlement fixant le cadre financier pluriannuel, à l'exception des points devenus obsolètes à la suite de l'entrée en vigueur du traité de Lisbonne*" (*Ibid.*, point C).

[70] Doc. *COM(2010) 815 final.*

[71] Doc. *PE P7_TA(2011)0465.*

[72] Doc. *COM(2011) 500 final.*

[73] Doc. *COM(2011) 398 final.*

Tableau 3. Le cadre financier pluriannuel pour 2014-2020 proposé par la Commission le 29 juin 2011

En millions d'euros et en prix de 2011 (UE-27)
(Source : doc. COM(2011) 398 final, p. 19)

Crédits pour engagements	2014	2015	2016	2017	2018	2019	2020	Total 2014-2020
1. Croissance intelligente et inclusive	**64.696**	**66.580**	**68.133**	**69.956**	**71.596**	**73.768**	**76.179**	**490.908**
dont : cohésion économique, sociale et territoriale	50.468	51.543	52.542	53.609	54.798	55.955	57.105	376.020
2. Croissance durable : ressources naturelles	**57.386**	**56.527**	**55.702**	**54.861**	**53.837**	**52.829**	**51.784**	**382.927**
dont : dépenses relatives au marché et paiements directs	42.244	41.623	41.029	40.420	39.618	38.831	38.060	281.825
3. Sécurité et citoyenneté	**2.532**	**2.571**	**2.609**	**2.648**	**2.687**	**2.726**	**2.763**	**18.535**
4. L'Europe dans le monde	**9.400**	**9.645**	**9.845**	**9.960**	**10.150**	**10.380**	**10.620**	**70.000**
5. Administration	**8.542**	**8.679**	**8.796**	**8.943**	**9.073**	**9.225**	**9.371**	**62.629**
dont : dépenses administratives des institutions	6.967	7.039	7.108	7.191	7.288	7.385	7.485	50.464
Total des crédits pour engagements	**142.556**	**144.002**	**145.085**	**146.368**	**147.344**	**148.928**	**150.718**	**1.025.000**
en pourcentage du RNB	1,08%	1,07%	1,06%	1,06%	1,05%	1,04%	1,03%	1,05%
Total des crédits pour paiements	**133.851**	**141.278**	**135.516**	**138.396**	**142.247**	**142.916**	**137.994**	**972.198**
en pourcentage du RNB	1,01%	1,05%	0,99%	1,00%	1,01%	1,00%	0,94%	1,00%
Marge disponible	0,22%	0,18%	0,24%	0,23%	0,22%	0,23%	0,29%	0,23%
Plafond des ressources propres en pourcentage du RNB	1,23%	1,23%	1,23%	1,23%	1,23%	1,23%	1,23%	1,23%

Tableau 4. Montants en dehors du cadre financier pluriannuel pour 2014-2020 tel que proposé par la Commission le 29 juin 2011

En millions d'euros et en prix de 2011 (UE-27)
(Sources : doc. COM(2011) 398, 403 et 500 final et Commission)

Crédits d'engagement	2014	2015	2016	2017	2018	2019	2020	Total 2014-2020
Programmes et projets :								
- Programme européen de surveillance de la Terre (GMES*)	834	834	834	834	834	834	834	5.841
- Réacteur thermonucléaire expérimental international (ITER**)	886	624	299	291	261	232	114	2.707
Total :	*1.720*	*1.458*	*1.133*	*1.125*	*1.095*	*1.066*	*948*	*8.548*
Instruments spéciaux :								
- Fonds de solidarité de l'Union européenne	1.000	1.000	1.000	1.000	1.000	1.000	1.000	7.000
- Instrument de flexibilité	500	500	500	500	500	500	500	3.500
- Réserve pour les crises dans le secteur agricole***	500	500	500	500	500	500	500	3.500
- Fonds européen d'ajustement à la mondialisation	429	429	429	429	429	429	429	3.000
- Réserve pour aides d'urgence	350	350	350	350	350	350	350	2.450
Total :	*2.779*	*2.779*	*2.779*	*2.779*	*2.779*	*2.779*	*2.779*	*19.450*
*Fonds mondial de lutte contre le changement climatique et de protection de la biodiversité****	*p.m.*	*p.m.*	*p.m.*	*p.m.*	*p.m.*	*p.m.*	*p.m.*	*p.m.*
*Fonds européen de développement (FED)** ** :*								
- États d'Afrique, des Caraïbes et du Pacifique (ACP)	3.271	4.300	4.348	4.407	4.475	4.554	4.644	29.998
- Pays et territoires d'outre-mer (PTOM)	46	46	46	46	46	46	46	321
Total :	*3.317*	*4.346*	*4.394*	*4.453*	*4.521*	*4.600*	*4.690*	*30.320*
Total général	**7.815**	**8.583**	**8.306**	**8.357**	**8.395**	**8.445**	**8.416**	**58.316**
en pourcentage du RNB	0,05%	0,06%	0,06%	0,06%	0,06%	0,06%	0,06%	0,06%

** European Earth Monitoring Programme (Global Monitoring for Environment and Security)*
*** International Thermonuclear Experimental Reactor*
**** Nouvelle réserve ou nouveau Fonds*
*** ** Pour mémoire (le "budget FED" n'est pas inclus dans le budget de l'Union européenne et la Commission ne propose pas de le "budgétiser" dans ce contexte)*

gestion financière, présentée en conformité avec l'article 295 du TFUE[74].

Le 29 juin 2011, la Commission a également présenté son "premier paquet ressources propres", composé :

- d'une proposition de décision du Conseil relative au système des ressources propres de l'Union européenne, présentée sur base de l'article article 311, troisième aliéna du TFUE[75] ;

- d'une proposition de règlement du Conseil portant mesures d'exécution du système des ressources propres de l'UE, présentée sur base de l'article 311, quatrième alinéa du TFUE[76], et

- d'une proposition de règlement du Conseil relatif aux modalités et à la procédure de mise à disposition des ressources propres traditionnelles (RPT) et de la ressource propre fondée sur le RNB et aux mesures visant à faire face aux besoins de trésorerie, présentée sur base de l'article 322, paragraphe 2 du TFUE[77].

[74] Doc. *COM(2011) 403 final.*
[75] Doc. *COM(2011) 510 final.*
[76] Doc. *COM(2011) 511 final.*
[77] Doc. *COM(2011) 512 final.*

Les deux branches de l'autorité législative et budgétaire ont entamé leurs travaux sur ces différentes propositions en juillet 2011.

Le 28 septembre 2011, la Commission a présenté, sur base de l'article 113 du TFUE, une proposition de directive du Conseil établissant un système commun de taxe sur les transactions financières (TTF) et modifiant la directive 2008/7/CE[78].

Le 9 novembre 2011, la Commission a complété ses propositions par la présentation de son "deuxième paquet ressources propres", composé :

- d'une proposition de règlement du Conseil relatif aux modalités et à la procédure de mise à disposition de la ressource propre fondée sur la TVA, présentée sur base de l'article 322, paragraphe 2 du TFUE[79] ;

- d'une proposition de règlement du Conseil relatif aux modalités et à la procédure de mise à disposition de la ressource propre fondée sur la taxe sur les transactions financières, également présentée sur base de l'article 322, paragraphe 2 du TFUE[80] ;

- d'une proposition modifiée de décision du Conseil relative au système des ressources propres de l'UE[81] ;

- d'une proposition modifiée de règlement du Conseil portant mesures d'exécution du système des ressources propres de l'UE[82], et

- d'une proposition modifiée de règlement du Conseil relatif aux modalités et à la procédure de mise à disposition des RPT et de la ressource propre fondée sur le RNB et aux mesures visant à faire face aux besoins de trésorerie (refonte)[83].

La Commission a également présenté, le 6 décembre 2011[84], une communication au Parlement européen, au Conseil et au comité économique et social européen sur l'avenir de la TVA, intitulée "*Vers un système de TVA plus simple, plus robuste et plus efficace, adapté au marché unique*", où elle invite les trois institutions à "*fixer le cap politique, en confirmant leur volonté politique d'explorer les orientations énoncées dans* (la) *communication*"[85].

En outre, la Commission a adopté à partir de l'automne 2011 une grande partie des propositions de bases légales sectorielles pour 2014-2020, c'est-à-dire avant tout des propositions de règlements permettant l'exécution des programmes et actions pendant la période *post*-2013[86].

III. – La procédure budgétaire pour 2012

Le budget de l'Union européenne pour 2012 est présenté par rubrique du cadre financier (en crédits d'engagement et de paiement) page 100. Les différentes étapes chiffrées de la procédure budgétaire pour 2012 sont présentées pages 101-105. Ces différentes étapes sont résumées dans le tableau 5, page 31.

1. Le calendrier des travaux

Le calendrier des travaux qui ont conduit à l'adoption du budget de l'Union européenne pour 2012 est résumé dans le tableau 6, page 31.

Le Parlement européen, le Conseil et la Commission ont organisé en 2011 *sept* trilogues formels dans le domaine budgétaire, dont deux trilogues dans le contexte de la procédure de conciliation (voir page

[78] Doc. *COM(2011) 594 final.*
[79] Doc. *COM(2011) 737 final.*
[80] Doc. *COM(2011) 738 final.*
[81] Doc. *COM(2011) 739 final.*
[82] Doc. *COM(2011) 740 final.*
[83] Doc. *COM(2011) 742 final.*
[84] Doc. *COM(2011) 851 final.*
[85] *Ibid.*, p. 18.
[86] Fin janvier 2012, la Commission avait présenté, dans le cadre de la préparation du nouveau cadre financier pluriannuel pour 2014-2020, un total de 61 propositions, dont :
- 48 propositions de règlements du Parlement européen et du Conseil ;
- 6 propositions de règlements du Conseil ;
- 4 propositions de décisions du Conseil, et
- 3 propositions de décisions du Parlement européen et du Conseil.

Tableau 5. La procédure budgétaire pour 2012

En millions d'euros	**Budget 2011***		**CF 2012****	**PB*****		**Position du CNS** ****		**AMs du PE** ****		**Budget adopté** ** ***		
	c/e	*c/p*	*c/e*	*c/e*	*c/p*	*c/e*	*c/p*	*c/e*	*c/p*	*c/e*	*c/p*	*Marges*
1. Croissance durable	64.504	53.629	67.614	67.962	57.701	67.267	55.270	67.486	57.701	67.506	55.337	
1a Compétitivité pour la croissance et l'emploi	*13.521*	*11.524*	*14.853*	*15.224*	*12.566*	*14.528*	*11.434*	*14.734*	*12.558*	*14.753*	*11.501*	*IdF[d]+650[e]*
dont : FEM[a]	*500*	*98*	-	*500*	*50*	*500*	*p.m.*	*500*	*50*	*500*	*50*	
1b Cohésion pour la croissance et l'emploi	*50.984*	*42.105*	*52.761*	*52.739*	*45.135*	*52.739*	*43.836*	*52.753*	*45.143*	*52.753*	*43.836*	*8*
2. Conservation et gestion des ressources naturelles	58.659	55.946	60.810	60.158	57.948	59.613	57.162	60.458	58.245	59.976	57.034	*834*
dont dépenses de marché et paiements directs	*42.868*	*42.788*	*48.093[b]*	*44.180*	*44.103*	*43.644*	*43.535*	*44.452*	*44.375*	*43.970*	*43.876*	*741*
3. Citoyenneté, liberté, sécurité et justice	2.098	1.738	2.105	2.024	1.514	1.953	1.455	2.099	1.577	2.065	1.484	
3a Liberté, sécurité et justice	*1.180*	*857*	*1.406*	*1.340*	*868*	*1.285*	*824*	*1.400*	*916*	*1.368*	*836*	*38*
3b Citoyenneté	*918*	*881*	*699*	*683*	*646*	*668*	*631*	*699*	*661*	*697*	*649*	*2*
4. L'UE acteur mondial	8.759	7.243	8.997	9.009	7.294	9.206	6.993	9.465	7.360	9.406	6.955	*IdF[f]*
dont : Réserve pour aides d'urgence[a]	*254*	*100*	-	*259*	*110*	*259*	*p.m.*	*259*	*110*	*259*	*90*	
5. Administration	8.173	8.172	8.607[c]	8.281	8.282	8.208	8.208	8.256	8.257	8.280	8.278	*327*
Commission	*4.744*	*4.743*		*4.796*	*4.797*	*4.763*	*4.764*	*4.802*	*4.803*	*4.816*	*4.814*	
dont : pensions	*1.262*	*1.262*		*1.312*	*1.312*	*1.312*	*1.312*	*1.312*	*1.312*	*1.323*	*1.323*	
Écoles européennes	*166*	*166*		*169*	*169*	*169*	*169*	*169*	*169*	*169*	*169*	
Autres institutions	*3.428*	*3.428*		*3.485*	*3.485*	*3.444*	*3.444*	*3.454*	*3.454*	*3.464*	*3.464*	
Total	**142.194**	**126.727**	**148.133**	**147.435**	**132.739**	**146.245**	**129.088**	**147.764**	**133.139**	**147.232**	**129.088**	*1.860[g]*
c/e et c/p (% du RNB)	1,12%	1,00%		1,12%	1,01%	1,11%	0,98%	1,13%	1,01%	1,12%	0,98%	

** Budgets rectificatifs n° 1-7/2011 compris ** Révision du CF pour le financement complémentaire du projet ITER en 2012 comprise*

**** Projet de budget hors lettres rectificatives ** ** Lettre rectificative n° 1/2012 comprise ** ** * Lettres rectificatives n° 1-3/2012 comprises*

[a] *En dehors du CF* [b] *"Modulation agricole" non comprise* [c] *En tenant compte des contributions aux pensions (84 millions d'euros)* [d] *50 millions d'euros* [e] *Suite à la révision du CF*

[f] *150 millions d'euros* [g] *En tenant compte de la révision du CF pour le financement complémentaire d'ITER et de la mobilisation de l'instrument de flexibilité (200 millions d'euros)*

Tableau 6. Calendrier de la procédure budgétaire pour 2012 et des réunions interinstitutionnelles en 2011

15 février 2011	Adoption des orientations budgétaires du Conseil (Bruxelles)
9 mars 2011	Adoption des orientations budgétaires du Parlement européen (autres sections) (Strasbourg)
24 mars 2011	Adoption des orientations budgétaires du Parlement européen (section III) (Bruxelles)
30 mars 2011	*Trilogue – priorités budgétaires (Bruxelles)*
20 avril 2011	**Adoption du projet de budget* (PB) (Commission)**
17 mai 2011	Présentation du projet de budget au Conseil (Bruxelles)
17 juin 2011	***Lettre rectificative n° 1/2012 au PB (politique de voisinage de l'UE)*****
11 juillet 2011	*Trilogue – position du Conseil sur le PB (Bruxelles)*
25 juillet 2011	**Position du Conseil sur le projet de budget*** (Bruxelles)**
14 septembre 2011	Présentation de la position du Conseil au Parlement européen (Strasbourg)
16 septembre 2011	***Lettre rectificative n° 2/2012 au PB (adhésion de la Croatie)*****
19 octobre 2011	*Trilogue – amendements du Parlement européen (Bruxelles)*
25 octobre 2011	***Lettre rectificative n° 3/2012 au PB (LR agricole)*****
26 octobre 2011	**Amendements du Parlement européen** ** (Strasbourg)**
27 octobre 2011	Lettre du Conseil au Parlement européen** ** *
1er novembre 2011	Début de la période de conciliation
3 novembre 2011	*Trilogue (Bruxelles)*
8 novembre 2011	**Réunion du comité de conciliation (Bruxelles)**
14 novembre 2011	*Trilogue (Bruxelles)*
18/19 novembre 2011	**Réunion du comité de conciliation** ** ** (Bruxelles)**
21 novembre 2011	Fin de la période de conciliation
23 novembre 2011	*Trilogue – financement complémentaire du projet ITER en 2012 et 2013 (Bruxelles)*
30 novembre 2011	**Approbation du projet commun de budget par le Conseil** ** ** * (Bruxelles)**
1er décembre 2011	**Approbation du projet commun de budget par le Parlement européen (Bruxelles)**
1er décembre 2011	**Constatation de l'adoption et signature du budget par le président du PE (Bruxelles)**
1er décembre 2011	*Trilogue – financement complémentaire du projet ITER en 2012 et 2013 (Bruxelles)*

** Adoption formelle du PB et mise à disposition des parlements nationaux dans toutes les langues officielles de l'UE le 26 mai 2011*

*** Adoption par la Commission*

**** Adoption par procédure écrite*

*** ** Et convocation, en accord avec le président du Conseil, du comité de conciliation*

*** ** * Confirmation que le Conseil ne peut pas accepter tous les amendements adoptés par le Parlement européen*

*** ** ** Accord sur un projet commun le 19 novembre 2011*

*** ** ** * Adoption en tant que "point A"*

63-71), et deux trilogues spécifiques (organisés le 23 novembre et le 1er décembre 2011) sur le financement complémentaire du projet ITER en 2012 et 2013 (voir pages 76-85).

A. Lors du trilogue du *30 mars 2011*, les deux branches de l'autorité budgétaire et la Commission ont avant tout discuté, conformément au point 4 de la déclaration commune du 30 novembre 2009 sur les mesures transitoires applicables à la procédure budgétaire après l'entrée en vigueur du traité de Lisbonne[87], des priorités budgétaires pour 2012 (voir page 34).

Elles ont adopté une déclaration commune relative au calendrier de la procédure budgétaire et aux modalités de fonctionnement du comité de conciliation en 2011[88].

S'agissant du budget pour 2011, les trois institutions ont fait le point sur les projets de budgets rectificatifs n° 1/2011 et 2/2011[89] concernant la mobilisation du Fonds de solidarité de l'Union européenne pour la Croatie, la Hongrie, la Pologne, la République tchèque, la Roumanie, la Slovaquie et la Slovénie, suite aux inondations survenues entre mai et septembre 2010. Concernant le projet de BR n° 1/2011, le Conseil a défendu son idée de créer une réserve négative pour le financer (voir chapitre II). Le Parlement européen, par contre, a fortement appuyé la proposition de la Commission de financer la mobilisation du Fonds de solidarité avec de l'"argent frais", en rappelant la déclaration conjointe du Parlement européen et du Conseil sur les crédits de paiement, adoptée en décembre 2010 dans le contexte de l'accord sur le budget de l'Union européenne pour 2011[90] (voir Tome II, pp. 219/220).

La Commission a également informé l'autorité budgétaire de son intention de proposer de mobiliser la réserve pour aides d'urgence, pour un montant de 60 millions d'euros en crédits d'engagement et de

---

[87] Cette déclaration est reproduite pages 373-376.

[88] Le Conseil a confirmé son accord sur cette déclaration commune (en tant que "point A") lors de sa session le 11 avril 2011. La déclaration est reproduite pages 109-111. Elle est basée sur la déclaration commune du 30 juin 2010 sur le calendrier et les modalités de fonctionnement du comité de conciliation en 2010, mais elle clarifie deux points laissés en suspens en 2010 (voir Tome II, p. 289) :

- la question de la date du début des vingt et un jours réservés au comité de conciliation a été clarifiée pour 2011 comme suit : "*La lettre de convocation du comité de conciliation sera envoyée au plus tard le premier jour ouvrable de la semaine suivant la fin de la session parlementaire au cours de laquelle le vote en séance plénière a eu lieu et la période de conciliation commencera le jour suivant. Le délai de vingt et un jours est calculé en application du règlement (CEE, Euratom) n° 1182/71 portant détermination des règles applicables aux délais, aux dates et aux termes*" (point 1 de l'Annexe), et

- la question de la date du début des quatorze jours réservés au Parlement européen et au Conseil pour l'approbation du projet commun de budget en cas d'accord au sein du comité de conciliation a été clarifiée comme suit : le point 6 de l'Annexe indique que le projet commun de budget "*(comportera) la date de l'accord au sein du comité de conciliation*" et le point 7 de l'Annexe que les quatorze jours commenceront à partir du jour suivant cette date ("*(le projet commun sera) soumis à l'approbation des deux branches de l'autorité budgétaire dans les 14 jours suivant la date de l'accord sur le texte commun en application du point 6*").

[89] Le projet de budget rectificatif n° 2/2011 deviendra le budget rectificatif n° 3/2011 (voir chapitre II).

[90] Selon la déclaration conjointe du Parlement européen et du Conseil sur les crédits de paiement adoptée en décembre 2010 : "*Compte tenu des efforts d'assainissement budgétaire actuellement consentis par les États membres, le Parlement européen et le Conseil approuvent le niveau des crédits de paiement pour 2011 proposé dans le projet de budget présenté le 26 novembre 2010 par la Commission. Ils demandent à la Commission de présenter un budget rectificatif si les crédits inscrits dans le budget 2011 se révélaient insuffisants pour couvrir les dépenses relevant de la sous-rubrique 1a (Compétitivité pour la croissance et l'emploi), de la sous-rubrique 1b (Cohésion pour la croissance et l'emploi), de la rubrique 2 (Conservation et gestion des ressources naturelles), de la rubrique 3 (Citoyenneté, liberté, sécurité et justice) et de la rubrique 4 (L'UE acteur mondial).*

Le Parlement européen et le Conseil demandent instamment à la Commission de présenter, d'ici la fin septembre 2011, les derniers chiffres actualisés concernant la situation et les estimations relatives aux crédits de paiement relevant de la sous-rubrique 1b (Cohésion pour la croissance et l'emploi) et à ceux affectés au développement rural dans le cadre de la rubrique 2 (Conservation et gestion des ressources naturelles), et, si nécessaire, de présenter un projet de budget rectificatif à cette seule fin.

Le Parlement européen et le Conseil se prononceront sur un éventuel projet de budget rectificatif dans les plus brefs délais afin d'éviter toute insuffisance dans les crédits de paiement. En outre, le Parlement européen et le Conseil s'engagent à traiter sans retard un éventuel virement de crédits de paiement, y compris entre les rubriques du cadre financier, afin de tirer le meilleur parti des crédits de paiement inscrits au bud-

30 millions d'euros en crédits de paiement, en faveur de la Côte d'Ivoire, du Japon et de la Libye (voir chapitre II).

En outre, le Parlement européen, le Conseil et la Commission ont fait le point sur l'état des négociations sur la proposition de règlement du Conseil fixant le cadre financier pluriannuel pour 2007-2013 et sur le projet pour un nouvel accord interinstitutionnel entre les trois institutions sur la coopération en matière budgétaire et la bonne gestion financière (voir chapitre II).

S'agissant enfin du financement complémentaire du projet ITER en 2012 et 2013, le Conseil a rappelé sa position selon laquelle les deux branches de l'autorité budgétaire n'ayant pas révisé le cadre financier pluriannuel à cet effet en 2010 (voir Tome II, pp. 232/234), les marges pour 2010 ne sont plus disponibles. En conséquence, la Commission devrait présenter, si elle le souhaite, une nouvelle proposition tenant compte de cet élément[91]. Cela a été fait le 20 avril 2011[92], ensemble avec le projet de budget pour 2012[93] (voir page 76).

B. Les autres trilogues sont traités pages 43-81.

2. Les travaux préparatoires (décembre 2010 – avril 2011)

A. La Direction générale du budget de la Commission a établi le 10 décembre 2010 sa note[94] concernant les paramètres à retenir pour établir les états prévisionnels des institutions et le projet de budget pour 2012[95]. Elle a envoyé sa circulaire budgétaire[96] pour 2012 aux directions générales de la Commission le 21 décembre 2010. Ces deux documents marquent le début des travaux sur le budget de l'UE pour 2012.

En outre, conformément au point 46 de la Partie III de l'AII de 2006 la Commission a présenté une programmation financière actualisée fin janvier 2011[97].

---

get et de les adapter en fonction de l'exécution effective et des besoins" (doc. *Conseil 17635/10 BUDGET 93* du 10 décembre 2010, p. 2).

[91] Le Conseil a insisté sur le fait que la Commission présente sa proposition de révision du cadre financier pluriannuel sur la base de l'article 312 du TFUE, et non des points 21-23 de la Partie I de l'AII de 2006. Le Parlement européen n'a pas partagé cette position.

[92] Doc. *COM(2011) 226 final.*

[93] Le projet de budget pour 2012 est décrit pages 34-43. Rappelons pour la clarté de l'exposé que depuis l'entrée en vigueur du traité de Lisbonne, le 1er décembre 2009, la *proposition budgétaire de la Commission* s'appelle le *projet de budget* (PB), et non plus l'"avant-projet de budget" (APB), le Conseil adoptant une *position* sur le PB (et n'établissant ainsi plus de projet de budget ; voir page 368).

[94] Cette note reprend notamment les taux de change, les évolutions du coût de vie (estimées à ce stade à +1,8 % à Bruxelles et +1,6 % à Luxembourg pour 2011-2012) et les paramètres sur les adaptations et les ajustements des salaires et des pensions (+0,9 % en 2011 et en 2012) à utiliser lors de la préparation des états prévisionnels. Elle précise, en outre, que les états prévisionnels ne devraient pas contenir des demandes liées à l'adhésion de la Croatie à l'Union européenne, suite à une "*absence de décision quant à l'adhésion. Au cas où une décision sur la date d'adhésion serait néanmoins prise avant l'adoption du* projet de budget pour *2012, les crédits* (pourraient être) *inclus dans le* projet de budget *afin de pouvoir faire face aux besoins liés à la préparation à l'adhésion*". Dans la pratique, les demandes des institutions ont été incluses dans le projet de budget pour 2012 par le biais de la lettre rectificative nº 2/2012, adoptée par la Commission le 16 septembre 2011 (voir pages 85-86).

[95] La Commission demande de recevoir les états prévisionnels pour 2012 de toutes les institutions pour le 31 mars 2011 au plus tard.

[96] Cette circulaire est composé de deux parties, les "instructions permanentes" (datées du 13 décembre 2010, qui contiennent des instructions à caractère techniques destinées aux différentes directions générales de la Commission concernant notamment la manière d'introduite leurs demandes de crédits et de nouveaux postes) et la "note de couverture" (du 21 décembre 2010, qui est plus "politique", qui contient par exemple des instructions sur les niveaux de crédits et sur les demandes concernant les ressources humaines de la Commission en général, ou sur le financement des agences décentralisées de l'Union européenne).

[97] La Commission a présenté une programmation financière pour 2011-2013, actualisée une seconde fois en mai 2011, dans le contexte de la préparation du projet de budget pour 2012 (doc. *SEC(2011) 498*).

Il convient de relever que, depuis 2009, la Commission a cessé d'adopter des décisions de stratégie politique annuelle (SPA), qui se concentraient davantage sur les priorités politiques pour l'année à venir et sur leurs conséquences sur les ressources humaines de la Commission que sur des questions budgétaires à proprement parler.

Par ailleurs, il convient de rappeler que le Parlement européen, dans sa résolution sur "*la méthode établissement du budget par activité (EBA) et gestion par activités (GPA), outil de gestion pour l'allocation des ressources budgétaires*", adoptée le 25 mars 2009, avait déjà adopté une attitude relativement critique sur

Le 3 février 2011, le membre de la Commission chargé de la programmation financière et du budget a adressé aux présidents des institutions, au Médiateur européen, au Contrôleur européen de la protection des données et à la Haute représentante de l'Union pour les affaires étrangères et la politique de sécurité une lettre dans laquelle il annonce que son institution a l'intention, dans son état prévisionnel pour 2012, de "*limiter l'augmentation nominale des crédits administratifs par rapport à 2011 (...) à un pourcentage inférieur à 1 %*[98], (...) *ce qui implique des réductions significatives des dépenses afférentes à l'informatique, aux réunions, aux conférences et aux missions, ainsi qu'aux études et aux publications*"; il invite les autres institutions à suivre une approche similaire, afin "*d'envoyer à l'opinion publique européenne un signal positif, montrant que les institutions européennes agissent de manière responsable dans les conditions économiques et budgétaires difficiles que connaissent actuellement les États membres,* (...) *la situation économique actuelle nécessitant un examen encore plus rigoureux que d'habitude des dépenses administratives des institutions*"[99].

B. Le Conseil a adopté ses "orientations budgétaires" le 15 février 2011[100] et le Parlement européen les 9 et 24 mars 2011[101]. Ces orientations[102] ont fait l'objet d'un échange de vues, conformément au point 4 de la déclaration commune du 30 novembre 2009 sur les mesures transitoires applicables à la procédure budgétaire après l'entrée en vigueur du traité de Lisbonne, lors du trilogue du 30 mars 2011 (voir page 32).

Tableau 7. Le cadre financier pour l'exercice 2012

*UE-27, crédits pour engagements sauf indication contraire, en millions d'euros**

Rubrique ou sous-rubrique	**Montant**
1. Croissance durable	66.964
1a Compétitivité pour la croissance et l'emploi	*14.203*
1b Cohésion pour la croissance et l'emploi	*52.761*
2. Conservation et gestion des ressources naturelles	60.810
*dont : dépenses de marché et paiements directs***	*48.093*
3. Citoyenneté, liberté, sécurité et justice	2.105
3a Liberté, sécurité et justice	*1.406*
3b Citoyenneté	*699*
4. L'UE acteur mondial	8.997
5. Administration***	8.754
Total des crédits pour engagements***	147.630
Crédits pour engagements (en % du RNB** **)	1,13
Total des crédits pour paiements***	141.360
Crédits pour paiements (en % du RNB** **)	1,08
Marge disponible (%)	0,15
Plafond des ressources propres (en % du RNB)	1,23

** Révision du CF, du 13 décembre 2011, pour le financement complémentaire du projet ITER en 2012 non comprise (voir pages 76-85)*
*** "Modulation agricole" non comprise*
**** En tenant compte des contributions aux pensions (84 millions d'euros)*
*** ** Avec un RNB pour 2012 estimé à 13 114 511 millions d'euros*

3. Le cadre financier pour l'exercice 2012

Conformément au point 16 de la Partie I de l'AII de 2006, la Commission a présenté, le 15 avril 2011[103], l'ajustement technique du cadre financier à l'évolution du RNB et des prix[104].

Le cadre financier pour l'exercice 2012 tel qu'il ressort de cet ajustement technique est présenté dans le tableau 7 ci-dessus.

4. Le projet de budget pour 2012 (20 avril 2011[105])

A. Le projet de budget pour 2012 adopté par la Commission s'élève à 147 435 millions d'euros en crédits

---

le système de planification stratégique et de programmation (PSP) de la Commission en général, et sur les décisions de SPA en particulier (doc. *PE 2008/2053(INI)*, point 13 ; voir Tome II, pp. 159/163).

[98] Compte tenu du taux d'inflation prévu au moment de l'envoi de la lettre (soit 1,8 %), un taux de 1 % conduit à une baisse (en termes réels) des budgets administratifs des institutions.

Les taux d'augmentation (par rapport à 2011) des dépenses administratives finalement retenus par les différentes institutions sont présentés dans le tableau 15, page 53.

[99] Lettre du 3 février 2011, pp. 1/2.

[100] Doc. *Conseil 5895/11 FIN 51*. Il convient de relever que le Conseil a avancé la date d'adoption de ses orientations budgétaires par rapport aux années précédentes (voir page 385), et ceci afin de contribuer à permettre à la Commission d'adopter le projet de budget dans toutes les langues officielles de l'Union européenne plus tôt qu'en 2010 (voir Tome II, p. 289).

[101] Doc. *PE P7_TA(2011)0088* (autres sections) et *PE P7_TA(2011)0114* (section III) respectivement. Dans ses orientations, le Parlement européen prend beaucoup plus position que par le passé sur les orientations budgétaires du Conseil.

[102] Ces orientations ont notamment pour objet d'influencer le contenu du projet de budget adopté par la Commission, en indiquant les "attentes politiques" des deux branches de l'autorité budgétaire.

[103] Doc. *COM(2011) 199 final*.

[104] Conformément au point 16, deuxième paragraphe de la Partie I de l'AII de 2006, un déflateur fixe de 2 % est appliqué à toutes les rubriques et sous-rubriques du CF.

[105] Dans la pratique, la Commission a adopté le 20 avril 2011 (sur la base de l'article 314, paragraphe

pour engagements (+3,8 % par rapport au budget pour 2011[106]) et à 132 739 millions d'euros en crédits pour paiements (+4,9 %). Ceci représente 1,12 % et 1,01 % respectivement du RNB estimé de l'UE. Les marges laissées sous les plafonds du CF sont de 953 millions d'euros en crédits pour engagements[107] et de 8 815 millions d'euros en crédits pour paiements.

B. La Commission a préparé le PB en tenant compte du fait que l'exercice 2012 doit en même temps combiner des mesures d'austérité et des mesures visant à dynamiser la croissance économique au sein de l'Union européenne. Selon la Commission, *"ce projet de budget est un exercice d'équilibre délicat.* (...) *Le projet de budget est en phase avec les mesures d'austérité prises dans de nombreux États membres, mais il découle également des obligations juridiques de la Commission envers les bénéficiaires de Fonds européens dans toute l'Europe et correspond à des investissements pour la croissance et l'emploi.* (...) *La Commission doit respecter ses obligations juridiques. Les programmes financés par l'Union européenne en 2007 fonctionnent désormais à plein régime, ce qui signifie qu'en 2012, l'Union aura davantage de factures à payer notamment pour rembourser les autorités régionales et les PME qui ont investi dans ces programmes*"[108].

Dans ce contexte, la Commission a placé la *relance de l'économie européenne dans une période d'après-crise* financière et économique, l'*emploi*, les *investissements dans les "infrastructures de demain"* et la *jeunesse* au centre de son projet de budget pour 2012. Conformément aux objectifs de la stratégie "*Europe 2020*" et du nouveau "*Semestre européen*", le PB prévoit d'augmenter les dépenses surtout dans les domaines où elles sont "*le plus susceptible de favoriser la croissance et l'emploi, et notamment celles consacrées aux politiques de recherche et de cohésion, qui sont nécessaires pour soutenir les efforts déployés par les États membres*"[109].

Plus concrètement, la Commission propose dans le projet de budget de consacrer plus de 64 milliards d'euros à des actions en lien avec la *reprise économique*, dont 62,6 milliards d'euros[110] (soit 43,5 % du total de la section III – Commission – du PB ; +5,1 % par rapport au budget pour 2011) aux sept "*initiatives phare*"[111] de la *stratégie "Europe 2020"* en faveur d'une *croissance intelligente, durable et inclusive* (voir Tome II, pp. 182/184), à savoir :

- 23,5 milliards d'euros pour des mesures en faveur de l'innovation dans l'Union européenne (+8,9 % par rapport à 2011) ;

---

1 du TFUE) un "état prévisionnel" (*Statement of estimates*) pour l'exercice 2012 (doc. *SEC(2011) 498*). Elle a formellement adopté (conformément à l'article 314, paragraphe 2) le projet de budget pour 2012 et l'a mis à la disposition des parlements nationaux dans toutes les langues officielles de l'UE le 26 mai 2011 (doc. *COM(2011) 300 final*). Tous les chiffres présentés sous ce point concernent ce PB "formel".

Il convient de relever que suite aux enseignements de la première procédure budgétaire menée conformément aux nouvelles règles du traité de Lisbonne (voir Tome II, pp. 288/289), les deux branches de l'autorité budgétaire ont avancé par rapport à l'année précédente la date d'adoption de leurs états prévisionnels respectifs :

- le Comité des représentants permanents a approuvé l'état prévisionnel pour le Conseil européen et le Conseil le 17 mars 2011 (doc. *Conseil 7204/11 BUDGET 5 FIN 135* du 4 mars 2011). En 2010, le Coreper avait approuvé l'état prévisionnel concernant la section II le 6 mai ;
- le Parlement européen a approuvé l'état prévisionnel concernant la section I en plénière le 6 avril 2011 (doc. *PE P7_TA(2011)0140*). En 2010, le Parlement l'avait fait le 18 mai.

[106] Budget rectificatif n° 1/2011 compris (voir chapitre II).

[107] Ce montant ne tient pas compte de la proposition de la Commission de révision du CF pour le financement complémentaire du projet ITER en 2012 (voir pages 76-84).

[108] Présentation du projet de budget pour 2012 au Parlement européen le 20 avril 2011.

[109] Présentation du PB le 20 avril 2011.

[110] Doc. *SEC(2011) 498* de mai 2011, pp. 76/78. Ce montant se répartit par rubrique et sous-rubrique du CF comme suit :

- sous-rubrique *1a* (*Compétitivité pour la croissance et l'emploi*) : 14,1 milliards d'euros ;
- sous-rubrique *1b* (*Cohésion pour la croissance et l'emploi*) : 36,3 milliards d'euros ;
- rubrique *2* (*Conservation et gestion des ressources naturelles*) : 11,9 milliards d'euros ;
- sous-rubrique *3a* (*Liberté, sécurité et justice*) : 0,16 milliard d'euros ;
- sous-rubrique *3b* (*Citoyenneté*) : 0,16 milliard d'euros, et
- rubrique *4* (*L'UE acteur mondial*) : 0,01 milliard d'euros.

[111] Ces "initiatives phare", définies dans la communication de la Commission du 3 mars 2010 intitulée "*Europe 2020 – une stratégie pour une croissance intelligente, durable et inclusive*" (doc. *COM(2010) 2020 final*), sont :

- une Union de l'innovation ;

- 22,1 milliards d'euros pour une gestion efficace des ressources (+3,1 %) ;

- 9,5 milliards d'euros pour la création d'emplois et de nouvelles qualifications (+1,9 %) ;

- 2,4 milliards d'euros pour l'"Agenda digital de l'UE" (+3,8 %) ;

- 2 milliards d'euros pour des mesures contre la pauvreté (+3,3 %) ;

- 1,8 milliard d'euros pour la politique industrielle[112] (+7 %), et

- 1,3 milliard d'euros pour des mesures directement en faveur de la jeunesse[113] (+3,3 %).

En même temps, la Commission a décidé de "geler" ses dépenses administratives et n'a demandé aucun nouveau poste pour la troisième année consécutive.

Il convient toutefois de relever que le projet de budget ne contient aucun crédit administratif directement lié à l'adhésion de la Croatie à l'Union européenne. Ces crédits (ainsi que les nouveaux postes "élargissement" demandés pour 2012 par les institutions) ont été inclus dans le PB par le biais de la lettre rectificative n° 2/2012, présentée par la Commission le 16 septembre 2011 (voir page 85).

C. Le projet de budget pour 2012 se présente par rubrique et sous-rubrique du cadre financier pour 2007-2013 comme suit :

- la Commission propose de doter la sous-rubrique *1a* (*Compétitivité pour la croissance et l'emploi*) de 15 224 millions d'euros en crédits d'engagement (y inclus le Fonds européen d'ajustement à la mondialisation ; +12,6 % par rapport au budget pour 2011[114]) et de 12 566 millions d'euros en crédits de paiement (+8,1 %).

Suite à la décision de la Commission d'inclure dans le PB un financement complémentaire pour le projet ITER de 750 millions d'euros en crédits d'engagement en 2012[115], la sous-rubrique comporte une marge "négative"[116] de 521 millions d'euros. En tenant compte de la proposition de la Commission de révision du CF[117], adoptée le même jour que le PB (voir page 76), la marge de la sous-rubrique s'établirait à 129 millions d'euros[118].

La Commission considère cette sous-rubrique comme "*essentielle*" du point de vue du financement de la stratégie "Europe 2020" en 2012[119]. Par ailleurs, elle justifie les accroissements de crédits de paiement proposés par le besoin de couvrir, d'une part, le préfinancement des engagements croissants contractés les années précédentes dans le domaine de la recherche et, d'autre part, les paiements intermédiaires et finaux dans d'autres domaines.

S'agissant du financement du projet ITER en 2012, la Commission propose à l'article *08 20 02* (*Euratom – Entreprise commune ITER – Fusion for Energy (F4E)*) 1 067,9 millions d'euros en crédits d'engagement, inscrits en réserve (+204 % par rapport à 2011), et 344,2 millions d'euros en crédits

---

- Jeunesse en mouvement ;
- une stratégie numérique pour l'Europe ;
- une Europe efficace dans l'utilisation des ressources ;
- une politique industrielle à l'ère de la mondialisation ;
- une stratégie pour les nouvelles compétences et les nouveaux emplois, et
- une plateforme européenne contre la pauvreté.

[112] Ce montant n'inclut pas le financement pour les programmes européens de radionavigation par satellite GNSS "Egnos" et "Galileo".

[113] Ce montant n'inclut pas le financement par le biais des programmes opérationnels du Fonds social européen.

[114] Budget rectificatif n° 1/2011 compris.

[115] Dont 100 millions d'euros par redéploiements de crédits à l'intérieur de la sous-rubrique.

[116] C'est-à-dire que le plafond de la sous-rubrique *1a* est dépassé dans le PB de 521 millions d'euros.

[117] Cette proposition vise à augmenter le plafond de la sous-rubrique *1a* de 650 millions d'euros en 2012 (voir tableau 24, page 80).

[118] Il convient de noter que les 500 millions d'euros en crédits d'engagement destinés au Fonds européen d'ajustement à la mondialisation (article *40 02 43*) ne sont pas pris en compte dans le calcul de la marge de la sous-rubrique *1a* du CF.

[119] Même si la sous-rubrique *1b* (*Cohésion pour la croissance et l'emploi*) contribue d'une manière plus importante encore en termes monétaires au financement de la réalisation de la stratégie.

de paiement (+81 %), dont 63,2 millions d'euros inscrits en réserve.

Cette augmentation s'explique par l'inclusion du financement *complémentaire* du projet ITER en 2012, pour un montant de 750 millions d'euros en crédits d'engagement, provenant selon les propositions de la Commission :

- d'une révision du CF, pour un montant de 650 millions d'euros, et

- de redéploiements de crédits à partir de 24 différentes lignes budgétaires destinées au financement du 7ème programme-cadre de recherche, de développement technologique et de démonstration (PCR[120]) pour un montant de 100 millions d'euros (voir tableau 24, page 80).

Les propositions de la Commission concernant la sous-rubrique *1a* sont reprises dans le tableau 8, page 38[121] ;

- les crédits proposés pour la sous-rubrique *1b* (*Cohésion pour la croissance et l'emploi*) s'élèvent à 52 739 millions d'euros en crédits d'engagement (+3,4 %) et à 45 135 millions d'euros en crédits de paiement (+8,4 %). Ceci laisse une marge sous le plafond de la sous-rubrique de 22 millions d'euros[122].

Selon la Commission, la politique de cohésion devrait contribuer en 2012 d'une façon capitale dans la mise en œuvre de la stratégie "Europe 2020". Elle propose (en crédits d'engagement) 40 946 millions d'euros (+2,6 % par rapport à 2011) pour les Fonds structurels (Fonds européen de développement régional – FEDER – et Fonds social européen – FSE) et 11 793 millions d'euros (+6,4 %) pour le Fonds de cohésion.

En crédits de paiement, la Commission propose pour la période 2007-2013, "*non seulement à cause de la programmation financière, mais surtout suite à une forte reprise de la mise en œuvre des programmes et projets, qui devrait encore s'accentuer en 2013*"[123], 36 170 millions d'euros (+6,4 %) pour les Fonds structurels et 8 961 millions d'euros (+17,4%) pour le Fonds de cohésion. Un total de 3 110 millions d'euros est prévu pour les programmes et projets relevant de la période 2000-2006.

Les propositions de la Commission concernant la sous-rubrique *1b* sont reprises dans le tableau 9, page 39 ;

- les crédits proposés pour la rubrique *2* (*Conservation et gestion des ressources naturelles*) sont de 60 158 millions d'euros en crédits d'engagement (+2,6 %), dont 44 180 millions d'euros pour les dépenses de marché et paiements directs (+3 %), et de 57 948 millions d'euros en crédits de paiement (+2,8 %), dont 44 103 millions d'euros pour les dépenses de marché et paiements directs (+3,1 %). La marge restante sous le plafond de la rubrique est de 652 millions d'euros. La marge pour les dépenses de marché et paiements directs est de 530 millions d'euros, "modulation agricole" comprise.

Les propositions de la Commission concernant la rubrique *2* sont reprises dans le tableau 10, page 39 ;

- les crédits proposés pour la sous-rubrique *3a* (*Liberté, sécurité et justice*) s'élèvent à 1 340 millions d'euros en crédits d'engagement (+17,7 %) et à 868 millions d'euros en crédits de paiement (+6,8 %).

---

[120] Le terme "(7ème) PCR" couvre également, le cas échéant, le septième programme-cadre de la Communauté européenne de l'énergie atomique pour des activités de recherche et de formation en matière nucléaire (le "(7ème) PCR Euratom 2007-2011" ; JO L 400 du 30.12.2006, pp. 60/85).

[121] Les tableaux 8 à 13 prennent en compte aussi bien les dépenses pour la gestion des programmes que – le cas échéant – les dépenses de fonctionnement des agences exécutives et des entreprises communes (ces dernières dans le cas de la sous-rubrique *1a* uniquement ; voir pages 131-134).

[122] Selon le point 13, deuxième paragraphe de la Partie I de l'AII de 2006 : "*Sauf dans le cas de la sous-rubrique 1b "Cohésion pour la croissance et l'emploi" du cadre financier, les institutions, par souci d'une bonne gestion financière, veilleront à laisser, dans la mesure du possible, lors de la procédure budgétaire et de l'adoption du budget, des marges suffisantes disponibles sous les plafonds des différentes rubriques*". La petite marge qui subsiste sous le plafond de la sous-rubrique est avant tout due à l'assistance technique, une partie de l'enveloppe prévue à cet effet n'ayant pas été budgétisée.

[123] Présentation du projet de budget pour 2012 au Parlement européen le 20 avril 2011.

Tableau 8. Proposition de la Commission concernant la sous-rubrique *1a* (*Compétitivité pour la croissance et l'emploi*) du cadre financier dans le PB pour 2012

En millions d'euros

	Crédits d'engagement			Crédits de paiement*		
	PB pour 2012	%	Budget pour 2011	PB pour 2012	%	Budget pour 2011
7ème PCR** (UE)	8.226	*54,0*	7.458	6.455	*51,4*	5.764
Dont actions indirectes :	*8.195*	*53,8*	*7.427*	*6.423*	*51,1*	*5.733*
- Coopération	*4.342*	*28,5*	*3.830*	*3.401*	*27,1*	*2.854*
- Idées	*1.548*	*10,2*	*1.299*	*902*	*7,2*	*714*
- Personnes	*886*	*5,8*	*764*	*649*	*5,2*	*486*
- Capacités	*496*	*3,3*	*686*	*559*	*4,5*	*638*
Dont actions directes : Centre commun de recherche	*31*	*0,2*	*31*	*32*	*0,3*	*31*
7ème PCR*** (Euratom)	1.232	*8,1*	494	519	*4,1*	314
Dont actions indirectes :	*1.222*	*8,0*	*484*	*509*	*4,1*	*305*
- Entreprise commune pour ITER	*1.107*	*7,3*	*388*	*383*	*3,0*	*226*
- Énergie de fusion	*61*	*0,4*	*44*	*66*	*0,5*	*45*
- Fission nucléaire et radioprotection	*54*	*0,4*	*52*	*55*	*0,4*	*24*
Dont actions directes : Centre commun de recherche	*10*	*0,1*	*10*	*10*	*0,1*	*9*
Total 7ème PCR (UE et Euratom)	*9.458*	*62,1*	*7.952*	*6.975*	*55,5*	*6.077*
Réseaux transeuropéens de transport** ** (RTE-T)	1.338	*8,8*	1.241	885	*7,0*	870
Programme "Éducation et formation tout au long de la vie"	1.085	*7,1*	1.055	1.027	*8,2*	955
Programme-cadre pour l'innovation et la compétitivité (PIC)	599	*3,9*	569	403	*3,2*	304
Démantèlement nucléaire	289	*1,9*	284	259	*2,1*	219
Programmes européens de navigation par satellite (GNSS) "Egnos" et "Galileo"	171	*1,1*	196	404	*3,2*	528
Programme "Erasmus Mundus"	108	*0,7*	101	99	*0,8*	90
Programme "Progress"	97	*0,6*	94	87	*0,7*	84
Programmes "Fiscalis 2013" et "Douanes 2013"	82	*0,5*	82	55	*0,4*	56
Programme "Marco Polo II"** ** *	65	*0,4*	66	30	*0,2*	30
Programme statistique de l'Union	48	*0,3*	57	41	*0,3*	41
Programme européen d'observation de la Terre (GMES)	40	*0,3*	10	37	*0,3*	5
Solutions d'interopérabilité pour les administrations publiques européennes	26	*0,2*	25	24	*0,2*	14
Instrument européen de microfinancement	25	*0,2*	25	25	*0,2*	24
Réseaux transeuropéens d'énergie (RTE-E)	22	*0,1*	25	21	*0,2*	21
Programme "Internet plus sûr"	15	*0,1*	15	15	*0,1*	9
Programmes opérationnels de lutte contre la fraude	14	*0,1*	15	12	*0,1*	10
Modernisation des statistiques européennes sur les entreprises et sur le commerce	9	*0,1*	11	6	*0,1*	3
Activités spécifiques dans le domaine des services financiers, de l'information financière et du contrôle des comptes	8	*0,0*	7	8	*0,1*	7
Système d'information antifraude	6	*0,0*	6	5	*0,0*	5
Programme "Pericles"	1	*0,0*	1	1	*0,0*	1
Projets énergétiques pour aider la relance économique	0	*0,0*	0	866	*6,9*	1.023
Fonds européen d'ajustement à la mondialisation** ** **	500	*3,3*	500	50	*0,4*	48
Subventions pour quinze agences décentralisées et pour l'IET** ** ** *	331	*2,2*	302	330	*2,6*	288
Autres dépenses	886	*5,8*	882	903	*7,2*	917
Total	**15.224**	***100,0***	**13.521**	**12.566**	***100,0***	**11.628**

** Y inclus les crédits pour les PCR précédent ** Y inclus le financement de six entreprises communes (voir page 134) *** Y inclus le financement de l'entreprise commune pour ITER et le développement de l'énergie de fusion*
*** ** Y inclus le financement de l'entreprise commune SESAR ** ** * Y inclus les crédits pour le programme "Marco Polo" ** ** ** Les crédits d'engagement sont inscrits en réserve ** ** ** * Voir tableau 23, page 78*

Tableau 9. Proposition de la Commission concernant la sous-rubrique *1b* (*Cohésion pour la croissance et l'emploi*) du cadre financier dans le PB pour 2012

En millions d'euros

	Crédits d'engagement*			Crédits de paiement		
	PB pour 2012	**%**	**Budget pour 2011**	**PB pour 2012**	**%**	**Budget pour 2011**
Fonds structurels	40.946	*77,6*	39.891	36.167	*80,1*	34.010
Objectif "convergence"	*32.303*	*61,3*	*31.406*	*28.122*	*62,3*	*25.831*
Objectif "compétitivité régionale et emploi"	*7.203*	*13,7*	*7.085*	*6.908*	*15,3*	*7.138*
Objectif "coopération territoriale européenne"	*1.352*	*2,6*	*1.312*	*1.068*	*2,4*	*967*
Assistance technique	*88*	*0,2*	*88*	*69*	*0,2*	*73*
Autres programmes et actions	0	*0,0*	11	7	*0,0*	12
Fonds de cohésion	11.793	*22,4*	11.079	8.961	*19,9*	7.630
Objectif "convergence"	*11.771*					
Assistance technique	22					
Total	**52.739****	***100,0***	**50.981**	**45.135**	***100,0***	**41.652**

* *Programmes de la période de programmation 2007-2013 uniquement* ** *Dont objectif "convergence" : 83,6 %*

Tableau 10. Proposition de la Commission concernant la rubrique *2* (*Conservation et gestion des ressources naturelles*) du cadre financier dans le PB pour 2012

En millions d'euros

	Crédits d'engagement			Crédits de paiement		
	PB pour 2012	**%**	**Budget pour 2011**	**PB pour 2012**	**%**	**Budget pour 2011**
Dépenses de marché et aides directes	44.180	*73,4*	42.891	44.103	*76,1*	42.788
Marchés agricoles	*43.813*	*72,8*	*42.508*	*43.813*	*75,6*	*42.509*
Marchés de la pêche	*30*	*0,0*	*30*	*31*	*0,1*	*26*
Santé	*336*	*0,6*	*353*	*259*	*0,4*	*254*
Développement rural	14.617	*24,3*	14 436	12.753	*22,0*	12.561
Fonds européen pour la pêche (FEP)	673	*1,1*	658	514	*0,9*	458
Politique commune de la pêche (PCP) et politique maritime*	282	*0,5*	263	237	*0,4*	235
Programme "Life+"	355	*0,6*	340	267	*0,5*	262
Subventions aux agences décentralisées**	48	*0,1*	48	49	*0,1*	44
Autres programmes et actions	5	*0,0*	23	25	*0,0*	31
Total	**60.158**	***100,0***	**58.659**	**57.948**	***100,0***	**56.379**

* *Y inclus pêche internationale et droit de la mer, conservation, contrôle et gouvernance* ** *Voir tableau 23, page 78*

La marge restante sous le plafond de la sous-rubrique s'établit ainsi à 66 millions d'euros.

Cette augmentation substantielle des crédits proposés, surtout dans le domaine de la solidarité et de la gestion des flux migratoires, est due à la mise en œuvre des priorités du "programme de Stockholm (2010-2014)"[124].

Les propositions de la Commission concernant la sous-rubrique *3a* sont reprises dans le tableau 11, page 41 ;

- les crédits proposés pour la sous-rubrique *3b* (*Citoyenneté*) sont de 683 millions d'euros en crédits d'engagement et de 646 millions d'euros en crédits de paiement (soit des montants proches de ceux retenus dans le budget pour 2011). La marge laissée sous le plafond de cette sous-rubrique est ainsi de 15 millions d'euros.

Les propositions de la Commission concernant la sous-rubrique *3b* sont reprises dans le tableau 12, page 42 ;

- les crédits proposés pour la rubrique *4* (*L'UE acteur mondial*) s'élèvent à 9 009 millions d'euros en crédits d'engagement (+2,9 %) et à 7 294 millions d'euros en crédits de paiement (+0,8 %). La marge restante sous le plafond de cette rubrique s'établit ainsi à 247 millions d'euros[125].

La Commission propose de doter la politique étrangère et de sécurité commune[126] (PESC) de 363,2 millions d'euros en crédits d'engagement (+11 %) et de 317,4 millions d'euros en crédits de paiement.

Les propositions de la Commission concernant la rubrique *4* sont reprises dans le tableau 13, page 42.

Il convient de relever que suite au réexamen de la politique de voisinage de l'Union européenne la Commission a présenté, le 17 juin 2011, une lettre rectificative (la LR n° 1/2012) qui augmente les crédits d'engagement (tout en proposant un nombre de redéploiements concernant les crédits de paiement) retenus dans le projet de budget de 400 millions d'euros[127], dont 395,5 millions d'euros pour l'Instrument européen de voisinage et de partenariat (IEVP) et 4,5 millions d'euros pour l'Instrument européen pour la démocratie et les droits de l'homme (IEDDH ; voir page 85), et

- les crédits proposés pour la rubrique *5* (*Administration*) s'élèvent à 8 281 millions d'euros en crédits d'engagement et à 8 282 millions d'euros en crédits de paiement (+1,3 %). La marge restante sous le plafond de cette rubrique s'établit ainsi à 473 millions d'euros[128].

Suite à la demande de la Commission (voir page 34) les institutions ont fait un effort particulier pour limiter leurs demandes de crédits administratifs pour 2012. Ainsi la Commission ne demande aucune augmentation de son budget administratif par rapport à 2011, et par exemple le Conseil présente des demandes en diminution de 4,4 %.

Pris dans leur ensemble, les crédits demandés par toutes les institutions (offices européens, Écoles européennes et pensions inclus) augmentent de 1,7 %. Les différentes demandes des institutions sont récapitulées dans le tableau 15, page 53.

Par ailleurs, la Commission a limité le montant des demandes des subventions formulées par les agences décentralisées de l'Union européenne[129].

---

124 Voir "*Le programme de Stockholm – une Europe ouverte et sûre qui sert et protège les citoyens*" (JO C 115 du 4.5.2010, pp. 1/38) et le doc. *COM(2010) 171 final* du 20 avril 2010.

125 Il convient de tenir compte du fait que la marge de la rubrique *4* n'inclut pas les crédits de la réserve pour aides d'urgence (article *40 02 42*, au total 253,9 millions d'euros dans le budget de l'Union européenne pour 2012).

126 Chapitre *19 03* et poste *19 01 04 04* pour les crédits pour la gestion administrative.

127 Dont 153,3 millions d'euros sont couverts par une proposition de mobilisation de l'instrument de flexibilité (voir page 76).

128 Le calcul de la marge sous le plafond de la rubrique *5* prend en considération un montant de 84 millions d'euros au titre des contributions du personnel au régime de pensions, conformément à la note en bas de page n° 1 du tableau du cadre financier pour 2007-2013 (JO C 139 du 14.6.2006, p. 10).

129 Les agences décentralisées de l'UE sont présentées pages 126-130.

Tableau 11. Proposition de la Commission concernant la sous-rubrique 3a (*Liberté, sécurité et justice*) du cadre financier dans le PB pour 2012

En millions d'euros

	Crédits d'engagement			Crédits de paiement		
	PB pour 2012	*%*	**Budget pour 2011**	**PB pour 2012**	*%*	**Budget pour 2011**
Fonds pour les frontières extérieures	350	*26,1*	261	199	*22,9*	177
Fonds européen pour l'intégration des ressortissants de pays tiers	163	*12,2*	132	91	*10,5*	86
Fonds européen pour le retour	163	*12,2*	118	77	*8,9*	74
Fonds européen pour les réfugiés*	104	*7,8*	115	67	*7,7*	89
Réseau européen des migrations	8	*0,6*	8	4	*0,5*	4
Total "solidarité et gestion des flux migratoires"	*788*	*58,8*	*633*	*439*	*50,6*	*430*
Justice pénale	27	*2,0*	27	20	*2,3*	17
Lutte contre la violence (programme "Daphné")	18	*1,3*	20	16	*1,8*	16
Justice civile	16	*1,2*	16	11	*1,3*	10
Droits fondamentaux et citoyenneté	16	*1,2*	14	13	*1,5*	12
Prévention de la consommation de la drogue et information du public	3	*0,2*	4	4	*0,5*	3
Total "droits fondamentaux et justice"	*80*	*6,0*	*81*	*64*	*7,4*	*58*
Prévenir et combattre la criminalité	118	*8,8*	100	38	*4,4*	48
Prévention, préparation et gestion des conséquences en matière de terrorisme	24	*1,8*	24	8	*0,9*	11
Total "sécurité et préservation des libertés"	*142*	*10,6*	*124*	*46*	*5,3*	*59*
Système d'information Schengen (SIS II)	16	*1,2*	20	21	*2,4*	13
Système d'information sur les visas (VIS)	39	*2,9*	21	29	*3,3*	20
Eurodac	1	*0,1*	2	0	*0,0*	1
Total "gestion des systèmes d'information"	*55*	*4,1*	*43*	*50*	*5,8*	*34*
Prince (Affaires intérieures et Justice)	6	*0,4*	6	5	*0,6*	4
Évaluation et analyse d'incidence	1	*0,1*	1	1	*0,1*	1
Total "stratégie politique et coordination"	*7*	*0,5*	*7*	*5*	*0,6*	*5*
Subventions pour huit agences décentralisées**	269	*20,1*	277	262	*30,2*	260
Autres dépenses	1	*0,1*	15	3	*0,3*	11
Total général	**1.340**	***100,0***	**1.180**	**868**	***100,0***	**857**

** Y inclus les mesures d'urgence   ** Voir tableau 23, page 78*

Tableau 12. Proposition de la Commission concernant la sous-rubrique *3b* (*Citoyenneté*) du cadre financier dans le PB pour 2012

En millions d'euros

	Crédits d'engagement			Crédits de paiement		
	PB pour 2012	**%**	**Budget pour 2011***	**PB pour 2012**	**%**	**Budget pour 2011***
Programme "Jeunesse en action"	135	*19,8*	130	124	*19,2*	119
Programme "Média 2007"	107	*15,7*	105	101	*15,6*	97
Programme "Culture 2007-2013"	59	*8,6*	58	51	*7,9*	50
Action de l'UE dans le domaine de la santé	50	*7,3*	48	38	*5,9*	37
Information pour les médias et actions multimédia	35	*5,1*	36	32	*5,0*	30
Programme "L'Europe pour les citoyens"	28	*4,1*	29	28	*4,3*	22
Protection des consommateurs	22	*3,2*	22	21	*3,3*	21
Instrument financier pour la protection civile	19	*2,8*	18	15	*2,3*	18
Programme "Média Mundus"	5	*0,7*	5	5	*0,8*	4
Subventions pour deux agences décentralisées**	133	*19,5*	125	130	*20,1*	125
Agences exécutives***	25	*3,7*	25	25	*3,9*	25
Autres dépenses	64	*9,4*	75	76	*11,8*	90
Total	**683**	***100,0***	**676**	**646**	***100,0***	**638**

** Budgets rectificatifs mobilisant le Fonds de solidarité de l'UE exclus* *** Voir tableau 23, page 78*

**** Contribution de la sous-rubrique 3b aux agences exécutives "Éducation, audiovisuel et culture" et pour la santé et les consommateurs (voir page 134)*

Tableau 13. Proposition de la Commission concernant la rubrique *4* (*L'UE acteur mondial*) du cadre financier dans le PB pour 2012

En millions d'euros

	Crédits d'engagement			Crédits de paiement		
	PB pour 2012	**%**	**Budget pour 2011**	**PB pour 2012**	**%**	**Budget pour 2011**
Instrument de financement de la coopération au développement (ICD)	2.577	*28,6*	2.648	2.200	*30,2*	2.162
Instrument européen de voisinage et de partenariat (IEVP)*	1.931	*21,4*	1.831	1.269	*17,4*	1.364
Instrument d'aide de préadhésion (IAP)	1.876	*20,8*	1.797	1.451	*19,9*	1.444
Instrument européen pour la démocratie et les droits de l'homme (IEDDH)**	169	*1,9*	167	159	*2,2*	142
Instrument financier de coopération avec les pays industrialisés (IPI et IPI+)	56	*0,6*	71	32	*0,4*	26
Total "instruments principaux"	*6.609*	*73,4*	*6.514*	*5.111*	*70,1*	*5.138*
Aide humanitaire	850	*9,4*	825	830	*11,4*	786
Politique étrangère et de sécurité commune (PESC)	363	*4,0*	327	317	*4,3*	272
Instrument de stabilité (IdS)	302	*3,4*	290	228	*3,1*	198
Réserve pour aides d'urgence (RAU)	259	*2,9*	254	110	*1,5*	100
Assistance macroéconomique	105	*1,2*	105	89	*1,2*	89
Instrument de coopération dans le domaine de la sécurité nucléaire (ICSN)	77	*0,9*	76	69	*0,9*	68
Subvention pour la Fondation européenne pour la formation	20	*0,2*	20	20	*0,3*	20
Autres dépenses	424	*4,7*	343	519	*7,1*	567
Total "autres instruments, programmes, actions et divers"	*2.400*	*26,6*	*2.240*	*2.182*	*29,9*	*2.100*
Total général	**9.009**	***100,0***	**8.754**	**7.294**	***100,0***	**7.238**

** Les montants proposés pour 2012 seront augmentés de 395,5 millions d'euros en crédits d'engagement et de 102,8 millions d'euros en crédits de paiement par le biais de la lettre rectificative n° 1/2012*

*** Les montants proposés pour 2012 seront augmentés de 4,5 millions d'euros en crédits d'engagement et de 1,3 million d'euros en crédits de paiement par le biais de la lettre rectificative n° 1/2012*

S'agissant enfin des postes, les institutions (à l'exception notable du Parlement européen) ont également limité leurs demandes, la Commission ne demandant aucun nouveau poste (LR nº 2/2012 excluse) et le Conseil proposant même la suppression de 20 postes AST[130] de son tableau des effectifs. Les demandes de modification des postes inscrits aux tableaux des effectifs sont résumées par institution dans le tableau 21, page 77.

5. La position du Conseil sur le projet de budget pour 2012 (25 juillet 2011[131])

A. La position du Conseil sur le projet de budget pour 2012 (lettre rectificative nº 1/2012 incluse) s'élève à 146 245 millions d'euros en crédits pour engagements et à 129 088 millions d'euros en crédits pour paiements[132], ce qui correspond à une augmentation de 2,9 % et de 2,0 % respectivement par rapport au budget pour 2011[133]. Les crédits pour engagements correspondent à 1,11 % et les crédits pour paiements à 0,98 % du RNB. Les marges laissées sous les plafonds du CF sont de 2 144 millions d'euros en crédits pour engagements et de 12 356 millions d'euros en crédits pour paiements. Les montants retenus par le Conseil sont présentés par rubrique et sous-rubrique du CF dans le tableau 5, page 31.

B. Lors du trilogue du *11 juillet 2011* qui, conformément au point A.1 de la déclaration commune du 30 mars 2011 relative au calendrier de la procédure budgétaire et aux modalités de fonctionnement du comité de conciliation en 2011 (voir page 109), a précédé la lecture du Conseil, le Parlement européen, le Conseil et la Commission ont en premier lieu abordé la question du contenu de la position du Conseil sur le PB.

Le Conseil a avant tout rappelé son souhait, vu la situation économique dans les États membres, de limiter l'augmentation par rapport à 2011 des crédits pour paiements du budget pour 2012 au taux d'inflation.

Le Parlement européen[134] a vivement critiqué les réductions que le Conseil s'apprêtait à faire, contraires selon lui au rôle que le budget de l'Union devrait jouer dans le soutien des économies des États membres de l'Union européenne dans une situation de

---

[130] AST pour "assistant".

[131] Afin de respecter les délais prévus à l'article 4 du protocole nº 1 sur le rôle des parlements nationaux dans l'Union européenne (JO C 83 du 30.3.2010, p. 204 ; voir page 22, note 29), le Conseil a adopté sa position sur le projet de budget pour 2012 par procédure écrite se terminant le 25 juillet 2011. Six États membres (l'Autriche, le Danemark, la Finlande, les Pays-Bas, le Royaume-Uni et la Suède) ont voté contre.

Il convient de rappeler dans ce contexte que les chefs d'État et de gouvernement de cinq États membres de l'UE (Allemagne, Finlande, France, Pays-Bas et Royaume Uni) ont adressé au président de la Commission, le 18 décembre 2010, une lettre sur le futur cadre financier pluriannuel, où ils indiquent que "*les efforts entrepris en 2011 pour maîtriser la croissance de la dépense européenne doivent* (...) *être renforcés progressivement s'agissant des dernières années de l'actuel cadre pluriannuel et les crédits de paiement ne devraient pas augmenter davantage que l'inflation au cours de la période couverte par le prochain cadre financier pluriannuel.*

Une règle budgétaire devra être définie en ce qui concerne le niveau global des dépenses engagées par l'Union européenne sur la période couverte par le prochain cadre financier pluriannuel, de telle manière que le niveau des crédits d'engagement soit fixé à un niveau compatible avec la stabilisation nécessaire des contributions budgétaires des États membres. Dans cette logique, les crédits d'engagement ne devraient pas excéder leur niveau de 2013 corrigé d'un taux de croissance inférieur à celui de l'inflation pendant la durée du prochain cadre financier pluriannuel".

La décision arrêtant la position du Conseil a été publiée au JO C 261 du 3.9.2011, p. 3. Comme en 2010, le Parlement européen a critiqué, lors des trilogues du 11 juillet et du 19 octobre 2011, le fait que le Conseil adopte sa position sur le PB par procédure écrite, et non en séance publique, après délibération.

Afin de laisser, conformément à l'article 314, paragraphe 4 du TFUE, 42 jours au Parlement européen, la lettre de transmission de la position du Conseil au PE est datée du 16 septembre 2011.

[132] En d'autres termes, le Conseil a réduit les crédits pour engagements proposés par la Commission dans son PB (lettre rectificative nº 1/2012 incluse) de 1 590 millions d'euros (940 millions d'euros hors financement complémentaire pour ITER) et les crédits pour paiements de 3 651 millions d'euros. Lors de la procédure budgétaire pour 2011, ces chiffres étaient de 788 et de 3 609 millions d'euros respectivement (voir Tome II, p. 193).

[133] Budgets rectificatifs nº 1 et 2/2011 compris (voir chapitre II).

[134] Le mandat de négociation du Parlement européen pour le trilogue est repris dans le doc. *PE P7_TA(2011)0296* du 23 juin 2011. Dans son mandat, le Parlement européen met le Conseil notamment "*fortement en garde contre toute tentative* (...) *de procéder à des coupes budgétaires horizontales* (...) *sans*

crise et d'après-crise ou risquant de compromettre la mise en œuvre effective de la stratégie "Europe 2020". En effet, le PE a considéré les montants proposés dans le projet de budget dans de très nombreux cas comme le "*strict minimum*"[135].

La Commission, quant à elle, a avant tout défendu son projet de budget, tout en indiquant être "*préoccupée*" par l'approche suivie par le Conseil, non seulement du point de vue des négociations à venir sur le budget pour 2012, mais également parce qu'elle conduirait à augmenter fortement le niveau des "restes à liquider" (RAL ; voir page 89), tout en mettant en cause les engagements pris, y compris dans le contexte des négociations sur le cadre financier pour 2007-2013.

En outre, la Commission a présenté lors du trilogue le contenu de la lettre rectificative n° 1/2012 concernant la rubrique *4* (*L'UE acteur mondial*) du CF, adoptée le 17 juin 2011 (voir page 85).

Les trois institutions ont également discuté, conformément à l'annexe II, point D de l'AII de 2006, des projets pilotes et des actions préparatoires à retenir dans le budget de l'Union européenne pour 2012.

S'agissant du budget pour 2011, les deux branches de l'autorité budgétaire ont marqué leur accord de principe sur le projet de budget rectificatif n° 4/2011 concernant la gestion des flux migratoires et de réfugiés et les ressources propres, tel que proposé par la Commission (voir chapitre II).

Dans le cadre du point 47 de la Partie III de l'AII de 2006[136], le Parlement européen, le Conseil et la Commission ont fait le point sur l'état des procédures législatives concernant les bases légales de

---

évaluer de manière précise les besoins réellement nécessaires à la réalisation des objectifs et engagements politiques acceptés par l'Union". Le PE "*demande, à l'inverse, au Conseil, en cas de coupes, d'indiquer clairement les priorités ou projets politiques de l'Union qui peuvent être différés ou complètement abandonnés et de s'expliquer publiquement*" (*Ibid.*, point 14).

[135] Sur des points spécifiques, le Parlement européen a, entre autres, critiqué :

- les réductions de crédits envisagées par le Conseil concernant des programmes avec de bons taux d'exécution dans la sous-rubrique *1a* ;
- le maintient des crédits de paiement proposés par la Commission pour l'objectif "convergence" dans la sous-rubrique *1b*, alors que les programmes souffrent de problèmes d'exécution dans certains États membres ;
- les réductions de crédits envisagées dans la sous-rubrique *3a* pour le Fonds pour les frontières extérieures et pour le Fonds européen pour le retour, contraires selon le PE aux conclusions du Conseil européen de juin 2011 ;
- la façon dont le Conseil compte prendre en compte les demandes de crédits de la Commission présentées dans la lettre rectificative n° 1/2011 concernant la politique de voisinage de l'UE (voir page 85) ;
- les réductions projetées des crédits administratifs risquant notamment de mettre en cause la gestion et la mise en œuvre effective des programmes de l'UE, et
- la façon de prendre en compte les crédits reportés dans le calcul des subventions aux agences décentralisées de l'UE.

[136] Le point 47 de l'AII de 2006 (intitulé "*Agences et Écoles européennes*") se lit comme suit : "*Lors de l'élaboration de sa proposition visant à créer une nouvelle agence, la Commission évaluera les implications budgétaires sur la rubrique de dépenses correspondante.*

Sur la base de ces informations et sans préjudice des procédures législatives régissant la création de cette agence, les deux branches de l'autorité budgétaire s'engagent, dans le cadre de la coopération budgétaire, à dégager en temps opportun un accord sur le financement de l'agence.

Une procédure similaire doit être appliquée lorsque la création d'une nouvelle École européenne est envisagée".

Le Parlement européen, le Conseil et la Commission ont adopté le 12 novembre 2009 la déclaration commune suivante sur les lignes directrices en vue de la mise en œuvre du point 47 (voir Tome II, pp. 125/126) : "*Afin de fournir des précisions sur l'application pratique du point 47 de l'accord interinstitutionnel du 17 mai 2006, le Parlement européen, le Conseil et la Commission conviennent des dispositions procédurales suivantes :*

- *Premièrement, la Commission soumettra systématiquement toute proposition visant à créer une nouvelle agence au premier trilogue qui suivra l'adoption de la proposition, présentera la fiche financière qui accompagne l'acte législatif proposant la création de l'agence et précisera ses conséquences pour la période restant à courir de la programmation financière ;*
- *Deuxièmement, compte tenu de l'avancement du processus législatif* (cela recouvre notamment l'incidence financière de toute modification importante apportée dans le projet de proposition de compromis aux

cinq agences décentralisées de l'Union européenne, à savoir :

- la nouvelle Agence européenne pour la gestion opérationnelle des systèmes d'information à grande échelle au sein de l'espace de liberté, de sécurité et de justice[137] ;

- l'Agence du GNSS[138] européen ;

- l'Agence européenne pour la sécurité maritime ;

- l'Agence "Frontex", et

- l'Agence européenne chargée de la sécurité des réseaux et de l'information[139].

Enfin, sous le point "Divers", les trois institutions ont évoqué la question du financement complémentaire du projet ITER en 2012 et 2013 (voir pages 76-85).

C. La position du Conseil sur le projet de budget pour 2012 tient compte des orientations budgétaires du Conseil pour 2012 (voir page 34), en mettant l'accent en particulier sur les aspects suivants[140] :

- suivre une approche débouchant sur un budget "*réaliste et équilibré*" dans toutes ses composantes, dans le respect de la discipline budgétaire et de la bonne gestion financière. Le Conseil reconnaît dans ce contexte les efforts accomplis par la Commission dans son PB mais souligne la "*nécessité de consentir des efforts supplémentaires*" ;

- veiller à ce que les diverses priorités de l'Union européenne bénéficient d'une "*dotation adéquate*", en déterminant les crédits sur la base du taux d'exécution en 2010, de la "note d'alerte budgétaire du printemps"[141] et des "*capacités réalistes d'absorption*" ;

- dégager des marges supplémentaires par rapport au PB sous les plafonds des différentes rubriques et sous-rubriques du cadre financier, à l'exception[142] de la sous-rubrique *1b* (*Cohésion pour la croissance et l'emploi*), afin de pouvoir faire face à des situations imprévues ou à de nouvelles priorités politiques décidées en 2012, tout en respectant dans la mesure du possible les crédits d'engagement proposés par la Commission en ce qui concerne les programmes co-décidés[143], et

---

tâches, à la taille et/ou à la structure de financement de l'agence, par rapport à la proposition initiale de la Commission) *et pour autant que chaque branche de l'autorité budgétaire soit en mesure de prendre position sur les conséquences financières de la proposition avant l'adoption de l'acte législatif, la création de la nouvelle agence sera inscrite à l'ordre du jour d'un trilogue ultérieur* (en cas d'urgence, sous une forme simplifiée) *en vue de parvenir à un accord sur le financement ;*

- Troisièmement, l'accord dégagé lors d'un trilogue sera confirmé par une déclaration conjointe, sous réserve de l'approbation de chaque branche de l'autorité budgétaire conformément à son propre règlement intérieur".

[137] La Commission ayant présenté une nouvelle fiche financière révisée le 7 juillet 2011. Le règlement (UE) n° 1077/2011 du Parlement européen et du Conseil créant cette agence a été adopté le 25 octobre 2011 (JO L 286 du 1er.11.2011, pp. 1/17).

[138] *Global Navigation Satellite System* ou système mondial de (radio)navigation par satellite.

[139] La Commission ayant proposé de confier à ces quatre agences de nouvelles tâches ou de prolonger leur mandat (pour l'Agence européenne chargée de la sécurité des réseaux et de l'information).

Une première décision prolongeant le mandat de l'Agence européenne chargée de la sécurité des réseaux et de l'information a été publiée au JO L 165 du 24.6.2011, p. 3.

Les discussions sur ces agences se poursuivront lors du trilogue du 19 octobre 2011 (voir pages 55-56).

[140] Doc. *Conseil 13110/11 BUDGET 29* du 25 juillet 2011, pp. 10/21.

[141] La Commission a présenté cette "note d'information du printemps", basée sur les informations fournies par le système d'alerte budgétaire (voir Tome I, p. 124 et Tome II, p. 194) au 31 mai 2011, le 22 juin 2011. La "note d'information d'automne" a été présentée le 19 octobre 2011 (voir page 55).

[142] Il convient de rappeler le point 13, deuxième paragraphe de la Partie I de l'AII de 2006, selon lequel : "*Sauf dans le cas de la sous-rubrique 1b "Cohésion pour la croissance et l'emploi" du cadre financier, les institutions, par souci d'une bonne gestion financière, veilleront à laisser, dans la mesure du possible, lors de la procédure budgétaire et de l'adoption du budget, des marges suffisantes disponibles sous les plafonds des différentes rubriques*". Les crédits d'engagement repris dans le CF au titre de la sous-rubrique *1b* sont inscrits "automatiquement" dans le budget de l'Union européenne, car ils sont basés sur des enveloppes inscrites dans les actes de base et sur des engagements "préprogrammés". La petite marge qui subsiste sous le plafond de la sous-rubrique est due à l'assistance technique, une partie de l'enveloppe qui lui est destinée n'étant pas budgétisée.

[143] Hors dépenses pour la gestion administrative et dépenses gérées par les agences exécutives (voir *infra*).

Il convient de relever qu'exceptionnellement le Conseil a réduit les crédits d'engagement proposés par la

- assurer une croissance *"limitée et contrôlée"* des crédits de paiement[144] par rapport à l'exercice 2011 pour toutes les rubriques et sous-rubriques du CF, dans le contexte des *"impératifs budgétaires que connaissent tous les États membres"*.

S'agissant des dépenses administratives des institutions (rubrique *5* du CF), le Conseil a notamment appliqué les principes suivants :

- limiter l'augmentation globale des dépenses administratives des institutions de l'UE conformément à l'approche suivie par les États membres pour leur propre fonction publique ;

- procéder à des réductions ciblées sur des lignes budgétaires précises pour toutes les institutions (à l'exception du Parlement européen, dans le respect du *"Gentlemen's agreement"*, appliqué depuis la procédure budgétaire pour 1971[145]), en tenant compte de l'exécution budgétaire et des besoins justifiés ;

- augmenter l'abattement forfaitaire standard sur les salaires[146] pour la plupart des institutions, en tenant compte du taux de vacance actuel ;

- n'accepter aucun nouveau poste demandé par les institutions, à l'exception du Parlement européen (en raison du *"Gentlemen's agreement"*) et d'une partie des postes demandés par le Service européen pour l'action extérieure, qui est une nouvelle institution (dans le sens du RF de 2002), et

- accepter les conversions, transformations, revalorisations et transferts de postes demandés, en conformité avec le statut des fonctionnaires et le régime applicable aux autres agents de l'Union européenne.

Le Conseil a également procédé à des réductions ciblées, notamment sur la base de l'exécution budgétaire et des capacités d'absorption escomptées, sur les dépenses pour la gestion administrative des programmes opérationnels et des Fonds et sur les dépenses administratives des agences exécutives chargées de la mise en œuvre de certains programmes de l'UE[147].

S'agissant des agences décentralisées de l'Union européenne, le Conseil a appliqué les critères[148] sui-

---

Commission dans son PB pour les dépenses opérationnelles de programmes et de Fonds co-décidés, pour un montant total de 138,2 millions d'euros, dont :

- 23 millions d'euros dans la sous-rubrique *3a* (*Liberté, sécurité et justice* ; 2 articles) ;
- 0,5 million d'euros dans la rubrique *3b* (*Citoyenneté* ; 1 article), et
- 114,7 millions d'euros dans la rubrique *4* (*L'UE acteur mondial* ; 15 lignes budgétaires).

La procédure de "co-décision" est devenue, suite à l'entrée en vigueur du traité de Lisbonne, la " procédure législative ordinaire".

144 Le Conseil a accompagné ses réductions de crédits de paiement par rapport aux propositions de la Commission de sa déclaration "traditionnelle" suivante sur les crédits de paiement (y inclus sur la "procédure spéciale" concernant les crédits de paiement relevant de la sous-rubrique *1b*, introduite lors de la procédure budgétaire pour 2011 ; voir Tome II, p. 195) : "*Le Conseil demande à la Commission de présenter un projet de budget rectificatif si les crédits de paiement inscrits dans le budget 2012 se révélaient insuffisants pour couvrir les dépenses relevant de la sous-rubrique 1a (Compétitivité pour la croissance et l'emploi), de la sous-rubrique 1b (Cohésion pour la croissance et l'emploi), de la rubrique 2 (Conservation et gestion des ressources naturelles) et de la rubrique 4 (L'UE acteur mondial).*

Il demande instamment à la Commission de présenter, au plus tard pour la fin septembre 2012, les derniers chiffres actualisés concernant la situation et les estimations relatives aux crédits de paiement relevant de la sous-rubrique 1b et, si nécessaire, de présenter un projet de budget rectificatif à cette seule fin.

Le Conseil se prononcera sur le projet de budget rectificatif dans les plus brefs délais afin d'éviter toute insuffisance dans les crédits de paiement" (doc. *Conseil 13110/11 BUDGET 29*, p. 11).

145 Voir Tome II, p. 37.

146 C'est-à-dire l'application d'une réduction forfaitaire du montant des traitements afin de tenir compte des postes qui resteront vacants notamment pour cause de "délais de remplacement".

147 Les agences exécutives existantes sont présentées page 134.

148 Il convient de relever que le Conseil a appliqué des critères plus stricts que l'année précédente. Pour rappel, le Conseil avait retenu lors de sa position sur le projet de budget pour 2011 les principes suivants :

- agences en "vitesse de croisière" : augmentation de la subvention limitée à 1,5 % maximum par rapport à 2010 et non-acceptation des nouveaux postes demandés ;
- agences auxquelles le législateur a confié de nouvelles tâches : augmentation limitée à 3 % maximum et acceptation de la moitié des nouveaux postes demandés, et

vants pour déterminer les montants des subventions du budget de l'UE pour 2012[149] :

- agences en "vitesse de croisière" : pas d'augmentation de la subvention par rapport à 2011 et non-acceptation des nouveaux postes demandés ;

- agences auxquelles l'autorité législative a confié de nouvelles tâches : augmentation de la subvention limitée à 1,5 % maximum par rapport à 2011 et acceptation d'un tiers des nouveaux postes demandés[150], et

- nouvelles agences[151] : acceptation de la contribution aux titres *1* et *2* (destinés aux dépenses administratives et de personnel) limitée à 3/4 des montants proposés[152] et acceptation de 3/4 des nouveaux postes demandés dans le projet de budget.

S'agissant enfin des projets pilotes et des actions préparatoires, le Conseil a accepté les propositions présentées dans le PB.

Le tableau 14 (page 48) résume les montants des réductions de crédits opérées par le Conseil dans sa position sur le projet de budget pour 2012. Il indique également le montant des marges laissées par le Conseil sous les différentes rubriques et sous-rubriques du CF.

Il convient de relever que le Conseil n'a pas réduit les crédits d'engagement proposés par la Commission pour financer les différentes mesures liées à la mise en œuvre de la stratégie "Europe 2020", à l'exception des lignes pour la gestion administrative et pour l'assistance technique et de deux lignes sous le titre *20* (*Commerce*) du budget[153].

D. Les résultats de la lecture du Conseil s'établissent par rubrique et sous-rubrique du cadre financier comme suit :

- les crédits de la sous-rubrique *1a* (*Compétitivité pour la croissance et l'emploi*) s'élèvent à 14 528 millions d'euros en crédits d'engagement (y inclus le Fonds européen d'ajustement à la mondialisation) et à 11 434 millions d'euros en crédits de paiement, soit +7,4 % et -1,7 % respectivement par rapport au budget pour 2011[154].

Le Conseil a réduit les crédits d'engagement proposés de 45,9 millions d'euros, dont 26,3 millions d'euros pour les crédits pour la gestion administrative et 15,5 millions d'euros pour les subventions destinées à quatorze agences décentralisées relevant de cette sous-rubrique.

En même temps, le Conseil n'a pas retenu les 650 millions d'euros en crédits d'engagement[155] propo-

- nouvelles agences : acceptation des montants proposés et des nouveaux postes demandés dans le PB (à l'exception de l'Agence européenne pour la gestion opérationnelle des systèmes d'information à grande échelle ; voir Tome II, p. 120).

[149] Le Conseil a retenu la classification de la Commission, qui est présentée dans le tableau 23, page 78. Au total, le Conseil a réduit les subventions proposées par la Commission aux différentes agences décentralisées de 38,4 millions d'euros en crédits d'engagement et de 40,1 millions d'euros en crédits de paiement (voir tableau 14, page 48).

[150] Les nouveaux postes "autofinancés" par des recettes propres des agences sont, par contre, acceptés. Les postes retenus par le Conseil pour les agences décentralisées et les agences exécutives sont résumés dans le tableau 21, page 77.

[151] C'est-à-dire les agences "en phase de démarrage" et la nouvelle Agence européenne pour la gestion opérationnelle des systèmes d'information à grande échelle au sein de l'espace de liberté, de sécurité et de justice, en création (voir tableau 23, page 78).

[152] Le Conseil a accepté les montants des contributions demandés pour le titre *3* destinés aux dépenses opérationnelles des nouvelles agences.

[153] Il s'agit de l'article *20 02 01* (*Relations commerciales extérieures, y compris l'accès aux marchés des pays tiers*), pour lequel le Conseil a réduit dans sa position les crédits d'engagement de 2,5 millions d'euros (sur les 9,8 millions d'euros proposés par la Commission) et de l'article *20 02 03* (*Aide au commerce – Initiatives multilatérales*), pour lequel le Conseil les a réduit de 0,7 million d'euros (sur 4,5 millions d'euros). Ces lignes relèvent de la rubrique *4* (*L'UE acteur mondial*) du CF.

[154] Budgets rectificatifs n° 1 et 2/2011 compris (voir chapitre II).

[155] Le Conseil a cependant retenu les crédits de paiement proposés à l'article *08 20 02*, soit 281 millions d'euros.

Tableau 14. Les réductions de crédits opérées par le Conseil dans sa position sur le projet de budget pour 2012

En millions d'euros

Rubrique ou sous-rubrique du CF	Crédits d'engagement*	Crédits de paiement*	*Dont crédits pour la gestion administrative***	Agences décentralisées c/e	Agences décentralisées c/p	*Nb*	Total c/e	Total c/p	*Marge c/e*	*Marge c/p*
1a (Compétitivité pour la croissance et l'emploi)	680,4***	1.114,2** **	*26,3*	15,5	17,8	*14*	695,9	1.132,0** **	*175,3*	
1b (Cohésion pour la croissance et l'emploi)	0	1.299,3	*0*	0	0	*0*	0	1.299,3	*22,1*	
2 (Conservation et gestion des ressources naturelles)	544,1	783,8	*1,8*	1,5	2,7	*3*	545,6	786,5	*1.197,2*	
3a (Liberté, sécurité et justice)	44,1	31,5	*0,6*	11,6	12,7	*4*	55,7	44,3	*121,3*	
3b (Citoyenneté)	6,1	8,1	*0,6*	9,5	6,5	*2*	15,6	14,5	*31,1*	
*4 (L'UE acteur mondial)*** ** **	203,3	300,3** ** *	*20,0*	0,3	0,4	*1*	203,6	300,3** ** *	*50,2*	
*5 (Administration)*** ** ** *	73,7	73,7	–	0	0	*0*	73,7	73,7	*546,4*	
Total	**1.551,7**	**3.610,6**	*49,3*	**38,4**	**40,1**	*24*	**1.590,0**	**3.650,7**	*2.143,6*	*12.466,0*

* *Hors subventions pour les agences décentralisées de l'Union européenne*

** *Dépenses pour le personnel de recherche incluses*

*** *Dont 650 millions d'euros concernant le financement additionnel du projet ITER*

** ** *Dont 50 millions d'euros pour le Fonds européen d'ajustement à la mondialisation*

** ** * *Dont 110 millions d'euros pour la réserve pour aides d'urgence*

** ** ** *Lettre rectificative n° 1/2012 incluse*

** ** ** * *Pour le détail, voir tableau 15, page 53*

sés par la Commission dans le PB à l'article *08 20 02* (*Euratom – Entreprise commune ITER – Fusion for Energy (F4E)*) liés au financement complémentaire du projet ITER en 2012[156], nécessitant une révision du cadre financier (voir pages 36 et 76-85). À ce titre, le Conseil a adopté la déclaration suivante sur le financement complémentaire du projet ITER[157] :

"Le Conseil n'a pas inclus dans sa position sur le projet de budget 2012 le financement supplémentaire proposé pour le projet ITER sur la base d'une révision éventuelle du cadre financier pluriannuel 2007-2013, dans l'attente de la clôture de la campagne agricole 2011 et de nouvelles informations sur les taux d'exécution.

Le Conseil réexaminera la situation après la clôture de la campagne agricole 2011, en vue de se prononcer sur les sources et l'ampleur d'un financement supplémentaire. Il invite la Commission, en coopération avec l'entreprise commune "Fusion for Energy" (F4E), à rendre compte, au plus tard le 15 octobre 2011, des progrès réalisés dans la mise en œuvre du plan d'économies et de maîtrise des coûts, des performances et de la gestion de l'entreprise commune pour ITER et le développement de l'énergie de fusion et du projet ITER, ainsi que de la réalisation des activités prévues dans le cadre du budget annuel.[158]

Le Conseil rappelle ses conclusions de juillet 2010[159]*, selon lesquelles des ressources supplémentaires devraient reposer avant tout sur un redéploiement à l'intérieur de la sous-rubrique 1a du cadre financier pluriannuel*".

S'agissant des crédits de paiement, le Conseil les a réduits de 1 082 millions d'euros, dont 563,2 millions d'euros dans le domaine de la recherche, 147 millions d'euros pour les lignes budgétaires liées au plan européen pour la relance économique, 102 millions d'euros dans le domaine des transports, 99,5 millions d'euros dans le domaine de la compétitivité, 86 millions d'euros dans le domaine de l'éducation et de la formation, 17,8 millions d'euros pour les subventions de quatorze agences décentralisées, 26,3 millions d'euros pour les crédits pour la gestion administrative et 40,2 millions d'euros sur les autres lignes budgétaires relevant de cette sous-rubrique.

Par ailleurs, conformément à sa position traditionnelle en la matière, le Conseil n'a pas retenu les crédits de paiement proposés par la Commission pour le FEM (50 millions d'euros) ;

- les crédits de la sous-rubrique *1b* (*Cohésion pour la croissance et l'emploi*) s'élèvent à 52 739 millions d'euros en crédits d'engagement (+3,4 %) et à 43 836 millions d'euros en crédits de paiement (+5,2 %).

Le Conseil a accepté les crédits d'engagement proposés par la Commission.

S'agissant des crédits de paiement, le Conseil les a réduits de 1 299,3 millions d'euros sur six différentes lignes budgétaires[160], dont 706,4 millions

---

[156] Les deux branches de l'autorité budgétaire ont, par contre, accepté les crédits de paiement proposés par la Commission (soit 344,2 millions d'euros, dont 63,2 millions d'euros inscrits en réserve ; voir pages 36-37).
[157] Doc. *Conseil 13110/11 BUDGET 29*, pp. 13/14.
[158] L'entreprise commune pour ITER et le développement de l'énergie de fusion (l'entreprise commune "F4E") a présenté son "rapport d'avancement 2011 au Conseil "Compétitivité" le 26 septembre 2011.
[159] Doc. *Conseil 11902/10 RECH 255 ATO 38 BUDGET 45* du 7 juillet 2010, point 12.
[160] Ces réductions se répartissent par lignes budgétaires comme suit :
- achèvement de l'objectif n° 3 du FSE pour la période 2000-2006 (article *04 02 06*) : -7,1 millions d'euros ;
- objectif de compétitivité régionale du FSE (article *04 02 19*) : -387 millions d'euros ;
- achèvement de l'objectif n° 2 du FEDER pour la période 2000-2006 (article *13 03 04*) : -24,3 millions d'euros ;
- objectif de compétitivité régionale du FEDER (article *13 03 18*) : -567,7 millions d'euros ;
- objectif de coopération territoriale européenne du FEDER (article *13 03 19*) : -114,4 millions d'euros, et
- achèvement des programmes antérieurs à 2007 du Fonds de cohésion (article *13 04 01*) : -198,8 millions d'euros.
Il convient de relever que le Conseil avait réduit les mêmes six lignes budgétaires lors de la procédure budgétaire pour 2011 (voir Tome II, p. 197).

d'euros concernant le Fonds européen de développement régional[161], 394,1 millions d'euros concernant le Fonds social européen et 198,8 millions d'euros concernant le Fonds de cohésion ;

- les crédits de la rubrique *2* (*Conservation et gestion des ressources naturelles*) s'élèvent à 59 613 millions d'euros en crédits d'engagement (+1,6 %), dont 43 644 millions d'euros pour les dépenses de marché et paiements directs (+1,8 %), et à 57 162 millions d'euros en crédits de paiement (+1,4 %), dont 43 535 millions d'euros pour les dépenses de marché et paiements directs (+1,7 %).

Le Conseil a réduit dans sa position les crédits d'engagement proposés de 545,6 millions d'euros, dont 197,9 millions d'euros dans le domaine de l'agriculture, 337,6 millions d'euros pour la ligne concernant l'apurement comptable[162], 1,8 million d'euros pour les crédits pour la gestion administrative et 1,5 million d'euros concernant les subventions demandées pour trois agences décentralisées relevant de cette rubrique.

S'agissant des crédits de paiement, le Conseil les a réduits de 786,5 millions d'euros, dont 230 millions d'euros dans le domaine de l'agriculture, 337,6 millions d'euros pour la ligne concernant l'apurement comptable, 140 millions d'euros dans le domaine du développement rural, 46,5 millions d'euros pour le Fonds européen pour la pêche, 2,7 millions d'euros concernant les subventions pour trois agences décentralisées et 1,8 million d'euros pour les crédits pour la gestion administrative.

Il convient de relever que le Conseil n'a pas modifié le montant proposé par la Commission pour les programmes alimentaires en faveur des personnes les plus démunies (soit 500 millions d'euros[163]). Par contre, il a réduit les montants proposés pour le programme en faveur de la consommation de fruits à l'école (de 26 millions d'euros sur les 90 millions d'euros proposés par la Commission) et pour le "lait aux écoliers"[164] (de 5 millions d'euros sur 81 millions d'euros) ;

---

[161] Il convient de relever que le Conseil n'a pas réduit les crédits proposés par la Commission pour l'objectif "convergence".

[162] C'est-à-dire que le Conseil a augmenté le montant négatif du poste *05 07 01 06* à 406,6 millions d'euros.

[163] Poste *05 02 04 01*. L'Allemagne et les Pays-Bas ont fait inscrire à ce titre la déclaration unilatérale suivante au procès-verbal de la session du Conseil : "*En ce qui concerne l'adoption de la position du Conseil sur le projet de budget pour 2012 et compte tenu de l'arrêt rendu le 13 avril 2011 par le Tribunal de l'Union européenne dans l'affaire T-576/08, l'Allemagne et les Pays-Bas déclarent que le programme "Aide alimentaire pour les personnes les plus démunies dans l'Union européenne" (PEAD) doit être mis en œuvre conformément au droit communautaire. Par conséquent, ils considèrent que le montant des crédits prévus à la ligne budgétaire concernée est largement excessif. Ils attendent de la Commission qu'elle adapte ce montant à 113 millions d'euros, conformément au plan annuel adopté pour 2012, au plus tard dans la lettre rectificative portant sur les dépenses agricoles*" (voir pages 86-87).

Il convient de rappeler que la Commission a adopté, le 17 septembre 2010, une proposition modifiée de règlement du Parlement européen et du Conseil modifiant les règlements (CE) n° 1290/2005 du Conseil relatif au financement de la politique agricole commune et (CE) n° 1234/2007 du Conseil portant organisation commune des marchés dans le secteur agricole et dispositions spécifiques en ce qui concerne certains produits de ce secteur (règlement OCM unique) en ce qui concerne la distribution de denrées alimentaires aux personnes les plus démunies de l'Union (doc. *COM(2010) 486 final*). Cette proposition prévoyait, outre des taux de cofinancement national plus bas, un plafonnement de la participation financière annuelle de l'Union à 500 millions d'euros, ainsi qu'une série d'adaptations techniques résultant des amendements proposés par le PE. La proposition modifiée prenait également en compte l'entrée en vigueur du traité de Lisbonne.

Compte tenu de l'arrêt rendu le 13 avril 2011 par le Tribunal de l'Union européenne dans l'affaire *T-576/08* (JO C 160 du 28.5.2011, pp. 16/17) et afin de faire avancer les discussions restées bloquées au Conseil, la Commission a adopté, le 3 octobre 2011, une proposition modifiée de règlement du Parlement européen et du Conseil modifiant le règlement (CE) n° 1290/2005 du Conseil et le règlement (CE) n° 1234/2007 du Conseil en ce qui concerne la distribution de denrées alimentaires aux personnes les plus démunies de l'Union (doc. *COM(2011) 634 final*). Cette proposition remplace la proposition modifiée du 17 septembre 2010.

Le 14 novembre 2011, le Conseil est finalement parvenu à un accord politique pour prolonger le PEAD (fondé en 1987) jusqu'à fin 2013, "*les conditions n'étant pas réunies pour une poursuite de l'aide alimentaire sous le prochain cadre financier pluriannuel et (...) l'Union européenne ne finançant plus à l'avenir de politique sociale au niveau de l'Union*". Cet accord politique a été entériné le 15 décembre 2011 (voir page 60, note en bas de page 195).

[164] Postes *05 02 04 01*, *05 02 08 12* et *05 02 12 08* respectivement.

- les crédits de la sous-rubrique *3a* (*Liberté, sécurité et justice*) s'élèvent à 1 285 millions d'euros en crédits d'engagement (+12,8 %) et à 824 millions d'euros en crédits de paiement (+1,3 %).

Le Conseil a réduit les crédits d'engagement proposés de 55,7 millions d'euros, dont 15 millions d'euros pour le Fonds pour les frontières extérieures, 11,6 millions d'euros pour les subventions pour quatre agences décentralisées relevant de cette sous-rubrique, 8 millions d'euros pour le système d'information sur les visas (VIS) et 0,6 million d'euros pour les crédits pour la gestion administrative[165].

S'agissant des crédits de paiement, le Conseil les a réduits de 44,2 millions d'euros, dont 12,7 millions d'euros concernant les subventions destinées à quatre agences décentralisées et 1,8 million d'euros pour les crédits concernant la gestion administrative ;

- les crédits de la sous-rubrique *3b* (*Citoyenneté*) s'élèvent à 668 millions d'euros en crédits d'engagement et à 631 millions d'euros en crédits de paiement.

Le Conseil a réduit les crédits d'engagement de 15,6 millions d'euros, dont 9,5 millions d'euros pour les subventions à deux agences décentralisées relevant de cette sous-rubrique, 0,6 million d'euros pour les crédits pour la gestion administrative et 0,5 million d'euros pour le programme "Culture 2007-2013"[166].

Il a réduit les crédits de paiement de 14,5 millions d'euros, dont 6,5 millions d'euros concernant les subventions pour deux agences décentralisées et 0,6 million d'euros pour les crédits pour la gestion administrative ;

- les crédits de la rubrique *4* (*L'UE acteur mondial*) s'élèvent à 9 206 millions d'euros en crédits d'engagement (+5,1 %) et à 6 993 millions d'euros en crédits de paiement (-3,4 %). Le Conseil a pris en compte dans sa position la lettre rectificative n° 1/2012 portant sur la politique de voisinage de l'Union européenne, et présentée par la Commission le 17 juin 2011, en écartant toutefois tout recours à l'instrument de flexibilité et en augmentant les redéploiements de crédits par rapport à la proposition de la Commission (voir page 40).

Le Conseil a réduit les crédits d'engagement proposés de 203,6 millions d'euros, dont 20 millions d'euros pour les crédits pour la gestion administrative et 0,3 million d'euros pour la subvention pour la Fondation européenne pour la formation. Un total de 114,7 millions d'euros de réductions concerne des instruments et des actions adoptés en co-décision[167].

S'agissant des crédits de paiement, le Conseil les a réduits de 190,4 millions d'euros, dont 20 millions d'euros pour les crédits pour la gestion administrative et 0,4 million d'euros pour la subvention pour la Fondation européenne pour la formation.

Par ailleurs, conformément à sa position traditionnelle, le Conseil n'a pas retenu les crédits de paiement proposés par la Commission pour la réserve pour aides d'urgence (110 millions d'euros).

S'agissant par contre du "budget PESC", le Conseil a accepté les montants proposés dans le projet de budget pour le chapitre *19 03* (soit 362,5 millions d'euros en crédits d'engagement et 316,7 millions d'euros en crédits de paiement), ces montants étant compatibles avec le montant prévu au point 42, cinquième paragraphe de la Partie II de l'AII de 2006[168]. Conformément à son approche horizontale sur les crédits pour la gestion administrative, il a néanmoins réduit les crédits pro-

---

[165] Le Fonds pour les frontières extérieures (article *18 02 06*) et VIS (article *18 02 05*) ont été établis par des actes adoptés en co-décision (voir page 45, note en bas de page 143).

[166] Le programme "Culture 2007-2013" (article *15 04 44*) a été adopté en co-décision (voir page 45, note en bas de page 143).

[167] Dont neuf lignes budgétaires concernant l'Instrument de financement de la coopération au développement (ICD) sous les titres *19* (*Relations extérieures*) et *21* (*Développement et relations avec les États ACP*), pour un montant de 76,9 millions d'euros ;
- trois lignes concernant l'Instrument de stabilité (IdS) sous le titre *19*, pour 25,4 millions d'euros, et
- trois lignes concernant l'aide humanitaire sous le titre *23* du même nom, pour 12,4 millions d'euros.

[168] Selon le point 42, cinquième paragraphe de l'AII de 2006, un montant total de 1 740 millions d'euros est réservé au "budget PESC" pour la période 2007-2013.

posés au poste *19 01 04 04*[169] de 250 000 euros, et

- les crédits de la rubrique *5* (*Administration*) s'élèvent à 8 208 millions d'euros en crédits d'engagement et de paiement (+0,4 et +0,5 %).

Le tableau 15 (page 53) synthétise les réductions de crédits (pour un montant total de 73,7 millions d'euros) opérées par le Conseil par institution. Comme indiqué *supra*, le Conseil a retenu dans sa position (hors Parlement européen, couvert par le "*Gentlemen's agreement*" de 1970[170]) un gel des crédits administratifs des institutions pris dans leur ensemble par rapport à 2011. Par ailleurs, il a adopté une déclaration à ce sujet[171].

Les modifications des postes repris aux tableaux des effectifs retenues par le Conseil dans sa position sur le PB pour 2012 sont récapitulées pour leur part dans le tableau 21, page 77.

En tout, le Conseil a modifié dans sa position *491 lignes budgétaires*, dont *275 lignes budgétaires*[172] concernant les crédits opérationnels ou les crédits destinés à la gestion administrative proposées par la Commission dans la section III – Commission – de son projet de budget pour 2012[173]. Le nombre des lignes réduites est résumé par rubrique et sous-rubrique du CF dans le tableau 16, page 54[174].

6. Les amendements du Parlement européen (26 octobre 2011)

A. Les amendements du Parlement européen concernant la position du Conseil sur le projet de budget pour 2012 s'élèvent (lettre rectificative nº 1/2012 incluse) à 147 764 millions d'euros en crédits pour engagements et à 133 139 millions d'euros en crédits pour paiements[175], en augmentation de 3,95 % et de 5,2 % respectivement par rapport au budget pour 2011[176]. Les crédits pour engagements correspondent à 1,13 % et les crédits pour paiements à 1,01 % du RNB de l'Union européenne. Les marges laissées sous les plafonds du CF sont de 625 millions d'euros en crédits pour engagements et de 8 415 millions d'euros en crédits pour paiements. Ces montants tiennent compte de la demande du PE de mobiliser l'instrument de flexibilité pour un montant total de 239,4 millions d'euros en crédits d'engagement, dont 30,7 millions d'euros pour la sous-rubrique *1a* (*Compétitivité pour la croissance et l'emploi*) et 208,7 millions d'euros

---

[169] Ce poste contient les crédits pour la gestion administrative. La Commission proposait dans le PB un total de 750 000 euros pour la gestion administrative de la PESC en 2012.

[170] C'est-à-dire que les deux branches de l'autorité budgétaire s'abstiennent d'intervenir, lors des procédures budgétaires annuelles, dans l'examen des prévisions budgétaires concernant leurs budgets administratifs respectifs (sections I et II du budget de l'Union européenne).

[171] Selon la déclaration du Conseil sur les dépenses administratives : "*Le Conseil souligne qu'il importe d'assurer une rentabilité maximale des dépenses administratives et d'accroître l'efficacité administrative afin d'optimiser l'utilisation de ressources limitées compte tenu du processus d'assainissement budgétaire vigoureux que les États membres mènent actuellement.*

Il rappelle qu'il importe de conserver une maîtrise rigoureuse des dépenses administratives, notamment par un renforcement de la coopération interinstitutionnelle, et de ne prévoir un financement que pour les besoins réels. Le Conseil invite par conséquent l'ensemble des institutions et des organismes à contribuer à la réalisation de ces objectifs" (doc. *Conseil 13110/11 BUDGET 29*, p. 21).

[172] Il convient de comparer ce chiffre aux 239 lignes budgétaires modifiées lors de la procédure budgétaire pour 2011 ou aux 213 lignes modifiées lors de celle pour 2010 (voir Tome II, p. 346).

[173] Le reste des 216 lignes budgétaires réduites par le Conseil dans sa position concerne les dépenses administratives des institutions de l'Union (sections II à X).

[174] Fait relativement rare, le Conseil a également créé, suite à un accord avec le Parlement européen sur la base légale, une nouvelle ligne budgétaire dans le PB. Il s'agit de l'article *04 03 15*, intitulé "*Année européenne du vieillissement actif et de la solidarité intergénérationnelle (2012)*", et doté de 2,7 millions d'euros en crédits d'engagement et de 2,4 millions d'euros en crédits de paiement, inscrits en réserve dans l'attente de l'adoption de la base légale.

Les crédits proviennent de l'article *04 03 07* (*Situation sociale, démographie et famille : analyse, études et sensibilisation*).

[175] En d'autres termes, le Parlement européen a augmenté les crédits pour engagements de 328 millions d'euros et les crédits pour paiements de 400 millions d'euros par rapport au projet de budget (lettre rectificative nº 1/2012 incluse). Par rapport à la position du Conseil sur le PB, le PE a augmenté les crédits pour engagements de 1 518 millions d'euros et les crédits pour paiements de 4 051 millions d'euros.

[176] Budgets rectificatifs nº 1-4/2011 compris (voir chapitre II).

Tableau 15. Montant des réductions de crédits par institution dans la position du Conseil sur le projet de budget pour 2012

En euros

Institution(s)	Montants demandés dans le PB	Réductions opérées par le Conseil	*% d'augmentation demandé**	% d'augmentation retenu*
Parlement européen	1.724.575.043	0	*2,30*	2,30
Conseil européen et Conseil	538.545.000	-6.000.000	*-4,39*	-5,45
Commission**	3.015.814.304	-29.084.000	*-0,02*	-0,99
OP	*82.626.750*	*-1.956.000*	*-2,07*	*-4,39*
OLAF	*57.392.000*	*-655.000*	*-1,47*	*-2,60*
EPSO et EUSA	*28.228.750*	*-508.000*	*5,43*	*3,53*
PMO	*35.879.000*	*0*	*2,21*	*2,21*
OIB	*69.711.000*	*0*	*1,21*	*1,21*
OIL	*25.266.000*	*-161.500*	*0,77*	*0,13*
Écoles européennes	*169.226.010*	*-685.000*	*1,66*	*1,25*
Pensions (toutes institutions)	*1.312.115.000*	*0*	*4,00*	*4,00*
Commission (total)	4.796.258.814	-33.049.500	*1,12*	0,43
Cour de justice	353.718.000	-10.880.000	*3,66*	0,47
Cour des comptes	143.240.500	-2.074.599	*-0,76*	-2,19
CESE	130.499.922	-2.599.577	*1,50*	-0,52
Comité des régions	86.524.132	-2.477.312	*2,91*	-0,04
Médiateur européen	9.472.000	-189.000	*0,47*	-1,53
CEPD	7.639.826	-178.172	*1,00*	-1,35
SEAE***	490.816.129	-16.282.000	*5,76*	2,25
Total hors Parlement européen	**6.556.714.323**	**-73.730.160**	***1,10***	**-0,04**
Total hors offices, Écoles et pensions	***5.075.373.313***	***-73.045.160***	***0,35***	**-1,09**
Total	**8.281.289.366**	**-73.730.160**	***1,34***	**0,44**

* *Par rapport au budget de l'Union européenne pour 2011*

** *En crédits d'engagement, hors offices européens, Écoles européennes et pensions*

*** *En crédits d'engagement*

Tableau 16. Lignes budgétaires modifiées par le Conseil dans sa position sur le projet de budget pour 2012

Crédits opérationnels et pour la gestion administrative et lignes destinées aux subventions aux agences décentralisées (section III – Commission)

Rubrique ou sous-rubrique du CF	Nombre de lignes modifiées	Dont ligne avec c/e	Dont ligne avec c/p	Dont ligne avec crédits non dissociés	Dont lignes concernant les agences décentralisées
1a (Compétitivité pour la croissance et l'emploi)	138*	19	105	32	17
1b (Cohésion pour la croissance et l'emploi)	6	0	6	0	0
2 (Conservation et gestion des ressources naturelles)	40	9	17	23	5
3a (Liberté, sécurité et justice)	26	13	16	8	6
3b (Citoyenneté)	11	5	6	5	2
4 (L'UE acteur mondial)	54	33	41	9	2
Total	**275**	**79**	**191**	**77**	**32**

** Le Conseil a, en outre, créé une nouvelle ligne budgétaire (article 04 03 15, intitulé "Année européenne du vieillissement actif et de la solidarité intergénérationnelle"), doté de 2,7 millions d'euros en crédits d'engagement et de 2,4 millions d'euros en crédits de paiement, inscrits en réserve* pour la rubrique *4* (*L'UE acteur mondial*) du CF (voir page 76).

Les montants retenus par le Parlement sont présentés par rubrique et sous-rubrique du CF dans le tableau 5, page 31.

B. Lors du trilogue du *19 octobre 2011* qui, conformément au point A.4 de la déclaration commune du 30 mars 2011 relative au calendrier de la procédure budgétaire et aux modalités de fonctionnement du comité de conciliation en 2011 (voir page 109), a précédé la lecture du PE, le Parlement européen, le Conseil et la Commission ont avant tout discuté des amendements que le Parlement s'apprêtait à voter à la position du Conseil sur le projet de budget pour 2012.

Le Conseil a avant tout rappelé son attachement à une croissance limitée du budget de l'Union européenne, compte tenu de la crise économique, financière et de l'euro existante, sans précédent dans l'histoire de l'Union, et des efforts considérables de consolidation financière et fiscale entrepris par tous les États membres.

La Commission, pour sa part, a avant tout salué l'intention du Parlement européen de rétablir les montants proposés dans le PB pour la quasi-totalité des lignes budgétaires réduites par le Conseil dans sa position, indiquant qu'il s'agit de montants "*dûment justifiés*", tout en critiquant un certain nombre d'inscriptions en réserve de crédits. La Commission a, en outre, pris note de l'intention du Parlement de demander la mobilisation de l'instrument de flexibilité pour un montant plus important que celui proposé par la Commission dans le cadre de la lettre rectificative nº 1/2012 (voir page 85), tout en regrettant que le Parlement ne tienne pas compte de ses propositions en ce qui concerne le financement complémentaire du projet ITER en 2012 (voir pages 36-37).

Les trois institutions ont également eu un échange de vues sur la lettre rectificative nº 2/2012 concernant l'adhésion de la Croatie (voir pages 85-86).

S'agissant du budget pour 2011, la Commission a présenté sa "note d'information d'automne", basée sur les informations fournies par le système d'alerte budgétaire (voir page 45), qu'elle avait adoptée le jour même.

Le Parlement européen, le Conseil et la Commission ont également discuté du projet de budget rectificatif nº 5/2011 traitant de la modification du tableau des effectifs du Contrôleur européen de la protection des données (section IX du budget de l'Union européenne) et de celui du Service européen pour l'action extérieure (section X), le Conseil indiquant être en mesure d'accepter *ad referendum* l'amendement que le Parlement européen s'apprêtait à adopter concernant le rejet de la proposition de modification du tableau des effectifs du CEPD (voir chapitre II).

La Commission a, en outre, présenté le contenu de son projet de BR nº 6/2011 concernant notamment une augmentation des crédits de paiement des sous-rubriques *1a* (*Compétitivité pour la croissance et l'emploi*) et *1b* (*Cohésion pour la croissance et l'emploi*) du CF et l'excédent pour 2011, adopté la veille (voir chapitre II).

Les trois institutions ont également fait le point sur l'état des négociations concernant le financement complémentaire du projet ITER en 2012 et 2013. Le Parlement européen a fortement plaidé en faveur d'une dissociation des discussions sur ce dossier des négociations portant sur le budget pour 2012 (voir page 81).

À la demande du Parlement, ils ont en outre discuté, sous le point "Divers", sur la base du point 28 de la Partie I de l'AII de 2006[177], de la proposition de mobilisation du Fonds européen d'ajustement à la mondialisation suite aux licenciements intervenus dans l'entreprise Renault et sept de ses fournisseurs (voir chapitre II).

Enfin, les trois institutions ont poursuivi leurs discussions, entamées lors du trilogue du 11 juillet

[177] Selon le point 28, cinquième paragraphe de l'AII de 2006 : "*En même temps qu'elle présentera sa proposition de décision de mobilisation du Fonds, la Commission engagera une procédure de trilogue, éventuellement sous forme simplifiée, afin d'obtenir l'accord des deux branches de l'autorité budgétaire sur la nécessité du recours au Fonds et sur le montant requis, et soumettra à celles-ci une proposition de virement aux lignes budgétaires concernées*".

2011 sur la base du point 47 de la Partie III de l'AII de 2006 (voir page 44), sur :

- la nouvelle Agence européenne pour la gestion opérationnelle des systèmes d'information à grande échelle ;

- l'Agence du GNSS européen ;

- l'Agence européenne pour la sécurité maritime ;

- l'Agence "Frontex", et

- l'Agence européenne chargée de la sécurité des réseaux et de l'information.

Elles ont également fait le point sur l'élargissement des tâches de l'Agence européenne des produits chimiques (ECHA) suite à la proposition de la Commission de règlement du Parlement européen et du Conseil concernant la mise sur le marché et l'utilisation des produits biocides (voir page 87).

Les institutions ont adopté dans ce contexte la déclaration commune suivante sur trois de ces agences[178] :

"*Conformément au point 47 de l'accord interinstitutionnel (AII) du 17 mai 2006, le Parlement européen, le Conseil et la Commission conviennent de ce qui suit sur la base des informations transmises par la Commission :*

- le financement du montant présenté dans la fiche financière révisée pour la nouvelle Agence européenne pour la gestion opérationnelle des systèmes d'information à grande échelle au sein de l'espace de liberté, de sécurité et de justice peut être assuré dans la limite du plafond de dépenses approuvé pour la sous-rubrique 3a du cadre financier pluriannuel pendant la période 2007-2013 ;

- le financement du montant présenté dans la fiche financière révisée pour les "nouvelles tâches" de l'Agence du GNSS européen peut être assuré dans la limite du plafond de dépenses approuvé pour la sous-rubrique 1a du cadre financier pluriannuel pendant la période 2007-2013 ;

- le financement du montant présenté dans la fiche financière révisée pour les "activités relatives aux biocides" de l'Agence européenne des produits chimiques peut être assuré dans la limite du plafond de dépenses approuvé pour la rubrique 2 du cadre financier pluriannuel pendant la période 2007-2013 ;

- les montants annuels respectifs alloués à ces agences seront fixés dans le cadre de chaque procédure budgétaire annuelle".

C. Les priorités du Parlement européen lors de l'adoption de ses amendements[179] ont été notamment :

- la *stratégie "Europe 2020"* pour une croissance intelligente, durable et inclusive, le PE soulignant vouloir suivre une "*approche ambitieuse dans le financement de cette stratégie qui contribue aux principales priorités du Parlement dans le budget pour 2012, la croissance et la création d'emplois*"[180] ;

- le développement d'une *société de la connaissance* ;

- les investissements dans *la recherche, l'innovation et l'éducation* ;

- le financement de *l'inclusion sociale* et de la *réduction de la pauvreté*, et

- le financement du *sud de la Méditerranée*, en particulier dans les domaines des *urgences* et de la *gestion des migrations*.

---

[178] Il s'agit de la déclaration traditionnelle dans ce contexte, adoptée pour la dernière fois lors du trilogue du 15 octobre 2009 (voir Tome II, p. 119). Le Conseil a confirmé son accord sur cette déclaration (en tant que "point A") le 27 octobre 2011(doc. *Conseil 15771/11 FIN 765 ENV 798 JAI 754 TRANS 280* du 20 octobre 2011).

[179] En plus d'amendements spécifiques, le Parlement européen a adopté, comme les années précédentes, des "amendements horizontaux", concernant cette fois la sous-rubrique *1a* (*Compétitivité pour la croissance et l'emploi*) et les rubriques *4* (*L'UE acteur mondial*) et *5* (*Administration*) du CF, ainsi que les nouveaux projets pilotes et actions préparatoires (voir *infra*).

[180] Intervention du Parlement européen lors du trilogue du 19 octobre 2011.

Les domaines qui connaissent les plus fortes hausses en *crédits de paiement* sont la *recherche et le développement technologique* (+10,4 %) ainsi que les *Fonds structurels et de cohésion* (+8,4 %) car, selon le Parlement européen, "*la mise en œuvre de ces fonds d'investissement à long terme se situe dans la cinquième année de l'actuel cadre financier pluriannuel et atteint désormais sa vitesse de croisière*"[181].

Un autre domaine qui connaît une augmentation significative est la sous-rubrique *3a* (*Liberté, sécurité et justice*), soit +6,8 %, "*en raison du besoin croissant de gestion des flux migratoires et de réfugiés, ainsi que du renforcement de la surveillance maritime en Méditerranée*"[182].

L'*approche générale* du Parlement européen a été :

- d'accroître les montants destinés aux programmes et actions qu'il considère prioritaires (voir *supra*), et avant tout concernant le financement de la stratégie "Europe 2020" et de l'Instrument européen de voisinage et de partenariat ;

- de réduire dans le même temps les montants proposés pour certains programmes et actions afin de pouvoir renforcer les montants prévus pour des programmes et des actions "prioritaires" ;

- de maintenir toutefois un nombre limité de réductions retenues par le Conseil dans sa position sur le PB (voir *infra*) ;

- de rétablir les montants proposés par la Commission dans le projet de budget pour 2012 concernant toutes les lignes budgétaires réduites par le Conseil dans sa position, à l'exception des cas par rubrique et sous-rubrique du CF mentionnés ci-dessous, le Parlement considérant notamment que le niveau des *crédits de paiement* proposé par la Commission correspond au "*strict minimum nécessaire pour honorer les engagements juridiques que l'Union européenne a contractés les années précédentes*"[183] ;

- de rétablir également les montants proposés dans le projet de budget (et réduits par le Conseil dans sa position) concernant les subventions pour les agences décentralisées de l'Union européenne[184], tout en allant au-delà des montants proposés dans le PB dans certains cas (voir *infra*) ;

- de créer de nouveaux projets pilotes et de nouvelles actions préparatoires sous toutes les rubriques et sous-rubriques du CF[185], et

- d'inscrire en réserve un certain nombre de crédits notamment sous les rubriques *2* (*Conservation et gestion des ressources naturelles*), *3* (*Citoyenneté, liberté, sécurité et justice*) et *5* (*Administration*) du CF, et concernant le SEAE, inscriptions assorties d'un certain nombre de conditions pour "lever" ces réserves.

Outre les amendements destinés à augmenter le financement de programmes liés à la stratégie "Eu-

---

[181] Communiqué de presse du PE, du 25 octobre 2011, p. 1.

[182] Communiqué de presse du PE, du 7 octobre 2011, p. 1.

[183] En même temps, le PE a voulu réduire "*le déséquilibre qui existe entre les crédits d'engagement et de paiement dans la position du Conseil,* (…) *qui contribue notamment à accroître le RAL*" (Interventions du Parlement européen lors du trilogue du 19 octobre 2011).

[184] Il convient de relever que les montants proposés dans le PB pour quatre agences n'ont pas fait l'objet de modifications de la part du Conseil ou du Parlement européen. Il s'agit de l'Agence des droits fondamentaux de l'Union européenne, de l'Agence européenne pour la gestion opérationnelle des systèmes d'information à grande échelle, de l'Observatoire européen des drogues et des toxicomanies et de l'Institut européen pour l'égalité entre les hommes et les femmes. Concernant l'Agence des droits fondamentaux de l'Union européenne et l'Institut européen pour l'égalité entre les hommes et les femmes, le Parlement a néanmoins rétabli les deux postes non accordés par le Conseil dans sa position.

[185] Le Parlement européen a adopté un "paquet" de 67 projets pilotes et actions préparatoires dans la section III – Commission – du budget pour 2012, pour un montant total de 105,5 millions d'euros en crédits d'engagement et de 156,2 millions d'euros en crédits de paiement (soit 89,9 millions d'euros en crédits d'engagement et 43,8 millions d'euros en crédits de paiement au-dessus des montants prévus dans le projet de budget), répartis sous les différentes rubriques et sous-rubriques du CF.

Par ailleurs, il a adopté un amendement visant à créer un nouveau projet pilote sous la section X – Service européen pour l'action extérieure – du budget, destiné à inciter le SEAE à "*étudier la possibilité de créer un Institut européen de la paix (IEP)*" (nouveau poste *2 2 3 9*, doté de 0,2 million d'euros en crédits d'engagement et de paiement).

rope 2020" (tel que le *7ème PCR*, le *programme-cadre pour l'innovation et la compétitivité* ou le programme "*Éducation et formation tout au long de la vie*"), il convient de souligner l'augmentation des dépenses notamment en faveur des *producteurs de fruits et de légumes*, de l'aide *au développement pour l'Asie et l'Amérique du Sud* ou de la *Palestine et l'UNRWA*. Le PE a également souligné l'importance politique des *programmes alimentaires en faveur des personnes les plus démunies*.

En même temps, le Parlement européen propose de diminuer les crédits opérationnels destinés à la PESC de près de 36 millions d'euros. Par ailleurs, il réduit par voie d'amendements le montant de son propre budget administratif de près de 15 millions d'euros (voir *infra*).

S'agissant enfin du projet ITER, le Parlement européen a rétabli en faveur du 7ème PCR les 100 millions d'euros que la Commission proposait de prélever en crédits d'engagement au profit du financement complémentaire du projet en 2012, estimant que les besoins supplémentaires d'ITER devraient être financés avec de l'"argent frais" (c'est-à-dire sans redéploiements de crédits à partir de programmes existants).

D. La position du Parlement européen s'établit par rubrique et sous-rubrique du cadre financier pour 2007-2013 comme suit :

- le montant total de la sous-rubrique *1a* (*Compétitivité pour la croissance et l'emploi*) s'élève (y inclus les 500 millions d'euros destinés au Fonds européen d'ajustement à la mondialisation) à 14 734 millions d'euros en crédits d'engagement (+9 % par rapport à 2011[186]) et à 12 558 millions d'euros en crédits de paiement (+10,3 %).

Pour financer ses priorités dans le contexte de la stratégie "Europe 2020", le Parlement propose de mobiliser l'instrument de flexibilité, pour un montant de 30,7 millions d'euros en crédits d'engagement[187]. Selon le Parlement européen, la "*stratégie "Europe 2020" ne devait pas être victime du climat d'austérité actuelle, étant donné que les investissements dans une croissance intelligente, durable et inclusive sont nécessaires pour aider l'Europe à sortir de la crise*"[188].

Le Parlement est ainsi allé au-delà des montants proposés dans le projet de budget, pour un montant total de 239 millions d'euros en crédits d'engagement et de 6 millions d'euros en crédits de paiement, afin de renforcer les crédits de programmes et d'actions liés à la stratégie "Europe 2020", et notamment le *7ème PCR*, le *programme-cadre pour l'innovation et la compétitivité* et les programmes "*Éducation et formation tout au long de la vie*" et "*Erasmus Mundus*".

S'agissant des autres lignes budgétaires relevant de cette sous-rubrique, le Parlement européen, selon son approche horizontale (voir *supra*), a restauré les montants proposés par la Commission dans le projet de budget pour 2012 et réduits par le Conseil dans sa position[189] (voir pages 47-49), à l'exception de 19 lignes budgétaires, pour lesquelles les réductions du Conseil ont été retenues, pour un montant total de 0,5 million d'euros en crédits d'engagement et de 20,4 millions d'euros en crédits de paiement[190].

---

[186] Budgets rectificatifs nº 1-4/2011 compris.

[187] C'est-à-dire les amendements du Parlement européen dépassent le plafond de la sous-rubrique *1a* de 30,7 millions d'euros.

[188] Communiqué de presse du Parlement européen, du 7 octobre 2011, p. 2.

[189] Le Parlement européen n'a néanmoins restauré que la moitié (soit 10 millions d'euros) des crédits de paiement proposés pour les communautés de la connaissance et de l'innovation (CCI) de l'Institut européen d'innovation et de technologie (poste *15 02 11 02*), et réduits de 20 millions d'euros par le Conseil dans sa position.

[190] Au total, le Parlement européen a retenu dans leur entièreté les réductions opérées par le Conseil dans sa position pour 42 lignes budgétaires (hors dépenses administratives des institutions), pour un montant total de 22,7 millions d'euros en crédits d'engagement et de 49,5 millions d'euros en crédits de paiement, dont :
- 19 lignes budgétaires relevant de la sous-rubrique *1a* (*Compétitivité pour la croissance et l'emploi*), pour un montant total de 0,5 million d'euros en crédits d'engagement et de 20,4 millions d'euros en crédits de paiement ;
- 7 lignes relevant de la sous-rubrique *3a* (*Liberté, sécurité et justice*), pour 0,3 million d'euros en crédits d'engagement et 2,8 millions d'euros en crédits de paiement ;
- 2 lignes relevant de la sous-rubrique *3b* (*Citoyenneté*), pour 0,3 million d'euros en crédits d'engagement et de paiement, et

Le Parlement a accepté les crédits proposés par le Conseil à l'article *04 03 15* (*Année européenne du vieillissement actif et de la solidarité intergénérationnelle (2012)*), soit 2,7 millions d'euros en crédits d'engagement et 2,4 millions d'euros en crédits de paiement, mais les a inscrits sur la ligne, suite à l'adoption de la base légale le 14 septembre 2011[191].

Il a également restauré les montants proposés dans le projet de budget pour les subventions pour les agences décentralisées relevant de cette sous-rubrique, tout en augmentant au-delà du PB ceux proposés pour les trois nouvelles agences établies dans le cadre du système européen des services financiers et de la surveillance financière[192].

Le PE a, en outre, réintroduit les 50 millions d'euros en crédits de paiement pour le FEM proposés par la Commission dans le PB et non retenus par le Conseil dans sa position (voir page 49).

S'agissant enfin des projets des pilotes et des actions préparatoires, le Parlement a créé de nouveaux projets et de nouvelles actions ou a augmenté les montants proposés dans le PB pour un montant total de 19,9 millions d'euros en crédits d'engagement et de 14,5 millions d'euros en crédits de paiement ;

- le montant de la sous-rubrique *1b* (*Cohésion pour la croissance et l'emploi*) s'élève à 52 753 millions d'euros en crédits d'engagement (+3,5 %) et à 45 143 millions d'euros en crédits de paiement (+8,4 %), ce qui laisse une marge sous le plafond de la sous-rubrique de 8 millions d'euros.

Conformément à sa position de principe (voir page 57), le Parlement européen a rétabli les crédits de paiement pour toutes les lignes budgétaires réduites par le Conseil dans sa position.

Le Parlement a également augmenté le montant des crédits d'engagement proposés dans le PB pour la stratégie de l'UE pour la région de la mer Baltique[193] de 2,5 millions d'euros. Il a, en outre, créé de nouveaux projets pilotes et de nouvelles actions préparatoires ou a augmenté les montants proposés dans le projet de budget pour un montant total de 11,2 millions d'euros en crédits d'engagement et de 7,7 millions d'euros en crédits de paiement ;

- le montant de la rubrique *2* (*Conservation et gestion des ressources naturelles*) s'élève à 60 458 millions d'euros en crédits d'engagement (+3,1 %), dont 44 452 millions d'euros pour les dépenses de marché et paiements directs (+3,6 %), et à 58 245 millions d'euros en crédits de paiement (+3,3 %), dont 44 375 millions d'euros pour les dépenses de marché et paiements directs (+3,7 %).

Ceci laisse une marge sous le plafond de la rubrique de 352 millions d'euros. La marge pour les dépenses de marché et paiements directs est de 259 millions d'euros.

Le Parlement européen a non seulement rétabli les lignes budgétaire réduites par le Conseil dans sa position, mais il a également augmenté au-delà du projet de budget (pour un montant total de 273,8 millions d'euros) les crédits d'un certain nombre de lignes concernant ses priorités, à savoir :

- 175 millions d'euros (ou 255 millions d'euros par rapport à la position du Conseil) supplémentaires pour le Fonds opérationnel des organisations de producteurs (poste *05 02 08 03*) ;

- 75 millions d'euros (ou 95 millions d'euros par rapport au Conseil) supplémentaires pour l'aide aux groupements de producteurs préreconnus (poste *05 02 08 11*) ;

- 14 lignes relevant de la rubrique *4* (*L'UE acteur mondial*), pour 21,6 millions d'euros en crédits d'engagement et 26 millions d'euros en crédits de paiement.

[191] Décision nº 940/2011/UE du Parlement européen et du Conseil relative à l'Année européenne du vieillissement actif et de la solidarité intergénérationnelle (2012) (JO L 246 du 23.9.2011, pp. 5/10).

[192] Respectivement de 709 900 euros pour l'Autorité bancaire européenne, de 507 000 euros pour l'Autorité européenne des assurances et des pensions professionnelles et de 583 847 euros pour l'Autorité européenne des marchés financiers.

[193] Il s'agit de l'article *13 03 31* (*Assistance technique et diffusion des informations sur la stratégie de l'Union européenne en faveur de la région de la mer Baltique et l'amélioration des connaissances sur la stratégie à l'échelle des macrorégions*).

- 9 millions d'euros supplémentaires pour les interventions sous forme de stockage d'huile d'olive, inscrits en réserve (poste *05 02 06 03*) ;

- 9 millions d'euros (ou 14 millions d'euros par rapport au Conseil) supplémentaires pour le "lait aux écoliers" (poste *05 02 12 08*), et

- 5,8 millions d'euros supplémentaires pour les mesures de promotion et la pêche.

Ces augmentations sont notamment destinées à prévenir des crises futures, comme celle de la bactérie escherichia coli (E-coli)[194], et à indemniser les agriculteurs des conséquences financières de nouvelles crises.

S'agissant du poste destiné aux crédits des programmes alimentaires en faveur des personnes les plus démunies, le Parlement a adopté un nouveau commentaire selon lequel "*dans le cas où la proposition de la Commission, de septembre 2010, sur la nouvelle base juridique pour les programmes en faveur des plus démunis reste bloquée au Conseil, la Commission européenne établira une solution juridique pour permettre de garder jusqu'à un niveau équivalent de soutien les programmes d'aide alimentaire de distribution pour les personnes les plus démunies* ", avec la justification suivante : "*Les programmes en faveur des plus démunis poursuivent le double objectif de réguler les stocks agricoles et de contribuer à l'équilibre alimentaire de tous les Européens, en distribuant des denrées aux banques alimentaires. Le Parlement appelle le Conseil à trouver un accord afin de donner une base légale pérenne à ces programmes tout en conservant les niveaux de crédits alloués à cette politique. Il rappelle son attachement aux valeurs de solidarité et de fraternité qui sont au cœur de ce dispositif*"[195].

S'agissant de la ligne budgétaire concernant l'apurement comptable, le PE a restauré le montant proposé dans le PB (soit -69 millions d'euros).

Le Parlement européen a également créé de nouveaux projets pilotes et de nouvelles actions préparatoires ou a augmenté les montants proposés dans le PB pour un montant total de 25,5 millions d'euros en crédits d'engagement et de 22,5 millions d'euros en crédits de paiement ;

- le montant de la sous-rubrique *3a* (*Liberté, sécurité et justice*) s'élève à 1 400 millions d'euros en crédits d'engagement (+18,7 %) et à 916 millions d'euros en crédits de paiement (+6,8 %), ce qui laisse une marge sous le plafond de la sous-rubrique de 6 millions d'euros.

---

[194] Le Parlement européen a ainsi augmenté les crédits destinés à répondre aux conséquences de la crise ECEH de 250 millions d'euros par rapport au PB (ou de 350 millions d'euros par rapport à la position du Conseil).

[195] Comme indiqué *supra*, page 50, le Conseil est parvenu à un accord politique sur la proposition de la Commission fin 2011. Le règlement (UE) n° 121/2012 du Parlement européen et du Conseil modifiant les règlements du Conseil (CE) n° 1290/2005 et (CE) n° 1234/2007 en ce qui concerne la distribution de denrées alimentaires aux personnes les plus démunies de l'Union a finalement été adopté le 15 février 2012 (JO L 44 du 16.2.2012, pp. 1/3). Il est applicable du 1er janvier 2012 jusqu'à la fin du plan annuel pour 2013.

Le considérant n° 4 du règlement explique les changements apportés comme suit : "*Le régime actuel de distribution de denrées alimentaires est fondé sur la distribution de produits provenant des stocks d'intervention de l'Union, complétés, de façon temporaire, par des achats sur le marché. Toutefois, les réformes successives de la PAC et les évolutions favorables des prix à la production ont entraîné une réduction progressive des stocks d'intervention et une diminution de la variété de produits disponibles. La version actuelle du règlement (CE) n° 1234/2007 n'autorise les achats sur le marché qu'en cas d'indisponibilité temporaire de produits. À la lumière de l'arrêt rendu par le Tribunal dans l'affaire T-576/08* (...), *les achats de denrées alimentaires sur le marché de l'Union ne peuvent pas se substituer, sur une base régulière, aux stocks d'intervention réduits. Dans ces conditions, il est approprié de mettre un terme au régime de distribution de denrées alimentaires. Afin de donner aux organisations caritatives des États membres utilisant le régime actuel de distribution de denrées alimentaires suffisamment de temps pour s'adapter à la nouvelle situation, il convient de modifier le régime de distribution de denrées alimentaires afin de prévoir une période de suppression graduelle durant laquelle les achats sur les marchés devraient devenir une source d'approvisionnement régulière pour le régime de distribution de denrées alimentaires afin de compléter les stocks d'intervention en cas d'indisponibilité de stocks appropriés. La période de suppression graduelle devrait prendre fin au terme du plan annuel de 2013*".

Le Parlement européen a avant tout rétabli les montants réduits par le Conseil dans sa position[196], tout en retenant des montants dépassant ceux proposés dans le PB (pour un montant total de 22,7 millions d'euros en crédits d'engagement et de 11,8 millions d'euros en crédits de paiement) pour ses priorités, telles le Fonds européen pour les réfugiés, les mesures d'urgence en cas de flux massif de réfugiés ou le programme "Daphné".

Le Parlement a également augmenté les subventions proposées dans le PB pour l'Agence "Frontex" (de 25 millions d'euros en crédits d'engagement et de paiement, destinés à financer notamment le contrôle des frontières maritimes en Méditerranée et pour intensifier la surveillance de la frontière gréco-turque) et du Bureau européen d'appui en matière d'asile (de 2,9 millions d'euros en crédits d'engagement et de 4,5 millions d'euros en crédits de paiement).

Il a également inscrit en réserve des crédits destinés notamment à l'Agence "Frontex", à l'évaluation du système d'information Schengen[197] et à SIS II.

Enfin, le PE a créé de nouveaux projets pilotes et de nouvelles actions préparatoires ou a augmenté les montants proposés dans le projet de budget pour un montant total de 9,5 millions d'euros en crédits d'engagement et de 9 millions d'euros en crédits de paiement ;

- le montant de la sous-rubrique *3b* (*Citoyenneté*) s'élève à 699 millions d'euros en crédits d'engagement et à 661 millions d'euros en crédits de paiement, ce qui laisse une marge sous le plafond de la sous-rubrique de 219 000 euros seulement[198].

À l'exception de deux lignes budgétaires destinées au financement de la gestion administrative[199], le Parlement européen a restauré les montants proposés dans le projet de budget et réduits par le Conseil dans sa position, tout en allant au-delà des montants proposés dans le PB, pour un montant total de 7,8 millions d'euros en crédits d'engagement et de 7,9 millions d'euros en crédits de paiement, pour des lignes liées, dans le cadre du financement de la stratégie "Europe 2020", au programme "Jeunesse en action", aux actions multimédias et aux "événements annuels spéciaux".

Le Parlement a inscrit en réserve une partie des crédits destinés notamment aux actions multimédias (article *16 02 02*), ainsi qu'à la communication des représentations de la Commission (article *16 03 02*) et aux activités "Communiquer sur l'Europe en partenariat" (article *16 03 04*).

Comme dans le cas de la sous-rubrique *3a*, il a créé de nouveaux projets pilotes et de nouvelles actions préparatoires ou a augmenté les montants proposés dans le PB pour un montant de 9,3 millions d'euros en crédits d'engagement et de paiement ;

- le montant de la rubrique *4* (*L'UE acteur mondial*) s'élève à 9 465 millions d'euros en crédits d'engagement (+8,1 %) et à 7 360 millions d'euros en crédits de paiement (+1,6 %). Pour financer ses priorités, le Parlement propose de mobiliser l'instrument de flexibilité pour des lignes budgétaires relevant de l'Instrument européen de voisinage et de partenariat, pour un montant de 208,7 millions d'euros en crédits d'engagement[200].

---

[196] À l'exception notable des lignes budgétaires destinées au financement de la justice pénale et de la justice civile. Au total le Parlement européen a retenu les réductions faites par le Conseil dans sa position concernant sept lignes budgétaires, pour un montant total de 0,3 million d'euros en crédits d'engagement et 2,8 millions d'euros en crédits de paiement.

[197] Le Parlement européen a également réduit les crédits d'engagement et de paiement destinés au financement de l'"*évaluation de Schengen*" (article *18 02 07*), de 60 000 euros par rapport au PB.

[198] Il convient de relever que le Parlement européen a divisé l'article *16 03 02* (*Communication des représentations de la Commission*) du projet de budget en deux nouveaux postes, *16 03 02 01* (*Communication des représentations de la Commission*) et *16 03 02 02* (*Espaces publics européens*), transférant ce dernier (muni de 1,4 million d'euros en crédits d'engagement et de paiement) à la rubrique *5* (*Administration*).

[199] Pour un montant de 0,3 million d'euros en crédits d'engagement et de paiement.

[200] C'est-à-dire les amendements du PE dépassent le plafond de la rubrique *4* de près de 209 millions d'euros. Dans sa lettre rectificative nº 1/2012 concernant la politique de voisinage de l'UE, la Commission proposait de recourir à l'instrument de flexibilité pour un montant de 153,3 millions d'euros (voir pages 76 et 85).

Le Parlement européen a non seulement rétabli en partie[201] ou en totalité les montants réduits par le Conseil dans sa position[202], mais il a également augmenté, pour un total de 141 millions d'euros en crédits d'engagement et de paiement, les montants destinés dans le PB notamment à l'Instrument de stabilité, la Palestine[203], l'Asie et l'Amérique latine. Dans ce contexte, le PE a aussi ajouté 3 millions d'euros pour des missions d'observation électorale et un montant égal pour la communauté turque chypriote.

En contrepartie de ces différentes augmentations, le Parlement a en même temps réduit les montants proposés par la Commission dans le projet de budget, pour le programmes d'information pour les pays tiers, l'UE dans le monde, "Prince" et l'appui à l'ajustement en faveur des pays signataires du protocole sur le sucre, pour un montant total de 60 millions d'euros en crédits d'engagement et de 50 millions d'euros en crédits de paiement.

Ces réductions incluent trois lignes budgétaires relevant du "budget PESC", pour un montant total de 35,6 millions d'euros, dont :

- 18 millions d'euros pour "*EUPOL Afghanistan*" (poste *19 03 01 03*) ;

- 15 millions d'euros pour les "*actions d'urgence*" (article *19 03 04*), et

- 2,6 millions d'euros pour les "*actions préparatoires et de suivi*" (article *19 03 05*).

Concernant la lettre rectificative n° 1/2012 portant sur le financement de la politique de voisinage de l'UE (voir page 85), le Parlement européen a retenu les propositions de la Commission portant sur l'augmentation des montants et un recours à l'instrument de flexibilité (tout en augmentant le montant du recours ; voir page 76), mais n'a pas suivi la proposition visant à redéployer 104,1 millions d'euros en crédits de paiement à partir de programmes relevant de la rubrique *4*, considérant qu'un support au sud de la Méditerrannée ne doit pas se faire au détriment des autres priorités du PE.

S'agissant de la réserve pour aides d'urgence, le PE a rétabli les 50 millions d'euros en crédits de paiement proposés par la Commission dans le PB et non retenus par le Conseil.

Concernant enfin des projets pilotes et des actions préparatoires, le Parlement européen a créé de nouveaux projets et de nouvelles actions ou a augmenté les montants proposés dans le projet de budget pour un montant total de 9,9 millions d'euros en crédits d'engagement et de 6,9 millions d'euros en crédits de paiement, et

- le montant de la rubrique *5* (*Administration*) s'élève à 8 256 millions d'euros en crédits d'engagement et à 8 257 millions d'euros en crédits de paiement (+1 %), ce qui laisse une marge sous le plafond de la rubrique de 498 millions d'euros[204]. Il convient de relever que le Parlement européen, à la manière du Conseil, n'a pas inclus dans sa lecture le contenu de la lettre rectificative n° 2/2012 concernant l'adhésion de la Croatie (voir pages 85-86).

Le Parlement européen a avant tout augmenté de 6 millions d'euros[205] les montants proposés dans le PB

---

[201] Le Parlement européen a en partie rétabli (soit -15,3 millions d'euros en crédits d'engagement et -6,8 millions d'euros en crédits de paiement par rapport au DB) les montants destinés à la gestion administrative de l'Instrument d'aide de préadhésion, de l'Instrument européen de voisinage et de partenariat, de l'Instrument de financement de la coopération au développement et de l'Instrument de stabilité, réduits par le Conseil dans sa position.

[202] Le Parlement européen a retenu des réductions de crédits opérées par le Conseil dans sa position pour un montant de 21,6 millions d'euros en crédits d'engagement et 26 millions d'euros en crédits de paiement sur quatorze lignes budgétaires au total.

[203] Pour un montant de 100 millions d'euros en crédits d'engagement et de paiement. Il convient par ailleurs de relever le versement anticipé de 45 millions d'euros pour l'Autorité palestinienne et de 15 millions d'euros pour l'UNRWA proposé (en crédits d'engagement) par la Commission en 2011 dans le projet de BR n° 6/2011 (voir chapitre II).

[204] Il convient de tenir compte du nouveau poste *16 03 02 02* (intitulé "*Espaces publics européens*" et muni de 1,4 million d'euros en crédits d'engagement et de paiement), et transféré (par rapport au PB) par le Parlement européen de la sous-rubrique *3b* (*Citoyenneté*) du CF (voir page 61).

[205] Le Parlement européen a notamment créé de nouveaux projets pilotes et de nouvelles actions prépara-

pour la section III – Commission, tout en rétablissant les montants proposés pour les Écoles européennes réduits par le Conseil dans sa position. Il a également inscrit en réserve un certain nombre de montants liés notamment aux "*autres dépenses de gestion*" de la Commission (ligne *XX 01 02 11*) ou à l'Office européen de sélection du personnel (EPSO).

En ce qui concerne son propre budget administratif (section I du budget de l'Union européenne), le Parlement européen l'a réduit de 14,5 millions d'euros par rapport au projet de budget, en diminuant ainsi la hausse à 1,4 %[206], au lieu des 2,3 % prévus dans l'état prévisionnel (voir tableau 15, page 53). En même temps, la section I inclut désormais les crédits pour accueillir 18 membres du PE supplémentaires, comme le prévoit le traité de Lisbonne. Dans ce contexte, le Parlement a ajouté 29 postes AD au tableau des effectifs par rapport au PB (voir tableau 21, page 77).

Pour ce qui est des autres institutions[207], le PE a en partie restauré les montants demandés dans le projet de budget pour 2012, en retenant néanmoins certaines réductions de crédits comme suit :

- Cour de justice (section IV) : -5,4 millions d'euros (au lieu des -10,9 millions d'euros retenus par le Conseil) ;

- Cour des comptes (section V) : -0,8 million d'euros (au lieu de -2,1 millions d'euros) ;

- Comité économique et social européen (section VI) : -1,7 million d'euros (au lieu de -2,6 millions d'euros) ;

- Comité des régions (section VII) : -0,6 million d'euros (au lieu de -2,5 millions d'euros) ;

- Médiateur européen (section VIII) : -10 000 euros (au lieu de -189 000 euros) ;

- Contrôleur européen de la protection des données (section IX) : -15 736 euros[208] (au lieu de -178 172 euros), et

- Service européen pour l'action extérieure (section X) : -2,1 millions d'euros (au lieu de -16,3 millions d'euros).

Le tableau 17 (page 64) récapitule les montants par institution retenus par le Parlement européen. Les modifications aux tableaux des effectifs des institutions retenues sont présentées dans le tableau 21, page 77.

7. La procédure de conciliation (1er – 21 novembre 2011)

A. La procédure de conciliation concernant le budget de l'Union européenne pour 2012 a comporté :

- deux trilogues, organisés les 3 et 14 novembre 2011[209], et

- deux réunions du comité de conciliation, qui se sont tenues le 8 et les 18 et 19 novembre 2011.

Elle a permis aux deux branches de l'autorité budgétaire d'aboutir, pour la première fois depuis l'entrée en vigueur du traité de Lisbonne, à un accord sur un projet commun de budget, conformément à l'article 314, paragraphe 5 du TFUE.

B. Le premier trilogue, organisé le *3 novembre 2011*, a avant tout servi à préparer la réunion du comité de conciliation du 8 novembre 2011 (voir *infra*, point C).

toires ou a augmenté les montants proposés dans le PB, pour un montant de 4,6 millions d'euros en crédits d'engagement et de 5,4 millions d'euros en crédits de paiement. Il convient également de tenir compte des 1,4 million d'euros en crédits d'engagement et de paiement pour les "*Espaces publics européens*", transférés par le Parlement de la sous-rubrique *3b* (*Citoyenneté*) du CF.

[206] Le Parlement européen a notamment réduit de 5 % les frais de déplacement des membres du PE et certaines dépenses de personnel du PE. Des économies seront également apportées en ce qui concerne les "*frais de traduction et d'interprétation en effectuant* (…) *des changements organisationnels*" (Communiqué de presse du PE, du 7 octobre 2011, p. 2).

[207] S'agissant de la section II – Conseil européen et Conseil – le Parlement européen a respecté le "*Gentlemen's agreement*".

[208] Le Parlement européen a accepté dans ce contexte la transformation du poste de directeur d'AD 14 en AD 15, rejeté dans le cadre de l'examen du projet de budget rectificatif n° 5/2011 (voir chapitre II).

[209] Le trilogue prévu pour le 10 novembre 2011 (voir page 107) n'aura finalement pas lieu.

Tableau 17. Montants retenus pour 2012 par institution par le Parlement européen

En euros

Institution	Projet de budget		Position du Conseil		Amendements du PE		*% d'augmentation retenu* (en c/p)*
	c/e	*c/p*	*c/e*	*c/p*	*c/e*	*c/p*	
Parlement européen	1.724.575.043	1.724.575.043	1.724.575.043	1.724.575.043	1.710.080.121	1.710.080.121	*1,44*
Conseil européen et Conseil	538.545.000	538.545.000	532.545.000	532.545.000	532.545.000	532.545.000	*-5,45*
Commission (y inclus les offices)	3.314.917.804	3.315.212.804	3.282.553.304	3.282.848.304	3.320.957.804	3.321.252.804	*0,23*
Écoles européennes	169.226.010	169.226.010	168.541.010	168.541.010	169.226.010	169.226.010	*1,66*
Pensions (toutes institutions)	1.312.115.000	1.312.115.000	1.312.115.000	1.312.115.000	1.312.115.000	1.312.115.000	*4,00*
Total "Commission"	***4.796.258.814***	***4.796.553.814***	***4.763.209.314***	***4.763.504.314***	***4.802.298.814***	***4.802.593.814***	***1,28***
Cour de justice	353.718.000	353.718.000	342.838.000	342.838.000	348.335.000	348.335.000	*2,08*
Cour des comptes	143.240.500	143.240.500	141.165.901	141.165.901	142.476.614	142.476.614	*-1,28*
CESE	130.499.922	130.499.922	127.900.345	127.900.345	128.750.345	128.750.345	*0,14*
Comité des régions	86.524.132	86.524.132	84.046.820	84.046.820	85.881.629	85.881.629	*2,14*
Médiateur européen	9.472.000	9.472.000	9.283.000	9.283.000	9.462.000	9.462.000	*0,37*
CEPD	7.639.826	7.639.826	7.461.654	7.461.654	7.624.090	7.624.090	*0,79*
SEAE	490.816.129	490.916.129	474.534.129	474.634.129	488.676.425	488.776.425	*5,34*
Total "autres institutions"	***3.485.030.552***	***3.485.130.552***	***3.444.349.892***	***3.444.449.892***	***3.453.831.224***	***3.453.931.224***	***0,75***
Total général	**8.281.289.366**	**8.281.684.366**	**8.207.559.206**	**8.207.954.206**	**8.256.130.038**	**8.256.525.038**	***1,06***

** Par rapport au budget de l'Union européenne pour 2011*

Le Parlement européen, le Conseil et la Commission y ont surtout évoqué la position des deux branches de l'autorité budgétaire sur le projet de budget pour 2012 présenté par la Commission. Le PE a rappelé ses priorités, notamment la sous-rubrique *1a* (*Compétitivité pour la croissance et l'emploi*) avec la stratégie "Europe 2020" et, dans ce contexte, avant tout le 7ème PCR, le PIC et les programmes "Éducation et formation tout au long de la vie" et "Erasmus Mundus", ainsi que la rubrique *4* (*L'UE acteur mondial*) du CF. Tout en reconnaissant l'intérêt particulier du Conseil et des États membres à l'égard des crédits de paiement, il a souligné qu'il importait de couvrir les besoins réels et les engagements pris, en rappelant qu'il fallait lutter en même temps contre un accroissement injustifié du RAL.

Le Conseil, quant à lui, a insisté sur son souhait de cibler les dépenses de l'UE sur les mesures visant à favoriser la croissance et l'emploi, tout en rappelant fermement la nécessité de limiter l'augmentation des dépenses, afin de tenir compte des difficultés budgétaires auxquelles les États membres doivent faire face.

La Commission, enfin, a surtout rappelé le contenu de sa "lettre d'exécutabilité"[210], qui offre selon elle une base de travail utile lors des tentatives de rapprochement des positions des deux branches de l'autorité budgétaire.

Les trois institutions ont également discuté du contenu des lettres rectificatives nº 2/2012 (concernant l'adhésion de la Croatie) et nº 3/2012 (la "LR agricole") présentées par la Commission.

S'agissant du budget pour 2011, elles ont fait le point sur le projet de budget rectificatif nº 6/2011 ; la Commission a fait savoir qu'elle allait présenter le 11 novembre 2011 des chiffres actualisés sur les besoins en crédits de paiement pour la recherche et le Fonds social européen, une fois connues les dernières données concernant la mise en œuvre et les besoins en 2011 (et notamment concernant le développement rural ; voir chapitre II).

Les institutions ont également abordé la question du financement complémentaire du projet ITER en 2012 et 2013 (voir page 81). Le Parlement européen a fait état de sa préférence pour atteindre, dans un premier temps, un accord sur le financement "normal" du fonctionnement d'ITER, qui ferait partie de l'accord sur le budget de l'Union pour 2012 ; c'est seulement dans un second temps que la question de son financement *complémentaire* serait traitée. Le Conseil, par contre, a rappelé qu'il souhaite inclure d'emblée le financement supplémentaire d'ITER dans le compromis global sur le budget pour 2012, tout en indiquant que ce dossier ne devrait pas "bloquer" un accord éventuel sur le budget pour 2012 et en acceptant finalement de mener les deux négociations en "parallèle". La Commission, quant à elle, a rappelé l'urgence de conclure un accord sur le financement global du projet ITER encore en 2011.

---

210 Voir Tome II, p. 208.

Enfin, la Commission a informé l'autorité budgétaire de son intention de proposer encore en novembre 2011 la mobilisation du Fond de solidarité de l'UE pour l'Espagne et l'Italie, pour un montant total de 38 millions d'euros (voir chapitre II).

C. Lors de la première réunion du comité de conciliation[211], organisée le *8 novembre 2011*, le Parlement européen, le Conseil et la Commission, après avoir pris note des lignes budgétaires "techniquement closes"[212] et de l'état des négociations sur les lettres rectificatives n° 2/2012 (concernant l'adhésion de la Croatie) et n° 3/2012 (la "LR agricole"), ont commencé à préparer un accord sur le budget de l'Union européenne pour 2012 en examinant globalement les positions des deux branches de l'autorité budgétaire sur les projets pilotes et les actions préparatoires, ainsi que sur les différentes rubriques et sous-rubriques du CF.

Les trois institutions ont également fait le point sur les demandes de mobilisation de l'instrument de flexibilité de la Commission et du Parlement européen (voir page 76), et ont eu une discussion de principe sur le niveau des crédits pour paiements à retenir dans le budget pour 2012.

Le comité de conciliation a également pris note des lettres d'exécutabilité reçues, non seulement de la Commission, mais aussi de la Cour de justice, du Comité économique et social européen et du Service européen pour l'action extérieure.

S'agissant du budget pour 2011, les trois institutions ont fait le point sur le projet de budget rectificatif n° 6/2011 (voir chapitre II). Elles ont également abordé, de nouveau sous le point "Divers", la question du financement complémentaire du projet ITER en 2012 et 2013 (voir page 81), la Commission évoquant notamment différentes options afin de rapprocher les positions des deux branches de l'autorité budgétaire[213].

D. Le deuxième trilogue, organisé le *14 novembre 2011* à Bruxelles[214], a avant tout servi à préparer la seconde réunion du comité de conciliation et l'accord sur le budget de l'Union européenne pour 2012 (voir *infra*, point E).

À cet effet, le Parlement européen, le Conseil et la Commission ont entamé leurs discussions par "blocs thématiques" selon l'ordre suivant :

- questions horizontales (agences décentralisées de l'Union européenne, projets pilotes et actions préparatoires) ;

- approche par rubrique et sous-rubrique du CF[215] (crédits d'engagement, y compris la mobilisation de l'instrument de flexibilité) ;

---

[211] Cette réunion, qui s'est déroulée dans les locaux du Parlement européen, a été coprésidée par le président de la commission des budgets du Parlement et le secrétaire d'État au budget de la Pologne, pays assumant la présidence tournante du Conseil de l'Union européenne (voir page 371). La réunion (tout comme la seconde réunion du comité de conciliation le 18 novembre 2011) a été ouverte par le président du PE.

[212] Selon le point 3 de l'annexe de la déclaration commune, du 30 mars 2011, sur les dates de la procédure budgétaire et les modalités de fonctionnement du comité de conciliation en 2011, on entend par "ligne budgétaire techniquement close" une "*ligne pour laquelle il n'existe aucun désaccord entre le Parlement européen et le Conseil et qui n'a fait l'objet d'aucune lettre rectificative*" (voir page 110). Au total 773 lignes budgétaires de la section III – Commission – inscrites dans le PB n'ont été modifiées ni par le Conseil, ni par le Parlement européen, dont :
- 173 lignes budgétaires relevant de la sous-rubrique *1a* (*Compétitivité pour la croissance et l'emploi*) ;
- 37 lignes relevant de la sous-rubrique *1b* (*Cohésion pour la croissance et l'emploi*) ;
- 181 lignes relevant de la rubrique *2* (*Conservation et gestion des ressources naturelles*) ;
- 40 lignes relevant de la sous-rubrique *3a* (*Liberté, sécurité et justice*) ;
- 55 lignes relevant de la sous-rubrique *3b* (*Citoyenneté*) ;
- 116 lignes relevant de la rubrique *4* (*L'UE acteur mondial*), et
- 171 lignes relevant de la rubrique *5* (*Administration*).

En même temps, le Parlement européen a accepté (hors dépenses administratives des institutions) les montants retenus par le Conseil dans sa position pour 42 lignes budgétaires (voir page 58, note en bas de page 190).

[213] La Commission présentera à ce titre une proposition de compromis lors du trilogue du 23 novembre 2011 (voir page 81).

[214] Selon le calendrier prévisionnel (voir page 109), ce trilogue devait se dérouler un jour plus tard à Strasbourg.

[215] La rubrique *2* (*Conservation et gestion des ressources naturelles*) lettre rectificative "agricole"

- réserves ;

- commentaires budgétaires, et

- approche générale concernant les crédits de paiement.

S'agissant du budget pour 2011, les trois institutions ont continué leurs discussions sur le projet de budget rectificatif n° 6/2011, sur la base des nouveaux montants présentés par la Commission le 11 novembre 2011 à la suite des déclarations sur les paiements, que les États membres ont soumises pour le 10 novembre 2011 et qui font état de besoins inférieurs de 433 millions d'euros aux prévisions concernant les programmes de développement rural (poste *05 04 05 01* ; voir chapitre II).

E. Lors de sa réunion des *18 et 19 novembre 2011*, le comité de conciliation est parvenu à un accord sur un projet commun de budget pour 2012[216]. Cet accord est acté sous forme de "conclusions communes"[217], *cosignées* par les *deux coprésidents* du comité de conciliation.

Ces conclusions communes comportent trois parties :

- le budget 2012 (voir *infra*, points a) – i)) ;

- le budget rectificatif n° 6/2011 au budget 2011 (voir *infra*, point F), et

- les déclarations communes (voir *infra*, point G).

Elles sont reproduites pages 112-123.

a) L'accord sur le budget pour 2012 a été bâti sur le principe selon lequel *sauf décision contraire* du comité de conciliation, *toutes les lignes budgétaires qui n'ont été modifiées ni par le Conseil ni par le Parlement* ainsi que celles pour lesquelles *le Parlement a accepté les modifications apportées par le Conseil lors de leurs lectures respectives* du projet de budget (soit les lignes budgétaires "techniquement closes") sont *confirmées* ;

b) S'agissant des *crédits d'engagement*, et sans préjudice des lignes budgétaires "*techniquement closes*" ainsi que du compromis sur le financement des *agences décentralisées* de l'Union européenne (voir *infra*, point d)) et des *projets pilotes* et des *actions préparatoires* (voir *infra*, point f)), le comité de conciliation est convenu de retenir les montants proposés par la Commission dans le *projet de budget lettres rectificatives n° 1-3/2012 comprises*, à l'*exception de la rubrique 5* (*Administration* ; voir *infra*, point *vii)*) et des *modifications suivantes* par rubrique et sous-rubrique du CF :

i) sous-rubrique *1a* (*Compétitivité pour la croissance et l'emploi*) : le comité de conciliation est convenu d'augmenter les crédits de 29 lignes budgétaires (voir pages 114-115) pour un montant de 165 millions d'euros par rapport au projet de budget, dont 92 millions d'euros pour le 7ème PCR et 15 millions d'euros pour le programme-cadre pour l'innovation et la compétitivité. Afin de financer des mesures dans le cadre de la stratégie "Europe 2020", l'instrument de flexibilité est mobilisé pour un montant de 50 millions d'euros. En même temps, l'accord retient des réductions de crédits concernant des lignes budgétaires "techniquement closes", pour un montant de 3,2 millions d'euros[218].

Par ailleurs, sans préjudice de la déclaration commune relative au financement complémentaire du projet ITER en 2012 et 2013 (voir pages 82-83), les crédits pour ITER (article *08 20 02*), qui ont été

n° 3/2012 incluse et la rubrique *5* (*Administration*) lettre rectificative n° 2/2012 liée à l'adhésion de la Croatie et toutes institutions comprises (voir pages 85-87).

[216] La seconde réunion du comité de conciliation, programmée pour le vendredi 18 novembre 2011 (voir page 109), s'est terminée, après plus de quinze heures de négociations, sur un accord le samedi 19 novembre 2011, à deux heures du matin.

[217] Doc. *PE P7_TA(2011)0521* du 25 novembre 2011, pp. 7/21 et *Conseil 17262/11 PV/CONS 71 ECOFIN 809 BUDGET 44* du 22 février 2012, pp. 1/15.

[218] Il s'agit de l'article *04 03 07* lié au financement de l'analyse et des études sur la situation sociale, la démographie et la famille, pour un montant de 2,7 millions d'euros, ainsi que de lignes budgétaires pour la gestion administrative, pour 0,5 million d'euros.

inscrits en réserve dans l'attente de l'adoption de la base légale correspondante, sont fixés à 417,9 millions d'euros[219] ;

ii) sous-rubrique *1b* (*Cohésion pour la croissance et l'emploi*) : le comité de conciliation a retenu, suite à une demande du Parlement européen (voir page 59), 2,5 millions d'euros pour l'assistance technique et la diffusion des informations sur la stratégie de l'Union en faveur de la mer Baltique et l'amélioration des connaissances sur la stratégie à l'échelle des macrorégions (article *13 03 31*) ;

iii) rubrique *2* (*Conservation et gestion des ressources naturelles*) : le comité de conciliation a augmenté le montant négatif de la ligne concernant l'apurement comptable de 131 millions d'euros (poste *05 07 01 06*) et, suite à une demande du Parlement européen (voir page 60), le montant de la ligne destinée pour le "lait aux écoliers" (poste *05 02 12 08*) de 9 millions d'euros par rapport au projet de budget (lettre rectificative n° 3/2012 incluse). Par ailleurs, conformément à l'accord politique obtenu le 14 novembre 2011 à propos des programmes alimentaires en faveur des personnes les plus démunies (voir page 60), les crédits (soit 500 millions d'euros) ont été inscrits dans le budget pour 2012 sur la ligne correspondante (et non en réserve ; poste *05 02 04 01*).

Afin de répondre aux souhaits du Parlement européen (voir page 60), tout en maintenant inchangés les montants proposés dans le PB (lettre rectificative n° 3/2012 incluse), le comité de conciliation a, en outre, adopté la déclaration commune suivante sur le financement des mesures permettant de prévenir à l'avenir une crise dans le secteur des fruits et des légumes :

"*La crise de l'E-coli a mis en lumière la nécessité de disposer d'un mécanisme approprié pour faire face à une crise du marché au sein de l'UE. Eu égard à ce qui précède, le Parlement européen et le Conseil s'engagent à statuer rapidement sur les demandes de virement présentées en la matière par la Commission ou, après avoir examiné les possibilités de réaffectation des crédits autorisés, sur un budget rectificatif qui serait proposé par la Commission dans l'hypothèse d'une crise exceptionnelle dans le secteur des fruits et légumes requérant l'adoption de mesures d'urgence spécifiques selon les dispositions de l'article 191 du règlement n° 1234/2007 (règlement "OCM unique"), dans l'esprit de la proposition de la Commission visant à ce que l'Union soit dotée de mécanismes permettant de prévenir à l'avenir une crise par l'intermédiaire des organisations de producteurs*" ;

iv) sous-rubrique *3a* (*Liberté, sécurité et justice*) : le comité de conciliation a retenu, suite à une demande du Parlement européen, une augmentation de 9 millions d'euros pour le Fonds européen pour les réfugiés (article *18 03 03*) et du même montant pour le titre *3* (destiné aux dépenses opérationnelles) de l'Agence "Frontex" (voir *infra*, point d)), ainsi que de 2 millions d'euros pour le programme "Daphné" (article *33 02 05*) par rapport au projet de budget. En même temps, le comité a retenu des réductions par rapport au PB sur quatre lignes budgétaires "techniquement closes", pour un montant total de 250 000 euros (voir page 61) ;

v) sous-rubrique *3b* (*Citoyenneté*) : le comité de conciliation a retenu, de nouveau suite à des demandes du Parlement européen (voir page 61), une augmentation de 5 millions d'euros pour le programme "Jeunesse en action" (article *15 05 55*), de 1,5 million d'euros pour les "événements annuels spéciaux" (article *15 05 06*), de 1 million d'euros pour les "actions multimédias" (article *16 02 02*) et de 0,3 million d'euros pour "communiquer sur l'Europe en partenariat" (article *16 03 04*) par rapport au projet de budget. En même temps, le comité a retenu des réductions de crédits sur des lignes "techniquement closes" concernant la gestion administrative des programmes et des actions, pour un montant de 300 000 euros ;

[219] Ce montant inclut les 100 millions d'euros en crédits d'engagement destinés au financement complémentaire d'ITER (voir page 83). Le montant de 650 millions d'euros en crédits d'engagement lié à la révision du CF (voir page 83) sera inscrit dans le budget pour 2012 par le biais du BR n° 1/2012, adopté le 20 avril 2012 (voir deuxième partie, page 136).

vi) rubrique *4* (*L'UE acteur mondial*) : le comité de conciliation a retenu les renforcements suivants par rapport au projet de budget : 11,7 millions d'euros pour l'Amérique latine (inscrits à l'article *19 09 01*), 14,5 millions d'euros pour l'Asie (poste *19 10 01 01*), 7,8 millions d'euros pour l'Instrument de stabilité (poste *19 06 01 01*), 3 millions d'euros pour la communauté chypriote turque (poste *22 02 07 03*) et 2,9 millions d'euros pour les missions électorales et d'observation (article *19 04 03*), soit un total de 39,9 millions d'euros. En même temps, le comité a retenu des réductions de crédits par rapport au PB pour un montant total de 53 millions d'euros (voir pages 117-118). L'instrument de flexibilité est mobilisé pour un montant de 150 millions d'euros pour financer la politique de voisinage de l'Union européenne. Par ailleurs, le versement anticipé des crédits d'engagement en 2011 pour la Palestine par le biais du budget rectificatif nº 6/2011 (pour un montant de 100 millions d'euros ; voir chapitre II) est retenu, ce qui réduit d'autant les besoins dans le budget pour 2012 (voir *infra*, point F), et

vii) rubrique *5* (*Administration*) : en ce qui concerne les crédits et les postes inscrits au tableau des effectifs pour les différentes institutions, la *position du Parlement européen* est approuvée. En outre, les augmentations proposées dans la lettre rectificative n° 2/2012 concernant l'adhésion de la Croatie sont approuvées (voir pages 85-86). Finalement, un montant de 10,4 millions d'euros est ajouté pour les pensions ;

c) S'agissant des *crédits de paiement*, l'accord a été établi sur les bases suivantes :

i) le montant total des *crédits pour paiements* pour le budget pour 2012 s'élève, comme retenu dans la position du Conseil sur le projet de budget, à *129 088 millions d'euros*. Suite à une demande de la Commission, qui a émis tout au long des négociations de sérieux doutes sur la suffisance de ce montant (voir pages 34-66), le comité de conciliation, dans le cadre du compromis global, a souscrit à la déclaration commune relative aux crédits de paiement suivante :

"Compte tenu des efforts d'assainissement budgétaire actuellement consentis par les États membres, le Parlement européen et le Conseil approuvent la réduction du niveau des crédits de paiement pour 2012 par rapport au projet de budget de la Commission. Ils engagent la Commission à demander des crédits de paiement supplémentaires dans un budget rectificatif si les crédits inscrits dans le budget 2012 sont insuffisants pour couvrir les dépenses relevant de la sous-rubrique 1a (Compétitivité pour la croissance et l'emploi), de la sous-rubrique 1b (Cohésion pour la croissance et l'emploi), de la rubrique 2 (Conservation et gestion des ressources naturelles), de la rubrique 3 (Citoyenneté, liberté, sécurité et justice) et de la rubrique 4 (L'UE acteur mondial).

Plus particulièrement, le Parlement européen et le Conseil demandent instamment à la Commission de présenter, d'ici la fin septembre 2012 au plus tard, les derniers chiffres actualisés concernant la situation et les estimations relatives aux crédits de paiement relevant de la sous-rubrique 1b et à ceux affectés au développement rural dans le cadre de la rubrique 2, et, si nécessaire, de présenter un projet de budget rectificatif.

Le Parlement européen et le Conseil se prononceront sur un éventuel projet de budget rectificatif dans les plus brefs délais afin d'éviter toute insuffisance dans les crédits de paiement. En outre, le Parlement européen et le Conseil s'engagent à traiter sans retard un éventuel virement de crédits de paiement, y compris entre les rubriques du cadre financier, afin de tirer le meilleur parti des crédits de paiement inscrits au budget et de les adapter en fonction de l'exécution effective et des besoins" ;

ii) afin de répartir la réduction du niveau des crédits pour paiements convenue par rapport au projet de budget, tel que modifié par les lettres rectificatives, entre les différentes rubriques et sous-rubriques du CF et les différentes lignes budgétaires, de manière à calculer, à partir du compromis relatif aux crédits d'engagement (voir *supra*, point b)), le montant des crédits de paiement correspondants, et à équilibrer le niveau global des crédits pour paiements sur l'ensemble des rubriques et sous-rubriques, le comité de conciliation est convenu d'appliquer la méthodologie suivante[220], en partant du total des crédits pour paiements retenus pour 2012 :

- la réduction est égale au niveau global des crédits pour paiements *moins* le niveau du projet de budget tel que modifié par les lettres rectificatives n° 1-3/2012, en tenant compte également de l'impact sur les crédits de paiement du compromis concernant le financement en 2012 des *agences décentralisées* de l'Union européenne (voir *infra*, point d)) et des *projets pilotes* et des *actions préparatoires* (voir *infra*, point f)), ainsi que concernant *huit lignes budgétaires spécifiques*, dont trois lignes "techniquement closes"[221] ;

- cette réduction globale du niveau des crédits pour paiements est répartie sur l'*ensemble des lignes budgétaires* relatives aux *dépenses dissociées* au sein des différentes rubriques et sous-rubriques du CF, selon la clef de répartition suivante, qui tient compte d'un rééquilibrage limité des réductions des crédits de paiement au profit de la sous-rubrique *1a*, à partir des rubriques *2* et *4* du CF :

- sous-rubrique *1a* (*Compétitivité pour la croissance et l'emploi*) : 31,00 % ;

- sous-rubrique *1b* (*Cohésion pour la croissance et l'emploi*) : 38,45 % ;

- rubrique *2* (*Conservation et gestion des ressources naturelles*) : 21,25 % ;

- sous-rubrique *3a* (*Liberté, sécurité et justice*) : 1,00 % ;

- sous-rubrique *3b* (*Citoyenneté*) : 0,00 %[222], et

- rubrique *4* (*L'UE acteur mondial*) : 8,30 % ;

- sans préjudice des montants définis sans appliquer la méthodologie (et détaillés ci-dessous), les réductions par rubrique et sous-rubrique du CF telles que définies *supra* sont ensuite réparties entre les différentes lignes budgétaires, y compris les lignes "techniquement closes", en *tenant compte de la part que représentent les crédits de paiement dans chacune des lignes budgétaires concernées du projet de budget tel que modifié par les lettres rectificatives n° 1-3/2012*. À titre d'exception, la réduction globale appliquée à la sous-rubrique *1b* (*Cohésion pour la croissance et l'emploi*) du CF est répartie proportionnellement à la position du Conseil, c'est-à-dire, à la demande de ce dernier, en *"préservant" le projet de budget* pour l'objectif *"convergence"* ;

d) S'agissant des *agences décentralisées de l'Union européenne*, la contribution globale de l'Union européenne en 2012[223] est diminuée suite à l'accord

[220] Les lignes budgétaires comprenant des *crédits non dissociés* sont naturellement exclues, ces lignes ne faisant pas de distinction entre les crédits d'engagement et de paiement. La méthodologie est également sans préjudice de la fixation des contributions aux différentes *agences décentralisées* de l'Union européenne (voir *infra*, point d)). Par ailleurs, la méthodologie pour arrêter le montant des crédits de paiement destinés aux *projets pilotes* et aux *actions préparatoires* est détaillée *infra*, au point f) .

[221] En effet, le comité de conciliation a arrêté suite aux négociations et dans le cadre d'un accord global sur le budget pour 2012, le montant des crédits de paiement pour les lignes budgétaires spécifiques suivantes :

- sous-rubrique *1a* (*Compétitivité pour la croissance et l'emploi*) : pour le Fonds européen d'ajustement à la mondialisation, le montant des crédits de paiement est fixé à 50 millions d'euros et pour l'"Année européenne du vieillissement actif et de la solidarité intergénérationnelle" (il s'agit d'une ligne "techniquement close") à 2,4 millions d'euros ;

- rubrique *2* (*Conservation et gestion des ressources naturelles*) : pour les accords internationaux en matière de pêche, les crédits de paiement sont fixés au niveau proposé dans la lettre rectificative n° 3/2012, soit 147 millions d'euros, dont 120,8 millions d'euros en inscrits réserves (voir page 87) ;

- sous-rubrique *3b* (*Citoyenneté*) : le niveau des crédits de paiement des "événements annuels spéciaux" est fixé au niveau proposé dans les amendements du Parlement européen (soit 2,7 millions d'euros), et

- rubrique *4* (*L'UE acteur mondial*) : le niveau des crédits de paiement de la réserve pour aides d'urgence est fixé à 90 millions d'euros et celui pour la Palestine au niveau proposé dans le projet de budget (soit 180 millions d'euros). Les crédits de paiement pour l'aide macrofinancière et pour l'appui à l'ajustement en faveur des pays signataires du protocole sur le sucre sont fixés au niveau décidé par le Conseil et le Parlement européen, soit 79,1 et 180 millions d'euros respectivement (il s'agit de "lignes techniquement closes").

[222] Suite à une forte demande du Parlement européen.

[223] La contribution (en crédits d'engagement et de paiement) est calculée en tenant compte des crédits à inscrire au budget pour 2012 ainsi que des *recettes affectées* disponibles.

obtenu au sein du comité de conciliation de 1 %[224] par rapport au projet de budget, tel que modifié par la lettre rectificative n° 3/2012 en ce qui concerne l'Agence européenne des produits chimiques (voir page 87). Toutefois, suite à une demande du Parlement européen, la contribution globale de l'Union (en crédits d'engagement et de paiement) est fixée au niveau du projet de budget pour l'Agence "Frontex"[225], le Bureau européen d'appui en matière d'asile et les trois nouvelles agences dans le domaine de la surveillance financière[226]. Le nombre de postes attribués est en même temps fixé au niveau proposé par la Commission dans le projet de budget tel que modifié par la lettre rectificative n° 3/2012 ;

e) S'agissant des *agences exécutives*, leur financement et le nombre de postes attribués sont fixés au niveau proposé par la Commission dans le projet de budget, à une exception[227] ;

f) Pour ce qui est des *projets pilotes* et des *actions préparatoires*, le comité de conciliation est convenu d'un ensemble de 70 projets pilotes et actions préparatoires[228], dont deux relevant de la section X – SEAE – du budget, pour un montant total de *105,4 millions d'euros en crédits d'engagement*, reprenant l'ensemble des projets pilotes et des actions préparatoires proposés par le Parlement européen, la Commission et le Service européen pour l'action extérieure. Cependant, "*lorsqu'un projet pilote ou une action préparatoire semble couvert par une base juridique existante, la Commission peut proposer le virement des crédits vers la base juridique correspondante afin de faciliter la mise en œuvre de l'action en question*". En ce qui concerne les *crédits de paiement*, les crédits pour les *nouveaux* projets pilotes et les *nouvelles* actions préparatoires sous la section III – Commission – du budget sont fixés à 50 % des crédits d'engagement correspondants ou au niveau proposé s'il est inférieur. Dans le cas d'une *prolongation* de projets pilotes ou d'actions préparatoires existants, le niveau des crédits de paiement correspond au montant fixé dans le projet de budget, auquel on ajoute un montant équivalent à 50 % des nouveaux crédits d'engagement correspondants, ou au niveau proposé s'il est inférieur. Pour la section X – SEAE – du budget, les crédits de paiement sont par contre fixés au niveau proposé par le Parlement européen ;

g) S'agissant des *commentaires budgétaires*, tous les amendements textuels introduits par le Parlement européen ou le Conseil sont acceptés[229], "*étant entendu qu'ils ne peuvent modifier ou étendre le champ d'application d'une base légale existante*" ;

h) Quant à la *nomenclature budgétaire*, sauf indication contraire dans les conclusions communes arrêtées par le comité de conciliation[230] ou adoptées conjointement par les deux branches de

---

[224] Le "*haircut*", comme appelé par les négociateurs.

[225] Pour les titres *1* et *2* destinés aux dépenses administratives et de personnel uniquement. Le montant du titre *3* destiné aux dépenses opérationnelles est, par contre, augmenté de 9 millions d'euros par rapport au PB (voir *supra*, point b), *iv)*).

[226] C'est-à-dire l'Autorité bancaire européenne, l'Autorité européenne des assurances et des pensions professionnelles et l'Autorité européenne des marchés financiers. Par rapport au projet de budget tel que modifié par la lettre rectificative n° 3/2012, il s'agit d'une réduction globale de la contribution de l'Union aux agences décentralisées de 6,1 millions d'euros. En ce qui concerne le montant des crédits qui seront inscrits au budget pour 2012 par agence, les réductions apportées sont réparties entre les postes budgétaires proportionnellement à la part, dans le PB, des deux postes budgétaires concernés (contribution aux titres *1* et *2* et contribution au titre *3*).

[227] Il s'agit de la ligne budgétaire "techniquement close" (réduite de 20 000 euros par le Conseil dans sa position et non amendée par le PE) relative à la contribution de l'Union européenne (par le programme "Marco Polo") à l'Agence exécutive pour la compétitivité et l'innovation (poste *06 01 04 32*).

[228] Cet ensemble respecte intégralement les plafonds prévus pour les projets pilotes et les actions préparatoires par le point D, deuxième paragraphe de l'Annexe II de l'AII de 2006.

[229] Il convient de relever que suite à une demande du Parlement européen, le comité de conciliation a modifié les commentaires d'une action préparatoire concernant la section III – Commission – et d'un projet pilote (portant sur la création éventuelle d'un "Institut européen de la paix") à la section X – SEAE – du budget (voir pages 122-123).

[230] Ainsi, par exemple la scission de l'article *16 03 02* en deux postes, *16 03 02 01* (sous-rubrique *3b* et intitulé "*Communication des représentations de la Commission*") et *16 03 02 02* (rubrique *5* et intitulé "*Espace public européen*"), proposée par le Parlement européen (voir page 61), est approuvée.

l'autorité budgétaire dans leur lecture respective[231], la nomenclature budgétaire proposée par la Commission dans son projet de budget et ses lettres rectificatives est acceptée, à l'exception des intitulés des projets pilotes et des actions préparatoires (où la position du Parlement européen est adoptée), et

i) S'agissant enfin des *réserves*, toutes les réserves votées par le Parlement européen sont retenues. Les montants en réserve inscrits aux lignes budgétaires *26 01 20* (*Office européen de sélection du personnel*), *A4 01 01* (*Dépenses liées au personnel de l'EPSO en activité*) et *A4 02 01 01* (*Concours interinstitutionnels organisés par l'EPSO*) sont néanmoins réduits de 50 %.

F. Pour donner suite à une demande du Parlement européen, fortement appuyée par la Commission, les deux branches de l'autorité budgétaire ont inclus, dans l'accord global sur le budget de l'Union européenne pour 2012, un accord politique sur le *projet de budget rectificatif n° 6/2011*. Un certain nombre d'États membres, formant une minorité de blocage au sein du Conseil, n'étaient pas prêts à accepter d'augmenter de 550 millions d'euros les crédits de paiement dans le budget pour 2011, comme le proposait la Commission, notamment pour financer des demandes dans le cadre de la recherche et du Fonds social européen (voir chapitre II). Dans le cadre de l'accord global sur le budget pour 2012, le Parlement européen et le Conseil ont finalement accepté de retenir un montant de 200 millions d'euros en crédits de paiement, même si la Commission doute que ce montant soit suffisant (voir chapitre II).

G. Dans le cadre de l'accord relatif au budget pour 2012 et au projet de budget rectificatif n° 6/2011, le comité de conciliation s'est également mis d'accord sur quatre déclarations communes[232] sur :

- les *crédits de paiement* (voir *supra*, point c), *i)*) ;

- le *projet de budget rectificatif n° 7/2011* (voir chapitre II) ;

- les *mesures permettant de prévenir à l'avenir une crise dans le secteur des fruits et des légumes* (voir *supra*, point b), *iii)*), et

- le *financement du projet ITER* (voir page 81).

Ces déclarations communes sont reproduites pages 124-125.

8. La confirmation du projet commun par le Conseil et le Parlement européen et signature du budget (30 novembre et 1er décembre 2011)

Le Conseil a approuvé le projet commun de budget pour 2012[233] à l'unanimité (en tant que "point A") le 30 novembre 2011. Le Parlement européen l'a fait (par 453 votes pour, 124 contre et 26 abstentions) le jour suivant[234], lors de sa plénière le 1er décembre 2011 à Bruxelles.

Après avoir constaté, conformément à l'article 314, paragraphe 9 du TFUE, son adoption définitive, le président du Parlement européen a signé le budget de l'Union européenne pour 2012.

9. Le budget de l'Union européenne pour 2012

A. Le budget de l'Union européenne pour 2012 s'élève, comme déjà mentionné dans l'introduction (chapitre I), à 147 232 millions d'euros en crédits pour engagements et à 129 088 millions d'euros en crédits pour paiements.

B. En termes de *recettes*, le budget pour 2012 est destiné à être financé pour 14,4 % par des ressources fondées sur les ressources propres traditionnelles (droits de douane et cotisations "sucre"), pour 10,7 % par des ressources fondées sur la TVA et pour 73,7 % par des ressources fondées sur la ressource RNB.

---

[231] Il s'agit du nouvel article *04 03 15* (*Année européenne du vieillissement actif et de la solidarité intergénérationnelle (2012)*), créé par le Conseil et accepté par le Parlement européen, doté de 2,7 millions d'euros en crédits d'engagement et de 2,4 millions d'euros en crédits de paiement (voir pages 54 et 59).

[232] Doc. *PE P7_TA(2011)0521* du 25 novembre 2011, pp. 18/19 et *Conseil 17470/11 FIN 958* du 25 novembre 2011, pp. 6/7.

[233] Cette approbation a été faite sur la base du doc. *Conseil 17470/11 FIN 958 + ADD1 + ADD2 + ADD3 + ADD4 + ADD 5*, du 25 novembre 2011.

[234] Cette approbation a été faite sur la base du doc. *PE P7_TA(2011)0521*, du 25 novembre 2011.

Les recettes diverses et les excédents des exercices précédents représentent quelque 1 % du financement prévisionnel.

C. Par rapport au projet de budget, à la position du Conseil et aux amendements du Parlement européen sur cette position, le budget de l'Union européenne pour 2012 s'établit comme présenté dans le tableau 18 ci-dessous.

Le tableau 19 ci-dessous reprend les taux d'augmentations par rapport au budget de l'Union européenne pour 2011.

D. Par rubrique et sous-rubrique du cadre financier pour 2007-2013, le budget de l'Union pour 2012 se présente comme suit[235] :

- les dépenses de la sous-rubrique *1a* (*Compétitivité pour la croissance et l'emploi*) du CF s'élèvent à 14 753 millions d'euros en crédits d'engagement (soit +9,1 % par rapport au budget pour 2011[236]) et à 11 501 millions d'euros en crédits de paiement (-0,2 %)[237]. L'instrument de flexibilité est mobilisé concernant cette sous-rubrique pour un montant de 50 millions d'euros pour financer des mesures dans le cadre de la stratégie "Europe 2020".

Un montant de 62,2 milliards d'euros (soit 42,3 % du budget) est lié au financement de la stratégie "Europe 2020". Ceci représente une augmentation globale de 4,5 % par rapport à 2011. Elle a été obtenue notamment en réduisant certaines dépenses administratives, en redéfinissant des priorités, en intégrant certaines activités dans ces priorités et en redéployant des crédits à partir d'activités jugées moins prioritaires.

Les montants retenus[238] par "initiatives phare", sont :

- une Union de l'innovation : 23 milliards d'euros ;

- une Europe efficace dans l'utilisation des ressources : 22,1 milliards d'euros ;

Tableau 18. Les différentes phases de la procédure budgétaire pour 2012

En millions d'euros

			Différence par rapport au budget adopté	
	c/e	*c/p*	*c/e*	*c/p*
Projet de budget*	147.435	132.739	+203	+3.651
Projet de budget**	147.763	132.668	+531	+3.580
Position du Conseil***	146.245	129.088	-987	0
Amendements du PE***	147.764	133.139	+532	+4.051
Budget de l'UE pour 2012	**147.232**	**129.088**	–	–

** PB sans lettres rectificatives ** PB lettres rectificatives n° 1-3/2012 telles que présentées par la Commission incluses*
**** Lettre rectificative n° 1/2012 incluse*

Tableau 19. Taux d'augmentation par rapport au budget de l'Union européenne pour 2011

En pourcentages, budgets rectificatifs n° 1-7/2011 et lettres rectificatives n° 1-3/2012 inclus

	Projet de budget	**Position du Conseil**	**Amendements du PE**	**Budget adopté**
Crédits pour engagements	3,92	2,85	3,92	**3,54**
Crédits pour paiements	4,69	1,86	5,06	**1,86**

[235] Les montants sont en crédits d'engagement, sauf indication contraire.
[236] Budgets rectificatifs n° 1-7/2011 compris (voir chapitre II).
[237] Il convient de relever que les deux volets de la croissance durable (compétitivité et cohésion) progressent de 45,4 % en 2011 à 45,8 % dans le budget de l'UE pour 2012.
[238] Ces montants sont à comparer avec les montants proposés par la Commission dans son projet de budget (voir pages 35-36).

- une stratégie pour les nouvelles compétences et les nouveaux emplois : 9,5 milliards d'euros ;

- une stratégie numérique pour l'Europe : 2,4 milliards d'euros ;

- une plateforme européenne contre la pauvreté : 2 milliards d'euros ;

- une politique industrielle à l'ère de la mondialisation : 1,8 milliard d'euros, et

- Jeunesse en mouvement : 1,4 milliard d'euros.

Un total de 9,6 milliards d'euros est disponible pour le 7ème PCR (+11,1 % par rapport à 2011). Dans les domaines de la recherche en biotechnologie et en soins de santé et d'activités connexes, le budget comprend un montant de 939,5 millions d'euros afin d'améliorer la recherche aussi bien au niveau européen qu'international dans le domaine des processus de développement de médicaments et de lutte contre les principales maladies.

Un total de 1,4 milliard d'euros est réservé aux projets dans le domaine des RTE (+7,4 %) et 1,2 milliard d'euros aux programmes "Éducation et formation tout au long de la vie" et "Erasmus Mundus" (+7,9 %). Un montant de 614,4 millions d'euros est destiné au programme-cadre pour la compétitivité et l'innovation (+8 %), destiné à soutenir des projets et des activités touchant notamment l'entrepreneuriat, l'innovation ainsi que les technologies de l'information et de la communication.

Pour l'"Agenda pour la politique sociale" de l'Union européenne, le budget réserve près de 200 millions d'euros (+1,6 %).

Un montant de 417,9 millions d'euros est destiné au financement du projet ITER. Ce montant, qui comprend les 100 millions d'euros liés au financement complémentaire du projet en 2012 (voir page 83), est inscrit en réserve, dans l'attente de l'adoption de la base légale. La partie du financement complémentaire d'ITER liée à la révision du CF, adoptée le 13 décembre 2011 (soit 650 millions d'euros ; voir page 83), sera pour sa part intégrée dans le budget pour 2012 par voie de budget rectificatif, adopté le 20 avril 2012 (voir deuxième partie, page 136).

Un montant de 171 millions d'euros est prévu en 2012 pour les programmes européens de radionavigation par satellite (GNSS) "Egnos"[239] et "Galileo"[240] (-12,7 % par rapport à 2011) et 9,8 millions d'euros en crédits d'engagement et de paiement à l'Agence du GNSS européen (+20 %).

Un montant de 40 millions d'euros est prévu pour le programme européen d'observation de la Terre GMES[241].

Enfin, le Fonds européen d'ajustement à la mondialisation est doté de 500 millions d'euros en crédits d'engagement (inscrits en réserve) et de 50 millions d'euros en crédits de paiement ;

- les crédits de la sous-rubrique *1b* (*Cohésion pour la croissance et l'emploi*) du CF s'élèvent à 52 753 millions d'euros en crédits d'engagement (+3,5 %) et à 43 836 millions d'euros en crédits de paiement (+4,1 %). La marge laissée sous le plafond de la sous-rubrique s'élève à 8 millions d'euros.

Près de 40,9 milliards d'euros sont destinés aux Fonds structurels (+2,6 %) et 11,8 milliards d'euros au Fonds de cohésion (+6,4 %).

Le budget pour 2012 prévoit un effort particulier dans le domaine de l'emploi et du marché de travail. Dans ce contexte, un montant de 153 millions d'euros est disponible pour des mesures dites du "marché du travail" afin d'améliorer l'accès à l'emploi et d'accroître la participation et la progression des femmes, et un montant de 120 millions d'euros pour aider les Européens à acquérir de nouvelles compétences professionnelles grâce au développement de systèmes et de stratégies d'apprentissage

---

[239] *European Geostationary Navigation Overlay Service* ou système européen de navigation par recouvrement géostationnaire.

[240] Article *02 05 01* et poste *02 01 04 05* pour les crédits pour la gestion administrative.

[241] *European Earth monitoring programme* (article *02 02 15* et poste *02 01 04 06* pour les crédits pour la gestion administrative).

tout au long de la vie au sein des entreprises, ainsi qu'au développement de la formation et des services pour les employés ;

- les crédits de la rubrique *2* (*Conservation et gestion des ressources naturelles*) du CF s'élèvent à 59 976 millions d'euros en crédits d'engagement (+2,2 %) et à 57 034 millions d'euros en crédits de paiement (+1,9 %). Les dépenses de marché et paiements directs agricoles s'élèvent à 43 970 millions d'euros en crédits d'engagement et à 43 876 millions d'euros en crédits de paiement, soit +2,6 % par rapport à 2011[242].

La marge laissée sous le plafond de la rubrique est de 834 millions d'euros. La marge pour les dépenses de marché et paiements directs est de 741 millions d'euros.

Un montant de 43,6 milliards d'euros est disponible en 2012 pour les marchés agricoles (+2,6 %), avec 40,5 milliards d'euros pour les aides directes, comme le soutien du revenu des agriculteurs, dont 91,8 % ne sont pas liées au niveau de production. Le montant négatif de la ligne concernant l'apurement comptable a été fixé à 200 millions d'euros. Un montant de 0,3 milliard d'euros est réservé pour la santé des animaux et le domaine phytosanitaire (+1,8 %).

Un montant de 14,6 milliards d'euros est disponible par le biais du Fonds européen agricole pour le développement rural (+1,3 %) afin d'améliorer la qualité de vie, d'encourager la diversification des activités par la création de nouveaux emplois et de contribuer à un niveau adéquat de services pour l'économie rurale. Cela inclut 4,9 milliards d'euros en 2012 pour des activités telles que des formations, des projets de modernisation des exploitations, des projets d'entreprise et la participation des agriculteurs dans les "systèmes de qualité" (+1,2 %).

Environ un milliard d'euros est disponible pour le secteur de la pêche (+1,1 %) et 400 millions d'euros pour l'environnement et le changement climatique[243] (+4,3 %) ;

- les crédits de la sous-rubrique *3a* (*Liberté, sécurité et justice*) du CF s'établissent à 1 368 millions d'euros en crédits d'engagement (+15,9 %) et à 836 millions d'euros en crédits de paiement (-2,5 %). Ces montants sont prévus pour soutenir les actions et programmes notamment dans les domaines des droits fondamentaux, de la justice, de la sécurité, de la sauvegarde des libertés, de la solidarité et de la gestion des flux migratoires.

Avec un budget de 28,2 millions d'euros en 2012, le programme "L'Europe pour les citoyens" encourage la société civile et d'autres organisations notamment à développer des projets d'intérêt européen, des jumelages de villes et des activités impliquant directement les citoyens. Par ailleurs, une priorité est donnée en 2012 au soutien d'un certain nombre de programmes et d'actions des États membres centrés sur la gestion des retours et des mesures pour répondre à la situation particulière des rapatriés vulnérables.

La marge restante sous le plafond de la sous-rubrique *3a* est de 38 millions d'euros ;

- les crédits de la sous-rubrique *3b* (*Citoyenneté*) du CF s'élèvent à 697 millions d'euros en crédits d'engagement et à 649 millions d'euros en crédits de paiement. Ceci laisse une marge sous le plafond de la sous-rubrique de 2 millions d'euros.

Un montant de 0,1 milliard d'euros est prévu pour des mesures dans le domaine de la santé publique et la protection des consommateurs (+3 %).

Dans le cadre de l'année européenne du vieillissement actif et de la solidarité intergénérationnelle, un montant de 2,7 millions d'euros est destiné à mettre en œuvre un certain nombre d'activités visant à promouvoir le vieillissement actif dans les domaines de la stratégie de l'emploi, de l'éducation

---

[242] On peut relever que le budget pour 2012 est le 50ème budget à inclure des montants pour la PAC (voir, par exemple, le livre de l'auteur sur le développement du budget général de 1968 à 2008, Institut universitaire européen, Robert Schuman Centre for Advanced Studies, European Press Academic Publishing, Florence, 2009).

[243] Dans ce contexte l'on peut mentionner l'initiative "Voitures vertes", qui encourage le développement rapide des technologies en faveur des voitures hybrides et électriques durables, doté de 20 millions d'euros en 2012.

des adultes, de la santé publique et de la société de l'information aussi bien dans les États membres qu'au niveau de l'Union européenne ;

- les crédits de la rubrique *4* (*L'UE acteur mondial*) du CF s'établissent à 9 406 millions d'euros en crédits d'engagement (+7,4 %) et à 6 955 millions d'euros en crédits de paiement (-4 %). L'instrument de flexibilité est mobilisé pour un montant de 150 millions d'euros afin de financer la politique de voisinage de l'Union européenne.

En 2012, l'Union continuera de renforcer son rôle dans le monde et de répondre à différents défis (dont le changement climatique, le terrorisme, la drogue ou la sécurité énergétique) à travers un certain nombre d'instruments à finalité politique. Ces instruments représentent 6,4 % du budget pour 2012, contre 6,2 % en 2011.

Afin de contribuer au maintien d'un "espace de paix, de stabilité et de prospérité", l'UE consacrera 2,3 milliards d'euros d'aide financière par le biais de l'Instrument européen de voisinage et de partenariat (+20,5 %). En 2012, l'IEVP contribuera notamment à soutenir les pays de la région méditerranéenne qui furent au cœur du "printemps arabe" en 2011.

L'Instrument de financement de la coopération au développement est pour sa part doté d'un budget de 2,6 milliards d'euros en 2012 (-2,9 %), contribuant notamment à éradiquer la pauvreté partout dans le monde et à promouvoir la démocratie et le respect des droits de l'homme.

L'Instrument d'aide de préadhésion disposera d'une enveloppe de 1,9 milliard d'euros (+3,9 %), l'aide humanitaire de 0,8 milliard d'euros (+2,9 %), l'Instrument de stabilité de 0,3 milliard d'euros (+6,6 %) et l'Instrument européen pour la démocratie et les droits de l'homme de 0,2 milliard d'euros (+5,5 %).

Les montants destinés à un certain nombre de pays individuels sont présentés dans le tableau 20 ci-dessous.

Les crédits du "budget PESC" augmentent de près de 10,9 % par rapport à 2011 pour s'établir à 363 millions d'euros en crédits d'engagement et à 302,8 millions d'euros en crédits de paiement (+11,2 %). Il convient de relever que l'autorité budgétaire a réduit, pour la première fois, le montant des crédits pour la gestion administrative de la PESC, pour un montant de 250 000 euros par rapport à la proposition de la Commission (voir page 118).

Enfin, la réserve pour aides d'urgence est dotée de 259 millions d'euros en crédits d'engagement et de 90 millions d'euros en crédits de paiement ;

- les dépenses de la rubrique *5* (*Administration*) du CF s'élèvent à 8 280 millions d'euros en crédits d'engagement et à 8 278 millions d'euros en crédits paiement (+1,3 %). Ceci laisse une marge sous le plafond de la rubrique de 327 millions d'euros (révision du CF incluse, voir page 84).

Les dépenses administratives de la Commission augmentent de 0,2 %, pour s'établir à 3,3 milliards

Tableau 20. Le financement pour la Palestine, l'Afghanistan, le Pakistan et le Yémen dans le budget de l'Union européenne pour 2012

En millions d'euros et en crédits d'engagement, crédits inscrits en réserve inclus
(Source : Commission)

Destination	Montant*	Sources de financement** et missions principales
Palestine	361,1	IEVP, aide humanitaire et alimentaire, "budget PESC", IdS
- dont "budget PESC" :	*12*	*Missions "EUBAM Rafah" et "EUPOL COPPS"*
Afghanistan	282	ICD, "budget PESC", aide humanitaire et alimentaire
- dont "budget PESC" :	*53*	*Mission "EUPOL"*
Pakistan	167	ICD, aide humanitaire et alimentaire, IdS
Yémen	53,6	ICD, aide humanitaire et alimentaire, IdS

** Montants globaux* *** Par ordre d'importance*

d'euros (hors pensions et dépenses pour les Écoles européennes[244]), et celui des autres institutions de 1 % à 3,5 milliards d'euros.

Les 170 nouveaux postes (dont 78 nouveaux postes accordés dans le cadre de la préparation à l'adhésion de la Croatie) octroyés dans le cadre de la procédure budgétaire pour 2012 et inscrits dans les tableaux des effectifs des différentes institutions sont repris dans le tableau 21, page 77. Le tableau récapitule en outre les nouveaux postes (soit 264 nouveaux postes, y inclus les postes "autofinancés") accordés aux différents organismes de l'Union européenne.

Le tableau 22 (page 77) présente les effectifs repris dans les tableaux des effectifs autorisés pour 2012 aussi bien dans les différentes institutions que dans différents organismes de l'Union européenne.

Enfin, les montants retenus pour les subventions pour 2012 des agences décentralisées de l'Union européenne relevant des différentes rubriques et sous-rubriques du CF, y inclus la nouvelle Agence européenne pour la gestion opérationnelle des systèmes d'information à grande échelle au sein de l'espace de liberté, de sécurité et de justice, créée en octobre 2011, sont présentés dans le tableau 23, page 78.

10. Mobilisation de l'instrument de flexibilité

Initialement, la Commission a présenté[245], en vertu du point 27 de la Partie I de l'AII de 2006, ensemble avec la lettre rectificative n° 1/2012 (voir page 85), une proposition de recours à l'instrument de flexibilité à hauteur de 153,3 millions d'euros en crédits d'engagement en faveur de la politique de voisinage de l'Union européenne (rubrique *4 – L'UE acteur mondial* – du CF).

Ensuite le Conseil, dans sa position sur le projet de budget pour 2012, a écarté tout recours à l'instrument de flexibilité (voir page 45).

Le Parlement européen, par contre, dans le cadre de l'adoption des amendements sur la position du Conseil sur le projet de budget pour 2012, a retenu une mobilisation de l'instrument de flexibilité pour un montant de 239,4 millions d'euros en crédits d'engagement, dont :

- 208,7 millions d'euros pour la rubrique *4* (*L'UE acteur mondial*) du CF, afin de financer des dépenses dans le cadre de l'Instrument européen de voisinage et de partenariat, et

- 30,7 millions d'euros pour la sous-rubrique *1a* (*Compétitivité pour la croissance et l'emploi*), afin de financer des dépenses dans le contexte de la mise en œuvre de la stratégie "Europe 2020" (voir pages 58 et 61).

Finalement, conformément à l'accord intervenu lors de la réunion du comité de conciliation des 18 et 19 novembre 2011 (voir page 66), les deux branches de l'autorité budgétaire ont formellement adopté, le 13 décembre 2011, une décision de mobilisation de l'instrument de flexibilité[246], pour un montant total de 200 millions d'euros en crédits d'engagement, dont :

- 150 millions d'euros pour la rubrique *4* du CF, afin de financer la politique de voisinage de l'UE, et

- 50 millions d'euros pour la sous-rubrique *1a*, afin de financer des dépenses pour la stratégie "Europe 2020".

11. Révision du CF pour un financement complémentaire du projet ITER en 2012 et 2013

Suite à l'échec, en 2010, des négociations portant sur le financement additionnel du projet ITER en 2012 et 2013, y inclus sur une révision du cadre financier pour 2007-2013 (voir Tome II, pp. 232/234 et 238/239), la Commission a présenté, le 20 avril 2011, ensemble avec le projet de budget pour 2012, une nouvelle proposition pour un financement complémentaire d'ITER en 2012 et 2013[247].

---

[244] 1 323 et 169 millions d'euros respectivement.
[245] Doc. *COM(2011) 373 final* du 17 juin 2011.
[246] JO L 4 du 7.1.2012, p. 10.
[247] Le montant maximum de la contribution européenne à la phase de construction d'ITER retenu par le Conseil le 12 juillet 2010 (la "*baseline*") est de 6,6 milliards d'euros (à prix 2008) pour 2007-2020. Ce mon-

Tableau 21. Modifications concernant les postes repris aux tableaux des effectifs lors de la procédure budgétaire pour 2012

Postes permanents et temporaires

Institution(s)	Projet de budget			Position du Conseil			Position du PE			Nouveaux postes demandés dans les LR n° 2/2012* et n° 3/2012**			Total PB et LR n° 2/2012 et n° 3/2012			**Budget adopté**		
Groupe de fonctions	AD	AST	Total	AD	AST	Total	AD	AST	Total	AD	AST	Total	AD	AST	Total	AD	AST	**Total**
Parlement européen***	29	27	56	29	27	56	58	27	85	36	26	62	94	53	147	94	53	**147**
Conseil européen et Conseil	0	-20	-20	0	-20	-20	0	-20	-20	0	0	0	0	-20	-20	0	-20	**-20**
Commission (y inclus les offices)	294	-294	0	294	-294	0	294	-294	0	4	0	4	298	-294	4	298	-294	**4**
Cour de justice	6	-8	-2	6	-8	-2	6	-8	-2	–	–	–	6	-8	-2	6	-8	**-2**
Cour des comptes	0	0	0	0	0	0	0	0	0	–	–	–	0	0	0	0	0	**0**
CESE	0	0	0	0	0	0	0	0	0	2	1	3	2	1	3	2	1	**3**
Comité des régions	0	0	0	0	0	0	0	0	0	6	1	7	6	1	7	6	1	**7**
Médiateur européen	0	0	0	0	0	0	0	0	0	1	1	2	1	1	2	1	1	**2**
CEPD	2	0	2	0	0	0	2	0	2	–	–	–	2	0	2	2	0	**2**
SEAE	20	7	27	10	7	17	20	7	27	–	–	–	20	7	27	20	7	**27**
Total	**351**	**-288**	**63**	**339**	**-288**	**51**	**380**	**-288**	**92**	**49**	**29**	**78**	**429**	**-259**	**170**	**429**	**-259**	**170**
Agences décentralisées de l'UE	182	31	213	137	18	155	187	36	223	9	0	9	191	31	222	191	31	**222**
*dont : postes "autofinancés"** ***	*70*	*11*	*81*	*70*	*11*	*81*	*70*	*11*	*81*	–	–	–	*70*	*11*	*81*	*70*	*11*	***81***
Institut européen de technologie	0	0	0	0	0	0	0	0	0	–	–	–	0	0	0	0	0	**0**
Agences exécutives	14	-2	12	14	-2	12	14	-2	12	–	–	–	14	-2	12	14	-2	**12**
Entreprises communes	22	3	25	22	3	25	22	3	25	–	–	–	22	3	25	22	3	**25**
Total ** ***	**218**	**32**	**250**	**173**	**19**	**192**	**223**	**37**	**260**	**9**	**0**	**9**	**227**	**32**	**259**	**227**	**32**	**259**

** Dans le cadre de la préparation à l'adhésion de la Croatie   ** Pour l'Agence européenne des produits chimiques*

*** * Le PE a augmenté par voie d'amendement de 29 le nombre de postes AD proposés dans le PB*

*** ** Pour l'Agence européenne de la sécurité aérienne et l'Agence européenne des médicaments*

*** ** * Y inclus postes "autofinancés"*

Tableau 22. Les effectifs autorisés pour 2012

Personnel inscrit au tableau des effectifs
(Source : JO L 56 du 29.2.2012, pp. I/117, I/190 et I/555)

Institution(s)	2012		2011		*Différence 2012-2011*	
	Permanents	Temporaires	Permanents	Temporaires	Permanents	Temporaires
Parlement européen	5.540	1.144	5.410	1.127	130	17
Conseil européen et Conseil	3.117	36	3.137	36	-20	0
Commission (fonctionnement)	18.926	364	18.890	366	36	-2
Commission (RDT)	3.827	-	3.827	-	0	-
OP	*672*	-	*672*	-	*0*	-
OLAF	*303*	*81*	*303*	*81*	*0*	*0*
EPSO/ EUSA	*122*	*3*	*126*	*1*	*-4*	*2*
PMO	*188*	-	*191*	-	*-3*	-
OIB	*426*	-	*442*	-	*-16*	-
OIL	*153*	-	*162*	-	*-9*	-
Commission (total)	24.617	448	24.613	448	4	0
Cour de justice	1.547	405	1.546	408	1	-3
Cour des comptes	752	135	752	135	0	0
CESE	689	35	685	36	4	-1
Comité des régions	488	43	481	43	7	0
Médiateur européen	22	44	23	41	-1	3
CEPD	43	-	41	-	2	-
SEAE	1.667	3	1.640	3	27	0
Total	**38.482**	**2.293**	**38.328**	**2.277**	**154**	**16**

Organismes	2012		2011		*Différence 2012-2011*	
	Permanents	Temporaires	Permanents	Temporaires	Permanents	Temporaires
Agences décentralisées de l'UE	137	4.659	152	4.458	-15	201
Institut européen de technologie	-	28	-	28	-	0
Agences exécutives	-	413	-	401	-	12
Entreprises communes	62	320	62	295	0	25
Total	**199**	**5.420**	**214**	**5.182**	**-15**	**238**

Tableau 23. Les agences décentralisées de l'Union européenne dans le budget de l'Union pour 2012

En euros, crédits inscrits en réserve inclus

	*	Article	Montant c/e	Montant c/p
Sous-rubrique *1a* (*Compétitivité pour la croissance et l'emploi*)				
Agence européenne des produits chimiques (Helsinki)	**B**	*02 03 03*	*p.m.*	*p.m.*
Agence du GNSS européen (Prague)	**B**	*02 05 02*	*9.840.000*	*9.840.000*
Fondation européenne pour l'amélioration des conditions de vie et de travail (Dublin)	**A**	*04 04 03*	*20.289.100*	*20.289.100*
Agence européenne pour la sécurité et la santé au travail (Bilbao)	**A**	*04 04 04*	*14.569.700*	*14.569.700*
Agence européenne de la sécurité aérienne (Cologne)	**B**	*06 02 01*	*33.296.776*	*33.296.776*
Agence européenne pour la sécurité maritime (Lisbonne)	**B**	*06 02 02*	*53.229.094* [a]	*55.538.167* [a]
Agence ferroviaire européenne (Lille-Valenciennes)	**A**	*06 02 08*	*24.487.400*	*24.487.400*
Agence européenne chargée de la sécurité des réseaux et de l'information (Heraklion)	**B**	*09 02 03*	*8.244.118*	*8.244.118*
Office de l'Organe des régulateurs européens des communications électroniques (Riga)	**C**	*09 02 04*	*4.292.937*	*4.292.937*
Autorité bancaire européenne (Londres)	**C**	*12 04 02*	*8.299.000*	*8.299.000*
Autorité européenne des assurances et des pensions professionnelles (Francfort-sur-le-Main)	**C**	*12 04 03*	*6.262.000*	*6.262.000*
Autorité européenne des marchés financiers (Paris)	**C**	*12 04 04*	*7.120.000*	*7.120.000*
Centre européen pour le développement de la formation professionnelle (Thessalonique)	**A**	*15 02 25*	*17.008.900*	*17.008.900*
Agence européenne des médicaments (Londres)	**B**	*17 03 10*	*28.966.000* [b]	*28.966.000* [b]
Agence de coopération des régulateurs de l'énergie (Ljubljana)	**C**	*32 04 10*	*7.241.850*	*7.241.850*
Institut européen pour l'égalité entre les hommes et les femmes (Vilnius)	**C**	*33 06 03*	*5.900.800*	*5.900.800*
Total			**249.047.675**	**251.356.748**
Rubrique *2* (*Conservation et gestion des ressources naturelles*)				
Agence européenne pour l'environnement (Copenhague)	**B**	*07 03 09*	*35.726.896*	*35.726.896*
*Agence européenne des produits chimiques** (Helsinki)*	**B**	*07 03 60*	*2.728.440*	*2.728.440*
*Agence européenne des produits chimiques*** (Helsinki)*	**B**	*07 03 70*	*1.455.600*	*1.455.600*
Agence communautaire de contrôle des pêches (Vigo)	**A**	*11 08 05*	*9.030.900*	*10.030.900*
Total			**48.941.836**	**49.941.836**
Sous-rubrique *3a* (*Liberté, sécurité et justice*)				
Ag. eur. pour la gestion de la coopération opérationnelle aux frontières extérieures (Varsovie)	**A**	*18 02 03*	*88.500.000*	*78.500.000*
Agence eur. pour la gestion opérationnelle des systèmes d'information à grande échelle (Tallinn)	**D**	*18 02 11*	*19.800.000*	*19.800.000*
Bureau européen d'appui en matière d'asile (La Valette)	**C**	*18 03 14*	*10.000.000*	*7.480.000*
Office européen de police (La Haye)	**A**	*18 05 02*	*82.505.000*	*79.505.000*
Collège européen de police (Bramshill)	**B**	*18 05 05*	*8.450.640*	*8.450.640*
Observatoire européen des drogues et des toxicomanies (Lisbonne)	**A**	*18 05 11*	*14.564.920*	*14.564.920*
Agence des droits fondamentaux de l'Union européenne (Vienne)	**C**	*33 02 03*	*20.196.000*	*20.196.000*
Eurojust (La Haye)	**B**	*33 03 02*	*31.670.000*	*31.670.000*
Total			**275.686.560**	**260.166.560**
Sous-rubrique *3b* (*Citoyenneté*)				
Centre européen de prévention et de contrôle des maladies (Stockholm)	**A**	*17 03 03*	*56.727.000*	*56.727.000*
Autorité européenne de sécurité des aliments (Parme)	**A**	*17 03 07*	*75.079.780*	*72.258.780*
Total			**131.806.780**	**128.985.780**
Rubrique *4* (*L'UE acteur mondial*)				
Fondation européenne pour la formation (Turin)	**A**	*15 02 27*	*20.044.530*	*20.044.530*
Total			**20.044.530**	**20.044.530**
Rubrique *5* (*Administration*)				
Centre de traduction des organes de l'Union européenne (Luxembourg)	**A**	*31 01 09*	*p.m.*	*p.m.*
Total			**p.m.**	**p.m.**
Total général			**725.527.381**	**710.495.454**
Sous-rubrique *1a* (*Compétitivité pour la croissance et l'emploi*)				
*Institut européen d'innovation et de technologie (Budapest)** ***	**A**	*15 02 11*	*79.324.000*	*68.681.628*
Total général, y inclus l'IET			**804.851.381**	**779.177.082**

* *Classification utilisée par la Commission dans le PB pour 2012 :* ***A*** *: en "vitesse de croisière" ;* ***B*** *: avec de nouvelles tâches ;*
C *: nouvelle agence (en phase de démarrage) ;* ***D*** *: nouvelle agence (en création)*

** *Activités liées aux biocides* *** *Activités liées aux exportations et importations de produits chimiques dangereux* ** ** *Cas spécial*

[a] *Avec les mesures antipollution (poste 06 02 02 03 ; 20 millions d'euros en crédits d'engagement et 20,5 millions d'euros en crédits de paiement)*

[b] *Avec la contribution spéciale en faveur des médicaments orphelins (poste 17 03 10 03 ; 6 millions d'euros en crédits d'engagement et de paiement)*

Cette proposition, qui s'élève à 1,3 milliard d'euros en crédits d'engagement (soit le montant finalement retenu par les deux branches de l'autorité budgétaire en 2010 ; voir Tome II, pp. 232/234), comporte deux parties :

- une proposition de révision du cadre financier pour 2007-2013[248], soumise aux deux branches de l'autorité budgétaire, et

- un redéploiement de 460 millions d'euros[249] (100 millions d'euros en 2012 et 360 millions d'euros en 2013) à l'intérieur de crédits destinés au 7ème PCR, inclus en ce qui concerne 2012 dans le projet de budget pour 2012[250] (voir page 37).

Le contenu de la proposition de la Commission est résumé dans le tableau 24, page 80. Il convient de relever que la Commission a présenté sa proposition de révision du CF sur la base des points 21 à 23 de la Partie I de l'AII de 2006, et non de l'article 312 du TFUE, comme souhaité par le Conseil (voir Tome II, p. 233 et page 33, note en bas de page 91).

Le Conseil, lors de l'adoption de sa position sur le projet de budget, a écarté une révision du CF, tout en adoptant une déclaration sur l'examen, à l'automne 2011, de la question du financement complémentaire en 2012 du projet ITER (voir page 49). Dans la pratique, le comité budgétaire du Conseil a donné, le 29 septembre 2011, un mandat de négociation à la présidence, après que l'entreprise commune pour l'ITER et le développement de l'énergie de fusion a présenté son "rapport d'avancement 2011" (le 26 septembre 2011 ; voir page 79) et que la Commission a donné des garanties quant au fait qu'elle ne proposerait pas de recourir à la marge restante de la rubrique *2*[251] (*Conservation et gestion des ressources naturelles*) avant la clôture de l'"année agricole" 2011 pour financer des dépenses du Fonds européen agricole de garantie (FEAGA). Ce mandat est repris dans le tableau 25, page 80[252].

Le Parlement européen, pour sa part, n'a pas souhaité accepter les redéploiements proposés[253] et, lors de l'adoption de ses amendements sur la position du Conseil sur le projet de budget pour 2012, le 26 octobre 2011, a rétabli en faveur du 7ème PCR les 100 millions d'euros que la Commission proposait de prélever en 2012 en crédits d'engagement au profit du financement complémentaire d'ITER, estimant que les besoins additionnels devraient être financés uniquement avec de l'"argent frais" (voir page 58).

---

tant englobe les coûts de construction, les coûts de fonctionnement et les imprévus.

Le projet ITER est basé sur l'accord international sur l'établissement de l'organisation internationale ITER pour l'énergie de fusion en vue de la mise en œuvre conjointe du projet ITER, signé le 21 novembre 2006 par la Communauté européenne de l'énergie atomique (Euratom), la Chine, l'Inde, le Japon, la République de Corée, la Fédération de Russie et les États-Unis. Le réacteur à fusion expérimental est en cour de construction à Cadarache, en France (JO L 358 du 16.12.2006, pp. 62/81). La contribution d'Euratom au projet ITER passe par l'intermédiaire de "l'agence domestique" de l'Euratom, pour laquelle l'entreprise commune "F4E" a été instituée par la décision 2007/198/Euratom du Conseil, du 27 mars 2007 (JO L 90 du 30.3.2007, pp. 58/72).

[248] Doc. *COM(2011) 226 final* du 20 avril 2011.

[249] En d'autres termes, la Commission propose de couvrir le besoin de financement complémentaire d'ITER pour deux tiers par voie de révision du CF (augmentation du plafond de la sous-rubrique *1a*) et pour un tiers par voie de redéploiements.

[250] La Commission inclut également la proposition de révision du CF dans le calcul de la marge de la sous-rubrique *1a* (*Compétitivité pour la croissance et l'emploi*) dans le projet de budget pour 2012 (voir page 36).

[251] Cette marge s'établit à 1 678 millions d'euros.

[252] Il convient de relever que selon le mandat de négociation du Conseil, conformément à la déclaration adoptée lors de l'adoption de sa position sur le projet de budget pour 2012 (voir page 49), plus de la moitié (50,8 %) du financement complémentaire d'ITER en 2012 et 2013 proviendrait de redéploiements à l'intérieur de la sous-rubrique *1a*.

[253] Lors des trilogues des 19 octobre et 3 novembre 2011, le Parlement européen a notamment considéré la proposition de la Commission du 20 avril 2011 (sans parler du mandat de négociation de septembre 2011 du Conseil) était "*moins satisfaisante*" de son point de vue que l'accord qu'il avait rejeté en décembre 2010 (voir Tome II, pp. 232/234), car comprenant une part de redéploiements plus importante encore. Par ailleurs, le PE a réitéré sa forte opposition de principe à ce que le financement complémentaire d'ITER se fasse même en partie à partir de montants prévus pour d'autres projets de recherche.

Tableau 24. Proposition de la Commission, du 20 avril 2011, pour le financement complémentaire du projet ITER en 2012 et 2013

En millions d'euros

		2012	2013	Total
Révision du CF		650	190	**840**
Redéploiements au sein de crédits destinés au 7ème PCR		100	360	**460**
Total		**750**	**550**	**1.300**
Révision du cadre financier pour 2007-2013 :				
Rubrique ou sous-rubrique du CF	**2011**	**2012**	**2013**	**Total**
Augmentation du plafond de la sous-rubrique *1a* en 2012 et 2013 :				
1a (Compétitivité pour la croissance et l'emploi)		+650	+190	**+840**
Mécanisme de compensation* :				
2 (Conservation et gestion des ressources naturelles)	-650			**-650**
5 (Administration)	-190			**-190**
Total (en crédits d'engagement)	**-840**	**+650**	**+190**	**0**
Crédits pour paiements	***-840***		***+840***	***0***

* *Abaissement du plafond de deux rubriques du CF en 2011*

Tableau 25. Mandat de négociation du Conseil, du 29 septembre 2011, concernant le financement complémentaire du projet ITER en 2012 et 2013

En millions d'euros

		2012	2013	Total
Redéploiements de crédits au sein de la sous-rubrique *1a*		200	460	**660**
Révision du CF		550	90	**640**
Total		**750**	**550**	**1.300**
Révision du cadre financier pour 2007-2013 :				
Rubrique ou sous-rubrique du CF	**2011**	**2012**	**2013**	**Total**
Augmentation du plafond de la sous-rubrique *1a* en 2012 et 2013 :				
1a (Compétitivité pour la croissance et l'emploi)		+550	+90	**+640**
Mécanisme de compensation* :				
2 (Conservation et gestion des ressources naturelles)	-450			**-450**
5 (Administration)	-190			**-190**
Total (en crédits d'engagement)	**-640**	**+550**	**+90**	**0**
Crédits pour paiements	***-320***		***+320***	***0***

* *Abaissement du plafond de deux rubriques du CF en 2011*

Lors du trilogue du *19 octobre 2011*, le Parlement européen a beaucoup insisté pour que les discussions sur le financement complémentaire du projet ITER soient dissociées des négociations sur le budget pour 2012, en proposant le principe de les mener en "parallèle". Les deux branches de l'autorité budgétaire ont toutefois indiqué pourvoir retenir comme base lors des négociations le montant de 1,3 milliard d'euros proposé par la Commission.

Le Parlement a également fortement plaidé pour que la Commission soumette une *nouvelle présentation* sur le *financement global* d'ITER, couvrant toute la durée du projet.

Lors du trilogue du *3 novembre 2011* et de la réunion du comité de conciliation du *8 novembre 2011* (voir pages 64 et 65), le Parlement européen a continué à insister sur la nécessité de dissocier l'accord sur le financement d'ITER pour 2012 (et qui devrait faire partie d'un accord sur le budget de l'Union pour 2012) d'un accord éventuel sur le financement *complémentaire* du projet, qui devrait être négocié seulement *après* l'adoption du budget pour 2012. Le Conseil, avec l'appui de la Commission, a, dans un premier temps, souligné l'importance d'inclure le financement supplémentaire d'ITER dans le compromis global sur le budget pour 2012, mais a fini par accepter la demande du Parlement de dissocier la question du financement complémentaire d'ITER des négociations sur le budget pour 2012, afin d'éviter que cette question ne "bloque" (en raison de l'unanimité requise au Conseil, mais également en raison des faits qui avaient conduit le PE à ne pas donner son accord à une révision du CF en 2010[254]) un compromis sur le budget de l'Union lors de la procédure de conciliation.

Lors de la réunion du comité de conciliation des *18 et 19 novembre 2011*, dans le cadre d'un accord sur le budget de l'Union 2012 (voir pages 66-71), les deux branches de l'autorité budgétaire ont finalement adopté la déclaration conjointe suivante sur le financement complémentaire du projet ITER[255] :

"*Le Parlement européen et le Conseil conviennent de se réunir dans le cadre d'un trilogue auquel participera la Commission le mercredi 23 novembre 2011 dans l'après-midi pour examiner la question des coûts supplémentaires induits par le projet ITER en 2012 et 2013, afin de parvenir à un accord avant la fin de l'année.*

Le Parlement européen et le Conseil invitent la Commission à faciliter l'obtention d'un accord sur les besoins de financement supplémentaire du projet ITER en tenant compte des préoccupations des deux branches de l'autorité budgétaire"[256].

Lors du trilogue du *23 novembre 2011*[257], la Commission a présenté une proposition de compromis, résumée dans le tableau 26, page 82.

Cette proposition n'a pas recueilli l'accord du Parlement européen, celui-ci critiquant avant tout le fait qu'elle rouvre le compromis sur le budget pour 2012 trouvé lors de la réunion de conciliation des 18 et 19 novembre 2011[258]. Le Parlement a également insisté sur sa volonté de ne pas préjuger des sources de financement en 2013 et de ne pas modifier le plafond de la sous-rubrique *3a* (*Liberté, sécurité et justice*) du CF dans ce contexte, en indiquant préférer l'utilisation de la rubrique *5* (*Administration*).

Le Conseil, quant à lui, a avant tout regretté que la Commission propose d'abaisser le plafond de la rubrique *2* (*Conservation et gestion des ressources naturelles*) en 2012 plus que ce qui était retenu dans le mandat de négociation du Conseil (voir tableau 25, page 80). Pour ce dernier, l'essentiel restait de trouver un accord sur le financement complémentaire du projet ITER en 2011, en excluant catégori-

---

[254] Voir Tome II, pp. 232/234.

[255] Le Parlement européen et le Conseil ont par la même occasion convenu d'inclure dans le budget de l'Union européenne pour 2012 un total de 100 millions d'euros en crédits d'engagement pour le financement complémentaire d'ITER (voir page 67).

[256] Doc. *PE P7_TA(2011)0521* du 25.11.2011, p. 19 et *Conseil 17470/11 FIN 958* du 25.11.2011, p. 7.

[257] Ce trilogue a été organisé à la demande du Parlement européen *après* la fin de la période de conciliation sur le budget de l'UE pour 2012 (voir tableau 6, page 31).

[258] Le Parlement européen a également fermement écarté tout recours à une réserve négative dans ce contexte en 2012.

Tableau 26. Proposition de compromis de la Commission, du 23 novembre 2011, sur le financement complémentaire du projet ITER en 2012 et 2013

En millions d'euros

	2012	2013	Total
Montants disponibles par le biais d'une révision du CF	590	250	**840**
Montant inscrit dans le budget de l'Union pour 2012*	100		**100**
Réserve négative	60		**60**
Montant à être inclus dans le budget de l'Union pour 2013**		300	**300**
Total	**750**	**550**	**1.300**

* *Voir pages 66-67* ** *Un montant d'au moins 100 millions d'euros sera disponible à partir de montants programmés pour les entreprises communes Artemis, Clean Sky, ENIAC, SESAR et IMI (voir page 134)*

Révision du cadre financier pour 2007-2013 :

Rubrique ou sous-rubrique du CF	**2011**	**2012**	**2013**	**Total**
Augmentation du plafond de la sous-rubrique *1a* en 2012 et 2013 :				
1a (Compétitivité pour la croissance et l'emploi)		+590	+250	**+840**
Mécanisme de compensation* :				
2 (Conservation et gestion des ressources naturelles)	-572			**-572**
3a (Liberté, sécurité et justice)	-25			**-25**
5 (Administration)	-243			**-243**
Total (en crédits d'engagement)	**-840**	**+590**	**+250**	**0**
Crédits pour paiements	***-580***		***+580***	***0***

* *Abaissement du plafond de deux rubriques et d'une sous-rubrique du CF en 2011*

quement toute révision ultérieure du CF pour financer le projet en 2012 et 2013.

Lors d'un second trilogue organisé le *1er décembre 2011* après-midi, c'est-à-dire *après* l'approbation par le Parlement européen du projet commun de budget pour 2012 (voir page 71), les deux branches de l'autorité budgétaire sont finalement parvenues à un accord *ad referendum* sur les modalités du financement complémentaire du projet ITER en 2012 et 2013. Selon l'accord : "*Le Parlement européen, le Conseil et la Commission réaffirment l'importance qu'ils attachent au projet ITER pour l'Union européenne.*

Le Parlement européen et le Conseil ont pris note de la proposition de la Commission[259] *visant à modifier l'accord interinstitutionnel en ce qui concerne le cadre financier pluriannuel (CFP), afin de fournir les 1 300 millions d'euros supplémentaires en crédits d'engagement au titre du budget de l'UE nécessaires pour le projet ITER en 2012 et en 2013.*

Le Parlement européen, le Conseil et la Commission conviennent de couvrir comme suit les coûts supplémentaires de 1 300 millions d'euros du projet ITER en 2012 et 2013 :

- 100 millions d'euros déjà inscrits aux lignes budgétaires ITER dans le budget 2012[260] *;*

- la procédure budgétaire pour 2013 prévoira la mise à disposition de 360 millions d'euros en crédits d'engagement, dans la limite des plafonds des crédits d'engagement fixés par le CFP, en exploitant pleinement les dispositions visées dans le règlement financier et dans l'accord interinstitutionnel du 17 mai 2006 et en excluant toute nouvelle révision du CFP en ce qui concerne ITER ;

- les plafonds des crédits d'engagement de la sous-rubrique 1a pour les exercices 2012 et 2013 seront relevés d'un montant de 840 millions d'euros, soit 650 millions d'euros en 2012 et 190 millions d'euros en 2013. Ce relèvement sera compensé par une diminution correspondante du plafond des crédits d'engagement des rubriques 2 (450 millions d'euros pour l'exercice 2011) et 5 (243 millions d'euros pour l'exercice 2011 et 147 millions d'euros pour l'exercice 2012) ;

[259] Doc. *COM(2011) 226 final.*

[260] Il s'agit de l'article *08 20 02* (*Euratom – Entreprise commune ITER – Fusion for Energy (F4E)*) et du poste *08 01 04 40* pour les crédits pour la gestion administrative.

- le plafond des crédits de paiement pour l'exercice 2013 sera relevé d'un montant de 580 millions d'euros, compensés par une diminution correspondante du plafond pour l'exercice 2011.

Le Parlement européen et le Conseil conviennent d'adopter la modification du cadre financier pluriannuel pour la période 2007-2013 susmentionnée avant la fin 2011, conformément à leurs procédures internes respectives.

Le Parlement européen et le Conseil invitent la Commission à formuler des propositions concrètes concernant le montant de 360 millions d'euros dans le cadre du projet de budget pour 2013"[261].

Le contenu de l'accord est résumé dans le tableau 27 ci-après.

Le Parlement européen et le Conseil ont confirmé l'accord et adopté la révision du cadre financier pour 2007-2013 pour le financement complémentaire du projet ITER en 2012 et 2013 le 13 décembre 2011[262].

Il convient de souligner que le Conseil a confirmé l'accord et a adopté la révision à l'unanimité[263],

Tableau 27. Accord, du 1er décembre 2011, sur le financement complémentaire du projet ITER en 2012 et 2013

En millions d'euros

	2012	2013	Total
Montants disponibles par le biais d'une révision du CF	650*	190	**190**
Montant inscrit dans le budget de l'Union pour 2012**	100		**100**
Montant à être inclus dans le budget de l'Union pour 2013***		360	**360**
Total	**750**	**550**	**1.300**

* *Inclus dans le budget pour 2012 par le biais du BR n° 1/2012 (voir page 136)* ** *Voir pages 66-67*
*** *La Commission est invitée à "formuler des propositions concrètes concernant (ce) montant dans le cadre du projet de budget pour 2013". Ce montant doit être disponible en "excluant toute nouvelle révision du cadre financier pluriannuel en ce qui concerne ITER"*

Révision du cadre financier pour 2007-2013 :

Rubrique ou sous-rubrique du CF	2011	2012	2013	Total
Augmentation du plafond de la sous-rubrique *1a* en 2012 et 2013 :				
1a (*Compétitivité pour la croissance et l'emploi*)		+650	+190	**+840**
Mécanisme de compensation* :				
2 (*Conservation et gestion des ressources naturelles*)	-450			**-450**
5 (*Administration*)	-243	-147		**-390**
Total (en crédits d'engagement)	**-693**	**+503**	**+190**	**0**
Crédits pour paiements	***-580***		***+580***	***0***

* *Abaissement du plafond de deux rubriques du CF en 2011 et d'une rubrique en 2012*

---

[261] Doc. *Conseil 18322/1/11 REV 1 FIN 1030 RECH 426* du 12 décembre 2011, pp. 3/4 et *PE P7_TA(2011)0547* du 13 décembre 2011, Annexe I.

[262] JO L 4 du 7.1.2012, pp. 12/13.

[263] Le Luxembourg, les Pays-Bas et la Suède se sont abstenus.

Lors de la confirmation de l'accord du Conseil sur les modalités du financement complémentaire d'ITER en 2012 et 2013 et de l'adoption de la décision de révision du CF, le 13 décembre 2011, six États membres ont fait inscrire la déclaration unilatérale suivante au procès-verbal de la session du Conseil : "*Dans leur déclaration conjointe sur le financement du projet ITER, le Parlement européen et le Conseil se sont engagés à* "examiner la question des coûts supplémentaires induits par le projet ITER en 2012 et 2013, afin de parvenir à un accord avant la fin de l'année". *L'Autriche, la France, l'Allemagne, les Pays-Bas, la Suède et le Royaume Uni déplorent l'incertitude qui entourera, pour une année encore, les sources financières pour le montant à financer par redéploiement. Ces États membres estiment que les 360 millions d'euros de crédits d'engagement nécessaires pour le projet ITER en 2013 devraient être mis à disposition grâce à de réels redéploiements, sans recours à la réserve négative, à l'instrument de flexibilité ou aux marges. Dans le contexte du projet de budget pour 2013, la Commission est par conséquent invitée à déterminer les engagements requis pour ITER sans recours à la réserve négative, à l'instrument de flexibilité ou aux marges*"

Tableau 28. Le cadre financier pour 2007-2013 suite à la révision du 13 décembre 2011 pour le financement additionnel du projet ITER en 2012 et 2013

En millions d'euros et en prix de 2004
(Source : JO L 4 du 7.1.2012, p. 13)

Crédits pour engagements	2007	2008	2009	2010	2011	2012	2013	Total 2007-2013
1. Croissance durable	**50.865**	**53.262**	**55.879**	**56.435**	**55.693**	**57.708**	**58.696**	**388.538**
1a Compétitivité pour la croissance et l'emploi	8.404	9.595	12.018	12.580	11.306	12.677	13.073	79.653
1b Cohésion pour la croissance et l'emploi	42.461	43.667	43.861	43.855	44.387	45.031	45.623	308.885
2. Conservation et gestion des ressources naturelles	**51.962**	**54.685**	**51.023**	**53.238**	**52.136**	**51.901**	**51.284**	**366.229**
dont : dépenses de marché et paiements directs	43.120	42.697	42.279	41.864	41.453	41.047	40.645	293.105
3. Citoyenneté, liberté, sécurité et justice	**1.199**	**1.258**	**1.375**	**1.503**	**1.645**	**1.797**	**1.988**	**10.765**
3a Liberté, sécurité et justice	600	690	785	910	1.050	1.200	1.390	6.625
3b Citoyenneté	599	568	590	593	595	597	598	4.140
4. L'UE acteur mondial	**6.199**	**6.469**	**6.739**	**7.009**	**7.339**	**7.679**	**8.029**	**49.463**
5. Administration[1]	**6.633**	**6.818**	**6.816**	**6.999**	**7.044**	**7.274**	**7.610**	**49.194**
6. Compensations	**419**	**191**	**190**					**800**
Total des crédits pour engagements	**117.277**	**122.683**	**122.022**	**125.184**	**123.857**	**126.359**	**127.607**	**864.989**
en % du RNB	1,08%	1,09%	1,06%	1,06%	1,03%	1,03%	1,01%	1,049%
Total des crédits pour paiements	**115.142**	**119.805**	**109.091**	**119.245**	**116.394**	**120.649**	**120.418**	**820.744**
en % du RNB	1,06%	1,06%	0,95%	1,01%	0,97%	0,98%	0,96%	1,00%
Marge disponible	0,18%	0,18%	0,29%	0,22%	0,26%	0,25%	0,27%	0,23%
Plafond des ressources propres en pourcentage du RNB	1,24%	1,24%	1,24%	1,23%	1,23%	1,23%	1,23%	1,23%

[1] S'agissant des dépenses de pension, les montants pris en compte sous le plafond de cette rubrique sont calculés nets des contributions du personnel au régime correspondant, dans la limite de 500 millions d'euros aux prix de 2004 pour la période 2007-2013

En millions d'euros et en prix courants

Crédits pour engagements	2007	2008	2009	2010	2011	2012	2013	Total 2007-2013
1. Croissance durable	**53.979**	**57.653**	**61.696**	**63.555**	**63.974**	**67.614**	**70.147**	**438.618**
1a Compétitivité pour la croissance et l'emploi	8.918	10.386	13.269	14.167	12.987	14.853	15.623	90.203
1b Cohésion pour la croissance et l'emploi	45.061	47.267	48.427	49.388	50.987	52.761	54.524	348.415
2. Conservation et gestion des ressources naturelles	**55.143**	**59.193**	**56.333**	**59.955**	**59.888**	**60.810**	**61.289**	**412.611**
dont : dépenses de marché et paiements directs	45.759	46.217	46.679	47.146	47.617	48.093	48.574	330.085
3. Citoyenneté, liberté, sécurité et justice	**1.273**	**1.362**	**1.518**	**1.693**	**1.889**	**2.105**	**2.376**	**12.216**
3a Liberté, sécurité et justice	637	747	867	1.025	1.206	1.406	1.661	7.549
3b Citoyenneté	636	615	651	668	683	699	715	4.667
4. L'UE acteur mondial	**6.578**	**7.002**	**7.440**	**7.893**	**8.430**	**8.997**	**9.595**	**55.935**
5. Administration[1]	**7.039**	**7.380**	**7.525**	**7.882**	**8.091**	**8.523**	**9.095**	**55.535**
6. Compensations	**445**	**207**	**210**					**862**
Total des crédits pour engagements	**124.457**	**132.797**	**134.722**	**140.978**	**142.272**	**148.049**	**152.502**	**975.777**
en % du RNB	1,02%	1,08%	1,16%	1,18%	1,15%	1,13%	1,12%	1,12%
Total des crédits pour paiements	**122.190**	**129.681**	**120.445**	**134.289**	**133.700**	**141.360**	**143.911**	**925.576**
en % du RNB	1,00%	1,05%	1,04%	1,12%	1,08%	1,08%	1,06%	1,06%
Marge disponible	0,24%	0,19%	0,20%	0,11%	0,15%	0,15%	0,17%	0,17%
Plafond des ressources propres en pourcentage du RNB	1,24%	1,24%	1,24%	1,23%	1,23%	1,23%	1,23%	1,23%

[1] S'agissant des dépenses de pension, les montants pris en compte sous le plafond de cette rubrique sont calculés nets des contributions du personnel au régime correspondant, dans la limite de 500 millions d'euros aux prix de 2004 pour la période 2007-2013

(doc. *Conseil 18322/1/11 REV 1*, p. 8).

En réponse à cette déclaration unilatérale, le PE a indiqué dans sa résolution sur la révision du CF, adoptée le 13 décembre 2011, qu'il "*insiste sur le fait que le Parlement, le Conseil et la Commission ont accepté, dans leur intégralité, les conclusions conjointes du trilogue budgétaire qui s'est tenu le 1er décembre 2011 ;*

- déplore vivement la déclaration unilatérale inscrite au procès-verbal du Conseil par six États membres dans le but de donner une interprétation biaisée des conclusions conjointes ;

- demande au Conseil de respecter pleinement les conclusions conjointes ; rappelle au Conseil son accord pour mettre pleinement à profit les dispositions prévues dans le règlement financier et dans l'accord interinstitutionnel du 17 mai 2006 afin de mettre à disposition, dans la procédure budgétaire pour 2013, un montant de 360 millions d'euros, dans la limite des plafonds des crédits d'engagement fixés par le CFP ; affirme que dans le cas contraire, le Parlement ne peut garantir son accord sur ce montant ;

- demande instamment à la Commission d'exploiter pleinement les dispositions prévues dans le règlement financier et dans l'accord interinstitutionnel du 17 mai 2006 lorsqu'elle formule des propositions concrètes concernant le montant de 360 millions d'euros dans le cadre du projet de budget pour 2013" (doc. *PE P7_TA(2011)0547* du 13.12.2011, points 2-5). Le Parlement a accepté la révision du CF et la résolution l'accompagnant par 581 voix pour, 102 contre et 16 abstentions.

en ligne avec l'article 312, paragraphe 2 du TFUE (voir Tome II, page 209). En même temps, il convient de relever que la décision de révision du CF (qui est en deçà des 0,03 % du RNB) ne fait référence à aucun des points de l'AII de 2006[264] (voir page 33).

Le CF qui en résulte est présenté (aussi bien à prix 2004 qu'à prix courants) dans le tableau 28, page 84.

12. Les lettres rectificatives présentées lors de la procédure budgétaire pour 2012

La Commission a présenté au cours de la procédure budgétaire pour 2012 au total *trois* lettres rectificatives (LR) au PB[265] (voir tableau 6, page 31).

A. La LR nº 1/2012, adoptée par la Commission le 17 juin 2011[266] suite aux communications conjointes de la Commission et de la haute représentante de l'Union pour les affaires étrangères et la politique de sécurité intitulées "Un partenariat pour la démocratie et une prospérité partagée avec le sud de la *Méditerranée*"[267] et "Une stratégie nouvelle à l'égard d'un voisinage en mutation"[268], concernait la rubrique 4 (L'UE acteur mondial) du CF et portait sur :

- l'inscription dans le projet de budget de 400 millions d'euros en crédits d'engagement visant à financer des mesures supplémentaires dans l'espace couvert par la politique de voisinage de l'UE, dont 395,5 millions d'euros par le biais de l'Instrument européen de voisinage et de partenariat et 4,5 millions d'euros par celui de l'Instrument européen pour la démocratie et les droits de l'homme. La Commission proposait de couvrir ce renforcement de 400 millions d'euros en ayant recours à la marge restante de la rubrique 4 (soit 246,7 millions d'euros) et à la mobilisation de l'instrument de flexibilité (pour un montant de 153,3 millions d'euros ; voir page 76), et

- le redéploiement de 104,1 millions d'euros en crédits de paiement issus d'autres programmes relevant de la rubrique 4, dont 102,8 millions d'euros pour l'IEVP et 1,3 million d'euros pour l'IEDDH[269].

Le Conseil a pris cette lettre rectificative en compte lors de l'établissement de sa position sur le projet de budget pour 2012 le 25 juillet 2011[270] et le Parlement européen lors du vote de ses amendements le 26 octobre 2011[271] (voir pages 43-63).

B. La *LR nº 2/2012*, présentée par la Commission le 16 septembre 2011[272], visait à inclure dans le projet de budget les conséquences en 2012 de la future adhésion de la Croatie à l'Union européenne[273]. Le montant de cette lettre rectificative s'élevait à 13,1 millions d'euros, dont :

---

[264] JO L 4 du 7.1.2012, p. 12.

[265] Selon l'article 314, paragraphe 2, deuxième alinéa du TFUE la Commission peut modifier son projet de budget jusqu'à la convocation du comité de conciliation. Les lettres rectificatives sont également mentionnées à l'article 34 du RF de 2002 et au point 3 de l'annexe de la déclaration commune du 30 mars 2011 sur les dates de la procédure budgétaire et les modalités de fonctionnement du comité de conciliation en 2011 (voir page 110).

[266] Doc. *COM(2011) 372 final*.

[267] Doc. *COM(2011) 200 final* du 8 mars 2011.

[268] Doc. *COM(2011) 303 final* du 25 mai 2011. Ces deux communications font suite au réexamen de la politique de voisinage de l'Union européenne.

[269] En d'autres termes, la LR nº 1/2012 telle que proposée par la Commission n'a pas d'incidence sur le total des crédits de paiement du projet de budget pour 2012.

[270] Le Conseil, en écartant toute mobilisation de l'instrument de flexibilité et en réduisant le montant du recours à la marge de la rubrique *4* à 196,5 millions d'euros, a augmenté d'autant le montant des redéploiements de crédits au sein de la rubrique *4*.

[271] Le Parlement européen a, pour sa part, retenu les propositions de la Commission concernant l'augmentation des montants et un recours à l'instrument de flexibilité (tout en augmentant le montant ; voir page 76), mais n'a pas suivi la proposition visant à redéployer 104,1 millions d'euros en crédits de paiement à partir de programmes relevant de la rubrique *4*.

[272] Doc. *COM(2011) 576 final*.

[273] Cette LR a été présentée une fois que le Conseil européen des 23 et 24 juin 2011 est convenu que les négociations d'adhésion avec la Croatie devraient être menées à bien avant fin juin 2011 en vue de la signature du traité d'adhésion avant fin 2011 (doc. *Conseil européen 23/11 CO EUR 14 CONCL 4* du 24 juin 2011, point 31).

Les crédits et postes demandés dans la LR sont notamment liés à la traduction en croate de l'acquis communautaire et à sa publication au JO, à la préparation de la participation de la Croatie aux différents

- 7,8 millions d'euros supplémentaires pour le Parlement européen (section I) ;

- 1,4 million d'euros pour le Conseil européen et le Conseil (section II) ;

- 3,2 millions d'euros pour la Commission (section III) ;

- 66 243 euros pour le Comité économique et social européen (section VI) ;

- 0,6 million d'euros pour le Comité des régions (section VII), et

- 54 500 euros pour le Médiateur européen (section VIII).

Le Parlement européen, la Commission, le Comité économique et social européen, le Comité des régions et le Médiateur européen demandaient au total 78 nouveaux postes relevant des tableaux des effectifs. Ces nouveaux postes demandés sont repris dans le tableau 21, page 77. Toutefois, les crédits correspondants n'étaient demandés que pour 14 emplois, étant donné que ni le Parlement (62 nouveaux emplois) ni le Médiateur (deux nouveaux emplois) ne demandaient de crédits pour les nouveaux emplois correspondants. Par ailleurs, les institutions demandaient dans la LR jusqu'à l'adhésion de la Croatie, prévue au 1er juillet 2013, des crédits pour 117 "autres agents"[274].

Les deux branches de l'autorité budgétaire ont accepté cette lettre rectificative telle que proposée par la Commission lors de la réunion du comité de conciliation des 18 et 19 novembre 2011, dans le cadre de l'accord global sur le budget de l'Union européenne pour 2012 (voir pages 66-71).

C. La *LR nº 3/2012*, adoptée par la Commission le 25 octobre 2011[275], était la traditionnelle lettre rectificative "*ad hoc*" qui, conformément au point B, troisième paragraphe de l'annexe II de l'AII de 2006, a notamment pour but d'actualiser les données concernant les dépenses agricoles et les accords internationaux de pêche.

Comme à l'accoutumé, cette lettre rectificative traite de l'actualisation, ligne par ligne, des besoins estimés en 2012 pour les dépenses agricoles. En plus de la modification des éléments de marché, la LR intègre également l'impact des décisions législatives agricoles intervenues depuis l'établissement du projet de budget pour 2012, des estimations révisées des besoins pour certains paiements directs, ainsi que les propositions de la Commission les plus importantes dans le domaine agricole susceptible d'avoir un impact financier sur l'exercice budgétaire à venir[276]. Par ailleurs, la LR contient une actualisation de la situation relative aux accords internationaux en matière de pêche.

S'agissant des dépenses agricoles, la LR nº 3/2012 propose de réduire les crédits alloués au Fonds européen agricole de garantie de 88 millions d'euros par rapport au projet de budget, vu que les besoins plus importants que prévus concernant les chapitres *05 02* (*Interventions sur les marchés agricoles* ; +94 millions d'euros) et *05 03* (*Aides directes* ; +37 millions d'euros) sont plus que compensés par des recettes affectées reportées de 2011 supérieures aux prévisions initiales (+205 millions d'euros) et par une augmentation des recettes affectées générées en 2012 (+14 millions d'euros).

S'agissant des programmes alimentaires en faveur des personnes les plus démunies, la Commission propose de transférer 340 millions d'euros (sur les

programmes de l'Union européenne, à la participation des observateurs croates à différentes réunions du Parlement européen et du Comité des régions, ainsi qu'au financement des activités de communication et du matériel et des dépenses de fonctionnement supplémentaires liés au recrutement de nouveaux effectifs. De tels crédits et postes sont en général requis de 12 à 18 mois avant la date effective d'une adhésion. Le traité d'adhésion a été signé le 9 décembre 2011 à Bruxelles, en marge de la réunion du Conseil européen.

[274] C'est-à-dire pour des agents contractuels et des experts nationaux détachés (62 pour le Parlement européen, 12 pour le Conseil, 42 pour la Commission et un pour le Médiateur européen).

[275] Doc. *COM(2011) 698 final*. Cette lettre rectificative est toujours présentée après la clôture de l'"année agricole" (la "campagne agricole"), le 15 octobre *n*.

[276] Au total, la LR nº 3/2012 modifie les montants de 37 lignes budgétaires.

500 millions d'euros inscrits dans le PB) en réserve, dans l'attente de l'adoption de la base légale (voir pages 50 et 60).

S'agissant des accords de pêche, la LR propose de diminuer le montant de l'article *11 03 01* (*Accords internationaux en matière de pêche*) de 3,5 millions d'euros en crédits d'engagement et de 2,8 millions d'euros en crédits de paiement, tout en augmentant le montant inscrit en réserve de 4,2 millions d'euros en crédits d'engagement et de 5,8 millions d'euros en crédits de paiement.

La lettre rectificative n° 3/2012 propose également le renforcement de la contribution de l'Union européenne à l'Agence européenne des produits chimiques, pour un montant de 1,7 million d'euros en crédits d'engagement et de paiement, suite aux nouvelles tâches de l'Agence conformément à la proposition de la Commission de règlement du Parlement européen et du Conseil concernant les "activités biocides"[277]. Ces montants sont inscrits en réserve, dans l'attente de l'adoption de la base légale correspondante[278]. La Commission propose en outre de renforcer le tableau des effectifs de l'Agence par neuf nouveaux postes AD temporaires.

Enfin, la lettre rectificative apporte un certain nombre de mises à jour techniques et de corrections à la nomenclature, aux intitulés et aux commentaires de deux chapitres et de dix lignes budgétaires du PB.

L'impact budgétaire total des différents ajustements proposés est une diminution de 85,7 millions d'euros des crédits d'engagement et de 83,4 millions d'euros des crédits de paiement proposés par la Commission dans son projet de budget[279]. Le montant des crédits d'engagement proposés par la Commission pour la rubrique *2* (*Conservation et gestion des ressources naturelles*) en 2012 s'établit ainsi à 60 073 millions d'euros, ce qui laisse une marge de 737 millions d'euros sous le plafond de la rubrique.

À cause de sa présentation tardive, les deux branches de l'autorité budgétaire ont conduit leurs négociations sur cette lettre rectificative dans le cadre de la procédure de conciliation. Elles l'ont acceptée telle que proposée par la Commission lors de la réunion du comité de conciliation des 18 et 19 novembre 2011, dans le cadre de l'accord global sur le budget de l'Union européenne pour 2012 (voir pages 66-71).

---

[277] Doc. *COM(2009) 267 final* du 12 juin 2009. Le Conseil a adopté sa position en première lecture le 21 juin 2011 (JO C 320E du 1er.11.2011, pp. 1/127) et a introduit des modifications qui entraînent, pour l'agence, une charge de travail supplémentaire et les besoins en ressources qui y sont associés, à savoir :

- la portée de la procédure d'autorisation des produits, centralisée au niveau de l'UE, a été considérablement élargie, de sorte que l'ECHA devra traiter un nombre de demandes beaucoup plus important qu'initialement prévu ;
- l'Agence devra s'investir davantage dans le partage des données afin d'éviter la répétition d'expérimentations sur les vertébrés et sera également appelée à se prononcer sur l'"équivalence technique" de substances actives similaires ;
- l'Agence assurera le secrétariat du groupe de coordination chargé de la reconnaissance mutuelle, et
- l'Agence sera chargée de tenir le registre des produits biocides, qui sera la plate-forme informatique principale pour la présentation des demandes, ainsi que pour l'échange d'informations entre les États membres, l'Agence, la Commission et les demandeurs.

Le 11 août 2011, la Commission a adopté une communication concernant la position du Conseil (doc. *COM(2011) 498 final*), à laquelle est annexée une version révisée de la fiche financière tenant compte des modifications introduites par le Conseil.

Il convient de relever que 2012 étant une année de préparation et que les demandes d'autorisation de produits et d'agrément de substances ne seront introduites qu'à compter de 2013, les travaux de l'ECHA sur les biocides dépendront en 2012 de la subvention de l'UE.

[278] Le règlement (UE) n° 528/2012 du Parlement européen et du Conseil concernant la mise à disposition sur le marché et l'utilisation des produits biocides a été adopté le 22 mai 2012 (JO L 167 du 27.6.2012, pp. 1/123).

[279] Par rapport à la position du Conseil sur le projet de budget (c'est-à-dire en tenant compte des lignes budgétaires réduites par le Conseil), la LR n° 3/2012 augmente les crédits d'engagement de 65,5 millions d'euros et les crédits de paiement de 67,8 millions d'euros. Par rapport aux amendements du Parlement européen, cette LR (qui touche trois lignes budgétaires amendées par le Parlement) diminue les crédits d'engagement et de paiement retenus par le PE pour la rubrique *2* de 195 millions d'euros.

13. Analyse

A. Pour la première fois depuis l'entrée en vigueur du traité de Lisbonne (le 1er décembre 2009), les deux branches de l'autorité budgétaire sont parvenues, en 2011, à un accord sur un projet commun de budget dans le cadre de la nouvelle procédure de conciliation budgétaire. En 2010, le Parlement européen et le Conseil avaient échoué aussi bien lors de la procédure budgétaire annuelle que dans le cadre du projet de BR nº 3/2010[280]. Ce succès est dû à plusieurs éléments : d'une part, il convient de saluer le travail des différentes institutions dans la préparation de leurs états prévisionnels respectifs, de la Commission dans l'élaboration du projet de budget ou des deux branches de l'autorité budgétaire, avec l'aide de la Commission, dans la recherche de solutions et de compromis (voir pages 30-71) ; d'autre part, il ne faut pas négliger la situation de crise existant en 2011 (crise économique, de l'euro et de la dette), qui a contraint le PE et le Conseil à rechercher des compromis au sujet du budget annuel, l'Union européenne ne pouvant se permettre d'ajouter une crise budgétaire aux difficultés que doivent actuellement affronter tous les États membres.

En même temps, il ne faut pas sous-évaluer l'importance des enseignements tirés par le Parlement européen, le Conseil et la Commission de la procédure budgétaire pour 2011[281] (voir Tome II, pp. 165/247), la première a avoir été menée intégralement selon les nouvelles règles du traité de Lisbonne ; les trois institutions ont notamment veillé, lors des négociations, à se concentrer sur les questions strictement *budgétaires*, sans déborder sur des problèmes sortant du cadre de l'article 314 du TFUE[282]. Ainsi, elles n'ont par exemple pas soulevé de questions liées au futur cadre financier pluriannuel pour 2014-2020 à la suite des propositions que la Commission a présentées à partir du 29 juin 2011[283] (voir chapitre II), à la révision du RF de 2002 (voir *infra*, point G) ou encore au refus de donner décharge au Conseil[284].

Par contre, les deux branches de l'autorité budgétaire n'ont pas été en mesure de réduire le nombre de lignes budgétaires modifiées lors de l'adoption de la position du Conseil[285] ou le nombre d'amendements adoptés par le Parlement européen concernant la position du Conseil[286] en se concentrant sur un nombre plus limité de lignes budgétaires du PB qui revêtaient une plus grande importance "politique".

---

[280] Ce projet de BR portait sur le financement des mesures d'accompagnement dans le secteur de la banane (MAB ; voir Tome II, pp. 169/171).

[281] Suite aux enseignements tirés de la procédure budgétaire pour 2011, le Parlement européen et le Conseil ont également avancé, en 2011, la date d'adoption de leurs états prévisionnels respectifs, afin de permettre au Conseil de respecter le délai de huit semaines entre la présentation du projet de budget et l'adoption de sa position. Les trois institutions ont également clarifié, dans la déclaration commune du 30 mars 2011 sur les dates de la procédure budgétaire et les modalités de fonctionnement du comité de conciliation en 2011, certains points de procédure : avant tout, la date du début de la période de vingt et un jours de conciliation et des quatorze jours prévus pour l'approbation, le cas échéant, du projet commun de budget (voir pages 109-111).

[282] Cet article définit la procédure budgétaire annuelle de l'Union européenne (voir pages 368-369).

[283] En même temps, les travaux sur le futur CFP sont restés en 2011 avant tout au stade "d'examen et d'analyse technique" des différentes propositions de la Commission (voir chapitre II).

[284] Il convient de rappeler que le Parlement européen a refusé, le 25 octobre 2011, la décharge au secrétaire général du Conseil sur l'exécution du budget du Conseil pour l'exercice 2009 (JO L 313 du 26.11.2011, pp. 11/12).

[285] Il convient de relever que le Conseil a, par exemple, réduit pour la première fois des crédits d'engagement proposés par la Commission dans le projet de budget concernant des lignes budgétaires liées au financement des dépenses opérationnelles de programmes et de Fonds co-décidés (voir pages 43-52). En tout, il a modifié 275 lignes budgétaires de la section III – Commission – concernant les dépenses opérationnelles et pour la gestion administrative (contre 239 lors de la procédure budgétaire pour 2011) : de 2003 à 2009, le Conseil a modifié en moyenne 178 lignes budgétaires proposées par la Commission (voir Tome II, page 346).

Cette augmentation du nombre de lignes budgétaires modifiées par le Conseil s'explique en partie par la volonté d'une majorité qualifiée d'États membres de "limiter" et de "contrôler" l'augmentation des crédits proposés par la Commission dans le projet de budget, en se basant notamment – ligne budgétaire par ligne budgétaire – sur les taux d'exécution constatées et escomptées (voir pages 43-52).

[286] Le Parlement européen a adopté, le 26 octobre 2011, en tout 427 amendements concernant la position du Conseil. En octobre 2010, il en avait adopté 414 : de 2003 à 2009, il a adopté, en première lecture, lors des procédures budgétaires annuelles une moyenne de 386 propositions de modifications ou amendements (voir Tome II, page 346).

Ce grand nombre de lignes budgétaires "ouvertes" complique la gestion technique des négociations budgétaires, tout en diminuant la "visibilité" des modifications ayant une plus grande importance politique que le Parlement ou le Conseil ont adoptées.

B. Comme lors de la procédure budgétaire précédente, la question du montant des *crédits pour paiements* à retenir a été capitale pour la conclusion heureuse des négociations. Pour la deuxième année consécutive, le Parlement européen a accepté la position du Conseil (soit 129,1 milliards d'euros pour 2012), et ce en dépit des avertissements de la Commission qui craint que les crédits de paiement retenus ne soient insuffisants pour que l'Union européenne puisse honorer tous ses engagements en 2012. À ce sujet, suite de nouveau à une initiative de la Commission, les deux branches de l'autorité budgétaire et la Commission ont adopté, dans le cadre de l'accord global sur le budget pour 2012, une déclaration commune sur les crédits de paiement, qui est similaire à la déclaration conjointe qui a été adoptée en décembre 2010, dans le cadre de la procédure budgétaire pour 2011 (voir Tome II, pp. 219/220). En raison des négociations difficiles concernant trois budgets rectificatifs adoptés en 2011 (voir chapitre II, pages 32-71 et *infra*, point F), le Parlement européen a néanmoins émis des doutes sur l'application effective et l'utilité de cette déclaration. En même temps, le montant des crédits pour paiements retenus constitue une base de référence non seulement pour le budget pour 2013, mais également pour les négociations sur le futur cadre financier pluriannuel pour la période 2014-2020.

C. En contrepartie de son accord sur les crédits pour paiements, et malgré la position de principe du Conseil[287], le Parlement européen a obtenu – comme lors de procédures budgétaires précédentes – des concessions concernant les *crédits d'engagement*[288], y compris une mobilisation de l'*instrument de flexibilité* (voir page 394), pour un montant de 200 millions d'euros, afin de financer ses priorités liées à la politique de voisinage de l'Union européenne et à la stratégie "Europe 2020"[289]. Cet écart entre les crédits d'engagement et de paiement contribuera à augmenter le RAL[290], et ce malgré les nombreux appels émis par la Commission au cours de la procédure budgétaire en vue de le réduire[291]. En même temps, le montant des crédits pour engagements retenus constituera une base de référence incontournable pour les négociations concernant le futur CFP.

D. Par ailleurs, à part le financement du projet ITER, les discussions ont porté avant tout sur des sujets traditionnels : sous-rubrique *1a* (*Compétitivité pour la croissance et l'emploi*) et rubrique *4* (*L'UE acteur mondial*) du CF, dépenses administratives et agences décentralisées de l'Union européenne. S'agissant du "budget PESC", qui a été arrêté avec un montant de 363 millions d'euros en crédits d'engagement et à 302,8 millions d'euros en crédits de paiement, l'autorité budgétaire a pour la première fois retenu, à l'initiative du Conseil, une réduction (de 250 000 euros) des dépenses pour sa gestion administrative.

E. Il convient également de souligner l'accord "*ad referendum*" obtenu lors du trilogue organisé le

---

Cette augmentation du nombre de lignes budgétaires amendées par le Parlement européen est en partie le reflet de l'augmentation du nombre de lignes budgétaires modifiées par le Conseil dans sa position, une importante partie des amendements du PE visant à restaurer les montants proposés par la Commission dans le projet de budget et réduits par le Conseil (voir pages 52-63).

[287] Telle que présentée notamment dans les orientations budgétaires du Conseil pour 2012 (voir page 34), selon lesquelles il est capital de conserver, lors de la procédure budgétaire pour 2012, une "*maîtrise rigoureuse*" non seulement des crédits de paiement, mais également des crédits d'engagement (doc. *Conseil 5895/11 FIN 51*, p. 3).

[288] Il convient néanmoins de relever les réductions des crédits d'engagement (de plus de 530 millions d'euros par rapport au PB (LR comprises) ou aux amendements du PE ; voir tableau 18, page 72) retenues dans le projet commun de budget pour 2012.

[289] Les marges retenues par rubrique et sous-rubrique du CF sont récapitulées page 388.

[290] Le RAL s'élevait fin de 2010 à 194 395 millions d'euros et fin de 2011 à 207 443 millions d'euros (voir page 389).

[291] Cette réduction du RAL a achoppé notamment en raison de la différence d'opinion des deux branches de l'autorité budgétaire sur la manière d'y arriver : le Parlement européen voudrait accroître le montant des crédits de paiement pour le rapprocher du montant des crédits d'engagement retenus, alors que, pour le Conseil, la meilleure façon de contenir l'augmentation du RAL (en dehors des dégagements de crédits)

1er décembre 2011 sur le *financement complémentaire du projet ITER en 2012 et 2013*, près d'un an et demi après la présentation par la Commission de sa première proposition et après le refus du Parlement européen de donner son accord en décembre 2010[292]. Fort de l'expérience de 2010, le Parlement a systématiquement refusé en 2011 de lier l'accord sur le financement complémentaire d'ITER et l'accord sur le budget de l'Union européenne pour 2012, insistant dans un premier temps sur le caractère "parallèle" des deux procédures, repoussant ensuite l'organisation du premier trilogue spécifiquement appelé à discuter du financement additionnel d'ITER à une date postérieure à la fin de la période de conciliation sur le budget pour 2012, et demandant enfin d'organiser le deuxième trilogue seulement après l'approbation du projet commun de budget pour 2012 par les deux branches de l'autorité budgétaire. Une des conditions *sine qua non* pour un accord du PE le 1er décembre 2011 était, en outre, de ne pas rouvrir l'accord obtenu au sein du comité de conciliation sur le budget pour 2012.

L'accord obtenu lors du trilogue du 1er décembre 2011 reprend les grandes lignes de la proposition de la Commission, du 20 avril 2011, notamment les montants de la révision, en 2012 et 2013, du plafond de la sous-rubrique *1a* (*Compétitivité pour la croissance et l'emploi*) du CF[293]. En même temps, le Parlement européen refusant de s'engager sur le contenu du budget d'une année à venir ("n+2"), il maintient une incertitude sur l'origine précise des 360 millions d'euros en crédits d'engagement à inscrire dans le budget pour 2013 sans recours à une révision du CF. Cette incertitude a conduit six États membres à faire inscrire une déclaration unilatérale au procès-verbal de la session du Conseil, lors de l'adoption de la révision du CF (voir page 83). Cette déclaration unilatérale, ainsi que la réaction du PE qui figure dans sa résolution approuvant la révision du CF, montrent pleinement les difficultés rencontrées par les trois institutions pour trouver un accord sur ce dossier en 2011[294]. En même temps, elles indiquent que les discussions sur les sources du financement complémentaire du projet ITER à inscrire dans le budget de l'Union pour 2013 ne sont pas entièrement closes.

Par ailleurs le Conseil a accepté, comme en 2010, de réviser le CF sur la base de l'*AII de 2006*, mais à l'*unanimité*, et non de l'article 312 du TFUE. Pour des raisons juridiques liées aux règles de vote, il a néanmoins demandé que, contrairement à la proposition de la Commission, la décision de révision ne fasse explicitement référence à aucun des points de l'AII.

F. Le nombre de projets de *budgets rectificatifs* proposés par la Commission en 2011 (sept en tout) est le plus bas depuis cinq ans[295]. En raison de la situation économique existante et dans le fil de sa position qu'il a adoptée lors de la procédure budgétaire pour 2011, le Conseil s'est montré pris dans son ensemble[296] extrêmement réticent à l'idée d'augmenter les crédits de paiement en 2011. C'est pourquoi,

consiste à réduire le montant des crédits d'engagement, pour le rapprocher du montant des crédits de paiement retenus.

[292] L'accord sur le financement complémentaire du projet ITER en 2012 et 2013 a, en même temps, ouvert la voie à l'adoption, le 19 décembre 2011, du programme-cadre de la Communauté européenne de l'énergie atomique pour des activités de recherche et de formation en matière nucléaire pour 2012-2013 (le "PCR Euratom 2012-2013" ; JO L 47 du 18.2.2012, pp. 25/32), ainsi que des différentes décisions l'accompagnant (*Ibid.*, pp. 33/46).

[293] Le "mécanisme de compensation" est, par contre, différent (voir tableau 24, page 80, vs tableau 27, page 83) et l'autorité budgétaire a réduit les crédits de paiement de 260 millions d'euros.

[294] Cette difficulté est également illustrée par les interprétations différentes données par le Conseil et le Parlement européen sur l'origine des 100 millions d'euros en crédits d'engagement inclus dans le budget pour 2012. Selon l'interprétation du premier, ce montant provient dans son intégralité de redéploiements à partir du 7ème PCR, comme proposé par la Commission dans le projet de budget. Selon le second, seulement huit millions d'euros proviennent en fait de crédits proposés pour le PCR. Pour l'essentiel ces différences proviennent de la base (PB ou amendements du PE) utilisée pour le calcul de la part des redéploiements retenus dans l'accord.

[295] En 2006, la Commission avait proposé six avant-projets de budgets rectificatifs. En 2007, elle en avait proposé sept (voir Tome I, pp. 104 et 168). Le nombre de BR adoptés de 1968 à 2013 est résumé page 390.

[296] Une "minorité de blocage" (voir page 371) s'opposant vivement à toutes les propositions de la Commission de recourir en 2011 à de l'"argent frais" pour financer des BR (voir chapitre II).

entre autres, il a proposé d'inscrire une réserve négative dans le projet de budget rectificatif n° 1/2011, ce qui a déclenché une critique sévère du Parlement européen estimant que le Conseil ne respectait pas la déclaration commune relative aux crédits de paiement, adoptée en décembre 2010 dans le cadre de l'accord sur le budget de l'Union européenne pour 2011[297]. Dans le cadre de l'accord global sur le budget pour 2012 obtenu lors de la réunion de conciliation des 18 et 19 novembre 2011, les deux branches de l'autorité budgétaire ont également retenu, dans le budget rectificatif n° 6/2011, un montant en crédits de paiement inférieur de 350 millions d'euros à la demande de la Commission, et ce malgré les avertissements de cette dernière, qui doute que les crédits retenusen 2011 soient suffisants[298]. Le BR n° 6/2011 est en même temps le seul BR qui augmente les crédits de paiement en 2011[299].

Par ailleurs, il y a lieu de souligner que tous les budgets rectificatifs ont été adoptés en 2011 sans recours à la procédure de conciliation, le Conseil approuvant les amendements adoptés par le Parlement européen à ses positions sur les projets de budgets rectificatifs n° 2/2011 et 5/2011.

G. Il convient également de relever que les négociations sur les deux premiers éléments du "*paquet législatif Lisbonne*", présenté par la Commission le 3 mars 2010[300], n'ont plus progressé après la décision, prise par le Parlement européen le 6 juillet 2011, de ne pas approuver le projet de règlement du Conseil fixant le CF.

Par contre, les travaux concernant la *révision du règlement financier* ont avancé en 2011 : ils n'auront toutefois pas permis de terminer cette révision pour la fin de l'année 2011[301], compte tenu notamment de la complexité politique et technique des sujets traités, des nombreux liens avec les différentes bases légales concernant la période 2014-2020 (dont certaines ont été présentées par la Commission seulement à partir de l'automne 2011, notamment celles concernant la politique régionale et de cohésion) ou des différents délais inhérents aux bases légales adoptées selon la procédure législative ordinaire.

H. S'agissant de la *section III – Commission* – du budget de l'Union européenne pour 2012, le tableau 29 (page 92) retrace les *évolutions des montants par domaine politique* lors des différentes étapes de la procédure budgétaire en crédits d'engagement et de paiement. Le tableau inclut les lignes "*XX*" mais ne différencie pas les crédits inscrits sur les lignes budgétaires opérationnelles ou en réserve.

Le tableau 30 (page 93) résume, pour sa part, la procédure budgétaire pour 2012 du point de vue des *changements apportés aux domaines politiques*[302] au cours des différentes phases aussi bien en crédits d'engagement qu'en crédits de paiement[303].

---

[297] Le Parlement européen a finalement accepté le recours à une réserve négative afin de ne pas retarder l'adoption de ce BR (voir chapitre II).

[298] La Commission a annoncé en février 2012 qu'elle devra effectuer un paiement de 11 milliards d'euros (principalement dans les domaines de la politique de cohésion et du Fonds social européen) à partir de crédits inscrits au budget de l'Union européenne pour 2012, en raison du manque de crédits sur les lignes budgétaires concernées dans le budget pour 2011 et de l'impossibilité d'effectuer des virements de crédits sur la base de l'article 24 du RF de 2002 lors des dernières semaines de 2011. Ce montant est de 5 à 7 milliards d'euros plus élevé que la moyenne de ces dernières années.

[299] Depuis 2005, un budget rectificatif adopté dans le cadre d'un accord global sur le budget de l'année à venir avait notamment pour objet de diminuer les crédits de paiement du budget de l'année en cours, afin, entre autres, de réduire l'excédent de l'exercice (voir page 389).

[300] Ce paquet est composé d'une proposition de règlement du Conseil fixant le cadre financier pluriannuel pour la période 2007-2013, d'un projet d'accord interinstitutionnel sur la coopération en matière budgétaire et d'une proposition de révision du règlement financier (voir Tome II, pp. 285/287). Il convient de relever que le PE et le Conseil ont modifié le RF de 2002 après l'entrée en vigueur du traité de Lisbonne le 24 novembre 2010, afin d'y inclure des éléments essentiels dans le cadre de la création du SEAE (voir Tome II, p. 288, et page 100).

[301] Comme le souhaitait le Conseil européen dans ses conclusions du 4 février 2011 (doc. *Conseil européen 2/11 CO EUR 2 CONCL 1* du 4 février 2011, point 25 ; voir Tome II, pp. 287).

[302] Les domaines politiques de la section III dans le budget de l'Union européenne pour 2012 sont récapitulés dans le tableau 31, page 94.

[303] À la différence du tableau 29, le tableau 30 ne prend pas en compte les lignes "*XX*". En outre, il ne tient pas compte des amendements qui ne concernent que les commentaires. Les tableaux 29 et 30 prennent, par

Tableau 29. Évolution des montants par domaine politique au cours de la procédure budgétaire pour 2012

Section III – Commission, en crédits d'engagement et en euros

Domaine politique* :	01 [2]	02 [2]	03 [2]	04 [2]	05 [2,3]	06	07 [3]	08	09	10	11 [2,3]	12
% du PB	0,43%	0,79%	0,06%	8,04%	40,84%	1,16%	0,33%	4,54%	1,16%	0,29%	0,72%	0,07%
PB	620.577.474	1.133.192.294	91.683.749	11.574.039.971	58.794.873.019	1.663.899.885	478.385.463	6.528.249.390	1.673.775.648	410.777.800	1.030.920.614	99.652.805
PB**	620.655.974	1.133.257.718	91.749.173	11.574.170.819	58.707.034.715	1.663.899.885	480.118.463	6.528.249.390	1.673.775.648	410.777.800	1.031.686.038	99.652.805
*Position du Conseil****	609.582.372	1.126.278.277	90.468.908	11.565.885.355	58.249.900.633	1.653.745.803	474.740.120	5.871.059.081	1.669.449.883	398.647.800	1.026.353.464	97.620.606
*Amendements du PE***	611.127.474	1.155.962.294	91.683.749	11.581.716.471	59.069.038.019	1.665.247.885	491.285.463	5.870.909.390	1.689.554.648	411.211.800	1.034.420.614	102.903.552
Budget adopté**	**611.205.974**	**1.148.440.238**	**91.749.173**	**11.581.093.119**	**58.587.379.715**	**1.664.307.495**	**492.609.443**	**5.930.029.400**	**1.677.867.857**	**410.893.864**	**1.033.092.938**	**101.102.805**
*Différence budget - PB***	-9.450.000	15.182.520	0	6.922.300	-119.655.000	407.610	12.490.980	-598.219.990	4.092.209	116.064	1.406.900	1.450.000
Domaine politique* :	**13 [2]**	**14**	**15**	**16**	**17**	**18**	**19 [1]**	**20**	**21**	**22**	**23**	**24**
% du PB	29,20%	0,10%	1,81%	0,18%	0,47%	0,86%	3,05%	0,07%	1,05%	0,75%	0,63%	0,05%
PB	42.032.850.864	142.992.147	2.606.858.866	258.894.856	682.402.145	1.241.436.026	4.387.059.284	107.517.924	1.515.033.065	1.083.976.061	900.604.549	78.842.000
PB**	42.032.916.288	142.992.147	2.606.858.866	258.894.856	682.402.145	1.241.436.026	4.787.059.284	107.517.924	1.515.033.065	1.083.976.061	900.604.549	78.842.000
*Position du Conseil****	42.013.382.128	142.347.510	2.603.852.283	253.873.045	667.814.918	1.188.888.175	4.739.832.070	102.831.365	1.433.303.762	1.064.476.291	885.260.020	78.187.000
*Amendements du PE***	42.045.398.314	142.962.147	2.708.879.866	262.194.856	688.352.145	1.295.418.026	4.882.582.784	104.342.924	1.496.500.065	1.082.038.561	899.734.049	78.842.000
Budget adopté**	**42.045.463.738**	**142.962.147**	**2.696.923.364**	**262.194.856**	**686.660.925**	**1.264.048.586**	**4.817.172.784**	**104.342.924**	**1.497.942.509**	**1.087.538.561**	**899.734.049**	**78.842.000**
*Différence budget - PB***	12.547.450	-30.000	90.064.498	3.300.000	4.258.780	22.612.560	30.113.500	-3.175.000	-17.090.556	3.562.500	-870.500	0
Domaine politique* :	**25 [2]**	**26 [2]**	**27**	**28**	**29 [2]**	**30**	**31 [2]**	**32**	**33**	**40** ****	**Total**	
% du PB	0,13%	0,71%	0,05%	0,01%	0,09%	0,92%	0,28%	0,48%	0,15%	0,53%	100%	
PB	191.826.167	1.016.154.988	68.685.479	11.809.925	134.560.789	1.324.133.000	397.619.272	695.136.842	212.952.227	758.937.000	**143.950.311.588**	
PB**	192.061.667	1.016.911.988	68.685.479	11.809.925	134.626.213	1.324.133.000	399.036.112	695.136.842	212.952.227	758.937.000	**144.267.852.092**	
*Position du Conseil****	190.384.294	1.009.678.102	67.780.274	11.710.001	133.513.385	1.324.133.000	394.517.317	693.413.507	209.140.635	758.937.000	***142.800.988.384***	
*Amendements du PE***	193.826.167	1.016.714.988	68.685.479	11.809.925	134.260.789	1.324.133.000	397.619.272	722.892.842	218.802.227	758.937.000	***144.309.988.785***	
Budget adopté**	**194.061.667**	**1.017.471.988**	**68.685.479**	**11.809.925**	**134.326.213**	**1.334.531.857**	**399.036.112**	**718.290.109**	**217.687.027**	**758.937.000**	**143.768.435.841**	
*Différence budget - PB***	2.000.000	560.000	0	0	-300.000	10.398.857	0	23.153.267	4.734.800	0	-499.416.251	

PB modifié par [1] : LR n° 1/2012 [2] : LR n° 2/2012 [3] : LR n° 3/2012

** Lignes "XX" et crédits inscrits en réserve inclus ** Lettres rectificatives n ° 1-3/2012 incluses *** Lettre rectificative n ° 1/2012 incluse ** ** Réserve pour le Fonds européen d'ajustement à la mondialisation et réserve pour aides d'urgence*

Section III – Commission, en crédits de paiement et en euros

Domaine politique* :	01 [2]	02 [2]	03 [2]	04 [1,2]	05 [1,2,3]	06	07 [3]	08	09	10	11 [2,3]	12
% du PB	0,41%	0,91%	0,07%	7,34%	43,91%	0,91%	0,31%	3,57%	1,15%	0,32%	0,65%	0,08%
PB	531.467.474	1.173.871.294	91.683.749	9.484.919.232	56.759.122.065	1.172.585.698	398.540.463	4.613.875.390	1.481.232.875	410.626.100	835.542.244	100.652.805
PB**	531.545.974	1.173.936.718	91.749.173	9.482.612.080	56.664.868.761	1.172.585.698	400.273.463	4.613.875.390	1.481.232.875	410.626.100	838.607.668	100.652.805
*Position du Conseil****	449.572.372	1.057.691.277	90.468.908	9.017.357.650	56.056.930.537	1.032.212.543	380.157.620	4.322.745.081	1.393.477.110	398.346.100	787.065.509	96.820.606
*Amendements du PE***	520.617.474	1.180.026.294	91.683.749	9.492.595.732	57.028.817.923	1.172.893.698	409.702.963	4.613.875.390	1.481.232.875	410.626.100	839.042.244	101.103.552
Budget adopté**	**511.003.711**	**1.078.952.630**	**91.749.173**	**9.074.748.678**	**55.880.169.234**	**1.079.480.476**	**393.044.543**	**4.217.595.219**	**1.356.866.836**	**404.081.551**	**806.444.399**	**97.777.295**
*Différence budget - PB***	-20.542.263	-94.984.088	0	-407.863.402	-784.699.527	-93.105.222	-7.228.920	-396.280.171	-124.366.039	-6.544.549	-32.163.269	-2.875.510
Domaine politique* :	**13 [1,2]**	**14**	**15**	**16**	**17**	**18**	**19 [1]**	**20**	**21**	**22 [1]**	**23**	**24**
% du PB	28,22%	0,09%	1,76%	0,19%	0,47%	0,61%	2,62%	0,08%	1,06%	0,76%	0,68%	0,06%
PB	36.473.150.475	115.792.147	2.275.690.866	251.909.856	603.623.545	784.618.526	3.380.617.438	105.117.924	1.369.662.365	978.745.351	880.104.549	75.742.000
PB**	36.463.344.899	115.792.147	2.275.690.866	251.909.856	603.623.545	784.618.526	3.416.762.938	105.117.924	1.369.662.365	961.323.851	880.104.549	75.742.000
*Position du Conseil****	35.548.539.344	115.097.510	2.122.573.843	246.888.045	565.059.318	746.717.125	3.359.092.643	100.606.365	1.297.141.210	937.079.920	871.121.770	74.922.000
*Amendements du PE***	36.469.846.925	115.712.147	2.281.190.866	255.309.856	609.073.545	830.800.762	3.512.058.765	102.117.924	1.354.315.519	960.402.351	879.604.549	75.697.000
Budget adopté**	**35.538.207.302**	**110.367.038**	**2.112.048.269**	**252.909.856**	**591.604.342**	**755.961.356**	**3.276.426.122**	**101.713.500**	**1.309.889.153**	**921.325.995**	**842.161.223**	**74.068.792**
*Différence budget - PB***	-925.137.597	-5.425.109	-163.642.597	1.000.000	-12.019.203	-28.657.170	-140.336.816	-3.404.424	-59.773.212	-39.997.856	-37.943.326	-1.673.208
Domaine politique* :	**25 [2]**	**26 [2]**	**27**	**28**	**29 [2]**	**30**	**31 [2]**	**32**	**33**	**40** ****	**Total**	
% du PB	0,15%	0,78%	0,05%	0,01%	0,10%	1,02%	0,31%	1,13%	0,15%	0,09%	100%	
PB	191.826.167	1.013.654.988	68.685.479	11.809.925	126.888.219	1.324.133.000	397.619.272	1.466.006.328	194.064.227	110.000.000	**129.253.582.036**	
PB**	192.061.667	1.014.411.988	68.685.479	11.809.925	126.953.643	1.324.133.000	399.036.112	1.466.006.328	194.064.227	110.000.000	**129.173.422.540**	
*Position du Conseil****	190.384.294	995.778.102	67.780.274	11.710.001	122.840.815	1.324.133.000	394.517.317	1.283.882.993	184.881.854	0	***125.643.593.056***	
*Amendements du PE***	193.826.167	1.002.814.988	68.685.479	11.809.925	126.088.219	1.324.133.000	397.619.272	1.466.456.328	195.414.227	110.000.000	***129.685.195.808***	
Budget adopté**	**193.061.667**	**1.000.823.416**	**68.685.479**	**11.809.925**	**121.957.920**	**1.334.531.857**	**399.036.112**	**1.338.551.576**	**187.151.482**	**90.000.000**	**125.624.206.127**	
*Différence budget - PB***	1.000.000	-13.588.572	0	0	-4.995.723	10.398.857	0	-127.454.752	-6.912.745	-20.000.000	-3.549.216.413	

PB modifié par [1] : LR n° 1/2012 [2] : LR n° 2/2012 [3] : LR n° 3/2012

** Lignes "XX" et crédits inscrits en réserve inclus ** Lettres rectificatives n ° 1-3/2012 incluses *** Lettre rectificative n ° 1/2012 incluse ** ** Réserve pour aides d'urgence uniquement*

Tableau 30. Évolution de la procédure budgétaire pour 2012 par domaine politique

Section III – Commission, lignes "XX", lignes relevant de la rubrique 5 (Administration) du CF et offices européens exclus

Domaine politique :	*01* [2]	*02* [2]	*03* [2]	*04* [1,2]	*05* [1,2,3]	*06*	*07* [3]	*08*	*09*	*10*	*11* [2,3]	*12*	*13* [1,2]	*14*	*15*	*16*	*17*
Position du Conseil	X	X	O	X	X	X	X	X	X	X	X	X	X	X	X	X	X
Amendements du PE	X	X	O	X	X	X	X	X	X	X	X	X	X	O	X	X	X
Budget adopté	≠	≠	=	≠	≠	≠	≠	≠	≠	≠	≠	≠	≠	≠	≠	≠	≠

Domaine politique :	*18*	*19* [1]	*20*	*21*	*22* [1]	*23*	*24*	*25* [2]	*26* [2]	*27*	*28*	*29* [2]	*30*	*31* [2]	*32*	*33*
Position du Conseil	X	X	X	X	X	X	X	O	X	O	O	X	O	O	X	X
Amendements du PE	X	X	O	X	X	X	X	X	X	O	O	O	O	O	X	X
Budget adopté	≠	≠	≠	≠	≠	≠	≠	≠	≠	=	=	≠	≠	=	≠	≠

PB modifié par [1] : LR n° 1/2012 [2] : LR n° 2/2012 [3] : LR n° 3/2012 X : modifications/ amendements O : pas de modification/ d'amendement

= : domaine politique accepté tel que proposé par la Commission ≠ : domaine politique modifié par rapport au PB, lettres rectificatives n° 1-3/2012 incluses

Il convient de relever que :

- lors de l'établissement de sa position sur le projet de budget pour 2012, le Conseil a accepté tels que proposés par la Commission les montants pour *six domaines politiques*[304] (sur 33[305]). Comme présenté page 88, il a modifié en tout *275 lignes budgétaires* (articles ou postes) concernant les *crédits opérationnels ou les crédits pour la gestion administrative* de la section III[306] (voir tableau 16, page 54) relevant de *vingt-sept domaines politiques*. S'agissant des *crédits administratifs*, le Conseil a modifié *133* lignes budgétaires (y inclus les lignes "*XX*", mais excluant les annexes de la section III traitant des budgets administratifs des offices européens) ;

- le Parlement européen a amendé les montants relevant de *25* domaines politiques[307] ;

- au total 773 lignes budgétaires de la section III – Commission – n'ont été modifiées ni par le Conseil, ni par le Parlement européen. En même temps, le Parlement n'a pas amendé les montants retenus par le Conseil dans sa position pour 42 lignes budgétaires[308] ;

- lors de l'établissement du projet commun, les deux branches de l'autorité budgétaire n'ont accepté sans modifications les propositions chiffrées de la Commission présentées dans le PB (lettres rectificatives n° 1-3/2012 comprises) que pour *quatre* domaines politiques sur les 33 domaines politiques (et titres[309]) contenus dans la section III du budget[310] (voir tableaux 29 et 30).

I. S'agissant enfin des *crédits administratifs* des *autres sections* du budget de l'Union européenne que de la section III, le Conseil a modifié *83 lignes budgétaires* proposées, dont deux lignes budgétaires de la section II (Conseil européen et Conseil), et 81 lignes budgétaires concernant les sections IV à X[311] ;

Le Parlement européen pour sa part a adopté, le 26 octobre 2011, *58 amendements*, dont 21 amendements concernant sa propre section (la section I du budget de l'Union européenne)[312].

---

contre, en compte tous les deux les lettres rectificatives présentées au cours de la procédure budgétaire pour 2012 (voir pages 85-87).

304 Il s'agit des domaines politiques *03* (*Concurrence*), *25* (*Coordination des politiques de la Commission et conseil juridique*), *27* (*Budget*), *28* (*Audit*), *30* (*Pensions et dépenses connexes*) et *31* (*Services linguistiques*).

305 Hors titre *40* (*Réserves*).

306 C'est-à-dire un nombre de lignes budgétaires supérieur à celui des lignes budgétaires modifiées lors de la procédure budgétaire précédente (soit 239 lignes ; voir Tome II, p. 346).

307 Le Parlement européen a adopté concernant la section III en tout 369 amendements. Une partie importante de ces amendements concerne le rétablissement du PB pour les lignes budgétaires modifiées par le Conseil ou les "blocs" d'"amendements horizontaux".

308 Voir page 58, note 190.

309 Hors titre *40* (*Réserves*).

310 Il s'agit des domaines politiques *03* (*Concurrence*), *27* (*Budget*), *28* (*Audit*) et *31* (*Services linguistiques*).

311 Voir page 397. En ligne avec le "*Gentlemen's agreement*", le Conseil n'a pas modifié la section I Parlement européen – du budget de l'Union européenne.

312 Dans le respect du "*Gentlemen's agreement*", le Parlement européen n'a pas adopté d'amendement concernant la section II – Conseil européen et Conseil – du budget de l'Union européenne.

Par ailleurs dix-neuf amendements concernent la section IV (Cour de justice), deux amendements la

Tableau 31. Les domaines politiques dans la section III – Commission – du budget de l'Union européenne pour 2012

Titre		*Titre*	
01	*Affaires économiques et financières*	***18***	*Affaires intérieures*
02	*Entreprises*	***19***	*Relations extérieures*
03	*Concurrence*	***20***	*Commerce*
04	*Emploi et affaires sociales*	***21***	*Développement et relations avec les États ACP*
05	*Agriculture et développement rural*	***22***	*Élargissement*
06	*Mobilité et transports*	***23***	*Aide humanitaire*
07	*Environnement et action pour le climat*	***24***	*Lutte contre la fraude*
08	*Recherche*	***25***	*Coordination des politiques de la Commission et conseil juridique*
09	*Société de l'information et médias*	***26***	*Administration de la Commission*
10	*Recherche directe*	***27***	*Budget*
11	*Affaires maritimes et pêche*	***28***	*Audit*
12	*Marché intérieur*	***29***	*Statistiques*
13	*Politique régionale*	***30***	*Pensions et dépenses connexes*
14	*Fiscalité et union douanière*	***31***	*Services linguistiques*
15	*Éducation et culture*	***32***	*Énergie*
16	*Communication*	***33***	*Justice*
17	*Santé et protection des consommateurs*	***40***	*Réserves*
XX	*Dépenses administratives par domaine politique*		

IV. – L'établissement du budget par activités

1. Développement de la nomenclature budgétaire

Les *34 titres* de la section III – Commission – du budget de l'Union européenne pour 2012 sont présentés dans le tableau 31 ci-dessus.

Par rapport au budget pour 2011, le domaine politique *18* (*Espace de liberté, de sécurité et de justice*), existant depuis le budget général pour 2004, a été séparé d'une part en "*Affaires intérieures*" (nouvel intitulé du titre *18* dans le budget de l'Union pour 2012) et, d'autre part, en "*Justice*" (nouveau titre *33* créé dans le budget pour 2012).

Le titre *18* comprend cinq chapitres, 36 articles, 22 postes et 49 imputations[313], et le nouveau titre *33* six chapitres, 29 articles, 14 postes et 38 imputations (voir page 96).

Le tableau 32 (page 95) reprend le développement de la nomenclature du budget de l'Union européenne de 2011 à 2012.

Il convient de relever, outre l'ajout d'un nouveau titre (et domaine politique) sous la section III (voir *supra*), notamment un "allègement" de la nomenclature de la section II – Conseil européen et Conseil – du budget suite à la création du Service européen pour l'action extérieure, et le transfert du financement de certaines tâches correspondantes du budget du Conseil à celui du SEAE.

Le nombre de lignes budgétaires par titre sous la section III – Commission – dans le budget général pour 2012 est récapitulé dans le tableau 33, page 96.

2. Examen des fiches d'activité

Le comité budgétaire du Conseil a poursuivi en 2011 l'examen des fiches d'activité présentées par la Commission dans le cadre de la procédure budgétaire pour 2012, sur la base de l'article 33 du RF de 2002[314]. Une réunion spécifique a été organisée le 18 mars 2011, au cours de laquelle les représentants des États membres ont fait part de leurs expériences dans l'utilisation des fiches d'activité depuis leur introduction, dans le cadre de la réforme du règlement financier en

---

section V (Cour des comptes), trois amendements la section VI (Comité économique et social européen), sept amendements la section VII (Comité des régions), trois amendements la section VIII (Médiateur européen), deux amendements la section IX (Contrôleur européen de la protection des données) et onze amendements la section X (Service européen pour l'action extérieure).

[313] Articles ou postes.

[314] Selon le point d) de l'article 33, paragraphe 2 du RF de 2002, tel que modifié le 13 décembre 2006, les fiches d'activité doivent contenir :

"*- des informations sur la réalisation de tous les objectifs spécifiques, mesurables, réalisables, pertinents et datés, fixés antérieurement pour les différentes activités ainsi que les nouveaux objectifs mesurés par des indicateurs,*

Tableau 32. Développement de la nomenclature du budget de l'Union européenne de 2011 à 2012

Année	2011	2012	*Différence*		2011	2012	*Différence*
Section I – Parlement européen :			*2012-2011*	**Section VI – CESE :**			*2012-2011*
Titres	5	5	*0*		3	3	*0*
Chapitres	19	19	*0*		12	12	*0*
Articles	43	44	*1*		25	25	*0*
Postes	65	65	*0*		46	45	*-1*
Imputations*	97	98	*1*		61	61	*0*
Section II – Conseil européen et Conseil :				**Section VII – Comité des régions :**			
Titres	5	4	*-1*		3	3	*0*
Chapitres	15	10	*-5*		12	12	*0*
Articles	36	24	*-12*		26	26	*0*
Postes	113	76	*-37*		45	45	*0*
Imputations*	120	82	*-38*		61	61	*0*
Section III – Commission :**				**Section VIII – Médiateur :**			
Titres	33	34	*1*		4	4	*0*
Chapitres	159	162	*3*		13	13	*0*
Articles	692	718	*26*		26	26	*0*
Postes	658	638	*-20*		26	26	*0*
Imputations*	1.140	1.148	*8*		42	42	*0*
Annexes de la section III* :**				**Section IX – CEPD :**			
Titres	6	6	*0*		3	3	*0*
Chapitres	17	17	*0*		5	5	*0*
Articles	58	58	*0*		7	7	*0*
Postes	18	18	*0*		28	29	*1*
Imputations*	68	68	*0*		32	32	*0*
Section IV – Cour de justice :				**Section X – SEAE :**			
Titres	4	4	*0*		4	4	*0*
Chapitres	12	12	*0*		11	11	*0*
Articles	34	34	*0*		16	17	*1*
Postes	36	36	*0*		67	52	*-15*
Imputations*	60	60	*0*		71	59	*-12*
Section V – Cour des comptes :				**Total :**			
Titres	3	3	*0*		**73**	**73**	*0*
Chapitres	11	11	*0*		**286**	**284**	*-2*
Articles	33	33	*0*		**996**	**1.012**	*16*
Postes	34	35	*1*		**1.136**	**1.065**	*-71*
Imputations*	58	58	*0*		**1.810**	**1.769**	*-41*

** Articles ou postes ** Les chiffres n'incluent pas le titre "XX"*
**** OP, OLAF, EPSO (avec l'EUSA), PMO, OIB et OIL*

juin 2002 et du passage à l'établissement du budget par activités (ABB) dans la section III – Commission – du budget de l'Union européenne pour 2004 (voir Tome I, pp. 23/26 et 36/37). Cette réflexion est en partie liée à l'examen des besoins concernant le format et le contenu des fiches d'activité dans le contexte du nouveau cadre financier pluriannuel pour 2014-2020. Dans leur ensemble, les représentants des États membres ont insisté pour que le contenu des fiches soient concentré sur un nombre restreint d'objectifs à atteindre, quantifiables et limités dans le temps. Ils jugent nécessaire de disposer non pas d'informations décrivant longuement et dans des termes généraux la valeur ajoutée européenne de l'activité, mais

une justification complète et une approche coût-bénéfice des modifications proposées concernant le niveau des crédits,

- une motivation claire de l'intervention au niveau de l'UE conformément, entre autres, au principe de subsidiarité,

- des informations sur les taux d'exécution de l'activité de l'exercice précédent et les taux d'exécution pour l'exercice en cours.

Les résultats des évaluations sont examinés et utilisés pour démontrer les avantages que les modifications budgétaires proposées sont susceptibles d'apporter".

Tableau 33. La nomenclature de la section III – Commission – dans le budget de l'Union européenne pour 2012

Titre	Chapitres	Articles	Postes	Imputations*
01 (Affaires économiques et financières)	4	13	13	21
02 (Entreprises)	5	29	33	51
03 (Concurrence)	2	4	2	5
04 (Emploi et affaires sociales)	6	46	21	61
05 (Agriculture et développement rural)	8	43	129	145
06 (Mobilité et transports)	4	21	24	37
07 (Environnement et action pour le climat)	6	43	11	49
08 (Recherche)	22	38	10	44
09 (Société de l'information et médias)	5	19	22	33
10 (Recherche directe)	5	10	7	14
11 (Affaires maritimes et pêche)	8	31	14	40
12 (Marché intérieur)	3	12	9	16
13 (Politique régionale)	5	40	9	45
14 (Fiscalité et union douanière)	5	11	4	13
15 (Éducation et culture)	5	36	27	54
16 (Communication)	5	20	19	30
17 (Santé et protection des consommateurs)	4	30	27	45
18 (Affaires intérieures)	5	36	22	49
19 (Relations extérieures)	11	42	47	77
20 (Commerce)	2	6	9	11
21 (Développement et relations avec les États ACP)	9	30	25	49
22 (Élargissement)	2	14	25	31
23 (Aide humanitaire)	3	14	4	16
24 (Lutte contre la fraude)	2	5	0	5
25 (Coordination des politiques de la Commission et conseil juridique)	2	10	12	15
26 (Administration de la Commission)	3	18	44	51
27 (Budget)	2	8	7	13
28 (Audit)	1	3	2	4
29 (Statistiques)	2	8	4	10
30 (Pensions et dépenses connexes)	1	3	9	9
31 (Services linguistiques)	1	7	12	13
32 (Énergie)	5	31	21	46
33 (Justice)	6	29	14	38
40 (Réserves)	3	8	0	8
Total	**162**	**718**	**638**	**1.148**

* *Articles ou postes*

d'informations précisant notamment les économies d'échelle que le financement d'un programme ou d'un projet ou sa mise en œuvre au niveau "européen" pourrait générer par rapport à un financement ou à une mise en œuvre au niveau national, régional ou local.

Ils souhaitent également que les fiches d'activité fassent mieux apparaître comment les objectifs assignés ont été atteints, quelles sont les responsabilités précises des différents acteurs en termes d'obtention des résultats et comment ces résultats ont évolué à moyen et à plus long terme.

Le Parlement européen, pour sa part, a poursuivi l'examen des fiches d'activité dans le cadre de "groupes de suivi" (*Monitoring groups*) spécifiques composés, comme en 2010, de membres de la commission des budgets et de représentants de ses autres commissions spécialisées (voir Tome II, p. 245).

Ces groupes, au nombre de trois en 2011, se sont réunis le 20 avril (pour examiner l'ensemble des fiches traitant de la mise œuvre de la politique de cohésion), le 26 mai (pour étudier les fiches d'activité liées aux domaines de la jeunesse, de l'éducation et de la mobilité) et le 28 juin 2011 (pour analyser les fiches concernant la recherche).

Les résultats de ces travaux ont eu une incidence sur le contenu des amendements adoptés par le Parlement européen. La Commission a en outre systématiquement fait référence au contenu des fiches d'activité dans ses réponses aux divers questionnaires et questions que le Parlement lui a transmis au cours de la procédure budgétaire pour 2012.

V. – Conclusion

L'histoire retiendra que la procédure budgétaire pour 2012 est la première procédure menée conformément aux nouvelles règles du traité de Lisbonne au cours de laquelle une conciliation budgétaire s'est achevée avec succès[315].

Le budget de l'Union européenne pour 2012 qui en résulte est le reflet de l'environnement économique, politique et financier dans lequel la procédure budgétaire s'est déroulée : en effet, comme le souligne à juste titre la Commission[316], il allie rigueur et ambition. Son objectif principal est de "*soutenir pleinement l'économie européenne et les citoyens de l'UE* (…). *Les montants convenus reflètent les efforts actuels pour réaliser des économies autant que faire se peut. Parallèlement, le budget doit couvrir les factures en suspens pour financer les programmes amorcés les années précédentes et ne pouvant être achevés sans contributions supplémentaires de l'UE*". En même temps, ce budget évoque également les perspectives d'avenir en reflétant notamment les priorités de la stratégie "Europe 2020". Ce résultat est le fruit de longues négociations qui se sont toujours déroulées dans un esprit de bonne coopération interinstitutionnelle et jamais dans la confrontation, contrairement à ce qui a parfois été avancé.

Cet esprit de coopération loyale a également permis de trouver un accord en 2011 sur le financement complémentaire d'ITER en 2012 et 2013, question dont l'importance dépasse le cadre de l'Union européenne en raison de la nature internationale du projet. Cet accord ne saurait toutefois garantir que l'autorité budgétaire ne doive se pencher de nouveau sur cette question lors de la procédure budgétaire pour 2013, soit pour la troisième année consécutive.

Par ailleurs, la procédure pour 2013, qui sera la dernière procédure budgétaire couverte par le cadre financier pluriannuel pour 2007-2013, risque de se révéler particulièrement complexe.

---

[315] En d'autres termes, la procédure budgétaire pour 2012 a démontré pour la première fois comment une procédure budgétaire "normale" (dans le sens "conforme à la volonté des auteurs du traité", telle qu'elle ressort des travaux de la Convention sur l'avenir de l'Union européenne) sous le traité de Lisbonne peut fonctionner, après les difficultés rencontrées lors de la procédure pour 2011 (voir Tome II, pp. 165/247).

[316] Le budget 2012 de l'UE, Commission européenne, Office des publications de l'Union européenne, Luxembourg, 2011, p. 4.

ANNEXES CONCERNANT LA PROCÉDURE BUDGÉTAIRE POUR 2012

LE BUDGET DE L'UNION EUROPÉENNE POUR 2012 PAR RUBRIQUES DU CF
(en crédits pour engagements)

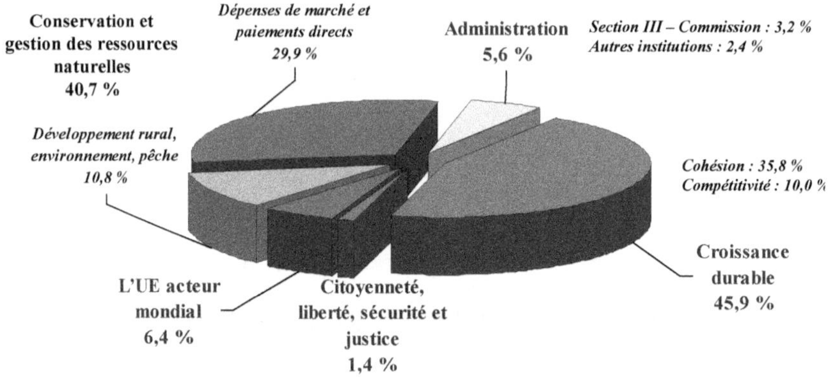

LE BUDGET DE L'UNION EUROPÉENNE POUR 2012 PAR RUBRIQUES DU CF
(en crédits pour paiements)

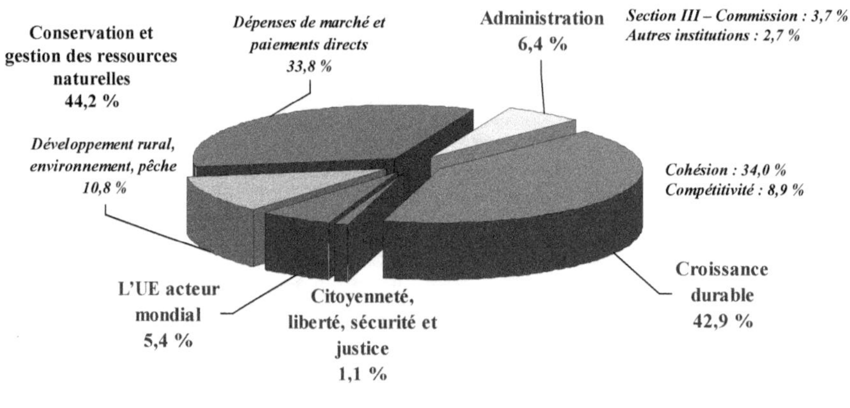

	Description	1 Budget pour 2011 (BR n° 1/2011 à 7/2011 inclus)		2 Projet de budget pour 2012 (hors lettres rectificatives)		3 Position du Conseil sur le projet de budget pour 2012		4 Amendements du Parlement européen		5 Budget pour 2012 (révision du CF pour ITER incluse)		5/1 Variation (%)	
		c/e	c/p	c/e	c/p	c/e	c/p	c/e	c/p	c/e	c/p	c/e	c/p
1	**CROISSANCE DURABLE**	**64 504 410 054**	**53 629 039 384**	**67 962 476 893**	**57 700 934 008**	**67 266 577 747**	**55 269 657 370**	**67 486 325 640**	**57 700 502 755**	**67 505 576 141**	**55 336 724 109**	**+4,65%**	**+3,18%**
	Marge			*- 498 476 893*		*197 422 253*		*- 22 325 640*		*658 423 859*			
1a	***Compétitivité pour la croissance et l'emploi***	***13 520 566 270***	***11 523 944 758***	***15 223 600 752***	***12 566 134 008***	***14 527 701 606***	***11 434 134 008***	***14 733 749 499***	***12 557 982 755***	***14 753 000 000***	***11 500 977 788***	***+9,12%***	***-0,20%***
	Marge			*- 520 600 752*		*175 298 394*		*- 30 749 499*		*650 000 000*			
	7ème programme-cadre de recherche	8 608 667 000	6 882 230 537	10 119 707 758	7 639 014 794	9 442 457 758	7 072 674 794	9 527 707 758	7 639 014 794	9 561 961 606	7 003 460 600	+11,07%	+1,76%
	02 — Entreprises	*540 939 000*	*406 715 763*	*617 705 000*	*493 005 000*	*614 585 000*	*403 885 000*	*624 505 000*	*493 005 000*	*619 523 520*	*449 134 757*	*+14,53%*	*+10,43%*
	06 — Mobilité et transports	*70 505 000*	*73 064 734*	*71 925 000*	*79 547 623*	*69 825 000*	*54 877 623*	*71 925 000*	*79 547 623*	*71 925 000*	*73 129 153*	*+2,01%*	*+0,09%*
	08 — Recherche	*5 324 258 000*	*4 188 235 246*	*6 517 831 000*	*4 603 457 000*	*5 860 721 000*	*4 312 417 000*	*5 860 491 000*	*4 603 457 000*	*5 919 611 010*	*4 207 176 829*	*+11,18%*	*+0,45%*
	09 — Société de l'information et médias	*1 340 185 000*	*1 206 318 943*	*1 461 031 718*	*1 270 707 945*	*1 458 321 718*	*1 193 577 945*	*1 476 810 718*	*1 270 707 945*	*1 465 251 487*	*1 160 171 821*	*+9,33%*	*-3,83%*
	10 — Recherche directe	*368 708 000*	*367 643 863*	*381 374 000*	*382 126 100*	*369 244 000*	*369 846 100*	*381 808 000*	*382 126 100*	*381 490 064*	*378 224 895*	*+3,47%*	*+2,88%*
	15 — Éducation et culture	*767 407 000*	*488 611 289*	*889 369 000*	*652 000 000*	*889 269 000*	*591 900 000*	*916 640 000*	*652 000 000*	*908 662 068*	*591 805 947*	*+18,41%*	*+21,12%*
	32 — Énergie	*196 665 000*	*151 640 699*	*180 472 040*	*158 171 126*	*180 472 040*	*140 171 126*	*195 528 040*	*158 171 126*	*195 498 457*	*143 817 198*	*-0,59%*	*-5,16%*
	Déclassement (10 — Recherche directe)	26 270 000	28 565 370	29 403 800	28 500 000	29 403 800	28 500 000	29 403 800	28 500 000	29 403 800	25 856 656	+11,93%	-9,48%
	RTE	1 266 150 000	891 232 946	1 360 035 119	905 799 400	1 359 035 119	800 799 400	1 360 035 119	905 799 400	1 360 035 119	823 039 534	+7,42%	-7,65%
	06 — Mobilité et transports	*1 241 400 000*	*870 161 098*	*1 338 211 119*	*885 105 000*	*1 337 371 119*	*782 205 000*	*1 338 211 119*	*885 105 000*	*1 338 211 119*	*804 200 112*	*+7,80%*	*-7,58%*
	32 — Énergie	*24 750 000*	*21 071 848*	*21 824 000*	*20 694 400*	*21 724 000*	*17 594 400*	*21 824 000*	*20 694 400*	*21 824 000*	*18 839 422*	*-11,82%*	*-10,59%*
	Projets énergétiques en vue d'aider à la relance économique (32 — Énergie)	p.m.	727 512 143	p.m.	866 000 000	p.m.	710 000 000	p.m.	866 000 000	p.m.	785 679 431		+8,00%
	Egnos et Galileo (02 — Entreprises)	195 941 800	527 698 449	171 000 000	404 000 000	171 000 000	404 000 000	171 000 000	404 000 000	171 000 000	366 900 430	-12,73%	-30,47%
	Marco Polo (06 — Mobilité et transports)	65 865 000	30 230 370	64 567 800	29 923 800	64 508 800	28 824 800	64 508 800	28 824 800	64 508 800	26 305 740	-2,06%	-12,98%
	Éducation et formation tout au long de la vie et Erasmus mundus (15 — Éducation et culture)	1 155 635 000	1 045 320 196	1 193 338 000	1 126 108 000	1 193 338 000	1 06[illegible] 108 000	1 250 838 000	1 126 108 000	1 247 238 000	1 024 547 926	+7,93%	-1,99%
	Programme-cadre pour l'innovation et la compétitivité (PIC)	568 644 000	305 531 535	599 370 600	405 146 000	598 531 600	308 407 000	621 370 600	409 181 000	614 370 600	369 664 992	+8,04%	+20,99%
	PIC - Innovation et esprit d'entreprise	326 044 000	155 894 654	335 193 000	194 283 000	334 654 000	120 244 000	345 193 000	198 318 000	342 693 000	177 523 269	+5,11%	+13,87%
	01 — Affaires économiques et financières	*165 000 000*	*28 565 370*	*173 010 000*	*100 000 000*	*173 010 000*	*30 500 000*	*173 010 000*	*100 000 000*	*173 010 000*	*90 725 107*	*+4,85%*	*+217,61%*
	02 — Entreprises	*161 044 000*	*127 329 284*	*162 183 000*	*94 283 000*	*161 644 000*	*89 744 000*	*172 183 000*	*98 318 000*	*169 683 000*	*86 798 162*	*+5,36%*	*-31,83%*
	PIC - Appui stratégique en matière de TIC (09 — Société de l'information et médias)	120 600 000	98 526 083	134 330 000	123 629 000	134 [illegible]30 000	117 229 000	134 330 000	123 629 000	134 330 000	112 299 812	+11,38%	+13,98%
	PIC - "Énergie intelligente" (32 — Énergie)	122 000 000	51 110 798	129 847 600	87 234 000	129 347 600	70 934 000	141 847 600	87 234 000	137 347 600	79 841 911	+12,58%	+56,21%
	Agenda pour la politique sociale	192 990 000	171 824 797	195 070 000	177 410 000	194 465 000	161 424 219	196 570 000	179 410 000	196 170 000	161 721 520	+1,65%	-5,88%
	04 — Emploi et affaires sociales	*159 529 500*	*143 018 785*	*160 079 000*	*146 377 000*	*159 474 000*	*132 512 000*	*161 579 000*	*148 377 000*	*161 179 000*	*133 424 613*	*+1,03%*	*-6,71%*
	33 — Justice	*33 460 500*	*28 806 012*	*34 991 000*	*31 033 000*	*34 991 000*	*28 912 219*	*34 991 000*	*31 033 000*	*34 991 000*	*28 296 907*	*+4,57%*	*-1,77%*
	Douane 2013 et Fiscalis 2013 (14 — Fiscalité et union douanière)	81 932 000	56 167 946	82 332 000	55 132 000	82 332 000	55 132 000	82 332 000	55 132 000	82 332 000	50 123 558	+0,49%	-10,76%
	Démantèlement nucléaire (32 — Énergie)	258 000 000	190 435 799	259 904 000	230 000 000	259 904 000	230 000 000	259 904 000	230 000 000	259 904 000	208 667 747	+0,74%	+9,57%
	Fonds européen d'ajustement à la mondialisation	**500 000 000**	**97 608 950**	**500 000 000**	**50 000 000**	**500 000 000**	**p.m.**	**500 000 000**	**50 000 000**	**500 000 000**	**50 000 000**	**0,00%**	**-48,78%**
	04 — Emploi et affaires sociales	*p.m.*	*97 608 950*	*p.m.*	*50 000 000*	*p.m.*	*p.m.*	*p.m.*	*50 000 000*	*p.m.*	*50 000 000*		*-48,78%*
	40 — Réserves	*500 000 000*	*p.m.*	*500 000 000*	*p.m.*	*500 000 000*	*p.m.*	*500 000 000*	*p.m.*	*500 000 000*	*p.m.*	*0,00%*	
	Autres actions et programmes	361 253 000	330 367 250	397 621 400	395 540 666	396 992 400	328 546 666	417 028 400	380 652 666	417 028 400	353 652 906	+15,44%	+7,05%
	01 — Affaires économiques et financières	*5 500 000*	*5 713 074*	*5 500 000*	*5 900 000*	*5 500 000*	*4 500 000*	*5 500 000*	*4 500 000*	*5 500 000*	*4 082 630*	*0,00%*	*-28,54%*
	02 — Entreprises	*63 860 000*	*53 945 204*	*85 630 000*	*85 909 000*	*85 464 000*	*56 993 000*	*91 600 000*	*88 029 000*	*91 600 000*	*79 485 563*	*+43,44%*	*+47,35%*
	03 — Concurrence	—	*p.m.*										
	04 — Emploi et affaires sociales	*7 000 000*	*7 250 000*	*3 000 000*	*5 025 000*	*3 000 000*	*5 025 000*	*11 250 000*	*10 775 000*	*11 250 000*	*9 150 000*	*+60,71%*	*+26,21%*
	06 — Mobilité et transports	*19 245 000*	*18 679 222*	*35 458 800*	*21 963 036*	*35 365 800*	*18 070 036*	*36 865 800*	*23 370 036*	*36 865 800*	*20 739 622*	*+91,56%*	*+11,03%*
	08 — Recherche	*p.m.*	*476 089*	*p.m.*	*p.m.*	*p.m.*	*p.m.*	*p.m.*	*p.m.*	*p.m.*	*p.m.*		*-100,00%*
	09 — Société de l'information et médias	*19 690 000*	*31 602 767*	*17 995 000*	*26 477 000*	*17 995 000*	*23 877 000*	*17 995 000*	*26 477 000*	*17 995 000*	*24 103 833*	*-8,61%*	*-23,73%*
	10 — Recherche directe	*p.m.*	*p.m.*	*p.m.*	*p.m.*	*p.m.*	*p.m.*	*p.m.*	*p.m.*	*p.m.*	*p.m.*		

	12 — Marché intérieur	*18 950 000*	*17 439 435*	*18 000 000*	*19 000 000*	*18 000 000*	*17 200 000*	*19 450 000*	*17 650 000*	*19 450 000*	*16 124 490*	*+2,64%*	*-7,54%*
	13 — Politique régionale	*p.m.*	*14 282 685*	*p.m.*	*15 000 000*	*p.m.*	*15 000 000*	*p.m.*	*15 000 000*	*p.m.*	*13 608 766*		*-4,72%*
	14 — Fiscalité et union douanière	*3 120 000*	*2 500 447*	*3 550 000*	*2 850 000*	*3 520 000*	*2 770 000*	*3 520 000*	*2 770 000*	*3 520 000*	*2 524 215*	*+12,82%*	*+0,95%*
	15 — Éducation et culture	*66 700 000*	*50 994 434*	*81 324 000*	*78 533 000*	*81 324 000*	*57 533 000*	*83 824 000*	*69 283 000*	*83 824 000*	*71 761 628*	*+25,67%*	*+40,72%*
	17 — Santé et protection des consommateurs	*p.m.*	*300 000*	*p.m.*	*625 000*	*p.m.*	*625 000*	*p.m.*	*625 000*	*p.m.*	*625 000*		*+108,33%*
	20 — Commerce	—	—										
	24 — Lutte contre la fraude	*22 000 000*	*15 806 171*	*21 450 000*	*17 600 000*	*21 450 000*	*17 435 000*	*21 450 000*	*17 555 000*	*21 450 000*	*15 926 792*	*-2,50%*	*+0,76%*
	26 — Administration de la Commission	*39 800 000*	*36 735 193*	*40 900 000*	*38 400 000*	*40 860 000*	*26 960 000*	*40 860 000*	*26 960 000*	*40 860 000*	*24 511 428*	*+2,66%*	*-33,28%*
	27 — Budget	*p.m.*	*p.m.*	*p.m.*	*p.m.*	*p.m.*	*p.m.*	*p.m.*	*p.m.*	*p.m.*	*p.m.*		
	29 — Statistiques	*67 950 000*	*47 180 234*	*56 860 000*	*49 187 430*	*56 560 000*	*45 887 430*	*56 560 000*	*48 387 430*	*56 560 000*	*44 191 707*	*-16,76%*	*-6,33%*
	32 — Énergie	*27 438 000*	*26 762 295*	*27 953 600*	*28 771 200*	*27 953 600*	*26 371 200*	*28 153 600*	*28 971 200*	*28 153 600*	*26 517 232*	*+2,61%*	*-0,92%*
	33 — Justice	—	*700 000*	—	*300 000*	—	*300 000*	—	*300 000*	—	*300 000*		*-57,14%*
	Agences décentralisées	239 218 470	239 218 470	251 250 275	253 559 348	235 733 129	235 717 129	253 051 022	255 360 095	249 047 675	251 356 748	+4,11%	+5,07%
1b	***Cohésion pour la croissance et l'emploi***	***50 983 843 784***	***42 105 094 626***	***52 738 876 141***	***45 134 800 000***	***52 738 876 141***	***43 835 523 362***	***52 752 576 141***	***45 142 520 000***	***52 752 576 141***	***43 835 746 321***	**+3,47%**	**+4,11%**
	Marge			*22 123 859*		*22 123 859*		*8 423 859*		*8 423 859*			
	Fonds structurels	**39 894 747 591**	**34 462 802 293**	**40 945 861 563**	**36 167 100 000**	**40 945 861 563**	**35 066 612 005**	**40 945 861 563**	**36 167 100 000**	**40 945 861 563**	**35 062 057 685**	**+2,63%**	**+1,74%**
	Objectif "Convergence"	31 406 373 076	26 057 750 000	32 303 313 367	28 122 000 000	32 303 313 367	28 122 000 000	32 303 313 367	28 122 000 000	32 303 313 367	28 122 000 000	+2,86%	+7,92%
	04 — Emploi et affaires sociales	*7 748 847 361*	*6 218 850 000*	*7 904 534 226*	*6 319 000 000*	*7 904 534 226*	*6 319 000 000*	*7 904 534 226*	*6 319 000 000*	*7 904 534 226*	*6 319 000 000*	*+2,01%*	*+1,61%*
	13 — Politique régionale	*23 657 525 715*	*19 838 900 000*	*24 398 779 141*	*21 803 000 000*	*24 398 779 141*	*21 803 000 000*	*24 398 779 141*	*21 803 000 000*	*24 398 779 141*	*21 803 000 000*	*+3,13%*	*+9,90%*
	Objectif "Compétitivité régionale et emploi"	7 084 823 108	7 364 784 927	7 202 942 076	6 908 000 000	7 202 942 076	5 921 878 126	7 202 942 076	6 908 000 000	7 202 942 076	5 917 797 130	+1,67%	-19,65%
	04 — Emploi et affaires sociales	*3 204 966 611*	*2 970 300 522*	*3 256 259 513*	*2 767 000 000*	*3 256 259 513*	*2 372 865 757*	*3 256 259 513*	*2 767 000 000*	*3 256 259 513*	*2 371 234 564*	*+1,60%*	*-20,17%*
	13 — Politique régionale	*3 879 856 497*	*4 394 484 405*	*3 946 682 563*	*4 141 000 000*	*3 946 682 563*	*3 549 012 369*	*3 946 682 563*	*4 141 000 000*	*3 946 682 563*	*3 546 562 566*	*+1,72%*	*-19,30%*
	Objectif "Coopération territoriale européenne"	1 312 201 407	967 067 366	1 352 006 120	1 068 000 000	1 352 006 120	953 633 879	1 352 006 120	1 068 000 000	1 352 006 120	953 160 555	+3,03%	-1,44%
	04 — Emploi et affaires sociales	*p.m.*	*p.m.*	*p.m.*	*p.m.*	*p.m.*	*p.m.*	*p.m.*	*p.m.*	*p.m.*	*p.m.*		
	13 — Politique régionale	*1 195 966 628*	*881 067 366*	*1 252 784 484*	*990 000 000*	*1 252 784 484*	*875 633 879*	*1 252 784 484*	*990 000 000*	*1 252 784 484*	*875 160 555*	*+4,75%*	*-0,67%*
	19 — Relations extérieures	*116 234 779*	*86 000 000*	*99 221 636*	*78 000 000*	*99 221 636*	*78 000 000*	*99 221 636*	*78 000 000*	*99 221 636*	*78 000 000*	*-14,64%*	*-9,30%*
	Assistance technique	91 350 000	73 200 000	87 600 000	69 100 000	87 600 000	69 100 000	87 600 000	69 100 000	87 600 000	69 100 000	-4,11%	-5,60%
	04 — Emploi et affaires sociales	*29 750 000*	*24 300 000*	*26 000 000*	*22 500 000*	*26 000 000*	*22 500 000*	*26 000 000*	*22 500 000*	*26 000 000*	*22 500 000*	*-12,61%*	*-7,41%*
	13 — Politique régionale	*61 600 000*	*48 900 000*	*61 600 000*	*46 600 000*	*61 600 000*	*46 600 000*	*61 600 000*	*46 600 000*	*61 600 000*	*46 600 000*	*0,00%*	*-4,70%*
	Autres actions et programmes (13 — Politique régionale)	10 500 000	12 046 740	p.m.	6 500 000	p.m.	6 500 000	13 700 000	14 220 000	13 700 000	12 100 000	+30,48%	+0,44%
	Fonds de cohésion (13 — Politique régionale)	**11 078 596 193**	**7 630 245 593**	**11 793 014 578**	**8 961 200 000**	**11 793 014 578**	**8 762 411 357**	**11 793 014 578**	**8 961 200 000**	**11 793 014 578**	**8 761 588 636**	**+6,45%**	**+14,83%**
2	***CONSERVATION ET GESTION DES RESSOURCES NATURELLES***	**58 659 248 389**	**55 945 938 309**	**60 158 443 305**	**57 948 376 981**	**59 612 844 916**	**57 161 869 007**	**60 457 763 305**	**58 244 696 981**	**59 975 774 185**	**57 034 220 262**	**+2,24%**	**+1,95%**
	Marge			*651 556 695*		*1 197 155 084*		*352 236 695*		*834 225 815*			
	dont : dépenses relatives au marché et paiements directs	**42 868 061 900**	**42 788 499 841**	**44 179 737 305**	**44 102 837 025**	**43 644 202 305**	**43 535 302 025**	**44 451 557 305**	**44 374 657 025**	**43 969 637 305**	**43 875 978 049**	**+2,57%**	**+2,54%**
	Marege			*530 452 695*		*1 065 987 695*		*258 632 695*		*740 552 695*			
	Marchés agricoles (05 — Agriculture et développement rural)	42 508 305 132	42 509 045 911	43 813 470 537	43 813 367 025	43 280 935 537	43 275 832 025	44 085 290 537	44 085 187 025	43 603 370 537	43 601 329 559	+2,58%	+2,57%
	Marché de la pêche (11 — Affaires maritimes et pêche)	29 996 768	25 768 930	30 496 768	30 700 000	30 496 768	30 700 000	30 496 768	30 700 000	30 496 768	29 136 025	+1,67%	+13,07%
	Santé des animaux et domaine phytosanitaire (17 — Santé et protection des consommateurs)	329 760 000	253 685 000	335 770 000	258 770 000	332 770 000	228 770 000	335 770 000	258 770 000	335 770 000	245 512 465	+1,82%	-3,22%
	Développement rural (05 — Agriculture et développement rural)	14 436 116 552	12 127 951 130	14 616 899 442	12 753 165 000	14 613 899 442	12 599 665 000	14 616 899 442	12 753 165 000	14 616 899 442	12 092 985 808	+1,25%	-0,29%
	Fonds européen pour la pêche (11 — Affaires maritimes et pêche)	658 285 042	458 105 943	672 725 602	514 450 000	672 725 602	474 150 000	672 725 602	514 450 000	672 725 602	487 852 069	+2,19%	+6,49%
	Gouvernance et accords internationaux en matière de pêche (11 — Affaires maritimes et pêche)	286 315 000	234 868 316	281 615 000	236 775 000	277 615 000	230 375 000	283 615 000	238 775 000	282 315 000	235 116 737	-1,40%	+0,11%
	Life+ (07 — Environnement et action pour le climat)	340 200 000	262 225 000	354 755 000	267 200 000	353 155 000	251 100 000	354 755 000	267 200 000	354 755 000	254 356 763	+4,28%	-3,00%
	Autres actions et programmes	22 500 000	30 518 184	5 000 000	25 239 000	5 000 000	25 239 000	30 500 000	47 739 000	30 500 000	37 989 000	+35,56%	+24,48%
	05 — Agriculture et développement rural	*6 500 000*	*2 250 000*	*p.m.*	*1 945 000*	*p.m.*	*1 945 000*	*5 500 000*	*6 695 000*	*5 500 000*	*4 695 000*	*-15,38%*	*+108,67%*
	07 — Environnement et action pour le climat	*13 000 000*	*11 120 000*	*5 000 000*	*11 160 000*	*5 000 000*	*11 160 000*	*18 000 000*	*22 660 000*	*18 000 000*	*17 660 000*	*+38,46%*	*+58,81%*
	11 — Affaires maritimes et pêche	*p.m.*	*7 148 184*	—	*6 534 000*	—	*6 534 000*	*1 500 000*	*8 034 000*	*1 500 000*	*7 284 000*		*+1,90%*
	17 — Santé et protection des consommateurs	*1 000 000*	*4 000 000*	*p.m.*	*2 100 000*	*p.m.*	*2 100 000*	*5 000 000*	*6 600 000*	*5 000 000*	*4 600 000*	*+400,00%*	*+15,00%*

	23 — Aide humanitaire	*p.m.*	*5 000 000*	*p.m.*	*3 500 000*	*p.m.*	*3 500 000*	*p.m.*	*3 500 000*	*p.m.*	*3 500 000*		*-30,00%*
	32 — Énergie	*2 000 000*	*1 000 000*	*p.m.*	*p.m.*	*p.m.*	*p.m.*	*500 000*	*250 000*	*500 000*	*250 000*	*-75,00%*	*-75,00%*
	Agences décentralisées	47 769 895	43 769 895	47 710 956	48 710 956	46 247 567	46 037 982	47 710 956	48 710 956	48 941 836	49 941 836	+2,45%	+14,10%
3	***CITOYENNETÉ, LIBERTÉ, SÉCURITÉ ET JUSTICE***	**2 097 841 624**	**1 738 083 206**	**2 023 852 000**	**1 513 992 900**	**1 952 649 471**	**1 455 209 821**	**2 098 994 000**	**1 576 935 136**	**2 065 243 340**	**1 484 278 058**	**-1,55%**	**-14,60%**
	Marge			*81 148 000*		*152 350 529*		*6 006 000*		*39 756 660*			
3a	***Liberté, sécurité et justice***	***1 180 030 263***	***857 199 845***	***1 340 381 000***	***868 333 500***	***1 284 729 471***	***824 078 421***	***1 400 213 000***	***915 865 736***	***1 367 806 560***	***835 577 878***	***+15,91%***	***-2,52%***
	Marge			*65 619 000*		*121 270 529*		*5 787 000*		*38 193 440*			
	Solidarité et gestion des flux migratoires	633 165 523	430 519 203	788 190 000	439 098 500	762 950 000	426 968 950	808 330 000	450 860 736	797 190 000	414 343 273	+25,91%	-3,76%
	Sécurité et protection des libertés	124 000 000	59 459 008	141 750 000	45 900 000	133 550 000	37 200 000	141 650 000	45 800 000	141 650 000	43 250 243	+14,23%	-27,26%
	Droits fondamentaux et justice	81 300 000	58 021 302	80 350 000	63 700 000	79 150 000	59 000 000	82 700 000	62 050 000	82 200 000	58 610 660	+1,11%	+1,02%
	Autres actions et programmes	63 700 000	48 660 592	61 580 000	57 644 000	52 080 000	51 644 000	71 080 000	65 644 000	71 080 000	59 207 142	+11,59%	+21,67%
	Agences décentralisées	277 864 740	260 539 740	268 511 000	261 991 000	256 959 471	249 265 471	296 453 000	291 511 000	275 686 560	260 166 560	-0,78%	-0,14%
3b	***Citoyenneté***	***917 811 361***	***880 883 361***	***683 471 000***	***645 659 400***	***667 920 000***	***631 131 400***	***698 781 000***	***661 069 400***	***697 436 780***	***648 700 180***	***-24,01%***	***-26,36%***
	Marge			*15 529 000*		*31 040 000*		*219 000*		*1 563 220*			
	Programme de santé publique et de protection des consommateurs (17 — Santé et protection des consommateurs)	75 350 000	73 850 000	77 690 000	74 800 000	77 640 000	74 750 000	77 640 000	74 750 000	77 640 000	74 750 000	+3,04%	+1,22%
	Culture 2007 — 2013 (15 — Éducation et culture)	57 572 000	49 550 000	59 053 000	51 050 000	58 503 000	49 500 000	59 053 000	51 050 000	59 053 000	51 050 000	+2,57%	+3,03%
	Jeunesse en action (15 — Éducation et culture)	129 888 000	119 780 000	135 388 000	123 780 000	135 388 000	123 780 000	140 388 000	128 780 000	140 388 000	123 780 000	+8,08%	+3,34%
	Média 2007 (15 — Éducation et culture)	110 035 000	101 210 000	112 477 000	105 560 000	112 477 000	104 560 000	112 477 000	105 560 000	112 477 000	105 560 000	+2,22%	+4,30%
	L'Europe pour les citoyens (16 — Communication)	28 530 000	21 700 000	28 450 000	28 230 000	28 430 000	28 210 000	28 450 000	28 230 000	28 450 000	28 230 000	-0,28%	+30,09%
	Instrument financier pour la protection civile (23 — Aide humanitaire)	18 350 000	18 350 000	18 500 000	14 500 000	16 250 000	12 250 000	18 250 000	14 250 000	18 250 000	14 250 000	-0,54%	-22,34%
	Actions de communication (16 — Communication)	94 665 000	86 890 000	93 900 000	87 560 000	90 700 000	84 360 000	93 760 000	87 520 000	93 760 000	86 120 000	-0,96%	-0,89%
	Fonds de solidarité de l'Union européenne	**234 914 361**	**234 914 361**	**p.m.**	**p.m.**	**p.m.**	**p.m.**	**p.m.**	**p.m.**	**p.m.**	**p.m.**	**-100,00%**	**-100,00%**
	13 — Politique régionale	*234 914 361*	*234 914 361*	*p.m.*	*p.m.*	*p.m.*	*p.m.*	*p.m.*	*p.m.*	*p.m.*	*p.m.*	*-100,00%*	*-100,00%*
	40 — Réserves	*p.m.*	*p.m.*	*p.m.*	*p.m.*	*p.m.*	*p.m.*	*p.m.*	*p.m.*	*p.m.*	*p.m.*		
	Autres actions et programmes	43 404 000	49 334 000	24 862 000	29 849 400	24 362 000	29 849 400	35 612 000	40 599 400	35 612 000	35 974 400	-17,95%	-27,08%
	09 — Société de l'information et médias	*1 600 000*	*1 350 000*	*950 000*	*950 000*	*950 000*	*950 000*	*950 000*	*950 000*	*950 000*	*950 000*	*-40,62%*	*-29,63%*
	15 — Éducation et culture	*22 644 000*	*25 134 000*	*15 922 000*	*19 672 000*	*15 322 000*	*19 672 000*	*25 672 000*	*29 422 000*	*25 672 000*	*25 297 000*	*+13,37%*	*+0,65%*
	16 — Communication	*18 660 000*	*15 220 000*	*7 990 000*	*8 020 000*	*7 990 000*	*8 020 000*	*7 990 000*	*8 020 000*	*7 990 000*	*8 020 000*	*-57,18%*	*-47,31%*
	17 — Santé et protection des consommateurs	*500 000*	*1 247 000*	*p.m.*	*1 207 400*	*p.m.*	*1 207 400*	*1 000 000*	*2 207 400*	*1 000 000*	*1 707 400*	*+100,00%*	*+36,92%*
	22 — Élargissement	—	*6 383 000*	—	*p.m.*	—	*p.m.*	—	*p.m.*	—	*p.m.*		*-100,00%*
	23 — Aide humanitaire	*p.m.*	*p.m.*	*p.m.*	*p.m.*	*p.m.*	*p.m.*	*p.m.*	*p.m.*	*p.m.*	*p.m.*		
	33 — Justice	*p.m.*	*p.m.*	*p.m.*	*p.m.*	*p.m.*	*p.m.*	*p.m.*	*p.m.*	*p.m.*	*p.m.*		
	Agences décentralisées	125 103 000	125 305 000	133 151 000	130 330 000	123 670 000	123 872 000	133 151 000	130 330 000	131 806 780	128 985 780	+5,36%	+2,94%
4	***L'UE ACTEUR MONDIAL***	**8 759 300 431**	**7 242 528 574**	**9 009 280 576**	**7 293 724 333**	**9 205 706 936**	**6 993 352 544**	**9 464 607 026**	**7 360 467 122**	**9 405 937 000**	**6 955 083 523**	**+7,38%**	**-3,97%**
	Marge			*246 656 424*		*50 230 064*		*- 208 670 026*		*0*			
	Instrument d'aide de préadhésion (IAP)	1 795 574 000	1 442 557 610	1 874 589 000	1 450 030 667	1 822 708 900	1 372 557 183	1 861 925 450	1 411 812 617	1 865 925 450	1 349 296 525	+3,92%	-6,46%
	04 — Emploi et affaires sociales	*103 798 000*	*61 385 277*	*115 695 000*	*66 545 000*	*105 548 000*	*58 385 277*	*113 621 500*	*66 471 500*	*113 621 500*	*61 190 621*	*+9,46%*	*-0,32%*
	05 — Agriculture et développement rural	*215 220 000*	*71 538 207*	*237 568 000*	*63 710 000*	*229 568 000*	*54 295 000*	*234 568 000*	*57 295 000*	*234 568 000*	*54 696 457*	*+8,99%*	*-23,54%*
	13 — Politique régionale	*431 421 141*	*429 912 153*	*511 671 903*	*441 532 280*	*492 813 803*	*422 674 180*	*510 519 353*	*430 508 730*	*510 519 353*	*411 203 160*	*+18,33%*	*-4,35%*
	22 — Élargissement	*1 042 195 856*	*876 923 516*	*1 006 929 310*	*875 518 600*	*988 054 310*	*834 477 939*	*1 000 491 810*	*854 812 600*	*1 004 491 810*	*819 605 317*	*-3,62%*	*-6,54%*
	32 — Énergie	*2 939 003*	*2 798 457*	*2 724 787*	*2 724 787*	*2 724 787*	*2 724 787*	*2 724 787*	*2 724 787*	*2 724 787*	*2 600 970*	*-7,29%*	*-7,06%*
	Instrument européen de voisinage et de partenariat (IEVP)	1 927 993 000	1 361 956 153	1 928 028 576	1 266 757 566	2 323 528 576	1 359 518 566	2 423 528 576	1 469 518 566	2 323 528 576	1 318 124 311	+20,52%	-3,22%
	Instrument de coopération au développement (ICD)	2 660 056 461	2 160 387 978	2 576 001 000	2 199 131 800	2 488 143 020	2 055 568 369	2 583 514 500	2 161 745 800	2 584 156 944	2 048 336 110	-2,85%	-5,19%
	07 — Environnement et action pour le climat	—	*238 045*	—	*250 000*	—	*250 000*	—	*250 000*	—	*238 640*		*+0,25%*
	19 — Relations extérieures	*1 381 332 240*	*1 159 912 243*	*1 335 591 000*	*1 161 548 500*	*1 320 970 000*	*1 081 200 055*	*1 360 104 500*	*1 136 162 500*	*1 359 304 500*	*1 061 470 800*	*-1,59%*	*-8,49%*
	21 — Développement et relations avec les États d'Afrique, des Caraïbes et du Pacifique (ACP)	*1 278 724 221*	*1 000 142 472*	*1 240 410 000*	*1 037 333 300*	*1 167 173 020*	*974 118 314*	*1 223 410 000*	*1 025 333 300*	*1 224 852 444*	*986 626 670*	*-4,21%*	*-1,35%*
	32 — Énergie	—	*95 218*	—	*p.m.*	—	*p.m.*	—	*p.m.*	—	*p.m.*		*-100,00%*

	Instrument pour les pays industrialisés (19 — Relations extérieures)	25 121 000	19 143 580	25 121 000	22 400 000	24 121 000	20 900 000	24 121 000	20 900 000	24 121 000	19 954 828	-3,98%	+4,24%
	Instrument pour les pays industrialisés (IPI+)	45 000 000	6 722 384	30 500 000	8 760 000	30 500 000	8 760 000	30 500 000	8 760 000	30 500 000	8 361 937	-32,22%	+24,39%
	19 — Relations extérieures	*44 000 000*	*6 436 730*	*28 500 000*	*7 760 000*	*28 500 000*	*7 760 000*	*28 500 000*	*7 760 000*	*28 500 000*	*7 407 378*	*-35,23%*	*+15,08%*
	21 — Développement et relations avec les États d'Afrique, des Caraïbes et du Pacifique (ACP)	*1 000 000*	*285 654*	*2 000 000*	*1 000 000*	*2 000 000*	*1 000 000*	*2 000 000*	*1 000 000*	*2 000 000*	*954 559*	*+100,00%*	*+234,17%*
	Démocratie et droits de l'homme (19 — Relations extérieures)	166 983 000	142 073 702	168 719 000	159 460 000	171 932 000	159 507 000	176 125 000	163 794 000	176 125 000	154 008 116	+5,47%	+8,40%
	Instrument relatif à la coopération en matière de sûreté nucléaire (19 — Relations extérieures)	75 813 000	67 920 830	77 330 000	69 274 300	77 330 000	69 274 300	77 330 000	69 274 300	77 330 000	66 184 313	+2,00%	-2,56%
	Instrument de stabilité (19 — Relations extérieures)	290 188 000	197 581 185	302 334 000	227 450 000	275 188 000	200 604 000	309 478 000	217 544 000	309 278 000	200 392 185	+6,58%	+1,42%
	Aide humanitaire (23 — Aide humanitaire)	824 693 000	785 704 871	849 599 000	829 599 000	836 746 000	823 107 750	848 978 500	829 349 000	848 978 500	792 087 438	+2,94%	+0,81%
	Assistance macrofinancière (01 — Affaires économiques et financières)	543 476	88 552 647	105 000 000	88 500 000	95 550 000	79 050 000	95 550 000	79 050 000	95 550 000	79 050 000	+17481,27%	-10,73%
	Politique étrangère et de sécurité commune (PESC) (19 — Relations extérieures)	327 374 000	272 393 337	363 214 000	317 417 000	362 964 000	317 167 000	327 374 000	281 577 000	362 964 000	302 777 340	+10,87%	+11,15%
	Garanties de la CE aux prêts (01 — Affaires économiques et financières)	138 880 000	138 880 000	260 170 000	260 170 000	260 170 000	260 170 000	260 170 000	260 170 000	260 170 000	260 170 000	+87,33%	+87,33%
	Réserve pour aides d'urgence (40 — Réserves)	**253 860 000**	**100 000 000**	**258 937 000**	**110 000 000**	**258 937 000**	**p.m.**	**258 937 000**	**110 000 000**	**258 937 000**	**90 000 000**	**+2,00%**	**-10,00%**
	Autres actions et programmes	206 871 494	438 804 297	169 491 000	264 527 000	157 928 000	247 318 376	166 828 000	256 724 839	168 328 000	246 295 890	-18,63%	-43,87%
	01 — Affaires économiques et financières	*34 460 570*	*4 101 987*	*p.m.*	*p.m.*	*p.m.*	*p.m.*	*p.m.*	*p.m.*	*p.m.*	*p.m.*	*-100,00%*	*-100,00%*
	05 — Agriculture et développement rural	*6 284 023*	*6 055 858*	*6 515 000*	*6 515 000*	*6 360 000*	*6 055 858*	*6 360 000*	*6 055 858*	*6 360 000*	*5 780 674*	*+1,21%*	*-4,54%*
	07 — Environnement et action pour le climat	*4 125 882*	*4 656 537*	*3 450 000*	*4 750 000*	*3 350 000*	*4 412 500*	*3 350 000*	*4 412 500*	*3 350 000*	*4 284 697*	*-18,81%*	*-7,99%*
	13 — Politique régionale	*5 001 054*	*5 001 054*	*p.m.*	*p.m.*	*p.m.*	*p.m.*	*p.m.*	*p.m.*	*p.m.*	*p.m.*	*-100,00%*	*-100,00%*
	14 — Fiscalité et union douanière	*2 170 529*	*1 237 833*	*1 300 000*	*2 000 000*	*1 300 000*	*2 000 000*	*1 300 000*	*2 000 000*	*1 300 000*	*1 909 118*	*-40,11%*	*+54,23%*
	15 — Éducation et culture	*3 353 600*	*7 170 895*	*9 680 000*	*8 680 000*	*9 680 000*	*6 680 000*	*9 680 000*	*8 680 000*	*9 680 000*	*8 316 472*	*+188,65%*	*+15,98%*
	17 — Santé et protection des consommateurs	*200 000*	*190 436*	*450 000*	*450 000*	*450 000*	*450 000*	*450 000*	*450 000*	*450 000*	*429 552*	*+125,00%*	*+125,56%*
	19 — Relations extérieures	*39 121 000*	*50 768 574*	*37 679 000*	*49 229 000*	*35 079 000*	*44 163 864*	*35 479 000*	*46 207 327*	*35 479 000*	*46 785 779*	*-9,31%*	*-7,85%*
	20 — Commerce	*13 930 000*	*13 284 416*	*14 730 000*	*12 330 000*	*11 555 000*	*9 330 000*	*11 555 000*	*9 330 000*	*11 555 000*	*8 925 576*	*-17,05%*	*-32,81%*
	21 — Développement et relations avec les États d'Afrique, des Caraïbes et du Pacifique (ACP)	*53 505 836*	*259 263 505*	*57 554 000*	*116 260 000*	*52 021 000*	*109 913 154*	*56 021 000*	*112 913 154*	*56 021 000*	*107 238 859*	*+4,70%*	*-58,64%*
	22 — Élargissement	*34 719 000*	*82 764 486*	*31 133 000*	*57 313 000*	*31 133 000*	*57 313 000*	*35 633 000*	*59 676 000*	*37 133 000*	*55 806 927*	*+6,95%*	*-32,57%*
	23 — Aide humanitaire	*10 000 000*	*4 308 716*	*7 000 000*	*7 000 000*	*7 000 000*	*7 000 000*	*7 000 000*	*7 000 000*	*7 000 000*	*6 818 236*	*-30,00%*	*+58,24%*
	40 — Réserves	*p.m.*	*p.m.*	*p.m.*	*p.m.*	*p.m.*	*p.m.*	*p.m.*	*p.m.*	*p.m.*	*p.m.*		
	Agences décentralisées	20 350 000	19 850 000	20 247 000	20 247 000	19 960 440	19 850 000	20 247 000	20 247 000	20 044 530	20 044 530	-1,50%	+0,98%
5	***ADMINISTRATION***	**8 172 839 289**	**8 171 544 289**	**8 281 289 366**	**8 281 684 366**	**8 207 559 206**	**8 207 954 206**	**8 256 130 038**	**8 256 525 038**	**8 279 641 996**	**8 277 736 996**	**+1,31%**	**+1,30%**
	Marge			*472 710 634*		*546 440 794*		*497 869 962*		*327 358 004*			
	Section III - Commission	4 744 435 490	4 743 240 490	4 796 258 814	4 796 553 814	4 763 209 314	4 763 504 314	4 802 298 814	4 802 593 814	4 815 905 175	4 813 900 175	+1,51%	+1,49%
	Commission	3 316 358 499	3 315 163 499	3 314 917 804	3 315 212 804	3 282 553 304	3 282 848 304	3 320 957 804	3 321 252 804	3 324 165 308	3 322 160 308	+0,24%	+0,21%
	Commission hors Offices	3 017 906 499	3 016 711 499	3 015 814 304	3 016 109 304	2 986 730 304	2 987 025 304	3 021 854 304	3 022 149 304	3 024 610 808	3 022 605 808	+0,22%	+0,20%
	Annexe 2 - Office des publications	84 373 000	84 373 000	82 626 750	82 626 750	80 670 750	80 670 750	82 626 750	82 626 750	83 077 750	83 077 750	-1,54%	-1,54%
	Annexe 3 - Office européen de lutte antifraude	58 249 000	58 249 000	57 392 000	57 392 000	56 737 000	56 737 000	57 392 000	57 392 000	57 392 000	57 392 000	-1,47%	-1,47%
	Annexe 4 - Office européen de sélection du personnel	26 776 000	26 776 000	28 228 750	28 228 750	27 720 750	27 720 750	28 228 750	28 228 750	28 228 750	28 228 750	+5,43%	+5,43%
	Annexe 5 - Office de gestion et de liquidation des droits individuels	35 102 000	35 102 000	35 879 000	35 879 000	35 879 000	35 879 000	35 879 000	35 879 000	35 879 000	35 879 000	+2,21%	+2,21%
	Annexe 6 - Office pour les infrastructures et la logistique - Bruxelles	68 880 000	68 880 000	69 711 000	69 711 000	69 711 000	69 711 000	69 711 000	69 711 000	69 711 000	69 711 000	+1,21%	+1,21%
	Annexe 7 - Office pour les infrastructures et la logistique - Luxembourg	25 072 000	25 072 000	25 266 000	25 266 000	25 104 500	25 104 500	25 266 000	25 266 000	25 266 000	25 266 000	+0,77%	+0,77%
	Pensions (toutes institutions)	1 261 614 000	1 261 614 000	1 312 115 000	1 312 115 000	1 312 115 000	1 312 115 000	1 312 115 000	1 312 115 000	1 322 513 857	1 322 513 857	+4,83%	+4,83%
	Écoles européennes	166 462 991	166 462 991	169 226 010	169 226 010	168 541 010	168 541 010	169 226 010	169 226 010	169 226 010	169 226 010	+1,66%	+1,66%
	Autres institutions (à l'exclusion des pensions)	3 428 403 799	3 428 303 799	3 485 030 552	3 485 130 552	3 444 349 892	3 444 449 892	3 453 831 224	3 453 931 224	3 463 736 821	3 463 836 821	+1,03%	+1,04%
	Section I - Parlement européen	1 685 829 393	1 685 829 393	1 724 575 043	1 724 575 043	1 724 575 043	1 724 575 043	1 710 080 121	1 710 080 121	1 717 868 121	1 717 868 121	+1,90%	+1,90%
	Section II - Conseil européen et Conseil	563 262 600	563 262 600	538 545 000	538 545 000	532 545 000	532 545 000	532 545 000	532 545 000	533 920 000	533 920 000	-5,21%	-5,21%
	Section IV - Cour de justice	341 229 998	341 229 998	353 718 000	353 718 000	342 838 000	342 838 000	348 335 000	348 335 000	348 335 000	348 335 000	+2,08%	+2,08%

	Section V - Cour des comptes	144 330 944	144 330 944	143 240 500	143 240 500	141 165 901	141 165 901	142 476 614	142 476 614	142 476 614	142 476 614	-1,28%	-1,28%
	Section VI - Comité économique et social européen	128 573 837	128 573 837	130 499 922	130 499 922	127 900 345	127 900 345	128 750 345	128 750 345	128 816 588	128 816 588	+0,19%	+0,19%
	Section VII - Comité des régions	84 080 903	84 080 903	86 524 132	86 524 132	84 046 820	84 046 820	85 881 629	85 881 629	86 503 483	86 503 483	+2,88%	+2,88%
	Section VIII - Médiateur européen	9 427 395	9 427 395	9 472 000	9 472 000	9 283 000	9 283 000	9 462 000	9 462 000	9 516 500	9 516 500	+0,95%	+0,95%
	Section IX - Contrôleur européen de la protection des données	7 564 137	7 564 137	7 639 826	7 639 826	7 461 654	7 461 654	7 624 090	7 624 090	7 624 090	7 624 090	+0,79%	+0,79%
	Section X - Service européen pour l'action extérieure	464 104 592	464 004 592	490 816 129	490 916 129	474 534 129	474 634 129	488 676 425	488 776 425	488 676 425	488 776 425	+5,29%	+5,34%
6	***COMPENSATIONS***	**p.m.**	**p.m.**	**p.m.**	**p.m.**	**p.m.**	**p.m.**	**p.m.**	**p.m.**	**p.m.**	**p.m.**		
	Compensations	p.m.	p.m.	p.m.	p.m.	p.m.	p.m.	p.m.	p.m.	p.m.	p.m.		
	TOTAL GÉNÉRAL	**142 193 639 787**	**126 727 133 762**	**147 435 342 140**	**132 738 712 588**	**146 245 338 276**	**129 088 042 948**	**147 763 820 009**	**133 139 127 032**	**147 232 172 662**	**129 088 042 948**	**+3,54%**	**+1,86%**
	Marge			*953 594 860*	*8 815 287 412*	*2 143 594 724*	*12 355 957 052*	*625 116 991*	*8 414 872 968*	*1 859 764 338*	*12 445 957 052*		
	Crédits en % du RNB	**1,13%**	**1,00%**	**1,14%**	**1,03%**	**1,14%**	**1,00%**	**1,15%**	**1,03%**	**1,14%**	**1,00%**		

LES MOBILISATIONS DU FONDS EUROPÉEN D'AJUSTEMENT À LA MONDIALISATION EN 2011

Le Fonds européen d'ajustement à la mondialisation (FEM) a été mobilisé 24 fois en 2011, pour un montant total de 131,3 millions d'euros en crédits d'engagement et de paiement.

Ces mobilisations peuvent être résumées comme suit :

- la première mobilisation, pour un montant de 2,6 millions d'euros, est intervenue le 3 février 2011 suite à 613 licenciements dans les entreprises Getronics et HP qui développent et vendent du matériel informatique aux Pays-Bas[1] ;

- la deuxième mobilisation, pour un montant de 0,3 million d'euros, est intervenue le 5 avril 2011 après 634 licenciements survenus dans l'entreprise Unilever en République tchèque en raison d'une baisse de la demande de denrées alimentaires de la marque[2] ;

- la troisième mobilisation, pour un montant de 0,5 million d'euros, est intervenue le 5 avril 2011 suite à 594 licenciements dans trois entreprises opérant dans le domaine de la fabrication de machines dans la région de Podkarpackie en Pologne[3] ;

- la quatrième mobilisation, pour un montant de 14,2 millions d'euros, est intervenue le 6 juillet 2011 suite à 1 356 licenciements survenus en raison de la fermeture de l'entreprise Odense Steel Shipyard au Danemark[4] ;

- la cinquième mobilisation, pour un montant de 6,2 millions d'euros, est intervenue le 6 juillet 2011 après 1 650 licenciements survenus au sein de l'entreprise LM Glasfiber fabricant des éoliennes au Danemark[5] ;

- la sixième mobilisation, pour un montant de 9,6 millions d'euros, est intervenue le 6 juillet 2011 après 2 834 licenciements survenus dans l'entreprise General Motors Belgium et quatre de ses fournisseurs[6] ;

- la septième mobilisation, pour un montant de 8,3 millions d'euros, est intervenue le 27 septembre 2011 après 1 180 licenciements survenus dans 54 entreprises dans le secteur métallurgique en Basse-Autriche et Styrie[7] ;

- la huitième mobilisation, pour un montant de 1,2 million d'euros, est intervenue le 27 septembre 2011 après 167 licenciements dans l'entreprise Austria Technologie & Systemtechnik (AT&S) fabriquant des composantes électroniques (et principalement des cartes-mère et des circuits imprimés pour les ordinateurs) en Styrie en Autriche[8] ;

---

[1] JO L 41 du 15.2.2011, p. 8. Les crédits de paiement proviennent de l'article *01 04 04 (Programme-cadre pour l'innovation et la compétitivité – Programme "Innovation et esprit d'entreprise")*. Ces crédits sont reportés de 2010.
[2] JO L 98 du 13.4.2011, p. 13.
[3] JO L 104 du 20.4.2011, p. 45.
[4] JO L 195 du 27.7.2011, p. 52.
[5] *Ibid.*, p. 53.
[6] *Ibid.*, p. 54.
[7] JO L 263 du 7.10.2011, p. 9.
[8] *Ibid.*, p. 10.

- la neuvième - douzième mobilisation, pour un montant de 5,9 millions d'euros, est intervenue le 27 septembre 2011 après 1 764 licenciements survenus dans 101 entreprises du secteur de l'imprimerie et de la reproduction dans six différentes régions[9] des Pays-Bas[10] ;

- la treizième mobilisation, pour un montant de 0,6 million d'euros, est intervenue le 27 septembre 2011[11]. Elle est destinée à financer l'assistance technique, conformément à l'article 8 du règlement établissant le FEM[12] ;

- la quatorzième mobilisation, pour un montant de 4,3 millions d'euros, est intervenue le 25 octobre 2011 après 778 licenciements survenus dans cinq entreprises opérant dans le secteur de l'industrie automobile dans les régions d'Arnsberg et de Düsseldorf en Allemagne[13] ;

- la quinzième mobilisation, pour un montant de 3,9 millions d'euros, est intervenue le 25 octobre 2011 après 813 licenciements dans six entreprises fabricant des éoliennes dans la région de Midtjylland au Danemark[14] ;

- la seizième mobilisation, pour un montant de 1,4 million d'euros, est intervenue le 25 octobre 2011 après 974 licenciements survenus dans l'entreprise Rohde opérant dans le secteur de l'habillement et de la chaussure au Portugal[15] ;

- la dix-septième mobilisation, pour un montant de 3,6 millions d'euros, est intervenue le 16 novembre 2011 après 2 338 licenciements survenus dans 706 entreprises de transport routier en Haute-Autriche et en Basse-Autriche[16] ;

- la dix-huitième mobilisation, pour un montant de 2,9 millions d'euros, est intervenue le 16 novembre 2011 après 642 licenciements survenus dans l'entreprise Aldi et un de ses fournisseurs en Grèce[17] ;

- la dix-neuvième – vingt et unième mobilisation, pour un montant total de 35,7 millions d'euros, sont intervenues le 16 novembre 2011 après des licenciements intervenus dans 3 272 entreprises opérant dans la construction de bâtiments, les travaux de construction spécialisés, l'architecture, l'ingénierie, les services de contrôle et les analyses techniques en Irlande[18] ;

- la vingt-deuxième mobilisation, pour un montant de 1,5 million d'euros, est intervenue le 13 décembre 2011 après 726 licenciements survenus dans trois entreprises opérant dans le secteur de l'industrie automobile dans les régions Norte et Centro au Portugal[19] ;

- la vingt-troisième mobilisation, pour un montant de 3,9 millions d'euros, est intervenue le 13 décembre 2011 à la suite de 643 licenciements survenus dans 323 entreprises opérant dans la construction de bâtiments dans le Trentino-Alto Adige/ Südtirol en Italie[20], et

---

[9] Il s'agit des régions "Nuts II" suivantes : Flevoland, Noord Brabant, Noord Holland, Overijssel, Utrecht et Zuid Holland.
[10] JO L 263 du 7.10.2011, pp. 11/14.
[11] *Ibid.*, p. 15.
[12] JO L 167 du 29.6.2009, p. 28.
[13] JO L 289 du 8.11.2011, p. 30.
[14] *Ibid.*, p. 31.
[15] *Ibid.*, p. 32.
[16] JO L 317 du 30.11.2011, p. 28.
[17] *Ibid.*, p. 29.
[18] *Ibid.*, pp. 30/32.
[19] JO L 4 du 7.1.2012, p. 11.
[20] *Ibid.*, p. 15.

- la vingt-quatrième mobilisation, pour un montant de 24,5 millions d'euros[21], est intervenue le 21 décembre 2011 après 1 384 licenciements intervenus dans l'entreprise Renault et sept de ses fournisseurs principalement dans les régions d'Île de France, de Haute-Normandie et du Nord-Pas-de-Calais en France[22]. Suite à une demande du Parlement européen, cette mobilisation a été discutée lors du trilogue du 19 octobre 2011.

Les *crédits d'engagement* proviennent lors de toutes les mobilisations du FEM de l'article *40 02 43* (*Réserve pour le Fonds européen d'ajustement à la mondialisation*).

Les *crédits de paiement* proviennent :

- de l'article *01 04 04* (*Programme-cadre pour l'innovation et la compétitivité – Programme "Innovation et esprit d'entreprise"*) du budget de l'Union pour 2010 lors de la première mobilisation du FEM[23], pour un montant de 2,6 millions d'euros ;

- de l'article *04 02 01* (*Achèvement du Fonds social européen (FSE) – Objectif nº 1 (de 2000 à 2006)*), pour un montant de 31,1 millions d'euros, et

- de l'article *04 05 01* (*Fonds européen d'ajustement à la mondialisation*), pour un montant de 97,6 millions d'euros[24].

---

[21] Il s'agit du deuxième montant le plus important mobilisé dans l'histoire du FEM, après les 35,2 millions d'euros octroyés en 2008 pour l'industrie du textile en Italie (voir Tome II, p. 345).

[22] JO L 6 du 10.1.2012, p. 5.

[23] Comme indiqué *supra*, il s'agit de crédits reportés de l'année précédente.

[24] L'autorité budgétaire a inscrit à l'article *04 05 01* du budget de l'Union pour 2011 un montant de 47,6 millions d'euros en crédits de paiement. Ce montant a été augmenté de 50 millions d'euros par le biais du budget rectificatif nº 3/2011, adopté le 14 juillet 2011 (voir pages 20-21).

DÉCLARATION COMMUNE, DU 30 MARS 2011, SUR LES DATES DE LA PROCÉDURE BUDGÉTAIRE ET LES MODALITÉS DE FONCTIONNEMENT DU COMITÉ DE CONCILIATION EN 2011[1]

"Le Parlement européen, le Conseil et la Commission rappellent leur déclaration commune du 30 novembre 2009 sur les mesures transitoires définissant le calendrier de la procédure budgétaire pour 2011 et prévoyant que les futures procédures budgétaires se dérouleraient selon un calendrier similaire sauf s'il en est convenu autrement. Le calendrier devrait être mis à jour en conséquence pour la procédure budgétaire en 2012.

A. À cet égard, ils fixent les dates pivots ci-après pour 2011 :

1. un trilogue sera convoqué le 11 juillet (après-midi) avant l'adoption de la position du Conseil ;

2. le Conseil achèvera sa lecture du projet avant la semaine 30 (fin juillet) au plus tard ;

3. la commission des budgets du Parlement européen votera sur les amendements à la position du Conseil avant la fin de la semaine 40 (début octobre) au plus tard ;

4. un trilogue sera convoqué le 19 octobre (après-midi) avant la lecture par le Parlement européen ;

5. le Parlement européen votera en séance plénière dans le cadre de la lecture du projet pendant la semaine 43 ;

6. si nécessaire, en accord avec les dispositions de l'article 314, paragraphe 4, point c), du TFUE, la conciliation aura lieu du 1er novembre au 21 novembre 2011 (inclus) ;

7. le comité de conciliation se réunira le 8 novembre (après-midi) dans les locaux du Parlement européen et le 18 novembre dans ceux du Conseil ; les réunions du comité de conciliation seront préparées par des trilogues organisés le 3 novembre, le 10 novembre (après-midi)*[*]* et le 15 novembre*[**]*, d'autres trilogues pouvant être convoqués pendant les 21 jours que dure la période de conciliation.

B. Ils fixent les modalités du fonctionnement du comité de conciliation, qui figurent en annexe.

Annexe

Modalités de fonctionnement du comité de conciliation en 2011

1. Si le Parlement européen vote des amendements à la position du Conseil, le président du Conseil prendra note, au cours de la même séance plénière, des différences entre les positions des deux institutions et donnera au président du Parlement européen son accord pour une convocation immédiate du comité de conciliation. La lettre de convocation du comité de conciliation sera envoyée au plus tard le premier jour ouvrable de la semaine suivant la fin de la session parlementaire au cours de laquelle le vote en séance plénière a eu lieu et la période de conciliation commencera le jour suivant. Le délai de 21 jours est calculé en application du règlement (CEE, Euratom) n° 1182/71 portant détermination des règles applicables aux délais, aux dates et aux termes.

---

[1] Doc. *Conseil 8445/11 FIN 221 INST 189* du 31 mars 2011, pp. 2/6.

[*] *Ce trilogue n'aura finalement pas lieu.*

[**] *Dans la pratique, ce trilogue sera organisé un jour plus tôt (voir page 65).*

2. Si le Conseil ne peut accepter tous les amendements votés par le Parlement européen, il confirmera sa position par une lettre envoyée avant la date prévue pour le premier trilogue (voir point A.7). Dans ce cas, le comité de conciliation se déroulera dans les conditions énoncées aux points suivants.

3. Une série commune de documents (documents de départ) comparant les différentes étapes de la procédure budgétaire sera mise à la disposition du comité de conciliation[1]. Elle comprendra des montants "ligne par ligne", des totaux par rubrique du cadre financier et un document consolidé contenant les montants et les observations relatifs à toutes les lignes budgétaires réputées techniquement "ouvertes". Sans préjudice de la décision finale du comité de conciliation, toutes les lignes budgétaires réputées techniquement closes seront reprises dans un document distinct[2]. Ces documents seront classés selon la nomenclature budgétaire.

D'autres documents seront également annexés aux documents de départ destinés au comité de conciliation[3].

4. En vue de parvenir à un accord avant la fin de la période de conciliation, les trilogues :

- définiront la portée des négociations des questions budgétaires à aborder ;

- approuveront la liste des lignes budgétaires réputées techniquement closes, sous réserve de l'accord final sur l'ensemble du budget 2012 ;

- examineront les questions recensées au titre du premier tiret en vue de parvenir à d'éventuels accords destinés à être approuvés par le comité de conciliation ;

- aborderont des questions thématiques, notamment par rubrique du cadre financier pluriannuel.

Des conclusions provisoires seront établies conjointement au cours de chaque trilogue ou immédiatement après, en même temps que l'ordre du jour de la réunion suivante. Ces conclusions seront consignées par l'institution accueillant le trilogue et seront censées avoir été provisoirement approuvées au bout de 24 heures, sans préjudice de la décision finale du comité de conciliation.

5. Les réunions du comité de conciliation disposeront des conclusions des trilogues et d'un document indiquant les lignes budgétaires pour lesquelles un accord sera provisoirement intervenu lors des trilogues pour une éventuelle approbation.

6. Le projet commun prévu à l'article 314, paragraphe 5, du TFUE est élaboré par les secrétariats du Parlement européen et du Conseil avec l'aide de la Commission. Il consistera en un acte juridique introductif contenant la date de l'accord au sein du comité de conciliation et des annexes qui comprendront :

---

[1] Ces étapes sont les suivantes : le budget 2011 (y compris les budgets rectificatifs adoptés) ; le projet de budget initial ; la position du Conseil sur le projet de budget ; les amendements du Parlement européen à la position du Conseil et les lettres rectificatives présentées par la Commission (si elles n'ont pas encore été pleinement approuvées par toutes les institutions).

[2] On entend par "ligne budgétaire techniquement close" une ligne pour laquelle il n'existe aucun désaccord entre le Parlement européen et le Conseil et qui n'a fait l'objet d'aucune lettre rectificative.

[3] À savoir : une lettre sur les possibilités d'exécution établie par la Commission concernant la position du Conseil et les amendements du Parlement européen ; une lettre rectificative pour l'agriculture (et peut-être aussi pour d'autres domaines) ; éventuellement, la note d'alerte pour les prévisions budgétaires établie en automne par la Commission et une ou plusieurs lettres éventuelles émanant d'autres institutions concernant la position du Conseil et les amendements du Parlement européen.

- les montants ligne par ligne pour tous les postes du budget et des montants récapitulatifs par rubrique du cadre financier ;

- un document consolidé indiquant les montants et le texte final de toutes les lignes qui auront été modifiées au cours de la conciliation ;

- la liste des lignes n'ayant pas été modifiées par rapport au projet de budget ou à la position du Conseil.

Le comité de conciliation peut aussi approuver des conclusions et d'éventuelles déclarations communes relatives au budget 2012.

7. Le projet commun sera traduit dans toutes les langues (par les services du Parlement européen) et sera soumis à l'approbation des deux branches de l'autorité budgétaire dans les 14 jours suivant la date de l'accord sur le projet commun en application du point 6.

Le budget fera l'objet d'une mise au point par les juristes-linguistes après l'adoption du projet commun, en intégrant les annexes du projet commun et les lignes budgétaires n'ayant pas été modifiées au cours du processus de conciliation.

8. L'institution accueillant la réunion (de trilogue ou de conciliation) fournira l'interprétation avec un régime linguistique intégral pour les réunions du comité de conciliation et un régime linguistique approprié pour les trilogues.

L'institution accueillant la réunion assurera la reproduction et la diffusion des documents de séance.

Les services des trois institutions coopéreront pour la transcription des résultats des négociations en vue de la mise au point du projet commun."

CONCLUSIONS COMMUNES DE LA RÉUNION DU COMITÉ DE CONCILIATION DES 18 ET 19 NOVEMBRE 2011[1]

BUDGET 2012 – CONCLUSIONS COMMUNES

1. Budget 2012

1.1. Lignes "clôturées"

Sauf indication contraire dans les conclusions ci-après, toutes les lignes budgétaires qui n'ont été modifiées ni par le Parlement européen ni par le Conseil ainsi que celles pour lesquelles le Parlement européen a accepté les modifications apportées par le Conseil lors de leurs lectures respectives du budget sont confirmées.

Pour les autres postes budgétaires, le comité de conciliation a abouti aux conclusions suivantes :

1.2. Questions horizontales

a) Organismes décentralisés

La contribution globale de l'Union européenne en 2012 (composée de crédits à inscrire au budget 2012 ainsi que de recettes affectées disponibles, en crédits d'engagement et en crédits de paiement) pour les organismes décentralisés est diminuée de 1 % par rapport au projet de budget (PB) 2012 tel que modifié par la lettre rectificative n° 3/2012. Toutefois, la contribution globale de l'Union européenne (en crédits d'engagement et en crédits de paiement) est fixée au niveau du PB 2012 pour l'Agence "Frontex" (titres 1 et 2), le Bureau européen d'appui en matière d'asile, l'Autorité bancaire européenne, l'Autorité européenne des assurances et des pensions professionnelles et l'Autorité européenne des marchés financiers. Pour "Frontex" (titre 3), voir la sous-rubrique 3a à la section 1.3 ci-après.

Par rapport au PB 2012 de la Commission, il s'agit d'une réduction globale de 6,1 millions d'euros de la contribution de l'UE aux organismes décentralisés suivants, comme l'indique le tableau ci-après :

Ligne budgétaire	Dénomination de l'organisme décentralisé	Contribution globale de l'Union en 2012 (crédits budgétaires et recettes affectées): crédits d'engagement		Budget 2012
		Montant initial	Montant révisé	Réduction dans le budget 2012
02 03 03	Législation sur les produits chimiques et Agence européenne des produits chimiques	p.m.	p.m.	p.m.
02 05 02	Agence du GNSS européen	10,600	10,494	–0,106
04 04 03	Fondation européenne pour l'amélioration des conditions de vie et de travail	20,590	20,384	–0,206
04 04 04	Agence européenne pour la sécurité et la santé au travail	14,830	14,682	–0,148
06 02 01	Agence européenne de la sécurité aérienne	35,214	34,862	–0,352
06 02 02	Agence européenne pour la sécurité maritime *dont mesures antipollution (06 02 02 03)*	53,565 *20,000*	53,229 *20,000*	–0,336 –
06 02 08	Agence ferroviaire européenne	25,260	25,007	–0,253
09 02 03	Agence européenne chargée de la sécurité des réseaux et de l'information	8,420	8,336	–0,084
09 02 04	Organe des régulateurs européens des communications électroniques (ORECE) – Office	4,336	4,293	–0,043

[1] Doc. *PE P7_TA(2011)0521* du 25 novembre 2011, pp. 7/21, et *Conseil 17262/11 PV/CONS 71 ECOFIN 809 BUDGET 44* du 22 février 2012, pp. 1/15.

15 02 25	Centre européen pour le développement de la formation professionnelle	17,610	17,434	–0,176
17 03 10	Agence européenne des médicaments *dont contribution spéciale en faveur des médicaments orphelins (17 03 10 03)*	39,188 *4,488*	38,841 *4,488*	–0,347 –
32 04 10	Agence européenne de coopération des régulateurs de l'énergie	7,315	7,242	–0,073
33 06 03	Institut européen pour l'égalité entre les hommes et les femmes	7,820	7,742	–0,078
	Total sous–rubrique 1a			***–2,203***
07 03 09	Contribution à l'Agence européenne pour l'environnement	36,676	36,309	–0,367
07 03 60	Agence européenne des produits chimiques – Activités dans le domaine de la législation relative aux biocides – Contribution de la rubrique 2	2,756	2,728	–0,028
07 03 70	Agence européenne des produits chimiques – Activités dans le domaine de la législation concernant les exportations et importations de produits chimiques dangereux	1,470	1,455	–0,015
11 08 05	Agence communautaire de contrôle des pêches	9,310	9,217	–0,093
	Total rubrique 2			***–0,502***
18 02 11	Agence pour la gestion opérationnelle des systèmes d'information à grande échelle dans le domaine de la liberté, de la sécurité et de la justice	20,000	19,800	–0,200
18 05 02	Office européen de police	84,500	83,655	–0,845
18 05 05	Collège européen de police	8,536	8,451	–0,085
18 05 11	Observatoire européen des drogues et des toxicomanies	15,708	15,551	–0,157
33 02 03	Agence des droits fondamentaux de l'Union européenne	20,400	20,196	–0,204
33 03 02	Eurojust	33,300	32,967	–0,333
	Total sous–rubrique 3a			***–1,824***
17 03 03	Centre européen de prévention et de contrôle des maladies	57,300	56,727	–0,573
17 03 07	Autorité européenne de sécurité des aliments	77,122	76,351	–0,771
	Total sous–rubrique 3b			***–1,344***
15 02 27	Fondation européenne pour la formation	20,247	20,045	–0,202
	Total rubrique 4			***–0,202***
31 01 09	Centre de traduction des organes de l'Union européenne	p.m.	p.m.	p.m.
	Total rubrique 5			**p.m.**
INCIDENCE NETTE TOTALE				**–6,076**

En ce qui concerne le montant des crédits qui seront inscrits au budget 2012, les réductions apportées ci-dessus aux divers organismes par article du budget seront réparties entre les postes budgétaires proportionnellement à la part, dans le PB 2012, des deux postes budgétaires concernés (contribution aux titres 1 et 2 et contribution au titre 3).

Le nombre de postes attribués à l'ensemble des organismes décentralisés est fixé au niveau proposé par la Commission dans le PB 2012 tel que modifié par la lettre rectificative n° 3/2012.

b) Agences exécutives

La contribution de l'Union (en crédits d'engagement et en crédits de paiement) et le nombre de postes attribués aux agences exécutives sont fixés au niveau proposé dans le PB 2012, à l'exception de la ligne "clôturée" relative à la contribution de l'Union à l'Agence exécutive pour la compétitivité et l'innovation par le programme Marco Polo (poste 06 01 04 32).

c) Projets pilotes/actions préparatoires

Un ensemble de 70 projets pilotes et actions préparatoires, dont deux projets/actions relevant de la section X (Service européen pour l'action extérieure – SEAE) du budget, ont été convenus pour un montant de 105,4 millions d'euros en crédits d'engagement, reprenant l'ensemble des projets pilotes et des actions préparatoires proposés par le Parlement, la Commission et le SEAE. Lorsqu'un projet pilote ou une action préparatoire semble couvert par une base juridique existante, la Commission peut proposer le virement des crédits vers la base juridique correspondante afin de faciliter la mise en œuvre de l'action en question. Par ailleurs, les modifications apportées aux commentaires budgétaires du projet pilote "Institut européen de la paix" à la section X (SEAE) et figurant en annexe ont été acceptées de commun accord.

En ce qui concerne les crédits de paiement des projets pilotes et des actions préparatoires, des règles spécifiques sont définies à la section 1.4 ci-après.

Cet ensemble de projets et d'actions respecte intégralement les plafonds prévus par l'AII pour les projets pilotes et les actions préparatoires.

1.3. Rubriques de dépenses du cadre financier – crédits d'engagement[2]

Compte tenu des conclusions qui précèdent sur les lignes budgétaires "clôturées", les agences, les projets pilotes et les actions préparatoires, le comité de conciliation a convenu de ce qui suit :

a) Sous-rubrique 1a

Les crédits d'engagement sont fixés au niveau proposé par la Commission dans le PB 2012, moyennant les modifications apportées aux actions et aux programmes suivants :

Ligne budgétaire	Intitulé	Augmentation/réduction des crédits d'engagement		
		PB 2012	Budget 2012	Différence
02 02 01	Programme–cadre pour l'innovation et la compétitivité – Programme pour l'innovation et l'esprit d'entreprise	148,6	156,1	+7,5
02 04 01 01	Recherche dans le domaine de l'espace	250,3	251,3	+1,0
02 04 01 02	Recherche dans le domaine de la sécurité	242,1	243,0	+0,9
04 03 04	EURES (services européens de l'emploi)	19,5	20,6	+1,1
04 03 15	Année européenne du vieillissement actif et de la solidarité intergénérationnelle (2012) (déjà clôturée)	–	2,7	+2,7
08 02 01	Coopération – Santé	637,2	639,5	+2,3
08 03 01	Coopération – Alimentation, agriculture et pêche, et biotechnologies	311,6	312,8	+1,2
08 04 01	Coopération – Nanosciences, nanotechnologies, matériaux et nouvelles technologies de production	499,2	501,0	+1,8
08 05 01	Coopération – énergie	166,0	178,3	+12,3
08 06 01	Coopération – Environnement (y compris le changement climatique)	279,8	280,9	+1,1
08 07 01	Coopération – Transports (y compris l'aéronautique)	322,6	323,8	+1,2
08 08 01	Coopération – Sciences socio–économiques et sciences humaines	92,1	92,4	+0,3
08 09 01	Coopération – Instrument de financement avec partage des risques (RSFF)	197,3	198,0	+0,7
08 10 01	Idées	1.547,5	1.564,9	+17,4
08 12 01	Capacités – Infrastructures de recherche	50,0	50,2	+0,2
08 13 01	Capacités — Recherche au profit des petites et moyennes entreprises (PME)	238,6	251,2	+12,6
08 14 01	Capacités – Régions de la connaissance	20,0	20,1	+0,1
08 15 01	Capacités – Potentiel de recherche	66,4	66,6	+0,2
08 16 01	Capacités – La science dans la société	44,6	44,8	+0,2
08 17 01	Capacités – Activités de coopération internationale	32,0	32,1	+0,1
08 19 01	Capacités – Soutien du développement cohérent des politiques de recherche	13,1	13,1	+0,0
09 04 01 01	Appui à la coopération en matière de recherche dans le domaine des technologies de l'information et de la communication (TIC – Coopération)	1.240,4	1.244,5	+4,1
09 05 01	Capacités – Infrastructures de recherche	31,2	31,3	+0,1
10 02 01	Activités non nucléaires du Centre commun de recherche (CCR)	31,4	31,5	+0,1
15 02 02	Erasmus Mundus	103,8	105,6	+1,9
15 02 22	Programme "Éducation et formation tout au long de la vie"	1.058,5	1.110,5	+52,0
15 07 77	Personnes	886,4	905,7	+19,3
32 04 06	Programme–cadre pour l'innovation et la compétitivité – Programme "Énergie intelligente – Europe"	122,3	129,8	+7,5

[2] Les tableaux synthétiques des rubriques du cadre financier présentés dans la présence section n'incluent pas la réduction des crédits des organismes décentralisés ni l'accord intervenu sur les projets pilotes et les actions préparatoires (voir la section 1.2 ci-dessus).

32 06 01	Recherche liée à l'énergie	147,6	162,6	+15,0
	Total des augentations			***+165,0***
	– dont augmentations PCI			*+15,0*
	– dont augmentations 7e PC			*+92,0*
04 03 07	Situation sociale, démographie et famille: analyse, études et sensibilisation (déjà clôturée)	4,9	2,2	–2,7
	Réduction des dépenses d'appui (diverses lignes – déjà clôturées)			–0,5
	Total des réductions			***–3,2***
INCIDENCE NETTE TOTALE				**+161,8**
	Marge sous–rubrique 1a		***–50,0***	

L'impact des augmentations et des réductions convenues des crédits d'engagement sur les crédits de paiement, tel qu'il figure dans le tableau ci-dessus, est exposé à la section 1.4 ci-après.

L'instrument de flexibilité sera mobilisé pour un montant de 50,0 millions d'euros pour la stratégie "Europe 2020".

Sans préjudice de la déclaration commune ci–après relative au financement du projet ITER, les crédits d'engagement placés en réserve pour ITER (article 08 20 02) sont fixés à 417,9 millions d'euros.

"*Le Parlement européen et le Conseil conviennent de se réunir dans le cadre d'un trilogue auquel participera la Commission le mercredi 23 novembre 2011 dans l'après-midi pour examiner la question des coûts supplémentaires induits par le projet ITER en 2012 et 2013, afin de parvenir à un accord avant la fin de l'année.*

Le Parlement européen et le Conseil invitent la Commission à faciliter l'obtention d'un accord sur les besoins de financement supplémentaire du projet ITER en tenant compte des préoccupations des deux branches de l'autorité budgétaire."

b) Sous-rubrique 1b

Les crédits d'engagement sont fixés au niveau proposé dans le PB 2012, à l'exception de ceux de l'article 13 03 31 (*Assistance technique et diffusion des informations sur la stratégie de l'Union en faveur de la mer Baltique et l'amélioration des connaissances sur la stratégie à l'échelle des macrorégions*), pour laquelle un montant de 2,5 millions d'euros en crédits d'engagement est retenu.

Par conséquent, la marge disponible sous le plafond des dépenses de la sous-rubrique 1b est de 8,4 millions d'euros.

c) Rubrique 2

Les crédits d'engagement sont fixés au niveau proposé par la Commission dans son PB 2012 tel que modifié par la lettre rectificative n° 3/2012, moyennant les modifications apportées aux actions et aux programmes suivants :

(en millions d'euros)

Ligne budgétaire	Intitulé	Augmentation/réduction des crédits d'engagement		
		PB 2012	Budget 2012	Différence
	Augmentation des crédits pour l'agriculture dans la lettre rectificative n° 3/2012			+115,5
	– dont augmentation de l'aide aux groupements de producteurs préreconnus (poste 05 02 08 11)	*150,0*	*195,0*	*+45,0*
	Réduction des crédits pour l'agriculture dans la lettre rectificative n° 3/2012			–201,2
Sous–total de la réduction nette des crédits pour l'agriculture dans la LR n° 3/2012				***–85,7***

05 07 01 06	Apurement comptable pour les exercices antérieurs en ce qui concerne les dépenses en gestion partagée dans le cadre du FEOGA, section "Garantie" (mesures antérieures), et dans le cadre du FEAGA	−69,0	−200,0	−131,0
05 02 12 08	Lait aux écoliers	81,0	90,0	+9,0
INCIDENCE NETTE TOTALE				**−122,0**
	Marge rubrique 2		***834,2***	

L'impact des augmentations et des réductions convenues des crédits d'engagement sur les crédits de paiement, tel qu'il figure dans le tableau ci-dessus, est exposé à la section 1.4 ci-après.

Conformément à l'accord politique conclu sur le poste 05 02 04 01 (*Programmes en faveur des personnes les plus démunies*), les crédits actuellement en réserve dans ce but sont inscrits à la ligne correspondante.

Les trois institutions ont marqué leur accord sur la déclaration commune suivante :

"*La crise de l'E-coli a mis en évidence la nécessité de disposer d'un mécanisme approprié de réaction aux crises de marché dans l'Union. Eu égard à ce qui précède, le Parlement européen et le Conseil s'engagent à statuer rapidement sur les demandes de virement présentées en la matière par la Commission ou, après avoir examiné les possibilités de réaffectation des crédits autorisés, sur un budget rectificatif qui serait proposé par la Commission dans l'hypothèse d'une crise exceptionnelle dans le secteur des fruits et légumes requérant l'adoption de mesures d'urgence spécifiques selon les dispositions de l'article 191 du règlement n° 1234/2007 (règlement "OCM unique"), dans l'esprit de la proposition de la Commission visant à ce que l'Union soit dotée de mécanismes permettant de prévenir à l'avenir une crise par l'intermédiaire des organisations de producteurs.*"

d) Sous-rubrique 3a

Les crédits d'engagement sont fixés au niveau proposé par la Commission dans son PB 2012, moyennant les modifications apportées aux actions et aux programmes suivants conformément aux montants convenus entre le Parlement européen et le Conseil (lignes "clôturées").

(en millions d'euros)

Ligne budgétaire	Intitulé	Augmentation/réduction des crédits d'engagement		
		PB 2012	**Budget 2012**	**Différence**
18 02 03 02	Agence européenne pour la gestion de la coopération opérationnelle aux frontières extérieures – Contribution au titre 3	50,5	59,5	+9,0
18 03 03	Fonds européen pour les réfugiés	93,5	102,5	+9,0
33 02 05	Combattre la violence (Daphné)	17,5	19,5	+2,0
	Total des augentations			***+20,0***
18 01 04 16	Prévention, préparation et gestion des conséquences en matière de terrorisme – Dépenses pour la gestion administrative (déjà clôturée)	0,3	0,2	−0,10
33 01 04 01	Droits fondamentaux et citoyenneté – Dépenses pour la gestion administrative (déjà clôturée)	0,35	0,3	−0,05
33 01 04 03	Justice pénale – Dépenses pour la gestion administrative (déjà clôturée)	0,4	0,35	−0,05
33 01 04 04	Justice civile – Dépenses pour la gestion administrative (déjà clôturée)	0,3	0,25	−0,05
	Total des réductions			***−0,25***
INCIDENCE NETTE TOTALE				**+19,75**
	Marge sous–rubrique 3a		***38,2***	

L'impact des réductions convenues des crédits d'engagement sur les crédits de paiement, tel qu'il figure dans le tableau ci-dessus, est exposé à la section 1.4 ci-après.

e) Sous-rubrique 3b

Les crédits d'engagement sont fixés au niveau proposé par la Commission dans son PB 2012, moyennant les modifications apportées aux actions et aux programmes suivants :

(en millions d'euros)

Ligne budgétaire	Intitulé	Augmentation/réduction des crédits d'engagement		
		PB 2012	Budget 2012	Différence
15 05 06	Événements annuels spéciaux	p.m.	1,5	+1,5
15 05 55	Jeunesse en action	134,6	139,6	+5,0
16 02 02	Actions multimédias	30,5	31,5	+1,0
16 03 04	Communiquer sur l'Europe en partenariat	12,7	13,0	+0,3
	Total des augentations			***+7,8***
	Réduction des dépenses d'appui (diverses lignes – déjà clôturées)			–0,3
	Total des réductions			***–0,3***
INCIDENCE NETTE TOTALE				**+7,5**
	Marge sous–rubrique 3a		***1,6***	

L'impact des augmentations et des réductions convenues des crédits d'engagement sur les crédits de paiement, tel qu'il figure dans le tableau ci-dessus, est exposé à la section 1.4 ci-après.

f) Rubrique 4

Les crédits d'engagement sont fixés au niveau proposé par la Commission dans son PB 2012 tel que modifié par la lettre rectificative n° 1/2012, moyennant les modifications apportées aux actions et aux programmes suivants :

Ligne budgétaire	Intitulé	Augmentation/réduction des crédits d'engagement		
		PB 2012	Budget 2012	Différence
19 08 01 02	Politique européenne de voisinage et de partenariat – Aide financière à la Palestine, au processus de paix et à l'UNRWA	200,0	200,0	BR6
19 04 03	Missions électorales et d'observation	35,1	38,0	+2,9
19 06 01 01	Préparation et réaction aux crises (instrument de stabilité)	225,0	232,8	+7,8
19 09 01	Coopération avec les pays en développement d'Amérique latine	352,6	364,3	+11,7
19 10 01 01	Coopération avec les pays en développement d'Asie	506,4	520,9	+14,5
22 02 07 03	Soutien financier visant à encourager le développement économique de la communauté chypriote turque	25,0	28,0	+3,0
	Total des augentations			***39,9 + BR6***
01 03 02	Assistance macroéconomique (déjà clôturée)	105,0	95,6	–9,45
04 06 01	Instrument d'aide de préadhésion (IAP) – Développement des ressources humaines	114,2	112,2	–2,0
05 05 02	Instrument d'aide de préadhésion (IAP) – Développement rural	237,5	234,5	–3,0
05 06 01	Accords internationaux en matière agricole (déjà clôturée)	6,5	6,4	–0,1
07 02 01	Participation aux activités multilatérales et internationales en matière d'environnement (déjà clôturée)	2,3	2,2	–0,1
19 05 01	Coopération avec les pays tiers industrialisés (déjà clôturée)	25,0	24,0	–1,0
19 10 01 02	Aide à la réhabilitation et à la reconstruction de l'Afghanistan	199,9	198,9	–1,0
19 11 01	Évaluation des résultats de l'aide de l'Union, actions de suivi et d'audit (déjà clôturée)	15,6	14,0	–1,6
19 11 02	Programmes d'information vers les pays tiers	12,5	11,5	–1,0
19 11 03	L'Union européenne dans le monde	5,0	2,5	–2.5
20 02 01	Relations commerciales extérieures, y compris l'accès aux marchés des pays tiers (déjà clôturée)	9,8	7,3	–2,5
20 02 03	Aide au commerce – Initiatives multilatérales (déjà clôturée)	4,5	3,8	–0,7
21 06 03	Appui à l'ajustement en faveur des pays signataires du protocole sur le sucre	186,4	174,8	–11,6
21 07 04	Accords sur les produits de base (déjà clôturée)	5,9	3,4	–2,5

21 08 01	Évaluation des résultats de l'aide de l'Union/de la Communauté et mesures de suivi et d'audit (déjà clôturée)	11,7	9,6	–2,2
21 08 02	Coordination et sensibilisation dans le domaine du développement (déjà clôturée)	10,8	9,9	–0,9
22 02 10 02	Information et communication pour les pays tiers	11,0	10,0	–1,0
23 02 03	Préparation aux catastrophes (déjà clôturée)	35,2	34,8	–0,4
19 01 04 04	Politique étrangère et de sécurité commune (PESC) – Dépenses pour la gestion administrative (déjà clôturée)	0,75	0,5	–0,25
	Réductions par le PE des dépenses pour la gestion administrative (différentes lignes)	177,3	168,0	–9,25
	Total des réductions			***–53,0***
INCIDENCE NETTE TOTALE				**–13,1**
	Marge rubrique 4		***–150,0***	

L'impact des augmentations et des réductions convenues des crédits d'engagement sur les crédits de paiement, tel qu'il figure dans le tableau ci-dessus, est exposé à la section 1.4 ci-après.

L'instrument de flexibilité sera mobilisé pour un montant de 150,0 millions d'euros pour la politique européenne de voisinage. Par ailleurs, le versement en amont des crédits d'engagement de 2011 pour la Palestine est approuvé, comme indiqué à la section 2 ci-après.

g) Rubrique 5

En ce qui concerne les crédits et les postes inscrits au tableau des effectifs pour les différentes institutions, la position du Parlement européen est approuvée. En outre, les augmentations proposées dans la lettre rectificative n° 2/2012 sont approuvées. Finalement, un montant de 10 400 000 euros est ajouté pour les pensions. Par conséquent, la marge disponible sous le plafond des dépenses de la rubrique 5 est de 474 400 000 euros.

1.4. Crédits de paiement

Le montant global des crédits de paiement pour le budget 2012 s'élève à 129 088,043 millions d'euros. Dans le cadre du compromis global, le comité de conciliation souscrit à la déclaration commune ci-après relative aux crédits de paiement :

"Compte tenu des efforts d'assainissement budgétaire actuellement consentis par les États membres, le Parlement européen et le Conseil approuvent la réduction du niveau des crédits de paiement pour 2012 par rapport au projet de budget de la Commission. Ils engagent la Commission à demander des crédits de paiement supplémentaires dans un budget rectificatif si les crédits inscrits dans le budget 2012 sont insuffisants pour couvrir les dépenses relevant de la sous-rubrique 1a (Compétitivité pour la croissance et l'emploi), de la sous-rubrique 1b (Cohésion pour la croissance et l'emploi), de la rubrique 2 (Conservation et gestion des ressources naturelles), de la rubrique 3 (Citoyenneté, liberté, sécurité et justice) et de la rubrique 4 (L'UE acteur mondial).

Plus particulièrement, le Parlement européen et le Conseil demandent instamment à la Commission de présenter, d'ici la fin septembre 2012 au plus tard, les derniers chiffres actualisés concernant la situation et les estimations relatives aux crédits de paiement relevant de la sous-rubrique 1b et à ceux affectés au développement rural dans le cadre de la rubrique 2, et, si nécessaire, de présenter un projet de budget rectificatif.

Le Parlement européen et le Conseil se prononceront sur un éventuel projet de budget rectificatif dans les plus brefs délais afin d'éviter toute insuffisance dans les crédits de paiement. En outre, le Parlement européen et le Conseil s'engagent à traiter sans retard un éventuel virement de crédits de paiement, y compris entre les rubriques du cadre financier, afin de tirer le meilleur parti des crédits de paiement inscrits au budget et de les adapter en fonction de l'exécution effective et des besoins."

La méthodologie suivante est appliquée pour répartir la réduction du niveau global des paiement convenue par rapport au PB 2012 (tel que modifié par les lettres rectificatives) entre les différentes rubriques et lignes budgétaires, de manière à calculer, à partir du compromis global relatif aux engagements, le montant des crédits de paiements correspondants, et à équilibrer le niveau global des paiements sur l'ensemble des rubriques :

a) Le calcul part du niveau global des paiements tel qu'établi ci-avant, soit 129 088,043 millions d'euros pour 2012.

b) Dans un deuxième temps, la méthode prend en considération le niveau des crédits d'engagement convenu pour les crédits non dissociés.

Par définition, le niveau des crédits d'engagement pour ce type de dépenses est égal au niveau des crédits de paiement, qui n'est en rien affecté par les étapes suivantes.

Cette méthode s'applique également, par analogie, aux organismes décentralisés, pour lesquels la contribution de l'Union en termes de crédits d'engagement est fixée au niveau proposé à la section 1.2 ci-dessus.

c) Troisièmement, les crédits de paiement destinés aux projets pilotes et aux actions préparatoires sont établis comme suit :

- Section III (Commission) : les crédits de paiement pour les *nouveaux* projets pilotes et les *nouvelles* actions préparatoires sont fixés à 50 % des crédits d'engagement correspondants ou au niveau proposé s'il est inférieur ; dans le cas d'une *prolongation* de projets pilotes ou d'actions préparatoires existants, le niveau des paiements correspond au montant fixé dans le projet de budget, auquel on ajoute un montant équivalent à 50 % des nouveaux crédits d'engagement correspondants, ou au niveau proposé s'il est inférieur ;

- Section X (SEAE) : les crédits de paiement destinés aux projets pilotes et aux actions préparatoires sont fixés au niveau proposé par le Parlement européen.

d) Quatrièmement, outre les augmentations et réductions des crédits d'engagement convenues pour les dépenses dissociées, telles qu'établies dans le projet de proposition de compromis pour chacune des rubriques du cadre financier susvisées, les montants suivants en crédits de paiement sont également prévus de manière spécifique :

- sous-rubrique 1a : le niveau des crédits de paiement du Fonds européen d'ajustement à la mondialisation est fixé à 50 000 000 euros ; le niveau des crédits de paiement pour l'Année européenne du vieillissement actif et de la solidarité intergénérationnelle est fixé au niveau convenu par le Parlement européen et le Conseil (ligne "clôturée") ;

- rubrique 2 : le niveau des crédits de paiement des accords internationaux en matière de pêche est fixé au niveau proposé dans la lettre rectificative n° 3/2012 ;

- sous-rubrique 3b : le niveau des crédits de paiement des événements annuels spéciaux est fixé au niveau proposé dans la position du Parlement européen ;

- rubrique 4 : le niveau des crédits de paiement de la réserve d'aide d'urgence est fixé à 90 000 000 euros ; le niveau des crédits de paiement pour la Palestine est fixé au niveau proposé dans le PB 2012 ; le niveau des crédits de paiement de l'aide macroéconomique est fixé au niveau décidé par le Parlement européen et le Conseil (ligne "clôturée") ; le niveau des crédits de paiement pour les pays signataires du protocole sur le sucre est fixé au niveau convenu par le Parlement européen et le Conseil (ligne "clôturée", en crédits de paiement).

e) La réduction globale des paiements à répartir entre les différentes rubriques et lignes budgétaires est égale au niveau global des paiements décidé au point a) ci-dessus, moins le PB 2012 tel que modifié par les lettres rectificatives n° 1/2012, 2/2012 et 3/2012, en tenant compte également de l'impact sur les paiements des mesures prises aux points b) à d) ci-dessus.

f) Sans préjudice des montants définis aux points b) à d) ci-dessus, les réductions par rubrique telles que définies au point e) ci-dessus sont ensuite réparties entre les différentes lignes budgétaires, y compris les lignes "clôturées", en tenant compte de la part que représentent les paiements dans chacune des lignes budgétaires concernées du PB 2012 tel que modifié par les lettres rectificatives n° 1/2012, 2/2012 et 3/2012.

Cette réduction globale du niveau des paiements définie au point e) ci-dessus est alors répartie sur l'ensemble des lignes budgétaires relatives aux dépenses dissociées au sein des différentes rubriques de dépenses, selon la clé de répartition précisée ci-dessous, qui tient compte d'un rééquilibrage limité des réductions des paiements au profit de la sous-rubrique 1a, à partir des rubriques 2 et 4 :

- sous-rubrique 1a : 31,00 % ;
- sous-rubrique 1b : 38,45 % ;
- rubrique 2 : 21,25 % ;
- sous-rubrique 3a : 1,00 % ;
- sous-rubrique 3b : 0 % ;
- rubrique 4 : 8,30 %.

À titre d'exception à cette règle, il est proposé de répartir la réduction globale appliquée à la sous-rubrique 1b proportionnellement à la position du Conseil, soit en préservant le PB 2012 pour l'objectif "convergence".

1.5. Commentaires budgétaires

Tous les amendements textuels introduits par le Parlement européen ou le Conseil sont acceptés, étant entendu qu'ils ne peuvent modifier ou étendre le champ d'application d'une base légale existante.

1.6. Lignes budgétaires nouvelles

Sauf indication contraire dans les conclusions communes arrêtées par le comité de conciliation ou adoptées conjointement par les deux branches de l'autorité budgétaire dans leur lecture respective (nouvel article 04 03 15 "*Année européenne du vieillissement actif et de la solidarité intergénérationnelle*"), la nomenclature budgétaire telle que proposée par la Commission dans son PB 2012 et ses lettres rectificatives demeurera inchangée, à l'exception des intitulés des projets pilotes et des actions préparatoires.

La scission de l'article 16 03 02 en deux lignes budgétaires, 16 03 02 01 "*Communication des représentations de la Commission*" dans la sous-rubrique 3b et 16 03 02 02 "*Espace public européen*" dans la rubrique 5, proposée par le Parlement européen, est approuvée.

1.7. Réserves

Toutes les réserves votées par le Parlement européen sont maintenues. Le montant de la réserve inscrit à l'article 26 01 20 (*Office européen de sélection du personnel*) est réduit de 50 % ; il en va de même pour les réserves des articles A4 01 01 (*Dépenses relatives au personnel en activité*) et A4 02 01 01 (*Concours interinstitutionnels*).

2. Budget 2011

Le projet de budget rectificatif (PBR) n° 6/2011 est approuvé avec les modifications suivantes :

(en millions d'euros)

Ligne budgétaire	Intitulé	Augmentations/réductions	
		PBR n° 6/2011*	**BR n° 6/2011**
	Crédits d'engagement		
04 02 20	Fonds social européen (FSE) – Assistance technique opérationnelle (2007–2013)	+3,3	+3,3
19 08 01 02	Politique européenne de voisinage et de partenariat – Aide financière à la Palestine, au processus de paix et à l'UNRWA	+100,0	+100,0
21 06 07	Mesures d'accompagnement "bananes"	+13,4	+13,4
	Sous–total des augmentations	***+116,7***	***+116,7***
01 03 02	Assistance macroéconomique	–104,4	–104,4
05 06 01	Accords internationaux en matière agricole	–0,1	–0,1
07 11 01	Contribution aux accords multilatéraux et internationaux sur le climat	–0,2	–0,2
14 03 03	Adhésion à des organisations internationales dans le domaine de la douane et de la fiscalité	–0,1	–0,1
15 02 03	Coopération avec des pays tiers dans les domaines de l'éducation et de la formation professionnelle	–6,3	–6,3
21 07 03	Accord avec l'Organisation des Nations unies pour l'alimentation et l'agriculture (FAO) et d'autres organes des Nations unies	–0,3	–0,3
21 07 04	Accords sur les produits de base	–2,0	–2,0
	Sous–total des réductions	***–113,4***	***–113,4***
INCIDENCE NETTE TOTALE		***+3,3***	***+3,3***
	Crédits de paiement		
04 02 17	Fonds social européen (FSE) – Convergence	+401,5	+226,35
04 02 19	Fonds social européen (FSE) – Compétitivité régionale	+401,5	+226,35
04 02 20	Fonds social européen (FSE) – Assistance technique opérationnelle	+0,3	+0,3
08 04 01	Coopération – Nanosciences, nanotechnologies, matériaux et nouvelles technologies de production	+82,0	+82,0
09 04 01	Appui à la coopération en matière de recherche dans le domaine des technologies de l'information et de la communication (TIC – Coopération)	+60,0	+60,0
	Sous–total des augmentations	***+945,3***	***+595,0***
05 04 05 01	Programmes de développement rural	–395,0	–395,0
	Sous–total des réductions	***–395,0***	***–395,0***
INCIDENCE NETTE TOTALE		***+550,3***	***+200,0***

* Tel que mis à jour par la lettre de la Commission du 11 novembre 2011.

Comme le propose la Commission, la réduction des crédits de paiement destinés aux programmes de développement rural est utilisée pour répondre aux besoins liés au Fonds social européen qui ne sont pas encore couverts.

Dans le cadre de l'accord dégagé sur le budget 2012 et sur le PBR n° 6/2011, le comité de conciliation a également marqué son accord sur la déclaration commune ci-après concernant le projet de budget rectificatif n° 7/2011 (Fonds de solidarité de l'UE) :

"Le Parlement européen et le Conseil prennent note de l'intention de la Commission de présenter, le 21 novembre 2011, le projet de budget rectificatif (PBR) n° 7/2011, pour permettre la mobilisation du Fonds de solidarité de l'Union européenne, qui devrait s'élever à 38 millions d'euros, tant en crédits d'engagement qu'en crédits de paiement. Les crédits de paiement seront redéployés à partir des "Programmes de développement rural" (poste 05 04 05 01 du budget).

Le Parlement européen et le Conseil s'efforceront de prendre position sur le PBR n° 7/2011 avant la fin 2011 conformément à leurs procédures internes respectives."

Conformément à cette déclaration commune, un montant de 38 000 000 euros en crédits de paiement doit être redéployé à partir des "*Programmes de développement rural*" pour financer les crédits de paiement destinés à la mobilisation du Fonds de solidarité de l'Union européenne, comme il ressort du tableau ci-dessous :

(en millions d'euros)

Ligne budgétaire	Intitulé	Augmentation/réduction des crédits de paiement
		PBR n° 7/2011
13 06 01	Fonds de solidarité de l'Union européenne – États membres	+38,0
	Sous–total des augmentations	*+38,0*
05 04 05 01	Programmes de développement rural	–38,0
	Sous–total des réductions	*–38,0*
INCIDENCE NETTE TOTALE		0

Annexe

Modification des commentaires budgétaires

1. Projet pilote – Section X (Service européen pour l'action extérieure)

Texte voté ; modifications proposées en caractère gras

Projet pilote – Institut européen de la paix

S'appuyant sur le concept européen de renforcement des capacités de l'UE en matière de dialogue et de médiation (2009), ce projet pilote vise à ~~**permettre au service européen pour l'action extérieure d'étudier la possibilité de créer un Institut européen de la paix. Dans le cadre de ce projet-pilote, une étude de faisabilité devrait viser à recenser les capacités existantes, notamment au sein des institutions de l'Union, et à examiner**~~ **analyser et à examiner les options, et les coûts et avantages découlant de celles-ci, permettant de servir efficacement les besoins de l'UE dans les médiations de paix.**

En s'appuyant sur les efforts actuels et antérieurs de l'IEP, en tenant compte des études existantes, y compris du Parlement européen, ainsi que des plans d'activité existants, élaborés à cette fin, cette analyse des coûts-avantages porterait sur des questions telles que la structure institutionnelle possible, y compris les structures de coûts, les systèmes de gestion et les exigences de financement. ~~**Elle devrait également définir des options, y compris des frais connexes, à cet égard.**~~

~~L'étude~~ **Le projet pilote** devrait en particulier étudier la possibilité d'optimiser le potentiel des – et d'assurer la synergie avec les – capacités existantes au sein du SEAE, **d'autres institutions de l'UE**, ~~et se pencher sur des solutions extérieures, telles que~~ de l'Institut d'études de sécurité de l'Union européenne, **du Collège européen de sécurité et de défense, des États membres et de leurs entités nationales participant à des médiations de paix, ainsi qu'au sein d'autres parties prenantes**, ~~ainsi que sur l'expérience acquise au sein de l'Union en matière de construction de la paix, en Irlande du Nord par exemple~~.

Les objectifs de l'IEP devraient se baser sur les valeurs et objectifs fondamentaux de l'Union, tels qu'ils sont définis dans les traités. ~~notamment aux articles 3 et 21 du traité UE, et, sans préjuger des conclusions de l'étude de faisabilité, pourraient notamment consister à: prévenir les conflits violents et sinon, les résoudre; promouvoir la stabilité après un conflit; développer les capacités européennes de prévention des conflits, de gestion des crises et d'instauration de la paix.~~

~~Toujours~~ Sans préjuger des résultats du **projet pilote** ~~de l'étude de faisabilité~~, les missions de l'IEP pourraient inclure le conseil, la recherche, ~~et~~ la formation, ~~Ces missions pourraient concerner:~~ la médiation et la diplomatie informelle à des fins de prévention des conflits et de résolution pacifique des conflits; les leçons et les bonnes pratiques relatives à la mise en œuvre et à la gestion de certaines missions de l'Union, les relations établies avec la communauté des chercheurs, des universitaires et des **ONG** ainsi que la défense des intérêts publics dans ces domaines. ~~L'étude du~~ **Le projet pilote** devrait en particulier se pencher sur la façon dont un institut indépendant pourrait à la fois développer les capacités du SEAE et de l'Union européenne dans ces domaines **et optimiser les ressources existantes** ~~et maintenir une étroite~~ en coordination avec les institutions concernées de l'Union.

2. Action préparatoire – Section III (Commission)

Journalisme transfrontalier (article 16 02 06)

Un paragraphe est ajouté à la fin des commentaires, comme suit :

Cette action préparatoire de bourses européennes de recherche en faveur des journalistes vise à favoriser l'essor d'une recherche journalistique transfrontalière sérieuse au niveau de l'Union. Des appels à propositions seront organisés pour sélectionner des projets de recherche en commun regroupant des journalistes d'au moins deux États membres, présentant une dimension transfrontalière ou européenne s'inscrivant dans une perspective nationale, régionale ou locale. Les résultats des recherches menées par les journalistes sélectionnés seront publiés au moins dans chacun des États membres concernés.

À cette fin, une étude de faisabilité sera mise en place de manière à trouver de nouvelles modalités de lancement de ce projet. Cette étude devra se pencher sur la façon dont l'Union pourrait financer un journalisme critique et indépendant, tout en assurant l'indépendance de l'information.

LES DÉCLARATIONS COMMUNES ADOPTÉES LORS DE LA RÉUNION DU COMITÉ DE CONCILIATION DES 18 ET 19 NOVEMBRE 2011[1]

1. Crédits de paiement

"Compte tenu des efforts d'assainissement budgétaire actuellement consentis par les États membres, le Parlement européen et le Conseil approuvent la réduction du niveau des crédits de paiement pour 2012 par rapport au projet de budget de la Commission. Ils engagent la Commission à demander des crédits de paiement supplémentaires dans un budget rectificatif si les crédits inscrits dans le budget 2012 sont insuffisants pour couvrir les dépenses relevant de la sous-rubrique *1a* (*Compétitivité pour la croissance et l'emploi*), de la sous-rubrique *1b* (*Cohésion pour la croissance et l'emploi*), de la rubrique *2* (*Conservation et gestion des ressources naturelles*), de la rubrique *3* (*Citoyenneté, liberté, sécurité et justice*) et de la rubrique *4* (*L'UE acteur mondial*).

Plus particulièrement, le Parlement européen et le Conseil demandent instamment à la Commission de présenter, d'ici la fin septembre 2012 au plus tard, les derniers chiffres actualisés concernant la situation et les estimations relatives aux crédits de paiement relevant de la sous-rubrique *1b* et à ceux affectés au développement rural dans le cadre de la rubrique *2*, et, si nécessaire, de présenter un projet de budget rectificatif.

Le Parlement européen et le Conseil se prononceront sur un éventuel projet de budget rectificatif dans les plus brefs délais afin d'éviter toute insuffisance dans les crédits de paiement. En outre, le Parlement européen et le Conseil s'engagent à traiter sans retard un éventuel virement de crédits de paiement, y compris entre les rubriques du cadre financier, afin de tirer le meilleur parti des crédits de paiement inscrits au budget et de les adapter en fonction de l'exécution effective et des besoins."

2. Projet de budget rectificatif n° 7/2011

"Le Parlement européen et le Conseil prennent note de l'intention de la Commission de présenter, le 21 novembre 2011, le projet de budget rectificatif (PBR) n° 7/2011, pour permettre la mobilisation du Fonds de solidarité de l'UE, qui devrait s'élever à 38 millions d'euros, tant en crédits d'engagement qu'en crédits de paiement. Les crédits de paiement seront redéployés à partir des "*Programmes de développement rural*" (poste *05 04 05 01* du budget).

Le Parlement européen et le Conseil s'efforceront de prendre position sur le PBR n° 7/2011 avant la fin 2011 conformément à leurs procédures internes respectives."

3. Mesures permettant de prévenir à l'avenir une crise dans le secteur des fruits et des légumes

"La crise de l'E-coli a mis en lumière la nécessité de disposer d'un mécanisme approprié pour faire face à une crise du marché au sein de l'UE. Eu égard à ce qui précède, le Parlement européen et le Conseil s'engagent à statuer rapidement sur les demandes de virement présentées en la matière par la Commission ou, après avoir examiné les possibilités de réaffectation des crédits autorisés, sur un budget rectificatif qui serait proposé par la Commission dans l'hypothèse d'une crise exceptionnelle dans le secteur des fruits et légumes requérant l'adoption de mesures d'urgence spécifiques selon les dispositions de l'article 191 du règlement

[2] Doc. *PE P7_TA(2011)0521* du 25 novembre 2011, pp. 7/21 et *Conseil 17262/11 PV/CONS 71 ECOFIN 809 BUDGET 44* du 22 février 2012, pp. 1/15.

n° 1234/2007 (règlement "*OCM unique*"), dans l'esprit de la proposition de la Commission visant à ce que l'Union soit dotée de mécanismes permettant de prévenir à l'avenir une crise par l'intermédiaire des organisations de producteurs."

4. Financement du projet ITER

"Le Parlement européen et le Conseil conviennent de se réunir dans le cadre d'un trilogue auquel participera la Commission le mercredi 23 novembre 2011 dans l'après-midi pour examiner la question des coûts supplémentaires induits par le projet ITER en 2012 et 2013, afin de parvenir à un accord avant la fin de l'année.

Le Parlement européen et le Conseil invitent la Commission à faciliter l'obtention d'un accord sur les besoins de financement supplémentaire du projet ITER en tenant compte des préoccupations des deux branches de l'autorité budgétaire."

LES AGENCES DÉCENTRALISÉES, LES AGENCES EXÉCUTIVES ET LES ENTREPRISES COMMUNES DANS LE BUDGET DE L'UNION EUROPÉENNE POUR 2012

A. Agences décentralisées de l'Union européenne

Centre européen pour le développement de la formation professionnelle (Thessalonique[1]) [1975[2], 1977[3]]
JO L 39 du 13.2.1975, p. 1 et dernière modification au JO L 355 du 1er.12.2004, p. 1

Fondation européenne pour l'amélioration des conditions de vie et de travail (Dublin) [1975]
JO L 139 du 30.5.1975, p. 1 et dernière modification au JO L 184 du 15.7.2005, p. 1

Fondation européenne pour la formation (Turin) [1990, 1994]
JO L 354 du 31.12.2008, p. 82 (refonte)

Agence européenne pour l'environnement (Copenhague) [1990, 1994]
JO L 126 du 21.5.2009, p. 13 (version codifiée)

Observatoire européen des drogues et des toxicomanies (Lisbonne) [1993, 1995]
JO L 376 du 27.12.2006, p. 1 (refonte)

Agence européenne des médicaments (Londres) [1993]
JO L 136 du 30.4.2004, p. 1 et dernière modification au JO L 348 du 31.12.2010, p. 1

Office de l'harmonisation dans le marché intérieur (Alicante) [1993, 1995]
JO L 78 du 24.3.2009, p. 1 (version codifiée)

Agence européenne pour la sécurité et la santé au travail (Bilbao) [1994, 1996]
JO L 216 du 20.8.1994, p. 1 et dernière modification au JO L 184, 15.7.2005, p. 5

Centre de traduction des organes de l'Union européenne (Luxembourg) [1994, 1995]
JO L 314 du 7.12.1994, p. 1 et dernière modification au JO L 245 du 29.9.2003, p. 13

Office communautaire des variétés végétales (Angers) [1994]
JO L 227 du 1er.9.1994, p. 1 et dernière modification au JO L 8 du 11.1.2008, p. 2

Agence des droits fondamentaux de l'Union européenne (Vienne) [1997, 1998 ; 2007]
JO L 53 du 22.2.2007, p. 1

Autorité européenne de sécurité des aliments (Parme) [2002, 2003]
JO L 31 du 1er.2.2002, p. 1 et dernière modification au JO L 188 du 18.7.2009, p. 14

Eurojust (La Haye) [2002]
JO L 63 du 6.3.2002, p. 1 et dernière modification au JO L 138, 4.6.2009, p. 14

Agence européenne de la sécurité aérienne (Cologne) [2002, 2003]
JO L 79 du 19.3.2008, p. 1 et modification au JO L 309 du 24.11.2009, p. 51

---

[1] Siège.
[2] Année de création.
[3] Première année d'autonomie financière.

Agence européenne pour la sécurité maritime (Lisbonne) [2002, 2003]
JO L 208 du 5.8.2002, p. 1 et dernière modification au JO L 394 du 30.12.2006, p. 1 et rectificatif au JO L 30 du 3.2.2007, p. 11

Agence européenne chargée de la sécurité des réseaux et de l'information (Heraklion) [2004, 2005]
JO L 77 du 13.3.2004, p. 1 et dernière modification au JO L 165 du 24.6.2011, p. 3

Agence ferroviaire européenne (Lille-Valenciennes) [2004, 2005]
JO L 164 du 30.4.2004, p. 1 (avec un rectificatif au JO L 220 du 21.6.2004, p. 3) et modification au JO L 354 du 31.12.2008, p. 51

Centre européen de prévention et de contrôle des maladies (Stockholm) [2005]
JO L 142 du 30.4.2004, p. 1

Agence européenne pour la gestion de la coopération opérationnelle aux frontières extérieures (Varsovie) [2005, 2006]
JO L 349 du 25.11.2004, p. 1 et dernière modification au JO L 304 du 22.11.2011, p. 1

Agence communautaire de contrôle des pêches (Vigo) [2005]
JO L 128 du 21.5.2005, p. 1

Collège européen de police (Bramshill) [2005]
JO L 256 du 1er.10.2005, p. 63

Institut européen pour l'égalité entre les hommes et les femmes (Vilnius) [2007]
JO L 403 du 30.12.2006, p. 9

Agence européenne des produits chimiques (Helsinki) [2007]
JO L 396 du 30.12.2006, p. 1 (avec des rectificatifs aux JO L 136 du 29.5.2007, p. 3, L 141 du 31.5.2008, p. 22 et L 36 du 5.2.2009, 84) et dernière modification au JO L 134 du 21.5.2011, p. 2, avec un rectificatif au JO L 136 du 24.5.2011, p. 105

Office européen de police (La Haye) [1985 ; 2009]
JO L 121 du 15.5.2009, p. 37

Agence du GNSS[4] européen (Prague) [2010[5]]
JO L 276 du 20.10.2010, p. 11

Office de l'Organe des régulateurs européens de communications électroniques (Riga) [2010]
JO L 337 du 18.12.2009, p. 1

Agence de coopération des régulateurs de l'énergie (Ljubljana) [2011]
JO L 211 du 14.8.2009, p. 1

Autorité bancaire européenne (Londres) [2011]
JO L 331 du 15.12.2010, p. 12

---

[4] Global Navigation Satellite System.
[5] Entre 2005 et 2010, Autorité européenne de surveillance GNSS

Autorité européenne des assurances et des pensions professionnelles (Francfort-sur-le-Main) [2011]
JO L 331 du 15.12.2010, p. 48

Autorité européenne des marchés financiers (Paris) [2011]
JO L 337 du 18.12.2009, p. 84

Bureau européen d'appui en matière d'asile (La Valette) [2011]
JO L 132 du 29.5.2010, p. 11

Agence européenne pour la gestion opérationnelle des systèmes d'information à grande échelle au sein de l'espace de liberté, de sécurité et de justice (Tallinn) [2012]
JO L 286 du 1.11.2011, p. 1

- Cas particulier[6] :

Institut européen d'innovation et de technologie (Budapest) [2008]
JO L 97 du 9.4.2008, p. 1

Lignes budgétaires concernant les subventions pour les agences décentralisées dans le budget de l'Union européenne pour 2012

Agence	**Domaine politique**	**Article**	**(A)**	**(B)**
Agence européenne des produits chimiques	*02 (Entreprises)*	*02 03 03*[7]	2	*1a*
	07 (Environnement et ...)	*07 03 60*[8]	*1*	*2*
	07 (Environnement et ...)	*07 03 70*[9]	*1*	*2*
Agence du GNSS européen	*02 (Entreprises)*	*02 05 02*	2	*1a*
Fondation européenne	*04 (Emploi et ...)*	*04 04 03*	2	*1a*
Agence européenne pour la sécurité et la santé au travail	*04 (Emploi et ...)*	*04 04 04*	2	*1a*
Agence européenne de la sécurité aérienne	*06 (Mobilité et transports)*	*06 02 01*	2	*1a*
Agence européenne pour la sécurité maritime	*06 (Mobilité et transports)*	*06 02 02*	3	*1a*

[6] Voir Tome I, pp. 187/193. Par ailleurs, une agence (l'Agence d'approvisionnement d'Euratom (AAE) ; *Euratom Supply Agency*) a été instituée par le traité Euratom. L'AAE est devenue opérationnelle le 1er juin 1960, avec un siège à Luxembourg. Les statuts de l'Agence d'approvisionnement d'Euratom sont publiés au JO L 41 du 15.2.2008, pp. 15/20.

[7] "P.m.".

[8] Activités liées aux biocides.

[9] Activités liées aux exportations et importations de produits chimiques dangereux.

Agence ferroviaire européenne	*06 (Mobilité et transports)*	*06 02 08*	2	*1a*
Agence européenne pour l'environnement	*07 (Environnement et ...)*	*07 03 09*	2	*2*
Agence européenne chargée de la sécurité des réseaux …	*09 (Société de l'information ...)*	*09 02 03*	2	*1a*
Office de l'Organe des régulateurs de communications électroniques	*09 (Société de l'information ...)*	*09 02 04*	2	*1a*
Agence communautaire de contrôle des pêches	*11 (Affaires maritimes ...)*	*11 08 05*	2	*2*
Autorité bancaire européenne	*12 (Marché intérieur)*	*12 04 02*	2	*1a*
Autorité européenne des assurances et des pensions professionnelles	*12 (Marché intérieur)*	*12 04 03*	2	*1a*
Autorité européenne des marchés financiers	*12 (Marché intérieur)*	*12 04 04*	2	*1a*
Institut européen d'innovation et de technologie	*15 (Éducation et culture)*	*15 02 11*	2	*1a*
Centre européen pour le développement de la formation professionnelle	*15 (Éducation et culture)*	*15 02 25*	2	*1a*
Fondation européenne pour la formation	*15 (Éducation et culture)*	*15 02 27*	2	*4*
Centre européen de prévention et de contrôle des maladies	*17 (Santé et protection ...)*	*17 03 03*	2	*3b*
Autorité européenne de sécurité des aliments	*17 (Santé et protection ...)*	*17 03 07*	2	*3b*
Agence européenne des médicaments	*17 (Santé et protection ...)*	*17 03 10*	3	*1a*
Agence eur. pour la gestion de la coopération … aux frontières	*18 (Affaires intérieures)*	*18 02 03*	2	*3a*
Agence eur. pour les systèmes d'information à grande échelle	*18 (Affaires intérieures)*	*18 02 11*	2	*3a*
Bureau européen d'appui en matière d'asile	*18 (Affaires intérieures)*	*18 03 14*	2	*3a*
Office européen de police	*18 (Affaires intérieures)*	*18 05 02*	2	*3a*

Collège européen de police	*18 (Affaires intérieures)*	*18 05 05*	2	*3a*
Observatoire européen des drogues et des toxicomanies	*18 (Affaires intérieures)*	*18 05 11*	2	*3a*
Centre de traduction des organes de l'Union européenne	*31 (Services linguistiques)*	*31 01 09*[10]	2	*5*
Agence de coopération des régulateurs de l'énergie	*32 (Énergie)*	*32 04 10*	2	*1a*
Agence des droits fondamentaux de l'Union européenne	*33 (Justice)*	*33 02 03*	2	*3a*
Eurojust	*33 (Justice)*	*33 03 02*	2	*3a*
Institut européen pour l'égalité entre les hommes et les femmes	*33 (Justice)*	*33 06 03*	2	*1a*

(A) Nombre d'articles
(B) Rubrique ou sous-rubrique du cadre financier

B. Agences exécutives[11]

Agence exécutive pour la compétitivité et l'innovation (Bruxelles[12]) [1er.1.2004-31.12.2015[13]]
JO L 140, 1er.6.2007, p. 52

Agence exécutive du Conseil européen de la recherche (Bruxelles) [1er.1.2008-31.12.2017]
JO L 9, 12.1.2008, p. 15

Agence exécutive pour la recherche (Bruxelles) [1er.1.2008-31.12.2017]
JO L 11, 15.1.2008, p. 9

Agence exécutive pour la santé et les consommateurs (Luxembourg) [1er.1.2005-31.12.2015]
JO L 173, 3.7.2008, p. 27

Agence exécutive du réseau transeuropéen de transport (Bruxelles) [1er.11.2006-31.12.2015]
JO L 190, 18.7.2008, p. 35

Agence exécutive "Éducation, audiovisuel et culture" (Bruxelles) [1er.1.2005-31.12.2015]
JO L 101, 21.4.2009, p. 26

[10] "P.m.".
[11] Les agences exécutives sont traitées plus en détail page 134.
[12] Implantation.
[13] Période.

Lignes budgétaires concernant les agences exécutives dans le budget de l'Union européenne pour 2012

Agences exécutive	Domaine politique	Poste	(A)	(B)
Agence exécutive pour la compétitivité et l'innovation	*02 (Entreprises)*	*02 01 04 30*		*1a*
	06 (Mobilité et transports)	*06 01 04 32*		*1a*
	32 (Énergie)	*32 01 04 30*	3	*1a*
Agence exécutive du réseau transeuropéen de transport	*06 (Mobilité et transports)*	*06 01 04 31*	1	*1a*
Agence exécutive du Conseil européen de la recherche	*08 (Recherche)*	*08 01 04 30*	1	*1a*
Agence exécutive pour la recherche	*08 (Recherche)*	*08 01 04 31*	1	*1a*
Agence exécutive "Éducation, audiovisuel et culture"	*15 (Éducation et culture)*	*15 01 04 30*		*1a*
	15 (Éducation et culture)	*15 01 04 31*		*3b*
	15 (Éducation et culture)	*15 01 04 32*		*4*
	19 (Relations extérieures)	*19 01 04 30*		*4*
	22 (Élargissement)	*22 01 04 30*	5	*4*
Agence exécutive pour la santé et les consommateurs	*17 (Santé et protection ...)*	*17 01 04 30*		*3b*
	17 (Santé et protection ...)	*17 01 04 31*	2	*2*

(A) Nombre de postes
(B) Rubrique ou sous-rubrique du cadre financier

C. Entreprises communes[14]

Entreprise commune Clean Sky (Bruxelles[15]) [jusqu'au 31.12.2017[16]]
JO L 30 du 4.2.2008, p. 1, avec des rectificatifs aux JO L 33 du 7.2.2008, p. 12 et L 220 du 15.8.2008, p. 35

Entreprise commune ENIAC (Bruxelles) [jusqu'au 31.12.2017]
JO L 30 du 4.2.2008, p. 21 et rectificatif au JO L 219, 14.8.2008, p. 72

Entreprise commune IMI (Bruxelles) [jusqu'au 31.12.2017]
JO L 30 du 4.2.2008, p. 38

Entreprise commune Artemis (Bruxelles) [jusqu'au 31.12.2017]
JO L 30 du 4.2.2008, p. 52 et rectificatif au JO L 219, 14.8.2008, p. 73

Entreprise commune "Piles à combustible et hydrogène" (Bruxelles) [jusqu'au 31.12.2017]
JO L 153 du 12.6.2008, p. 1

[14] Les entreprises communes sont traitées plus en détail page 134.
[15] Implantation.
[16] Période.

Entreprise commune SESAR (Bruxelles) [jusqu'au 31.12.2016]
JO L 352 du 31.12.2008, p. 12

Entreprise commune pour ITER et le développement de l'énergie de fusion (Fusion for Energy – F4E) (Barcelone) (jusqu'au 19.4.2042)
JO L 90 du 30.3.2007, p. 58

Lignes budgétaires concernant les entreprises communes dans le budget de l'Union européenne pour 2012

Entreprise commune	Domaine politique	Article ou poste	(A)	(B)
Entreprise commune SESAR	*06 (Mobilité et transports)*	*06 03 05*		*1a*
		06 06 02 03	2	*1a*
Entreprise commune PCH	*06 (Mobilité et transports)*	*06 06 02 02*		*1a*
	08 (Recherche)	*08 04 02*		*1a*
		08 05 02		*1a*
		08 05 03		*1a*
		08 06 02		*1a*
		08 07 04		*1a*
	32 (Énergie)	*32 06 02*	7	*1a*
Entreprise commune pour ITER	*08 (Recherche)*	*08 01 04 40*		*1a*
		08 20 02	2	*1a*
Entreprise commune IMI	*08 (Recherche)*	*08 02 02*		*1a*
		08 02 03	2	*1a*
Entreprise commune Clean Sky	*08 (Recherche)*	*08 07 02*		*1a*
		08 07 03	2	*1a*
Entreprise commune Artemis	*09 (Société de l'information ...)*	*09 04 01 02*		*1a*
		09 04 01 03	2	*1a*
Entreprise commune ENIAC	*09 (Société de l'information ...)*	*09 04 01 04*		*1a*
		09 04 01 05	2	*1a*

(A) Nombre de lignes budgétaires (article ou poste)
(B) Sous-rubrique du cadre financier

AGENCES NON FINANCÉES PAR LE BUDGET DE L'UNION EUROPÉENNE[17]

Centre satellitaire de l'Union européenne (Torrejón) [2001]
JO L 200 du 25.7.2001, p. 5

Institut d'études de sécurité de l'Union européenne (Paris) [2001]
JO L 200 du 25.7.2001, p. 1

Agence européenne de défense (Bruxelles) [2004]
JO L 245 du 17.7.2004, p. 17

---

[17] Ces agences sont financées de manière intergouvernementale.

LES AGENCES EXÉCUTIVES EN 2012

Nom	Période	Totalement opérationnel à partir de	Décision de la Commission	Date	Implantation	JO L
Ag. exécutive pour la compétitivité et l'innovation	1.1.2004-31.12.2015	janvier 2006	2007/372/CE*	31.5.2007	Bruxelles	140 du 1er.6.2007, pp. 52/54
Ag. exécutive du Conseil européen de la recherche	1.1.2008-31.12.2017	fin 2009	2008/37/CE	14.12.2007	Bruxelles	9 du 12.1.2008, pp. 15/17
Ag. exécutive pour la recherche	1.1.2008-31.12.2017	juin 2009	2008/46/CE	14.12.2007	Bruxelles	11 du 15.1.2008, pp. 9/11
Ag. exécutive pour la santé et les consommateurs	1.1.2005-31.12.2015	janvier 2007	2008/544/CE**	20.6.2008	Luxembourg	173 du 3.7.2008, pp. 27/29
Ag. exécutive du réseau transeuropéen de transport	1.11.2006-31.12.2015	avril 2008	2008/593/CE***	11.7.2008	Bruxelles	190 du 18.7.2008, pp. 35/36
Ag. exécutive "Éducation, audiovisuel et culture"	1.1.2005-31.12.2015	juillet 2006	2009/336/CE** **	20.4.2009	Bruxelles	101 du 21.4.2009, pp. 26/30

** Modification de la décision de la Commission 2004/20/CE du 23.12.2003 instituant l'Agence exécutive pour l'énergie intelligente (JO L 5 du 9.1.2004, pp. 85/86)*

*** Modification de la décision de la Commission 2004/858/CE du 15.12.2004 instituant l'Agence exécutive pour le programme de santé publique (JO L 369 du 16.12.2004, pp. 73/75)*

**** Modification de la décision de la Commission 2007/60/CE du 26.10.2006 instituant l'Agence exécutive (JO L 32 du 6.2.2007, pp. 88/90)*

*** ** Modification de la décision de la Commission 2005/56/CE du 14.1.2005 instituant l'Agence exécutive (JO L 24 du 27.1.2005, pp. 35/38) et de ses modifications 2007/114/CE du 8.2.2007 (JO L 49 du 17.2.2007, pp. 21/24), 2008/629/CE du 12.6.2008 (JO L 205 du 1er.8.2008, pp. 47/48) et 2008/785/CE du 9.10.2008 (JO L 269 du 10.10.2008, pp. 11/13)*

LES ENTREPRISES COMMUNES EN 2012

Nom	Période	Acte de base	Date	Implantation	JO L	Rectificatif au JO L
Traité CE :						
Entreprise commune Clean Sky*	Jusqu'au 31.12.2017	Règlement (CE) n° 71/2008 du Conseil	20.12.2007	Bruxelles	30 du 4.2.2008, pp. 1/20	33 du 7.2.2008, p. 12 et 220 du 15.8.2008, p. 35
Entreprise commune ENIAC**	Jusqu'au 31.12.2017	Règlement (CE) n° 72/2008 du Conseil	20.12.2007	Bruxelles	30 du 4.2.2008, pp. 21/37	219 du 14.8.2008, p. 72
Entreprise commune IMI***	Jusqu'au 31.12.2017	Règlement (CE) n° 73/2008 du Conseil	20.12.2007	Bruxelles	30 du 4.2.2008, pp. 38/51	
Entreprise commune Artemis** **	Jusqu'au 31.12.2017	Règlement (CE) n° 74/2008 du Conseil	20.12.2007	Bruxelles	30 du 4.2.2008, pp. 52/68	219 du 14.8.2008, p. 73
Entreprise commune "Piles à combustible et Hydrogène" (PCH)	Jusqu'au 31.12.2017	Règlement (CE) n° 521/2008 du Conseil	30.5.2008	Bruxelles	153 du 12.6.2008, pp. 1/20	
Entreprise commune SESAR** ** *	8 ans après plan directeur ou jusqu'au 31.12.2016	Règl. (CE) n° 1361/2008 du Conseil *(1)*	16.12.2008	Bruxelles	352 du 31.12.2008, pp. 12/17	
Traité Euratom :						
Entreprise commune pour ITER** ** ** et le développement de l'énergie de fusion (*Fusion for Energy – F4E*)	Jusqu'au 19.4.2042	Décision du Conseil 2007/198/Euratom	27.3.2007	Barcelone	90 du 30.3.2007, pp. 58/72	

** Mise au point de technologies de transport aérien propres*

*** Plate-forme technologique européenne sur la nanoélectronique*

**** Initiative technologique conjointe en matière de médicaments innovants*

*** ** Initiative technologique conjointe sur les systèmes informatiques embarqués*

*** ** * Système européen de nouvelle génération pour la gestion du trafic aérien*

*** ** ** Réacteur thermonucléaire expérimental international*

(1) Modification du règlement (CE) n° 219/2007 du Conseil du 27 février 2007 (JO L 64 du 2.3.2007, pp. 1/11)

DEUXIÈME PARTIE

LE BUDGET DE L'UNION EUROPÉENNE POUR 2013 – LA DERNIÈRE ANNÉE DU CADRE FINANCIER POUR 2007-2013

La procédure budgétaire pour 2013 a été particulièrement difficile. Elle est intervenue à un moment critique, non seulement à cause de la crise économique et financière à laquelle ont continué à être confrontés en 2012 les États membres de l'Union européenne, mais également parce qu'elle a eu lieu à la fin de la période d'application du cadre financier pour la période 2007-2013. De ce fait, elle constitue un point de référence important pour le futur cadre financier pluriannuel.

La procédure de conciliation budgétaire instaurée par le traité de Lisbonne s'est également soldée par un échec, et ce pour la deuxième fois en trois ans[1].

Le fait que la Commission ait présenté rapidement après cet échec un nouveau projet de budget pour 2013 que les deux branches de l'autorité budgétaire ont pu accepter encore en 2012 a néanmoins permis à l'Union européenne d'éviter – une fois de plus – une crise budgétaire.

*

* *

Par ailleurs, le Conseil européen n'est pas parvenu en son sein à un accord en 2012 sur le futur cadre financier pluriannuel pour 2014-2020 (ci-après : le "CFP"). Par contre, l'autorité législative a adopté le 25 octobre 2012 – suite à de longues négociations – un nouveau règlement financier (ci-après : le "RF de 2012") qui remplace, à partir du 1er *janvier 2013, le règlement financier du 25 juin 2002 (ci-après : le "RF de 2002").*

I. – Introduction

Le budget de l'Union européenne pour l'exercice 2013, arrêté le 12 décembre 2012, s'élève à 150 898 millions d'euros en crédits pour engagements (+1,7 % par rapport au budget pour 2012[2]) et à 132 837 millions d'euros en crédits pour paiements (-2,2 %). Ceci représente respectivement 1,13 % et 0,99 % du revenu national brut (RNB) estimé de l'Union européenne. Les marges laissées sous les plafonds du cadre financier pour 2007-2013 (CF) sont de 2 454 millions d'euros en crédits pour engagements et de 11 240 millions d'euros en crédits pour paiements[3].

L'échec de la procédure de conciliation – le 13 novembre 2012 – a conduit l'autorité budgétaire à devoir se prononcer, dans un délai de trois semaines, sur un nouveau projet de budget. La Commission a présenté ce nouveau projet de budget le 23 novembre 2012, soit seulement dix jours après la fin de la conciliation infructueuse[4]. Le Conseil a adopté sa position sur le nouveau projet de budget treize jours après sa présentation, le Parlement européen approuvant la position du Conseil sans amendement six jours après (voir chapitre III).

---

[1] La précédente fois était en 2010, dans le contexte de la première procédure budgétaire conformément aux nouvelles dispositions du traité de Lisbonne (la procédure budgétaire pour 2011 ; voir Tome II, pp. 165/247).

[2] Budgets rectificatifs nº 1-6/2012 compris (voir chapitre II).

[3] Le budget de l'UE pour l'exercice 2013 a été publié au JO L 66 du 8.3.2013 en deux tomes, avec un rectificatif au JO L 134 du 18.5.2013, p. 21. Le Tome I (pp. I-1/567) contient l'état général des recettes, une partie des tableaux des effectifs, le patrimoine immobilier de l'Union et les états des recettes et des dépenses des autres institutions que la Commission (sections I, II et IV-X). Le Tome II (pp. II-1/1368) contient l'état des recettes et des dépenses de la Commission (section III et annexes) et les tableaux des effectifs de la Commission, des offices, des organes et des agences de l'UE.

[4] La Commission a néanmoins souhaité attendre la fin de la réunion du Conseil européen des 22 et 23 novembre 2012, convoqué afin de discuter du nouveau cadre financier pluriannuel pour 2014-2020, avant de présenter son nouveau projet de budget pour 2013.

Il convient de relever que les délais ont été encore plus courts que lors de la procédure budgétaire pour 2011 (voir Tome II, pp. 165/247).

Une telle démarche n'a été possible que grâce à la volonté politique des trois institutions (PE, Conseil et Commission) de conclure cette procédure budgétaire avant la fin de l'année 2012, ce qui a permis d'adopter le budget avant le début de 2013 et d'éviter ainsi de devoir recourir au système des "douzièmes provisoires", conformément à l'article 315 du traité sur le fonctionnement de l'Union européenne (TFUE).

Avant d'aborder les différents aspects détaillés de la procédure budgétaire pour 2013, le chapitre II ci-dessous présente brièvement l'environnement budgétaire en 2012.

II. – L'environnement budgétaire en 2012

1. Six budgets rectificatifs

Les budgets rectificatifs adoptés en 2012 sont présentés, avec leur montant, dans le tableau 34, page 137[5].

Le *BR n° 1/2012* inclut dans le budget de l'Union pour 2012, conformément à l'accord sur le financement complémentaire du projet ITER[6] en 2012 et 2013 conclu entre le Parlement européen et le Conseil en décembre 2011[7], un montant de 650 millions d'euros en crédits d'engagement à l'article *08 20 02* (*Euratom – Entreprise commune ITER – Fusion for Energy (F4E)*).

Le *BR n° 2/2012* traite de l'intervention du Fonds de solidarité de l'Union européenne en faveur de l'Italie (voir page 141). Il s'élève à 18,1 millions d'euros en crédits d'engagement et de paiement.

Comme en 2011 avec le projet de budget rectificatif n° 1/2011 (voir première partie, pages 18-20), la Commission avait proposé, dans le projet de BR présenté le 16 mars 2012, de couvrir les crédits de paiement par un appel à de nouvelles ressources versées par les États membres, en indiquant qu'il lui était impossible de proposer des redéploiements de crédits en début d'année.

Suite aux réticences du Conseil à accepter de couvrir les crédits de paiement avec de l'"argent frais", la Commission a proposé, par lettre du 20 avril 2012 envoyée aux deux branches de l'autorité budgétaire, de couvrir les crédits de paiement par voie de virement à partir du poste *32 04 14 01* (*Projets énergétiques en vue d'aider à la relance économique – Réseaux énergétiques*), suite aux retards observés dans la mise en œuvre des projets dans le domaine des réseaux énergétiques . Le Conseil a retenu cette proposition de redéploiement de crédits dans sa position sur le projet de BR n° 2/2012, adoptée le 15 mai 2012. Afin de ne pas retarder l'adoption de ce BR, le Parlement européen a approuvé sans amendement la position du Conseil le 12 juin 2012.

Le *BR n° 3/2012* traite, conformément à l'article 15, paragraphe 3 du règlement financier de 2002, de la budgétisation du solde définitif de l'année antérieure. L'excédent pour 2011 s'élève à 1,5 milliard d'euros seulement[10].

---

[5] Un tiret dans la colonne "dépenses" du tableau 34 indique que le budget rectificatif ne concerne que la partie "recettes" du budget de l'Union européenne.

Il convient de relever que tous les budgets rectificatifs (qui ne concernent que la section III – Commission) ont été adoptés en "une seule lecture" (c'est-à-dire que le Parlement européen a approuvé la position du Conseil sans amendement).

[6] *International Thermonuclear Experimental Reactor* ou réacteur thermonucléaire expérimental international.

[7] Voir première partie, pages 82-85.

[8] Ces projets ont été adoptés dans le cadre de la mise en œuvre du plan européen pour la relance économique, adopté en 2009 (voir Tome II, pp. 89/147).

[9] JO C 141 du 17.5.2012, p. 25.

[10] L'excédent pour 2011 se compose comme suit : enregistrement de recettes plus important que le montant budgétisé (+671 millions d'euros), sous-exécution des crédits de paiement (+728 millions d'euros) et solde positif des échanges monétaires (+97 millions d'euros). Pour mémoire, l'excédent pour 2008 s'élevait à 1,8 milliard d'euros, l'excédent pour 2009 à 2,3 milliards d'euros et celui pour 2010 à 4,5 milliards d'euros (voir page 389).

Il convient de relever que le Parlement européen avait lié l'acceptation de ce PBR à l'acceptation par le Conseil de la proposition de virement de crédits n° DEC 19/2012 à l'intérieur de la section III – Commission – du budget général pour l'exercice 2012, présentée par la Commission le 22 juin 2012. Cette proposition visait à sécuriser des paiements de préfinancement pour environ 200 conventions de subvention dans le domaine de recherche (devant être signées entre juillet et septembre 2012, à l'issue des phases d'évaluation

Tableau 34. Les budgets rectificatifs adoptés en 2012

Section III – Commission, en millions d'euros

PBR		Lectures		Budget rectificatif			Dépenses		Remarques
N:o	*Date*	*Conseil*	*PE*	*N:o*	*Date*	*JO L*	*c/e*	*c/p*	
1/12	27.1.	26.3.	20.4.	**1/12**	20.4.	184 du 13.7.2012, pp. 1/17	650,0	0	Financement complémentaire du projet ITER
2/12	16.3.*	15.5.	12.6.	**2/12**	12.6.	214 du 10.8.2012, pp. 1/14	18,1	0	Fonds de solidarité (Italie)
3/12	16.4.	11.6.	5.7.	**3/12**	5.7.	221 du 17.8.2012, pp. 1/20	-	-	Inscription du solde définitif (article 15, paragraphe 3 du RF de 2002)
4/12	20.6.	24.9.	23.10.	**4/12**	23.10.	355 du 21.12.2012, pp. 1/56	-	-	Actualisation des montants des ressources propres etc
5/12	19.9.	20.11.	21.11.	**5/12**	21.11.	15 du 18.1.2013, pp. 1/34	670,2	670,2	Fonds de solidarité (Italie)
6/12	23.10.	6.12.*(1)*	12.12.	**6/12**	12.12.	57 du 28.2.2013, pp. 1/165	-142,2	6.000,0	Diminution des crédits d'engagement (rubriques *1a*, *2* et *3b*) et augmentation des crédits de paiement (rubriques *1a*, *1b*, *2*, *3a* et *4* du CF)

** Lettre de la Commission proposant un financement alternatif du PBR n° 2/2012 le 20 avril 2012*

(1) Réduction du délai de consultation des Parlements nationaux afin de permettre l'adoption de la position du Conseil le 6 décembre 2012

Le *BR n° 4/2012* traite de la :

- révision des prévisions relatives aux RPT et aux assiettes TVA et RNB, telle qu'adoptée lors de la réunion du comité consultatif des ressources propres du 21 mai 2012, de la budgétisation des corrections britanniques correspondantes ainsi que de leur financement, et de la révision du financement des réductions au titre du RNB en faveur des Pays-Bas et de la Suède en 2012[11] ;

- création de quatre nouvelles lignes budgétaires d'accueil pour la mise en œuvre d'instruments de partage des risques financés par le Fonds européen de développement régional (FEDER) et le Fonds de cohésion, dotées de la mention "pour mémoire" ("p.m."), et

- modification du poste *16 03 05 01* (*Action préparatoire – EuroGlobe*) pour remplacer un tiret par la mention "p.m."[12], afin de permettre l'exécution des paiements finaux.

Le *BR n° 5/2012*[13] est lié à l'intervention du Fonds de solidarité de l'Union européenne, pour un montant de 670,2 millions d'euros en crédits d'engagement et de paiement, à la suite d'une série de séismes qui ont frappé l'Émilie-Romagne en Italie en mai 2012 (voir page 141). Par ailleurs, le BR modifie le poste *16 05 03 01* (*Action préparatoire – Année européenne du volontariat 2011*) pour remplacer le tiret indiqué pour les crédits de paiement par la mention "p.m.", afin de permettre l'exécution des paiements finaux.

Le *BR n° 6/2012*[14], qui a été un élément essentiel des négociations budgétaires pour 2013 (voir chapitre III), porte sur :

- la révision habituelle des prévisions de recettes après la dernière révision de l'année des prévi-

---

et de négociation des programmes de travail pour 2012), en transférant un montant de 337,6 millions d'euros en crédits de paiement à partir du poste *32 04 14 01* (*Projets énergétiques en vue d'aider à la relance économique – Réseaux énergétiques*) vers :
- l'article *08 02 01* (*Coopération – Santé*), pour un montant de 67 millions d'euros ;
- l'article *08 03 01* (*Coopération – Alimentation, agriculture et pêche, et biotechnologies*), pour un montant de 118 millions d'euros, et
- l'article *08 04 01* (*Coopération – Nanosciences, nanotechnologies, matériaux et nouvelles technologies de production*), pour un montant de 152,6 millions d'euros.

Le Conseil a pour sa part adopté ce virement le 10 juillet 2012.

Le Conseil avait rejeté le 7 juin 2012 (doc. *Conseil 10338/12 FIN 364 INST 367 PE-L 32* du 29 mai 2012) un tel projet de virement quand la Commission l'avait proposé une première fois, le 20 avril 2012, dans le cadre de la proposition de virement de crédits n° DEC 9/2012 à l'intérieur de la section III – Commission – du budget général pour l'exercice 2012.

[11] Ces corrections ont pour effet de modifier la répartition entre États membres de leurs contributions au budget de l'UE au titre des ressources propres.

[12] Un tiret signifie que la ligne budgétaire a "cessé d'exister". Un "p.m." permet, par contre, d'alimenter la ligne par voie de virements de crédits.

[13] Les Pays-Bas, le Royaume-Uni et la Suède ont voté contre lors de l'adoption de la position du Conseil, car opposés au financement des crédits de paiement par de l'"argent frais" (c'est-à-dire par appel à de nouvelles ressources propres), sans redéploiements.

[14] Il convient de relever que le Conseil a adopté une position *conditionnelle*, car liée à l'acceptation par le Parlement européen de la position du Conseil sur le nouveau projet de budget pour 2013, telle qu'elle résulte du "projet de paquet" du 29 novembre 2012 (voir doc. *Conseil 17145/1/12 REV 1 FIN 989 PE-L 118* du 5 décembre 2012 et JO C du 378 du 8.12.2012, p. 3).

sions relatives aux ressources propres et à d'"autres recettes"[15] ;

- une réduction de 142,2 millions d'euros des crédits d'engagement inscrits au budget pour 2012[16], et

- une augmentation nette des crédits de paiement de 6 milliards d'euros[17] comme suit :

a) à l'intérieur de la sous-rubrique *1a* (*Compétitivité pour la croissance et l'emploi*) du CF : +344,8 millions d'euros pour le 7ème programme-cadre de recherche, de développement technologique et de démonstration (PCR), +180 millions d'euros pour le programme "Éducation et formation tout au long de la vie" (y inclus le programme "Erasmus"), +78 millions d'euros pour la recherche dans le domaine de l'espace, +17,7 millions d'euros pour le Fonds européen d'ajustement à la mondialisation et +4,8 millions d'euros pour les programmes européens de radionavigation par satellite ("Egnos" et "Galileo") ;

b) à l'intérieur de la sous-rubrique *1b* (*Cohésion pour la croissance et l'emploi*) : +2,5 milliards d'euros pour le Fonds social européen, +1,1 milliard d'euros pour le Fonds de cohésion et +0,78 milliard d'euros pour le Fonds européen de développement régional[18] ;

c) à l'intérieur de la rubrique *2* (*Conservation et gestion des ressources naturelles*) : +1,06 milliard d'euros, principalement pour les programmes de développement rural (+1,04 milliard d'euros) et les programmes d'éradication et de surveillance des maladies animales (+17 millions d'euros) ;

d) à l'intérieur de la sous-rubrique *3a* (*Liberté, sécurité et justice*) : +10 millions d'euros pour le Fonds européen pour le retour, et

e) à l'intérieur de la rubrique *4* (*L'UE acteur mondial*) : +23,7 millions d'euros pour les programmes d'aide humanitaire, +17 millions d'euros pour les programmes d'aide alimentaire, +14,4 millions

---

Le Danemark, les Pays-Bas, le Royaume-Uni et la Suède ont voté contre lors de l'adoption de la position du Conseil.

La Commission a fait inscrire la déclaration unilatérale suivante au procès-verbal de la session du Conseil, lors de l'adoption de la position du Conseil sur le projet de BR nº 6/2012 : "*La Commission confirme que les contributions des États membres correspondant aux ressources propres fondées sur le RNB requises pour financer le budget rectificatif n° 6/2012 seront imputées par Eurostat aux budgets et comptes nationaux pour 2012, même si le décaissement effectif ne devait intervenir qu'en janvier 2013, conformément aux règles comptables pertinentes appliquées par Eurostat*" (doc. *Conseil 17145/1/12 REV 1 FIN 989 PE-L 118* du 5 décembre 2012, p. 11).

[15] Il convient avant tout de souligner une forte hausse des recettes provenant surtout des amendes et des intérêts, à hauteur de 3 525 millions d'euros, entraînant une augmentation nette totale des recettes de 3 080,8 millions d'euros. Ceci a pour effet de réduire les contributions des États membres au budget de l'Union européenne au titre de la ressource RNB.

[16] La Commission avait proposé dans son projet de BR une réduction des crédits d'engagement de 133,4 millions d'euros, "*afin de tenir compte des données les plus récentes relatives à l'état de l'exécution et de la révision des besoins réels pour la fin de l'année*" (doc. *COM(2012) 632 final* du 23 octobre 2012, p. 5).

[17] La Commission avait proposé dans son projet de BR une augmentation de près de 9 milliards d'euros, "*répartie sur les rubriques 1a, 1b, 2, 3a et 4 du cadre financier pluriannuel, afin de satisfaire des besoins non encore couverts pour la fin de l'exercice, de manière à honorer des engagements, à éviter des pénalités financières et à permettre aux bénéficiaires de recevoir les fonds prévus par les politiques de l'UE, qui avaient fait l'objet d'engagements autorisés lors de budgets annuels antérieurs*". La Commission avait recensé dans son projet de BR des sources de redéploiement pour un montant total de 47,4 millions d'euros (doc. *COM(2012) 632 final*, p. 4). L'autorité budgétaire a augmenté le montant des redéploiements à 100,5 millions d'euros (voir doc. *Conseil 17295/12 BUDGET 58* du 6 décembre 2012, p. 5), en préservant notamment la sous-rubrique *1a* (*Compétitivité pour la croissance et l'emploi*) du CF de redéploiements suite à une demande du Parlement européen.

[18] Dans son projet de BR, la Commission avait proposé 2,8 milliards d'euros de plus, soit +3,09 milliards d'euros pour le Fonds social européen, +2,72 milliards d'euros pour le Fonds européen de développement régional et +1,35 milliard pour le Fonds de cohésion. Par ailleurs la Commission avait proposé 9 millions d'euros supplémentaires pour l'achèvement du programme spécial en faveur de la paix et de la réconciliation en Irlande du Nord.

Dans le cadre de l'accord global sur le budget pour 2013, l'autorité budgétaire a réduit de près de 1,4 milliard d'euros les crédits demandés pour la clôture de programmes relevant de la période de programmation 2000-2006 et pour un montant similaire les crédits en "suspension" concernant l'objectif "convergence" du Fonds européen de développement régional et du Fonds social européen, ainsi que l'objectif "coopération territoriale européenne" du FEDER.

d'euros pour les programmes de coopération internationale dans le domaine de la santé et +12 millions d'euros pour la politique européenne de voisinage.

L'effet net sur les contributions des États membres au budget de l'Union européenne est ainsi de +2,9 milliards d'euros[19].

Lors de l'accord politique global sur le budget de l'Union pour 2013 et le budget rectificatif nº 6/2012 (voir chapitre III), le Parlement européen et le Conseil ont adopté la déclaration commune suivante sur les besoins de crédits de paiement :

"*Le Parlement européen et le Conseil notent que le niveau des paiements proposé par la Commission dans son projet de budget pour 2013 se fonde sur l'hypothèse selon laquelle les besoins de paiement pour 2012 auraient été couverts par les crédits ouverts au budget 2012. Toutefois, les crédits de paiement supplémentaires autorisés dans le budget rectificatif nº 6/2012 ont été réduits de 2,9 milliards d'euros par rapport au montant proposé par la Commission, et ils ne couvrent pas l'ensemble des demandes de paiement reçues.*

Par conséquent, la Commission s'engage à présenter dans les premiers mois de l'année 2013 un projet de budget rectificatif visant uniquement à couvrir les demandes en suspens pour l'année 2012, dès que les suspensions seront levées, et les autres obligations légales en suspens, sans préjudice de la bonne exécution du budget pour 2013.

Pour veiller à l'élaboration d'un budget de l'UE solide et rigoureux, le Parlement européen et le Conseil prendront position sur ce projet de budget rectificatif dès que possible afin de combler toutes les insuffisances qui subsistent".

2. Six appels à la réserve pour aides d'urgence

La réserve pour aides d'urgence a été mobilisée six fois en 2012[20], pour un montant total de 224,1 millions d'euros en crédits d'engagement et de 90 millions d'euros en crédits de paiement[21].

La première mobilisation, intervenue en mai 2012 pour un montant de 25 millions d'euros en crédits d'engagement, était destinée à financer une aide alimentaire[22] dans la région du Sahel. Cette mobilisation a été suivie par une deuxième mobilisation pour la même raison en juin 2012, pour un montant de 40 millions d'euros en crédits d'engagement.

La troisième mobilisation, intervenue en juillet 2012, pour un montant de 19 millions d'euros en crédits d'engagement et de 10,3 millions d'euros en crédits de paiement, était destinée à financer une aide humanitaire[23] et/ou alimentaire pour le Soudan, le Soudan du Sud, la Syrie et le Yémen.

La quatrième mobilisation, intervenue en septembre 2012, pour un montant de 79,6 millions d'euros en crédits d'engagement et de 64 millions d'euros en crédits de paiement, était destinée à financer une aide humanitaire et/ou alimentaire pour la Corne de l'Afrique, le Pakistan et la Syrie.

La cinquième mobilisation, intervenue en décembre 2012, pour un montant de 15,7 millions d'euros en crédits de paiement, était destinée à financer une aide humanitaire pour le Mali, le Soudan et le Soudan du Sud.

Enfin, la sixième mobilisation, intervenue elle aussi en décembre 2012, pour un montant de 60,5 millions d'euros en crédits d'engagement, était destinée à financer une aide humanitaire pour Cuba, Haïti, Myanmar, la République démocratique du Congo et la Syrie.

3. Deux appels au Fonds de solidarité de l'Union européenne

Le Fonds de solidarité de l'Union européenne a été mobilisé deux fois en 2012, pour un montant total

---

[19] Selon le projet de BR proposé par la Commission, l'effet net aurait été de +5,9 milliards d'euros.

[20] Les mobilisations en 2012 de la réserve pour aides d'urgence, du Fonds de solidarité de l'UE et du Fonds européen d'ajustement à la mondialisation sont récapitulées dans le tableau 35, page 140.

[21] Soit la totalité des crédits de paiement inscrits dans le budget de l'Union pour 2012 (voir page 395).

[22] Article *23 02 02* du budget de l'Union pour 2012.

[23] Article *23 02 01*.

Tableau 35. Les recours à la réserve pour aides d'urgence, au Fonds de solidarité et au Fonds européen d'ajustement à la mondialisation en 2012

En millions d'euros

Réserve pour aides d'urgence :				
Date	**Montant**		**Destination**	–
	c/e	*c/p*		
mai 2012	25,0	0	Région du Sahel (aide alimentaire)	–
juin 2012	40,0	0	Région du Sahel (aide alimentaire)	–
juillet 2012	19,0	10,3	Soudan, Soudan du Sud, Syrie et Yémen (aide humanitaire et alimentaire)	–
septembre 2012	79,6	64,0	Corne de l'Afrique, Pakistan et Syrie (aide humanitaire et alimentaire)	–
décembre 2012	0	15,7	Mali, Soudan et Soudan du Sud (aide humanitaire)	–
décembre 2012	60,5	0	Cuba, Haïti, Myanmar, République démocratique du Congo et Syrie (aide humanitaire)	–
Total :	***224,1***	***90,0***		

Fonds de solidarité de l'Union européenne :			
Date	**Montant**	**Destination et fait générateur**	**JO L**
13 juin 2012	18,1	Italie (inondations en Ligurie et en Toscane)	178 du 10.7.2012, p. 13
21 novembre 2012	670,2	Italie (séismes en Émilie-Romagne)	56 du 28.2.2013, p. 15
Total :	***688,3***		

Fonds européen d'ajustement à la mondialisation :			
Date	**Montant**	**Destination et secteur**	**JO L**
19 avril 2012	1,6	Espagne (construction de bâtiments)	130 du 17.5.2012, p. 21
13 juin 2012	1,6	Espagne (industrie du cuir et de la chaussure)	174 du 4.7.2012, p. 23
4 juillet 2012	0,7*	Commission (assistance technique**)	192 du 20.7.2012, p. 11
12 septembre 2012	7,8	Danemark (construction navale) et Espagne (construction de bâtiments)	269 du 4.10.2012, pp. 7/8
25 octobre 2012	25,4	Espagne (construction navale), France (industrie automobile), Irlande (services à la clientèle), Pays-Bas (construction de bâtiments et production d'aluminium) et Suède (industrie pharmaceutique)	307 du 7.11.2012, pp. 74/79
21 novembre 2012	12,8	Allemagne (imprimerie) et Danemark (construction d'éoliennes)	328 du 28.11.2012, pp. 19/20
12 décembre 2012	5,5	Suède (industrie automobile)	8 du 12.1.2013, p. 17
12 décembre 2012	18,8***	Autriche (services sociaux mobiles), Danemark (composantes électroniques), Espagne (fabrication de produits métalliques), Finlande (téléphonie mobile), Italie (production de motocycles) et Roumanie (téléphonie mobile)	8 du 12.1.2013, pp. 12/16 et 18
Total :	***74,3***		

* *La Commission avait proposé 1,1 million d'euros (doc. COM(2012) 160 final du 4.4.2012)* ** *Conformément à l'article 8 du règlement établissant le FEM*

*** *Le financement (en crédits de paiement) a été effectué pour 17,7 millions d'euros par le biais du BR n ° 6/2012, adopté le 12 décembre 2012*

de 688,3 millions d'euros en crédits d'engagement et de paiement.

La première mobilisation a eu lieu le 13 juin 2012, suite aux dégâts causés par les inondations en Ligurie et en Toscane en Italie en octobre 2011[24]. Elle s'élève à 18,1 millions d'euros en crédits d'engagement et de paiement et a été effectuée par le biais du budget rectificatif n° 2/2012[25] (voir page 136).

La deuxième mobilisation a eu lieu le 21 novembre 2012, pour apporter une aide financière à l'Italie à la suite d'une série de séismes qui ont frappé l'Émilie-Romagne en mai 2012[26]. Elle s'élève à 670,2 millions d'euros en crédits d'engagement et de paiement et a été effectuée par le biais du budget rectificatif n° 5/2012[27] (voir page 137).

4. Vingt appels au Fonds européen d'ajustement à la mondialisation

Le Fonds européen d'ajustement à la mondialisation (FEM) a été mobilisé vingt fois en 2012, pour un montant total de 74,3 millions d'euros en crédits d'engagement et de paiement.

Les mobilisations du FEM en 2012 sont résumées pages 207-209. Le financement (en crédits de paiement) de six cas est lié à l'adoption du BR n° 6/2012 (voir pages 137-139).

Il convient avant tout de relever la baisse du nombre de mobilisations et du montant total mobilisé par rapport à l'année précédente (voir page 396). Par ailleurs, il convient notamment de remarquer que le Parlement européen et le Conseil ont, pour la première fois depuis la création du Fonds, réduit le montant demandé par la Commission au titre de l'assistance technique[28].

5. Adoption d'un nouveau règlement financier et de son acte délégué

Après plus de neuf mois de négociations, trois trilogues au niveau "politique" et vingt trilogues au niveau "technique", le Parlement européen et le Conseil ont adopté, le 25 octobre 2012, le règlement (UE, Euratom) n° 966/2012 relatif aux règles financières applicables au budget général de l'Union et abrogeant le règlement (CE, Euratom) n° 1605/2002 du Conseil[29].

Ce nouveau règlement financier, important non seulement pour l'inclusion de nouvelles dispositions dans le RF suite à l'entrée en vigueur du traité de Lisbonne, mais également du point de vue plus général du développement de la bonne gestion des finances publiques de l'Union européenne (suite notamment aux enseignements de la mise en œuvre du règlement financier du 25 juin 2002[30]), est entré en vigueur le 1er janvier 2013. Son contenu fera l'objet d'une présentation séparée.

---

[24] JO L 178 du 10.7.2012, p. 13.

[25] Le BR n° 2/2012 inscrit les 18,1 millions d'euros à l'article *13 06 01* (*Fonds de solidarité de l'Union européenne – États membres*). Les crédits de paiement proviennent du poste *32 04 14 01* (*Projets énergétiques en vue d'aider à la relance économique – Réseaux énergétiques* ; voir page 136-137), c'est-à-dire qu'ils ont été rendus disponibles par voie de redéploiement.

[26] JO L 56 du 28.2.2013, p. 15. Il convient de relever qu'il s'agit du montant le plus important jamais mobilisé par le Fonds de solidarité de l'Union européenne depuis sa création en 2002, le précédent record remontant à 2009 et aux 493,8 millions d'euros octroyés par le biais du BR n° 9/2009 suite aux dégâts provoqués par un tremblement de terre dans les Abruzzes en Italie en avril 2009 (voir Tome II, p. 98).

[27] Les crédits de paiement proviennent de nouvelles ressources propres versées par les États membres.

[28] La Commission avait demandé 1,1 million d'euros (*doc. COM(2012) 160 final* du 4 avril 2012). Le montant finalement retenu a été de 730 000 euros, le Parlement européen et le Conseil ne voulant pas à ce stade préjuger de dépenses pour des projets et actions allant au-delà de 2013.

[29] JO L 298 du 26.10.2012, pp. 14/94. Les trois déclarations communes adoptées lors de l'adoption du RF de 2012 sont reproduites au JO L 298 du 26.10.2012, pp. 95/96 et les onze déclarations unilatérales au JO C 329 du 26.10.2012, pp. 1/3.

Les sujets les plus délicats à négocier ont été avant tout les modalités de la mise en œuvre du système des "douzièmes provisoires" (article 16), la gestion partagée avec les États membres (article 59), les instruments financiers (articles 139 et 140), les Fonds fiduciaires de l'Union européenne pour les actions extérieures (article 187) et le financement d'acquisitions immobilières par des prêts (article 203, paragraphe 8).

[30] Le RF de 2002 a été modifié trois fois, le 13 décembre 2006 (JO L 390 du 30.12.2006, pp. 1/26 et rectificatif au JO L 48 du 22.2.2008, p. 88 ; voir Tome I, pp. 107/108), le 17 décembre 2007 (JO L 343 du 27.12.2007, pp. 9/10 ; voir Tome I, p. 173) et le 24 novembre 2010 (JO L 311 du 26.11.2010, pp. 9/14 ; voir Tome II, pp. 286/288).

Le 29 octobre 2012, la Commission a adopté le "règlement délégué" relatif au nouveau RF de 2012[31] (ci-après : le "RD").

6. Le futur cadre financier pluriannuel pour 2014-2020

La Commission a présenté, le 6 juillet 2012, une proposition modifiée de règlement du Conseil fixant le cadre financier pluriannuel pour 2014-2020[32], qui ajoute (en prix 2011) 8,2 milliards d'euros au montant des crédits pour engagements et 15,4 milliards d'euros au montant des crédits pour paiements, liés notamment :

- à l'impact budgétaire de l'adhésion de la Croatie à l'Union européenne (+13,7 milliards d'euros en crédits d'engagement[33], dont 8,7 milliards d'euros pour les dépenses de cohésion, 3,5 milliards d'euros pour les dépenses agricoles et 27 millions d'euros au titre de compensations (rubrique *6* pour 2014 seulement), ainsi que +10 milliards d'euros en crédits de paiement ; voir tableau 36, page 143), et

- aux données économiques les plus récentes influençant avant tout l'enveloppe globale des Fonds structurels pour les États membres (-5,5 milliards d'euros en crédits d'engagement).

La Commission propose également d'augmenter le montant des crédits pour paiements non seulement suite aux nouveaux crédits d'engagement pour la Croatie (voir *supra*), mais également suite à un nouveau profil des crédits de paiement, visant notamment à faire face à l'augmentation du "reste à liquider" (RAL ; voir première partie, pages 44 et 89).

La Commission propose désormais pour la période 2014-2020 (en prix 2011) une enveloppe globale de 1 033 milliards d'euros en crédits pour engagements (soit 1,08 % du RNB de l'Union en moyenne, au lieu de 1 025 milliards d'euros ou 1,05 % du RNB de l'UE dans sa proposition initiale du 29 juin 2011 ; voir première partie, pages 28-30) et de 988 milliards d'euros en crédits pour paiements (soit 1,03 % du RNB, au lieu des 972 milliards d'euros de la proposition initiale ou 1 % du RNB). Le CFP tel que proposé par la Commission en juillet 2012 est présenté dans le tableau 37, page 143.

Le Conseil européen extraordinaire des 22 et 23 novembre 2012, qui a été convoqué pour discuter du nouveau cadre financier pluriannuel de l'Union européenne, n'est pas parvenu en son sein à un accord sur le futur CFP[34].

III. – La procédure budgétaire pour 2013

Le budget de l'Union européenne pour 2013 est présenté par rubrique du cadre financier (en crédits d'engagement et de paiement) page 200. Les différentes étapes chiffrées de la procédure budgétaire pour 2013 sont présentées pages 201-207. Ces différentes étapes sont résumées dans le tableau 38, page 144.

1. Le calendrier des travaux

Le calendrier des travaux qui ont conduit à l'adoption du budget de l'Union européenne pour 2013 est résumé dans le tableau 39 page 145.

Le Parlement européen, le Conseil et la Commission ont organisé en 2012 *six* trilogues formels dans le domaine budgétaire, dont un trilogue dans le contexte de la procédure de conciliation et deux trilogues suite au nouveau projet de budget pour 2013, présenté par la Commission le 23 novembre 2012.

A. Lors du trilogue du *26 mars 2012*, les deux branches de l'autorité budgétaire et la Commission ont avant tout discuté, conformément au point 4 de la déclaration commune du 30 novembre 2009 sur les mesures transitoires applicables à la procédure budgétaire après l'entrée en vigueur du traité de Lisbonne (voir pages 373), des priorités budgétaires pour 2013 (voir page 147).

---

[31] Il s'agit du règlement délégué (UE) n° 1268/2012 (JO L 362 du 31.12.2012, pp. 1/111).

[32] Doc. *COM(2012) 388 final*.

[33] Selon la Commission, les dotations proposées pour la Croatie "*sont calculées selon la même méthode que celle appliquée pour l'UE-27, sous réserve des dispositions transitoires prévues par l'acte d'adhésion*" (doc. *COM(2012) 388 final*, p. 4).

[34] Doc. *Conseil européen 228/12 PRESSE 490 PR PCE 192* du 23 novembre 2012, p. 1.

Tableau 36. Les montants additionnels pour la Croatie proposés par la Commission le 6 juillet 2012 dans le cadre financier pluriannuel pour 2014-2020

En millions d'euros et en prix de 2011
(Source : doc. COM(2012) 388 final, p. 6)

Crédits pour engagements	2014	2015	2016	2017	2018	2019	2020	Total 2014-2020
1. Croissance intelligente et inclusive	**1.088**	**1.295**	**1.330**	**1.361**	**1.395**	**1.428**	**1.462**	**9.360**
dont : cohésion économique, sociale et territoriale	1.011	1.214	1.244	1.271	1.300	1.329	1.358	8.728
2. Croissance durable : ressources naturelles	**458**	**477**	**488**	**496**	**520**	**542**	**564**	**3.545**
dont : dépenses relatives au marché et paiements directs	118	134	148	163	193	222	249	1.227
3. Sécurité et citoyenneté	**88**	**31**	**31**	**31**	**31**	**31**	**31**	**273**
4. L'Europe dans le monde	**0**	**0**	**0**	**0**	**0**	**0**	**0**	**0**
5. Administration	**80**	**76**	**76**	**76**	**76**	**76**	**76**	**536**
dont : dépenses administratives des institutions	80	76	76	76	76	76	76	536
6. Compensations	**27**	**0**	**0**	**0**	**0**	**0**	**0**	**27**
Total des crédits pour engagements	**1.741**	**1.879**	**1.925**	**1.964**	**2.021**	**2.078**	**2.133**	**13.741**
Total des crédits pour paiements	**550**	**877**	**1.284**	**1.640**	**1.764**	**1.941**	**1.900**	**9.956**

Tableau 37. Le cadre financier pluriannuel pour 2014-2020 révisé proposé par la Commission le 6 juillet 2012

En millions d'euros et en prix de 2011 (UE-28)
(Source : doc. COM(2012) 388 final, p. 16)

Crédits pour engagements	2014	2015	2016	2017	2018	2019	2020	Total 2014-2020
1. Croissance intelligente et inclusive	**64.769**	**67.015**	**68.853**	**70.745**	**72.316**	**74.386**	**76.679**	**494.763**
dont : cohésion économique, sociale et territoriale	50.464	51.897	53.177	54.307	55.423	56.474	57.501	379.243
2. Croissance durable : ressources naturelles	**57.845**	**57.005**	**56.190**	**55.357**	**54.357**	**53.371**	**52.348**	**386.472**
dont : dépenses relatives au marché et paiements directs	42.363	41.756	41.178	40.582	39.810	39.052	38.309	283.051
3. Sécurité et citoyenneté	**2.620**	**2.601**	**2.640**	**2.679**	**2.718**	**2.757**	**2.794**	**18.794**
4. L'Europe dans le monde	**9.400**	**9.645**	**9.845**	**9.960**	**10.150**	**10.380**	**10.620**	**70.000**
5. Administration	**8.622**	**8.755**	**8.872**	**9.019**	**9.149**	**9.301**	**9.447**	**63.165**
dont : dépenses administratives des institutions	7.047	7.115	7.184	7.267	7.364	7.461	7.561	51.000
6. Compensations	**27**	**0**	**0**	**0**	**0**	**0**	**0**	**27**
Total des crédits pour engagements	**143.282**	**145.021**	**146.400**	**147.759**	**148.690**	**150.195**	**151.888**	**1.033.235**
en pourcentage du RNB	1,10%	1,09%	1,08%	1,08%	1,07%	1,06%	1,06%	1,08%
Total des crédits pour paiements	**133.976**	**141.175**	**144.126**	**138.776**	**146.870**	**144.321**	**138.356**	**987.599**
en pourcentage du RNB	1,03%	1,06%	1,06%	1,01%	1,06%	1,02%	0,96%	1,03%
Marge disponible	0,20%	0,17%	0,17%	0,22%	0,17%	0,21%	0,27%	0,20%
Plafond des ressources propres en pourcentage du RNB	1,23%	1,23%	1,23%	1,23%	1,23%	1,23%	1,23%	1,23%

Montants en dehors du cadre financier pluriannuel pour 2014-2020 tel que proposé par la Commission le 29 juin 2011 et le 6 juillet 2012

(Sources : doc. COM(2011) 398, 403 et 500 et Commission)

Crédits d'engagement	2014	2015	2016	2017	2018	2019	2020	Total 2014-2020
Programmes et projets :								
- Programme européen de surveillance de la Terre (GMES*)	834	834	834	834	834	834	834	5 841
- Réacteur thermonucléaire expérimental international (ITER**)	886	624	299	291	261	232	114	2 707
Total :	*1.720*	*1.458*	*1.133*	*1.125*	*1.095*	*1.066*	*948*	*8.548*
Instruments spéciaux :								
- Fonds de solidarité de l'Union européenne	1.000	1.000	1.000	1.000	1.000	1.000	1.000	7.000
- Instrument de flexibilité	500	500	500	500	500	500	500	3.500
- Réserve pour les crises dans le secteur agricole***	500	500	500	500	500	500	500	3.500
- Fonds européen d'ajustement à la mondialisation	429	429	429	429	429	429	429	3.000
- Réserve pour aides d'urgence	350	350	350	350	350	350	350	2.450
Total :	*2.779*	*2.779*	*2.779*	*2.779*	*2.779*	*2.779*	*2.779*	*19.450*
*Fonds mondial de lutte contre le changement climatique et de protection de la biodiversité****	*p.m.*	*p.m.*	*p.m.*	*p.m.*	*p.m.*	*p.m.*	*p.m.*	*p.m.*
*Fonds européen de développement (FED)** ** :*								
- États d'Afrique, des Caraïbes et du Pacifique (ACP)	3.271	4.300	4.348	4 407	4.475	4.554	4.644	29.998
- Pays et territoires d'outre-mer (PTOM)	46	46	46	46	46	46	46	321
Total :	*3.317*	*4.346*	*4.394*	*4.453*	*4.521*	*4.600*	*4.690*	*30.320*
Total général	**7.815**	**8.583**	**8.306**	**8.357**	**8.395**	**8.445**	**8.416**	**58.316**
en pourcentage du RNB	0,05%	0,06%	0,06%	0,06%	0,06%	0,06%	0,06%	0,06%

** European Earth Monitoring Programme (Global Monitoring for Environment and Security)*
*** International Thermonuclear Experimental Reactor*
**** Nouvelle réserve ou nouveau Fonds*
*** ** Pour mémoire (le "budget FED" n'est pas inclus dans le budget de l'Union européenne et la Commission ne propose pas de le "budgétiser" dans ce contexte)*

Tableau 38. La procédure budgétaire pour 2013

En millions d'euros	Budget 2012*		CF 2013	PB**		Position du Conseil		Amendements du PE		Nouveau PB		Budget adopté***		
	c/e	*c/p*	*c/e*	*c/e*	*c/p*	*c/e*	*c/p*	*c/e*	*c/p*	*c/e*	*c/p*	*c/e*	*c/p*	*Marges*
1. Croissance durable	68.141	60.287	70.147	70.531	62.528	70.054	59.030	70.682	62.596	70.614	62.536	70.630	59.085	
1a Compétitivité pour la croissance et l'emploi	*15.389*	*12.064*	*15.623*	*16.032*	*13.553*	*15.563*	*11.655*	*16.173*	*13.616*	*16.105*	*13.558*	*16.121*	*11.886*	*2*
dont : FEM[a]	*500*	*68*	-	*500*	*50*	*500*	*p.m.*	*500*	*50*	*500*	*50*	*500*	*50*	
1b Cohésion pour la croissance et l'emploi	*52.753*	*48.223*	*54.524*	*54.499*	*48.975*	*54.492*	*47.375*	*54.509*	*48.980*	*54.509*	*48.977*	*54.509*	*47.199*	*15*
2. Conservation et gestion des ressources naturelles	59.850	58.045	61.289	60.308	57.965	59.971	57.474	60.274	57.930	60.249	57.900	60.149	57.484	*1.140*
dont dépenses de marché et paiements directs	*43.904*	*43.893*	*48.574*[b]	*44.130*	*44.113*	*43.795*	*43.776*	*44.087*	*44.069*	*44.057*	*44.039*	*43.957*	*43.934*	*982*
3. Citoyenneté, liberté, sécurité et justice	2.753	2.183	2.376	2.082	1.575	2.057	1.514	2.106	1.593	2.106	1.583	2.106	1.516	
3a Liberté, sécurité et justice	*1.368*	*846*	*1.661*	*1.392*	*928*	*1.377*	*877*	*1.399*	*931*	*1.399*	*928*	*1.399*	*877*	*262*
3b Citoyenneté	*1.386*	*1.337*	*715*	*689*	*646*	*680*	*637*	*707*	*660*	*707*	*656*	*707*	*638*	*8*
4. L'UE acteur mondial	9.404	6.966	9.595	9.467	7.312	9.295	6.277	9.583	7.273	9.583	7.272	9.583	6.323	*276*
dont : Réserve pour aides d'urgence[a]	*259*	*90*	-	*264*	*110*	*264*	*p.m.*	*264*	*110*	*264*	*110*	*264*	*80*	
5. Administration	8.280	8.278	9.181[c]	8.544	8.546	8.398	8.399	8.507	8.507	8.507	8.507	8.431	8.430	*750*
Commission	*4.816*	*4.814*		*4.966*	*4.967*	*4.891*	*4.892*	*4.967*	*4.967*	*4.967*	*4.967*	*4.903*	*4.903*	
dont : pensions	*1.323*	*1.323*		*1.413*	*1.413*	*1.390*	*1.390*	*1.413*	*1.413*	*1.413*	*1.413*	*1.390*	*1.390*	
Écoles européennes	*169*	*169*		*181*	*181*	*178*	*178*	*181*	*181*	*181*	*181*	*179*	*179*	
Autres institutions	*3.464*	*3.464*		*3.578*	*3.578*	*3.507*	*3.507*	*3.540*	*3.540*	*3.540*	*3.540*	*3.527*	*3.527*	
Total	**148.428**	**135.758**	**152.588**	**150.932**	**137.924**	**149.777**	**132.695**	**151.152**	**137.898**	**151.059**	**137.798**	**150.898**	**132.837**	*2.454*
c/e et c/p (% du RNB)	1,15%	1,05%		1,13%	1,04%	1,12%	0,99%	1,13%	1,03%	1,13%	1,03%	1,13%	0,99%	

* *Budgets rectificatifs n° 1-6/2012 compris* ** *PB initial hors lettre rectificative n° 1/2013* *** *Et positions du Conseil et du Parlement européen sur le nouveau projet de budget*

[a] *En dehors du cadre financier* [b] *"Modulation agricole" non comprise* [c] *En tenant compte des contributions aux pensions (86 millions d'euros)*

Tableau 39. Calendrier de la procédure budgétaire pour 2013 et des réunions interinstitutionnelles en 2012

16 février 2012	Adoption des orientations budgétaires du Parlement européen (autres sections) (Strasbourg)
21 février 2012	Adoption des orientations budgétaires du Conseil (Bruxelles)
14 mars 2012	Adoption des orientations budgétaires du Parlement européen (section III) (Strasbourg)
26 mars 2012	*Trilogue – priorités budgétaires (Bruxelles)*
25 avril 2012	**Adoption du projet de budget (PB) initial* (Commission)**
15 mai 2012	Présentation du projet de budget au Conseil (Bruxelles)
30 mai 2012	Réunion sur les crédits de paiement en 2012 et 2013 (Bruxelles)
9 juillet 2012	*Trilogue – position du Conseil sur le PB (Bruxelles)*
24 juillet 2012	**Position du Conseil sur le projet de budget** (Bruxelles)**
11 septembre 2012	Présentation de la position du Conseil au Parlement européen (Strasbourg)
26 septembre 2012	Réunion interinstitutionnelle sur la situation des crédits de paiement (Bruxelles)
17 octobre 2012	*Trilogue – amendements du Parlement européen (Bruxelles)*
19 octobre 2012	***Lettre rectificative n° 1/2013 au PB (LR agricole)******
23 octobre 2012	**Amendements du Parlement européen** ** (Strasbourg)**
23 octobre 2012	Lettre du Conseil au Parlement européen** ** *
24 octobre 2012	Début de la période de conciliation
26 octobre 2012	**Réunion du comité de conciliation (Bruxelles)**
7 novembre 2012	*Trilogue (Bruxelles)*
9/13 novembre 2012	**Réunion du comité de conciliation (Bruxelles)**
13 novembre 2012	Fin de la période de conciliation
23 novembre 2012	**Adoption d'un nouveau projet de budget (Commission)** ** ****
28 novembre 2012	*Trilogue – nouveau projet de budget pour 2013 et PBR n° 6/2012 (Bruxelles)*
29 novembre 2012	*Trilogue – accord politique conditionnel sur un "projet de paquet" (Bruxelles)*
6 décembre 2012	**Position du Conseil sur le nouveau projet de budget** ** ** * (Bruxelles)**
12 décembre 2012	**Position du Parlement européen** ** ** ** (Strasbourg)**
12 décembre 2012	**Constatation de l'adoption du budget par le président du PE (Strasbourg)**

* *Adoption formelle du PB initial et mise à disposition de l'autorité budgétaire et des parlements nationaux dans toutes les langues officielles de l'UE le 25 mai 2012*
** *Adoption en tant que "point A"*
*** *Adoption par la Commission*
** ** *Et convocation, en accord avec le président du Conseil, du comité de conciliation*
** ** * *Confirmation que le Conseil ne peut pas accepter tous les amendements votés par le Parlement européen*
** ** ** *Mise à disposition le 27 novembre 2012*
** ** ** * *Adoption en tant que "point A"*
** ** ** ** *Approbation de la position du Conseil*

Le Parlement européen a notamment insisté sur son souhait d'organiser une réunion interinstitutionnelle sur les crédits de paiement en 2012 et 2013 avant fin mai 2012[35]. Le Conseil a accepté le principe d'une telle réunion si elle était organisée à un niveau "technique"[36].

Le Parlement européen, le Conseil et la Commission ont, par ailleurs, adopté une déclaration commune relative au calendrier de la procédure budgétaire et aux modalités de fonctionnement du comité de conciliation en 2012[37].

Les trois institutions ont également fait le point sur l'exécution du budget pour 2011 et les prévisions concernant l'utilisation des crédits de paiement en 2012, sur la base d'une note de la Commission[38] reposant sur les informations fournies par son système d'alerte budgétaire[39].

---

[35] Selon le point 26 de la résolution du Parlement européen, du 14 mars 2012, sur les orientations générales pour la préparation du budget pour 2013 – section III – Commission, le Parlement "*invite le Conseil et la Commission à une réunion interinstitutionnelle qui doit se tenir au cours du premier semestre 2012 au niveau politique approprié en vue de dissiper d'éventuels malentendus concernant les chiffres d'exécution et les estimations des besoins de paiements et de dresser ensemble le bilan de la situation des paiements pour les exercices 2012 et 2013*" (doc. *PE P7_TA(2012)0077*, p. 3).

[36] Une première réunion sur les crédits de paiement en 2012 et 2013 s'est ainsi tenue le 30 mai 2012, le Conseil, à la différence du Parlement européen et de la Commission, étant représenté à un niveau "technique". Suite aux discussions lors du trilogue du 9 juillet 2012 (voir pages 156-157), cette réunion a néanmoins été suivie d'une réunion interinstitutionnelle à un niveau "politique" (le Conseil étant représenté cette fois au niveau ministériel) le 26 septembre 2012 (voir page 157).

[37] Le Conseil a confirmé son accord sur cette déclaration commune (en tant que "point A") le 24 avril 2012. La déclaration est reproduite pages 210-212. Elle est similaire à la déclaration commune du 30 mars 2011 sur les dates et les modalités de fonctionnement du comité de conciliation en 2011 (voir première partie, pages 32 et 109-111), mais prend en compte notamment le nouveau calendrier des réunions plénières du Parlement européen en 2012. Par ailleurs, elle clarifie par rapport à 2011 certains points concernant avant tout les différents documents devant être produits.

[38] La Commission a adopté cette note le 27 février 2012. Elle fait état de l'exécution du budget de l'Union européenne au 31 décembre 2011.

[39] Voir première partie, page 45.

Dans ce contexte, la Commission a avant tout insisté sur le fait qu'elle a dû effectuer début 2012, à partir de crédits inscrits au budget de l'Union européenne pour 2012, le paiement de quelque 11 milliards d'euros (principalement dans les domaines de la politique de cohésion et du Fonds social européen) suite aux déclarations de paiement pour 2011 soumises par les États membres fin 2011. Ceci a été fait en raison du manque de crédits de paiement sur les lignes budgétaires concernées dans le budget pour 2011 et de l'impossibilité d'effectuer des virements de crédits (sur la base de l'article 24 du RF de 2002) pendant les dernières semaines de l'année[40].

Enfin, la Commission a informé les deux branches de l'autorité budgétaire du projet de budget rectificatif n° 2/2012 et de la proposition de mobilisation du Fonds de solidarité de l'Union européenne pour l'Italie, suite aux inondations survenues en octobre 2011 en Ligurie et en Toscane (voir pages 136 et 141).

B. Les autres trilogues sont traités pages 156-181.

2. Les travaux préparatoires (décembre 2011 – avril 2012)

A. La Direction générale du budget de la Commission a établi, le 8 décembre 2011, sa note concernant les paramètres à retenir pour établir les états prévisionnels des institutions et le projet de budget pour 2013[41]. Elle a envoyé sa circulaire budgétaire pour 2013 aux directions générales de la Commission en décembre 2011. En outre, conformément au point 46 de la Partie III de l'AII de 2006, la Commission a présenté une programmation financière actualisée le 27 janvier 2012[42].

Selon une démarche similaire à celle suivie lors de la procédure budgétaire pour 2012 (voir première partie, page 34), le membre de la Commission chargé de la programmation financière et du budget a adressé, le 23 janvier 2012, aux présidents des institutions, au Médiateur européen, au Contrôleur européen de la protection des données et à la Haute représentante de l'Union pour les affaires étrangères et la politique de sécurité, une lettre concernant la préparation des états prévisionnels pour 2013 des institutions, selon laquelle "*la crise économique et financière continue de frapper durement l'économie européenne et les finances publiques nationales. Dans le cadre des efforts de consolidation budgétaire, de nombreux États membres réduisent fortement les dépenses administratives dans leurs budgets nationaux. Nous devons également poursuivre nos efforts au niveau européen visant à contenir autant que possible les dépenses administratives, même si ces dépenses ne représentent qu'une part limitée du total du budget de l'Union européenne (5,6 %, pensions et Écoles européennes comprises).* (...)

Suite au gel nominal de ses dépenses administratives en 2012, impliquant des réductions significatives dans les dépenses concernant notamment l'informatique, les réunions, les conférences et les missions, la Commission continuera d'attacher une attention particulière à la préparation de ses demandes budgétaires pour 2013. Notre objectif sera de maintenir l'augmentation nominale (comparée à 2012) concernant les dépenses administratives de la Commission relevant de la rubrique 5 (pensions et Écoles européennes exclues) destinées à accomplir toutes les activités liées à une Union à 27 en dessous du taux d'inflation escompté de 1,9 %.

À cette fin, la Commission réduira en 2013 de 1 % le nombre des postes dans ses tableaux des effectifs, en ligne avec sa proposition que toutes les institutions diminuent leur personnel de 5 % sur

---

[40] Ce montant est de 5 à 7 milliards d'euros plus élevé que la moyenne de ces dernières années.

[41] Cette note reprend notamment les taux de change, les évolutions du coût de vie (estimé à ce stade à +1,9 % à Bruxelles et +2,5 % à Luxembourg pour 2012-2013) et les paramètres sur les adaptations et les ajustements des salaires et des pensions (+1,6 % en 2012 et +1,7 % en 2013) à utiliser lors de la préparation des états prévisionnels. Elle précise également que le projet de budget pour 2013 "*devra contenir les besoins* (des institutions) *liés à l'adhésion de la Croatie à l'Union européenne* (...) *prévue pour le 1er juillet 2013*".

[42] L'exercice de janvier est avant tout un exercice d'adaptation technique de la programmation, qui a pour but d'y intégrer les effets de l'adoption du budget de l'Union européenne à la fin de l'année précédente.

La Commission a présenté une programmation financière actualisée pour une seconde fois en mai 2012 (doc. *SEC(2012) 270*, pp. 87/94), ensemble avec le projet de budget initial pour 2013.

cinq ans[43]*. Ceci veut dire que toute nouvelle demande ou demande additionnelle de ressources humaines seront couvertes par voie de redéploiement interne, de simplification des modes de gestion et/ ou par d'autres améliorations organisationnelles.*

En même temps, le maintien des dépenses administratives sous le taux d'inflation requerra des coupes sur d'autres postes, y inclus l'assistance technique, le personnel externe, l'aménagement des bâtiments, la formation, la sécurité au siège, l'acquisition de l'information, les études, les dépenses sociales, l'équipement en général et la mobilité.

Dans le projet de budget pour 2013, la Commission demandera une augmentation limitée des ressources administratives destinées à continuer la préparation de l'accession de la Croatie à l'Union européenne à partir de juillet 2013.

La part de la Commission dans les dépenses administratives totales sous la rubrique 5 est de 40,1 % des dépenses autorisées dans le budget pour 2012, à comparer aux 41,8 % pour les autres institutions (les pensions et les Écoles européennes représentant le reste). C'est pourquoi l'évolution globale des dépenses administratives dépend autant des demandes des autres institutions que de celles de la Commission.

C'est pourquoi je voudrais demander à toutes les institutions d'adopter une approche similaire, y inclus en ce qui concerne leurs tableaux des effectifs, et de faire tout leur possible pour contenir les dépenses lors de la préparation de leurs états prévisionnels respectifs pour 2013. Il est capital de démontrer que les institutions européennes continuent à agir avec responsabilité dans les conditions économiques et budgétaires difficiles que connaissent actuellement les États membres et d'envoyer un signal correspondant à l'opinion publique européenne (…)"[44].

B. Le Parlement européen a adopté ses "orientations budgétaires" les 16 février et 14 mars 2012[45] et le Conseil le 21 février 2012[46]. Ces orientations ont fait l'objet d'un échange de vues lors du trilogue du 26 mars 2012 (voir page 145).

3. Le cadre financier pour l'exercice 2013

Conformément au point 16 de la Partie I de l'AII de 2006, la Commission a présenté, le 20 avril 2012[47], l'ajustement technique du cadre financier à l'évolution du RNB et des prix.

Le cadre financier pour l'exercice 2013 tel qu'il ressort de cet ajustement technique est présenté dans le tableau 40 ci-dessous.

Tableau 40. Le cadre financier pour l'exercice 2013

UE-27, crédits pour engagements sauf indication contraire, en millions d'euros

Rubrique ou sous-rubrique	Montant
1. Croissance durable	70.147
1a Compétitivité pour la croissance et l'emploi	*15.623*
1b Cohésion pour la croissance et l'emploi	*54.524*
2. Conservation et gestion des ressources naturelles	61.289
*dont : dépenses de marché et paiements directs**	*48.574*
3. Citoyenneté, liberté, sécurité et justice	2.376
3a Liberté, sécurité et justice	*1.661*
3b Citoyenneté	*715*
4. L'UE acteur mondial	9.595
5. Administration**	9.181
Total des crédits pour engagements**	152.588
Crédits pour engagements (en % du RNB***)	1,15
Total des crédits pour paiements**	143.997
Crédits pour paiements (en % du RNB***)	1,08
Marge disponible (%)	0,15
Plafond des ressources propres (en % du RNB)	1,23

** "Modulation agricole" non comprise*
*** En tenant compte des contributions aux pensions (86 millions d'euros)*
**** Avec un RNB pour 2013 estimé à 13 299 204 millions d'euros*

4. Le projet de budget initial pour 2013 (25 avril 2012[48]*)*

A. Le projet de budget pour 2013 adopté par la Commission le 25 avril 2012 (le PB "initial") s'élè-

[43] Cette mesure a été proposée par la Commission dans le contexte de sa proposition concernant le nouveau CFP (voir chapitre II). Elle couvre la période 2013-2017.
[44] Lettre du 23 janvier 2012, pp. 1/2.
[45] Doc. *PE P7_TA(2012)0050* (autres sections) et *PE P7_TA(2012)0077* (section III) respectivement.
[46] Doc. *Conseil 6260/12 FIN 79.*
[47] Doc. *COM(2012) 184 final.*
[48] La Commission a de nouveau adopté, le 25 avril 2012, l'*état prévisionnel* de la Commission (pour l'exercice 2013 ; doc. *SEC(2012) 270*). Elle a adopté le projet de budget (initial) pour 2013 et l'a mis à la disposition de l'autorité budgétaire et des parlements nationaux dans toutes les langues officielles de l'UE le 25 mai 2012 (doc. *COM(2012) 300*). Tous les montants présentés sous ce point concernent ce PB "formel".
Il convient de relever que les deux branches de l'autorité budgétaire ont encore avancé par rapport à l'an-

ve à 150 932 millions d'euros en crédits pour engagements (+2,1 % par rapport au budget pour 2012[49]) et à 137 924 millions d'euros en crédits pour paiements (+6,9 %)[50]. Ceci représente 1,13 % et 1,04 % respectivement du RNB de l'UE. Les marges laissées sous les plafonds du CF sont de 2 420 millions d'euros en crédits pour engagements et de 6 183 millions d'euros en crédits pour paiements.

B. La Commission a préparé le PB en tenant compte du fait que l'exercice budgétaire pour 2013 concerne la dernière année du CF. En même temps, elle a pris en compte la crise économique et financière qui a continué à frapper durement l'économie européenne et les finances publiques nationales (voir page 146), tout en cherchant à utiliser au mieux le budget de l'Union pour contribuer à renforcer la croissance économique et la création d'emplois. Selon la Commission, le PB pour 2013 est "*fondé sur une approche à deux volets : premièrement, les crédits destinés aux programmes et initiatives renforçant la croissance et l'emploi sont maximisés dans le cadre existant.* (…) *Deuxièmement, l'allocation des crédits est axée sur la réalisation de gains d'efficacité et la réduction des dépenses administratives. En principe, la programmation financière pour 2013 est respectée pour permettre la mise en œuvre prévue des politiques sauf en cas de sous-exécution avérée, de retards dans la réalisation ou de difficultés détectées en matière de bonne gestion financière. On écarte ainsi le risque de créer un RAL injustifié dans les années à venir*"[51].

En même temps, la Commission a souligné qu'elle a procédé à un "examen attentif et approfondi" des programmes et des actions non seulement sur la base de l'exécution passée, mais également des performances[52], tout en mettant en œuvre une "gestion rigoureuse" des dépenses administratives de la rubrique 5 (*Administration*) du CF, que la Commission qualifie de "rigueur administrative".

La Commission a justifié l'augmentation conséquente des *crédits pour paiements* par rapport à 2012 (plus de 8,8 milliards d'euros, comme indiqué précédemment) en premier lieu par une accélération de la mise en œuvre des programmes financés par l'Union européenne à la fin du cadre financier pour 2007-2013, tout en soulignant l'importance d'honorer les obligations de paiement découlant des engagements passés[53].

D'autre part, la Commission a rappelé que les crédits pour paiements retenus dans les budgets pour 2011 et 2012 avaient été fixés par l'autorité budgétaire à des niveaux nettement inférieurs à ceux demandés par la Commission (voir Tome II, pp. 165/272 et première partie, page 89), ceci entraînant également un "arriéré" (*backlog*) de paiements, notamment concernant les remboursements aux États membres dans le cadre de la politique de cohésion[54].

Dans ce contexte, la Commission a souligné que les plus grandes augmentations en crédits de paiement se concentraient sur les domaines de la *compétitivité*

---

née précédente la date d'adoption de leurs états prévisionnels respectifs :

- le Comité des représentants permanents a approuvé l'état prévisionnel pour 2013 pour le Conseil européen et le Conseil le 14 mars 2012 (doc. *Conseil 7155/12 FIN 157* du 2 mars 2012) ; en 2011, il l'avait fait le 17 mars ;
- le Parlement européen a approuvé l'état prévisionnel pour 2013 pour la section I en plénière le 29 mars 2012 (doc. *PE P7_TA(2012)0109*) ; en 2011, il l'avait fait le 6 avril (voir première partie, page 35).

[49] Budget rectificatif n° 1/2012 compris (voir chapitre II).

[50] Par rapport au budget pour 2012 (hors budgets rectificatifs), le projet de budget initial pour 2013 propose d'augmenter les crédits pour engagements de 3,7 milliards d'euros et les crédits pour paiements de 8,8 milliards d'euros.

[51] Doc. *COM(2012) 300* du 15 juin 2012, pp. 11/12.

[52] Il convient de relever que les documents de travail accompagnant le projet de budget initial pour 2013 contiennent pour la première fois une partie sur les "économies de performance" (*performance savings*) incluses dans le PB (doc. *SEC(2012) 270* de mai 2012, pp. 95/98).

[53] Il convient de rappeler que fin 2011 le RAL, qui n'a cessé d'augmenter pendant toutes les années couvertes par le CF, s'élevait à plus de 207 443 millions d'euros (voir page 389).

[54] Pour mémoire, fin 2011, la Commission n'avait pas pu effectuer le remboursement de 11 milliards d'euros aux États membres, et que ces paiements n'avaient pu être effectués que durant les premiers mois de 2012, sur la base de crédits inscrits au budget pour 2012. La Commission a tout au long de l'année 2012 indiqué s'attendre à des demandes similaires également fin 2012, résultant en des demandes additionnelles en crédits de paiement sur le budget pour 2013.

(et notamment +47,8 % pour le programme-cadre pour l'innovation et la compétitivité (PIC), +28,1 % pour la recherche et +15,8 % pour le programme "Éducation et formation tout au long de la vie"), de la *cohésion* (+12,1 % pour les Fonds structurels et +10,4 % pour le Fonds de cohésion) et de la *solidarité et gestion des flux migratoires* (+18 %).

S'agissant des *crédits pour engagements*, la Commission a, par contre, fait valoir que le taux d'augmentation proposé était limité au taux d'inflation, ce qui entraînerait avec l'accroissement proposé des crédits de paiement une diminution du montant du RAL en 2013.

Concernant plus particulièrement la *stratégie "Europe 2020"* en faveur d'une *croissance intelligente, durable et inclusive* (voir première partie, page 35), la Commission propose de consacrer dans on PB initial au total 64,5 milliards d'euros (soit +2,7 % par rapport au budget pour 2012) aux sept "*initiatives phare*"[55], à savoir :

- 24,7 milliards d'euros pour des mesures en faveur de l'innovation dans l'Union européenne (+4,4 % par rapport à 2012) ;

- 22,7 milliards d'euros pour une gestion efficace des ressources (+2,6 %) ;

- 9,5 milliards d'euros pour la création d'emplois et de nouvelles qualifications (+0,6 %) ;

- 2,5 milliards d'euros pour l'"Agenda digital de l'UE" (+2,6 %) ;

- 2 milliards d'euros pour des mesures contre la pauvreté (+1,1 %) ;

- 1,7 milliard d'euros pour la politique industrielle[56] (+6,1 %), et

- 1,4 milliard d'euros pour des mesures directement en faveur de la jeunesse[57] (-0,4 %).

Enfin, la Commission a salué le fait que la plupart des institutions[58] ont suivi "l'approche restrictive" demandée concernant les dépenses administratives et les postes repris dans les tableaux des effectifs[59]. Cependant, dû avant tout à une importante augmentation des pensions (+6,8 %), le montant total des dépenses administratives de l'Union augmentent dans le PB initial de +3,2 % par rapport à 2012 (dépenses liées à l'élargissement à la Croatie incluses ; voir *infra*).

Il convient de relever que suite à la Conférence d'adhésion tenue à Bruxelles le 30 juin 2011[60], la Commission a présenté un projet de budget pour 2013

---

[55] Pour une présentation détaillée du financement de la stratégie "Europe 2020" proposé dans le projet de budget initial pour 2013, voir doc. *SEC(2012) 270*, pp. 99/100.

[56] Ce montant n'inclut pas le financement des programmes européens de radionavigation par satellite GNSS "Egnos" et "Galileo".

[57] Ce montant n'inclut pas le support aux jeunes par le biais des programmes financés par le Fonds social européen.

[58] La Cour de justice (suite notamment à la proposition de doter les effectifs de la Cour de douze juges supplémentaires et du personnel d'appui correspondant et pour faire face à l'augmentation de la charge de travail de l'institution au cours de ces dernières années), le Comité des régions (suite notamment à une augmentation de la charge de travail), le Médiateur européen (suite avant tout à une hausse des dépenses immobilières) et le Service européen pour l'action extérieure (suite au personnel supplémentaire accordé en 2011, ainsi qu'aux besoins accrus en matière d'immeubles et de sécurité aussi bien au siège que dans les délégations) faisant figures d'exception (sections IV, VII, VIII et X du budget ; voir tableau 47, page 155).

Il convient de relever qu'exceptionnellement, et en conformité avec l'article 314, paragraphe 1, premier alinéa du TFUE, la Commission n'a pas retenu dans le PB initial le montant proposé par le Comité des régions dans son état prévisionnel concernant la section VII du budget de l'UE. Selon la Commission, "*la hausse demandée par le Comité des régions (+2,4 %, hors Croatie) n'est pas pleinement justifiée. Dès lors, dans son projet de budget,* (la Commission) *a aligné le projet d'état prévisionnel du Comité des régions sur la prévision de taux d'inflation (+1,9 %), au lieu d'intégrer la demande du Comité sans la modifier*" (doc. *COM(2012) 300*, p. 14).

[59] Le Conseil européen et le Conseil (section II), la Commission (section III), la Cour de justice (en excluant la demande concernant douze juges supplémentaires et le personnel d'appui correspondant (voir *supra*) ; section IV) et la Cour des comptes (section V) ont suivi l'approche visant à réduire de 1 % les effectifs inscrits aux tableaux des effectifs (voir page 147).

[60] Doc. *AD 30/11 CONF-HR 17*, du 29 juin 2011, et *AD 42/11 CONF-HR 27*, du 26 septembre 2011.

pour une Union européenne à *27* États membres, les dépenses opérationnelles supplémentaires liées à l'adhésion de la Croatie[61] en juillet 2013 n'étant présentées que dans l'Annexe XI (intitulée "*Incidence financière de l'adhésion de la Croatie (besoins de dépenses opérationnelles)*") de l'introduction générale du PB initial pour 2013[62]. Les dépenses administratives des institutions[63] relevant de la rubrique *5 – Administration* – du CF contiennent par contre les demandes des montants et des postes additionnels liées à la préparation à l'élargissement.

Conformément au point 29 de la Partie I de l'AII de 2006, la Commission a présenté, le 18 mars 2013, sa proposition d'adaptation du CF afin de tenir compte des besoins de dépenses découlant de l'adhésion de la Croatie à l'UE[64]. Les dépenses opérationnelles pour la Croatie seront intégrées dans le budget de l'Union pour 2013 par le biais du budget rectificatif nº 1/2013, adopté le 4 juillet 2013[65] (voir troisième partie, page 221).

C. Le projet de budget initial pour 2013 se présente par rubrique et sous-rubrique du cadre financier pour 2007-2013 comme suit :

- la Commission propose de doter la sous-rubrique *1a* (*Compétitivité pour la croissance et l'emploi*) de 16 032 millions d'euros en crédits d'engagement (y inclus le Fonds européen d'ajustement à la mondialisation ; +4,1 % par rapport à 2012[66]) et de 13 553 millions d'euros en crédits de paiement (+17,8 %). La marge restante sous le plafond de cette sous-rubrique s'établit ainsi à 91 millions d'euros[67].

La Commission considère cette sous-rubrique comme essentielle dans le PB pour 2013, car contribuant d'une manière centrale à la croissance et la création d'emplois, dans le contexte de la mise en œuvre de la stratégie "Europe 2020". À ce titre, comme indiqué précédemment (voir pages 148-149), la Commission propose d'augmenter notamment les crédits de paiement prévus pour le 7ème PCR[68] et pour le programme "Éducation et formation tout au long de la vie".

Par ailleurs, la Commission propose de couvrir les crédits d'engagement pour le financement complémentaire du projet ITER en 2013[69] (soit 360 millions d'euros ; voir première partie, page 83) avant tout par des redéploiements à partir de différentes lignes budgétaires liées au 7ème PCR.

Les propositions de la Commission concernant la sous-rubrique *1a* sont reprises dans le tableau 41, page 151[70] ;

- les crédits proposés pour la sous-rubrique *1b* (*Cohésion pour la croissance et l'emploi*) s'élèvent à 54 499 millions d'euros en crédits d'engagement (+3,3 %) et à 48 975 millions d'euros en crédits de paiement (+11,7 %). Ceci laisse une marge de 25 millions d'euros sous le plafond de la sous-rubrique.

Tout en soulignant l'importance du renforcement de la cohésion sociale, économique et territoriale dans la mise en œuvre de la stratégie "Europe 2020", la Commission propose 42 145 millions d'euros (+2,9 % par rapport à 2012) pour les Fonds struc-

---

[61] Pendant la période 1er janvier – 30 juin 2013 la Croatie demeurera naturellement admissible à l'aide de préadhésion relevant de la rubrique *4* (*L'UE acteur mondial*) du CF, et s'élevant à 93,5 millions d'euros en crédits d'engagement au titre de l'Instrument d'aide de préadhésion.

[62] Doc. *COM(2012) 300* du 15 juin 2012, pp. 140/141.

[63] À l'exception du Contrôleur européen de la protection des données et du Service européen pour l'action extérieure (sections IX et X du budget), ceux-ci n'ayant formulé aucune demande à ce titre.

[64] Doc. *COM(2013) 157 final.*

[65] JO L 256 du 27.9.2013, pp. 1/114.

[66] Budget rectificatif nº 1/2012 compris.

[67] Il convient de rappeler que les 500 millions d'euros en crédits d'engagement destinés au Fonds européen d'ajustement à la mondialisation (article *40 02 43*) ne sont pas pris en compte dans le calcul de la marge de la sous-rubrique *1a* du CF.

[68] Voir première partie, page 37.

[69] Article *08 20 02* (*Euratom – Entreprise commune ITER – Fusion for Energy (F4E)*) du budget de l'Union pour 2013.

[70] Les tableaux 41 à 46 prennent en compte aussi bien les dépenses pour la gestion des programmes que – le cas échéant – les dépenses de fonctionnement des agences exécutives et des entreprises communes (ces dernières dans le cas de la sous-rubrique *1a* uniquement).

Tableau 41. Proposition de la Commission concernant la sous-rubrique *1a* (*Compétitivité pour la croissance et l'emploi*) du cadre financier dans le PB pour 2013

En millions d'euros

	Crédits d'engagement			Crédits de paiement*		
	PB pour 2013	%	Budget pour 2012	PB pour 2013	%	Budget pour 2012
7ème PCR** (UE et Euratom)	10.837	*57,6*	10.212	8.969	*66,2*	7.003
- *Idées*	*1.797*	*10,6*	*1.565*	*1.227*	*9,1*	*818*
- *Santé****	*1.093*	*6,3*	*940*	*757*	*5,6*	*494*
- *Personnes*	*954*	*6,0*	*906*	*800*	*5,9*	*589*
- *Entreprise commune pour ITER*	*965*	*5,6*	*1.068*	*540*	*4,0*	*352*
- *Nanosciences, nanotechnologies, matériaux et nouvelles technologies de production*	*615*	*3,8*	*511*	*601*	*4,4*	*369*
- *Recherche spatiale*	*313*	*2,0*	*243*	*198*	*1,5*	*136*
Réseaux transeuropéens de transport** ** (RTE-T)	1.424	*8,9*	1.338	777	*5,7*	804
Programme "Éducation et formation tout au long de la vie"** ** *	1.130	*7,1*	1.141	1.088	*8,0*	937
Programme-cadre pour l'innovation et la compétitivité (PIC)	659	*4,1*	614	546	*4,0*	370
- *PIC pour l'innovation et l'esprit de l'entreprise*	*374*	*2,3*	*343*	*308*	*2,3*	*178*
- *PIC – Programmes d'appui stratégique en matière de technologies de l'information (TIC)*	*146*	*0,9*	*134*	*131*	*1,0*	*112*
- *PIC – Énergie intelligente*	*140*	*0,9*	*137*	*107*	*0,8*	*80*
Démantèlement nucléaire	257	*1,7*	260	190	*1,4*	209
L'Agenda pour la politique sociale	197	*1,2*	196	170	*1,3*	162
Programme "Erasmus Mundus"	109	*0,7*	107	98	*0,7*	87
Programmes "Fiscalis 2013" et "Douanes 2013"	84	*0,5*	82	61	*0,5*	50
Programme "Marco Polo II"** ** **	62	*0,4*	65	52	*0,4*	26
Programme européen d'observation de la Terre (GMES)	55	*0,3*	39	52	0,4	32
Démantèlement nucléaire (CCR)	31	*0,2*	29	32	*0,2*	26
Solutions d'interopérabilité pour les administrations publiques européennes	26	*0,2*	26	15	0,1	12
Activités de soutien à la politique européenne des transports et aux droits des passagers	25	*0,2*	32	15	0,1	16
Réseaux transeuropéens d'énergie (RTE-E)	23	*0,1*	22	17	*0,1*	19
Marché intérieur : activité de notification, certification et approximation sectorielles	19	*0,1*	19	15	0,1	14
Programmes opérationnels de lutte contre la fraude	14	*0,1*	14	11	0,1	11
Système d'information antifraude	7	*0,0*	6	6	0,0	5
Programmes européens de navigation par satellite (GNSS) "Egnos" et "Galileo"	1	*0,0*	171	361	*2,7*	367
Programme "Pericles"	1	*0,0*	1	1	0,0	1
Projets énergétiques pour aider la relance économique	–	*0,0*	p.m.	491	*3,6*	768
Autres programmes et actions	176	*2,8*	200	170	*2,9*	195
Fonds européen d'ajustement à la mondialisation** ** ** *	500	*3,1*	500	50	*0,4*	50
Subventions pour les agences décentralisées** ** ** **	262	*1,6*	249	258	*1,9*	251
Institut européen d'innovation et de technologie	123	*0,8*	80	108	0,8	69
Total	**16.032**	***100,0***	**15.403**	**13.553**	***100,0***	**11.483**

* *Y inclus les crédits pour les PCR précédent* ** *Y inclus le financement de six entreprises communes (voir page 134)*

*** *Y inclus le financement de l'entreprise commune pour l'initiative en matière de médicaments innovants* ** ** *Y inclus le financement de l'entreprise commune SESAR*

** ** * *Y inclus le financement de l'agence exécutive "Éducation, Audiovisuel et Culture"* ** ** ** *Y inclus les crédits pour le programme "Marco Polo"*

** ** ** * *Les crédits d'engagement sont inscrits en réserve* ** ** ** ** *Voir tableau 60, page 188*

turels (FEDER et FSE) et 12 354 millions d'euros (+4,8 %) pour le Fonds de cohésion.

En ce qui concerne les crédits de paiement, elle propose – pour les programmes et projets relevant de la période de programmation 2007-2013 – un total de 38 219 millions d'euros (+15,3 %) pour les Fonds structurels et 8 828 millions d'euros (+13,0 %) pour le Fonds de cohésion. En même temps, 1 923 millions d'euros sont proposés pour clôturer les programmes et les projets relevant de la période 2000-2006.

Les propositions de la Commission concernant la sous-rubrique *1b* sont reprises dans le tableau 42, page 153 ;

- les crédits proposés pour la rubrique *2* (*Conservation et gestion des ressources naturelles*) sont de 60 308 millions d'euros en crédits d'engagement (+0,6 %), dont 44 130 millions d'euros pour les dépenses de marché et paiements directs (+0,4 %), et de 57 965 millions d'euros en crédits de paiement (+1,6 %), dont 44 113 millions d'euros pour les dépenses de marché et paiements directs (+0,5 %). La marge restante sous le plafond de la rubrique est de 981 millions d'euros. La marge pour les dépenses de marché et paiements directs est de 809 millions d'euros, "modulation agricole" comprise.

En même temps, les dépenses proposées pour le développement rural augmentent en crédits d'engagement de +1,3 % par rapport à 2012, pour atteindre 14 808 millions d'euros. Les crédits de paiement augmentent quant à eux de +5,4 %, pour s'établir à 12 749 millions d'euros.

Les propositions de la Commission concernant la rubrique *2* sont reprises dans le tableau 43, page 153 ;

- les crédits proposés pour la sous-rubrique *3a* (*Liberté, sécurité et justice*) s'élèvent à 1 392 millions d'euros en crédits d'engagement (+1,8 %) et à 928 millions d'euros en crédits de paiement (+11,1 %). La marge restante sous le plafond de la sous-rubrique s'établit ainsi à 269 millions d'euros.

La considérable augmentation en crédits de paiement proposée dans le PB initial est surtout due à l'augmentation des montants proposés pour les quatre Fonds liés au financement de la solidarité et de la gestion des flux migratoires qui, selon la Commission, ont "*désormais atteint leur vitesse de croisière et requièrent d'importants versements de préfinancement aux États membres*"[71].

Les propositions de la Commission concernant la sous-rubrique *3a* sont reprises dans le tableau 44, page 153 ;

- les crédits proposés pour la sous-rubrique *3b* (*Citoyenneté*) sont de 689 millions d'euros en crédits d'engagement (-1,2 %) et de 646 millions d'euros en crédits de paiement (-0,4 %). La marge laissée sous le plafond de cette sous-rubrique est ainsi de 26 millions d'euros.

Les propositions de la Commission concernant la sous-rubrique *3b* sont reprises dans le tableau 45 page 154;

- les crédits proposés pour la rubrique *4* (*L'UE acteur mondial*) s'élèvent à 9 467 millions d'euros en crédits d'engagement (+0,7 %) et à 7 312 millions d'euros en crédits de paiement (+5,1 %). La marge restante sous le plafond de cette rubrique s'établit ainsi à 392 millions d'euros[72].

L'augmentation proposée des crédits de paiement est avant tout liée à l'Instrument européen de voisinage et de partenariat (IEVP ; +11,6 % par rapport à 2012), afin de maintenir le soutien à l'Autorité palestinienne à son niveau de 2012, et à l'Instrument d'aide de préadhésion (IAP ; +21,1 %), "*pour lequel les engagements progressent bien et les paiements intermédiaires et finaux commencent à rentrer*"[73].

[71] Doc. *COM(2012) 300 final*, p. 43.

[72] Il convient de tenir compte du fait que la marge de la rubrique *4* n'inclut pas les crédits de la réserve pour aides d'urgence (article *40 02 42*, au total 264,1 millions d'euros dans le budget de l'UE pour 2013).

[73] Présentation du projet de budget initial pour 2013 au Parlement européen le 25 avril 2012.

Tableau 42. Proposition de la Commission concernant la sous-rubrique *1b* (*Cohésion pour la croissance et l'emploi*) du cadre financier dans le PB pour 2013

En millions d'euros

	Crédits d'engagement*			Crédits de paiement		
	PB pour 2013	**%**	**Budget pour 2012**	**PB pour 2013**	**%**	**Budget pour 2012**
Fonds structurels	42.145	*77,3*	40.946	39.294	*80,2*	35.062
Objectif "convergence"	*33.359*	*61,2*	*32.303*	*31.224*	*63,8*	*28.122*
Objectif "compétitivité régionale et emploi"	*7.329*	*13,4*	*7.203*	*6.819*	*13,9*	*5.918*
Objectif "coopération territoriale européenne"	*1.369*	*2,5*	*1.352*	*1.177*	*2,4*	*953*
Assistance technique	*87*	*0,2*	*88*	*74*	*0,2*	*69*
Autres programmes et actions	0	*0,0*	*14*	5	*0,0*	*12*
Fonds de cohésion	12.354	*22,7*	11.793	9.676	*19,8*	8.762
Objectif "convergence"	*12.331*	*22,6*				
Assistance technique	*23*	*0,0*				
Total	**54.499****	***100,0***	**52.753**	**48.975**	***100,0***	**43.836**

** Programmes de la période de programmation 2007-2013 uniquement ** Dont objectif "convergence" : 83,8 %*

Tableau 43. Proposition de la Commission concernant la rubrique *2* (*Conservation et gestion des ressources naturelles*) du cadre financier dans le PB pour 2013

En millions d'euros

	Crédits d'engagement			Crédits de paiement		
	PB pour 2013	**%**	**Budget pour 2012**	**PB pour 2013**	**%**	**Budget pour 2012**
Dépenses de marché et aides directes	44.130	*73,2*	43.670	44.113	*76,1*	43.876
Marchés agricoles	*43.828*	*72,7*	*43.603*	*43.834*	*75,6*	*43.601*
Marchés de la pêche	*27*	*0,0*	*30*	*27*	*0,0*	*29*
Santé	*275*	*0,5*	*336*	*252*	*0,4*	*246*
Développement rural	14.808	*24,6*	14.617	12.749	*22,0*	12.093
Fonds européen pour la pêche (FEP)	687	*1,1*	673	523	*0,9*	488
Politique commune de la pêche (PCP) et politique maritime*	258	*0,4*	282	237	*0,4*	235
Programme "Life+"	367	*0,6*	355	273	*0,5*	254
Subventions aux agences décentralisées**	52	*0,1*	49	52	*0,1*	50
Autres programmes et actions	3	*0,0*	31	18	*0,0*	38
Total	**60.307**	***100,0***	**59.976**	**57.965**	***100,0***	**57.034**

** Y inclus pêche internationale et droit de la mer, conservation, contrôle et gouvernance ** Voir tableau 60, page 188*

Tableau 44. Proposition de la Commission concernant la sous-rubrique *3a* (*Liberté, sécurité et justice*) du cadre financier dans le PB pour 2013

En millions d'euros

	Crédits d'engagement			Crédits de paiement		
	PB pour 2013	**%**	**Budget pour 2012**	**PB pour 2013**	**%**	**Budget pour 2012**
Fonds pour les frontières extérieures	416	*29,8*	350	236	*25,4*	188
Fonds européen pour l'intégration des ressortissants de pays tiers	178	*12,8*	163	90	*9,6*	86
Fonds européen pour le retour	186	*13,4*	163	94	*10,1*	73
Fonds européen pour les réfugiés*	123	*8,8*	113	66	*7,1*	63
Réseau européen des migrations	7	*0,5*	8	4	*0,4*	4
Total "solidarité et gestion des flux migratoires"	*909*	*65,3*	*797*	*488*	*52,6*	*414*
Justice pénale	28	*2,0*	27	23	*2,5*	18
Lutte contre la violence (programme "Daphné")	18	*1,3*	20	17	*1,9*	15
Justice civile	17	*1,2*	16	8	*0,8*	10
Droits fondamentaux et citoyenneté	16	*1,1*	16	14	*1,5*	13
Prévention de la consommation de la drogue et information du public	3	*0,2*	3	3	*0,3*	3
Total "droits fondamentaux et justice"	*82*	*5,9*	*82*	*65*	*7,0*	*59*
Prévenir et combattre la criminalité	54	*3,9*	118	36	*3,8*	36
Prévention, préparation et gestion des conséquences en matière de terrorisme	12	*0,9*	23	8	*0,9*	8
Total "sécurité et préservation des libertés"	*66*	*4,8*	*142*	*44*	*4,7*	*43*
Système d'information Schengen (SIS II)	37	*2,6*	16	23	*2,4*	20
Système d'information sur les visas (VIS)	9	*0,6*	39	29	*3,1*	27
Eurodac	0	*0,0*	1	0	*0,0*	0
Total "gestion des systèmes d'information"	*46*	*3,3*	*55*	*51*	*5,5*	*48*
Prince (Affaires intérieures et Justice)	6	*0,4*	6	4	*0,4*	4
Évaluation et analyse d'incidence	1	*0,1*	1	1	*0,1*	1
Total "stratégie politique et coordination"	*7*	*0,5*	*7*	*5*	*0,5*	*5*
Subventions pour huit agences décentralisées**	282	*20,3*	276	273	*29,4*	260
Autres dépenses	1	0,1	10	2	0,3	8
Total général	**1.392**	***100,0***	**1.368**	**928**	***100,0***	**836**

** Y inclus les mesures d'urgence ** Voir tableau 60, page 188*

Tableau 45. Proposition de la Commission concernant la sous-rubrique *3b* (*Citoyenneté*) du cadre financier dans le PB pour 2013

En millions d'euros

	Crédits d'engagement			Crédits de paiement		
	PB pour 2013	%	Budget pour 2012*	PB pour 2013	%	Budget pour 2012*
Programme "Jeunesse en action"	141	*20,5*	140	130	*20,1*	124
Programme "Média 2007"	109	*15,8*	107	102	*15,7*	101
Programme "Culture 2007-2013"	60	*8,7*	59	52	*8,0*	51
Action de l'UE dans le domaine de la santé	51	*7,4*	50	42	*6,4*	38
Information pour les médias et actions multimédia	34	*4,9*	36	33	*5,1*	32
Programme "L'Europe pour les citoyens"	27	*3,9*	28	29	*4,4*	28
Protection des consommateurs	22	*3,2*	22	20	*3,1*	21
Instrument financier pour la protection civile	19	*2,7*	18	15	*2,4*	14
Programme "Média Mundus"	5	*0,7*	5	5	*0,7*	5
Subventions pour deux agences décentralisées**	131	*19,0*	132	129	*19,9*	129
Agences exécutives***	25	*3,6*	25	25	*3,8*	25
Autres dépenses	67	*9,8*	74	66	*10,2*	81
Total	**689**	***100,0***	**697**	**646**	***100,0***	**649**

** Budgets rectificatifs mobilisant le Fonds de solidarité de l'UE exclus* *** Voir tableau 60, page 188*

**** Contribution de la sous-rubrique 3b aux agences exécutives "Éducation, audiovisuel et culture" et pour la santé et les consommateurs (voir page 134)*

S'agissant de la politique étrangère et de sécurité commune[74] (PESC), la Commission propose de la doter de 396,3 millions d'euros en crédits d'engagement (+9,2 %) et de 320,5 millions d'euros en crédits de paiement (+5,9 %).

Les propositions de la Commission concernant la rubrique *4* sont reprises dans le tableau 46, page 155, et

- les crédits proposés pour la rubrique *5* (*Administration*) s'élèvent à 8 544 millions d'euros en crédits d'engagement et à 8 546 millions d'euros en crédits de paiement (+3,2 %). La marge restante sous le plafond de cette rubrique s'établit ainsi à 637 millions d'euros[75].

Les montants inscrits dans le PB initial incluent un montant de 33 millions d'euros (0,4 % de l'augmentation globale) pour couvrir les dépenses administratives supplémentaires pour toutes les institutions liées à l'adhésion de la Croatie à l'Union européenne.

Les crédits demandés pour la Commission (hors pensions et Écoles européennes) augmentent de +1,5 % par rapport à 2012 (à 3 372 millions d'euros en crédits d'engagement), alors que les dépenses demandées par les autres institutions augmentent de +3,3 % (à 3 578 millions d'euros). Les dépenses pour les pensions et les Écoles européennes augmentent quant à elles de 6,8 % (pour atteindre 1 594 millions d'euros).

Les montants demandés par les différentes institutions sont récapitulés dans le tableau 47, page 155. Les demandes de modification des postes inscrits aux tableaux des effectifs sont quant à elles résumées par institution dans le tableau 58, page 187.

5. La position du Conseil sur le projet de budget initial pour 2013 (24 juillet 2012[76])

A. La position du Conseil sur le projet de budget initial pour 2013[77] s'élève à 149 777 millions d'euros en crédits pour engagements et à 132 695

[74] Chapitre *19 03* et poste *19 01 04 04* pour les crédits pour la gestion administrative de la PESC.

[75] Le calcul de la marge sous le plafond de la rubrique *5* prend en considération un montant de 86 millions d'euros au titre des contributions du personnel au régime de pensions, conformément à la note en bas de page nº 1 du tableau du CF (JO C 139 du 14.6.2006, p. 10).

[76] Afin de respecter les délais prévus à l'article 4 du protocole nº 1 sur le rôle des parlements nationaux dans l'Union européenne (JO C 83 du 30.3.2010, p. 204 ; voir page 22, note en bas de page 29), le Conseil a adopté sa position sur le projet de budget initial pour 2013 en tant que "point A" lors du Conseil "Affaires générales" le 24 juillet 2012. Trois États membres (les Pays-Bas, le Royaume-Uni et la Suède) ont voté contre, l'Autriche s'abstenant.

La décision arrêtant la position du Conseil a été publiée au JO C 234 du 4.8.2012, p. 4. La lettre de transmission au Parlement européen est datée du 14 septembre 2012 (voir page 379).

[77] Lors de l'adoption de la position du Conseil, huit États membres (l'Allemagne, l'Autriche, le Danemark, la Finlande, la France, les Pays-Bas, le Royaume-Uni et la Suède) ont fait inscrire au procès-verbal de la session du Conseil la déclaration unilatérale suivante : "*La modération budgétaire conserve toute son im-*

Tableau 46. Proposition de la Commission concernant la rubrique *4* (*L'UE acteur mondial*) du cadre financier dans le PB pour 2013

En millions d'euros

	Crédits d'engagement			Crédits de paiement		
	PB pour 2013	*%*	**Budget pour 2012**	**PB pour 2013**	*%*	**Budget pour 2012**
Instrument de financement de la coopération au développement (ICD)	2.619	*27,7*	2.584	2.043	*27,9*	2.050
Instrument européen de voisinage et de partenariat (IEVP)	2.368	*25,0*	2.325	1.475	*20,2*	1.321
Instrument d'aide de préadhésion (IAP)	1.864	*19,7*	1.866	1.635	*22,4*	1.330
Instrument européen pour la démocratie et les droits de l'homme (IEDDH)	176	*1,9*	176	140	*1,9*	154
Instrument financier de coopération avec les pays industrialisés (IPI et IPI+)	73	*0,8*	55	37	*0,5*	29
Total "instruments principaux"	*7.100*	*75,0*	*7.006*	*5.330*	*72,9*	*4.904*
Aide humanitaire	865	*9,1*	849	828	*11,3*	792
Politique étrangère et de sécurité commune (PESC)	396	*4,2*	363	321	*4,4*	303
Instrument de stabilité (IdS)	330	*3,5*	309	216	*3,0*	201
Réserve pour aides d'urgence (RAU)	264	*2,8*	259	110	*1,5*	90
Assistance macrofinancière	100	*1,1*	96	97	*1,3*	79
Instrument de coopération dans le domaine de la sécurité nucléaire (ICSN)	79	*0,8*	77	71	*1,0*	66
Subvention pour la Fondation européenne pour la formation	20	*0,2*	20	21	*0,3*	20
Autres dépenses	313	*3,3*	427	319	*4,4*	500
Total "autres instruments, programmes, actions et divers"	*2.367*	*25,0*	*2.400*	*1.982*	*27,1*	*2.051*
Total général	**9.467**	***100,0***	**9.406**	**7.312**	***100,0***	**6.955**

Tableau 47. Montants par institution dans le projet de budget pour 2013

En millions d'euros
(Source : Commission)

Institution(s)	**Budget pour 2012**	**Projet de budget pour 2013**		**Évolution 2012/2013** *(en %)*	
		A	**B**	**A**	**B**
Parlement européen	1.717,9	1.750,5	1.759,4	*+1,9*	*+2,4*
Conseil européen et Conseil	533,9	535,0	540,5	*+0,2*	*+1,2*
Commission*	3.324,2	3.362,6	3.372,4	*+1,2*	*+1,5*
Pensions (toutes institutions)	*1.322,5*	*1.413,3*	*1.413,1*	*+6,8*	*+6,8*
Écoles européennes	*169,2*	*180,7*	*180,7*	*+6,8*	*+6,8*
Commission (total)	4.815,9	4.956,6	4.966,2		
Cour de justice**	348,3	372,3	377,5	*+6,9*	*+8,4*
Cour des comptes	142,5	143,8	144,7	*+0,9*	*+1,6*
CESE	128,8	131,3	132,7	*+1,9*	*+3,0*
Comité des régions	86,5	88,1***	89,0***	*+1,9*	*+2,9*
Médiateur européen	9,5	9,8	9,9	*+2,9*	*+3,9*
CEPD	7,6	7,8	7,8	*+1,9*	*+1,9*
SEAE	488,7	516,6	516,6	*+5,7*	*+5,7*
Total	**8.279,6**	**8.511,6**	**8.544,4**	**+2,8**	**+3,2**

A: *Dépenses liées à l'élargissement exclues* **B: *Dépenses liées à l'élargissement à la Croatie incluses***

** Hors Écoles européennes et pensions* *** Y compris dépenses pour douze nouveaux juges en 2013*

**** Montants proposés dans l'état prévisionnel : 88,5 (+2,4 %) et 89,4 millions d'euros respectivement*

---

portance au niveau de l'UE au moment où les États membres fournissent des efforts soutenus pour assainir leurs finances publiques et tendre vers la croissance. À cet égard, une augmentation du budget de 2,79 % est supérieure à ce que nous aurions souhaité. Par conséquent, aucune augmentation supplémentaire des dépenses de l'UE ne devrait être décidée d'ici la fin de l'année".

En même temps, quatre États membres (l'Estonie, la Hongrie, la Pologne et la Roumanie) ont fait inscrire la déclaration unilatérale suivante : "*L'UE devrait consacrer ses efforts et ses ressources publiques limitées en priorité à la croissance et à l'emploi. C'est ce qu'a récemment confirmé le Conseil européen dans le "Pacte pour la croissance et l'emploi".*

À cet égard, le budget de l'UE peut jouer un rôle significatif en réservant des moyens financiers aux programmes qui viennent clairement à l'appui des objectifs susmentionnés, et ce dès les budgets 2012 et 2013 de l'UE.

Par conséquent, le niveau des paiements convenu dans la position du Conseil sur le projet de budget 2013 constitue un minimum (notamment en ce qui concerne la sous-rubrique 1b), qui devrait être considéré comme un point de départ pour les négociations prévues en automne avec le Parlement européen.

Pour être crédible, l'UE doit garantir un niveau de ressources approprié afin d'honorer tous les engagements pris par le passé, tout en menant les politiques communes de l'UE. En outre, il convient de souligner que plus le niveau de paiement approuvé est élevé, plus le restant à liquider (RAL) est bas (écart entre les crédits d'engagement et les crédits de paiement)" (doc. *Conseil 12279/1/12 REV 1 FIN 510* du 19 juillet 2012, p. 14).

millions d'euros en crédits pour paiements[78], ce qui correspond à une augmentation de 1,3 % et de 2,8 % respectivement par rapport au budget pour 2012[79]. Les crédits pour engagements correspondent à 1,12 % et les crédits pour paiements à 0,99 % du RNB. Les marges laissées sous les plafonds du CF sont de 3 575 millions d'euros en crédits pour engagements et de 11 302 millions d'euros en crédits pour paiements.

B. Lors du trilogue du *9 juillet 2012* qui, conformément au point 5 de la déclaration commune, du 30 novembre 2009, sur les mesures transitoires applicables à la procédure budgétaire après l'entrée en vigueur du traité de Lisbonne (voir page 373-376) et au point A.1. de la déclaration commune, du 26 mars 2012, relative au calendrier de la procédure budgétaire et aux modalités de fonctionnement du comité de conciliation en 2012 (voir pages 210-212), a précédé la lecture du Conseil, le Parlement européen, le Conseil et la Commission ont en premier lieu abordé la question du contenu de la position du Conseil sur le PB initial pour 2013.

Le Conseil a surtout rappelé que la crise économique et financière que traversent tous les États membres de l'Union engendrait beaucoup de pression sur les finances publiques nationales et qu'elle avait rendu particulièrement difficile en 2012 l'établissement d'une position du Conseil qui soit acceptable pour une majorité qualifiée d'États membres (voir pages 154-155).

Le Parlement européen[80], de son côté, a sévèrement critiqué le fait que le Conseil se proposait de retenir un taux d'augmentation des crédits pour engagements en dessous du taux d'inflation escompté et d'adopter des réductions "considérables" aux crédits de paiement proposés par la Commission concernant plusieurs secteurs-clefs du budget de l'Union, et notamment la sous-rubrique *1a* (*Compétitivité pour la croissance et l'emploi*) du CF[81], en rappelant "l'importance d'honorer les engagements passés" et de retenir dans le budget pour 2013 un niveau "suffisant" de crédits de paiement.

Il a, en outre, considéré la position que le Conseil s'apprêtait à adopter comme "contradictoire" avec les conclusions du Conseil européen des 28 et 29 juin 2012 sur le "pacte pour la croissance et l'emploi" et sur les 55 milliards d'euros supplémentaires "venant des Fonds structurels" et "destinés à dynamiser la croissance dans l'Union européenne"[82]. Le Parlement a également critiqué les réductions proposées par le Conseil concernant les subventions aux trois nouvelles agences décentralisées de l'UE dans le domaine des services financiers et de la surveillance financière[83], dans le contexte des discussions en cours sur le renforcement du contrôle du secteur bancaire dans l'Union.

Le Parlement européen a aussi souligné son inquiétude quant aux "approches différentes et divergentes" suivies par le Conseil et le Parlement dans leur évaluation des besoins en crédits de paiement en 2013, en insistant de nouveau – comme lors du trilogue du 26 mars 2012 (voir page 145) – sur la nécessité d'organiser avant le début de la procédure de conciliation une réunion interinstitutionnelle sur les crédits de paiement en 2012 et 2013, sur la base des

[78] En d'autres termes, le Conseil a réduit les crédits pour engagements proposés par la Commission dans son PB initial (hors lettre rectificative) de 1 155 millions d'euros et les crédits pour paiements de 5 229 millions d'euros. Par rapport au budget pour 2012 (hors budgets rectificatifs), la position du Conseil augmente les crédits pour engagements de 2,5 milliards d'euros et les crédits pour paiements de 3,6 milliards d'euros.

[79] Budgets rectificatifs nº 1-3/2012 compris (voir chapitre II).

[80] Le mandat du Parlement européen pour le trilogue est repris dans le doc. *PE P7_TA(2012)0289*.

[81] S'agissant de la sous-rubrique *1b* (*Cohésion pour la croissance et l'emploi*) du CF, le Parlement européen s'est – de nouveau comme les années précédentes – avant tout interrogé sur les raisons pour lesquelles les prévisions de demandes de paiement soumises par les États membres au début de 2012, et qui font état d'un important accroissement des besoins en crédits de paiement, sont remises en question par les États membres lors de l'établissement de la position du Conseil sur le projet de budget.

[82] Doc. *Conseil européen 76/12 CO EUR 4 CONCL 2* du 29 juin 2012, p. 12.

[83] Il s'agit de l'Autorité bancaire européenne, de l'Autorité européenne des assurances et des pensions professionnelles et de l'Autorité européenne des marchés financiers.

"derniers chiffres" fournis par la Commission, à un niveau "politique" (voir page 145). Cette réunion s'est finalement tenue le 26 septembre 2012[84].

S'agissant enfin des dépenses administratives des institutions, le Parlement a indiqué son désaccord concernant certaines réductions de crédits envisagées par le Conseil (voir page 159), et notamment concernant l'augmentation envisagée des taux d'abattement forfaitaire[85] de plusieurs institutions, l'exclusion de l'adaptation de 1,7 % des rémunérations et des pensions de 2011 et la non-acceptation de la réserve pour financer douze juges additionnels et le personnel d'appui correspondant proposée par la Cour de justice[86]. En même temps, le PE a fait part de son intention de proposer des économies supplémentaires lors du vote de ses amendements en octobre 2012 en ce qui concerne sa propre section du budget de l'Union européenne (section I).

Par ailleurs le Parlement européen a, pour la seule fois au cours de la procédure budgétaire pour 2013, fait référence au "lien politique" qui existe entre la procédure budgétaire et les négociations sur le futur cadre financier pluriannuel pour 2014-2020[87] (voir chapitre II et page 191).

La Commission, pour sa part, a défendu son projet de budget, tout en indiquant sa "préoccupation" quant à la position du Conseil qui, selon la Commission, tout en augmentant "artificiellement" le RAL, ne "résoudra pas la question des crédits de paiement nécessaires en 2013". S'agissant des 55 milliards d'euros mentionnés dans les conclusions du Conseil européen des 28 et 29 juin 2012, elle a indiqué que ce montant se référait à des crédits déjà programmés ne nécessitant pas de crédits supplémentaires en 2013.

Lors du trilogue la Commission a également présenté sa "note d'information du printemps"[88], reposant sur les informations fournies par le système d'alerte budgétaire (la "note d'alerte budgétaire du printemps" ; voir première partie, page 45). La Commission a avant tout souligné le fait que l'exécution du budget était au 31 mai 2012 en avance sur les prévisions, ainsi que par rapport à la situation en 2011 à la même date. Elle entrevoyait ainsi la possibilité d'un manque de crédits pour paiements de l'ordre de 3 à 8 milliards d'euros à la fin de l'année 2012.

Les trois institutions ont en outre discuté, conformément à l'annexe II, point D de l'AII de 2006, des projets pilotes et des actions préparatoires à retenir dans le budget de l'Union européenne pour 2013, sur la base d'une réponse écrite de la Commission à un projet du Parlement européen de liste de pro-

---

[84] La réunion interinstitutionnelle sur les crédits de paiement, du 26 septembre 2012, a avant tout été une "réunion de travail" sur les problèmes de méthode et de gestion des crédits de paiement, le montant des crédits de paiement requis dans le budget de l'UE étant devenu un "problème politique majeur" dans certains États membres.

Les trois institutions ont notamment fait le point sur les évaluations quant aux besoins des crédits de paiement en fin d'année (et surtout concernant la politique régionale et de cohésion, ainsi que le développement rural), sur la base de données et d'estimations communiquées par la Commission, tout en faisant le lien avec le budget de l'année à venir et le BR lié à l'augmentation des crédits de paiement de fin d'année (le BR n° 6/2012 ; voir chapitre II).

En même temps, le Parlement européen a fortement insisté sur le fait que le projet de budget pour 2013 et les projets de budgets rectificatifs pour 2012 proposés par la Commission soient négociés sur des "*bases et modes de calcul acceptables pour tous*" et sur base de "*chiffres présentés par la Commission et contestés par aucun État membre*".

[85] Voir première partie, page 46.

[86] Lors de l'adoption de ses amendements le 23 octobre 2012, le PE s'est néanmoins rallié à la position du Conseil de ne pas retenir ces montants dans le budget administratif pour 2013 de la Cour de justice (voir page 173).

[87] Le Parlement européen a également demandé que les trois institutions revoient, dans le cadre des discussions sur le calendrier pragmatique s'appliquant à la procédure budgétaire pour 2014, la date du trilogue qui précède l'adoption de la position du Conseil, afin que le Conseil ait pu confirmer, au niveau politique, sa position *avant* la tenue du trilogue (en 2012, le Coreper, suite aux difficultés pour trouver une majorité qualifiée, n'a confirmé l'accord trouvé au sein du comité budgétaire du Conseil que le 11 juillet, soit deux jours *après* le trilogue).

[88] La Commission a adopté cette note le 27 juin 2012. Elle fait état de l'exécution du budget au 31 mai 2012.

jets et actions à retenir en 2013. Le Parlement, tout en prenant note de la réponse de la Commission, a indiqué son intention de vouloir revenir sur cette question dans le contexte de la préparation de ses amendements à l'automne 2012.

Le Conseil de son côté a avant tout souligné, vu la situation budgétaire existante, l'importance d'une approche sélective en examinant la valeur ajoutée des projets pilotes et des actions préparatoires proposés.

S'agissant du budget de l'Union européenne pour 2012, la Commission a présenté le contenu du projet de budget rectificatif n° 4/2012 concernant surtout les recettes. Les deux branches de l'autorité budgétaire ont confirmé leur intention d'adopter ce PBR dans les meilleurs délais.

Enfin, dans le cadre du point 47 de la Partie III de l'AII de 2006[89], le Parlement européen, le Conseil et la Commission ont fait le point sur le financement et les nouveaux postes proposés pour l'Autorité européenne des marchés financiers et pour l'Agence européenne des médicaments, suite aux nouvelles tâches proposées pour ces deux agences, ainsi que pour l'Agence européenne pour la sécurité maritime, suite à l'accord politique obtenu le 12 avril 2012 sur la révision de son règlement constitutif[90].

C. La position du Conseil sur le projet de budget initial pour 2013 tient compte des orientations budgétaires du Conseil pour 2013 (voir page 147), en mettant de nouveau (voir première partie, pages 45-47) en particulier l'accent sur les aspects suivants[91] :

- suivre une approche débouchant sur un budget "*réaliste et équilibré*" dans toutes ses composantes, dans le respect de la discipline budgétaire et de la bonne gestion financière, conformément à l'AII de 2006. Le Conseil salue les "*efforts déjà accomplis par la Commission dans son projet de budget*", mais souligne la nécessité de consentir des efforts supplémentaires ;

- veiller à ce que les diverses priorités de l'Union européenne bénéficient d'une "*dotation adéquate*", en déterminant les crédits sur la base du taux d'exécution budgétaire en 2011, des prévisions en matière d'exécution budgétaire en 2012 et de "*capacités d'absorption réalistes*", compte tenu des particularités des différents exercices budgétaires ;

- dégager des marges supplémentaires par rapport au PB sous les plafonds des différentes rubriques et sous-rubriques du CF, à l'exception de la sous-rubrique *1b*[92] (*Cohésion pour la croissance et l'emploi*), afin de pouvoir faire face à des situations imprévues, tout en respectant, dans toute la mesure du possible, les montants des crédits d'engagement proposés par la Commission en ce qui concerne les programmes co-décidés[93], et

- assurer une croissance "*limitée et contrôlée*" des crédits de paiement[94] par rapport à l'exercice 2012, en "*ajustant les montants pour les différentes rubriques et sous-rubriques du cadre financier sur la base d'une analyse de l'exécution du budget 2011 et des prévisions en matière d'exécution budgétaire en 2012. Cette approche doit être vue dans le contexte des contraintes budgétaires auxquelles tous les États membres sont confrontés*".

---

[89] Voir page 44, note en bas de page 136.

[90] Il convient de relever que l'Agence européenne pour la sécurité maritime a déjà été à l'ordre du jour des trilogues des 11 juillet et 19 octobre 2011 (voir première partie, pages 43-45 et 55-56).

[91] Doc. *Conseil 12749/12 BUDGET 28* du 25 juillet 2012, pp. 10/20.

[92] Voir page 37, note en bas de page 122.

[93] Hors dépenses pour la gestion administrative et les dépenses gérées par les agences exécutives (voir *infra*). Il convient de relever que le Conseil a réduit (comme en 2011) les crédits d'engagement proposés par la Commission dans son PB initial pour les dépenses opérationnelles de programmes et de Fonds co-décidés (voir page 45, note en bas de page 143).

[94] Le Conseil a accompagné ses réductions de crédits de paiement par rapport aux propositions de la Commission de sa déclaration "traditionnelle" (voir page 46, note en bas de page 144) sur les crédits de paiement, formulée cette fois de la façon suivante : "*Le Conseil demande à la Commission de présenter le plus rapidement possible la lettre rectificative portant sur l'agriculture (en incluant les informations relatives à un éventuel report des recettes affectées) et, le cas échéant, une lettre rectificative portant sur la sous-rubrique 1b (Cohésion pour la croissance et l'emploi) afin de déterminer le niveau adéquat des ressources devant figurer au budget 2013 pour la rubrique 2 (Conservation et gestion des ressources naturelles) et pour la sous-rubrique 1b.*

S'agissant des dépenses administratives des institutions[95] (rubrique 5 du CF), le Conseil a notamment appliqué les principes suivants :

- conserver une maîtrise rigoureuse du volume des dépenses administratives des institutions de l'UE, conformément à l'approche suivie par les États membres pour leur propre fonction publique ;

- fixer le budget administratif de chaque institution (à l'exception du Parlement européen) au "*niveau approprié*", en tenant compte de leurs spécificités et de leurs besoins réels et justifiés, en diminuant d'un montant total de 146,18 millions d'euros les crédits d'engagement et de paiement demandés dans le PB (voir page 165) ;

- augmenter l'abattement forfaitaire standard sur les salaires pour la plupart des institutions[96] et pour certains offices et organismes de l'UE, en tenant compte du taux de vacance actuel ;

- ne pas accepter l'adaptation de 1,7 % des rémunérations et des pensions de 2011 ;

- ne pas retenir la réserve (de 15,7 millions d'euros) pour financer douze juges additionnels et le personnel d'appui correspondant proposée par la Cour de justice[97] ;

- appliquer la proposition de la Commission visant à une réduction des effectifs de 1 % par an à compter de 2013 (voir pages 146-147), pour toutes les institutions à l'exception du Médiateur européen et du Contrôleur européen de la protection des données (qui sont de très petites institutions) et du Service européen pour l'action extérieure (qui a été créé récemment) ;

- ne pas accepter les nouveaux postes demandés par le Médiateur européen et le Contrôleur européen de la protection des données mais non liés à l'élargissement à la Croatie ;

- accepter les conversions, transformations, revalorisations et transferts de postes demandés, à l'exception des transformations de postes non obligatoires demandées par la Cour de justice, et

- accepter toutes les demandes de personnel supplémentaire liées à l'élargissement à la Croatie.

Le Conseil a également procédé à des réductions ciblées, notamment sur la base de l'exécution budgétaire et des capacités d'absorption escomptées, sur les dotations proposées par la Commission concernant les dépenses pour la gestion administrative des programmes opérationnels et des Fonds et les dépenses administratives des agences exécutives.

Le Conseil demande en outre à la Commission de présenter un projet de budget rectificatif si les crédits de paiement inscrits dans le budget 2013 se révélaient insuffisants pour couvrir les dépenses relevant de la sous-rubrique 1a (Compétitivité pour la croissance et l'emploi), de la sous-rubrique 1b, de la rubrique 2 et de la rubrique 4 (L'UE acteur mondial).

Il demande instamment à la Commission de présenter le plus rapidement possible des chiffres actualisés concernant la situation et les estimations relatives aux crédits de paiement relevant de la sous-rubrique 1b et, si nécessaire, de présenter un projet de budget rectificatif à cette seule fin. Le Conseil se prononcera sur le projet de budget rectificatif dans les plus brefs délais afin d'éviter toute insuffisance dans les crédits de paiement" (doc. *Conseil 12749/12 BUDGET 28*, p. 11).

Il convient de relever que par rapport à la déclaration adoptée le 25 juillet 2011 (voir première partie, page 46), la déclaration a été dotée d'un premier paragraphe qui contient des éléments provenant de la déclaration commune adoptée en novembre 2011, dans le cadre de l'accord global sur le budget pour 2012 (voir première partie, page 68). Par ailleurs, le premier paragraphe inclut comme nouveau élément – afin de permettre aux "pays de la cohésion" de voter pour la position du Conseil – une référence à une éventuelle "*lettre rectificative portant sur la sous-rubrique 1b*" (…) "*afin de déterminer le niveau adéquat des ressources devant figurer au budget 2013* (…) *pour la sous-rubrique 1b*". La Commission n'a pas donné suite à cette demande (voir page 189).

[95] Dans le respect du "*Gentlemen's agreement*" qui exclut le Parlement européen (voir première partie, page 46).

[96] Il s'agit de la Commission (augmentation de 3,8 à 4,1 %), de la Cour de justice (de 3,5 à 4 %), de la Cour des comptes (de 1,8 à 2 %), du Comité économique et social européen (de 4,5 à 6,5 %), du Comité des régions (de 6 à 7,9 %), du Médiateur européen (de 2 à 5 %) et du Service européen pour l'action extérieure (de 3,9 % pour le personnel statutaire dans les délégations et de 6,2 % pour le personnel externe dans les délégations à 8 %).

[97] Cette demande a été faite dans le cadre des propositions de modification du statut de la Cour, soumise à l'autorité législative en mars 2011.

Tableau 48. Les réductions de crédits opérées par le Conseil dans sa position sur le projet de budget pour 2013

En millions d'euros

Rubrique ou sous-rubrique du CF	Crédits d'engagement*	Crédits de paiement*	Agences décentr. Montant	*Nb*	Total c/e	c/p	*Marge* c/e	c/p
1a (Compétitivité pour la croissance et l'emploi)	466,4	1.894,9***	2,8	*15,0*	469,1	1.897,6***	*560,1*	
1b (Cohésion pour la croissance et l'emploi)	7,4	1.599,7	0,0	*0,0*	7,4	1.599,7	*32,5*	
2 (Conservation et gestion des ressources naturelles)	335,0	489,5	1,1	*3,0*	336,1	490,6	*1.317,6*	
3a (Liberté, sécurité et justice)	12,1	48,1	2,8	*8,0*	14,9	51,0	*283,7*	
3b (Citoyenneté)	8,7	8,7	0,8	*2,0*	9,5	9,5	*35,1*	
4 (L'UE acteur mondial)	171,5	1.034,1** **	0,2	*1,0*	171,7	1.034,3** **	*563,6*	
*5 (Administration)***	146,2	146,2	0,0	*0,0*	146,2	146,2	*782,8*	
Total	**1.147,3**	**5.221,2**	**7,7**	***29,0***	**1.155,0**	**5.229,0**	***3.575,3***	***11.301,5***

** Hors subventions pour les agences décentralisées de l'Union européenne*
*** Pour le détail, voir tableau 49, page 165*
**** Dont 50 millions d'euros pour le Fonds européen d'ajustement à la mondialisation*
*** ** Dont 110 millions d'euros pour la réserve pour aides d'urgence*

S'agissant des agences décentralisées de l'Union européenne, le Conseil a appliqué les critères[98] suivants pour déterminer les montants des subventions à retenir dans le budget de l'UE pour 2013[99] :

- agences en "vitesse de croisière" : réduction de 1 % dans la contribution proposée dans le PB initial aux titres *1* et *2* (destinés aux dépenses administratives et de personnel) et réduction de 1 % dans le tableau des effectifs ;

- agences auxquelles l'autorité législative a confié de nouvelles tâches : réduction de 1 % dans la contribution proposée aux titres *1* et *2* et acceptation de la moitié des nouveaux postes demandés, et

- agences en "phase de démarrage" : réduction de 1 % dans la contribution proposée aux titres *1* et *2* et acceptation de 3/4 des nouveaux postes demandés dans le projet de budget.

S'agissant enfin des projets pilotes et des actions préparatoires ainsi que de la nomenclature du budget, le Conseil a accepté les propositions de la Commission.

Le tableau 48 ci-dessus résume les montants des réductions de crédits opérées par le Conseil dans sa position sur le projet de budget initial pour 2013. Il indique également le montant des marges laissées par le Conseil sous les différentes rubriques et sous-rubriques du CF.

Il convient de relever que le Conseil n'a de nouveau pas réduit les crédits d'engagement proposés par la Commission pour financer les différentes mesures liées à la mise en œuvre de la stratégie "Europe 2020", à l'exception des lignes pour la gestion administrative et pour l'assistance technique. Par ailleurs, conformément au point 13, deuxième paragraphe de la Partie I de l'AII de 2006 et aux conclusions du Conseil européen des 28 et 29 juin 2012 (voir pages 45 et 156), il a retenu les crédits d'engagement proposés par la Commission pour la sous-rubrique *1b* (*Cohésion pour la croissance et l'emploi*), ne réduisant les montants proposés par la Commission que pour la gestion administrative.

D. Les résultats de la lecture du Conseil s'établissent par rubrique et sous-rubrique du CF comme suit :

[98] Le Conseil a retenu la classification de la Commission, qui est présentée dans le tableau 60, page 188.

[99] Au total, le Conseil a réduit le montant des subventions proposées pour les agences décentralisées de l'UE de 7,7 millions d'euros en crédits d'engagement et de paiement (voir tableau 48 ci-dessus), à comparer à la réduction de 38,4 millions d'euros en crédits d'engagement et de 40,1 millions d'euros en crédits de paiement opérée lors de la procédure budgétaire pour 2012 (voir première partie, page 47). Cette différence s'explique notamment par le fait que la Commission avait déjà fortement réduit dans le PB le montant des contributions proposées.

En même temps, le Conseil a accepté 185 nouveaux postes, dont plus d'un tiers concerne l'Autorité bancaire européenne, l'Autorité européenne des assurances et des pensions professionnelles et l'Autorité européenne des marchés financiers. Les nouveaux postes "autofinancés" par des recettes propres des agences sont tous acceptés.

Les postes retenus par le Conseil pour les agences décentralisées et les agences exécutives sont résumés dans le tableau 58, page 187.

- les crédits de la sous-rubrique *1a* (*Compétitivité pour la croissance et l'emploi*) s'élèvent à 15 563 millions d'euros en crédits d'engagement (y inclus le Fonds européen d'ajustement à la mondialisation) et à 11 655 millions d'euros en crédits de paiement (+1 % et +1,5 % respectivement par rapport à 2012[100]).

Le Conseil a réduit les crédits d'engagement proposés de 469,1 millions d'euros, dont 35,5 millions d'euros pour les crédits pour la gestion administrative et 2,8 millions d'euros pour les subventions destinées à quinze agences décentralisées relevant de cette sous-rubrique.

En même temps, il a retenu la proposition de la Commission concernant les 360 millions d'euros pour le financement complémentaire du projet ITER en 2013.

S'agissant des crédits de paiement, le Conseil les a réduits de 1 847,6 millions d'euros, dont 1 237,1 millions d'euros dans le domaine de la recherche, 202 millions d'euros pour les lignes budgétaires liées au plan européen pour la relance économique, 151 millions d'euros dans le domaine de la compétitivité, 104 millions d'euros dans le domaine de l'éducation et de la formation, 63,1 millions d'euros dans le domaine des transports, 13,4 millions d'euros dans le domaine de la politique sociale, 2,8 millions d'euros pour les subventions pour quinze agences décentralisées et 74 millions d'euros sur les autres lignes budgétaires relevant de cette sous-rubrique.

Par ailleurs, conformément à sa position traditionnelle en la matière, le Conseil n'a pas retenu les crédits de paiement proposés par la Commission pour le FEM (50 millions d'euros) ;

- les crédits de la sous-rubrique *1b* (*Cohésion pour la croissance et l'emploi*) s'élèvent à 54 492 millions d'euros en crédits d'engagement (+3,3 %) et à 47 375 millions d'euros en crédits de paiement (+8,1 %).

Le Conseil a accepté les crédits d'engagement proposés par la Commission pour les programmes opérationnels. S'agissant de trois lignes budgétaires liées aux dépenses pour la gestion administrative des Fonds structurels, du Fonds de cohésion et de l'assistance technique[101], le Conseil a réduit les montants proposés de 7,4 millions d'euros.

S'agissant des crédits de paiement, le Conseil les a réduits de 1 599,7 millions d'euros sur onze différentes lignes budgétaires[102], dont 309,7 millions d'euros concernant le Fonds européen de développement régional[103], 831 millions d'euros concernant

---

[100] Budgets rectificatifs n° 1-3/2012 compris (voir chapitre II).

[101] Il s'agit des lignes budgétaires suivantes :
- Fonds social européen (FSE) et assistance technique non opérationnelle – dépenses pour la gestion administrative (poste *04 01 04 01*) : -3,4 millions d'euros ;
- Fonds européen de développement régional (FEDER) – dépenses pour la gestion administrative (poste *13 01 04 01*) : -3,3 millions d'euros, et
- Fonds de cohésion – dépenses pour la gestion administrative (poste *13 01 04 03*) : -0,7 million d'euros.

[102] Ces réductions se répartissent par lignes budgétaires comme suit :
- FSE et assistance technique non opérationnelle – dépenses pour la gestion administrative (poste *04 01 04 01*) : -3,4 millions d'euros ;
- achèvement du FSE – Objectif n° 1 (de 2000 à 2006) (article *04 02 01*) : -30 millions d'euros ;
- achèvement du FSE – Objectif n° 3 (de 2000 à 2006) (article *04 02 06*) : -14,3 millions d'euros ;
- FSE – compétitivité régionale (article *04 02 19*) : -783,3 millions d'euros ;
- FEDER – dépenses pour la gestion administrative (poste *13 01 04 01*) : -3,3 millions d'euros ;
- Fonds de cohésion – dépenses pour la gestion administrative (poste *13 01 04 03*) : -0,7 million d'euros ;
- FEDER – compétitivité régionale (article *13 03 18*) : -82,7 millions d'euros ;
- FEDER – coopération territoriale européenne (article *13 03 19*) : -219,7 millions d'euros ;
- FEDER – assistance technique opérationnelle (article *13 03 20*) : -4 millions d'euros ;
- Fonds de cohésion – achèvement des programmes antérieurs à 2007 (article *13 04 01*) : -47,9 millions d'euros, et
- Fonds de cohésion (article *13 04 02*) : -410,4 millions d'euros.

Il convient de relever que le Conseil a non seulement augmenté le montant total des réductions (1 299,3 contre 1 599,7 millions d'euros), mais également le nombre de lignes budgétaires concernées (six contre onze) par rapport à l'année précédente (voir première partie, page 49).

[103] Il convient de relever que le Conseil n'a de nouveau pas réduit les crédits proposés par la Commission pour l'objectif "convergence" (voir première partie, pages 49-50).

le Fonds social européen et 459 millions d'euros concernant le Fonds de cohésion ;

- les crédits de la rubrique *2* (*Conservation et gestion des ressources naturelles*) s'élèvent à 59 971 millions d'euros en crédits d'engagement (soit pratiquement le même montant que celui retenu dans le budget de l'UE pour 2012), dont 43 795 millions d'euros pour les dépenses de marché et paiements directs (-0,4 %), et à 57 474 millions d'euros en crédits de paiement (+0,8 %), dont 43 776 millions d'euros pour les dépenses de marché et paiements directs (-0,2 %).

Le Conseil a réduit dans sa position les crédits d'engagement proposés de 336,1 millions d'euros, dont 67 millions d'euros dans le domaine de l'agriculture, 264 millions d'euros pour la ligne concernant l'"apurement comptable"[104], 4 millions d'euros pour les crédits pour les actions d'information sur la PAC[105] et 1,1 million d'euros concernant les subventions demandées pour trois agences décentralisées relevant de cette rubrique.

S'agissant des crédits de paiement, le Conseil les a réduits de 490,6 millions d'euros, dont 67 millions d'euros dans le domaine de l'agriculture, 264 millions d'euros pour la ligne concernant l'"apurement comptable", 100 millions d'euros dans le domaine du développement rural, 38 millions d'euros dans le domaine des affaires maritimes et de la pêche[106], 1,1 million d'euros concernant les subventions pour trois agences décentralisées et 20,5 millions d'euros sur les autres lignes budgétaires relevant de cette rubrique.

Il convient de relever que le Conseil n'a pas modifié le montant proposé par la Commission pour les programmes alimentaires en faveur des personnes les plus démunies (soit 500 millions d'euros) et pour le "lait aux écoliers"[107] (66 millions d'euros). Par contre, il a réduit d'un million d'euros le montant proposé par la Commission (soit 90 millions d'euros) pour le programme en faveur de la consommation de fruits à l'école[108] ;

- les crédits de la sous-rubrique *3a* (*Liberté, sécurité et justice*) s'élèvent à 1 377 millions d'euros en crédits d'engagement (+0,7 %) et à 877 millions d'euros en crédits de paiement (+5 %).

Le Conseil a réduit les crédits d'engagement proposés de 14,9 millions d'euros, dont 12 millions d'euros pour le système d'information Schengen[109] (SIS II) et 2,8 millions d'euros pour les subventions pour huit agences décentralisées relevant de cette sous-rubrique.

S'agissant des crédits de paiement, le Conseil les a réduits de 51 millions d'euros, dont 18 millions d'euros pour le Fonds européen pour le retour, 14 millions d'euros pour le Fonds pour les frontières extérieures, 4 millions d'euros pour la justice criminelle, 3,2 millions d'euros pour le Fonds européen pour l'intégration des ressortissants de pays tiers[110] et 2,8 millions d'euros pour les subventions destinées à huit agences décentralisées ;

- les crédits de la sous-rubrique *3b* (*Citoyenneté*) s'élèvent à 680 millions d'euros en crédits d'engagement (-1,8 %[111]) et à 637 millions d'euros en crédits de paiement (-4,5 %).

Le Conseil a réduit les crédits d'engagement de 9,5 millions d'euros, dont 2 millions d'euros pour les "outils d'information et de communication écrite et en ligne", 1,4 million d'euros pour "Communiquer

---

[104] C'est-à-dire que le Conseil a augmenté le montant négatif du poste *05 07 01 06* (intitulé "*Apurement comptable pour les exercices antérieurs en ce qui concerne les dépenses en gestion partagée dans le cadre du FEOGA, section Garantie (mesures antérieures), et dans le cadre du FEAGA*") à -320 millions d'euros.

[105] Article *05 08 06.*

[106] Dont -35 millions d'euros pour le Fonds européen pour la pêche (FEP ; articles *11 06 12 – FEP – Objectif "convergence"* et *11 06 13 – FEP – Hors objectif "convergence"*) et -3 millions d'euros pour le programme destiné à soutenir le développement d'une politique maritime intégrée (PMI ; article *11 09 05*).

[107] Postes *05 02 04 01* et *05 02 12 08.*

[108] Poste *05 02 08 12.*

[109] Article *18 02 04.*

[110] Articles *18 02* 09, *18 02* 06, *33 03 04* et *18 03 09* respectivement.

[111] Hors mobilisation du Fonds de solidarité de l'UE en 2012 par le biais du budget rectificatif n° 2/2012, pour un montant de 18,1 millions d'euros (voir chapitre II).

sur l'Europe en partenariat"[112] et 0,8 million d'euros pour les subventions aux deux agences décentralisées relevant de cette sous-rubrique[113].

Il a également réduit les crédits de paiement de 9,5 millions d'euros, dont 1,5 million d'euros pour "Jeunesse en action" et pour l'"action de l'Union dans le domaine de la santé", 1 million d'euros pour les "actions multimédias"[114] et 0,8 million d'euros concernant les subventions pour les deux agences décentralisées ;

- les crédits de la rubrique *4* (*L'UE acteur mondial*) s'élèvent à 9 295 millions d'euros en crédits d'engagement (-1,2 %) et à 6 277 millions d'euros en crédits de paiement (-9,8 %).

Le Conseil a réduit les crédits d'engagement proposés de 171,7 millions d'euros, dont notamment :

- 35 millions d'euros pour la coopération financière avec l'Europe de l'Est financée par l'Instrument européen de voisinage et de partenariat (IEVP ; poste *19 08 01 03*) ;

- 13 millions d'euros pour l'Instrument de préadhésion pour le développement rural (IPARD ; article *05 05 02*) ;

- 11 millions d'euros pour "santé pour tous" (poste *21 05 01 01*) ;

- 10 millions d'euros pour les dépenses administratives de l'Instrument européen de voisinage et de partenariat (poste *19 01 04 02*) et pour la préparation et réaction aux crises dans le cadre de l'Instrument de stabilité (IdS ; poste *19 06 01 01*) ;

- 8 millions d'euros pour les activités de coopérations ne relevant pas de l'aide publique au développement (Asie, Asie centrale, Iraq, Iran et Yémen ; poste *19 10 04*) et pour les dépenses administratives de l'Instrument de financement de la coopération au développement (ICD ; poste *21 01 04 01*) ;

- 7,5 millions d'euros pour l'environnement et gestion durable des ressources naturelles, y compris l'énergie (article *21 04 01*) ;

- 6 millions d'euros pour la sécurité alimentaire (article *21 02 01*), et

- 5,5 millions d'euros pour l'assistance macroéconomique (article *01 03 02*).

Le Conseil a également réduit la subvention proposée pour la Fondation européenne pour la formation de 0,2 million d'euros.

S'agissant des crédits de paiement, le Conseil les a réduits de 924,3 millions d'euros, dont notamment :

- 125 millions d'euros pour la composante du "développement régional" de l'instrument d'aide de préadhésion (IAP ; article *13 05 02*) ;

- 81 millions d'euros pour la coopération financière avec l'Europe de l'Est financée par l'Instrument européen de voisinage et de partenariat (poste *19 08 01 03*) ;

- 65 millions d'euros pour l'achèvement de programmes 2000 à 2006 financés par l'Instrument structurel de préadhésion (ISPA ; poste *13 05 01 01*) ;

- 63 millions d'euros pour l'IPARD (article *05 05 02*);

- 58 millions d'euros pour l'aide à la transition et au renforcement des institutions en faveur des pays candidats (article *22 02 01*) ;

- 53 millions d'euros pour l'aide financière à la Palestine, au processus de paix et à l'UNRWA[115] financée par l'IEVP (poste *19 08 01 02*) ;

- 40 millions d'euros pour l'assistance macroéconomique (article *01 03 02*) et pour la préparation

[112] Poste *16 04 02 01* et article *16 03 04* respectivement.

[113] Il s'agit du Centre européen de prévention et de contrôle des maladies et de l'Autorité européenne de sécurité des aliments (voir tableau 60, page 188).

[114] Articles *15 05 55*, *17 03 06* et *16 02 02* respectivement.

[115] *United Nations Relief and Works Agency for Palestine Refugees in the Near East* ou Office de secours et de travaux des Nations unies pour les réfugiés de Palestine dans le Proche-Orient.

et réaction aux crises dans le cadre de l'IdS (poste *19 06 01 01*) ;

- 38 millions d'euros pour l'environnement et gestion durable des ressources naturelles, y compris l'énergie (article *21 04 01*) ;

- 37 millions d'euros pour la coopération financière avec les pays méditerranéens financée par l'IEVP (poste *19 08 01 01*) et l'aide humanitaire (article *23 02 01*), et

- 35 millions d'euros pour le développement des ressources humaines financé par l'IAP (article *04 06 01*).

Le Conseil a également réduit la subvention pour la Fondation européenne pour la formation de 0,2 million d'euros.

Par ailleurs, conformément à sa position traditionnelle, le Conseil n'a pas retenu les crédits de paiement proposés par la Commission pour la réserve pour aides d'urgence (110 millions d'euros).

S'agissant du "budget PESC", le Conseil a, de nouveau, accepté les montants proposés dans le projet de budget pour le chapitre *19 03* (soit 396,3 millions d'euros en crédits d'engagement et 320,5 millions d'euros en crédits de paiement[116]), ces montants étant compatibles avec le montant prévu au point 42, cinquième paragraphe de la Partie II de l'AII de 2006[117]. Conformément à son approche horizontale sur les crédits pour la gestion administrative, il a néanmoins réduit, comme lors de la procédure budgétaire pour 2012, les crédits proposés au poste *19 01 04 04* pour sa gestion administrative de 250 000 euros, et

- les crédits de la rubrique *5* (*Administration*) s'élèvent à 8 398 millions d'euros en crédits d'engagement (+1,43 %) et à 8 399 millions d'euros en crédits de paiement (+1,47 %).

Le tableau 49 (page 165) synthétise les réductions de crédits (pour un montant total de 146,2 millions d'euros) opérées par le Conseil par institution. Comme indiqué *supra*, le Conseil a retenu dans sa position (hors Parlement européen, couvert par le "*Gentlemen's agreement*"[118]) pratiquement un "gel" des crédits administratifs des institutions pris dans leur ensemble par rapport à 2012.

Les modifications aux tableaux des effectifs des institutions retenues par le Conseil dans sa position sur le PB initial pour 2013 sont récapitulées pour leur part dans le tableau 58, page 187.

En tout, le Conseil a modifié dans sa position *513 lignes budgétaires*, dont *294 lignes budgétaires*[119] concernant les crédits opérationnels ou les crédits destinés à la gestion administrative proposées par la Commission dans la section III – Commission – de son projet de budget initial pour 2013[120]. Le nombre des lignes réduites est résumé par rubrique et sous-rubrique du CF dans le tableau 50, page 165.

6. Les amendements du Parlement européen (23 octobre 2012)

A. Les amendements du Parlement européen concernant la position du Conseil sur le projet de budget initial pour 2013 s'élèvent à 151 152 millions d'euros en crédits pour engagements et à 137 898 millions d'euros en crédits pour paiements[121], en augmentation de 2,2 % et de 6,8 % respectivement par rapport

---

[116] Y inclus les crédits pour le poste *19 01 04 04* (*Politique étrangère et de sécurité commune PESC – Dépenses pour la gestion administrative*).

[117] Voir première partie, page 51.

[118] Voir première partie, page 52.

[119] Il convient de comparer ce chiffre aux 275 lignes budgétaires modifiées lors de la procédure budgétaire pour 2012 (voir page 397).

[120] Le reste des 219 lignes budgétaires réduites par le Conseil dans sa position concerne les dépenses administratives des institutions de l'Union (sections II à X ; voir page 397).

[121] En d'autres termes, le Parlement européen a augmenté les crédits pour engagements de 220 millions d'euros par rapport au projet de budget initial (hors lettre rectificative). Il convient de relever que le Parlement a exceptionnellement *diminué* les crédits pour paiements de 26 millions d'euros par rapport au PB initial pour 2013.

Tableau 49. Montant des réductions de crédits par institution dans la position du Conseil sur le projet de budget pour 2013

En euros

Institution(s)	Montants demandés dans le PB	Réductions opérées par le Conseil	*% d'augmentation demandé**	% d'augmentation retenu*
Parlement européen	1.759.391.671	0	*2,42*	2,42
Conseil européen et Conseil	540.511.300	-5.000.000	*1,23*	0,30
Commission**	3.067.723.986	-43.527.835	*1,43*	-0,01
OP	*85.234.000*	*-2.156.271*	*2,60*	*0,00*
OLAF	*58.310.000*	*-970.961*	*1,60*	*-0,09*
EPSO et EUSA	*28.709.000*	*-480.046*	*1,70*	*0,00*
PMO	*37.000.000*	*-1.121.190*	*3,12*	*0,00*
OIB	*70.048.000*	*-694.302*	*0,48*	*-0,51*
OIL	*25.404.000*	*-322.880*	*0,55*	*-0,73*
Écoles européennes	*180.729.576*	*-2.327.493*	*6,80*	*5,42*
Pensions (toutes institutions)	*1.413.057.000*	*-23.255.000*	*6,85*	*5,09*
Commission (total)	4.966.215.562	-74.855.978	*3,12*	1,57
Cour de justice	377.526.000	-29.191.000	*8,38*	0,00
Cour des comptes	144.709.250	-2.233.870	*1,57*	0,00
CESE	132.724.731	-3.908.143	*3,03*	0,00
Comité des régions	89.049.193	-2.545.710	*2,94*	0,00
Médiateur européen	9.887.000	-370.629	*3,89*	0,00
CEPD	7.768.219	-144.167	*1,89*	0,00
SEAE***	516.635.570	-27.935.100	*5,72*	0,00
Total hors Parlement européen	**6.785.026.825**	**-146.184.597**	***3,40***	**1,17**
Total hors offices, Écoles et pensions	***5.191.240.249***	***-120.602.104***	***2,39***	***0,01***
Total	**8.544.418.496**	**-146.184.597**	***3,20***	**1,43**

* *Par rapport au budget de l'Union européenne pour 2012*

** *En crédits d'engagement, hors offices européens, Écoles européennes et pensions*

*** *En crédits d'engagement*

Tableau 50. Lignes budgétaires modifiées par le Conseil dans sa position sur le projet de budget pour 2013

Crédits opérationnels et pour la gestion administrative et lignes destinées aux subventions aux agences décentralisées (section III – Commission)

Rubrique ou sous-rubrique du CF	Nombre de lignes modifiées	Dont ligne avec c/e	Dont ligne avec c/p	Dont ligne avec crédits non dissociés	Dont lignes concernant les agences décentralisées
1a (Compétitivité pour la croissance et l'emploi)	138	55	96	35	15
1b (Cohésion pour la croissance et l'emploi)	11	0	8	3	0
2 (Conservation et gestion des ressources naturelles)	16	4	10	6	4
3a (Liberté, sécurité et justice)	23	9	22	1	8
3b (Citoyenneté)	23	11	15	5	2
4 (L'UE acteur mondial)	83	27	65	15	1
Total	**294**	**106**	**216**	**65**	**30**

au budget pour 2012[122]. Les crédits pour engagements correspondent à 1,13 % et les crédits pour paiements à 1,03 % du RNB de l'Union européenne. Les marges laissées sous les plafonds du CF sont de 2 200 millions d'euros en crédits pour engagements[123] et de 6 209 millions d'euros en crédits pour paiements.

B. Lors du trilogue du *17 octobre 2012* qui, conformément au point A.4 de la déclaration commune, du 26 mars 2012, relative au calendrier de la procédure budgétaire et aux modalités de fonctionnement du comité de conciliation en 2012, a précédé la lecture du PE (voir pages 210-212), le Parlement européen,

Par rapport à la position du Conseil, le PE a augmenté les crédits pour engagements de 1 375 millions d'euros et les crédits pour paiements de 5 203 millions d'euros.

Par rapport au budget pour 2012 (hors budgets rectificatifs), le Parlement européen a augmenté les crédits pour engagements de 3,9 milliards d'euros et les crédits pour paiements de 8,8 milliards d'euros. Lors de la procédure budgétaire pour 2012, le PE avait augmenté les crédits pour paiements par rapport au PB (hors lettres rectificatives) de plus de 400 millions d'euros, et ceci en incluant des coupes "tactiques" concernant notamment les crédits pour le budget pour la PESC (voir première partie, pages 52-63).

[122] Budgets rectificatifs n° 1-4/2012 compris (voir chapitre II).

[123] Ce montant tient compte de la demande du PE de mobiliser l'instrument de flexibilité pour un montant de 50 millions d'euros pour la sous-rubrique *1a* (*Compétitivité pour la croissance et l'emploi*) du CF (voir pages 168 et 188).

le Conseil et la Commission ont avant tout discuté des amendements que le Parlement s'apprêtait à voter sur la position du Conseil sur le projet de budget initial pour 2013.

Le Conseil a surtout rappelé, comme l'année précédente (voir première partie, page 55), son attachement à une croissance limitée du budget de l'Union européenne, compte tenu de la crise économique et financière actuelle, et des efforts considérables de consolidation financière et fiscale entrepris par les États membres. Le Conseil a ainsi mis en avant le fait que sa position ne revenait pas à diminuer le montant du budget, mais seulement à réduire le montant de l'augmentation proposée par la Commission (de 2,1 % à 1,3 % concernant les crédits pour engagements et de 6,9 % à 2,8 % concernant les crédits pour paiements), le Conseil retenant même dans sa position une augmentation de plus de 8 % par rapport à 2012 pour les crédits de paiement pour la sous-rubrique *1b* (*Cohésion pour la croissance et l'emploi*). Le Conseil s'est également défendu de n'avoir pratiqué que des coupes horizontales sans lien avec des besoins spécifiques, en rappelant avoir basé ses travaux sur une analyse ciblée des besoins en crédits en 2013, tenant compte des "cas spécifiques et justifiés" (voir pages 154-164).

La Commission, pour sa part, a avant tout salué l'intention du Parlement européen de rétablir les montants proposés dans le PB pour la quasi-totalité des lignes budgétaires réduites par le Conseil dans sa position, tout en critiquant un certain nombre d'inscriptions en réserve de crédits envisagées par le Parlement européen.

S'agissant du budget pour 2012, la Commission a présenté l'état d'exécution du budget au 30 septembre 2012[124], indiquant qu'il est plus élevé de quelque 8,7 milliards d'euros en crédits pour paiements par rapport à la situation au même moment en 2011 (à comparer à un budget pour 2012 en augmentation de 2,6 milliards d'euros en crédits pour paiements par rapport au budget pour 2011, alors que la Commission avait proposé 6,2 milliards d'euros).

Le Parlement européen a de prime abord rappelé la nécessité de respecter la déclaration commune sur les crédits de paiement agréée en 2011 dans le cadre de l'accord global sur le budget pour 2012 (voir page 124).

Il a également soumis, suite notamment à la réunion interinstitutionnelle sur la situation des crédits de paiement, organisée le 26 septembre 2012 (voir page 157), une note informelle[125] concernant une certification éventuelle par les États membres de leurs demandes de paiements. Cette note avait notamment pour objet de répondre aux "*problèmes résultants – avant tout dans le domaine de la politique de cohésion – de la différence entre les estimations soumises par les États membres à la Commission d'une "façon décentralisée" et les crédits finalement retenus par l'autorité budgétaire, le Parlement proposant de réconcilier ces deux besoins par la certification des demandes de paiement (...) par les États membres (...) à un niveau politique*"[126].

Le Conseil, quant à lui, a indiqué accepter le principe selon lequel les besoins en paiements pour 2012 devraient être couverts par des crédits pour 2012, tout en émettant des doutes sur "l'applicabilité pratique" d'une procédure de "certification des demandes de paiement" telle que proposée par le PE.

Le Parlement européen, le Conseil et la Commission ont également discuté du projet de budget rectificatif n° 5/2012 traitant du financement de la mobilisation du Fonds de solidarité de l'UE pour l'Italie (voir chapitre II). Le Conseil a indiqué son souhait de disposer dans ce contexte d'une vision "globale" sur les besoins de crédits de paiement en 2012 (c'est-à-dire incluant le projet de budget rectificatif n° 6/2012 portant sur les crédits de paiement, présenté par la Commission le 23 octobre 2012 ; voir chapitre II).

Enfin, les trois institutions ont poursuivi leurs discussions, entamées lors du trilogue du 9 juillet 2012, sur l'Autorité européenne des marchés financiers, l'Agence européenne des médicaments

---

[124] La "note d'information d'automne" basée sur le système d'alerte budgétaire n'a été adoptée par la Commission que le 23 octobre 2012.

[125] Cette note informelle est reproduite page 213.

[126] Intervention du Parlement européen lors du trilogue du 17 octobre 2012.

et l'Agence européenne pour la sécurité maritime (voir page 158). Elles ont accepté la déclaration commune suivante sur l'Agence européenne pour la sécurité maritime[127] :

"*Conformément au point 47 de l'accord interinstitutionnel du 17 mai 2006, le Parlement européen, le Conseil et la Commission conviennent de ce qui suit sur la base des informations transmises par la Commission :*

- le financement du montant présenté dans la fiche financière pour les "nouvelles tâches" de l'Agence européenne pour la sécurité maritime (EMSA) peut être assuré dans la limite du plafond de dépenses approuvé pour la sous-rubrique 1a du cadre financier pluriannuel pour la période 2007-2013. Le montant annuel concernant cette agence pour l'exercice 2012 a déjà été inclus dans le budget 2012 alors que le montant annuel pour l'exercice 2013 sera fixé dans le cadre de la procédure budgétaire annuelle".

La Commission a également informé l'autorité budgétaire de son intention de proposer d'ajouter huit nouveaux postes au tableau des effectifs de l'Agence européenne pour la gestion de la coopération opérationnelle aux frontières extérieures (l'"Agence Frontex") afin de lui permettre de faire face aux "nouvelles demandes" aux frontières extérieures de la Grèce.

C. Selon le Parlement européen, le budget de l'Union européenne pour 2013 doit se concentrer avant tout sur *la croissance et l'emploi*, les *investissements dans les petites entreprises*, la *jeunesse*, l'*éducation*, l'*innovation* et la *mobilité des travailleurs*, dans le but de *relancer l'économie européenne*, en conformité avec les objectifs de la *stratégie "Europe 2020"* pour une croissance intelligente, durable et inclusive[128].

Le Parlement souligne la nécessité de "*respecter et d'honorer les obligations juridiquement contraignantes et les augmentations qui pourraient en découler*", ainsi que d'éviter "*toute pénurie des crédits de paiement*" et "*toute suppression de programmes par manque de moyens*"[129].

Les domaines qui connaissent les plus fortes hausses en *crédits de paiement* sont la *recherche et le développement technologique* ainsi que les *Fonds structurels et de cohésion*. Par ailleurs, le Parlement a augmenté les crédits d'engagement en faveur notamment du *processus de paix au Moyen-Orient* et de la *Palestine* (voir *infra*).

Tout en ne remettant pas en cause le montant total proposé par la Commission dans son projet de budget initial, le Parlement européen demande de mobiliser l'*instrument de flexibilité* pour financer le projet ITER en 2013, pour un montant de 50 millions d'euros en crédits d'engagement, et ceci afin de "compenser" les redéploiements de crédits proposés par la Commission à partir du 7ème PCR pour en assurer le financement complémentaire (soit 360 millions d'euros en crédits d'engagement en 2013 ; voir page 150 et *infra*).

L'*approche générale* du Parlement européen lors de l'adoption de ses amendements[130] a été :

- d'accroître les montants destinés aux programmes et actions qu'il considère prioritaires (voir *supra*), et notamment liés au financement de la stratégie "Europe 2020" ;

- d'accroître au-delà des montants proposés par la Commission dans le projet de budget initial pour 2013 les crédits de paiement de plusieurs lignes budgétaires afin de limiter un accroissement du RAL ;

[127] Le Conseil a confirmé son accord sur cette déclaration (en tant que "point A") le 4 décembre 2012 (doc. *Conseil 16116/12* du 13 novembre 2012).
[128] Communiqué de presse du Parlement européen, du 23 octobre 2012, p. 1.
[129] *Ibid.*, p. 2.
[130] En plus d'amendements spécifiques, le Parlement européen a adopté des "amendements horizontaux", concernant la sous-rubrique *1a* (*Compétitivité pour la croissance et l'emploi*) et les rubriques *4* (*L'UE acteur mondial*) et *5* (*Administration*) du CF, ainsi que les nouveaux projets pilotes et actions préparatoires (voir *infra*).

- de rétablir les montants proposés par la Commission dans le projet de budget pour 2013 concernant la quasi-totalité des lignes budgétaires réduites par le Conseil dans sa position[131], à l'exception des cas par rubrique et sous-rubrique du CF mentionnés ci-dessous ;

- de rétablir en partie les montants des budgets administratifs des institutions[132] et réduits par le Conseil dans sa position ;

- de retenir l'adaptation de 1,7 % des rémunérations et des pensions de 2011 (non retenue par le Conseil), en inscrivant toutefois les montants en réserve ;

- de rétablir également les montants proposés dans le projet de budget (et réduits par le Conseil dans sa position) concernant les subventions pour les agences décentralisées de l'Union européenne, tout en allant au-delà des montants proposés dans le PB pour les trois nouvelles agences dans le domaine de la surveillance financière (voir *infra*) ;

- de créer de nouveaux projets pilotes et de nouvelles actions préparatoires sous différentes rubriques et sous-rubriques du CF[133], et

- d'inscrire en réserve un certain nombre de crédits notamment sous les rubriques *3*[134] (*Citoyenneté, liberté, sécurité et justice*) et *5* (*Administration*) du CF, inscriptions assorties de conditions pour "lever" ces réserves.

Outre les amendements destinés à augmenter le financement de programmes liés à la stratégie "Europe 2020" (tels que le *7ème PCR, le programme-cadre pour l'innovation et la compétitivité* ou le programme "*Éducation et formation tout au long de la vie*"), il convient de souligner l'augmentation des crédits notamment en faveur des *producteurs de fruits et de légumes*, de l'aide à la *Palestine* et *l'UNRWA* ou pour la *région de la mer Baltique*.

D. La lecture du Parlement européen s'établit par rubrique et sous-rubrique du cadre financier pour 2007-2013 comme suit :

- le montant total de la sous-rubrique *1a* (*Compétitivité pour la croissance et l'emploi*) s'élève (y inclus les 500 millions d'euros destinés au Fonds européen d'ajustement à la mondialisation) à 16 173 millions d'euros en crédits d'engagement (+5 % par rapport à 2011[135]) et à 13 616 millions d'euros en crédits de paiement (+18,6 %).

Comme indiqué *supra*, le Parlement propose de mobiliser l'instrument de flexibilité, pour un montant de 50 millions d'euros en crédits d'engagement[136].

Le Parlement européen a avant tout renforcé les crédits des programmes et actions liés à la stratégie "Europe 2020" (et notamment les crédits pour le 7ème PCR, le PIC, le programme "Éducation et formation tout au long de la vie", y inclus le programme "Erasme", et "Erasmus Mundus"), en leur allouant 122 millions d'euros en crédits d'engagement et 46 millions d'euros en crédits de paiement au-delà de ce que la Commission proposait dans le PB initial. Ces augmentations concernant le 7ème PCR sont également destinées à compenser les réductions proposées par la Commission dans le PB (et touchant avant tout les entreprises communes et

---

[131] Y inclus pour toutes les lignes budgétaires administratives de soutien (les anciennes lignes "BA").

[132] Conseil européen et Conseil exclus, dans le respect du *Gentlemen's agreement*. En ce qui concerne son propre budget administratif (section I du budget de l'Union), le Parlement l'a réduit de près de 9 millions d'euros par rapport à son état prévisionnel (voir page 173).

[133] Le Parlement européen a adopté un "paquet" de 55 projets pilotes et actions préparatoires dans la section III – Commission – du budget, pour un montant total de 72,1 millions d'euros en crédits d'engagement et de 113,1 millions d'euros en crédits de paiement (soit 56,6 millions d'euros en crédits d'engagement et 45 millions d'euros en crédits de paiement au-dessus des montants proposés dans le projet de budget initial pour 2013).

[134] Dans ce contexte, il convient avant tout de relever l'inscription en réserve de 75 % des crédits proposés pour différentes lignes concernant la sécurité intérieure et relevant de la sous-rubrique *3a* (*Liberté, sécurité et justice*), en réponse à la "*modification unilatérale par le Conseil de la base légale proposée par la Commission*" (ci-après : le "paquet Schengen").

[135] Budgets rectificatifs n° 1-4/2012 compris.

[136] C'est-à-dire les amendements du Parlement européen dépassent le plafond de la sous-rubrique *1a* de 50 millions d'euros.

les crédits administratifs) pour couvrir le financement complémentaire du projet ITER en 2013.

S'agissant des autres lignes budgétaires relevant de cette sous-rubrique, le Parlement européen, selon son approche horizontale (voir *supra*), a restauré les montants proposés par la Commission dans le projet de budget initial pour 2013 et réduits par le Conseil dans sa position (voir pages 150-151 et 161), à l'exception des crédits d'engagement et de paiement proposés pour "*Prince – Communication relative à l'Union économique et monétaire, y compris l'euro*" (-1 million d'euros par rapport au PB ; article *01 02 04*[137]) et pour la "*Mise en œuvre et développement du marché intérieur*"[138] (-1,7 million d'euros par rapport au PB ; article *12 02 01*).

Il a également restauré les montants proposés dans le projet de budget initial pour les subventions pour les agences décentralisées relevant de cette sous-rubrique, tout en augmentant au-delà du PB ceux proposés pour les trois nouvelles agences établies dans le cadre du système européen des services financiers et de la surveillance financière[139].

Le PE a, en outre, réintroduit les 50 millions d'euros en crédits de paiement pour le FEM proposés par la Commission dans le PB et non retenus par le Conseil dans sa position (voir page 161).

S'agissant enfin des projets des pilotes et des actions préparatoires, le Parlement a créé de nouveaux projets et de nouvelles actions ou a augmenté les montants proposés dans le PB initial pour un montant total de 15 millions d'euros en crédits d'engagement et de 11,5 millions d'euros en crédits de paiement ;

- le montant de la sous-rubrique *1b* (*Cohésion pour la croissance et l'emploi*) s'élève à 54 509 millions d'euros en crédits d'engagement (+3,3 %) et à 48 980 millions d'euros en crédits de paiement (+11,8 %), ce qui laisse une marge sous le plafond de la sous-rubrique de 15 millions d'euros.

Le Parlement européen a surtout insisté sur la nécessité de restaurer les crédits de paiement proposés par la Commission et réduits par le Conseil dans sa position (voir pages 152-153 et 161-162), afin "*d'éviter tout manque de crédits de paiement en 2013*".

Comme lors de la procédure budgétaire précédente (voir première partie, page 59), le Parlement a augmenté les crédits d'engagement proposés pour la stratégie de l'UE pour la région de la mer Baltique[140] de 2,5 millions d'euros. Par la même occasion, il a augmenté les crédits de paiement de 2 millions d'euros.

Le Parlement européen a, en outre, créé de nouveaux projets pilotes et de nouvelles actions préparatoires ou a augmenté les montants proposés dans le projet de budget initial pour un montant total de 7 millions d'euros en crédits d'engagement et de 3 millions d'euros en crédits de paiement ;

- le montant de la rubrique *2* (*Conservation et gestion des ressources naturelles*) s'élève à 60 274 millions d'euros en crédits d'engagement (+0,5 %), dont 44 087 millions d'euros pour les dépenses de marché et paiements directs (+0,3 %), et à 57 930 millions d'euros en crédits de paiement (+1,6 %), dont 44 069 millions d'euros pour les dépenses de marché et paiements directs (+0,4 %).

---

[137] Le Conseil dans sa position avait déjà réduit les crédits de paiement proposés par la Commission de 500 000 euros.

[138] Le Parlement européen a également placé 1,5 million d'euros en crédits d'engagement et de paiement en réserve avec le commentaire suivant : "*Ces crédits seront débloqués lorsque la Commission fournira une liste détaillée des études qu'elle compte entreprendre en 2013 au titre de cette ligne budgétaire, en précisant la méthode de calcul des montants alloués à chaque étude. La Commission est également tenue de présenter une série de critères formels pour la sélection de ces études*".

[139] Respectivement de 3,1 millions d'euros en crédits d'engagement et de 3,3 millions d'euros en crédits de paiement au-delà des montants proposés dans le PB pour 2013 pour l'Autorité bancaire européenne, de 1,5 million d'euros en crédits d'engagement et de 1,8 million d'euros en crédits de paiement pour l'Autorité européenne des assurances et des pensions professionnelles et de 2,5 millions d'euros en crédits d'engagement et de paiement pour l'Autorité européenne des marchés financiers.

[140] Article *13 03 31* (intitulé "*Assistance technique et diffusion des informations sur la stratégie de l'Union européenne en faveur de la région de la mer Baltique et l'amélioration des connaissances sur la stratégie à l'échelle des macrorégions*").

Ceci laisse une marge sous le plafond de la rubrique de 1 015 millions d'euros. La marge pour les dépenses de marché et paiements directs est de 852 millions d'euros.

Le Parlement européen a non seulement rétabli les lignes budgétaires réduites par le Conseil dans sa position, mais il a également augmenté au-delà du projet de budget initial (pour un montant de 62,3 millions d'euros) les crédits d'un certain nombre de lignes concernant ses priorités, à savoir :

- 52 millions d'euros supplémentaires pour le Fonds opérationnel des organisations de producteurs (poste *05 02 08 03*) ;

- 7 millions d'euros (ou 15 millions d'euros par rapport à la position du Conseil) supplémentaires pour les actions de promotion par les États membres (poste *05 02 10 01*), et

- 3,3 millions d'euros supplémentaires pour le "lait aux écoliers" (poste *05 02 12 08*).

Par contre, le Parlement européen a réduit les montants proposés dans le PB initial pour les restitutions à l'exportation, le Parlement les considérant comme "*politiquement controversées*"[141].

S'agissant de la ligne budgétaire concernant l'"apurement comptable", le PE exceptionnellement n'a pas restauré le montant proposé dans le PB initial (soit -56 millions d'euros), mais a augmenté le montant négatif à -100 millions d'euros.

Le Parlement européen a également créé de nouveaux projets pilotes et de nouvelles actions préparatoires ou a augmenté les montants proposés pour un montant total de 11 millions d'euros en crédits d'engagement et de 9 millions d'euros en crédits de paiement ;

- le montant de la sous-rubrique *3a* (*Liberté, sécurité et justice*) s'élève à 1 399 millions d'euros en crédits d'engagement (+2,3 %) et à 931 millions d'euros en crédits de paiement (+11,5 %), ce qui laisse une marge sous le plafond de la sous-rubrique de 262 millions d'euros.

Le Parlement européen a avant tout rétabli les montants réduits par le Conseil dans sa position, à l'exception notable de la ligne budgétaire destinée au financement de la justice pénale (article *33 03 04* ; -3,98 millions d'euros en crédits de paiement par rapport au PB). Par ailleurs, le Parlement européen a augmenté de 700 000 euros les crédits de paiement proposés dans le PB initial pour le programme "*combattre la violence (Daphné)*"[142] (article *33 02 05*).

Par ailleurs, le Parlement a placé en réserve 75 % des crédits destinés aux lignes budgétaires liées à la "sécurité intérieure" dans le cadre du "paquet Schengen"[143], avec la justification suivante : "*À la suite à la décision de la Conférence des présidents du Parlement européen du 15 juin 2012, exprimant son désaccord avec la décision du Conseil sur la gouvernance de Schengen, cinq dossiers, parmi lesquels les aspects du budget 2013 relatifs à la sécurité intérieure, devraient être bloqués en attendant qu'une solution satisfaisante ait été trouvée au sujet de la gouvernance dudit espace*".

Le PE a également inscrit en réserve environ un tiers (soit 12,8 millions d'euros en crédits d'engagement et 7,5 millions d'euros en crédits de paiement) des crédits destinés au système d'information Schengen (SIS II ; article *18 02 04*), avec les conditions suivantes à remplir pour lever la réserve :

[141] Le PE a réduit les crédits proposés pour la rubrique *2* (ligne budgétaire concernant l'"apurement comptable incluse") pour un montant total de 106 millions d'euros. En termes nets (c'est-à-dire en tenant compte des amendements qui augmentent les montants proposés), les amendements adoptés réduisent le montant de la rubrique de près de 35 millions d'euros en crédits d'engagement et de paiement par rapport au PB initial.

[142] Le Conseil avait réduit dans sa position les crédits de paiement proposés de 1,8 million d'euros.

[143] Les quatre lignes budgétaires concernées sont :
- Système d'Information sur les Visas (VIS) (article *18 02 05*) ;
- Fonds pour les frontières extérieures (article *18 02 06*) ;
- Prévention, préparation et gestion des conséquences en matière de terrorisme (article *18 05 08*), et
- Prévenir et combattre la criminalité (article *18 05 09*).

"Les crédits placés en réserve seront débloqués lorsque la Commission (ou l'Agence européenne pour la gestion opérationnelle des systèmes d'information à grande échelle, après le virement de crédits) aura fourni des informations concrètes à l'autorité budgétaire sur le contenu de l'appel d'offres ainsi qu'un contrat suffisamment concret de maintenance du système d'information Schengen dans des conditions opérationnelles, établi sur la base de ces informations. En outre, la Commission doit présenter un calendrier concret concernant les mesures qui restent à prendre avant la mise en service du SIS II en 2013, précisant de manière détaillée les étapes techniques pour la suite, le contenu et l'objectif de chaque étape, les coûts y afférents et les responsabilités relatives à chaque étape du développement".

Enfin, le PE a créé de nouveaux projets pilotes et de nouvelles actions préparatoires ou a augmenté les montants proposés dans le projet de budget initial pour un montant total de 6,5 millions d'euros en crédits d'engagement et de 6 millions d'euros en crédits de paiement ;

- le montant de la sous-rubrique *3b* (*Citoyenneté*) s'élève à 707 millions d'euros en crédits d'engagement (-1,2 %) et à 660 millions d'euros en crédits de paiement (-0,8 %), ce qui laisse une marge sous le plafond de la sous-rubrique de 8 millions d'euros.

À l'exception de la ligne budgétaire destinée au financement du programme "*MEDIA 2007 – Programme de soutien au secteur audiovisuel européen*" (poste *15 04 66 01*), le Parlement européen a restauré les montants proposés dans le projet de budget initial et réduits par le Conseil dans sa position, tout en allant au-delà des montants proposés dans le PB, pour un montant total de 5 millions d'euros en crédits d'engagement et de 4 millions d'euros en crédits de paiement, pour des lignes liées à ses priorités, dont "*événements annuels spéciaux*" (article *15 05 06*), "*Jeunesse en action*" (article *15 05 55*), "*Relais d'information*" (article *16 03 01*) et "*Année européenne des citoyens (2013)*" (poste *16 05 07 02*).

Comme dans le cas de la sous-rubrique *3a*, il a créé de nouveaux projets pilotes et de nouvelles actions préparatoires ou a augmenté les montants proposés pour un montant de 13 millions d'euros en crédits d'engagement et de 11 millions d'euros en crédits de paiement ;

- le montant de la rubrique *4* (*L'UE acteur mondial*) s'élève à 9 583 millions d'euros en crédits d'engagement (+1,9 %) et à 7 273 millions d'euros en crédits de paiement (+4,6 %), ce qui laisse une marge sous le plafond de la rubrique de 276 euros seulement.

Le Parlement européen a non seulement rétabli en partie[144] ou en totalité les montants réduits par le Conseil dans sa position, mais il a également augmenté, pour un total de 126,5 millions d'euros en crédits d'engagement et 10 millions d'euros en crédits de paiement, les montants destinés dans le PB initial, dont notamment pour :

- la Palestine (+100 millions d'euros en crédits d'engagement ; poste *19 08 01 02*) ;

- la coopération avec les pays en développement d'Asie (+6,5 millions d'euros en crédits d'engagement et +2,6 millions d'euros en crédits de paiement ; poste *19 10 01 01*) ;

- la coopération avec les pays en développement d'Amérique latine (+6,5 millions d'euros en crédits d'engagement et +2,6 millions d'euros en crédits de paiement ; article *19 09 01*) ;

- le Fonds mondial de lutte contre le VIH/sida, le paludisme et la tuberculose (+4,5 millions d'euros en crédits d'engagement et +1,8 million d'euros en crédits de paiement ; article *21 05 02*) ;

- la coopération avec les pays en développement d'Asie centrale (+4 millions d'euros en crédits d'engagement et +1,6 million d'euros en crédits de paiement ; article *19 10 02*) ;

[144] Le Parlement européen a retenu les réductions opérées par le Conseil dans sa position pour l'assistance macroéconomique (soit -5,5 millions d'euros en crédits d'engagement et -40 millions d'euros en crédits de paiement par rapport au PB ; article *01 03 02*).

- le soutien financier visant à encourager le développement économique de la communauté chypriote turque (+3 millions d'euros en crédits d'engagement et +1,2 million d'euros en crédits de paiement ; poste *22 02 07 03*), et

- les missions d'observation électorales (+1,5 million d'euros en crédits d'engagement et +600 000 euros en crédits de paiement ; article *19 04 03*).

Le Parlement européen propose également un certain nombre de changements concernant la nomenclature du "budget PESC"[145], soit :

i) le remplacement du poste *19 03 01 04* ("*Autres mesures et opérations de gestion de crise*") par les sept postes suivants[146] :

- *19 03 01 04* (*EUJUST LEX Iraq*) ;

- *19 03 01 05* (*Eupol RD Congo*) ;

- *19 03 01 06* (*EUSEC RD Congo*) ;

- *19 03 01 07* (*MPUE Bosnie-Herzégovine*) ;

- *19 03 01 08* (*EUBAM Rafah*) ;

- *19 03 01 09* (*EUPOL COPPS*) ;

- *19 03 01 10* (*Autres missions relevant de la PSDC*), et

ii) le remplacement de l'article *19 03 06* ("*Représentants spéciaux de l'Union européenne*") par les six nouveaux postes suivants[147] :

- *19 03 06 01* (*Représentants spéciaux de l'Union européenne en Afrique Sub-saharienne*) ;

- *19 03 06 02* (*Représentants spéciaux de l'Union européenne en Afrique du Nord et dans le Bassin méditerranéen*) ;

- *19 03 06 03* (*Représentants spéciaux de l'Union européenne dans les Balkans et dans le Caucase du Sud*) ;

- *19 03 06 04* (*Représentants spéciaux de l'Union européenne en Asie et en Asie centrale*) ;

- *19 03 06 05* (*Représentants spéciaux de l'Union européenne pour des mandats thématiques*), et

- *19 03 06 06* (*Autres représentants spéciaux de l'Union européenne*).

iii) Par ailleurs, le PE propose de scinder l'article *19 03 02* ("*Non-prolifération et désarmement*") en deux, d'une part pour le "*Soutien à la non-prolifération des armes de destruction massive*" (nouveau poste *19 03 02 01*) et, d'autre part, pour le "*Soutien à la non-prolifération des armes conventionnelles*" (nouveau poste *19 03 02 02*).

S'agissant de la réserve pour aides d'urgence, le PE a rétabli les 110 millions d'euros en crédits de paiement proposés par la Commission dans le PB initial et non retenus par le Conseil.

Concernant enfin les projets pilotes et les actions préparatoires, le Parlement européen a créé de nouveaux projets et de nouvelles actions ou a augmenté les montants proposés dans le projet de budget initial pour un montant total de 2 millions d'euros en crédits d'engagement et de 1,5 million d'euros en crédits de paiement, et

- le montant de la rubrique 5 (*Administration*) s'élève à 8 507 millions d'euros (+2,7 %), ce qui laisse

[145] Le PE se réfère dans ce contexte notamment au nouvel article 38 du RF de 2012. Dans la pratique, l'article 38, paragraphe 7 (b) ne fait que mention que d'un *document de travail* préparé par la Commission devant accompagner le PB et qui doit présenter "*les dépenses opérationnelles ventilées par zone géographique (région, pays), domaine thématique, délégation et mission*".

[146] Le Parlement européen avance la justification suivante à ses amendements : "*Chaque opération relevant de la PSDC doit fait l'objet d'un poste spécifique sous l'article pertinent. Dans l'éventualité où une décision serait prise pendant l'exercice, les crédits correspondants devront être inscrits sous le poste "autres missions relevant de la PSDC"*".

[147] Le Parlement avance la justification suivante à ses amendements : "*Les RSUE doivent être identifiés par un poste spécifique sous l'article correspondant. Dans l'éventualité où une décision serait prise pendant l'exercice, les crédits correspondants devront être inscrits sous le poste "autres représentants spéciaux de l'Union européenne"*".

une marge sous le plafond de la rubrique de 674 millions d'euros.

Le Parlement européen a rétabli les montants proposés dans le projet de budget initial pour la section III – Commission, y inclus pour les Écoles européennes et les pensions, et réduits par le Conseil dans sa position.

Le Parlement a également restauré (y inclus pour les Écoles européennes) les montants liés à l'adaptation de 1,7 % des rémunérations et des pensions de 2011 et non retenus par le Conseil dans sa position, mais les a inscrit en réserve, tout en indiquant que dans "*l'attente d'une décision sur l'adaptation salariale de 1,7 % en 2011, le montant mis en réserve pour l'année 2013 sera débloqué immédiatement si la Cour de justice statue en faveur de la Commission*".

Il a, en outre, scindé l'article *A3 01 01* destiné à accueillir le financement des dépenses liées au personnel en activité de l'OLAF en deux postes[148], afin d'affecter au secrétariat du comité de surveillance de l'OLAF huit postes[149].

Par ailleurs, le Parlement européen a inscrit en réserve un montant de 3,9 millions d'euros inscrit au poste *A3 01 01 01*. Selon le Parlement, "*ce montant sera débloqué de la réserve dès que l'OLAF permettra aux députés du Parlement européen d'inspecter, dans une salle de lecture sécurisée, l'utilisation qui est faite, dans les États membres, des crédits cofinancés par l'OLAF via le programme Hercule II. De cette façon, l'OLAF divulguera des informations sur les infrastructures et équipements techniques cofinancés, leur opérabilité et les résultats obtenus*"[150].

En ce qui concerne son propre budget administratif (section I du budget de l'Union européenne), le Parlement européen l'a réduit de près de 9 millions d'euros par rapport au projet de budget, en limitant ainsi la hausse à 1,9 %, au lieu des 2,4 % prévus dans l'état prévisionnel (voir tableau 47, page 155). En même temps, le PE a décidé d'ajouter 30 nouveaux postes à son tableau des effectifs[151] (voir tableau 58, page 187).

Pour ce qui est des autres institutions[152], le PE a en partie restauré les montants demandés dans le projet de budget initial pour 2013, en retenant néanmoins certaines réductions de crédits comme suit :

- Cour de justice (section IV) : -18,6 millions d'euros (au lieu des -29,2 millions d'euros retenus par le Conseil dans sa position). En même temps, le Parlement n'a pas retenu non plus – à la manière du Conseil dans sa position – la réserve pour financer douze juges additionnels et le personnel d'appui correspondant proposée, mais s'est engagé à un examen rapide, le cas échéant, de tout projet de budget rectificatif lié à la révision en cours du statut de la Cour de justice ;

- Cour des comptes (section V) : -17 591 euros (au lieu de -2,2 millions d'euros) ;

- Comité économique et social européen (section VI) : -1,5 million d'euros (au lieu de -3,9 millions d'euros) ;

- Comité des régions (section VII) : -1 million d'euros (au lieu de -2,5 millions d'euros) ;

[148] Il s'agit des nouveaux postes suivants : *A3 01 01 01* (*OLAF – Dépenses liées au personnel en activité*) et *A3 01 01 02* (*OLAF – Dépenses liées au personnel en activité – Secrétariat du comité de surveillance*).

[149] Soit deux postes AD 12 (dont un poste de chef d'unité), un poste AD 10, un poste AD 5, deux postes AST 5, ainsi qu'un poste AD et un poste AST supplémentaires. Le Parlement européen a également modifié le tableau des effectifs d'OLAF à cet effet.

Le Parlement européen explique ces changements par "*la révision en cours du règlement sur l'OLAF*". Le nouveau règlement (UE, Euratom) n° 883/2013 du Parlement européen et du Conseil relatif aux enquêtes effectuées par l'Office européen de lutte antifraude (OLAF) et abrogeant le règlement (CE) n° 1073/1999 du Parlement européen et du Conseil et le règlement (Euratom) n° 1074/1999 du Conseil a été adopté le 11 septembre 2013 (JO L 248 du 18.9.2013, pp. 1/22).

[150] Doc. *PE 495.874* du 23 octobre 2012, p. 213.

[151] Ces nouveaux postes sont destinés pour le secteur des technologies de l'information et de la communication (TIC).

[152] S'agissant de la section II – Conseil européen et Conseil – le Parlement européen a respecté le "*Gentlemen's agreement*".

Tableau 51. Montants retenus pour 2013 par institution par le Parlement européen

En euros

Institution	Projet de budget		Position du Conseil		Amendements du PE	
	c/e	*c/p*	*c/e*	*c/p*	*c/e*	*c/p*
Parlement européen	1.759.391.671	1.759.391.671	1.759.391.671	1.759.391.671	1.750.463.939	1.750.463.939
Conseil européen et Conseil	540.511.300	540.511.300	535.511.300	535.511.300	535.511.300	535.511.300
Commission (y inclus les offices)	3.372.428.986	3.373.528.986	3.323.155.501	3.324.255.501	3.373.578.986	3.374.128.986
Écoles européennes	180.729.576	180.729.576	178.402.083	178.402.083	180.729.576	180.729.576
Pensions (toutes institutions)	1.413.057.000	1.413.057.000	1.389.802.000	1.389.802.000	1.413.057.000	1.413.057.000
Total "Commission"	***4.966.215.562***	***4.967.315.562***	***4.891.359.584***	***4.892.459.584***	***4.967.365.562***	***4.967.915.562***
Cour de justice	377.526.000	377.526.000	348.335.000	348.335.000	358.958.000	358.958.000
Cour des comptes	144.709.250	144.709.250	142.475.380	142.475.380	144.691.659	144.691.659
CESE	132.724.731	132.724.731	128.816.588	128.816.588	131.263.817	131.263.817
Comité des régions	89.049.193	89.049.193	86.503.483	86.503.483	88.148.502	88.148.502
Médiateur européen	9.887.000	9.887.000	9.516.371	9.516.371	9.849.000	9.849.000
CEPD	7.768.219	7.768.219	7.624.052	7.624.052	7.768.219	7.768.219
SEAE	516.635.570	516.635.570	488.700.470	488.700.470	512.846.570	512.846.570
Total "autres institutions"	***3.578.202.934***	***3.578.202.934***	***3.506.874.315***	***3.506.874.315***	***3.539.501.006***	***3.539.501.006***
Total général	**8.544.418.496**	**8.545.518.496**	**8.398.233.899**	**8.399.333.899**	**8.506.866.568**	**8.507.416.568**

- Médiateur européen (section VIII) : -38 000 euros (au lieu de -370 629 euros), et

- Service européen pour l'action extérieure (section X) : -3,8 millions d'euros (au lieu de -27,9 millions d'euros).

Le tableau 51 ci-dessus récapitule les montants par institution retenus par le Parlement européen. Les modifications aux tableaux des effectifs des institutions sont présentées dans le tableau 58, page 187.

Concernant enfin les projets pilotes et les actions préparatoires, le Parlement européen a créé de nouveaux projets et de nouvelles actions ou a augmenté les montants proposés dans le projet de budget pour un montant total de 3 millions d'euros en crédits d'engagement et de 2 millions d'euros en crédits de paiement.

7. La procédure de conciliation (24 octobre – 13 novembre 2012)

A. La procédure de conciliation a comporté :

- un trilogue, organisé le 7 novembre 2012[153], et

- deux réunions du comité de conciliation[154], qui se sont tenues, d'une part, le 26 octobre et, d'autre part, les 9 et 13 novembre 2012 (la réunion du 13 étant une continuation de la réunion du 9 novembre).

Elle n'a pas permis aux deux branches de l'autorité budgétaire de parvenir à un accord sur le budget de l'Union pour 2013.

B. La première réunion du comité de conciliation, organisée le *26 octobre 2012*, a – comme les années précédentes – servi à ouvrir officiellement les négociations finales sur le budget de l'année à venir. Le Parlement européen, le Conseil et la Commission, après avoir pris note de la lettre rectificative agricole proposée par la Commission (voir page 189), ont fait rapidement le point sur leurs positions respectives concernant le financement des programmes, les projets et les actions relevant des différentes rubriques et sous-rubriques du CF, le niveau des crédits pour paiements à retenir dans le budget pour 2013 et les projets pilotes ainsi que les actions préparatoires.

Le comité de conciliation a également pris note des "lettres d'exécutabilité" reçues, non seulement de la Commission, mais aussi (comme l'année précédente) de la Cour de justice, du Comité économique et social européen et du Service européen pour l'action extérieure.

[153] Il convient de relever qu'un trilogue prévu pour le 31 octobre 2012 (voir page 211) a été annulé à la demande du Parlement européen, qui considérait que le Conseil n'avait pas suffisamment progressé en son sein en ce qui concerne l'acceptation du projet de budget rectificatif nº 6/2012 comme proposé par la Commission (voir pages 137-139 et 175).

[154] À la différence de l'année précédente (voir première partie, page 65), le président du Parlement européen n'a participé en 2012 à aucune des réunions du comité de conciliation.

Le Parlement européen, le Conseil et la Commission ont également eu un premier échange de vues sur le projet de budget rectificatif n° 6/2012 concernant les crédits de paiement (et adopté par la Commission trois jours avant le début de la période de conciliation ; voir chapitre II). Le Parlement européen a clairement indiqué que ce PBR serait un des éléments essentiels de tout accord sur le budget pour 2013, et qu'il attendait que le Conseil "honore" la déclaration commune sur les crédits de paiement agréée lors de la procédure budgétaire pour 2012 (voir page 124) avant de se lancer dans une négociation quelconque sur le budget pour 2013. Le Conseil, quant à lui, a insisté sur le fait que le budget pour 2013 et le budget rectificatif n° 6/2012 forment un "paquet indissociable", et qu'en aucun cas il ne pourra prendre position sur le PBR n° 6/2012 sans savoir quel sera le montant des crédits pour paiements à retenir dans le budget pour 2013.

Par ailleurs, les trois institutions ont fait le point sur l'état des négociations sur le projet de budget rectificatif n° 5/2012 lié à la mobilisation du Fonds de solidarité de l'UE en faveur de l'Italie (voir chapitre II).

Il convient de relever que le Parlement européen a de nouveau critiqué la faible présence de ministres représentant le Conseil lors de cette première réunion du comité de conciliation[155].

C. Lors du trilogue du *7 novembre 2012* le Parlement européen, le Conseil et la Commission ont tenté d'entamer des discussions sur le projet de budget pour 2013 par "blocs thématiques" selon l'ordre suivant :

- approche par rubrique et sous-rubrique du CF[156] (en crédits d'engagement) ;

- questions horizontales :

i) agences décentralisées de l'Union européenne,

ii) projets pilotes et actions préparatoires,

iii) réserves, et

iv) commentaires budgétaires ;

- approche générale concernant les crédits de paiement.

Dans la pratique, les discussions ont surtout porté sur le projet de budget rectificatif n° 6/2012 (lié notamment à une demande de crédits de paiement supplémentaires de 9 milliards d'euros ; voir chapitre II) et sur les besoins de crédits de paiment indispensables encore en 2012 (voir page 146). Par ailleurs, les trois institutions ont poursuivi leurs discussions sur le projet de budget rectificatif n° 5/2012 lié à la mobilisation du Fonds de solidarité de l'Union européenne à l'Italie, le Conseil indiquant vouloir lier également le financement de ce budget rectificatif au "paquet global" des négociations. Le Parlement européen, par contre, a fortement plaidé pour un traitement séparé et rapide de ce projet de BR pour raison de "solidarité envers l'Italie et des victimes des séismes qui ont frappé l'Émilie-Romagne".

Enfin, les institutions ont continué leurs discussions, entamées lors des trilogues des 9 juillet et 17 octobre 2012, sur l'Autorité européenne des marchés financiers et l'Agence européenne des médicaments (voir pages 158 et 166-167). Elles ont accepté à ce sujet la déclaration commune suivante[157] :

"*Conformément au point 47 de l'accord interinstitutionnel du 17 mai 2006, le Parlement européen, le Conseil et la Commission conviennent de ce qui suit sur la base des informations transmises par la Commission :*

- les nouveaux postes présentés dans les fiches financières concernant les travaux supplémentaires liés à l'industrie pour l'Autorité européenne des

---

[155] Ceci est lié notamment au fait que, à la différence de la seconde réunion du comité de conciliation, la première réunion du comité n'est pas "accompagnée" par une réunion du Conseil "Ecofin/Budget", et que peu de décisions – si aucune – ne sont attendues lors de cette réunion.

[156] La rubrique *2* (*Conservation et gestion des ressources naturelles*) du CF lettre rectificative "agricole" n° 1/2013 incluse (voir page 189).

[157] Le Conseil a confirmé son accord sur cette déclaration (en tant que "point A") le 4 décembre 2012 (doc. *Conseil 16116/12* du 13 novembre 2012).

marchés financiers (ESMA) et l'Agence européenne des médicaments (EMA) pour l'exercice 2013 seront financés par des redevances supplémentaires de l'industrie et, par conséquent, ces postes n'auront aucune incidence sur la contribution de l'UE à ces agences. Le nombre total de postes du tableau des effectifs de ces agences pour l'exercice 2013 sera fixé dans le cadre de la procédure budgétaire annuelle".

La Commission a également rappelé, sous le point "Divers", sa demande de nouveaux postes pour l'Agence "Frontex" (voir page 167).

D. Lors de sa réunion du *9 novembre 2012*, le comité de conciliation a dû prendre note, après près de huit heures de négociations, du fait qu'aucun accord n'a pu être obtenu sur le budget de l'Union pour 2013, les négociations achoppant avant tout sur le montant (en crédits de paiement) à retenir dans le projet de budget rectificatif n° 6/2012, les négociateurs n'ayant que très peu abordé le contenu du budget pour 2013.

Le comité de conciliation a néanmoins convenu de se réunir une dernière fois le 13 novembre 2012, date ultime de la période de conciliation de vingt et un jours.

Suite à une demande du Parlement européen, le comité de conciliation s'est toutefois mis d'accord pour adopter la déclaration commune suivante sur le projet de budget rectificatif n° 5/2012 : "*Le comité de conciliation est parvenu à un accord sur la mobilisation, dans les meilleurs délais, du Fonds de solidarité de l'Union européenne à hauteur de 670 millions d'euros en faveur de l'Italie comme proposé par la Commission dans le projet de budget rectificatif n° 5/2012, qui sera finalisé dans l'accord global*".

E. Lors de la reprise de la réunion du comité de conciliation du 9 novembre, le *13 novembre 2012*, les négociateurs[158] n'ont pu que prendre acte de l'échec de la procédure de conciliation, le Conseil n'étant pas en mesure (pour des raisons de majorité qualifiée et de minorité de blocage) de dissocier le budget rectificatif n° 6/2012 du "paquet global" et le Parlement européen maintenant sa position de refuser de discuter du budget pour 2013 avant un accord politique au préalable sur les projets de budgets rectificatifs pour 2012 en "instance".

Le fait que le Conseil indique être en position d'accepter le projet de budget rectificatif n° 5/2012 comme proposé par la Commission (c'est-à-dire sans aucun redéploiement) "en dehors du paquet global" n'a ainsi pas suffit pour créer les bases pour un accord.

Il convient avant tout de relever qu'à la différence de la procédure budgétaire pour 2011 (qui a également comporté une procédure de conciliation infructueuse), aucun préaccord (ou "convergence de vue") n'a pu être trouvé lors de la procédure de conciliation en 2012 sur les montants à retenir dans le budget de l'année à venir.

8. Le nouveau projet de budget pour 2013 (23 novembre 2012[159])

A. Suite à l'échec de la procédure de conciliation, la Commission a présenté, conformément à l'article 314, paragraphe 8 du TFUE, le 23 novembre 2012, un nouveau projet de budget pour 2013. Il s'élève à 151 059 millions d'euros en crédits pour engagements (+1,7 % par rapport au budget pour 2012[160]) et à 137 798 millions d'euros en crédits pour paiements (+6,2 %). Ceci représente 1,13 % et 1,03 % respectivement du RNB de l'UE. Les marges laissées sous les plafonds du CF sont de 2 294 millions d'euros en crédits pour engagements et de 6 309 millions d'euros en crédits pour paiements.

B. Ce nouveau projet de budget reprend, en ce qui concerne les crédits d'engagement, la situation des négociations à la fin de la procédure de concilia-

---

[158] Le Parlement européen n'étant représenté à cette réunion que par le président de sa commission des budgets (vice-président, avec le président du Conseil, du comité de conciliation) et par trois rapporteurs.

[159] Doc. *COM(2012) 716 final*. La Commission a mis le nouveau projet de budget pour 2013 à la disposition de l'autorité budgétaire et des parlements nationaux dans toutes les langues officielles de l'UE le 27 novembre 2012.

[160] Budgets rectificatifs n° 1-5/2012 compris (voir chapitre II).

tion le 13 novembre 2012 telle qu'interprétée par la Commission. S'agissant des crédits de paiement, il propose (sauf cas spécifiques detaillés ci-dessous) de reconduire ceux proposés dans le projet de budget initial (lettre rectificative nº 1/2013 incluse) car, selon la Commission, le projet de budget initial "*correspond toujours à la meilleure estimation des besoins en paiements pour 2013, en partant toutefois du principe que les besoins en paiements pour 2012 à honorer cette année seront couverts par le budget 2012*"[161].

C. Le nouveau PB se présente par rubriques et sous-rubriques du CF comme suit :

- les dépenses de la sous-rubrique *1a* (*Compétitivité pour la croissance et l'emploi*) s'élèvent (y inclus le Fonds européen d'ajustement à la mondialisation) à 16 105 millions d'euros en crédits d'engagement (soit +4,5 % par rapport au budget pour 2012[162]) et à 13 558 millions d'euros en crédits de paiement (+18,1 %).

Les crédits d'engagement sont fixés au niveau proposé par la Commission dans son projet de budget initial, en augmentant toutefois (pour un montant total de 61 millions d'euros) les crédits d'engagement de vingt lignes budgétaires "prioritaires" pour le PE[163].

En même temps, le nouveau projet de budget retient 2,7 millions d'euros de réductions par rapport au projet de budget initial liées à des lignes budgétaires "clôturées".

La prise en compte de la position du Parlement européen sur les projets pilotes et les actions préparatoires augmente par ailleurs les crédits d'engagement de 14,7 millions d'euros et les crédits de paiement de 6,7 millions d'euros par rapport au PB initial.

Après prise en compte des agences décentralisées et des agences exécutives (voir *infra*), la marge laissée sous le plafond de la sous-rubrique s'élève à 18 millions d'euros ;

- les crédits de la sous-rubrique *1b* (*Cohésion pour la croissance et l'emploi*) s'élèvent à 54 509 millions d'euros en crédits d'engagement (+3,3 %) et à 48 977 millions d'euros en crédits de paiement (+11,7 %).

Les crédits d'engagement sont fixés au niveau proposé dans le projet de budget initial, à l'exception de l'article *13 03 31* pour la stratégie de l'UE pour la région de la mer Baltique, pour lequel la Commission a retenu le montant voté par le Parlement européen, soit 2,5 millions d'euros.

La prise en compte de la position du Parlement sur les projets pilotes et les actions préparatoires augmente en même temps les crédits d'engagement de 7,2 millions d'euros et les crédits de paiement de 2,3 millions d'euros par rapport au PB initial

La marge laissée sous le plafond de la sous-rubrique s'élève ainsi à 15 millions d'euros ;

- les crédits de la rubrique *2* (*Conservation et gestion des ressources naturelles*) s'élèvent à 60 249 millions d'euros en crédits d'engagement (+0,5 %) et à 57 900 millions d'euros en crédits de paiement (+1,5 %). Les dépenses de marché et paiements directs agricoles s'élèvent à 44 057 millions d'euros en crédits d'engagement et à 44 039 millions d'euros en crédits de paiement, soit +0,2 % et +0,4 % par rapport à 2012.

La Commission a reconduit les montants proposés dans le projet de budget initial, tels que modifiés par la lettre rectificative "agricole" nº 1/2013 (voir pages 152 et 189). Cependant, pour la ligne budgétaire liée à l'"apurement comptable", la Commission a repris le montant retenu par le Parlement européen, soit -100 millions d'euros.

Après la prise en compte de la position du Parlement européen sur les projets pilotes et les actions préparatoires (qui augmente les crédits d'engagement de

[161] Doc. *COM(2012) 716 final*, p. 4.

[162] Budgets rectificatifs nº 1-5/2012 inclus.

[163] La Commission a retenu 50 % des augmentations votées par le PE. Il s'agit de lignes budgétaires liées avant tout au 7ème PCR (+23,7 millions d'euros), aux programmes "Éducation et formation tout au long de la vie" et "Erasmus Mundus" (+19,3 millions d'euros), au programme-cadre pour l'innovation et la compétitivité (+14,3 millions d'euros) et à l'"Agenda pour la politique sociale" (+2,3 millions d'euros).

10,6 millions d'euros et les crédits de paiement de 4,1 millions d'euros par rapport au PB initial), la marge laissée sous le plafond de la rubrique s'élève à 1 040 millions d'euros. La marge pour les dépenses de marché et paiements directs est de 882 millions d'euros ;

- les crédits de la sous-rubrique *3a* (*Liberté, sécurité et justice*) s'établissent à 1 399 millions d'euros en crédits d'engagement (+2,3 %) et à 928 millions d'euros en crédits de paiement (+11 %).

Les crédits d'engagement sont fixés au niveau proposé par la Commission dans le projet de budget initial. En conséquence, et après prise en compte des projets pilotes et des actions préparatoires (soit, selon la position du PE, +6,5 millions d'euros en crédits d'engagement et +3,3 millions d'euros en crédits de paiement par rapport au projet de budget initial), la marge restante sous le plafond s'établit à 262 millions d'euros ;

- les crédits de la sous-rubrique *3b* (*Citoyenneté*) s'établissent à 707 millions d'euros en crédits d'engagement et à 656 millions d'euros en crédits de paiement.

Les crédits d'engagement sont fixés au niveau proposé par le Parlement européen, ce qui signifie qu'ils comprennent une augmentation de 5 millions d'euros par rapport au projet de budget initial.

Ceci laisse, après prise en compte des projets pilotes et des actions préparatoires (soit +12,8 millions d'euros en crédits d'engagement et +6,3 millions d'euros en crédits de paiement par rapport au PB initial), une marge sous le plafond de la sous-rubrique de 8 millions d'euros ;

- les crédits de la rubrique *4* (*L'UE acteur mondial*) s'établissent à 9 583 millions d'euros en crédits d'engagement (+1,9 %) et à 7 272 millions d'euros en crédits de paiement (+4,6 %).

Les crédits d'engagement sont fixés au niveau proposé par le Parlement européen, ce qui signifie qu'ils sont en augmentation de 111 millions d'euros (dont 100 millions d'euros pour la Palestine) par rapport au PB initial.

Après prise en compte des projets pilotes et des actions préparatoires (+2 millions d'euros en crédits d'engagement et +0,5 million d'euros en crédits de paiement par rapport au PB initial), la marge sous le plafond de la rubrique est de 276 millions d'euros, et

- les dépenses de la rubrique *5* (*Administration*) s'élèvent à 8 507 millions d'euros en crédits d'engagement et de paiement (+2,7 %). Ceci laisse une marge sous le plafond de la rubrique de 674 millions d'euros.

La position arrêtée par le Parlement européen est proposée pour fixer le niveau des crédits de l'ensemble des institutions. Par ailleurs, la Commission a placé les montants liés à l'adaptation de 1,7 % des rémunérations et des pensions de 2011 en réserve, comme demandé par le Parlement européen[164].

En conséquence, et en tenant compte de la position du PE sur les projets pilotes et les actions préparatoires (+2 millions d'euros en crédits d'engagement et +0,5 million d'euros en crédits de paiement par rapport au PB initial), la marge sous le plafond des dépenses de la rubrique *5* s'élève à 674 millions d'euros.

En ce qui concerne les postes repris aux tableaux des effectifs des institutions, la position du Conseil est proposée pour le Conseil européen et le Conseil, la Commission et le Comité économique et social européen, tandis que celle du Parlement européen est proposée pour les autres institutions (voir tableau 58, page 187).

S'agissant des *crédits de paiement*, la Commission a apporté des changements par rapport au projet de budget initial en ce qui concerne les lignes budgétaires comportant des crédits non dissociés, ainsi que concernant les projets pilotes et les actions préparatoires et les lignes budgétaires "clôturées"[165] (voir *infra*), tout en maintenant une répartition entre les

[164] Soit un total de 89 millions d'euros. Il convient de relever que la section II – Conseil européen et Conseil – ne contient pas ces montants (voir page 159).
[165] Doc. *COM(2012) 716 final*, p. 11.

différentes rubriques, sous-rubriques et lignes budgétaires "*très proche de celle des crédits de paiement inscrits dans le projet de budget initial tel que modifié par la lettre rectificative n° 1/2013*"[166].

S'agissant des *agences décentralisées de l'Union européenne* relevant des différentes rubriques et sous-rubriques du CF, le nouveau projet de budget reconduit (tant en crédits d'engagement que de paiement) le PB initial, tout en ajoutant *in fine* au tableau des effectifs de l'Agence "Frontex" six postes AD supplémentaires[167] (voir pages 167 et 176).

Pour les *agences exécutives*, le nouveau PB reprend les montants proposés en crédits d'engagement et de paiement dans le PB initial.

Concernant les *projets pilotes* et les *actions préparatoires*, il reprend la position du Parlement européen en ce qui concerne les crédits d'engagement[168]. S'agissant des crédits de paiement, ils sont fixés à 50 % des crédits d'engagement proposés par le PE pour les nouveaux projets et les nouvelles actions. En cas d'extension de projets ou d'actions existants, la Commission propose de retenir les crédits de paiement du PB initial, majoré de 50 % du montant des nouveaux crédits d'engagement demandés par le PE. Dans le cas où le PE demande néanmoins moins de crédits de paiement, la Commission a retenu ce montant.

S'agissant des *commentaires budgétaires*, le nouveau PB reprend les amendements votés par le Parlement européen, sauf dans deux cas[169].

Enfin, concernant la *nomenclature budgétaire*, le nouveau projet de budget reprend le PB initial (c'est-à-dire qu'il ne reprend pas les nouvelles lignes pour le budget "PESC" proposées par le Parlement européen). Par ailleurs, la Commission n'a pas retenu l'amendement du Parlement visant à instaurer un tableau des effectifs séparé pour le comité de surveillance de l'OLAF[170] (voir pages 172-173).

D. Lors du trilogue du *28 novembre 2012*, le Parlement européen, le Conseil et la Commission ont poursuivi leurs travaux en vue d'un accord sur le budget de l'Union européenne pour 2013, sur la base du nouveau projet de budget.

Le Conseil a avant tout rappelé sa position selon laquelle le budget pour 2013 et le budget rectificatif n° 6/2012 forment un paquet "indissociable", insistant avant tout sur l'adoption d'un niveau des crédits pour paiements "proche" de celui retenu dans sa position de juillet 2012 (soit 132,7 milliards d'euros), tout en indiquant une certaine "flexibilité" concernant les crédits pour engagements, en excluant toutefois toute mobilisation de l'instrument de flexibilité, comme proposé par le Parlement européen (voir page 167).

Le Parlement européen, pour sa part, a rappelé l'importance d'adopter le projet de budget rectificatif n° 6/2012 comme proposé par la Commission afin de garantir le financement nécessaire des politiques de l'Union en 2012, tout en acceptant pour la première fois de ne pas faire de l'adoption de ce PBR une "*pré*condition" au démarrage des discussions sur le budget pour 2013 (mais seulement une "condition"), ouvrant ainsi la voie à un accord global.

La Commission, quant à elle, a souligné que le nouveau PB pour 2013 est basé sur le principe selon

---

[166] Ceci conduit à une augmentation des crédits de paiement de 274 millions d'euros par rapport au PB initial, y inclus les 80 millions d'euros proposés dans le nouveau PB pour 2013 pour la réserve pour aides d'urgence et 50 millions d'euros pour le Fonds européen d'ajustement à la mondialisation.

[167] Un poste AD 10 et cinq postes AD 7. Cet ajout est budgétairement neutre, car compensé par une baisse de six postes prévus pour les experts nationaux détachés ("END").

[168] Le nouveau projet de budget comprend ainsi 55 projets pilotes et actions préparatoires, pour un montant total de 72,1 millions d'euros en crédits d'engagement.

[169] Il s'agit des commentaires concernant les postes *17 04 04 01* (*Interventions phytosanitaires — Nouvelles actions*) et *19 06 01 01* (*Préparation et réaction aux crises (instrument de stabilité)*), pour lesquels la Commission maintient les textes inclus dans son projet de budget initial.

[170] La Commission a, en outre, confirmé (sauf quelques cas très particuliers) les lignes budgétaires "clôturées", c'est-à-dire toutes les lignes budgétaires qui n'ont été modifiées ni par le Conseil ni par le Parlement européen, ainsi que les lignes pour lesquelles le Parlement a accepté les modifications apportées par le Conseil.

lequel les besoins en crédits de paiement pour 2012 sont couverts en 2012 par des crédits supplémentaires alloués pour cette même année. Elle a également rappelé que le financement (en crédits de paiement) de six mobilisations du Fonds européen d'ajustement à la mondialisation en instance est lié à l'adoption du PBR n° 6/2012 (voir chapitre II).

E. Lors du trilogue du *29 novembre 2012*, le Parlement européen et le Conseil sont finalement parvenus, avec l'aide de la Commission, à un accord politique "*ad referendum*" sur un "projet de paquet" incluant le budget de l'Union européenne pour 2013 (pour un montant de 150,9 milliards d'euros en crédits pour engagement et de 132,8 milliards d'euros en crédits pour paiements) et le budget rectificatif n° 6/2012 (pour un montant de -142,2 millions d'euros en crédits d'engagement et de +6 milliards d'euros en crédits de paiement[171]).

Dans l'accord, le nouveau projet de budget pour 2013 proposé par la Commission est modifié comme suit :

- s'agissant de la sous-rubrique *1a* (*Compétitivité pour la croissance et l'emploi*) du CF, les crédits d'engagement de huit lignes budgétaires sont renforcés, pour un montant total de 16 millions d'euros ;

- s'agissant de la rubrique *2* (*Conservation et gestion des ressources naturelles*), les crédits pour l'"apurement comptable" sont fixés à un montant de -200 millions d'euros (au lieu de -100 millions d'euros proposés par la Commission) ;

- s'agissant de la rubrique *5* (*Administration*), les crédits liés à l'adaptation de 1,7 % des rémunérations et des pensions de 2011 ne sont pas inclus dans le budget pour 2013, sauf sous la section I du budget pour le Parlement européen[172]. Le Parlement européen et le Conseil ont dans ce contexte adopté la déclaration commune suivante :

"*Le Parlement européen et le Conseil conviennent de ne pas tenir compte à ce stade de l'incidence budgétaire de l'adaptation des rémunérations de 2011 dans le budget pour 2013. Sans préjudice de la position du Conseil dans les affaires C-66/12, C-63/12, C-196/12 et C-453/12, ils demandent conjointement à la Commission, si la Cour de justice devait se prononcer en faveur de la Commission et, si tel est le cas, dès qu'elle se sera prononcée, de présenter un projet de budget rectificatif consacré au financement, s'il y a lieu, de l'incidence de l'adaptation 2011 pour les institutions, y compris son effet rétroactif sur les années précédentes et les éventuels intérêts de retard.*

Le Parlement européen et le Conseil s'engagent ainsi à approuver un tel projet de budget rectificatif dès que possible et à fournir les crédits supplémentaires nécessaires sans porter atteinte aux priorités politiques" ;

- s'agissant des *crédits pour paiements*, le montant global retenu dans le budget de l'Union pour 2013 est de 132 836 987 855 euros. Le Parlement européen et le Conseil ont dans ce cadre adopté la déclaration commune suivante :

"*Compte tenu des efforts d'assainissement budgétaire actuellement consentis par les États membres, le Parlement européen et le Conseil, prenant acte du niveau des paiements proposé par la Commission pour 2013, approuvent la réduction du niveau des crédits de paiement pour 2013 par rapport au projet de budget de la Commission. Ils demandent à la Commission d'engager toute action nécessaire conformément au traité et, en particulier, de demander des crédits de paiement supplémentaires dans un budget rectificatif si les crédits inscrits dans le budget pour 2013 se révèlent insuffisants pour couvrir les dépenses relevant de la sous-rubrique 1a (Compétitivité pour la croissance et l'emploi), de la sous-rubrique 1b (Cohésion pour la croissance et l'emploi), de la rubrique 2 (Conservation et gestion des ressources naturel-*

[171] Soit le montant en crédits d'engagement proposé et une diminution de 3 milliards d'euros des crédits de paiement proposés par la Commission. Le budget rectificatif n° 6/2012 adopté contient toutefois 100 millions d'euros de redéploiements supplémentaires par rapport à la proposition de la Commission (voir chapitre II).

[172] Ceci revient à réduire les montants inscrits sous la rubrique *5* du CF de 76,2 millions d'euros par rapport au nouveau projet de budget pour 2013.

les), de la rubrique 3 (Citoyenneté, liberté, sécurité et justice) et de la rubrique 4 (L'UE acteur mondial).

En outre, le Parlement européen et le Conseil demandent instamment à la Commission de présenter, d'ici la mi-octobre 2013 au plus tard, les derniers chiffres actualisés concernant la situation et les estimations relatives aux crédits de paiement relevant de la sous-rubrique 1b et à ceux affectés au développement rural dans le cadre de la rubrique 2, et, si nécessaire, de présenter un projet de budget rectificatif. Le Parlement européen et le Conseil sont conscients qu'un projet de budget rectificatif peut éventuellement être demandé dès la mi-2013. Afin de faciliter l'adoption de la décision sur le niveau des crédits de paiement dans le cadre de la procédure budgétaire annuelle, les trois institutions acceptent d'étudier des moyens qui permettent de mieux concilier, dans le cadre d'une gestion partagée, les estimations relatives aux crédits de paiement avec les besoins correspondants.

Le Parlement européen et le Conseil prendront position sur un éventuel projet de budget rectificatif dans les plus brefs délais afin d'éviter toute insuffisance dans les crédits de paiement. En outre, ils s'engagent à traiter sans retard tout virement éventuel de crédits de paiement, y compris entre les rubriques du cadre financier, afin de tirer le meilleur parti possible des crédits de paiement inscrits au budget et de les adapter en fonction de l'exécution effective et des besoins.

Conformément au point 18 de l'accord interinstitutionnel sur la discipline budgétaire et la bonne gestion financière, le Parlement européen et le Conseil rappellent qu'il est nécessaire d'assurer, compte tenu des conditions d'exécution, une évolution ordonnée du montant total des crédits de paiement par rapport aux crédits d'engagement, de manière à éviter toute évolution anormale des engagements restant à liquider ("RAL").

Le Parlement européen, le Conseil et la Commission suivront activement l'exécution du budget pour 2013 tout au long de l'année, en mettant l'accent sur l'exécution des paiements, les demandes de remboursement reçues et les prévisions révisées, sur la base d'informations détaillées communiquées par la Commission.

En tout état de cause, le Parlement européen, le Conseil et la Commission rappellent qu'il leur incombe conjointement, conformément aux dispositions de l'article 323 du TFUE, de "veille[r] à la disponibilité des moyens financiers permettant à l'Union de remplir ses obligations juridiques à l'égard des tiers"", et

- s'agissant des *réserves*, toutes celles adoptées par le Parlement européen (voir pages 168-174) sont maintenues, à l'exception de la réserve liée au "paquet Schengen"[173], pour laquelle 20 % (et non 75 % comme demandé par le Parlement) des crédits retenus sont inscrits en réserve.

Par ailleurs, dans le cadre de l'adoption du budget rectificatif n° 6/2012, le Parlement européen et le Conseil ont adopté une déclaration commune sur les besoins de crédits de paiement pour 2012 (voir chapitre II et page 216).

F. Le calendrier d'adoption de l'accord a été le suivant :

a) 30 novembre 2012 : confirmation politique du "projet de paquet" par le Comité des représentants permanents ;

b) 4 décembre 2012 : confirmation politique du "projet de paquet" par la commission des budgets du Parlement européen.

Le président du PE a fait suite à cette réunion la déclaration suivante : "*Lors de sa réunion du 4 décembre 2012, la commission des budgets a procédé à un vote d'orientation sur le budget rectificatif n° 6/2012 ainsi que sur le budget de l'Union européenne pour 2013, permettant ainsi au Conseil de commencer à élaborer sa position. Après consultation des grou-*

[173] Pour mémoire, ces réserves concernent les articles *18 02 05* (*Système d'information sur les visas*), *18 02 06* (*Fonds pour les frontières extérieures*), *18 05 08* (*Prévention, préparation et gestion des conséquences en matière de terrorisme*) et *18 05 09* (*Prévenir et combattre la criminalité* ; voir page 170).

pes politiques, une majorité pourrait être disposée à voter en faveur du texte, la semaine prochaine, sous les conditions suivantes :

Les projets de déclaration concernant les paiements, négociés en trilogue par les trois institutions, devront être renforcés par les signatures des présidents des trois institutions. Les factures de l'année budgétaire 2012 ne pourront être assumées par un budget pour 2013 déjà sous-financé, mais devront être couvertes additionnellement par les États membres. Les garanties nécessaires doivent être données au plus haut niveau institutionnel ; il n'y a aucune marge d'interprétation.

Comme convenu par les groupes politiques du Parlement européen, cela constitue une condition préalable à un vote positif du Parlement européen. J'invite le président [de la République de Chypre] *Christofias et le président* [de la Commission] *Barroso à signer les déclarations convenues et ce préalablement à la réunion et au vote de la commission des budgets, lundi* (10 décembre 2012) *prochain*"[174] ;

c) 5 décembre 2012 : approbation par le Coreper (en tant que point "I") des positions du Conseil sur le nouveau projet de budget pour 2013 et sur le projet de budget rectificatif n° 6/2012[175] conformément au "projet de paquet", en vue de leur soumission au Conseil ;

d) 6 décembre 2012 : adoption formelle (en tant que point "A") des positions du Conseil sur le nouveau projet de budget pour 2013 et sur le projet de budget rectificatif n° 6/2012 (voir chapitre II et *infra*) ;

e) 10 décembre 2012 : (re)confirmation de l'accord sur le nouveau projet de budget pour 2013 et sur le projet de budget rectificatif n° 6/2012 par la commission des budgets du Parlement européen, et

f) 12 décembre 2012 : approbation par la plénière de la position du Parlement européen sur le nouveau projet de budget pour 2013 et sur le projet de budget rectificatif n° 6/2012 (acceptation des positions du Conseil sans amendement ; voir chapitre II et page 184).

9. La position du Conseil sur le nouveau projet de budget pour 2013 (6 décembre 2012[176])

A. La position du Conseil sur le nouveau projet de budget pour 2013[177] s'élève à 150 898 millions d'euros en crédits pour engagements (+1,6 % par rapport au budget pour 2012[178]) et à 132 837 millions d'euros en crédits pour paiements (+2,4 %).

---

[174] Déclaration du président du Parlement européen (5 décembre 2012).

[175] Il convient de relever que le Conseil a adopté une position *conditionnelle* sur le projet de budget rectificatif n° 6/2012 (ce qui est une "nouveauté de procédure"), car liée à l'acceptation par le Parlement européen de la position du Conseil sur le nouveau projet de budget pour 2013, telle qu'elle résulte du "projet de paquet" du 29 novembre 2012 (voir chapitre II).

[176] Eu égard au caractère d'urgence de la question, le Conseil, conformément à l'article 3, paragraphe 3 de son règlement intérieur, a décidé le 29 novembre 2012 de réduire la période de huit semaines ainsi que celle de dix jours prévues à l'article 4 du protocole n° 1 sur le rôle des parlements nationaux dans l'Union européenne.

Le Conseil a adopté sa position en tant que "point A" lors du Conseil "Justice et affaires intérieures".

[177] La décision arrêtant la position du Conseil a été publiée au JO C 378 du 8.12.2012, p. 4. L'Autriche, les Pays-Bas, le Royaume-Uni et la Suède ont voté contre. Les Pays-Bas, le Royaume-Uni et la Suède on fait inscrire au procès-verbal de la session du Conseil la déclaration unilatérale suivante concernant les déclarations communes adoptées dans le cadre de l'accord global sur le budget de l'Union pour 2013 et le budget rectificatif n° 6/2012 (voir pages 214-215) : "*Les Pays-Bas, le Royaume-Uni et la Suède font observer que, la législation de l'Union ne prévoyant pas de procédure d'adoption formelle pour les documents politiques, comme les conclusions et les déclarations, le Conseil se prononce sur de tels documents par consensus. Cela correspond à la pratique établie de longue date au Conseil selon laquelle l'opposition d'un seul membre du Conseil suffit pour que ces documents ne soient pas adoptés. Ainsi, si les déclarations ne recueillent pas l'approbation du Conseil par consensus, les Pays-Bas, le Royaume-Uni et la Suède ne considèrent pas ces déclarations comme ayant été adoptées et ne se considèrent pas – pas plus qu'ils ne considèrent le Conseil – comme étant liés par le contenu desdites déclarations*". Le Danemark a, pour sa part, fait la déclaration unilatérale suivante : "*Le Danemark vote en faveur du budget pour 2013. Cependant, il ne soutient pas la déclaration relative à la suspension des paiements en 2012* [voir page 216]*, qu'il considère comme étant liée au budget rectificatif n° 6/2012, auquel il s'oppose*" (doc. *Conseil 17146/2/12 REV 2 FIN 990* du 7 décembre 2012, p. 3).

[178] Budgets rectificatifs n° 1-5/2012 compris (voir chapitre II).

Ceci représente 1,13 % et 0,99 % respectivement du RNB de l'UE. Les marges laissées sous les plafonds du CF sont de 2 454 millions d'euros en crédits pour engagements et de 11 240 millions d'euros en crédits pour paiements.

Elle est conforme à l'accord politique "*ad referendum*" sur un "projet de paquet" incluant le budget de l'Union pour 2013 et le budget rectificatif nº 6/2012 conclu lors du trilogue du 29 novembre 2012 (voir pages 180-181).

B. La position du Conseil sur le nouveau projet de budget pour 2013 s'établit ainsi par rubrique et sous-rubrique du cadre financier pour 2007-2013 comme suit :

- les dépenses de la sous-rubrique *1a* (*Compétitivité pour la croissance et l'emploi*) s'élèvent à 16 121 millions d'euros en crédits d'engagement (soit +4,7 % par rapport au budget pour 2012[179]) et à 11 886 millions d'euros en crédits de paiement[180] (+3,5 %). La marge sous la sous-rubrique *1a* s'établit à 2 millions d'euros.

Par rapport au nouveau projet de budget pour 2013 présenté par la Commission (voir page 177), les crédits d'engagement de huit lignes budgétaires ont été renforcés, pour un montant total de 16 millions d'euros, dont 13,9 millions d'euros pour le programme "Éducation et formation tout au long de la vie" (y inclus le programme "Erasmus") et 1,2 million d'euros pour les trois agences décentralisées de l'Union européenne opérant dans le cadre de la surveillance financière.

Les crédits de paiement ont été réduits de 1,7 milliard d'euros par rapport au nouveau PB pour 2013. Une attention particulière a été accordée au financement des programmes stimulant la croissance et l'emploi et liés à la stratégie "Europe 2020", tels que le programme "Éducation et formation tout au long de la vie" ou le PIC[181] ;

- les crédits de la sous-rubrique *1b* (*Cohésion pour la croissance et l'emploi*) s'élèvent à 54 509 millions d'euros en crédits d'engagement (+3,3 %) et à 47 199 millions d'euros en crédits de paiement (+7,7 %). La marge laissée sous le plafond de la sous-rubrique s'élève à 15 millions d'euros.

Conformément au "projet de paquet" (voir page 180-181), les crédits d'engagement reprennent les montants proposés dans le nouveau projet de budget pour 2013. Les crédits de paiement ont été réduits de 1,8 milliard d'euros ;

- les crédits de la rubrique *2* (*Conservation et gestion des ressources naturelles*) s'élèvent à 60 149 millions d'euros en crédits d'engagement (+0,3 %) et à 57 484 millions d'euros en crédits de paiement (+0,8 %). Les dépenses de marché et paiements directs agricoles s'élèvent à 43 957 millions d'euros en crédits d'engagement et à 43 934 millions d'euros en crédits de paiement (+0,1 %).

La position du Conseil inclut, conformément au "projet de paquet", la fixation du montant de la ligne budgétaire liée à l'"apurement comptable" à -200 millions d'euros (comparé aux -100 millions d'euros dans le nouveau PB). Au total les crédits de paiement sont réduits de 0,4 milliard d'euros par rapport au nouveau projet de budget pour 2013.

La marge laissée sous le plafond de la rubrique est ainsi de 1 140 millions d'euros. La marge pour les dépenses de marché et paiements directs est de 982 millions d'euros ;

- les crédits de la sous-rubrique *3a* (*Liberté, sécurité et justice*) s'établissent à 1 399 millions d'euros en crédits d'engagement (+2,3 %) et à 877 millions d'euros en crédits de paiement (+4,9 %).

Conformément au "projet de paquet" (voir page 180-181), les crédits d'engagement reprennent les montants proposés dans le nouveau projet de bud-

[179] Budgets rectificatifs nº 1-5/2012 inclus.

[180] En d'autres termes, le Conseil a réduit les crédits pour engagements proposés par la Commission dans son nouveau PB de 160 millions d'euros et les crédits pour paiements de 4 961 millions d'euros.

[181] Le Conseil a néanmoins réduit les crédits de paiement proposés dans le nouveau PB de 100 millions d'euros dans le premier cas et de 111 millions d'euros dans le second.

get pour 2013. Les crédits de paiement ont été réduits de 51 millions d'euros.

La marge restante sous le plafond de cette sous-rubrique est de 262 millions d'euros ;

- les crédits de la sous-rubrique *3b* (*Citoyenneté*) s'établissent à 707 millions d'euros en crédits d'engagement et à 638 millions d'euros en crédits de paiement.

Conformément au "projet de paquet", les crédits d'engagement reprennent les montants proposés dans le nouveau projet de budget. Les crédits de paiement ont été réduits de 18 millions d'euros.

Ceci laisse une marge sous le plafond de la sous-rubrique de 8 millions d'euros ;

- les crédits de la rubrique *4* (*L'UE acteur mondial*) s'établissent à 9 583 millions d'euros en crédits d'engagement (+1,9 %) et à 6 323 millions d'euros en crédits de paiement (-9,1 %). Ceci laisse une marge de 276 millions d'euros.

De nouveau conformément au "projet de paquet", les crédits d'engagement reprennent les montants proposés dans le nouveau PB. Les crédits de paiement ont été réduits d'un milliard d'euros, et

- les dépenses de la rubrique *5* (*Administration*) s'élèvent à 8 431 millions d'euros en crédits d'engagement et à 8 430 millions d'euros en crédits de paiement (+1,8 %). Ceci laisse une marge sous le plafond de la rubrique de 750 millions d'euros.

Comme indiqué *supra*, les montants ont été réduits de 76,2 millions d'euros par rapport au nouveau projet de budget pour 2013 suite à la non-inclusion de l'adaptation de 1,7 % des rémunérations et des pensions de 2011, sauf pour le budget administratif du Parlement européen (section I du budget de l'Union).

Le Conseil a retenu les postes proposés dans le nouveau projet de budget (voir tableau 58, page 187).

10. La position du Parlement européen et la constatation de l'adoption définitive du budget pour 2013 (12 décembre 2012)

Conformément au calendrier d'adoption du "projet de paquet" du 29 novembre 2012 (voir page 182), le Parlement européen, lors de sa plénière le 12 décembre 2012, a approuvé (par 498 votes pour, 162 contre et 12 abstentions) la position du Conseil sur le nouveau projet de budget pour 2013, adoptée le 6 décembre 2012, sans amendement[182].

Le président du Parlement européen a rappelé avant le vote que les projets de déclarations communes concernant les crédits de paiement, et faisant partie de l'accord global sur le budget pour 2013 et le budget rectificatif n° 6/2012, "*doivent être renforcés par les signatures des présidents des trois institutions* (…), (ceci constituant) *une condition préalable à un vote positif du Parlement européen* " (voir pages 182 et 216-217). Le président de la République de Chypre et celui de la Commission l'ayant déjà fait les 7 et 10 décembre 2012, le président du Parlement a signé ces déclarations communes en plénière afin de donner au "*plus haut niveau institutionnel*" les garanties que les "*factures de l'année budgétaire 2012* (restées) *impayées seront couvertes additionnellement par les États Membres en 2013* (…) *non pas par redéploiements de crédits* (…), *mais avec de l'"argent frais'*""[183].

Après avoir constaté, conformément à l'article 314, paragraphe 9 du TFUE, son adoption définitive, le président du PE a signé le budget de l'Union européenne pour 2013.

11. Le budget de l'Union européenne pour 2013

A. Le budget de l'Union européenne pour 2013 s'élève comme déjà mentionné dans l'introduction

[182] Le Parlement européen a approuvé le même jour, sans amendement, la position du Conseil sur le projet de budget rectificatif n° 6/2012. Par ailleurs, il a adopté pour sa part les six mobilisations du Fonds européen d'ajustement à la mondialisation liées en totalité ou en partie en ce qui concerne leur financement au PBR n° 6/2012 (voir chapitre II).

[183] Déclaration du président du Parlement européen, le 12 décembre 2012. Les trois déclarations communes agréées dans le cadre de l'accord sur le budget pour 2013 et le budget rectificatif n° 6/2012 telles que signées par les présidents des trois institutions sont publiées au JO L 66 du 8.3.2013, pp. I/3-4, avec le budget de l'Union pour 2013. Elles sont reproduites pages 216-217.

(chapitre I) à 150 898 millions d'euros en crédits pour engagements et à 132 837 millions d'euros en crédits pour paiements.

B. En termes de *recettes*, le budget de l'UE est destiné à être financé pour 14,1 % par des ressources fondées sur les ressources propres traditionnelles, pour 11,3 % par des ressources fondées sur la TVA et pour 73,4 % par des ressources fondées sur la ressource RNB. Les recettes diverses et les excédents des exercices précédents représentent quelque 1 % du financement prévisionnel.

C. Le budget de l'Union européenne pour 2013 s'établit par rubrique et sous-rubrique du cadre financier pour 2007-2013 comme suit :

- les dépenses de la sous-rubrique *1a* (*Compétitivité pour la croissance et l'emploi*) s'élèvent à 16 121 millions d'euros en crédits d'engagement (soit +4,8 % par rapport au budget pour 2012[184]) et à 11 886 millions d'euros en crédits de paiement (-1,5 %).

Les principaux domaines de dépenses sont récapitulés dans le tableau 52 ci-dessous :

Tableau 52. Montants retenus pour la sous-rubrique *1a* (*Compétitivité pour la croissance et l'emploi*) du cadre financier dans le budget pour 2013

En crédits d'engagement et en millions d'euros

Recherche et développement technologique	10.861	*67,4%*
Réseaux transeuropéens de transport et d'énergie	1.509	*9,4%*
Amélioration de la qualité de l'éducation et de la formation	1.273	*7,9%*
Compétitivité et innovation	673	*4,2%*
Fonds européen d'ajustement à la mondialisation	500	*3,1%*
Démantèlement nucléaire	267	*1,6%*
Agenda pour la politique sociale	199	*1,2%*
Autres actions et programmes	575	*3,6%*
Agences décentralisées*	264	*1,6%*
Total	**16.121**	***100,0%***

** Voir tableau 60, page 188*

La marge sous la sous-rubrique *1a* s'établit à 2 millions d'euros ;

- les crédits de la sous-rubrique *1b* (*Cohésion pour la croissance et l'emploi*) s'élèvent à 54 509 millions d'euros en crédits d'engagement (+3,3 %) et à 47 199 millions d'euros en crédits de paiement (-2,1 %).

Les crédits d'engagement retenus sont récapitulés dans le tableau 53 ci-dessous :

Tableau 53. Montants retenus pour la sous-rubrique *1b* (*Cohésion pour la croissance et l'emploi*) du cadre financier dans le budget pour 2013

En crédits d'engagement et en millions d'euros

Fonds structurels		
Objectif "convergence"	*33.359*	*61,2%*
Objectif "compétitivité régionale et emploi"	*7.329*	*13,4%*
Objectif "coopération territoriale européenne"	*1.369*	*2,5%*
Assistance technique et autres programmes et actions	120	*0,2%*
Fonds de cohésion		
Objectif "convergence"	*12.331*	*22,6%*
Total	**54.509**	***100,0%***

La marge laissée sous le plafond de la sous-rubrique s'élève à 15 millions d'euros ;

- les crédits de la rubrique *2* (*Conservation et gestion des ressources naturelles*) s'élèvent à 60 149 millions d'euros en crédits d'engagement (+0,5 %) et à 57 484 millions d'euros en crédits de paiement (-1 %). Les dépenses de marché et paiements directs agricoles budgétisés s'élèvent à 43 957 millions d'euros en crédits d'engagement et à 43 934 millions d'euros en crédits de paiement (+0,1 %).

Les principales catégories de dépenses retenues sont récapitulées dans le tableau 54 ci-dessous :

Tableau 54. Montants retenus pour la rubrique *2* (*Conservation et gestion des ressources naturelles*) du cadre financier dans le budget pour 2013

En crédits d'engagement et en millions d'euros

Dépenses relatives au marché et aides directes	43.957	*73,1%*
Développement rural	14.808	*24,6%*
Affaires maritimes et pêche	949	*1,6%*
Environnement et action pour le climat	367	*0,6%*
Autres programmes et actions*	68	*0,1%*
Total	**60.149**	***100,0%***

** Y inclus les subventions aux agences décentralisées (voir tableau 60, page 188)*

La marge laissée sous le plafond de la rubrique est de 1 140 millions d'euros. La marge pour les dépenses de marché et paiements directs est de 982 millions d'euros ;

- les crédits de la sous-rubrique *3a* (*Liberté, sécurité et justice*) s'établissent à 1 399 millions d'euros en crédits d'engagement (+2,3 %) et à 877 millions d'euros en crédits de paiement (+3,7 %).

[184] Budgets rectificatifs nº 1-6/2012 compris (voir chapitre II).

Les principaux domaines de dépenses sont récapitulés dans le tableau 55 ci-dessous :

Tableau 55. Montants retenus pour la sous-rubrique *3a* (*Liberté, sécurité et justice*) du cadre financier dans le budget pour 2013

En crédits d'engagement et en millions d'euros

Solidarité et gestion des flux migratoires	910	*65,0%*
Droits fondamentaux et justice	82	*5,9%*
Sécurité et préservation des libertés	66	*4,7%*
Autres programmes et actions	59	*4,2%*
Agences décentralisées*	282	*20,2%*
Total	**1.399**	***100,0%***

** Voir tableau 60, page 188*

La marge restante sous le plafond de cette sous-rubrique est de 262 millions d'euros ;

- les crédits de la sous-rubrique *3b* (*Citoyenneté*) s'établissent à 707 millions d'euros en crédits d'engagement (+1,4 %[185]) et à 638 millions d'euros en crédits de paiement (-1,6 %). Ceci laisse une marge sous le plafond de la sous-rubrique de 8 millions d'euros.

Les principaux domaines de dépenses sont récapitulés dans le tableau 56 ci-dessous :

Tableau 56. Montants retenus pour la sous-rubrique *3b* (*Citoyenneté*) du cadre financier dans le budget pour 2013

En crédits d'engagement et en millions d'euros

Favoriser la culture et la diversité européennes	244	*34,6%*
Programme "Média 2007"	113	*16,0%*
Informer le public des politiques européennes et améliorer les liens avec les citoyens	94	*13,4%*
Assurer un accès aux biens et services de base	79	*11,2%*
Instrument financier pour la protection civile	19	*2,6%*
Autres programmes et actions	26	*3,7%*
Agences décentralisées*	131	*18,5%*
Total	**707**	***100,0%***

** Voir tableau 60, page 188*

- les crédits de la rubrique *4* (*L'UE acteur mondial*) s'établissent à 9 583 millions d'euros en crédits d'engagement (+1,9 %) et à 6 323 millions d'euros en crédits de paiement (-9,2 %). Ceci laisse une marge de 276 millions d'euros.

Les principaux domaines de dépenses sont récapitulés dans le tableau 57 ci-après :

Tableau 57. Montants retenus pour la rubrique *4* (*L'UE acteur mondial*) du cadre financier dans le budget pour 2013

En crédits d'engagement et en millions d'euros

Instrument de financement de la coopération au développement (ICD)	2.640	*27,6%*
Instrument européen de voisinage et de partenariat (IEVP)	2.468	*25,8%*
Instrument d'aide de préadhésion (IAP)	1.864	*19,4%*
Aide humanitaire	865	*9,0%*
Politique étrangère et de sécurité commune (PESC)	396	*4,1%*
Instrument de stabilité (IdS)	325	*3,4%*
Réserve pour aides d'urgence (RAU)	264	*2,8%*
Instrument européen pour la démocratie et les droits de l'homme (IEDDH)	177	*1,9%*
Assistance macrofinancière	95	*1,0%*
Instrument de coopération dans le domaine de la sécurité nucléaire (ICSN)	79	*0,8%*
Instrument financier de coopération avec les pays industrialisés (IPI)	71	*0,7%*
Autres programmes et actions*	338	*3,5%*
Total	**9.583**	***100,0%***

** Y inclus les subventions aux agences décentralisées (voir tableau 60, page 188)*

- les dépenses de la rubrique *5* (*Administration*) s'élèvent à 8 431 millions d'euros en crédits d'engagement et de paiement (+1,8 %). Ceci laisse une marge sous le plafond de la rubrique de 750 millions d'euros.

Les dépenses administratives de la Commission (section III du budget de l'Union européenne) s'établissent (hors pensions et Écoles européennes) à 3,3 milliards d'euros et les dépenses administratives des autres institutions à 3,5 milliards d'euros.

Le montant des pensions (pour toutes les institutions) retenu dans le budget a été fixé à 1,4 milliard d'euros. Un montant de 178 millions d'euros est prévu pour les Écoles européennes.

Les modifications aux postes repris aux tableaux des effectifs adoptées lors de la procédure budgétaire pour 2013 sont récapitulées dans le tableau 58, page 187. Le tableau 58 identifie également les nouveaux postes octroyés pendant la procédure budgétaire liés à l'adhésion de la Croatie[186].

Le tableau 59 (page 187) récapitule pour sa part les effectifs autorisés pour 2013 aussi bien dans les différentes institutions que dans différents organismes de l'Union européenne.

Enfin, les montants retenus pour les subventions pour 2013 des agences décentralisées de l'Union européenne relevant des différentes rubriques et

[185] Fonds de solidarité de l'Union européenne exclu.

[186] Le nombre total *net* des nouveaux postes octroyés est inférieur au nombre de nouveaux postes accordés en liaison avec l'adhésion de la Croatie suite à la politique de réduction de 1 % des effectifs (voir pages 146 et 149).

Tableau 58. Modification concernant les postes repris aux tableaux des effectifs lors de la procédure budgétaire pour 2013

Postes permanents et temporaires

Institution(s)	Projet de budget initial			Position du Conseil sur le PB initial			Position du PE sur le PB initial			Budget adopté*			
Groupe de fonctions	AD	AST	Total	AD	AST	Total	AD	AST	Total	AD	AST	**Total**	*HR***
Parlement européen***	20	9	29	20	9	29	42	17	59	42	17	**59**	*n.d.*
Conseil européen et Conseil	39	-39	0	39	-39	0	39	-39	0	39	-39	**0**	*46*
Commission (hors offices)	221	-295	-74	221	-295	-74	221	-295	-74	221	-295	**-74**	*95*
OP	*11*	*-14*	*-3*	*11*	*-14*	*-3*	*11*	*-14*	*-3*	*11*	*-14*	***-3***	*3*
OLAF	*-1*	*-5*	*-6*	*-1*	*-5*	*-6*	*-1*	*-5*	*-6*	*-1*	*-5*	***-6***	*2*
EPSO et EUSA	*3*	*-3*	*0*	*3*	*-3*	*0*	*3*	*-3*	*0*	*3*	*-3*	***0***	*2*
PMO	*1*	*-7*	*-6*	*1*	*-7*	*-6*	*1*	*-7*	*-6*	*1*	*-7*	***-6***	*2*
OIB	*5*	*-28*	*-23*	*5*	*-28*	*-23*	*5*	*-28*	*-23*	*5*	*-28*	***-23***	*4*
OIL	*0*	*-9*	*-9*	*0*	*-9*	*-9*	*0*	*-9*	*-9*	*0*	*-9*	***-9***	*1*
Commission (total)	240	-361	-121	240	-361	-121	240	-361	-121	240	-361	**-121**	*109*
Cour de justice	74	-11	63	43	0	43	74	-31	43	74	-31	**43**	*63*
Cour des comptes	8	-4	4	8	-4	4	8	-4	4	8	-4	**4**	*13*
CESE	12	-2	10	8	-5	3	8	-5	3	8	-5	**3**	*10*
Comité des régions	6	0	6	3	-2	1	6	0	6	6	0	**6**	*6*
Médiateur européen	1	0	1	0	0	0	1	0	1	1	0	**1**	*0*
CEPD	2	0	2	0	0	0	2	0	2	2	0	**2**	*0*
SEAE	10	-10	0	10	-10	0	10	-10	0	10	-10	**0**	*0*
Total	**412**	**-418**	**-6**	**371**	**-412**	**-41**	**430**	**-433**	**-3**	**430**	**-433**	**-3**	*n.d.*
Agences décentralisées de l'UE	238	13	251	160	-5	155	282	15	297	244	13	**257**	
*dont : postes "autofinancés"** ***	*100*	*12*	*112*	*100*	*12*	*112*	*100*	*12*	*112*	*100*	*12*	***112***	
Institut européen de technologie	6	0	6	6	0	6	6	0	6	6	0	**6**	
Agences exécutives	12	0	12	12	0	12	12	0	12	12	0	**12**	
Entreprises communes	-1	0	-1	-1	0	-1	-1	0	-1	-1	0	**-1**	
Total ** ** *	**255**	**13**	**268**	**177**	**-5**	**172**	**299**	**15**	**314**	**261**	**13**	**274**	

* *Et nouveau projet de budget pour 2013*

** *Nouveaux postes octroyés liés à l'adhésion de la Croatie*

*** *Le PE a augmenté par voie d'amendement de 22 le nombre de postes AD et de 8 le nombre de postes AST proposés dans le PB initial*

** ** *Pour l'Agence européenne de la sécurité aérienne, l'Agence européenne des produits chimiques, l'Autorité européenne des marchés financiers et l'Agence européenne des médicaments*

** ** * *Y inclus postes "autofinancés"*

Tableau 59. Les effectifs autorisés pour 2013

Personnel inscrit au tableau des effectifs
(Source : JO L 66 du 8.3.2013, pp. I/121, I/196 et I/567)

Institution(s)	2013		2012		*Différence 2013-2012*	
	Permanents	Temporaires	Permanents	Temporaires	Permanents	Temporaires
Parlement européen	5.592	1.151	5.540	1.144	52	7
Conseil européen et Conseil	3.117	36	3.117	36	0	0
Commission (fonctionnement)	18.906	364	18.926	364	-20	0
Commission (RDT)	3.773	-	3.827	-	-54	-
OP	*669*	-	*672*	-	*-3*	-
OLAF	*303*	*75*	*303*	*81*	*0*	*-6*
EPSO/ EUSA	*122*	*3*	*122*	*3*	*0*	*0*
PMO	*182*	-	*188*	-	*-6*	-
OIB	*403*	-	*426*	-	*-23*	-
OIL	*144*	-	*153*	-	*-9*	-
Commission (total)	24.502	442	24.617	448	-115	-6
Cour de justice	1.579	416	1.547	405	32	11
Cour des comptes	752	139	752	135	0	4
CESE	692	35	689	35	3	0
Comité des régions	494	43	488	43	6	0
Médiateur européen	27	40	22	44	5	-4
CEPD	45	-	43	-	2	-
SEAE	1.669	1	1.667	3	2	-2
Total	**38.469**	**2.303**	**38.482**	**2.293**	**-13**	**10**

Organismes	2013		2012		*Différence 2013-2012*	
	Permanents	Temporaires	Permanents	Temporaires	Permanents	Temporaires
Agences décentralisés de l'UE	707	5.198	711	4.968	-4	230
Institut européen de technologie	-	34	-	28	-	6
Agences exécutives	-	425	-	413	-	12
Entreprises communes	62	319	62	320	0	-1
Total	**769**	**5.976**	**773**	**5.729**	**-4**	**247**

sous-rubriques du CF sont présentés dans le tableau 60 ci-dessous.

12. Aucune mobilisation de l'instrument de flexibilité

Il convient de relever que la Commission n'a, à aucun moment de la procédure budgétaire pour 2013, proposé de mobiliser l'instrument de flexibilité.

Le Parlement européen a néanmoins adopté, le 23 octobre 2012, des amendements résultant en une demande, en vertu du point 27 de la Partie I de l'AII de 2006, de mobilisation de l'instrument de flexibilité à hauteur de 50 millions d'euros en crédits d'engagement pour la sous-rubrique *1a* (*Compétitivité pour la croissance et l'emploi*) du CF (voir pages 165 et 168).

Dans le contexte du "projet de paquet" du 29 novembre 2012 (voir pages 180-181), les deux branches de l'autorité budgétaire ont décidé de ne retenir aucun recours à l'instrument de flexibilité.

Tableau 60. Les agences décentralisées de l'Union européenne dans le budget de l'Union pour 2013

En euros, crédits inscrits en réserve inclus

	*	Article	Montant	
			c/e	*c/p*
Sous-rubrique ***1a*** **(*Compétitivité pour la croissance et l'emploi*)**				
Agence européenne des produits chimiques (Helsinki)	**A**	*02 03 03*	*p.m.*	*p.m.*
Agence du GNSS européen (Prague)	**B**	*02 05 02*	*11.700.000*	*11.700.000*
Fondation européenne pour l'amélioration des conditions de vie et de travail (Dublin)	**A**	*04 04 03*	*20.115.000*	*20.115.000*
Agence européenne pour la sécurité et la santé au travail (Bilbao)	**A**	*04 04 04*	*14.035.000*	*14.035.000*
Agence européenne de la sécurité aérienne (Cologne)	**A**	*06 02 01*	*34.555.811*	*34.555.811*
Agence européenne pour la sécurité maritime (Lisbonne)	**B**	*06 02 02*	*53.871.513* [a]	*50.191.174* [a]
Agence ferroviaire européenne (Lille-Valenciennes)	**A**	*06 02 08*	*24.871.400*	*24.871.400*
Agence européenne chargée de la sécurité des réseaux et de l'information (Heraklion)	**B**	*09 02 03*	*8.206.258*	*8.206.258*
Office de l'Organe des régulateurs européens des communications électroniques (Riga)	**C**	*09 02 04*	*3.768.696*	*3.768.696*
Autorité bancaire européenne (Londres)	**C**	*12 04 02*	*8.955.000*	*8.955.000*
Autorité européenne des assurances et des pensions professionnelles (Francfort-sur-le-Main)	**C**	*12 04 03*	*6.385.000*	*6.385.000*
Autorité européenne des marchés financiers (Paris)	**C**	*12 04 04*	*6.914.000*	*6.914.000*
Centre européen pour le développement de la formation professionnelle (Thessalonique)	**A**	*15 02 25*	*17.384.900*	*17.384.900*
Agence européenne des médicaments (Londres)	**B**	*17 03 10*	*39.230.000* [b]	*39.230.000* [b]
Agence de coopération des régulateurs de l'énergie (Ljubljana)	**B**	*32 04 10*	*7.369.795*	*7.369.795*
Institut européen pour l'égalité entre les hommes et les femmes (Vilnius)	**A**	*33 06 03*	*6.322.368*	*6.322.368*
Total			**263.684.741**	**260.004.402**
Rubrique ***2*** **(*Conservation et gestion des ressources naturelles*)**				
Agence européenne pour l'environnement (Copenhague)	**A**	*07 03 09*	*35.797.397*	*35.797.397*
*Agence européenne des produits chimiques** (Helsinki)*	**C**	*07 03 60*	*6.070.500*	*6.070.500*
*Agence européenne des produits chimiques*** (Helsinki)*	**C**	*07 03 70*	*1.561.500*	*1.561.500*
Agence communautaire de contrôle des pêches (Vigo)	**A**	*11 08 05*	*8.933.900*	*8.933.900*
Total			**52.363.297**	**52.363.297**
Sous-rubrique ***3a*** **(*Liberté, sécurité et justice*)**				
Ag. eur. pour la gestion de la coopération opérationnelle aux frontières extérieures (Varsovie)	**B**	*18 02 03*	*78.959.000*	*78.959.000*
Agence eur. pour la gestion opérationnelle des systèmes d'information à grande échelle (Tallinn)	**C**	*18 02 11*	*41.000.000*	*34.437.000*
Bureau européen d'appui en matière d'asile (La Valette)	**C**	*18 03 14*	*12.000.000*	*9.000.000*
Office européen de police (La Haye)	**A**	*18 05 02*	*75.182.500*	*75.182.500*
Collège européen de police (Bramshill)	**A**	*18 05 05*	*8.450.640*	*8.450.640*
Observatoire européen des drogues et des toxicomanies (Lisbonne)	**A**	*18 05 11*	*15.447.000*	*15.447.000*
Agence des droits fondamentaux de l'Union européenne (Vienne)	**C**	*33 02 03*	*21.024.400*	*21.024.400*
Eurojust (La Haye)	**B**	*33 03 02*	*30.053.660*	*30.053.660*
Total			**282.117.200**	**272.554.200**
Sous-rubrique ***3b*** **(*Citoyenneté*)**				
Centre européen de prévention et de contrôle des maladies (Stockholm)	**A**	*17 03 03*	*56.727.000*	*56.727.000*
Autorité européenne de sécurité des aliments (Parme)	**A**	*17 03 07*	*74.334.000*	*71.870.000*
Total			**131.061.000**	**128.597.000**
Rubrique ***4*** **(*L'UE acteur mondial*)**				
Fondation européenne pour la formation (Turin)	**A**	*15 02 27*	*20.026.500*	*20.526.500*
Total			**20.026.500**	**20.526.500**
Rubrique ***5*** **(*Administration*)**				
Centre de traduction des organes de l'Union européenne (Luxembourg)	**A**	*31 01 09*	*p.m.*	*p.m.*
Total			**p.m.**	**p.m.**
Total général			**749.252.738**	**734.045.399**
Sous-rubrique ***1a*** **(*Compétitivité pour la croissance et l'emploi*)**				
*Institut européen d'innovation et de technologie (Budapest)** ***	**A**	*15 02 11*	*123.065.110*	*94.230.739*
Total général, y inclus l'IET			**872.317.848**	**828.276.138**

** Classification utilisée par la Commission dans le PB pour 2013 : **A** : en "vitesse de croisière" ; **B** : avec de nouvelles tâches ; **C** : nouvelle agence (en phase de démarrage ou en création)*

*** Activités liées aux biocides *** Activités liées aux exportations et importations de produits chimiques dangereux ** ** Cas spécial*

[a] *Avec les mesures antipollution (poste 06 02 02 03 ; 22,7 millions d'euros en crédits d'engagement et 18,4 millions d'euros en crédits de paiement)*

[b] *Avec la contribution spéciale en faveur des médicaments orphelins (poste 17 03 10 03 ; 6 millions d'euros en crédits d'engagement et de paiement)*

Il convient de noter qu'il ne s'agit que de la deuxième année, depuis sa création en 2000, que l'instrument de flexibilité n'a pas été mobilisé au cours de la procédure budgétaire annuelle[187].

13. Une seule lettre rectificative présentée lors de la procédure budgétaire pour 2013

Exceptionnellement, la Commission n'a présenté au cours de la procédure budgétaire pour 2013 que la lettre rectificative (LR) "agricole"[188] (voir tableau 39, page 145).

Cette LR, adoptée par la Commission le 19 octobre 2012[189], visait comme d'habitude à actualiser, ligne par ligne, les besoins estimés pour les dépenses agricoles et inscrits dans le projet de budget initial. Outre la modification des éléments de marché, cette LR intègre l'impact des décisions législatives agricoles intervenues depuis l'établissement du projet de budget, des estimations révisées des besoins pour certains paiements directs, ainsi que des propositions qui sont susceptibles d'avoir un effet budgétaire important au cours de l'exercice budgétaire à venir. Par ailleurs, la LR contient une actualisation de la situation relative aux accords internationaux en matière de pêche et des montants.

L'impact budgétaire net de la lettre rectificative nº 1/2013 est une diminution de 25,1 millions d'euros des crédits d'engagement et de paiement par rapport au PB initial pour 2013.

S'agissant de certaines lignes budgétaires spécifiques, la LR propose notamment (par rapport au PB initial) :

- d'augmenter de 19 millions d'euros la dotation aux Fonds opérationnels des organisations de producteurs[190] (poste *05 02 08 03*) ;

- d'augmenter de 18,5 millions d'euros la ligne budgétaire destinée à financer les accords internationaux en matière de pêche[191] (article *11 03 01*) ;

- d'augmenter de 8 millions d'euros le montant destiné au "lait aux écoliers"[192] (poste *05 02 12 08*) ;

- d'augmenter de 2 millions d'euros le montant destiné aux actions de promotion payées par les États membres[193] (poste *05 02 10 01*) ;

- de réduire de 7 millions d'euros les aides directes découplées[194] (poste *05 03 01 05*), et

- de réduire de 2 millions d'euros les aides directes couplées[195] (poste *05 03 02 44*).

La Commission a inclus la LR dans son nouveau projet de budget adopté le 23 novembre 2012 (voir pages 176-178).

14. Analyse

A. Les procédures budgétaires couvrant la dernière année d'un cadre financier pluriannuel peuvent se révéler particulièrement difficiles[196] et la *procédure budgétaire pour 2013* en témoigne certainement. Une demande croissante de crédits de paiement pour financer les programmes, projets et actions ayant finalement atteint de bons taux de mise en œuvre (ou une "vitesse de croisière normale",

---

[187] La première fois étant en 2007, première année du cadre financier pour 2007-2013 (voir page 394).
[188] Pendant la période 2003-2011 la Commission a présenté chaque année – à l'exception de 2008 (voir Tome I, pp. 188/190) – *trois* lettres rectificatives au PB.
[189] Doc. *SEC(2012) 624 final.*
[190] Le Conseil avait retenu le montant demandé par la Commission dans le PB initial (soit 348 millions d'euros). Le Parlement européen avait par contre adopté un amendement augmentant le montant proposé de 52 millions d'euros.
[191] Le Conseil et le Parlement européen avaient retenu le montant proposé dans le PB initial (soit 139,5 millions d'euros).
[192] Le Conseil avait retenu le montant proposé par la Commission dans le PB initial (soit 66 millions d'euros). Le PE avait adopté un amendement augmentant le montant de 3,3 millions d'euros par rapport au PB initial.
[193] Le Conseil avait réduit le montant dans sa position de 8 millions d'euros. Le PE avait par contre adopté un amendement augmentant le montant de 7 millions d'euros par rapport au PB (soit à 65 millions d'euros).
[194] Le Conseil et le Parlement européen avaient retenu le montant proposé par la Commission dans le PB initial (soit 476 millions d'euros).
[195] Le Conseil avait réduit le montant dans sa position sur le PB initial de 23 millions d'euros. Le PE avait rétabli le montant proposé par la Commission (soit 1 103 millions d'euros).
[196] Ceci est déjà ressorti dans la difficulté pour le Conseil de dégager une majorité qualifiée pour adopter

Tableau 61. Les différentes phases de la procédure budgétaire pour 2013

En millions d'euros

	c/e	c/p	Différence par rapport au budget adopté c/e	c/p
Projet de budget initial*	150.932	137.924	+34	+5.087
Projet de budget initial**	150.907	137.899	+9	+5.062
Position du Conseil	149.777	132.695	-1.211	-142
Amendements du PE	151.152	137.898	+254	+5.061
Nouveau projet de budget	151.059	137.798	+161	+4.961
Budget de l'UE pour 2013* **	**150.898**	**132.837**	–	–

* *PB initial sans lettre rectificative* ** *PB initial lettre rectificative n ° 1/2013 telle que présentée par la Commission incluse*
*** *Et positions du Conseil et du Parlement européen sur le nouveau projet de budget pour 2013*

après des problèmes de démarrage lors des premières années du CF), les "arriérés" de paiements observés ou les négociations en cours concernant le futur cadre financier pluriannuel conjugués avec la situation économique et les efforts de consolidation entrepris par les États membres, les appels du Conseil européen (tel le "pacte pour la croissance et l'emploi"[197] des 28 et 29 juin 2012) pour utiliser le budget de l'Union européenne en vue de relancer l'économie européenne et des budgets pour 2011 et pour 2012 comportant des crédits pour paiements en-deçà de ce que préconisait la Commission ne sont que quelques-uns des paramètres principaux qui sont à la base du cadre difficile des négociations budgétaires en 2012.

B. Les différentes phases de la procédure budgétaire pour 2013 sont récapitulées dans le tableau 61 cidessus.

Le Parlement européen a tenté lors de la procédure budgétaire pour 2013 de minimiser la portée politique de la question du montant des *crédits de paiement* à retenir, avançant que le montant des crédits de paiement nécessaires ne fait que découler des décisions politiques antérieures sur les crédits d'engagement[198]. Le Conseil n'a pas partagé cette approche, arguant – vu la situation économique existante – que la question des crédits de paiement à retenir en 2012 (par le biais des budgets rectificatifs faisant partie du "paquet global") et 2013 – et non les crédits d'engagement – *est* en effet la question politique majeure lors des négociations sur le budget pour 2013[199].

Pour des raisons politiques liées à sa crédibilité, il aurait été impossible pour le Parlement européen d'accepter, pour la troisième année consécutive, le montant des crédits pour paiements retenu par le Conseil dans sa position sur le projet de budget sans aucunes modifications. Dans la pratique, le montant finalement retenu dans le budget pour 2013 n'est que de 142 millions d'euros plus élevé que le montant retenu par le Conseil dans sa position de juillet 2012. Par contre, le montant des crédits pour engagements est de 1 122 millions d'euros plus élevé que souhaité par le Conseil pris dans son ensemble. Ceci démontre sans conteste que, malgré

sa position sur le projet de budget initial pour 2013 en juillet 2012, comme le reflètent les deux déclarations unilatérales inscrites au procès-verbal lors de la session du Conseil du 24 juillet 2012 (voir pages 154-155).

[197] Selon le pacte le budget de l'Union doit notamment servir de "catalyste" pour la "croissance et l'emploi à travers l'Europe".

[198] Le Parlement européen a ainsi essayé lors de la réunion du 30 mai et de la réunion interinstitutionnelle du 26 septembre 2012 sur les crédits de paiement en 2012 et 2013 (organisées par le Parlement notamment dans ce but) de défendre la position selon laquelle les crédits de paiement demandés par la Commission dans son projet de budget découlent d'obligations légales de paiement liées à des engagements antérieurs et de chiffres communiqués par les États membres (et donc incontestables, car étant soit basés sur des obligations vérifiées ou des données "techniques" non contestables ou non contestées, sans vraie marge d'"appréciation politique" quant à leur bien-fondé), sans néanmoins vraiment convaincre le Conseil.

[199] En raison de ce lien étroit entre les engagements et les paiements qui en découlent, un nombre croissant d'États membres a soulevé pendant la procédure budgétaire pour 2013 la question de la nécessité de diminuer d'une "manière substantielle" le montant des *crédits d'engagement* proposé par la Commission. Dans la pratique, le Conseil a réduit dans sa position sur le projet de budget initial pour 2013 les crédits d'engagement proposés par la Commission de 1 155 millions d'euros (à comparer aux -5 229 millions d'euros concernant les crédits de paiement ; voir page 156).

les difficultés rencontrées, la dynamique des négociations lors de la procédure budgétaire pour 2013 a suivi le modèle de celui des années précédentes, le Conseil acceptant de faire des concessions envers le PE en ce qui concerne les crédits d'engagement[200], en contrepartie de concessions de la part du Parlement en ce qui concerne les crédits de paiement.

Parallèlement, les discussions lors de la procédure budgétaire ont de nouveau porté avant tout sur des sujets traditionnels : sous-rubrique *1a* (*Compétitivité pour la croissance et l'emploi*) et rubrique *4* (*L'UE acteur mondial*) du CF, dépenses administratives (et notamment la réduction de 1 % des postes inscrits aux tableaux des effectifs, voir *infra,* point E) et agences décentralisées de l'UE. Le "budget PESC" a été arrêté avec un montant de 396,3 millions d'euros en crédits d'engagement et de 316,8 millions d'euros en crédits de paiement[201], l'autorité budgétaire ne retenant pas de coupe dans les dépenses pour sa gestion administrative.

Il convient de relever que, comme lors de la procédure budgétaire pour 2012 (voir première partie, page 88), les deux branches de l'autorité budgétaire et la Commission ont veillé lors des négociations à ne se concentrer que sur des questions *budgétaires*, Ainsi, elles n'ont par exemple pas soulevé de questions liées au nouveau CFP[202], les négociateurs soulignant "*qu'aucun lien n'a été fait lors des négociations* (budgétaires) *entre les débats sur le budget annuel pour 2013 et les travaux relatifs au futur cadre financier pluriannuel pour 2014-2020.* (...) *Nous avons estimé tout au long de nos négociations que ces deux dossiers doivent être traités d'une façon indépendante*"[203]. En même temps, un désaccord sur le budget pour 2013 en 2012 aurait certainement eu une effet défavorable sur les négociations en cours sur le nouveau CFP, déjà suffisamment compliquées comme en témoigne l'échec lors du Conseil européen extraordinaire des 22 et 23 novembre 2012 (voir chapitre II).

Le Parlement européen a surtout regretté que le Conseil n'ait de nouveau été prêt à négocier – comme les années précédentes – qu'à la fin de la période de conciliation de vingt et un jours, soit au "dernier moment". Le fait que le Parlement ait voulu faire de l'acceptation par le Conseil des projets de budgets rectificatifs n° 5/2012 et 6/2012 comme proposés par la Commission une "précondition" à l'ouverture des négociations sur le budget pour 2013 a encore compliqué la situation (voir pages 175-176). De même, vu la "dynamique" des négociations budgétaires de l'Union, il est difficile pour les États membres d'accepter de négocier un compromis avant les "dernières heures", sans la pression de temps facilitant un "esprit de conciliation" et les "concessions nécessaires".

Il convient également de noter que le nombre de lignes budgétaires du projet de budget initial modifiées lors de l'adoption de la position du Conseil[204] et le nombre d'amendements adoptés par le Parlement européen concernant la position du Conseil[205] ont encore augmenté en 2012 par rapport à l'année précédente (voir première partie, page 93, et page 397), compliquant d'autant la gestion "technique" des négociations.

[200] Les concessions que le Conseil était prêt à faire en ce qui concerne les crédits d'engagement ne s'étendaient néanmoins pas à une mobilisation de l'instrument de flexibilité. Une deuxième "ligne rouge" pour le Conseil était l'inclusion des montants (que ce soit sur les lignes budgétaires correspondantes ou en réserve) liés à l'adaptation de 1,7 % des salaires et des pensions de 2011 dans le budget pour 2013 à ce stade, en raison des recours du Conseil devant la Cour de justice contre les propositions de la Commission (affaires C-63/12, C-66/12, C-196/12 et C-453/12).

[201] Dépenses pour la gestion administrative incluses. La Commission avait proposé dans le projet de budget initial 320,5 millions d'euros en crédits de paiement.

[202] À l'exception du trilogue du 9 juillet 2012, au cours de laquelle le Parlement a, pour une unique fois, rappelé le lien politique qui existe entre la procédure budgétaire pour 2013 et les négociations sur le nouveau cadre financier pluriannuel (voir page 157).

[203] Intervention du président du Conseil, le 12 décembre 2012, devant le Parlement européen.

[204] En tout, le Conseil a modifié 294 lignes budgétaires de la section III – Commission – concernant les dépenses opérationnelles et pour la gestion administrative (contre 275 lignes budgétaires lors de la procédure budgétaire pour 2012) et 137 lignes concernant les autres sections (contre 133 en 2011).

[205] Le Parlement européen a adopté, le 23 octobre 2012, en tout 411 amendements concernant la section III et 81 amendements concernant les autres sections du budget de l'Union. En 2011, il en avait adopté 369 et 58 respectivement.

C. Il était prévisible que le Parlement européen veuille vérifier en 2012 la portée politique et pratique de la *déclaration commune sur les crédits de paiement adoptée en 2011*, dans le contexte de l'accord sur le budget pour 2012 (voir page 68). Le résultat n'a guère été concluant (voir *infra*, point D), le Conseil soutenant systématiquement – tout en reconnaissant que toutes les factures doivent être honorées en temps utile – qu'une partie des demandes de nouveaux crédits de paiement soit couverte par des redéploiements de crédits, et non par un appel à de l'argent frais[206] (c'est-à-dire avec des appels à de nouvelles contributions des États membres). C'est pourquoi le Parlement européen a insisté pour que les trois déclarations communes sur les crédits de paiement en 2012 et 2013 adoptées dans le cadre de l'accord global sur le budget de l'Union pour 2013 et le budget rectificatif n° 6/2012 soient signées par les présidents des trois institutions. En même temps, il a exceptionnellement fait publier ces déclarations communes au JO, avec le budget pour 2013[207].

D. Concernant les *crédits de paiement en 2012*, une majorité qualifiée d'États membres aurait souhaité s'en tenir en ce qui concerne le budget rectificatif n° 6/2012 à un montant de l'ordre de 3,5 milliards d'euros[208] (au lieu des 9 milliards d'euros proposés par la Commission), tout en maintenant le BR n° 5/2012 concernant le financement de la mobilisation du Fonds de solidarité de l'Union européenne en faveur de l'Italie dans le "paquet global". Le montant finalement retenu dans le cadre de "l'accord global" (soit 6 milliards d'euros[209]) peut donc être considéré comme un succès du Parlement européen, même si la Commission s'est empressée de souligner que ce montant n'était pas suffisant pour couvrir tous les besoins en 2012 (voir chapitre IV). En même temps, la question du financement du reliquat[210] pourrait sérieusement compliquer les discussions budgétaires en 2013, celui-ci n'ayant pas été inclus – contrairement aux demandes répétées du Parlement européen et de la Commission – dans le budget de l'Union européenne pour 2013, arrêté en décembre 2012.

Il convient également de relever dans ce contexte que le nombre de projets de *budgets rectificatifs* proposés par la Commission a continué à diminuer par rapport aux années précédentes (voir page 390), atteignant six PBR en 2012. Le Conseil, pris dans son ensemble, a continué à être réticent à l'idée d'augmenter les crédits de paiement en cours d'année (voir *supra*). Ainsi la première mobilisation en 2012 du Fonds de solidarité de l'Union européenne en faveur de l'Italie a été financée par le budget rectificatif n° 2/2012 par redéploiements de crédits de paiement, contrairement à la proposition initiale de la Commission (voir chapitre II). Par ailleurs, il y a lieu de souligner que tous les budgets rectificatifs – qui ne concernent en 2012 que la section III – Commission – du budget de l'Union – ont été adoptés en "une seule lecture", le Parlement européen approuvant les positions du Conseil sur les projets de budgets rectificatifs sans amendement.

E. Les *institutions de l'Union européenne* ont dans leur ensemble continué à appliquer la rigueur à leurs dépenses administratives[211] et la demande de la Commission pour qu'elles *réduisent de 1 % le nombre des postes inscrits dans leurs tableaux des effectifs* respectifs a été suivie par un grand nombre d'institutions, dont le Conseil européen et le Conseil, la Commission, la Cour de justice (hors demande

---

[206] La forte augmentation des recettes constatée en 2012 et provenant notamment des amendes et des intérêts (plus de 3 525 millions d'euros) a certainement facilité l'obtention de l'accord sur le budget rectificatif n° 6/2012, ce montant réduisant d'autant les contributions des États membres au titre de la ressource RNB (voir chapitre II).

[207] JO L 66 du 8.3.2013, pp. I/3-4.

[208] Soit le montant des recettes supplémentaires provenant avant tout des amendes et des intérêts, ce qui n'aurait conduit à aucun appel à des ressources propres supplémentaires. En même temps, certains pays auraient souhaité le retour intégral aux États membres de ce montant, sans aucune augmentation des dépenses de l'Union européenne.

[209] Le Conseil a, en outre, obtenu l'inclusion dans le BR n° 6/2012 de 100 millions d'euros de redéploiements de crédits de paiement (voir page 138). Le projet de budget rectificatif n° 5/2012 concernant la mobilisation du Fonds de solidarité de l'UE en faveur de l'Italie a, par contre, été accepté par le Conseil comme proposé par la Commission (voir chapitre II et page 176).

[210] C'est-à-dire le montant restant à couvrir par rapport à la proposition de la Commission.

[211] Les dépenses du Parlement européen augmentent toutefois dans le budget pour de 2013 de 1,9 % par rapport à 2012.

Tableau 62. Réduction d'un pour cent des effectifs des institutions dans le cadre de la procédure budgétaire pour 2013

Postes repris aux tableaux des effectifs
(Source : Commission)

Institution(s)	Base de calcul*	*Réduction de 5 % en 2013-2017 (objectif)*	*Réduction de 1 % par an (objectif)*	**Nombre de postes réduits dans le budget pour 2013****
Parlement européen	6.560	*-328*	*-66*	**(+29)**
Conseil européen et Conseil	3.153	*-158*	*-32*	**-31**
Commission	25.063	*-1.253*	*-251*	**-250**
Cour de justice	1.952	*-98*	*-20*	**-20**
Cour des comptes	887	*-44*	*-9*	**-9**
CESE	721	*-36*	*-7*	**-7**
Comité des régions	524	*-26*	*-5*	**0**
Médiateur européen	64	*-3*	*-1*	**(+1)**
CEPD	43	*-2*	*0*	**(+2)**
SEAE	1.670	*-84*	*-17*	**0**
Total	**40.637**	***-2.032***	***-408***	**-285**

** Postes autorisés pour 2012, tels que modifiés par le budget rectificatif n° 4/2013 (voir troisième partie, page 224), postes liés à l'élargissement à la Croatie exclus*

*** Budget rectificatif n° 4/2013 inclus, postes liés à l'élargissement à la Croatie exclus*

de douze juges additionnels et le personnel d'appui correspondant) et la Cour des comptes[212] (voir tableau 62 ci-dessus). L'effet *net* de la réduction de postes statutaires a néanmoins été influencé par les nouveaux postes octroyés dans le cadre de l'élargissement à la Croatie (voir tableau 58, page 187).

F. Il convient enfin de relever que le budget pour 2013 arrêté en décembre 2012 est un budget pour Union européenne à *27* États membres, les dépenses opérationnelles pour la Croatie ne devant être intégrées dans le budget de l'Union pour 2013 que par le biais d'un budget rectificatif spécifique[213] (voir troisième partie, page 221). À la différence de la procédure pour 2004 (pendant laquelle les deux branches de l'autorité budgétaire sont arrivées à un accord politique sur un budget pour une UE à 25 États membres, tout en adoptant formellement en décembre 2003 un budget à 15 ; voir Tome I, pp. 13/26), les deux branches de l'autorité budgétaire n'ont évoqué à aucun moment de la procédure budgétaire pour 2013, au cours de leurs négociations interinstitutionnelles, le contenu du budget pour une Union à 28.

G. S'agissant de la *section III – Commission* – du budget de l'Union européenne pour 2013, le tableau 63 (page 194) retrace les évolutions des montants (en crédits d'engagement et de paiement) par domaine politique lors des différentes étapes de la procédure budgétaire. Le tableau inclut les lignes "*XX*" mais ne différencie pas les crédits inscrits sur les lignes budgétaires opérationnelles ou en réserve[214].

Le tableau 64 (page 194) résume, pour sa part, la procédure budgétaire pour 2013 du point de vue des changements apportés aux domaines politiques[215] au cours des différentes phases aussi bien en crédits d'engagement que de paiement[216].

---

[212] Le Comité économique et social européen étant un cas à part, l'autorité budgétaire réduisant le nombre des nouveaux postes demandés par l'institution (voir tableau 58, page 187).

[213] C'est-à-dire que le budget de l'Union pour 2013 adopté le 12 décembre 2012 ne sera transformé en un budget pour une Union européenne à 28 qu'en 2013. Les budgets administratifs des institutions contiennent, néanmoins, d'emblée des dépenses en vue de l'élargissement. Il convient toutefois de rappeler que les montants additionnels prévus pour la Croatie ont été inclus dans l'acte d'adhésion.

[214] Ainsi, le titre *40* (*Réserves*) n'inclut dans le tableau 63 que les crédits de paiement destinés à la réserve pour aides d'urgence (voir chapitre II).

[215] Les domaines politiques de la section III dans le budget de l'Union européenne pour 2013 sont récapitulés dans le tableau 65, page 196.

[216] A la différence du tableau 63, le tableau 64 ne prend pas en compte les lignes "*XX*". En outre, il ne tient pas compte des amendements qui ne concernent que les commentaires. Les tableaux 63 et 64 prennent, par contre, en compte la lettre rectificative "agricole" (voir page 189).

Tableau 63. Évolution des montants par domaine politique au cours de la procédure budgétaire pour 2013

Section III – Commission, en crédits d'engagement et en euros

Domaine politique* :	01	02	03	04	05 [1]	06	07	08	09	10	11 [1]	12
% du PB initial	*0,38%*	*0,78%*	*0,06%*	*8,14%*	*40,06%*	*1,18%*	*0,34%*	*4,66%*	*1,23%*	*0,29%*	*0,69%*	*0,07%*
PB initial	559 079 770	1 145 236 738	93 657 026	11 998 524 329	59 024 059 076	1 740 452 284	496 027 598	6 859 900 055	1 805 531 158	424 128 000	1 018 518 403	103 166 183
PB initial**	559 079 770	1 145 236 738	93 657 026	11 998 524 329	58 994 259 076	1 740 452 284	496 027 598	6 859 900 055	1 805 531 158	424 128 000	1 023 248 403	103 166 183
Position du Conseil	*532 254 691*	*1 094 265 596*	*92 001 771*	*11 983 868 081*	*58 673 911 255*	*1 718 631 145*	*493 667 323*	*6 692 819 761*	*1 769 637 752*	*414 128 000*	*1 017 795 060*	*101 152 471*
Amendements du PE	*561 071 570*	*1 160 172 471*	*93 586 782*	*12 007 484 255*	*58 983 667 503*	*1 741 420 380*	*499 471 974*	*6 897 206 963*	*1 805 995 117*	*424 128 000*	*1 020 091 189*	*113 742 127*
Nouveau PB	556 821 570	1 155 172 471	93 586 782	12 005 227 255	58 953 667 503	1 741 420 380	499 471 974	6 878 549 963	1 805 995 117	424 128 000	1 024 821 189	105 120 672
Budget adopté***	**555 684 796**	**1 153 917 851**	**92 219 149**	**12 004 158 933**	**58 851 894 643**	**1 740 800 530**	**498 383 275**	**6 878 392 798**	**1 805 290 287**	**424 128 000**	**1 024 282 394**	**106 313 472**
*Différence budget - PB initial***	*-3.394.974*	*8.681.113*	*-1.437.877*	*5.634.604*	*-142.364.433*	*348.246*	*2.355.677*	*18.492.743*	*-240.871*	*0*	*1.033.991*	*3.147.289*
Domaine politique* :	*13*	*14*	*15*	*16*	*17*	*18*	*19*	*20*	*21*	*22*	*23*	*24*
% du PB	*29,44%*	*0,10%*	*1,88%*	*0,18%*	*0,43%*	*0,88%*	*3,32%*	*0,07%*	*1,06%*	*0,72%*	*0,62%*	*0,05%*
PB initial	43 380 232 537	145 441 905	2 763 802 501	261 933 586	630 541 920	1 293 364 357	4 888 987 439	108 599 045	1 567 647 146	1 059 817 302	918 721 918	80 010 000
PB initial**	43 380 232 537	145 441 905	2 763 802 501	261 933 586	630 541 920	1 293 364 357	4 888 987 439	108 599 045	1 567 647 146	1 059 817 302	918 721 918	80 010 000
Position du Conseil	*43 372 974 713*	*140 495 486*	*2 634 020 502*	*253 824 631*	*627 746 590*	*1 278 111 694*	*4 802 441 685*	*107 059 305*	*1 517 004 141*	*1 051 888 322*	*912 723 076*	*78 039 039*
Amendements du PE	*43 389 878 568*	*145 401 543*	*2 824 705 759*	*267 124 926*	*635 771 125*	*1 296 836 038*	*5 001 480 820*	*108 555 097*	*1 574 478 465*	*1 062 796 617*	*917 702 611*	*80 010 000*
Nouveau PB	43 389 878 568	145 401 543	2 800 505 060	267 124 926	635 771 125	1 296 836 038	5 001 480 820	108 555 097	1 574 478 465	1 062 796 617	917 702 611	80 010 000
Budget adopté***	**43 388 841 730**	**144 620 394**	**2 813 375 587**	**265 992 159**	**634 370 124**	**1 296 289 539**	**5 001 226 243**	**107 473 453**	**1 571 699 626**	**1 062 261 928**	**917 322 828**	**79 357 000**
*Différence budget - PB initial***	*8.609.193*	*-821.511*	*49.573.086*	*4.058.573*	*3.828.204*	*2.925.182*	*112.238.804*	*-1.125.592*	*4.052.480*	*2.444.626*	*-1.399.090*	*-653.000*
Domaine politique* :	*25*	*26*	*27*	*28*	*29*	*30*	*31*	*32*	*33*	*40** ***	**Total**	
% du PB	*0,13%*	*0,70%*	*0,05%*	*0,01%*	*0,09%*	*0,97%*	*0,27%*	*0,50%*	*0,15%*	*0,52%*	***100%***	
PB initial	195 626 521	1 035 935 971	68 241 556	12 066 925	135 159 109	1 422 887 000	402 759 194	733 569 346	215 792 874	764 115 000	**147.353.533.772**	
PB initial**	195 626 521	1 035 935 971	68 241 556	12 066 925	135 159 109	1 422 887 000	402 759 194	733 569 346	215 792 874	764 115 000	**147.328.463.772**	
Position du Conseil	*192 437 188*	*1 023 569 667*	*67 333 345*	*11 850 973*	*133 792 319*	*1 399 471 000*	*395 915 188*	*709 681 010*	*211 270 298*	*764 115 000*	**146.269.898.078**	
Amendements du PE	*195 997 435*	*1 036 440 260*	*68 203 676*	*12 057 823*	*135 101 185*	*1 422 887 000*	*402 468 291*	*743 519 238*	*218 766 118*	*764 115 000*	**147.612.335.926**	
Nouveau PB	195 997 435	1 036 440 260	68 203 676	12 057 823	135 101 185	1 422 887 000	402 468 291	738 519 238	218 766 118	764 115 000	**147.519.079.772**	
Budget adopté***	**193 336 661**	**1 030 021 548**	**67 450 570**	**11 879 141**	**133 971 571**	**1 399 471 000**	**396 815 433**	**737 545 751**	**218 238 524**	**764 115 000**	**147.371.141.938**	
*Différence budget - PB initial***	*-2.289.860*	*-5.914.423*	*-790.986*	*-187.784*	*-1.187.538*	*-23.416.000*	*-5.943.761*	*3.976.405*	*2.445.650*	*0*	*42.678.166*	

PB initial modifié par [1] : LR n° 1/2013

** Lignes "XX" et crédits inscrits en réserve inclus   ** LR n° 1/2013 incluse   *** Et positions du Conseil et du Parlement européen sur le nouveau projet de budget   ** ** Réserve pour le Fonds européen d'ajustement à la mondialisation et réserve pour aides d'urgence*

Section III – Commission, en crédits de paiement et en euros

Domaine politique* :	01	02	03	04	05 [1]	06	07	08	09	10	11 [1]	12
% du PB	*0,37%*	*1,04%*	*0,07%*	*8,44%*	*42,30%*	*0,80%*	*0,31%*	*4,09%*	*1,18%*	*0,32%*	*0,62%*	*0,08%*
PB initial	490 879 770	1 392 780 738	93 657 026	11 334 109 942	56 829 507 272	1 069 046 049	410 256 598	5 495 269 576	1 578 940 327	424 980 000	835 505 923	103 371 183
PB initial**	490 879 770	1 392 780 738	93 657 026	11 334 109 942	56 799 707 272	1 069 046 049	410 256 598	5 495 269 576	1 578 940 327	424 980 000	840 235 923	103 371 183
Position du Conseil	*419 004 691*	*1 146 809 596*	*92 001 771*	*10 405 242 332*	*56 327 859 451*	*991 224 910*	*392 196 323*	*4 728 089 282*	*1 401 306 921*	*403 980 000*	*796 782 580*	*99 757 471*
Amendements du PE	*451 521 570*	*1 397 196 471*	*93 586 782*	*11 338 654 868*	*56 789 115 699*	*1 070 014 145*	*412 500 974*	*5 507 361 484*	*1 579 404 286*	*424 980 000*	*837 078 709*	*113 297 127*
Nouveau PB	449 821 570	1 394 716 471	93 586 782	11 336 104 868	56 757 365 699	1 069 514 145	410 750 974	5 495 261 484	1 579 154 286	424 980 000	841 008 709	104 425 672
Budget adopté***	**428 350 972**	**1 162 343 339**	**92 219 149**	**10 428 697 045**	**56 343 710 495**	**983 961 494**	**391 177 073**	**4 808 336 202**	**1 389 168 196**	**411 263 143**	**793 791 237**	**103 495 338**
*Différence budget - PB initial***	*-62.528.798*	*-230.437.399*	*-1.437.877*	*-905.412.897*	*-455.996.777*	*-85.084.555*	*-19.079.525*	*-686.933.374*	*-189.772.131*	*-13.716.857*	*-46.444.686*	*124.155*
Domaine politique* :	*13*	*14*	*15*	*16*	*17*	*18*	*19*	*20*	*21*	*22*	*23*	*24*
% du PB	*28,70%*	*0,09%*	*1,88%*	*0,19%*	*0,45%*	*0,63%*	*2,53%*	*0,08%*	*1,00%*	*0,71%*	*0,65%*	*0,06%*
PB initial	38 558 217 549	121 941 905	2 519 971 776	257 117 586	598 527 920	845 096 357	3 401 874 220	106 599 045	1 337 658 227	950 781 281	878 115 918	75 560 000
PB initial**	38 558 217 549	121 941 905	2 519 971 776	257 117 586	598 527 920	845 096 357	3 401 874 220	106 599 045	1 337 658 227	950 781 281	878 115 918	75 560 000
Position du Conseil	*37 584 227 785*	*112 245 486*	*2 292 734 777*	*252 076 631*	*592 732 590*	*800 863 694*	*3 105 778 466*	*101 859 305*	*1 207 115 222*	*838 408 301*	*835 817 076*	*73 239 039*
Amendements du PE	*38 563 363 580*	*121 851 543*	*2 555 274 335*	*261 508 926*	*603 557 125*	*848 568 038*	*3 404 267 601*	*106 555 097*	*1 336 839 546*	*951 960 596*	*877 096 611*	*75 560 000*
Nouveau PB	38 560 463 580	121 851 543	2 526 349 335	260 183 926	601 107 125	846 818 038	3 404 267 601	106 555 097	1 335 839 546	951 960 596	877 096 611	75 560 000
Budget adopté***	**37 433 527 516**	**111 727 655**	**2 373 191 082**	**252 703 941**	**593 133 792**	**799 018 176**	**3 089 423 857**	**102 177 332**	**1 206 905 319**	**832 084 571**	**828 664 270**	**73 372 864**
*Différence budget - PB initial***	*-1.124.690.033*	*-10.214.250*	*-146.780.694*	*-4.413.645*	*-5.394.128*	*-46.078.181*	*-312.450.363*	*-4.421.713*	*-130.752.908*	*-118.696.710*	*-49.451.648*	*-2.187.136*
Domaine politique* :	*25*	*26*	*27*	*28*	*29*	*30*	*31*	*32*	*33*	*40** ***	**Total**	
% du PB	*0,15%*	*0,76%*	*0,05%*	*0,01%*	*0,09%*	*1,06%*	*0,30%*	*0,80%*	*0,14%*	*0,08%*	***100%***	
PB initial	196 626 521	1 025 297 771	68 241 556	12 066 925	127 459 109	1 422 887 000	402 759 194	1 077 770 557	193 353 458	110 000 000	**134.346.228.279**	
PB initial**	196 626 521	1 025 297 771	68 241 556	12 066 925	127 459 109	1 422 887 000	402 759 194	1 077 770 557	193 353 458	110 000 000	**134.321.158.279**	
Position du Conseil	*193 437 188*	*1 010 431 467*	*67 333 345*	*11 850 973*	*115 642 319*	*1 399 471 000*	*395 915 188*	*810 132 221*	*183 032 882*	*0*	**129.188.600.283**	
Amendements du PE	*196 997 435*	*1 025 502 060*	*68 203 676*	*12 057 823*	*127 401 185*	*1 422 887 000*	*402 468 291*	*1 079 220 449*	*192 796 702*	*110 000 000*	**134.358.649.734**	
Nouveau PB	196 747 435	1 025 502 060	68 203 676	12 057 823	127 401 185	1 422 887 000	402 468 291	1 077 220 449	190 846 702	110 000 000	**134.258.078.279**	
Budget adopté***	**194 086 661**	**1 013 305 407**	**67 450 570**	**11 879 141**	**115 406 396**	**1 399 471 000**	**396 815 433**	**814 381 051**	**184 498 972**	**80 000 000**	**129.309.738.689**	
*Différence budget - PB initial***	*-2.539.860*	*-11.992.364*	*-790.986*	*-187.784*	*-12.052.713*	*-23.416.000*	*-5.943.761*	*-263.389.506*	*-8.854.486*	*-30.000.000*	*-5.011.419.590*	

PB initial modifié par [1] : LR n° 1/2013

** Lignes "XX" et crédits inscrits en réserve inclus   ** LR n° 1/2013 incluse   *** Et positions du Conseil et du Parlement européen sur le nouveau projet de budget   ** ** Réserve pour aides d'urgence uniquement*

Tableau 64. Évolution de la procédure budgétaire pour 2013 par domaine politique

Section III – Commission, lignes "XX", lignes relevant de la rubrique 5 (Administration) du CF et offices européens exclus

Domaine politique :	*01*	*02*	*03*	*04*	*05* [1]	*06*	*07*	*08*	*09*	*10*	*11* [1]	*12*	*13*	*14*	*15*	*16*	*17*
*Position du Conseil**	X	X	O	X	X	X	X	X	X	X	X	X	X	X	X	X	X
Amendements du PE	X	X	O	X	X	X	X	X	X	X	X	X	X	X	X	X	X
Nouveau PB	(≠)	(≠)	(/)	(≠)	(≠)	(≠)	(≠)	(≠)	(≠)	(=)	(≠)	(≠)	(≠)	(≠)	(≠)	(≠)	(≠)
Budget adopté**	≠	≠	≠	≠	≠	≠	≠	≠	≠	≠	≠	≠	≠	≠	≠	≠	≠

Domaine politique :	*18*	*19*	*20*	*21*	*22*	*23*	*24*	*25*	*26*	*27*	*28*	*29*	*30*	*31*	*32*	*33*
*Position du Conseil**	X	X	X	X	X	X	X	O	X	O	O	X	X	O	X	X
Amendements du PE	X	X	X	X	X	X	X	X	X	O	O	X	X	O	X	X
Nouveau PB	(≠)	(≠)	(/)	(≠)	(≠)	(≠)	(=)	(≠)	(≠)	(/)	(/)	(/)	(=)	(≠)	(≠)	(≠)
Budget adopté**	≠	≠	≠	≠	≠	≠	≠	≠	≠	≠	=	≠	≠	≠	≠	≠

PB modifié par [1] : LR n° 1/2013

** Position du Conseil sur le projet de budget initial*

*** Et positions du Conseil et du Parlement européen sur le nouveau projet de budget*

X : modifications/ amendements   O : pas de modification/ d'amendement

(=) : domaine politique non modifié par rapport au PB initial (LR incluse)

(/) : domaine politique modifié marginalement par rapport au PB initial (LR incluse)

(≠) : domaine politique modifié sensiblement par rapport au PB initial (LR incluse)

= : domaine politique modifié marginalement par rapport au nouveau PB

≠ : domaine politique modifié sensiblement par rapport au nouveau PB

Il convient de relever que :

- lors de l'établissement de sa position sur le projet de budget initial pour 2013, le Conseil a accepté tels que proposés par la Commission les montants pour *cinq domaines politiques*[217] (sur 33[218]). Comme présenté page 164, il a modifié en tout *294 lignes budgétaires* (articles ou postes) concernant les *crédits opérationnels ou les crédits pour la gestion administrative* de la section III[219] (voir tableau 50, page 165) relevant de *vingt-huit domaines politiques*. S'agissant des *crédits administratifs*, le Conseil a modifié *137* lignes budgétaires (y inclus les lignes "*XX*", mais excluant les annexes de la section III traitant des budgets administratifs des offices européens) ;

- le Parlement européen a amendé les montants relevant de *29* domaines politiques[220], et

- lors de l'élaboration du nouveau projet de budget pour 2013, la Commission a reconduit les montants concernant *trois* domaines politiques[221]. Par ailleurs, *cinq* domaines politiques ont été reconduits avec des changements que l'on peut qualifier de mineurs[222] (moins de 71 000 euros de différence).

Dans le budget pour 2013 adopté seulement les montants en crédits d'engagement et de paiement du domaine politique *28* (*Audit*) se rapprochent sensiblement de ceux proposés par la Commission.

H. S'agissant enfin des *crédits administratifs* des *autres sections* du budget de l'Union européenne que de la section III, le Conseil a modifié *82 lignes budgétaires* proposées, dont deux lignes budgétaires de la section II[223] (Conseil européen et Conseil), et 80 lignes budgétaires concernant les sections IV à X[224].

Le Parlement européen pour sa part a adopté, le 23 octobre 2012, *81 amendements*, dont 22 amendements concernant sa propre section[225] (section I du budget de l'Union européenne).

IV. – L'établissement du budget par activités

Les *34 titres* de la section III – Commission – du budget de l'Union européenne pour 2013 – qui restent les mêmes que dans le budget pour 2012 – sont présentés dans le tableau 65, page 196.

Le tableau 66 (page 196) retrace l'évolution de la nomenclature du budget de l'Union de 2012 à 2013. Il convient de relever qu'en dépit d'une sensible augmentation du nombre de lignes budgétaires sous la section III du budget (hors annexes), ainsi que dans les budgets administratifs du Conseil européen et Conseil (section II) et du Contrôleur européen de la protection des données (section IX), la nomenclature du budget de l'Union reste relativement stable de 2012 à 2013.

---

[217] Il s'agit des domaines politiques *03* (*Concurrence*), *25* (*Coordination des politiques de la Commission et conseil juridique*), *27* (*Budget*), *28* (*Audit*) et *31* (*Services linguistiques*).

Lors de la procédure budgétaire pour 2012, le Conseil n'avait pas modifié le titre *30* (*Pensions et dépenses connexes* ; voir première partie, page 93).

[218] Hors titre *40* (*Réserves*).

[219] C'est-à-dire de nouveau un nombre de lignes budgétaires supérieur à celui des lignes budgétaires modifiées lors de la procédure budgétaire précédente (soit 275 lignes ; voir page 397). Ceci a naturellement un effet sur le nombre d'amendements adoptés par le Parlement européen (voir *infra*).

[220] Le Parlement européen a adopté concernant la section III un total de 411 amendements. Il convient de relever qu'il s'agit du nombre le plus important d'amendements adoptés par le Parlement dans le cadre des nouvelles procédures budgétaires de l'UE sous le traité de Lisbonne (voir page 397). Une partie importante de ces amendements concerne comme les années précédentes le rétablissement du PB pour les lignes budgétaires modifiées par le Conseil ou les "blocs" d'"amendements horizontaux".

[221] Il s'agit des domaines politiques *10* (*Recherche directe*), *24* (*Lutte contre la fraude*) et *30* (*Pensions et dépenses connexes*).

[222] Il s'agit des domaines politiques *03* (*Concurrence*), *20* (*Commerce*), *27* (*Budget*), *28* (*Audit*) et *29* (*Statistiques*).

[223] Il s'agit des postes *2 2 0 0* (*Frais de voyage des délégations* ; -3 millions d'euros) et *2 2 0 2* (*Frais d'interprétation* ; -2 millions d'euros).

[224] Voir page 397. En ligne avec le "*Gentlemen's agreement*", le Conseil n'a pas modifié la section I – Parlement européen – du budget de l'Union européenne.

[225] Dans le respect du "*Gentlemen's agreement*", le Parlement européen n'a pas adopté d'amendement concernant la section II – Conseil européen et Conseil – du budget de l'Union européenne. Par ailleurs, seize amendements concernent la section IV (Cour de justice), cinq amendements la section V (Cour des comptes), huit amendements

Tableau 65. Les domaines politiques dans la section III – Commission – du budget de l'Union européenne pour 2013

01	*Affaires économiques et financières*	***18***	*Affaires intérieures*
02	*Entreprises*	***19***	*Relations extérieures*
03	*Concurrence*	***20***	*Commerce*
04	*Emploi et affaires sociales*	***21***	*Développement et relations avec les États ACP*
05	*Agriculture et développement rural*	***22***	*Élargissement*
06	*Mobilité et transports*	***23***	*Aide humanitaire*
07	*Environnement et action pour le climat*	***24***	*Lutte contre la fraude*
08	*Recherche*	***25***	*Coordination des politiques de la Commission et conseil juridique*
09	*Société de l'information et médias*	***26***	*Administration de la Commission*
10	*Recherche directe*	***27***	*Budget*
11	*Affaires maritimes et pêche*	***28***	*Audit*
12	*Marché intérieur*	***29***	*Statistiques*
13	*Politique régionale*	***30***	*Pensions et dépenses connexes*
14	*Fiscalité et union douanière*	***31***	*Services linguistiques*
15	*Éducation et culture*	***32***	*Énergie*
16	*Communication*	***33***	*Justice*
17	*Santé et protection des consommateurs*	***40***	*Réserves*
XX	*Dépenses administratives par domaine politique*		

Tableau 66. Développement de la nomenclature du budget de l'Union européenne de 2012 à 2013

Année	**2012**	**2013**	***Différence***	**2012**	**2013**	***Différence***
Section I – Parlement européen :			***2013-2012***	**Section VI – CESE :**		***2013-2012***
Titres	5	5	*0*	3	3	*0*
Chapitres	19	19	*0*	12	12	*0*
Articles	44	50	*6*	25	28	*3*
Postes	65	60	*-5*	45	46	*1*
Imputations*	98	92	*-6*	61	61	*0*
Section II – Conseil européen et Conseil :				**Section VII – Comité des régions :**		
Titres	4	4	*0*	3	3	*0*
Chapitres	10	13	*3*	12	12	*0*
Articles	24	33	*9*	26	29	*3*
Postes	76	102	*26*	45	45	*0*
Imputations*	82	109	*27*	61	61	*0*
Section III – Commission :**				**Section VIII – Médiateur :**		
Titres	34	34	*0*	4	4	*0*
Chapitres	162	161	*-1*	13	13	*0*
Articles	718	742	*24*	26	28	*2*
Postes	638	649	*11*	26	25	*-1*
Imputations*	1.148	1.191	*43*	42	42	*0*
Annexes de la section III* :**				**Section IX – CEPD :**		
Titres	6	6	*0*	3	4	*1*
Chapitres	17	17	*0*	5	6	*1*
Articles	58	58	*0*	7	13	*6*
Postes	18	18	*0*	29	45	*16*
Imputations*	68	68	*0*	32	48	*16*
Section IV – Cour de justice :				**Section X – SEAE :**		
Titres	4	4	*0*	4	4	*0*
Chapitres	12	12	*0*	11	11	*0*
Articles	34	36	*2*	17	19	*2*
Postes	36	36	*0*	52	52	*0*
Imputations*	60	60	*0*	59	59	*0*
Section V – Cour des comptes :				**Total :**		
Titres	3	3	*0*	**73**	**74**	*1*
Chapitres	11	11	*0*	**284**	**287**	*3*
Articles	33	35	*2*	**1.012**	**1.071**	*59*
Postes	35	35	*0*	**1.065**	**1.113**	*48*
Imputations*	58	59	*1*	**1.769**	**1.850**	*81*

** Articles ou postes   ** Les chiffres n'incluent pas le titre "XX"*

**** OP, OLAF, EPSO (avec l'EUSA), PMO, OIB et OIL*

V. – Conclusion

Le Parlement européen et le Conseil ont finalement adopté, avec l'aide de la Commission, un budget de l'Union européenne pour 2013 avant la fin de l'année 2012, avant tout pour éviter de créer une crise budgétaire au moment où l'Union continue à être confrontée à une crise économique. Un régime de "douzièmes provisoires" aurait – au-delà de l'impact sur l'image publique de l'Union européenne – créé d'importants problèmes, notamment dans la gestion financière de la politique agricole commune, tout en compliquant par exemple le financement du fonctionnement en 2013 des trois agences décentralisées de l'UE dans le domaine des services financiers et de la surveillance financière, dont les tâches sont en augmentation suite à la crise financière que traversent les États membres de l'Union européenne.

En sus, l'absence d'adoption du budget annuel de l'Union aurait encore compliqué un peu plus les négociations en cours sur le futur cadre financier pluriannuel pour 2014-2020. Or, il se fait qu'elles pourront se poursuivre, avec comme point de référence le budget pour 2013.

Comme nous venons de relever dans le chapitre III, le fait que le Parlement européen ait fait de l'acceptation par le Conseil du projet de budget rectificatif n° 6/2012 comme proposé par la Commission (c'est-à-dire pour 9 milliards d'euros en crédits de paiement) un préalable pour entamer les discussions sur le budget pour 2013 au sein du comité de conciliation a sans conteste contribué à l'échec de la procédure de conciliation. Les négociations dans le cadre du nouveau projet de budget pour 2013 en novembre et décembre 2012 ont par contre abouti, le Parlement européen acceptant – comme le Conseil le réclamait dès le début – de traiter le budget pour 2013 et le projet de budget rectificatif n° 6/2012 comme un paquet, car "*finançant les mêmes politiques de l'Union européenne et financés par les mêmes États membres*"[226].

Immédiatement après l'adoption du budget pour 2013 et du budget rectificatif n° 6/2012, la Commission a déjà indiqué craindre que le budget adopté "*ne soit pas suffisant pour payer toutes les demandes de remboursements pour des projets. Le budget adopté est de 5 milliards d'euros en dessous de ce que la Commission estime nécessaire pour 2013 ; en outre, 3 milliards d'euros du budget rectificatif n° 6 pour 2012 passent sur le budget pour 2013. Cela signifie que le budget de l'année prochaine sera sous une pression énorme. Le risque est bien réel que l'Union européenne se retrouve à court de fonds tôt dans le courant de l'année 2013*".

Selon la Commission la "*situation est inquiétante : à force de systématiquement réduire les estimations de la Commission, le Conseil et le Parlement européen risquent de transformer le budget annuel de l'Union en un budget pour neuf ou dix mois seulement ; l'année dernière, nous nous sommes retrouvés à court d'argent en novembre, cette année-ci en octobre et l'année prochaine probablement encore plus tôt*".

Par la même occasion, la Commission souligne "*espérer que, dans la foulée de l'accord sur le budget rectificatif n° 6/2012, le Conseil et le Parlement honoreront l'esprit des déclarations conjointes dans lesquelles ils invitent la Commission à prendre toutes les mesures nécessaires prévues dans le traité, et en particulier de requérir des fonds supplémentaires dans un projet de budget rectificatif si les sommes prévues dans le budget pour 2013 se révèlent insuffisantes pour couvrir les besoins*"[227].

Dans ces circonstances, les discussions budgétaires pour l'exercice 2014, qui se dérouleront en 2013, s'annoncent relativement compliquées.

---

la section VI (Comité économique et social européen), trois amendements la section VII (Comité des régions), sept amendements la section VIII (Médiateur européen), cinq amendements la section IX (Contrôleur européen de la protection des données) et quinze amendements la section X (Service européen pour l'action extérieure).

Lors de la procédure budgétaire pour 2012, le Parlement avait adopté 58 amendements (voir première partie, page 93).

[226] Communiqué de presse du Conseil, du 13 novembre 2012, p. 1. Le BR n° 6/2012 a finalement été adopté, dans le cadre d'un accord global comportant également le budget pour 2013, pour un montant de 6 milliards d'euros en crédits de paiement, ce qui, même s'il ne représente que deux tiers du montant proposé par la Commission, constitue néanmoins un montant record pour un budget rectificatif dans toute l'histoire financière de l'Union européenne.

[227] Déclaration du membre de la Commission chargé de la programmation financière et du budget (6 décembre 2012).

ANNEXES CONCERNANT LA PROCÉDURE BUDGÉTAIRE POUR 2013

LE BUDGET DE L'UNION EUROPÉENNE POUR 2013 PAR RUBRIQUES DU CF
(en crédits pour engagements)

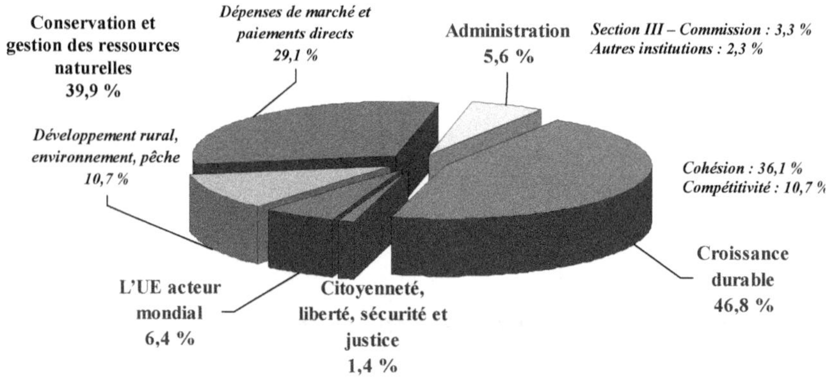

LE BUDGET DE L'UNION EUROPÉENNE POUR 2013 PAR RUBRIQUES DU CF
(en crédits pour paiements)

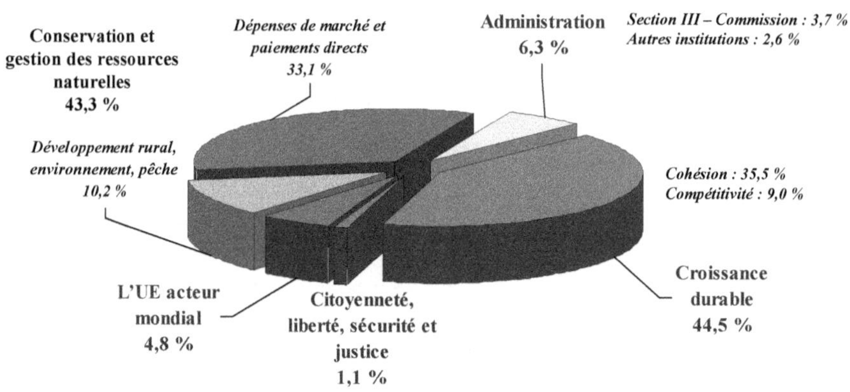

	Description	1		2		3		4		5		6		6/1	
		Budget pour 2012 (BR n° 1/2012 à 6/2012 inclus)		Projet de budget initial pour 2013 (hors lettre rectificative)		Position du Conseil sur le projet de budget initial pour 2013		Amendements du Parlement européen		Nouveau projet de budget pour 2013		Budget pour 2013		Variation (%)	
		c/e	c/p	c/e	c/p	c/e	c/p	c/e	c/p	c/e	c/p	c/e	c/p	c/e	c/p
1	***CROISSANCE DURABLE***	**68 141 273 204**	**60 287 086 467**	**70 530 996 883**	**62 527 845 408**	**70 054 447 793**	**59 030 453 016**	**70 681 649 037**	**62 595 796 863**	**70 613 662 883**	**62 535 795 408**	**70 629 649 037**	**59 085 022 097**	**+3,65%**	**-1,99%**
	Marge			*116 003 117*		*592 552 207*		*- 34 649 037*		*33 337 117*		*17 350 963*			
1a	***Compétitivité pour la croissance et l'emploi***	***15 388 697 063***	***12 063 932 641***	***16 032 047 846***	***13 552 811 245***	***15 562 898 756***	***11 655 162 155***	***16 173 000 000***	***13 615 562 700***	***16 105 013 846***	***13 558 461 245***	***16 121 000 000***	***11 886 427 361***	***+4,76%***	***-1,47%***
	Marge			*90 952 154*		*560 101 244*		*- 50 000 000*		*17 986 154*		*2 000 000*			
	7ème programme-cadre de recherche	10 207 161 606	7 421 469 600	10 837 153 795	8 969 343 416	10 521 658 795	7 732 248 416	10 884 468 795	8 984 443 416	10 860 811 795	8 969 343 416	10 860 811 795	7 834 946 878	+6,40%	+5,57%
	02 – Entreprises	*619 523 520*	*527 134 757*	*771 081 000*	*673 284 000*	*738 581 000*	*505 784 000*	*771 081 000*	*673 284 000*	*771 081 000*	*673 284 000*	*771 081 000*	*502 629 055*	*+24,46%*	*-4,65%*
	06 – Mobilité et transports	*71 925 000*	*73 129 153*	*70 630 795*	*69 738 742*	*70 430 795*	*53 038 742*	*70 630 795*	*69 738 742*	*70 630 795*	*69 738 742*	*70 630 795*	*52 733 946*	*-1,80%*	*-27,89%*
	08 – Recherche	*6 564 811 080*	*4 415 185 829*	*6 849 633 000*	*5 485 002 521*	*6 682 743 000*	*4 718 012 521*	*5 886 948 000*	*5 497 102 521*	*6 868 291 000*	*5 485 002 521*	*6 868 291 000*	*4 798 234 404*	*+4,62%*	*+8,68%*
	09 – Société de l'information et médias	*1 465 221 487*	*1 190 171 821*	*1 594 102 000*	*1 370 647 153*	*1 559 547 000*	*1 226 092 153*	*1 594 102 000*	*1 370 647 153*	*1 594 102 000*	*1 370 647 153*	*1 594 102 000*	*1 214 838 204*	*+8,79%*	*+2,07%*
	10 – Recherche directe	*381 490 064*	*378 224 895*	*393 228 000*	*393 480 000*	*383 228 000*	*378 480 000*	*393 228 000*	*393 480 000*	*393 228 000*	*393 480 000*	*393 228 000*	*386 058 455*	*+3,08%*	*+2,07%*
	15 – Éducation et culture	*908 662 068*	*693 805 947*	*957 252 000*	*803 000 000*	*906 752 000*	*697 500 000*	*967 252 000*	*806 000 000*	*962 252 000*	*803 000 000*	*962 252 000*	*728 000 000*	*+5,90%*	*+4,93%*
	32 – Énergie	*195 498 437*	*143 817 198*	*201 227 000*	*174 191 000*	*180 377 000*	*153 341 000*	*201 227 000*	*174 191 000*	*201 227 000*	*174 191 000*	*201 227 000*	*152 452 814*	*+2,93%*	*+6,00%*
	Démantèlement (10 – Recherche directe)	29 403 800	25 856 656	30 900 000	31 500 000	30 900 000	25 500 000	30 900 000	31 500 000	30 900 000	31 500 000	30 900 000	25 204 688	+5,09%	-2,52%
	RTE	1 360 045 119	823 039 534	1 446 305 000	793 467 280	1 435 505 000	755 417 280	1 446 305 000	793 467 280	1 446 305 000	793 467 280	1 446 305 000	747 622 965	+6,34%	-9,16%
	06 – Mobilité et transports	*1 338 221 119*	*804 200 112*	*1 423 505 000*	*776 505 000*	*1 412 805 000*	*742 805 000*	*1 423 505 000*	*776 505 000*	*1 423 505 000*	*776 505 000*	*1 423 505 000*	*735 050 956*	*+6,37%*	*-8,60%*
	32 – Énergie	*21 824 000*	*18 839 422*	*22 800 000*	*16 962 280*	*22 700 000*	*12 612 280*	*22 800 000*	*16 962 280*	*22 800 000*	*16 962 280*	*22 800 000*	*12 572 009*	*+4,47%*	*-33,27%*
	Projets énergétiques en vue d'aider à la relance économique (32 – Énergie)	p.m.	729 917 749	–	490 878 254	–	288 878 254	–	490 878 254	–	490 878 254	–	285 532 789		-60,88%
	Egnos et Galileo (02 – Entreprises)	169 200 000	369 950 430	1 000 000	361 000 000	1 000 000	361 000 000	1 000 000	361 000 000	1 000 000	361 000 000	1 000 000	356 830 882	-99,41%	-3,55%
	Marco Polo (06 – Mobilité et transports)	64 508 800	26 305 740	61 675 000	51 675 000	56 675 000	26 675 000	61 675 000	51 675 000	61 675 000	51 675 000	61 675 000	26 385 478	-4,39%	+0,30%
	Éducation et formation tout au long de la vie et Erasmus Mundus (15 – Éducation et culture)	1 247 238 000	1 204 547 926	1 239 576 000	1 185 959 000	1 183 576 000	1 081 959 000	1 278 076 699	1 208 459 000	1 258 876 000	1 185 959 000	1 272 774 154	1 131 949 726	+2,05%	-6,03%
	Programme-cadre pour l'innovation et la compétitivité (PIC)	614 770 400	369 664 992	659 120 000	546 405 000	638 010 000	395 295 000	687 620 000	552 105 000	673 370 000	546 405 000	673 370 000	435 131 103	+9,60%	+17,71%
	PIC – Innovation et esprit d'entreprise	342 493 400	177 523 269	373 783 000	307 583 000	353 083 000	216 883 000	392 283 000	311 283 000	383 033 000	307 583 000	383 033 000	247 467 191	+11,77%	+39,40%
	01 – Affaires économiques et financières	*173 310 300*	*90 725 107*	*204 700 000*	*140 000 000*	*184 700 000*	*110 000 000*	*213 200 000*	*141 700 000*	*208 950 000*	*140 000 000*	*208 950 000*	*119 884 191*	*+20,77%*	*+32,14%*
	02 – Entreprises	*169 583 900*	*86 798 162*	*169 083 000*	*167 583 000*	*168 383 000*	*106 883 000*	*179 083 000*	*169 583 000*	*174 083 000*	*167 583 000*	*174 083 000*	*127 583 000*	*+2,59%*	*+46,99%*
	PIC – Appui stratégique en matière de TIC (09 – Société de l'information et médias)	134 330 300	112 299 812	145 745 000	131 480 000	145 745 000	101 480 000	145 745 000	131 480 000	145 745 000	131 480 000	145 745 000	100 321 912	+8,50%	-10,67%
	PIC – Énergie intelligente (32 – Énergie)	137 347 600	79 841 911	139 592 000	107 342 000	139 182 000	76 932 000	149 592 000	109 342 000	144 592 000	107 342 000	144 592 000	87 342 000	+5,27%	+9,39%
	Agenda pour la politique sociale	196 170 000	161 721 520	197 081 000	170 097 408	189 006 000	156 672 408	201 596 000	171 397 408	199 339 000	170 097 408	199 339 000	155 988 707	+1,62%	-3,54%
	04 – Emploi et affaires sociales	*161 179 000*	*133 424 613*	*160 327 000*	*140 152 000*	*155 752 000*	*128 977 000*	*164 842 000*	*141 452 000*	*162 585 000*	*140 152 000*	*162 585 000*	*128 102 074*	*+0,87%*	*-3,99%*
	33 – Justice	*34 991 060*	*28 296 907*	*36 754 000*	*29 945 408*	*33 254 000*	*27 695 408*	*36 754 000*	*29 945 408*	*36 754 000*	*29 945 408*	*36 754 000*	*27 886 633*	*+5,04%*	*-1,45%*

	Douane 2013 et Fiscalis 2013 (14 – Fiscalité et union douanière)	82 332 000	50 123 558	84 132 000	61 132 000	80 132 000	52 632 000	84 132 000	61 132 000	84 132 000	61 132 000	84 132 000	52 035 584	+2,19%	+3,81%
	Démantèlement nucléaire (32 – Énergie)	259 904 000	208 667 747	267 000 000	190 000 000	267 000 000	184 000 000	267 000 000	190 000 000	267 000 000	190 000 000	267 000 000	181 869 118	+2,73%	-12,84%
	Fonds européen d'ajustement à la mondialisation	**500 000 000**	**67 657 535**	**500 000 000**	**50 000 000**	**500 000 000**	**p.m.**	**500 000 000**	**50 000 000**	**500 000 000**	**50 000 000**	**500 000 000**	**50 000 000**	**0,00%**	**-26,10%**
	04 – Emploi et affaires sociales	*p.m.*	*67 657 535*	*p.m.*	*50 000 000*	*p.m.*	*p.m.*	*p.m.*	*50 000 000*	*p.m.*	*50 000 000*	*p.m.*	*50 000 000*		*-26,10%*
	40 – Réserves	*500 000 000*	*p.m.*	*500 000 000*	*p.m.*	*500 000 000*	*p.m.*	*500 000 000*	*p.m.*	*500 000 000*	*p.m.*	*500 000 000*	*p.m.*	*0,00%*	
	Autres actions et programmes	410 428 400	353 652 906	445 658 310	393 087 485	399 758 310	339 387 485	460 658 310	403 617 485	459 158 310	398 737 485	460 008 310	342 925 041	+12,08%	-3,03%
	01 – Affaires économiques et financières	*5 500 000*	*4 082 630*	*6 000 000*	*5 500 000*	*6 000 000*	*5 000 000*	*5 000 000*	*4 500 000*	*5 000 000*	*4 500 000*	*5 000 000*	*4 942 095*	*-9,09%*	*+21,05%*
	02 – Entreprises	*91 600 000*	*79 485 563*	*105 950 000*	*91 916 000*	*90 150 000*	*76 116 000*	*110 950 000*	*94 396 000*	*110 950 000*	*93 916 000*	*110 950 000*	*77 621 551*	*+21,12%*	*-2,35%*
	04 – Emploi et affaires sociales	*11 250 000*	*9 150 000*	*4 500 000*	*6 780 000*	*4 500 000*	*6 780 000*	*9 000 000*	*10 080 000*	*9 000 000*	*8 830 000*	*9 000 000*	*8 830 000*	*-20,00%*	*-3,50%*
	06 – Mobilité et transports	*36 865 800*	*20 739 622*	*28 710 000*	*18 876 157*	*24 210 000*	*17 876 157*	*29 710 000*	*19 876 157*	*29 710 000*	*19 376 157*	*29 710 000*	*18 191 718*	*-19,41%*	*-12,29%*
	08 – Recherche	*p.m.*	*p.m.*	*p.m.*	*p.m.*	*p.m.*	*p.m.*	*p.m.*	*p.m.*	*p.m.*	*p.m.*	*p.m.*	*p.m.*		
	09 – Société de l'information et médias	*17 995 000*	*24 103 833*	*5 945 000*	*17 024 016*	*5 545 000*	*14 924 016*	*5 945 000*	*17 024 016*	*5 945 000*	*17 024 016*	*5 945 000*	*14 760 911*	*-66,96%*	*-38,76%*
	10 – Recherche directe	*p.m.*	*p.m.*	*p.m.*	*p.m.*	*p.m.*	*p.m.*	*p.m.*	*p.m.*	*p.m.*	*p.m.*	*p.m.*	*p.m.*		
	12 – Marché intérieur	*19 450 000*	*16 124 490*	*18 150 000*	*18 855 000*	*18 050 000*	*17 155 000*	*21 650 000*	*21 205 000*	*20 150 000*	*19 955 000*	*21 000 000*	*18 181 866*	*+7,97%*	*+12,76%*
	13 – Politique régionale	*p.m.*	*13 608 766*	*p.m.*	*p.m.*	*p.m.*	*p.m.*	*p.m.*	*p.m.*	*p.m.*	*p.m.*	*p.m.*	*p.m.*		*-100,00%*
	14 – Fiscalité et union douanière	*3 520 000*	*2 524 215*	*3 620 000*	*2 720 000*	*3 620 000*	*2 520 000*	*3 620 000*	*2 720 000*	*3 620 000*	*2 720 000*	*3 620 000*	*2 492 206*	*+2,84%*	*-1,27%*
	15 – Éducation et culture	*83 824 000*	*71 761 628*	*125 065 110*	*111 289 635*	*105 065 110*	*98 289 635*	*127 065 110*	*113 689 635*	*127 065 110*	*112 289 635*	*127 065 110*	*98 185 574*	*+51,59%*	*+36,82%*
	17 – Santé et protection des consommateurs	*p.m.*	*625 000*	*p.m.*	*200 000*	*p.m.*	*200 000*	*p.m.*	*200 000*	*p.m.*	*200 000*	*p.m.*	*200 000*		*-68,00%*
	24 – Lutte contre la fraude	*21 450 000*	*15 926 792*	*21 700 000*	*17 250 000*	*20 700 000*	*15 900 000*	*21 700 000*	*17 250 000*	*21 700 000*	*17 250 000*	*21 700 000*	*15 715 864*	*+1,17%*	*-1,32%*
	26 –Administration de la Commission	*39 260 000*	*24 511 428*	*40 838 200*	*29 900 000*	*37 838 200*	*24 400 000*	*40 838 200*	*29 900 000*	*40 838 200*	*29 900 000*	*40 838 200*	*24 122 059*	*+4,02%*	*-1,59%*
	27 – Budget	*p.m.*	*p.m.*	*p.m.*	*p.m.*	*p.m.*	*p.m.*	*p.m.*	*p.m.*	*p.m.*	*p.m.*	*p.m.*	*p.m.*		
	29 – Statistiques	*51 560 000*	*44 191 707*	*57 180 000*	*49 480 000*	*57 180 000*	*39 030 000*	*57 180 000*	*49 480 000*	*57 180 000*	*49 480 000*	*57 180 000*	*38 614 825*	*+10,90%*	*-12,62%*
	32 – Énergie	*28 153 600*	*26 517 232*	*28 000 000*	*23 296 677*	*26 900 000*	*21 196 677*	*28 000 000*	*23 296 677*	*28 000 000*	*23 296 677*	*28 000 000*	*21 066 372*	*-0,55%*	*-20,56%*
	33 – Justice	–	*300 000*	–	*p.m.*	–	*p.m.*	–	*p.m.*	–	*p.m.*	–	*p.m.*		*-100,00%*
	Agences décentralisées	247 944 738	251 356 748	262 446 741	258 266 402	259 677 651	255 497 312	269 568 196	265 887 857	262 446 741	258 266 402	263 684 741	260 004 402	+6,35%	+3,44%
1b	***Cohésion pour la croissance et l'emploi***	***52 752 576 141***	***48 223 153 826***	***54 498 949 037***	***48 975 034 163***	***54 491 549 037***	***47 375 290 861***	***54 508 649 037***	***48 980 234 163***	***54 508 649 037***	***48 977 334 163***	***54 508 649 037***	***47 198 594 736***	***+3,33%***	***-2,12%***
	Marge			*25 050 963*		*32 450 963*		*15 350 963*		*15 350 963*		*15 350 963*			
	Fonds structurels	**40 945 861 563**	**38 349 465 190**	**42 144 749 037**	**39 293 700 000**	**42 138 049 037**	**38 152 956 485**	**42 144 749 037**	**39 293 700 000**	**42 144 749 037**	**39 293 700 000**	**42 144 749 037**	**38 079 968 939**	**+2,93%**	**-0,70%**
	Objectif "Convergence"	32 303 313 367	30 065 907 505	33 359 355 155	31 224 000 000	33 359 355 155	31 194 000 000	33 359 355 155	31 224 000 000	33 359 355 155	31 224 000 000	33 359 355 155	31 191 185 846	+3,27%	+3,74%
	04 – Emploi et affaires sociales	*7 904 534 226*	*7 762 907 505*	*8 277 649 354*	*7 673 000 000*	*8 277 649 354*	*7 643 000 000*	*8 277 649 354*	*7 673 000 000*	*8 277 649 354*	*7 673 000 000*	*8 277 649 354*	*7 640 185 846*	*+4,72%*	*-1,58%*
	13 – Politique régionale	*24 398 779 141*	*22 303 000 000*	*25 081 705 801*	*23 551 000 000*	*25 081 705 801*	*23 551 000 000*	*25 081 705 801*	*23 551 000 000*	*25 081 705 801*	*23 551 000 000*	*25 081 705 801*	*23 551 000 000*	*+2,80%*	*+5,60%*
	Objectif "Compétitivité régionale et emploi"	7 202 942 076	6 977 797 130	7 329 295 906	6 819 000 000	7 329 295 906	5 938 670 961	7 329 295 906	6 819 000 000	7 329 295 906	6 819 000 000	7 329 295 906	5 870 694 993	+1,75%	-15,87%
	04 – Emploi et affaires sociales	*3 256 259 513*	*3 431 234 564*	*3 307 212 956*	*3 267 000 000*	*3 307 212 956*	*2 469 388 638*	*3 307 212 956*	*3 267 000 000*	*3 307 212 956*	*3 267 000 000*	*3 307 212 956*	*2 440 872 005*	*+1,56%*	*-28,86%*
	13 – Politique régionale	*3 946 682 563*	*3 546 562 566*	*4 022 082 950*	*3 552 000 000*	*4 022 082 950*	*3 469 282 323*	*4 022 082 950*	*3 552 000 000*	*4 022 082 950*	*3 552 000 000*	*4 022 082 950*	*3 429 822 988*	*+1,91%*	*-3,29%*
	Objectif "Coopération territoriale européenne"	1 352 006 120	1 233 160 555	1 369 097 976	1 177 200 000	1 369 097 976	957 485 524	1 369 097 976	1 177 200 000	1 369 097 976	1 177 200 000	1 369 097 976	949 005 012	+1,26%	-23,04%
	04 – Emploi et affaires sociales	*p.m.*	*p.m.*	*p.m.*	*p.m.*	*p.m.*	*p.m.*	*p.m.*	*p.m.*	*p.m.*	*p.m.*	*p.m.*	*p.m.*		

	13 – Politique régionale	*1 252 784 484*	*1 755 160 555*	*1 288 281 349*	*1 092 000 000*	*1 288 281 349*	*872 285 524*	*1 288 281 349*	*1 092 000 000*	*1 288 281 349*	*1 092 000 000*	*1 288 281 349*	*863 805 012*	*+2,83%*	*-25,22%*
	19 – Relations extérieures	*99 221 636*	*78 000 000*	*80 816 627*	*85 200 000*	*80 816 627*	*85 200 000*	*80 816 627*	*85 200 000*	*80 816 627*	*85 200 000*	*80 816 627*	*85 200 000*	*-18,55%*	*+9,23%*
	Assistance technique	87 600 000	72 600 000	87 000 000	73 500 000	80 300 000	62 800 000	87 000 000	73 500 000	87 000 000	73 500 000	87 000 000	69 083 088	-0,68%	-4,84%
	04 – Emploi et affaires sociales	*26 000 000*	*26 000 000*	*25 700 000*	*22 200 000*	*22 300 000*	*18 800 000*	*25 700 000*	*22 200 000*	*25 700 000*	*22 200 000*	*25 700 000*	*22 200 000*	*-1,15%*	*-14,62%*
	13 – Politique régionale	*61 600 000*	*45 600 000*	*61 300 000*	*51 300 000*	*58 000 000*	*44 000 000*	*61 300 000*	*51 300 000*	*61 300 000*	*51 300 000*	*61 300 000*	*46 883 088*	*-0,49%*	*+0,61%*
	Autres actions et programmes (13 – Politique régionale)	13 700 000	12 100 000	p.m.	5 134 163	p.m.	5 134 163	9 700 000	10 334 163	9 700 000	7 434 163	9 700 000	7 428 373	-29,20%	-38,61%
	Fonds de cohésion (13 – Politique régionale)	**11 793 014 578**	**9 861 588 636**	**12 354 200 000**	**9 676 200 000**	**12 353 500 000**	**9 217 200 213**	**12 354 200 000**	**9 676 200 000**	**12 354 200 000**	**9 676 200 000**	**12 354 200 000**	**9 111 197 424**	**+4,76%**	**-7,61%**
2	***CONSERVATION ET GESTION DES RESSOURCES NATURELLES***	**59 850 103 601**	**58 044 868 674**	**60 307 511 416**	**57 964 879 132**	**59 971 444 488**	**57 474 312 204**	**60 274 311 416**	**57 930 279 132**	**60 249 041 416**	**57 899 909 132**	**60 149 041 416**	**57 484 414 991**	**+0,50%**	**-0,97%**
	Marge			*981 488 584*		*1 317 555 512*		*1 014 688 584*		*1 039 958 584*		*1 139 958 584*			
	dont : dépenses de marché et aides directes	**43 904 217 [illegible]05**	**43 892 978 049**	**44 130 348 610**	**44 112 931 204**	**43 795 348 610**	**43 776 431 204**	**44 086 548 610**	**44 069 131 204**	**44 056 548 610**	**44 039 131 204**	**43 956 548 610**	**43 934 188 711**	**+0,12%**	**+0,09%**
	Marge			*808 641 390*		*1 143 641 390*		*852 441 390*		*882 441 390*		*982 441 390*			
	Marchés agricoles (05 – Agriculture et développement rural)	43 603 370 537	44 601 329 559	43 828 456 842	43 834 036 204	43 493 456 842	43 499 036 204	43 784 656 842	43 790 236 204	43 754 656 842	43 760 236 204	43 654 656 842	43 659 966 872	+0,12%	+0,13%
	Marché de la pêche (11 – Affaires maritimes et pêche)	30 496 768	29 136 025	27 221 768	27 225 000	27 221 768	27 225 000	27 221 768	27 225 000	27 221 768	27 225 000	27 221 768	26 918 107	-10,74%	-7,61%
	Santé des animaux et domaine phytosanitaire (17 – Santé et protection des consommateurs)	270 350 000	262 512 465	274 670 000	251 670 000	274 670 000	250 170 000	274 670 000	251 670 000	274 670 000	251 670 000	274 670 000	247 303 732	+1,60%	-5,79%
	Développement rural (05 – Agriculture et développement rural)	14 603 89[illegible] 44[illegible]	13 133 985 808	14 808 455 797	12 748 563 000	14 808 455 797	12 648 563 000	14 808 455 797	12 748 563 000	14 808 455 797	12 748 563 000	14 808 455 797	12 502 139 386	+1,40%	-4,81%
	Fonds européen pour la pêche (11 – Affaires maritimes et pêche)	672 248 483	487 852 069	687 157 712	523 450 000	687 157 712	488 450 000	687 157 712	523 450 000	687 157 712	523 450 000	687 157 712	482 803 163	+2,22%	-1,03%
	Gouvernance et accords internationaux en matière de pêche (11 – Affaires maritimes et pêche)	235 541 625	187 765 149	257 595 000	236 642 000	257 595 000	233 642 000	257 595 000	236 642 000	262 325 000	241 372 000	262 325 000	235 647 053	+11,37%	+25,50%
	Life+ (07 – Environnement et action pour le climat)	354 7[illegible]5 000	254 356 763	366 591 000	273 350 000	366 591 000	258 350 000	366 591 000	273 350 000	366 591 000	273 350 000	366 591 000	255 593 750	+3,34%	+0,49%
	Autres actions et programmes	30 5[illegible]0 000	37 989 000	5 000 000	17 579 631	5 000 000	17 579 631	15 600 000	26 779 631	15 600 000	21 679 631	15 600 000	21 679 631	-48,85%	-42,93%
	02 – Entreprises	*1 500 000*	*750 000*	*p.m.*	*375 000*	*p.m.*	*375 000*	*p.m.*	*375 000*	*p.m.*	*375 000*	*p.m.*	*375 000*	*-100,00%*	*-50,00%*
	05 – Agriculture et développement rural	*5 500 000*	*4 695 000*	*p.m.*	*1 689 631*	*p.m.*	*1 689 631*	*3 500 000*	*5 189 631*	*3 500 000*	*3 439 631*	*3 500 000*	*3 439 631*	*-36,36%*	*-26,74%*
	07 – Environnement et action pour le climat	*16 500 000*	*16 910 000*	*5 000 000*	*11 820 000*	*5 000 000*	*11 820 000*	*8 500 000*	*14 120 000*	*8 500 000*	*12 370 000*	*8 500 000*	*12 370 000*	*-48,48%*	*-26,85%*
	11 – Affaires maritimes et pêche	*1 [illegible]00 000*	*7 284 000*	*–*	*1 645 000*	*–*	*1 645 000*	*1 600 000*	*3 245 000*	*1 600 000*	*2 445 000*	*1 600 000*	*2 445 000*	*+6,67%*	*-66,43%*
	17 – Santé et protection des consommateurs	*5 [illegible]00 [illegible]00*	*4 600 000*	*p.m.*	*1 400 000*	*p.m.*	*1 400 000*	*2 000 000*	*3 200 000*	*2 000 000*	*2 400 000*	*2 000 000*	*2 400 000*	*-60,00%*	*-47,83%*
	23 – Aide humanitaire	*p.m.*	*3 500 000*	*p.m.*	*500 000*	*p.m.*	*500 000*	*p.m.*	*500 000*	*p.m.*	*500 000*	*p.m.*	*500 000*		*-85,71%*
	32 – Énergie	*500 000*	*250 000*	*–*	*150 000*	*–*	*150 000*	*–*	*150 000*	*–*	*150 000*	*–*	*150 000*	*-100,00%*	*-40,00%*
	Agences décentralisées	48 941 836	49 941 836	52 363 297	52 363 297	51 296 369	51 296 369	52 363 297	52 363 297	52 363 297	52 363 297	52 363 297	52 363 297	+6,99%	+4,85%
3	***CITOYENNETÉ, LIBERTÉ, SÉCURITÉ ET JUSTICE***	**2 753 456 [illegible]40**	**2 182 532 099**	**2 081 641 200**	**1 574 600 126**	**2 057 175 617**	**1 514 079 543**	**2 105 891 200**	**1 591 770 126**	**2 105 891 200**	**1 583 445 126**	**2 105 891 200**	**1 514 583 267**	**-23,52%**	**-30,60%**
	Marge			*294 358 800*		*318 824 383*		*270 108 800*		*270 108 800*		*270 108 800*			

3a	***Liberté, sécurité et justice***	***1 367 806 560***	***845 577 878***	***1 392 227 200***	***928 328 376***	***1 377 280 417***	***877 353 593***	***1 398 727 200***	***931 298 376***	***1 398 727 200***	***927 598 376***	***1 398 727 200***	***876 583 652***	***+2,26%***	***+3,67%***
	Marge			*268 772 800*		*283 719 583*		*262 272 800*		*262 272 800*		*262 272 800*			
	Solidarité et gestion des flux migratoires	797 190 000	424 343 273	909 560 000	489 130 000	909 560 000	452 150 000	909 560 000	489 130 000	909 560 000	489 130 000	909 560 000	446 939 183	+14,10%	+5,32%
	Sécurité et protection des libertés	141 650 000	43 250 243	66 150 000	43 750 000	66 030 000	43 530 000	66 150 000	43 750 000	66 150 000	43 750 000	66 150 000	43 154 917	-53,30%	-0,22%
	Droits fondamentaux et justice	82 200 000	58 610 660	81 900 000	65 180 016	81 900 000	58 400 016	81 900 000	61 900 016	81 900 000	61 200 016	81 900 000	57 739 327	-0,36%	-1,49%
	Autres actions et programmes	71 080 000	59 207 142	52 500 000	57 714 160	40 500 000	53 546 160	59 000 000	63 964 160	59 000 000	60 964 160	59 000 000	56 196 025	-16,99%	-5,09%
	Agences décentralisées	275 686 560	260 166 560	282 117 200	272 554 200	279 290 417	269 727 417	282 117 200	272 554 200	282 117 200	272 554 200	282 117 200	272 554 200	+2,33%	+4,76%
3b	***Citoyenneté***	***1 385 650 080***	***1 336 954 221***	***689 414 000***	***646 271 750***	***679 895 200***	***636 725 950***	***707 164 000***	***660 471 750***	***707 164 000***	***655 846 750***	***707 164 000***	***637 999 615***	***-48,97%***	***-52,28%***
	Marge			*25 586 000*		*35 104 800*		*7 836 000*		*7 836 000*		*7 836 000*			
	Programme de santé publique et de protection des consommateurs (17 – Santé et protection des consommateurs)	77 640 000	74 750 000	79 000 000	70 500 000	78 800 000	68 800 000	79 000 000	70 500 000	79 000 000	70 500 000	79 000 000	68 299 356	+1,75%	-8,63%
	Culture 2007-2013 (15 – Éducation et culture)	59 053 000	51 050 000	59 906 000	51 550 000	59 206 000	51 150 000	59 906 000	51 550 000	59 906 000	51 550 000	59 906 000	50 564 007	+1,44%	-0,95%
	Jeunesse en action (15 – Éducation et culture)	140 388 000	123 780 000	141 230 000	129 780 000	141 230 000	128 280 000	142 230 000	130 780 000	142 230 000	130 780 000	142 230 000	126 803 438	+1,31%	+2,44%
	Média 2007 (15 – Éducation et culture)	112 477 000	105 560 000	113 409 000	106 400 000	112 409 000	105 600 000	113 409 000	105 600 000	113 409 000	105 600 000	113 409 000	103 595 588	+0,83%	-1,86%
	L'Europe pour les citoyens (16 – Communication)	28 450 000	28 230 000	26 580 000	28 750 000	26 564 000	28 334 000	26 580 000	28 750 000	26 580 000	28 750 000	26 580 000	28 024 577	-6,57%	-0,73%
	Instrument financier pour la protection civile (23 – Aide humanitaire)	18 250 000	14 250 000	18 500 000	15 300 000	18 460 000	14 760 000	18 500 000	15 300 000	18 500 000	15 300 000	18 500 000	14 632 077	+1,37%	+2,68%
	Actions de communication (16 – Communication)	93 760 000	86 120 000	93 736 000	88 100 000	87 936 000	85 568 000	94 736 000	89 100 000	94 736 000	89 100 000	94 736 000	84 614 105	+1,04%	-1,75%
	Fonds de solidarité de l'Union européenne	**688 254 041**	**688 254 041**	**p.m.**	**p.m.**	**p.m.**	**p.m.**	**p.m.**	**p.m.**	**p.m.**	**p.m.**	**p.m.**	**p.m.**	**-100,00%**	**-100,00%**
	13 – Politique régionale	*688 254 041*	*688 254 041*	*p.m.*	*p.m.*	*p.m.*	*p.m.*	*p.m.*	*p.m.*	*p.m.*	*p.m.*	*p.m.*	*p.m.*	*-100,00%*	*-100,00%*
	40 – Réserves	*p.m.*	*p.m.*	*p.m.*	*p.m.*	*p.m.*	*p.m.*	*p.m.*	*p.m.*	*p.m.*	*p.m.*	*p.m.*	*p.m.*		
	Autres actions et programmes	35 571 259	35 974 400	25 992 000	27 294 750	25 072 000	26 479 750	41 742 000	40 294 750	41 742 000	35 669 750	41 742 000	32 869 467	+17,35%	-8,63%
	02 – Entreprises	*1 000 000*	*500 000*	*p.m.*	*500 000*	*p.m.*	*500 000*	*p.m.*	*500 000*	*p.m.*	*500 000*	*p.m.*	*500 000*	*-100,00%*	*0,00%*
	09 – Société de l'information et médias	*909 259*	*950 000*	*950 000*	*1 000 000*	*950 000*	*960 000*	*1 450 000*	*1 500 000*	*1 450 000*	*1 250 000*	*1 450 000*	*1 198 882*	*+59,47%*	*+26,20%*
	15 – Éducation et culture	*24 672 000*	*24 797 000*	*15 872 000*	*17 424 750*	*15 872 000*	*17 369 750*	*25 322 000*	*24 674 750*	*25 322 000*	*22 649 750*	*25 322 000*	*21 036 485*	*+2,63%*	*-15,17%*
	16 – Communica-tion	*7 990 000*	*8 020 000*	*9 170 000*	*8 020 000*	*8 250 000*	*7 300 000*	*11 670 000*	*9 970 000*	*11 670 000*	*9 270 000*	*11 670 000*	*8 134 100*	*+46,06%*	*+1,42%*
	17 – Santé et protection des consommateurs	*1 000 000*	*1 707 400*	*p.m.*	*350 000*	*p.m.*	*350 000*	*3 300 000*	*3 650 000*	*3 300 000*	*2 000 000*	*3 300 000*	*2 000 000*	*+230,00%*	*+17,14%*
	22 – Élargissement	–	*p.m.*	*p.m.*	*p.m.*	*p.m.*	*p.m.*	*p.m.*	*p.m.*	*p.m.*	*p.m.*	*p.m.*	*p.m.*		
	23 – Aide humanitaire	*p.m.*	*p.m.*	–	–	–	–	–	–	–	–	–	–		
	33 – Justice	*p.m.*	*p.m.*	–	–	–	–	–	–	–	–	–	–		
	Agences décentralisées	131 806 780	128 985 780	131 061 000	128 597 000	130 218 200	127 754 200	131 061 000	128 597 000	131 061 000	128 597 000	131 061 000	128 597 000	-0,57%	-0,30%
4	***L'UE ACTEUR MONDIAL***	**9 403 777 000**	**6 966 011 071**	**9 467 168 711**	**7 311 588 051**	**9 295 470 596**	**6 277 295 936**	**9 583 118 711**	**7 272 888 051**	**9 583 118 711**	**7 271 888 051**	**9 583 118 711**	**6 322 601 760**	**+1,91%**	**-9,24%**
	Marge			*391 946 289*		*563 644 404*		*275 996 289*		*275 996 289*		*275 996 289*			
	Instrument d'aide de préadhésion (IAP)	1 865 925 450	1 338 296 525	1 863 517 789	1 633 542 640	1 836 155 489	1 221 236 340	1 863 517 789	1 633 042 640	1 863 517 789	1 633 042 640	1 863 517 789	1 212 009 347	-0,13%	-9,44%
	04 – Emploi et affaires sociales	*113 621 500*	*61 190 621*	*114 522 077*	*66 365 000*	*109 397 077*	*31 240 000*	*114 522 077*	*66 365 000*	*114 522 077*	*66 365 000*	*114 522 077*	*31 017 574*	*+0,79%*	*-49,31%*
	05 – Agriculture et développement rural	*234 568 000*	*53 696 457*	*259 328 000*	*117 400 000*	*246 328 000*	*54 400 000*	*259 328 000*	*117 400 000*	*259 328 000*	*117 400 000*	*259 328 000*	*53 770 000*	*+10,56%*	*+0,14%*
	13 – Politique régionale	*510 519 353*	*401 203 160*	*503 395 051*	*561 316 000*	*501 395 051*	*357 316 000*	*503 395 051*	*561 316 000*	*503 395 051*	*561 316 000*	*503 395 051*	*355 214 052*	*-1,40%*	*-11,46%*
	22 – Élargissement	*1 004 491 810*	*819 605 317*	*983 112 945*	*885 301 924*	*975 875 645*	*775 620 624*	*983 112 945*	*885 301 924*	*983 112 945*	*885 301 924*	*983 112 945*	*769 378 807*	*-2,13%*	*-6,13%*

32 – Énergie	*2 724 787*	*2 600 970*	*3 159 716*	*3 159 716*	*3 159 716*	*2 659 716*	*3 159 716*	*2 659 716*	*3 159 716*	*2 659 716*	*3 159 716*	*2 628 914*	*+15,96%*	*+1,07%*
Instrument européen de voisinage et de partenariat (IEVP)	2 321 368 576	1 327 964 311	2 367 782 527	1 471 614 454	2 320 782 527	1 289 688 104	2 467 782 527	471 614 454	2 467 782 527	1 471 614 454	2 467 782 527	1 285 300 321	+6,31%	-3,21%
Instrument de coopération au développement (ICD)	2 584 156 944	2 012 736 110	2 618 879 755	2 041 718 457	2 567 379 755	1 890 308 037	2 640 379 755	2 050 318 457	2 640 379 755	2 050 318 457	2 640 379 755	1 878 518 161	+2,18%	-8,04%
07 – Environ-nement et action pour le climat	*–*	*238 640*	*–*	*p.m.*	*–*	*p.m.*	*–*	*p.m.*	*–*	*p.m.*	*–*	*p.m.*		*-100,00%*
19 – Relations extérieures	*1 359 304 500*	*1 054 470 800*	*1 333 734 715*	*997 980 196*	*1 328 234 715*	*965 069 776*	*1 350 734 715*	*1 004 780 196*	*1 350 734 715*	*1 004 780 196*	*1 350 734 715*	*955 549 824*	*-0,63%*	*-9,38%*
21 – Développe-ment et relations avec les États d'Afrique, des Caraïbes et du Pacifique (ACP)	*1 224 852 444*	*988 026 670*	*1 285 145 040*	*1 043 738 261*	*1 239 145 040*	*925 238 261*	*1 289 645 040*	*1 045 538 261*	*1 289 645 040*	*1 045 538 261*	*1 289 645 040*	*922 968 337*	*+5,29%*	*-6,58%*
32 – Énergie	*–*	*p.m.*	*–*	*p.m.*	*–*	*p.m.*	*–*	*p.m.*	*–*	*p.m.*	*–*	*p.m.*		
Instrument pour les pays industrialisés (19 – Relations extérieures)	24 121 000	19 954 828	24 500 000	19 100 000	23 450 000	18 550 000	23 500 000	18 600 000	23 500 000	18 600 000	23 500 000	18 385 754	-2,57%	-7,86%
Instrument pour les pays industrialisés (IPI+)	30 500 000	8 361 937	48 500 000	17 500 000	36 400 000	7 450 000	47 900 000	16 950 000	47 900 000	16 950 000	47 900 000	7 363 722	+57,05%	-11,94%
19 – Relations extérieures	*28 500 000*	*7 407 378*	*45 500 000*	*16 000 000*	*34 000 000*	*6 500 000*	*45 500 000*	*16 000 000*	*45 500 000*	*16 000 000*	*45 500 000*	*6 424 724*	*+59,65%*	*-13,27%*
21 – Développe-ment et relations avec les États d'Afrique, des Caraïbes et du Pacifique (ACP)	*2 000 000*	*954 559*	*3 000 000*	*1 500 000*	*2 400 000*	*950 000*	*2 400 000*	*950 000*	*2 400 000*	*950 000*	*2 400 000*	*938 998*	*+20,00%*	*-1,63%*
Démocratie et droits de l'homme (19 – Relations extérieures)	176 125 000	150 008 116	175 567 000	139 981 000	173 067 000	129 481 000	177 067 000	140 581 000	177 067 000	140 581 000	177 067 000	130 085 504	+0,53%	-13,28%
Instrument relatif à la coopération en matière de sûreté nucléaire (19 – Relations extérieures)	77 330 000	66 184 313	78 876 000	70 805 000	78 476 000	65 905 000	78 876 000	66 305 000	78 876 000	66 305 000	78 876 000	65 553 343	+2,00%	-0,95%
Instrument de stabilité (19 – Relations extérieures)	309 278 000	200 392 185	330 417 000	216 100 000	312 417 000	161 736 770	325 417 000	216 100 000	325 417 000	216 100 000	325 417 000	162 934 359	+5,22%	-18,69%
Aide humanitaire (23 – Aide humanitaire)	848 978 500	832 774 986	865 257 000	828 151 000	860 257 000	787 251 000	865 257 000	828 151 000	865 257 000	828 151 000	865 257 000	781 210 372	+1,92%	-6,19%
Assistance macrofinancière (01 – Affaires économiques et financières)	95 550 000	60 050 000	100 000 000	97 000 000	94 550 000	57 000 000	94 550 000	57 000 000	94 550 000	57 000 000	94 550 000	56 339 890	-1,05%	-6,18%
Politique étrangère et de sécurité commune (PESC) (19 – Relations extérieures)	362 964 000	302 777 340	396 332 000	320 500 000	396 082 000	320 250 000	396 332 000	320 500 000	396 332 000	320 500 000	396 332 000	316 794 119	+9,19%	+4,63%
Garanties de l'UE aux prêts (01 – Affaires économiques et financières)	260 170 000	260 170 000	155 660 000	155 660 000	155 660 000	155 660 000	155 660 000	155 660 000	155 660 000	155 660 000	155 660 000	155 660 000	-40,17%	-40,17%
Réserve pour aides d'urgence (40 – Réserves)	**258 937 000**	**90 000 000**	**264 115 000**	**110 000 000**	**264 115 000**	**p.m.**	**264 115 000**	**110 000 000**	**264 115 000**	**110 000 000**	**264 115 000**	**80 000 000**	**+2,00%**	**-11,11%**
Autres actions et programmes	168 328 000	246 295 890	157 738 140	169 389 000	156 863 140	152 464 000	162 738 140	167 539 000	162 738 140	166 539 000	162 738 140	151 920 368	-3,32%	-38,32%
01 – Affaires économiques et financières	*p.m.*	*p.m.*	*p.m.*	*p.m.*	*p.m.*	*p.m.*	*p.m.*	*p.m.*	*p.m.*	*p.m.*	*p.m.*	*p.m.*		
05 – Agriculture et développement rural	*6 360 000*	*5 780 674*	*6 629 000*	*6 629 000*	*6 629 000*	*5 129 000*	*6 629 000*	*6 629 000*	*6 629 000*	*6 629 000*	*6 629 000*	*5 069 602*	*+4,23%*	*-12,30%*
07 – Environne-ment et action pour le climat	*4 350 000*	*4 784 697*	*3 500 000*	*4 150 000*	*3 450 000*	*3 400 000*	*3 500 000*	*4 150 000*	*3 500 000*	*4 150 000*	*3 500 000*	*3 421 048*	*-19,54%*	*-28,50%*
13 – Politique régionale	*p.m.*	*p.m.*	*p.m.*	*p.m.*	*p.m.*	*p.m.*	*p.m.*	*p.m.*	*p.m.*	*p.m.*	*p.m.*	*p.m.*		
14 – Fiscalité et union douanière	*1 300 000*	*1 909 118*	*1 250 000*	*1 650 000*	*1 250 000*	*1 600 000*	*1 250 000*	*1 600 000*	*1 250 000*	*1 600 000*	*1 250 000*	*1 581 471*	*-3,85%*	*-17,16%*
15 – Éducation et culture	*9 680 000*	*8 316 472*	*1 367 000*	*3 943 000*	*1 342 000*	*3 518 000*	*1 367 000*	*3 943 000*	*1 367 000*	*3 943 000*	*1 367 000*	*3 505 941*	*-85,88%*	*-57,84%*
17 – Santé et protection des consommateurs	*450 000*	*429 552*	*468 000*	*468 000*	*468 000*	*468 000*	*468 000*	*468 000*	*468 000*	*468 000*	*468 000*	*462 580*	*+4,00%*	*+7,69%*
19 – Relations extérieures	*34 479 000*	*46 285 779*	*33 397 000*	*42 529 000*	*33 397 000*	*41 679 000*	*33 397 000*	*42 529 000*	*33 397 000*	*42 529 000*	*33 397 000*	*41 392 535*	*-3,14%*	*-10,57%*
20 – Commerce	*11 555 000*	*8 925 576*	*13 930 000*	*11 930 000*	*13 780 000*	*8 580 000*	*13 930 000*	*11 930 000*	*13 930 000*	*11 930 000*	*13 930 000*	*8 633 879*	*+20,55%*	*-3,27%*

	21 – Développe-ment et relations avec les États d'Afrique, des Caraïbes et du Pacifique (ACP)	*56 021 000*	*107 238 859*	*55 068 140*	*67 986 000*	*54 918 140*	*60 386 000*	*58 068 140*	*65 986 000*	*58 068 140*	*64 986 000*	*58 068 140*	*61 411 538*	*+3,65%*	*-42,73%*
	22 – Élargissement	*37 133 000*	*55 806 927*	*34 129 000*	*22 904 000*	*34 129 000*	*20 904 000*	*37 129 000*	*24 104 000*	*37 129 000*	*24 104 000*	*37 129 000*	*20 685 781*	*-0,01%*	*-62,93%*
	23 – Aide humanitaire	*7 000 000*	*6 818 236*	*8 000 000*	*7 200 000*	*7 500 000*	*6 800 000*	*7 000 000*	*6 200 000*	*7 000 000*	*6 200 000*	*7 000 000*	*5 755 993*	*0,00%*	*-15,58%*
	40 – Réserves	*p.m.*	*p.m.*	*p.m.*	*p.m.*	*p.m.*	*p.m.*	*p.m.*	*p.m.*	*p.m.*	*p.m.*	*p.m.*	*p.m.*		
	Agences décentralisées	20 044 530	20 044 530	20 026 500	20 526 500	19 815 685	20 315 685	20 026 500	20 526 500	20 026 500	20 526 500	20 026 500	20 526 500	-0,09%	+2,40%
5	***ADMINISTRATION***	**8 279 641 996**	**8 277 736 996**	**8 544 418 496**	**8 545 518 496**	**8 398 233 899**	**8 399 333 899**	**8 506 866 568**	**8 507 416 568**	**8 506 866 568**	**8 506 541 568**	**8 430 690 740**	**8 430 365 740**	**+1,82%**	**+1,84%**
	Marge			*636 581 504*		*782 766 101*		*674 133 432*		*674 133 432*		*750 309 260*			
	Section III - Commission	4 815 905 175	4 813 900 175	4 966 215 562	4 967 315 562	4 891 359 584	4 892 459 584	4 967 365 562	4 967 915 562	4 967 365 562	4 967 040 562	4 903 441 574	4 903 116 574	+1,82%	+1,85%
	Commission (à l'exclusion des pensions)	3 324 165 308	3 322 160 308	3 372 428 986	3 373 528 986	3 323 155 501	3 324 255 501	3 373 578 986	3 374 128 986	3 373 578 986	3 373 253 986	3 335 237 491	3 334 912 491	+0,33%	+0,38%
	Commission (hors offices)	3 024 610 808	3 022 605 808	3 067 723 986	3 068 823 986	3 024 196 151	3 025 296 151	3 068 873 986	3 069 423 986	3 068 873 986	3 068 548 986	3 033 404 491	3 033 079 491	+0,29%	+0,35%
	Annexe 2 - Office des publications	83 077 750	83 077 750	85 234 000	85 234 000	83 077 729	83 077 729	85 234 000	85 234 000	85 234 000	85 234 000	84 274 000	84 274 000	+1,44%	+1,44%
	Annexe 3 - Office européen de lutte antifraude	57 392 000	57 392 000	58 310 000	58 310 000	57 339 039	57 339 039	58 310 000	58 310 000	58 310 000	58 310 000	57 657 000	57 657 000	+0,46%	+0,46%
	Annexe 4 - Office européen de sélection du personnel	28 228 750	28 228 750	28 709 000	28 709 000	28 228 954	28 228 954	28 709 000	28 709 000	28 709 000	28 709 000	28 535 000	28 535 000	+1,08%	+1,08%
	Annexe 5 - Office de gestion et de liquidation des droits individuels	35 879 000	35 879 000	37 000 000	37 000 000	35 878 810	35 878 810	37 000 000	37 000 000	37 000 000	37 000 000	36 721 000	36 721 000	+2,35%	+2,35%
	Annexe 6 - Office pour les infrastructures et la logistique – Bruxelles	69 711 000	69 711 000	70 048 000	70 048 000	69 353 698	69 353 698	70 048 000	70 048 000	70 048 000	70 048 000	69 455 000	69 455 000	-0,37%	-0,37%
	Annexe 7 - Office pour les infrastructures et la logistique – Luxembourg	25 266 000	25 266 000	25 404 000	25 404 000	25 081 120	25 081 120	25 404 000	25 404 000	25 404 000	25 404 000	25 191 000	25 191 000	-0,30%	-0,30%
	Pensions (toutes institutions)	1 322 513 857	1 322 513 857	1 413 057 000	1 413 057 000	1 389 802 000	1 389 802 000	1 413 057 000	1 413 057 000	1 413 057 000	1 413 057 000	1 389 802 000	1 389 802 000	+5,09%	+5,09%
	Écoles européennes	169 226 010	169 226 010	180 729 576	180 729 576	178 402 083	178 402 083	180 729 576	180 729 576	180 729 576	180 729 576	178 402 083	178 402 083	+5,42%	+5,42%
	Autres institutions (à l'exclusion des pensions)	3 463 736 821	3 463 836 821	3 578 202 934	3 578 202 934	3 506 874 315	3 506 874 315	3 539 501 006	3 539 501 006	3 539 501 006	3 539 501 006	3 527 249 166	3 527 249 166	+1,83%	+1,83%
	Section I - Parlement européen	1 717 868 121	1 717 868 121	1 759 391 671	1 759 391 671	1 759 391 671	1 759 391 671	1 750 463 939	1 750 463 939	1 750 463 939	1 750 463 939	1 750 463 939	1 750 463 939	+1,90%	+1,90%
	Section II - Conseil européen et Conseil	533 920 000	533 920 000	540 511 300	540 511 300	535 511 300	535 511 300	535 511 300	535 511 300	535 511 300	535 511 300	535 511 300	535 511 300	+0,30%	+0,30%
	Section IV - Cour de justice	348 335 000	348 335 000	377 526 000	377 526 000	348 335 000	348 335 000	358 958 000	358 958 000	358 958 000	358 958 000	354 880 000	354 880 000	+1,88%	+1,88%
	Section V - Cour des comptes	142 476 614	142 476 614	144 709 250	144 709 250	142 475 380	142 475 380	144 691 659	144 691 659	144 691 659	144 691 659	142 760 618	142 760 618	+0,20%	+0,20%
	Section VI - Comité économique et social européen	128 816 588	128 816 588	132 724 731	132 724 731	128 816 588	128 816 588	131 263 817	131 263 817	131 263 817	131 263 817	130 104 400	130 104 400	+1,00%	+1,00%
	Section VII - Comité des régions	86 503 483	86 503 483	89 049 193	89 049 193	86 503 483	86 503 483	88 148 502	88 148 502	88 148 502	88 148 502	87 373 636	87 373 636	+1,01%	+1,01%
	Section VIII - Médiateur européen	9 516 500	9 516 500	9 887 000	9 887 000	9 516 371	9 516 371	9 849 000	9 849 000	9 849 000	9 849 000	9 731 371	9 731 371	+2,26%	+2,26%
	Section IX - Contrôleur européen de la protection des données	7 624 090	7 624 090	7 768 219	7 768 219	7 624 052	7 624 052	7 768 219	7 768 219	7 768 219	7 768 219	7 661 409	7 661 409	+0,49%	+0,49%
	Section X - Service européen pour l'action extérieure	488 676 425	488 776 425	516 635 570	516 635 570	488 700 470	488 700 470	512 846 570	512 846 570	512 846 570	512 846 570	508 762 493	508 762 493	+4,11%	+4,09%
6	***COMPENSATIONS***	**p.m.**	**p.m.**	**p.m.**	**p.m.**	**p.m.**	**p.m.**	**p.m.**	**p.m.**	**p.m.**	**p.m.**	**p.m.**	**p.m.**		
	Compensations	p.m.	p.m.	p.m.	p.m.	p.m.	p.m.	p.m.	p.m.	p.m.	p.m.	p.m.	p.m.		
	TOTAL GÉNÉRAL	**148 428 252 531**	**135 758 235 307**	**150 931 736 706**	**137 924 431 213**	**149 776 772 393**	**132 695 474 598**	**151 151 836 932**	**137 898 150 740**	**151 058 580 778**	**137 797 579 285**	**150 898 391 104**	**132 836 987 855**	**+1,66%**	**-2,15%**
	Marge			*2 420 378 294*	*6 182 568 787*	*3 575 342 607*	*11 301 525 402*	*2 200 278 068*	*6 208 849 260*	*2 293 534 222*	*6 309 420 715*	*2 453 723 896*	*11 240 012 145*		
	Crédits en % du RNB	**1,15%**	**1,05%**	**1,13%**	**1,03%**	**1,12%**	**0,99%**	**1,13%**	**1,03%**	**1,13%**	**1,03%**	**1,13%**	**0,99%**		

LES MOBILISATIONS DU FONDS EUROPÉEN D'AJUSTEMENT À LA MONDIALISATION EN 2012

Le Fonds européen d'ajustement à la mondialisation (FEM) a été mobilisé vingt fois en 2012, pour un montant total de 74,3 millions d'euros en crédits d'engagement et de paiement.

Ces mobilisations peuvent être résumées comme suit :

- la première mobilisation, pour un montant de 1,6 million d'euros, est intervenue le 19 avril 2012 après 1 138 licenciements survenus dans 513 entreprises opérant dans le secteur de la construction de bâtiments dans la *Comunidad Valenciana* en Espagne[1] ;

- la deuxième mobilisation, pour un montant de 1,6 million d'euros, est intervenue le 13 juin 2012 après 876 licenciements intervenus 146 entreprises opérant dans le secteur de l'industrie du cuir et de la chaussure dans la *Comunidad Valenciana* en Espagne[2] ;

- la troisième mobilisation, pour un montant de 0,7 million d'euros, est intervenue le 4 juillet 2012[3]. Elle est destinée à financer l'assistance technique, conformément à l'article 8 du règlement établissant le FEM[4] ;

- la quatrième mobilisation, pour un montant de 1,3 million d'euros, est intervenue le 12 septembre 2012 après 836 licenciements intervenus dans 377 entreprises opérant dans le secteur de la construction des bâtiments dans la région de Aragón en Espagne[5] ;

- la cinquième mobilisation, pour un montant de 6,5 millions d'euros, est intervenue le 12 septembre 2012 après 509 licenciements survenus dans l'entreprise Odense Steel Shipyard ayant opéré dans le secteur de la construction navale au Danemark[6] ;

- la sixième mobilisation, pour un montant de 11,9 millions d'euros, est intervenue le 25 octobre 2012 après 649 licenciements survenus au sein de deux filiales du groupe PSA Peugeot Citroën (Peugeot Citroën Automobiles et Sevelnord) en France[7] ;

- la septième mobilisation, pour un montant de 2,9 millions d'euros, est intervenue le 25 octobre 2012 après 516 licenciements survenus dans 54 entreprises opérant dans le secteur de la construction aux Pays-Bas[8] ;

- la huitième mobilisation, pour un montant de 4,3 millions d'euros, est intervenue le 25 octobre 2012 après 987 licenciements dans l'entreprise AstraZeneca opérant dans le secteur pharmaceutique en Suède[9] ;

[1] JO L 130 du 17.5.2012, p. 21.
[2] JO L 174 du 4.7.2012, p. 23.
[3] JO L 192 du 20.7.2012, p. 11. La Commission avait proposé 1,1 million d'euros (doc. *COM(2012) 160 final* du 4.4.2012).
[4] JO L 167 du 29.6.2009, p. 28.
[5] JO L 269 du 4.10.2012, p. 7.
[6] *Ibid.*, p. 8. Il s'agit de la seconde mobilisation du FEM pour la même entreprise (voir première partie, page 106).
[7] JO L 307 du 7.11.2012, p. 74.
[8] *Ibid.*, p. 75.
[9] *Ibid.*, p. 76.

- la neuvième mobilisation pour un montant de 2 millions d'euros, est intervenue le 25 octobre 2012 après 878 licenciements intervenus dans 35 entreprises opérant dans le secteur de la construction navale en Galicie en Espagne[10] ;

- la dixième mobilisation, pour un montant de 1,5 million d'euros, est intervenue le 25 octobre 2012 après 616 licenciements intervenus dans l'entreprise Zalco Aluminium Zeeland Company NV et deux de ses fournisseurs opérant sans le secteur de la fabrication d'aluminium aux Pays-Bas[11] ;

- la onzième mobilisation, pour un montant de 2,7 millions d'euros, est intervenue le 25 octobre 2012 après 592 licenciements survenus dans l'entreprise Talk Talk Broadband Services (Ireland) Ltd et trois de ses fournisseurs en Irlande[12] ;

- la douzième mobilisation, pour un montant de 7,5 millions d'euros, est intervenue le 21 novembre 2012 après 720 licenciements survenus dans le Groupe Vestas construisant des éoliennes au Danemark[13] ;

- la treizième mobilisation, pour un montant de 5,4 millions d'euros, est intervenue le 21 novembre 2012 après 2 284 licenciements survenus dans l'entreprise manroland AG et dans deux de ses filiales et un de ses fournisseurs fabriquant des machines d'imprimerie en Allemagne[14] ;

- la quatorzième mobilisation, pour un montant de 5,3 millions d'euros, est intervenue le 12 décembre 2012 après 1 050 licenciements intervenus dans 105 entreprises opérant dans le secteur des services sociaux mobiles[15] dans la région de Styrie en Autriche[16] ;

- la quinzième mobilisation, pour un montant de 1,4 million d'euros, est intervenue le 12 décembre 2012 après 216 licenciements survenus dans l'entreprise Flextronics International Denmark A/S fabricant des composantes électroniques au Danemark[17] ;

- la seizième mobilisation, pour un montant de 2,9 millions d'euros, est intervenue le 12 décembre 2012 après 1 904 licenciements dans le secteur de la téléphonie mobile, dont 1 809 chez SC Nokia Romania SLR et 95 chez un de ses fournisseur (SC Eurest SRL) en Roumanie[18] ;

- la dix-septième mobilisation, pour un montant de 1,3 million d'euros, est intervenue le 12 décembre 2012 après 1 106 licenciements intervenus dans 423 entreprises fabriquant des produits métalliques dans le pays basque en Espagne[19] ;

- la dix-huitième mobilisation, pour un montant de 2,7 millions d'euros, est intervenue le 12 décembre 2012 après 512 licenciements dans dix entreprises produisant des motocycles en Emilie-Romagne en Italie[20] ;

---

[10] *Ibid.*, p. 77.
[11] *Ibid.*, p. 78.
[12] *Ibid.*, p. 79.
[13] JO L 328 du 28.11.2012, p. 19.
[14] *Ibid.*, p. 20.
[15] Il s'agit plus spécialement de prestations de services sociaux mobiles en faveur des personnes handicapées et de service mobile d'aide aux jeunes.
[16] JO L 8 du 12.1.2013, p. 12.
[17] *Ibid.*, p. 13.
[18] *Ibid.*, p. 14.
[19] *Ibid.*, p. 15.
[20] *Ibid.*, p. 16.

- la dix-neuvième mobilisation, pour un montant de 5,5 millions d'euros, est intervenue le 12 décembre 2012 après 3 239 licenciements intervenus chez Saab Automobile AB et sa filiale Saab Automobile Powertrain en Suède[21], et

- la vingtième mobilisation, pour un montant de 5,3 millions d'euros, est intervenue le 12 décembre 2012 suite à 1 000 licenciements intervenus pour la plupart dans l'entreprise Nokia opérant dans la téléphonie mobile à Salo, en Finlande[22].

Les *crédits d'engagement* proviennent lors de toutes les mobilisations du FEM de l'article *40 02 43* (*Réserve pour le Fonds européen d'ajustement à la mondialisation*).

Les *crédits de paiement* proviennent :

- de l'article *04 05 01*[23] (*Fonds européen d'ajustement à la mondialisation*), pour un montant total de 67,7 millions d'euros, et

- de l'article *04 04 15* (*Instrument européen de microfinancement Progress*) totalement ou en partie lors de deux mobilisations[24], pour un montant de 6,6 millions d'euros.

---

[21] *Ibid.*, p. 17.

[22] *Ibid.*, p. 18.

[23] L'autorité budgétaire a inscrit à l'article *04 05 01* du budget de l'Union pour 2012 un montant de 50 millions d'euros en crédits de paiement. Ce montant a été augmenté de 17,7 millions d'euros par le biais du budget rectificatif n° 6/2012, adopté le 12 décembre 2012 (voir page 138).

[24] Il s'agit de la dix-huitième mobilisation (en faveur des producteurs de motocycles en Emilie-Romagne en Italie, pour un montant de 1,2 million d'euros) et de la dix-neuvième mobilisation (en faveur de Saab Automobile AB et sa filiale Saab Automobile Powertrain en Suède, pour un montant de 5,4 millions d'euros).

DÉCLARATION COMMUNE, DU 26 MARS 2012, SUR LES DATES DE LA PROCÉDURE BUDGÉTAIRE ET LES MODALITÉS DE FONCTIONNEMENT DU COMITÉ DE CONCILIATION EN 2012[1]

"Le Parlement européen, le Conseil et la Commission rappellent leur déclaration commune du 30 novembre 2009 sur les mesures transitoires définissant le calendrier de la procédure budgétaire pour 2011 et prévoyant que les futures procédures budgétaires se dérouleraient selon un calendrier similaire sauf s'il en est convenu autrement. Le calendrier devrait être mis à jour en conséquence pour la procédure budgétaire en 2013.

A. À cet égard, ils fixent les dates pivots ci-après pour 2012 :

1. un trilogue sera convoqué le 9 juillet (matin) avant l'adoption de la position du Conseil ;

2. le Conseil achèvera sa lecture du projet de budget avant la semaine 30 (fin juillet) au plus tard ;

3. la commission des budgets du Parlement européen votera sur les amendements à la position du Conseil avant la fin de la semaine 41 (début octobre) au plus tard ;

4. un trilogue sera convoqué dans l'après-midi du 17 octobre avant la lecture par le Parlement européen ;

5. le Parlement européen votera en séance plénière dans le cadre de la lecture du projet de budget pendant la semaine 43 ;

6. la période de conciliation débutera le 24 octobre. Si nécessaire, en accord avec les dispositions de l'article 314, paragraphe 4, point c), du TFUE, la conciliation prendra fin le 13 novembre 2012 (inclus) ;

7. le comité de conciliation se réunira l'après-midi du 26 octobre dans les locaux du Parlement européen et le 9 novembre dans ceux du Conseil ; les réunions du comité de conciliation seront préparées par des trilogues organisés le 31 octobre au matin*[*]* et le 7 novembre au matin, d'autres trilogues pouvant être convoqués pendant les 21 jours que dure la période de conciliation.

B. Ils fixent les modalités du fonctionnement du comité de conciliation, qui figurent en annexe.

Annexe

Modalités de fonctionnement du comité de conciliation en 2012

1. Si le Parlement européen vote des amendements à la position du Conseil, le président du Conseil prendra note, au cours de la même séance plénière, des différences entre les positions des deux institutions et donnera au président du Parlement européen son accord pour une convocation immédiate du comité de conciliation. La lettre de convocation du comité de conciliation sera envoyée le jour du vote en séance plénière et la période de conciliation commencera le jour suivant. Le délai de 21 jours est calculé en application du règlement (CEE, Euratom) n° 1182/71 portant détermination des règles applicables aux délais, aux dates et aux termes.

---

[1] Doc. *Conseil 8230/12 FIN 230 INST 246* du 28 mars 2012, pp. 2/6.
[*] Ce trilogue n'aura finalement pas lieu *(voir page 174).*

2. Si le Conseil ne peut accepter tous les amendements votés par le Parlement européen, il confirmera sa position par une lettre envoyée avant la date prévue pour la première réunion du comité de conciliation (voir point A.7). Dans ce cas, le comité de conciliation se déroulera dans les conditions énoncées aux points suivants.

3. Une série commune de documents (documents de départ) comparant les différentes étapes de la procédure budgétaire sera mise à la disposition du comité de conciliation[1]. Elle comprendra des montants "ligne par ligne"[2], des totaux par rubrique du cadre financier et un document comparatif contenant à la fois les montants ainsi que les observations budgétaires et les amendements ligne par ligne relatifs à toutes les lignes budgétaires réputées techniquement "ouvertes". Ces documents seront classés selon la nomenclature budgétaire.

D'autres documents seront également annexés aux documents de départ destinés au comité de conciliation[3].

4. En vue de parvenir à un accord avant la fin de la période de conciliation, les trilogues :

- définiront la portée des négociations des questions budgétaires à aborder ;

- examineront les questions en suspens recensées au titre du tiret précédent en vue de parvenir à un accord destiné à être approuvé par le comité de conciliation ;

- aborderont des questions thématiques, notamment par rubrique du cadre financier pluriannuel.

Des conclusions provisoires seront établies conjointement au cours de chaque trilogue ou immédiatement après, en même temps que l'ordre du jour de la réunion suivante. Ces conclusions seront consignées par l'institution accueillant le trilogue et seront censées avoir été provisoirement approuvées au bout de 24 heures, sans préjudice de la décision finale du comité de conciliation.

5. Les conclusions des trilogues et d'un document indiquant les lignes budgétaires pour lesquelles un accord sera provisoirement intervenu lors des trilogues seront disponibles lors des réunions du comité de conciliation, en vue de leur éventuelle approbation.

6. Le projet commun prévu à l'article 314, paragraphe 5, du TFUE est élaboré par les Secrétariats du Parlement européen et du Conseil avec l'aide de la Commission. Il consistera en une note de transmission adressée au président du Parlement européen et au président du Conseil contenant la date de l'accord au sein du comité de conciliation et des annexes qui comprendront :

---

[1] Ces étapes sont les suivantes : le budget 2012 (y compris les budgets rectificatifs adoptés) ; le projet de budget initial ; la position du Conseil sur le projet de budget ; les amendements du Parlement européen à la position du Conseil et les lettres rectificatives présentées par la Commission. À des fins de comparaison, le projet de budget initial ne comprendra que les lettres rectificatives examinées lors des lectures tant du Conseil que du Parlement européen.

[2] Les lignes techniquement closes seront mises en évidence dans les documents de départ. On entend par "ligne budgétaire techniquement close" une ligne pour laquelle il n'existe aucun désaccord entre le Parlement européen et le Conseil et qui n'a fait l'objet d'aucune lettre rectificative, sans préjudice de la décision finale du comité de conciliation.

[3] À savoir : une lettre sur les possibilités d'exécution établie par la Commission concernant la position du Conseil et les amendements du Parlement européen ; une lettre rectificative pour l'agriculture (et, si nécessaire, pour d'autres domaines) ; éventuellement, la note du système d'alerte pour les prévisions budgétaires établie en automne par la Commission et plusieurs lettres éventuelles émanant d'autres institutions concernant la position du Conseil et les amendements du Parlement européen.

- les montants ligne par ligne pour tous les postes du budget[4] et des montants récapitulatifs par rubrique du cadre financier ;

- un document consolidé indiquant les montants et le texte final des modifications apportées au projet de budget[5] ou à la position du Conseil.

Le comité de conciliation peut aussi approuver des conclusions et d'éventuelles déclarations communes relatives au budget 2013.

7. Le projet commun sera traduit dans toutes les langues (par les services du Parlement européen) et sera soumis à l'approbation des deux branches de l'autorité budgétaire dans les 14 jours suivant la date de l'accord sur le projet commun en application du point 6 ci-dessus.

Le budget fera l'objet d'une mise au point par les juristes-linguistes après l'adoption du projet commun, en intégrant les annexes du projet commun et les lignes budgétaires n'ayant pas été modifiées au cours du processus de conciliation.

8. L'institution accueillant le trilogue ou la réunion du comité de conciliation fournira l'interprétation avec un régime linguistique intégral pour les réunions du comité de conciliation et un régime linguistique approprié pour les trilogues.

L'institution accueillant la réunion assurera la reproduction et la diffusion des documents de séance.

Les services des trois institutions coopéreront pour la transcription des résultats des négociations en vue de la mise au point du projet commun."

---

[4] Les lignes n'ayant pas été modifiées par rapport au projet de budget ou à la position du Conseil seront mises en évidence.

[5] Y compris les lettres rectificatives examinées lors des lectures tant du Conseil que du Parlement européen.

NOTE INFORMELLE DU PARLEMENT EUROPÉEN, DU 17 OCTOBRE 2012, CONCERNANT UNE CERTIFICATION ÉVENTUELLE PAR LES ÉTATS MEMBRES DE LEURS DEMANDES DE PAIEMENTS

Budgetary Trilogue - 17 October 2012

Non-paper on the possible certification by Member States of their payment claims estimates
(submitted by the European Parliament delegation)

This non-paper aims at providing background information on the following extract from the resolution accompanying European Parliament's reading on 2013 budget:

"*Asks Member States to ensure that the estimates they are sending to the Commission – and on which the Commission is establishing its proposal on payments – are verified and certified at the appropriate political level in each Member State;*"

While feeding the interinstitutional budgetary procedure in several occasions and for all actors, national estimates for payment claims in the field of Cohesion and other areas under shared management appear not be taken into consideration with the same care by all three actors of the budgetary procedure. Surprisingly enough, Council is the institution most strongly departing from those estimates during the procedure, submitted twice a year by Member States.

This discrepancy, stemming from the double role of the latter as both budget beneficiary and contributor in times of fiscal consolidation, concretely materialises in cuts to DB figures in payments – themselves already much lower than Member States' own estimates – and tense budgetary negotiations between institutions. It is at the origin of the current shortage of payments which severely affects a number of programmes, in particular those on which the Growth and Jobs Compact adopted by the European Council of 29 June 2012 relies heavily.

Moreover, during the 26 September 2012 interinstitutional meeting on payments, it became clear that the level and reliability of national estimates vary widely depending on the Member States and the timing of their issuance. From April to September, they can be revised by national authorities from 15 % up to 40 %.

To address the discrepancy between decentralised estimates and the budgetary allocations agreed upon by Finance Ministers, in particular in the field of Cohesion policy, both need to be reconciled through their issuance or validation via the same circuits.

It is thus proposed that national authorities be required to certify, publicly and at appropriate political level, their own estimates for payment claims, for the current year and the year to come. With such common basis, the institutions could address the odd situation where, during each budgetary procedure, Ministers seek to – and until recently succeeded in reducing the reimbursements to be made to their Member States while MEPs struggled to honour Member States' payments requests.

This would also make it possible for the budgetary authority to focus on real political and budgetary issues instead of creating artificial interinstitutional conflicts from purely technical matters, such as the need to meet previous commitments in line with programmes' implementation pace, which merely relate to budgetary, administrative and cash management.

LES DÉCLARATIONS COMMUNES ADOPTÉES DANS LE CADRE DE L'ACCORD GLOBAL SUR LE BUDGET DE L'UNION POUR 2013 ET LE BUDGET RECTIFICATIF No 6/2012[1]

1. Crédits de paiement pour 2013

"Compte tenu des efforts d'assainissement budgétaire actuellement consentis par les États membres, le Parlement européen et le Conseil, prenant acte du niveau des paiements proposé par la Commission pour 2013, approuvent la réduction du niveau des crédits de paiement pour 2013 par rapport au projet de budget de la Commission. Ils demandent à la Commission d'engager toute action nécessaire conformément au traité et, en particulier, de demander des crédits de paiement supplémentaires dans un budget rectificatif si les crédits inscrits dans le budget pour 2013 se révèlent insuffisants pour couvrir les dépenses relevant de la sous-rubrique *1a* (*Compétitivité pour la croissance et l'emploi*), de la sous-rubrique *1b* (*Cohésion pour la croissance et l'emploi*), de la rubrique *2* (*Conservation et gestion des ressources naturelles*), de la rubrique *3* (*Citoyenneté, liberté, sécurité et justice*) et de la rubrique *4* (*L'UE acteur mondial*).

En outre, le Parlement européen et le Conseil demandent instamment à la Commission de présenter, d'ici la mi-octobre 2013 au plus tard, les derniers chiffres actualisés concernant la situation et les estimations relatives aux crédits de paiement relevant de la sous-rubrique *1b* et à ceux affectés au développement rural dans le cadre de la rubrique *2*, et, si nécessaire, de présenter un projet de budget rectificatif. Le Parlement européen et le Conseil sont conscients qu'un projet de budget rectificatif peut éventuellement être demandé dès la mi-2013. Afin de faciliter l'adoption de la décision sur le niveau des crédits de paiement dans le cadre de la procédure budgétaire annuelle, les trois institutions acceptent d'étudier des moyens qui permettent de mieux concilier, dans le cadre d'une gestion partagée, les estimations relatives aux crédits de paiement avec les besoins correspondants.

Le Parlement européen et le Conseil prendront position sur un éventuel projet de budget rectificatif dans les plus brefs délais afin d'éviter toute insuffisance dans les crédits de paiement. En outre, ils s'engagent à traiter sans retard tout virement éventuel de crédits de paiement, y compris entre les rubriques du cadre financier, afin de tirer le meilleur parti possible des crédits de paiement inscrits au budget et de les adapter en fonction de l'exécution effective et des besoins.

Conformément au point 18 de l'accord interinstitutionnel sur la discipline budgétaire et la bonne gestion financière, le Parlement européen et le Conseil rappellent qu'il est nécessaire d'assurer, compte tenu des conditions d'exécution, une évolution ordonnée du montant total des crédits de paiement par rapport aux crédits d'engagement, de manière à éviter toute évolution anormale des engagements restant à liquider ("RAL").

Le Parlement européen, le Conseil et la Commission suivront activement l'exécution du budget pour 2013 tout au long de l'année, en mettant l'accent sur l'exécution des paiements, les demandes de remboursement reçues et les prévisions révisées, sur la base d'informations détaillées communiquées par la Commission.

En tout état de cause, le Parlement européen, le Conseil et la Commission rappellent qu'il leur incombe conjointement, conformément aux dispositions de l'article 323 du TFUE, de "*veille*[r] *à la disponibilité des moyens financiers permettant à l'Union de remplir ses obligations juridiques à l'égard des tiers*"".

---

[1] Doc. *PE P7_TA(2012)0486* du 12 décembre 2012, pp. 7/8, et *Conseil 17146/2/12 REV 2 FIN 990* du 7 décembre 2012, pp. 8/10.

2. Besoins de paiement pour 2012

"Le Parlement européen et le Conseil notent que le niveau des paiements proposé par la Commission dans son projet de budget pour 2013 se fonde sur l'hypothèse selon laquelle les besoins de paiement pour 2012 auraient été couverts par les crédits ouverts au budget 2012. Toutefois, les crédits de paiement supplémentaires autorisés dans le budget rectificatif n° 6/2012 ont été réduits de 2,9 milliards d'euros par rapport au montant proposé par la Commission, et ils ne couvrent pas l'ensemble des demandes de paiement reçues.

Par conséquent, la Commission s'engage à présenter dans les premiers mois de l'année 2013 un projet de budget rectificatif visant uniquement à couvrir les demandes en suspens pour l'année 2012, dès que les suspensions seront levées, et les autres obligations légales en suspens, sans préjudice de la bonne exécution du budget pour 2013.

Pour veiller à l'élaboration d'un budget de l'UE solide et rigoureux, le Parlement européen et le Conseil prendront position sur ce projet de budget rectificatif dès que possible afin de combler toutes les insuffisances qui subsistent".

3. Rubrique *5* et adaptation des rémunérations et des pensions

"Le Parlement européen et le Conseil conviennent de ne pas tenir compte à ce stade de l'incidence budgétaire de l'adaptation des rémunérations de 2011 dans le budget pour 2013. Sans préjudice de la position du Conseil dans les affaires C-66/12, C-63/12, C-196/12 et C-453/12, ils demandent conjointement à la Commission, si la Cour de justice devait se prononcer en faveur de la Commission et, si tel est le cas, dès qu'elle se sera prononcée, de présenter un projet de budget rectificatif consacré au financement, s'il y a lieu, de l'incidence de l'adaptation 2011 pour les institutions, y compris son effet rétroactif sur les années précédentes et les éventuels intérêts de retard.

Le Parlement européen et le Conseil s'engagent ainsi à approuver un tel projet de budget rectificatif dès que possible et à fournir les crédits supplémentaires nécessaires sans porter atteinte aux priorités politiques".

LES DÉCLARATIONS COMMUNES ADOPTÉES DANS LE CADRE DE L'ACCORD GLOBAL SUR LE BUDGET DE L'UNION POUR 2013 ET SIGNÉES PAR LES PRÉSIDENTS DU PARLEMENT EUROPÉEN, DU CONSEIL ET DE LA COMMISSION

JOINT STATEMENTS OF THE THREE INSTITUTIONS AGREED WITHIN THE CONTEXT ON THE NEGOTIATIONS ON THE 2013 BUDGET
10 December 2012

The President of the European Parliament, the President of the Council of the European Union and the President of the European Commission declare that the three joint statements hereafter were agreed by the three institutions in the framework of the adoption of the 2013 Budget:

Joint statement on payment appropriations for 2013

Taking into account the ongoing fiscal consolidation efforts in Member States, the European Parliament and the Council, taking note of the level of payments proposed by the Commission for 2013, agree on a reduction of the level of payment appropriations for 2013 as compared to the Commission's Draft Budget. They ask the Commission to initiate any necessary action according to the Treaty and, in particular, to request additional payment appropriations in an amending budget if the appropriations entered in the 2013 budget prove insufficient to cover expenditure under sub-heading 1a (Competitiveness for growth and employment), sub-heading 1b (Cohesion for growth and employment), heading 2 (Preservation and management of natural resources), heading 3 (Citizenship, freedom, security and justice) and heading 4 (EU as a global player).

Moreover, the European Parliament and the Council urge the Commission to present by mid-October 2013 at the latest updated figures concerning the state of play and estimates regarding payment appropriations under sub-heading 1b (Cohesion for growth and employment) and rural development under heading 2 Preservation and Management of Natural Resources, and, if necessary, to present a draft amending budget. The Council and the European Parliament are aware that a draft amending budget may possibly be required as early as mid-2013. With a view to facilitate the decision on the level of payments appropriations in the context of the annual budgetary procedure, the three institutions agree to explore how to better match payment appropriations estimates under shared management with the corresponding needs.

The European Parliament and the Council will take position on any draft amending budget as quickly as possible in order to avoid any shortfall in payment appropriations. In addition, the Council and the European Parliament undertake to process swiftly any possible transfer of payment appropriations, including across financial framework headings, in order to make the best possible use of payment appropriations entered in the budget and align them to actual execution and needs.

In accordance with point 18 of the Interinstitutional Agreement on budgetary discipline and sound financial management, the European Parliament and the Council recall the need to ensure, in the light of implementation, an orderly progression of the total appropriations for payments in relation to the appropriations for commitments, so as to avoid any abnormal evolution of outstanding commitments ("RAL").

The European Parliament, the Council and the Commission will actively monitor the state of implementation of the 2013 budget, throughout the year, focussing on payment implementation, reimbursement claims received and revised forecasts, on the basis of detailed information provided by the Commission.

In any event, the European Parliament, the Council and the Commission recall their shared responsibility, as laid down in Article 323 TFEU, that "the European Parliament, the Council and the Commission shall ensure that the financial means are made available to allow the Union to fulfil its legal obligation in respect of third parties".

Joint statement on payment needs for 2012

The European Parliament and the Council note that the level of payments, proposed by the Commission in its 2013 draft budget, was based on the assumption that payment needs in 2012 would have been addressed with appropriations available in the 2012 budget. However, the additional payment appropriations authorised in the Amending Budget 6/2012 were lowered by EUR 2.9 billion with respect to the amount proposed by the Commission, and are not at the level of all payment claims received.

Therefore, the Commission undertakes to present at an early stage in the year 2013 a draft amending budget devoted to the sole purpose of covering the 2012 suspended claims as soon as the suspensions are lifted, and the other pending legal obligations without prejudice to the proper implementation of the 2013 budget.

To ensure sound and accurate EU budgeting, the Council and the European Parliament will take position on this draft amending budget as quickly as possible in order to cover any outstanding gap.

Joint statement on Heading 5 and the salary and pension adjustment

The European Parliament and the Council agree not to include at this stage the budgetary impact of the 2011 salary adjustment in the 2013 Budget. Without prejudice to Council's position in cases c-66/12, c-63/12, c-196/12 and c-453/12, they jointly request the Commission, should the Court rule in favour of the Commission and as soon as it does, to submit a draft amending budget devoted to finance, as needed, the impact of the 2011 adjustment for the institutions, including its retroactive effect on previous years and possible late interest.

The European Parliament and the Council thus commit to approve such draft amending budget as soon as possible and to provide the necessary additional appropriations without jeopardising political priorities.

The above statements are agreed subject to the European Parliament's approval, under Article 314(4)(a) TFEU, of the Council's position of 6 December 2012 on the 2013 Budget.

President of the European Parliament	President of the Council of the European Union	President of the European Commission

---

TROISIÈME PARTIE

LE BUDGET DE L'UNION POUR 2014 – LA PREMIÈRE ANNÉE DU NOUVEAU CADRE FINANCIER PLURIANNUEL POUR 2014-2020

La procédure budgétaire pour 2014 n'est que la deuxième procédure budgétaire de l'Union européenne au cours de laquelle la procédure de conciliation budgétaire introduite par le traité de Lisbonne s'est achevée avec succès[1].

Cette procédure budgétaire a été difficile, avant tout suite au manque de crédits de paiement disponibles afin de pouvoir faire face à toutes les demandes de paiements reçues par la Commission, mais également en raison notamment des incertitudes quant à la date de la conclusion et au contenu de l'accord sur le nouveau cadre financier pluriannuel pour 2014-2020 (ci-après : le "CFP"), suite à l'accord au sein du Conseil européen des 7 et 8 février 2013[2].

En effet, le Parlement européen, le Conseil et la Commission ne sont parvenus – suite à de longues négociations – à un accord sur le règlement du Conseil fixant le CFP[3] *et sur le nouvel accord interinstitutionnel sur la discipline budgétaire, la coopération en matière budgétaire et la bonne gestion financière l'accompagnant*[4] *(ci-après : l'"AII de 2013") qu'à la fin de 2013. Ces incertitudes ont non seulement amené la Commission à retarder la date de la présentation de son projet de budget (PB) pour 2014*[5]*, mais ont également influencé le contenu des négociations budgétaires en 2013.*

Il en va de même pour les procédures d'adoption des projets de budgets rectificatifs (PBR) présentés par la Commission en 2013 : sur les neuf budgets rectificatifs (BR) adoptés, six ont fait l'objet de discussions complexes, le Conseil souhaitant notamment scinder en deux le PBR nº 2/2013 (traitant avant tout de l'augmentation de crédits de paiement en 2013).

Ces BR conduisent à l'adoption en cours d'année de l'augmentation des crédits de paiement la plus importante dans l'histoire financière de l'Union européenne, soit +11,6 milliards d'euros. Ce montant supplémentaire de crédits de paiement a pratiquement épuisé la marge existant sous le plafond pour 2013 des crédits pour paiements.

I. – Introduction

Le budget de l'Union européenne pour l'exercice 2014, arrêté le 20 novembre 2013[6], s'élève à 142 640 millions d'euros en crédits pour engagements (-6,2 % par rapport au budget pour 2013[7]) et à 135 505 millions d'euros en crédits pour paiements

[1] La première fois était en 2011, dans le cadre de la procédure budgétaire pour 2012 (voir première partie, pages 17-97). Au cours des procédures budgétaires pour 2011 et 2013 la Commission a dû présenter, conformément à l'article 314, paragraphe 8 du traité sur le fonctionnement de l'UE (TFUE), suite à des procédures de conciliation infructueuses, un nouveau projet de budget (voir Tome II, pp. 165/247, et deuxième partie, pages 176-180).

[2] Doc. *Conseil européen 37/13 CO EUR 5 CONCL 3* du 8 février 2013.

[3] JO L 347 du 20.12.2013, pp. 884/891.

[4] JO C 373 du 20.12.2013, pp. 1/11.

[5] La Commission n'a présenté l'état prévisionnel de la Commission pour l'exercice 2014 que le 26 juin 2013 (et le PB "formel" le 28 juin 2013). Ceci a eu des conséquences non seulement sur le travail conduisant à l'adoption de la position du Conseil sur le projet de budget, mais également sur la tenue de trilogues budgétaires (voir chapitre III).

[6] Le budget de l'UE pour l'exercice 2014 a été publié au JO L 51 du 20.2.2014 en deux tomes, avec des rectificatifs aux JO L 111 du 15.4.2014, p. 96, L 124 du 25.4.2014, pp. 30/31 et L 322 du 7.11.2014, pp. 1/3. Le Tome I (pp. I-1/551) contient l'état général des recettes, une partie des tableaux des effectifs, le patrimoine immobilier de l'Union et les états des recettes et des dépenses des autres institutions que la Commission (sections I, II et IV-X). Le Tome II (pp. II-1/1430) contient l'état des recettes et des dépenses de la Commission (section III et annexes) et les tableaux des effectifs de la Commission, des offices, des organes et des agences de l'UE.

[7] Budgets rectificatifs nº 1-9/2013 compris (voir chapitre II).

(-6,2 %). Ceci représente respectivement 1,06 % et 1,00 % du revenu national brut (RNB) estimé de l'Union européenne. Les marges laissées sous les plafonds du CFP sont de 445 millions d'euros en crédits pour engagements[8] et de 711 millions d'euros en crédits pour paiements[9].

Suite aux incertitudes entourant l'adoption du nouveau CFP (voir chapitre II), la Commission a présenté son projet de budget pour l'année à venir bien plus tard que de coutume[10]. Ceci a conduit à un calendrier plus serré que d'habitude, avant tout pour l'adoption de la position du Conseil sur le PB[11].

Ce calendrier très serré a néanmoins permis à l'autorité budgétaire de trouver un accord, et ce pour la deuxième fois seulement depuis l'entrée en vigueur du traité de Lisbonne, dans les délais prévus par l'article 314, paragraphes 5 et 6 du TFUE, sur un projet commun de budget lors de la seconde réunion du comité de conciliation, et d'adopter en conséquence le budget de l'Union pour 2014 en novembre 2013.

Ce budget permettra de démarrer les nouveaux programmes pour la nouvelle période de programmation 2014-2020 comme convenu, tout en assurant la transition entre deux cadres financiers pluriannuels.

Par ailleurs, il convient de relever qu'il s'agit en même temps du premier budget pour une Union européenne à ving-huit États membres ("UE-28") pour une année pleine, le budget de l'UE pour 2013 n'ayant été transformé en un budget pour UE-28 par le biais du BR n° 1/2013 qu'en juillet 2013 (voir chapitre II).

Avant d'aborder les différents aspects détaillés de la procédure budgétaire pour 2014, il convient de présenter l'environnement budgétaire en 2013 (chapitre II).

II. – L'environnement budgétaire en 2013

1. Neuf budgets rectificatifs

Les neuf budgets rectificatifs[12] adoptés en 2013 sont présentés, avec leur montant, dans le tableau 67, page 221[13].

---

[8] La marge est calculée en tenant compte de la mobilisation de l'instrument de flexibilité destinée à financer en 2014, pour un montant de 89,33 millions d'euros en crédits d'engagement, une assistance supplémentaire à Chypre au titre des Fonds structurels (voir chapitre III).

[9] Selon la présentation de la Commission. Ce montant exclut (en crédits de paiement) les 150 millions d'euros retenus pour le Fonds de solidarité de l'Union européenne, les 150 millions d'euros retenus pour la réserve pour aides d'urgence et les 50 millions d'euros retenus pour le Fonds européen d'ajustement à la mondialisation (voir chapitre III).

[10] Le projet de budget (ou plus exactement "l'état prévisionnel de la Commission" ; voir chapitre II) pour l'année *n* est généralement adopté par la Commission fin avril ou début mai de l'année *n-1* et le projet de budget formel (conformément à l'article 314, paragraphe 2 du TFUE) environ un mois plus tard (voir page 385).

En 2013, la Commission ne disposait d'aucune certitude ni sur les plafonds (en crédits d'engagement) pour chaque rubrique et sous-rubrique du CFP, ni sur le plafond global pour les crédits pour paiements, ni sur le contenu des programmes retenus par l'autorité législative, ni sur les montants à allouer notamment pour la politique agricole commune, le développement rural ou la politique régionale et de cohésion. Elle a préféré différer la présentation de l'état prévisionnel pratiquement jusqu'à la date ultime permise par l'article 314, paragraphe 1 du TFUE (soit le 1er juillet ; voir page 368).

La Commission a finalement inclus dans le projet de budget pour 2014 des montants en fonction de l'état des négociations sur le CFP au mois de mai 2013, et en tenant compte des montants ayant été nécessaires les années précédentes en début d'un nouveau cadre financier pluriannuel et d'une nouvelle période de programmation.

La Commission a présenté une première lettre rectificative (LR) modifiant le projet de budget pour 2014 le 18 septembre 2013, afin d'inclure dans le PB notamment des conséquences de l'accord politique du 27 juin 2013 sur le nouveau CFP. Elle a présenté une seconde LR le 16 octobre 2013 pour inclure dans le PB, outre de nouvelles prévisions concernant les dépenses agricoles, notamment les résultats de l'exercice d'externalisation concernant la délégation de la mise en œuvre des programmes de l'Union européenne aux agences exécutives pendant la période 2014-2020 (voir chapitre II).

[11] Ce calendrier a été tellement serré qu'il n'a pas permis de présentation du PB pour 2014 par la Commission au Conseil "Ecofin" de mai ou juin, ce qui est une situation exceptionnelle. Le Comité des représentants permanents (Coreper) a été en mesure de confirmer l'accord trouvé au sein du comité budgétaire du Conseil le 18 juillet 2013, soit seulement trois semaines après l'adoption du PB pour 2014.

[12] Les budgets rectificatifs sont traités à l'article 41 du RF de 2012 et mentionnés dans la Partie F de l'annexe de l'AII de 2013.

[13] Un tiret dans la colonne "dépenses" du tableau 67 indique que le budget rectificatif ne concerne que la partie "recettes" du budget de l'Union européenne.

Tableau 67. Les budgets rectificatifs adoptés en 2013

Section III – Commission – sauf indication contraire, en millions d'euros

PBR		Lectures		Budget rectificatif			Dépenses		Remarques
N:o	*Date*	*Conseil*	*PE*	*N:o*	*Date*	*JO L*	*c/e*	*c/p*	
1/13	18.3.	26.6.	4.7.	**1/13**	4.7.	256 du 27.9.2013, pp. 1/114	655,1	374,0	Adhésion de la Croatie
2/13	27.3.	9.7.	11.9.	**2/13**	11.9.	327 du 6.12.2013, pp. 1/217	0	7.300,0	Augmentation des crédits de paiement pour les rubriques *1*, *2*, *3* et *4* du CF
3/13	15.4.	9.7.	11.9.	**3/13**	11.9.	327 du 6.12.2013, pp. 219/238	-	-	Inscription du solde définitif (article 18, paragraphe 3 du RF de 2012)
4/13	29.4.	15.7.	11.9.	**4/13**	11.9.	327 du 6.12.2013, pp. 239/271	0	0	Tableaux des effectifs de la Cour de justice (*Section IV*), du GSA et de l'AEEAC
5/13	2.5.	15.7.	11.9.	**5/13**	11.9.	327 du 6.12.2013, pp. 273/295	14,6	14,6	Fonds de solidarité (Autriche, Croatie et Slovénie)
6/13	10.7.*	21.10.	24.10.	**6/13**	24.10.	6 du 10.1.2014, pp. 1/48	-	-	Actualisation des montants des ressources propres etc.
7/13	25.7.	7.10.	19.11.	**7/13**	19.11.	49 du 19.2.2014, pp. 1/12	150,0**	0	Fonds social européen (Espagne, France et Italie)
8/13	25.9.	30.10. *(1)*	19.11.	**8/13**	19.11.	49 du 19.2.2014, pp. 13/230	0	3.925,2	Augmentation des crédits de paiement pour les rubriques *1*, *2*, *3* et *4* du CF
9/13	3.10.	30.10. *(1)*	20.11. *(2)*	**9/13**	20.11.	49 du 19.2.2014, pp. 231/282	373,6	0	Fonds de solidarité (Allemagne, Autriche, République tchèque et Roumanie)

** Lettre rectificative le 18 septembre 2013*
*** Mobilisation de l'instrument de flexibilité pour un montant de 134 millions d'euros*
(1) Réduction du délai de consultation des Parlements nationaux afin de permettre l'adoption de la position du Conseil le 30 octobre 2013
(2) Un amendement du Parlement européen. Le Conseil a accepté l'amendement le 20 novembre 2013

Le *BR nº 1/2013* traite des conséquences financières de l'adhésion de la Croatie à l'Union européenne et donc du passage d'un budget de l'Union européenne à vingt-sept États membres à un budget de l'Union à vingt-huit[14]. Ce BR "élargissement" s'élève à 655,1 millions d'euros en crédits d'engagement et à 374 millions d'euros en crédits de paiement. Le contenu du BR nº 1/2013 est présenté dans le tableau 68 ci-dessous :

Tableau 68. Montants pour la Croatie retenus dans le budget rectificatif nº 1/2013

En millions d'euros

Rubrique ou sous-rubrique	c/e	c/p
***1** (Croissance durable)*	**496,6**	**167,4**
*1a (Compétitivité pour la croissance et l'emploi)**	*47,2*	*17,6*
1b (Cohésion pour la croissance et l'emploi)	*449,4*	*149,8*
dont : Fonds structurels	*299,6*	*89,9*
dont : Fonds de cohésion	*149,8*	*59,9*
2 **(*Conservation et gestion des ressources naturelles*)**	**10,2**	**2,6**
Fonds européen pour la pêche	*8,7*	*2,2*
*Autre soutien PCP, Life+**	*1,5*	*0,4*
3 **(*Citoyenneté, liberté, sécurité et justice*)**	**73,3**	**42,2**
*3a (Liberté, sécurité et justice)**	*2,1*	*1,1*
Facilité Schengen	*40,0*	*40,0*
*3b (Citoyenneté)**	*2,2*	*1,1*
Facilité transitoire	*29,0*	
4 **(*L'UE acteur mondial*)**		**86,8**
6 **(*Compensations*)****	**75,0**	**75,0**
Total	**655,1**	**374,0**

** Dépenses non préallouées mentionnées à titre indicatif*
*** Facilité de trésorerie*

Le BR nº 1/2013 n'a pu être adopté que le 4 juillet 2013 (c'est-à-dire *après* l'adhésion de la Croatie, le 1er juillet 2013), suite à la difficulté pour le Conseil de trouver l'*unanimité* requise[15] pour l'adaptation du cadre financier pour 2007-2013 nécessaire pour prendre en compte les besoins de dépenses découlant de l'adhésion de la Croatie. Cette adaptation a été proposée par la Commission en même temps que le projet de BR (voir chapitre III).

Le *BR nº 2/2013*, qui augmente les crédits de paiement du budget pour 2013 de 7,3 milliards d'euros[16] a été, quant à lui, étroitement lié aux négociations sur le nouveau cadre financier pluriannuel pour 2014-2020. La Commission avait demandé dans son projet de budget rectificatif un total de 11,2 milliards d'euros, comme suit :

- 982,6 millions d'euros pour la sous-rubrique *1a* (*Compétitivité pour la croissance et l'emploi*) du CF (36 lignes budgétaires) ;

- 9 001,1 millions d'euros pour la sous-rubrique *1b* (*Cohésion pour la croissance et l'emploi* ; 11 lignes) ;

[14] Les conséquences financières de l'adhésion de la Croatie à l'UE sont incluses dans le traité d'adhésion, qui fixe des montants préalloués pour la facilité transitoire, la facilité Schengen, la facilité de trésorerie, les Fonds structurels, le Fonds de cohésion et le Fonds européen pour la pêche (voir page 229). Les montants indicatifs pour les dépenses non préallouées ont été présentés dans la position commune de l'UE sur le chapitre 33 (intitulé "*Dispositions financières et budgétaires*" – voir *Conférence d'adhésion à l'Union européenne – Croatie, document d'adhésion nº 30/11* ; doc. *CONF-HR 17/11* du 29 juin 2011)

Il convient de relever que la Commission n'a pas proposé de montants supplémentaires pour la rubrique *5* (*Administration*) du CF, "*conformément à la démarche restrictive de la Commission en matière de dépenses administratives et compte tenu du fait que les besoins liés à l'adhésion sont déjà intégrés dans le budget 2013*" (doc. *COM(2013) 156 final* du 18 mars 2013, p. 5).

[15] Cette unanimité est requise suite à l'entrée en vigueur du traité de Lisbonne (voir page 229). Il convient de relever que le Parlement européen et le Conseil ont tous les deux souhaité tenir le budget rectificatif nº 1/2013 en dehors des négociations en cours sur les demandes de crédits de paiement supplémentaires en 2013 (et notamment dans le contexte du projet de budget rectificatif nº 2/2013) et sur le nouveau cadre financier pluriannuel pour 2014-2020.

[16] Le budget rectificatif nº 2/2013 augmente également, de 290 millions d'euros, l'estimation des recettes provenant d'amendes et de sanctions.

- 608,5 millions d'euros pour la rubrique *2* (*Conservation et gestion des ressources naturelles* ; 6 lignes) ;

- 128,4 millions d'euros pour la sous-rubrique *3a* (*Liberté, sécurité et justice* ; 11 lignes) ;

- 15,2 millions d'euros pour la sous-rubrique *3b* (*Citoyenneté* ; 4 lignes), et

- 489,5 millions d'euros pour la rubrique *4* (*L'UE acteur mondial* ; 20 lignes).

Selon la Commission ces "*crédits de paiement supplémentaires demandés permettront de réduire les engagements restant à liquider (RAL) ainsi que le risque de reporter sur l'exercice 2014 des niveaux anormalement élevés de factures impayées.* (...) (Ils) *permettront de couvrir, dans le cadre du budget pour 2013, toutes les obligations juridiques laissées en suspens à la fin de l'exercice 2012 ainsi que celles relatives à 2013, ce qui évitera tout report anormal sur 2014 de besoins en paiements qui auraient dû être pris en charge pendant l'exercice 2013. Étant donné que l'application de la règle du dégagement en "n+3" au titre de la politique de cohésion prend fin cette année, la Commission considère, compte tenu de son expérience, qu'une part plus importante de demandes de paiement lui parviendra trop tard pour être honorée cette année. Ces demandes seront liquidées au début de 2014*"[17].

Il convient de relever que la proposition de la Commission laisse une marge de seulement 14,8 millions d'euros sous le plafond des crédits pour paiements du CF pour 2013.

Le Parlement européen, dans sa résolution du 13 mars 2013 sur le CFP[18], avait notamment précisé qu'il "*n'était pas question de commencer le nouveau cadre* (financier pluriannuel) *en traînant des factures du passé. Dès lors, le PE n'entamera pas les négociations sur le cadre financier pour 2014-2020 tant que les factures 2012 et 2013 n'auront pas été réglées et donc tant que la Commission n'aura pas mis sur la table un projet de budget rectificatif*".

Dans sa résolution, le PE "*s'oppose fermement à l'actuelle accumulation et reconduction dans le budget de l'Union de crédits de paiement en suspens. Il exprime sa ferme opposition à un cadre financier qui pourrait entraîner le budget vers un déficit structurel, en violation des dispositions du traité (articles 310 et 323)*".

Le Parlement se dit "*résolu d'empêcher tout report supplémentaire de paiements de l'exercice 2013 au prochain CFP*"[19].

Ainsi, le PE "*déclare solennellement qu'il ne commencera les négociations sur le CFP qu'après que la Commission aura présenté un budget rectificatif correspondant à sa volonté politique et qu'il se refusera à les conclure avant l'adoption définitive par le Conseil et par le Parlement européen de ce budget rectificatif*". Le PE demande également au Conseil un engagement politique selon lequel "*toutes les obligations légales encourues en 2013 seront acquittées avant la fin de l'exercice*".

Le 14 mai 2013, le Conseil est parvenu à un accord *politique* sur le projet de budget rectificatif n° 2/2013. Il a marqué son accord pour fournir

[17] Doc. *COM(2013) 183 final* du 27 mars 2013, p. 4. Il convient de rappeler qu'en début d'année 2013, la Commission a dû débourser plus de 16 milliards d'euros de paiements suite à des demandes de remboursements et à des factures présentées avant tout entre novembre et décembre 2012 surtout dans le domaine de la cohésion (voir chapitre III).

Le projet de budget rectificatif n° 2/2013 présenté par la Commission ne couvre pas l'intégralité de ces remboursements, car la marge disponible en 2013 sous le plafond global des crédits pour paiements est insuffisante (voir *infra*) et l'unanimité étant nécessaire au Conseil pour augmenter ce plafond. Le solde (soit quelque 4,8 milliards d'euros) doit ainsi être financé par le biais du budget de l'Union pour 2013.

[18] Doc. *PE P7_TA(2013)0078* (voir pages 234-236).

[19] Le Parlement européen rappelle, dans ce contexte, la déclaration annexée au budget de l'Union pour 2013 qui invitait la Commission à présenter, "*dans les premiers mois de l'année 2013 un projet de budget rectificatif visant uniquement à couvrir les demandes en suspens pour l'année 2012, dès que les suspensions seront levées, et les autres obligations légales en suspens* (...)" (voir deuxième partie, page 215).

7,3 milliards d'euros (soit 65 % du montant demandé par la Commission) dans une "première tranche", ces fonds devant "*cibler des politiques à même de favoriser la croissance dans toutes les régions de l'UE, telles que l'investissement, l'éducation, la promotion de la recherche et de l'innovation, et viser à lutter contre le chômage, en particulier celui des jeunes*"[20]. Le Conseil a également adopté deux déclarations confirmant, entre autres, sa volonté de revenir sur cette question dans le courant de 2013[21].

Dans le contexte de l'accord politique sur le nouveau CFP, conclu le 27 juin 2013 par les présidents du Parlement européen, du Conseil et de la Commission (voir page 237), il a été convenu de procéder à l'adoption *formelle* de la position du Conseil sur le projet de budget rectificatif n° 2/2013. Le Conseil s'est engagé à adopter sa position "*au plus tard lors du Conseil "Ecofin" du 9 juillet 2013*"[22].

Dans la position du Conseil[23], le montant de 7,3 milliards d'euros est réparti de manière proportionnelle entre toutes les lignes budgétaires incluses dans la proposition de la Commission (de 11,2 milliards d'euros), à hauteur de 65 % des montants initialement demandés.

Le Parlement européen a approuvé la position du Conseil lors de sa plénière du 11 septembre 2013.

Le *BR nº 3/2013* traite[24], conformément à l'article 18, paragraphe 3 du règlement financier de 2012, de la budgétisation du solde définitif de l'année antérieure. L'excédent pour 2012 s'élève à 1 023 millions d'euros seulement[25].

---

[20] Doc. *Conseil 9359/13 FIN 252* du 13 mai 2013, p. 2.

[21] Selon la première déclaration inscrite au procès-verbal de la session du Conseil "Ecofin" du 14 mai 2013 : "*Le Conseil réaffirme l'importance que revêt le budget de l'UE si l'on veut favoriser la croissance et l'emploi dans l'Union. Il est toutefois également conscient des contraintes qui présent sur les budgets nationaux et des efforts que les États membres déploient en matière d'assainissement budgétaire. En outre, le Conseil rappelle que, plus tard dans le courant de l'année, la Commission disposera d'informations complémentaires sur l'exécution, les possibilités de redéploiement et les recettes budgétaires, ce qui signifie qu'elle sera alors mieux placée pour procéder à une estimation plus précise des besoins réels. Aussi le Conseil n'est-il pas en mesure, à ce stade, de marquer son accord sur le montant total de crédits de paiement demandés par la Commission dans le projet de budget rectificatif n° 2/2013.*

Le Conseil est d'accord pour fournir 7,3 milliards d'euros, ce qui est inférieur aux 11,2 milliards d'euros proposés par la Commission, montant qui selon elle constitue le minimum nécessaire en 2013. Le Conseil est donc conscient que le niveau de crédits de paiement qui est maintenant arrêté pourrait ne pas être suffisant pour 2013. Il examinera attentivement l'évolution du budget tout au long de l'année et s'engage à prendre toutes les mesures complémentaires nécessaires pour faire en sorte que les obligations de l'Union soient honorées. À cet égard, et rappelant le règlement financier, le Conseil engage la Commission à s'employer activement à gérer de façon prudente le budget de l'UE pour le reste de l'année 2013 et à continuer d'essayer de financer les besoins complémentaires en recourant d'abord aux redéploiements. Par ailleurs, le Conseil invite la Commission à fournir, au plus tard d'ici la mi-octobre 2013, des estimations actualisées des crédits de paiement et, si nécessaire, de présenter alors un nouveau projet de budget rectificatif. Il s'engage à prendre position sur ce projet de budget rectificatif le plus rapidement possible afin d'éviter toute insuffisance de crédits de paiement".

Pour tenir compte du fait que les négociations avec le Parlement européen sur le CFP avançaient en parallèle, le Conseil a également adopté la seconde déclaration suivante : "*Le Conseil, tenant compte du fait que les négociations avec le Parlement européen sur le cadre financier pluriannuel 2014-2020 progressent à l'heure actuelle en parallèle, réaffirme qu'il est déterminé à voir ces négociations aboutir rapidement. Se fondant sur le fait que le Parlement européen et le Conseil se sont mis d'accord sur le principe qu'il n'y a d'accord sur rien tant qu'il n'y a pas d'accord sur tout, le Conseil souligne que l'accord intervenu ce jour est de nature politique, et qu'un votre formel sur la position du Conseil relative au projet de budget rectificatif n° 2/2013 aura lieu à un stade ultérieur, parallèlement à l'achèvement des négociations sur le cadre financier pluriannuel*" (doc. *Conseil 9359/13 FIN 252*, pp. 3/4).

[22] Doc. *MEMO/13/625* de la Commission européenne, du 27 juin 2013, p. 2.

[23] Le Danemark, la Finlande, les Pays-Bas, le Royaume-Uni et la Suède ont voté contre la position du Conseil.

[24] Comme requis par le RF de 2012, la Commission a présenté le projet de budget rectificatif nº 3/2013 dans les quinze jours suivant la présentation des comptes provisoires de l'Union européenne, ce qui a eu lieu fin mars 2013.

[25] L'excédent pour 2012 se compose comme suit : enregistrement de recettes plus important que le montant budgétisé (+719 millions d'euros), sous-exécution des crédits de paiement (+244 millions d'euros) et solde positif des échanges monétaires (+60 millions d'euros). Le montant peu élevé de l'excédent s'explique avant tout

Le *BR nº 4/2013* concerne :

- l'ajout de vingt postes AD[26] au tableau des effectifs de l'Agence du GNSS[27] européen (GSA), suite à l'élargissement des tâches de l'agence[28]. L'augmentation correspondante de la contribution du budget de l'Union à l'agence (soit 1,8 million d'euros) est financé par redéploiement à l'intérieur de l'enveloppe financière pour le programme GNSS[29] ;

- la modification du tableau des effectifs de l'agence exécutive "Éducation, audiovisuel et culture"[30] (AEEAC), et

- la modification du tableau des effectifs de la Cour de justice (section IV du budget de l'Union) suite à la création d'un nouveau poste d'avocat général[31], ajoutant sept postes[32]. Ces nouveaux postes, destinés pour le personnel du cabinet du nouvel avocat général, sont financés par redéploiements à l'intérieur de la section IV.

Le *BR nº 5/2013* est lié au financement de la mobilisation du Fonds de solidarité de l'Union européenne, pour un montant de 14,6 millions d'euros en crédits d'engagement et de paiement, suite aux inondations survenues à l'automne 2012 en Autriche, en Croatie et en Slovénie (voir page 227).

Le *BR nº 6/2013* concerne :

- la révision (telle qu'adoptée lors de la réunion du comité consultatif des ressources propres du 16 mai 2013) des prévisions relatives aux ressources propres traditionnelles (c'est-à-dire les droits de douane et les cotisations "sucre") et aux assiettes TVA et RNB, ainsi que la budgétisation des corrections britanniques correspondantes et le financement des réductions au titre du RNB en faveur des Pays-Bas et de la Suède en 2013[33] ;

- la révision des prévisions relatives aux "autres recettes", découlant d'une amende de 561 millions d'euros infligée à Microsoft, et

- la création d'une structure d'accueil pour les recettes affectées liées aux frais de gestion d'éventuels nouveaux fonds fiduciaires pour les actions extérieures, tels que prévus par l'article 187 du RF de 2012[34].

---

par le bon taux d'exécution des crédits de paiement inscrits dans le budget, mais également notamment par les nouvelles règles du RF de 2012, dont le nouveau virement de "fin d'année" (article 179 ; voir page 389).

Pour rappel, l'excédent pour 2010 s'élevait à 4,5 milliards d'euros et celui pour 2011 à 1,5 milliard d'euros (voir page 389).

[26] AD pour "administrateur".

[27] GNSS pour *Global Navigation Satellite System* ou système mondial de (radio)navigation par satellite.

[28] L'Agence du GNSS européen sera notamment chargée, à compter du 1er janvier 2014, de tâches liées à la gestion des programmes "Egnos" et "Galileo" (dont la coordination de l'ensemble des tâches liées à l'exploitation de ces deux systèmes, ainsi que de l'entretien, de l'opération, de la fourniture des services et du suivi de l'évolution des besoins opérationnels et des exigences des usagers pour les futures générations de systèmes), l'agence devant effectuer des tâches préparatoires à ce titre dès 2013.

La Commission a adopté à cet effet, le 6 février 2013, une proposition de modification du règlement établissant le GSA (doc. *COM(2013) 40 final*).

[29] Soit un transfert de l'article *02 05 01* (*Programmes européens de radionavigation par satellite (Egnos et Galileo)*) vers le poste *02 05 02 01* (*Agence du GNSS européen – Contribution aux titres 1 et 2*).

[30] Ajout de deux postes AD, compensé par une réduction correspondante dans le tableau des effectifs de la Commission. Ces deux nouveaux postes sont liés à l'extension du mandat de l'agence exécutive (JO L 343 du 19.12.2013, pp. 46/53), qui requiert également le transfert d'agents contractuels de la Commission à l'AEEAC. Ceci se traduit par une augmentation de la contribution de l'Union à l'agence exécutive de 1,5 million d'euros, financée par une réduction correspondante des crédits pour le personnel et le support administratif de la Commission (section III du budget de l'Union).

[31] Conformément à la déclaration n° 38 annexée à l'acte final de la Conférence intergouvernementale qui a adopté le traité de Lisbonne en janvier 2013, la Cour de justice a demandé trois avocats généraux supplémentaires, dont un a pris ses fonctions à compter du 1er juillet 2013 (et les deux autres à partir d'octobre 2015).

[32] Quatre postes AD et trois postes AST (pour "assistant").

[33] Ces corrections ont de nouveau pour effet de modifier la répartition entre États membres de leurs contributions au budget de l'UE au titre des ressources propres.

[34] Selon l'article 187 du RF de 2012, la Commission peut créer des fonds fiduciaires au titre d'un accord conclu avec d'autres donateurs pour les actions d'urgence, les actions postérieures à la phase d'urgence ou les actions thématiques.

Les contributions des donateurs en faveur des fonds fiduciaires de l'Union sont versées sur un compte

L'adoption de ce BR a été compliquée par la présentation par la Commission, le 18 septembre 2013, d'une lettre rectificative au PBR[35] qui, suite notamment à la baisse constatée des recettes découlant des droits de douane, augmente les contributions nettes des États membres au titre des ressources TVA et RNB de 1,3 à 2,7 milliards d'euros.

Suite au report de l'adoption du projet de budget rectificatif nº 8/2013 et du règlement fixant le CFP pour 2014-2020 d'octobre à novembre 2013 (voir *infra* et pages 232-237), la Commission a fortement insisté sur la nécessité que le BR nº 6/2013 soit adopté encore en octobre 2013, "*afin d'éviter que l'UE ne se retrouve en cessation de paiement à partir du 15 novembre 2013*"[36]. Afin d'éviter cette situation, le Conseil a adopté sa position sur le projet de budget rectificatif nº 6/2013[37] (par "procédure écrite") le 21 octobre 2013. Le PE a approuvé la position du Conseil sans amendement trois jours plus tard (voir tableau 67, page 221).

Le *BR nº 7/2013* octroie 150 millions d'euros en crédits d'engagement au Fonds social européen[38] afin d'accroître les allocations en faveur de l'Espagne, de la France et de l'Italie en 2013 pour les aider à lutter contre le chômage, en particulier chez les jeunes, la pauvreté et l'exclusion sociale.

Selon la Commission, "*ce montant supplémentaire* (est destiné à) *remédier à certains problèmes, touchant la France, l'Italie et l'Espagne, qui résultent de l'issue finale des négociations sur le CFP pour la période 2014-2020. Le Conseil européen des 27 et 28 juin 2013 a estimé qu'une solution budgétaire devrait être trouvée en la matière*"[39]. Il est couvert, d'une part, par la mobilisation de l'instrument de flexibilité, pour un montant de 134 millions d'euros (voir page 301) et, d'autre part, par la marge existant sous le plafond de la sous-rubrique *1b* (*Cohésion pour la croissance et l'emploi*) du CF, pour un montant de 16 millions d'euros.

Le *BR nº 8/2013* est la "deuxième tranche" du BR nº 2/2013, adopté le 11 septembre 2013 (voir page 223).

La Commission avait demandé dans son projet de budget rectificatif un montant plus élevé de 14,8 millions d'euros que le solde restant du BR nº 2/2013. Le Conseil, dans sa position adoptée le 30 octobre 2013, a réduit ce montant à partir de trois lignes budgétaires[40].

Le Parlement européen, qui avait fait de l'acceptation du PBR nº 8/2013 une des trois conditions à son

---

bancaire spécifique et ne sont pas intégrées dans le budget de l'Union. Les frais de gestion des fonds fiduciaires doivent par contre être inscrits sur une ligne budgétaire en tant que *recettes affectées externes*, conformément à l'article 21, paragraphes 2, point b) et 5, et à l'article 187, paragraphe 7 du RF de 2012.

[35] Doc. *COM(2013) 655 final*. À ce titre, le Conseil a inscrit à son procès-verbal lors de l'adoption de sa position sur le PBR nº 6/2013, le 21 octobre 2013, la déclaration suivante : "*L'important recul des recettes de droits de douane au cours de l'exercice 2013 appelle une explication technique fouillée de la part de la Commission et une révision en profondeur des méthodes d'évaluation. Il entre dans les attributions du comité consultatif des ressources propres institué par le règlement (CE, Euratom) N° 1150/2000 du Conseil du 22 mai 2000 portant application de la décision 94/728/CE, Euratom relative au système des ressources propres des Communautés, d'être saisi et de débattre des estimations de recettes des ressources propres. Le Conseil invite de manière pressante la Commission à y faire un exposé détaillé sur sa méthode d'estimation et sur les corrections qu'elle compte y apporter.*

L'avis du Comité sera porté à la connaissance du Conseil dans les trois mois à dater de la décision relative au budget rectificatif n° 6/2013 et sa lettre rectificative" (doc. *Conseil 14865/13 FIN 633 PE-L 83* du 21 octobre 2013, Annexe 3, p. 1).

[36] Intervention du président de la Commission auprès du Parlement européen, le 21 novembre 2013.

[37] Le Conseil a accepté le PBR nº 6/2013 tel que proposé par la Commission, lettre rectificative incluse.

[38] Il s'agit des deux articles suivants : *04 02 17* (*Fonds social européen (FSE) – Convergence*), pour 16,7 millions d'euros, et *04 02 19* (*Fonds social européen (FSE) – Compétitivité régionale*), pour 133,3 millions d'euros.

[39] Doc. *COM(2013) 557 final* du 25 juillet 2013, p. 4. Ces montants sont une compensation du financement de la "correction britannique".

L'autorité législative a adopté, à ce titre et le 11 décembre 2013, le règlement (UE) nº 1298/2013 modifiant le règlement (CE) nº 1083/2006 du Conseil en ce qui concerne l'allocation financière du Fonds social européen à certains États membres (JO L 347 du 20.12.2013, pp. 256/258).

[40] Il s'agit des trois lignes budgétaires suivantes :
- *02 04 01 01* (*Recherche dans le domaine de l'espace*) : -4,776 millions d'euros ;
- *07 03 07* (*LIFE + (instrument financier pour l'environnement – 2007 à 2013)*) : -7 millions d'euros, et
- *08 02 01* (*Coopération – Santé*) : -3 millions d'euros.

accord sur le règlement fixant le CFP[41], a accepté, dans le cadre de l'accord global sur le budget pour 2014 (voir chapitre III), cette réduction introduite par le Conseil "*uniquement parce que ce montant* (de 14,8 millions d'euros) *viendrait s'ajouter au montant de 11,2 milliards d'euros prévus dans le PBR n° 2/2013*"[42].

Il convient de noter que, comme en 2012 dans le cas du PBR n° 6/2012 (voir deuxième partie, page 137), le Conseil a adopté une position *conditionnelle* concernant le PBR n° 8/2013, en incluant dans sa position le considérant suivant : "*la position du Conseil est liée à l'adoption de sa position sur le projet de budget rectificatif n° 9/2013 et s'entend sous réserve de l'approbation par le Parlement européen de l'accord sur le cadre financier pluriannuel 2014-2020*", ainsi que dans son article unique le paragraphe suivant : "*La présente décision s'applique à compter de la date à laquelle le Parlement européen aura approuvé l'accord sur le cadre financier pluriannuel 2014-2020 et la position du Conseil sur le projet de budget rectificatif n° 9/2013*"[43].

En réponse, le Parlement européen, dans sa résolution sur la position du Conseil sur le PBR n° 8/2013, "*rappelle qu'une position du Conseil adoptée au titre de l'article 314, paragraphe 3, du traité sur le fonctionnement de l'Union européenne est un acte préparatoire et est valide dès la date de son adoption ; fait savoir qu'il considère que la position du Conseil sur le PBR n° 8/2013, qui lui a été transmise par le président en exercice du Conseil le 31 octobre 2013, est valable aux fins de l'article 314, paragraphes 3 et 4, dudit traité, à compter de sa date d'adoption, à savoir le 30 octobre 2013 ; rejette et ignore la clause figurant dans la "décision" qui l'accompagne, par laquelle le Conseil entend subordonner la validité de sa position sur le PBR n° 8/2013 à l'approbation préalable par le Parlement d'un accord sur le cadre financier pluriannuel pour 2014-2020 et de la position du Conseil sur le projet de budget rectificatif n° 9/2013*"[44].

Enfin, le *BR n° 9/2013* est lié au financement de la mobilisation du Fonds de solidarité de l'Union européenne, pour un montant de 400,5 millions d'euros en crédits d'engagement et de paiement, suite à la sécheresse survenue en Roumanie au cours de l'été 2012 et aux inondations survenues en mai et en juin 2013 en Allemagne, en Autriche et en République tchèque (voir page 227). Ce BR a été longuement débattu lors de la procédure budgétaire, un accord sur le mode de financement des crédits de paiement n'étant intervenu que dans le cadre de l'accord global sur le budget pour 2014 (voir chapitre III).

La Commission avait proposé de financer les crédits de paiement intégralement avec de l'"argent frais".

Le Conseil, dans sa position adoptée le 30 octobre 2013[45], souhaitait par contre financer les crédits de paiement par redéploiements à partir de trois lignes budgétaires[46].

Le Parlement européen, pour sa part, soutenait la proposition de la Commission.

---

[41] Les deux autres conditions étant un accord politique sur les bases légales concernant la politique régionale et de cohésion en 2014-2020 et le démarrage des travaux du groupe de haut niveau sur les ressources propres (voir page 278).

[42] Doc. *PE P7_TA(2013) 11-19* du 19 novembre 2013, p. 79.

[43] JO C 318 du 1er.11.2013, p. 2.

[44] Doc. *PE P7_TA(2013) 11-19*, p. 79.

[45] JO C 318 du 1er.11.2013, p. 3. Il convient de relever que le Conseil a établi un "paquet" des PBR n° 8/2013 et 9/2013, adoptant une position conditionnelle les liant (voir *supra*).

[46] Il s'agit des trois lignes budgétaires suivantes :
- *05 05 02* (*Instrument de préadhésion pour le développement rural (IPARD)*) : 32,3 millions d'euros ;
- *08 20 02* (*Euratom – Entreprise commune ITER – Fusion for Energy (F4E)*) : 289,2 millions d'euros, et
- *13 05 01 01* (*Instrument structurel de préadhésion (ISPA) – Achèvement d'autres programmes antérieurs (2000 à 2006)*) : 79 millions d'euros.

Ces lignes budgétaires ont été identifiées par la Commission dans le "virement global" présenté le 25 septembre 2013 (Virement de crédits n° DEC 26/2013 à l'intérieur de la section III – Commission – du budget général pour l'exercice 2013; voir page 398). Il convient de rappeler que le virement global a pour objet de "rebalancer" vers la fin de l'année les crédits de paiement en fonction de l'exécution effective des crédits sur différentes lignes budgétaires.

Finalement, dans le cadre de l'accord sur le budget pour 2014[47], conclu le 12 novembre 2013 (voir chapitre III), les deux branches de l'autorité budgétaire sont parvenues à un accord pour financer les crédits de paiement comme suit :

- 250,5 millions d'euros par redéploiements de crédits en 2013, et

- 150 millions d'euros inclus (en tant que crédits additionnels) dans le budget pour 2014 (voir page 294).

De même, suite à une demande du PE, 200 millions d'euros sont transférés en 2013 par le biais du BR vers neuf lignes budgétaires liées à la recherche (voir pages 345-346), et identifiées par la Commission avant tout dans le virement global comme "étant à court de crédits de paiement"[48].

2. Cinq appels à la réserve pour aides d'urgence

La réserve pour aides d'urgence a été mobilisée cinq fois en 2013, pour un montant total de 200 millions d'euros en crédits d'engagement et de 43 millions d'euros en crédits de paiement[49].

Les trois premières mobilisations, intervenues en mai 2013, pour un montant de total de 115 millions d'euros en crédits d'engagement et de 35 millions d'euros en crédits de paiement, étaient destinées à financer une aide alimentaire et/ou humanitaire au Mali, dans la région du Sahel, en Syrie et au Tchad (voir tableau 69, page 228).

La quatrième mobilisation, intervenue en juillet 2013 pour un montant de 70 millions d'euros en crédits d'engagement, était destinée à financer une aide humanitaire à la Syrie.

La cinquième mobilisation, intervenue également en juillet 2013 pour un montant de 15 millions d'euros en crédits d'engagement et de 8 millions d'euros en crédits de paiement, était destinée à financer une aide humanitaire en République centrafricaine et en République démocratique du Congo.

3. Deux appels au Fonds de solidarité de l'Union européenne

Le Fonds de solidarité de l'Union européenne a été mobilisé deux fois en 2013, pour un montant total de 415,1 millions d'euros en crédits d'engagement et de paiement.

La première mobilisation a eu lieu le 11 septembre 2013, suite aux inondations survenues en Autriche, en Croatie et en Slovénie à l'automne 2012[50]. Elle s'élève à 14,6 millions d'euros en crédits d'engagement et de paiement[51] et a été effectuée par le biais du budget rectificatif nº 5/2013 (voir page 224).

La deuxième mobilisation a eu lieu le 20 novembre 2013, suite aux catastrophes provoquées par la sécheresse en Roumanie en été 2012, ainsi que par les inondations en Allemagne, en Autriche et en République tchèque en mai et en juin 2013[52]. Elle s'élève à 400,5 millions d'euros[53] et a été effectuée par le biais du budget rectificatif nº 9/2013 (voir page 226).

4. Dix appels au Fonds européen d'ajustement à la mondialisation

Le Fonds européen d'ajustement à la mondialisation (FEM) a été mobilisé dix fois en 2013, pour un montant total de 36,5 millions d'euros en crédits d'engagement et de paiement, ce qui est le montant

---

[47] Du point de vue de la procédure, le PE a ainsi adopté le 20 novembre 2013 un amendement à la position du Conseil sur le PBR nº 9/2013 qui reprend le contenu de l'accord obtenu le 12 novembre 2013 (voir page 297). Conformément à l'article 314, paragraphe 4, point c), dernière phrase du TFUE, le Conseil a approuvé l'amendement le même jour.

[48] Il convient de relever que le redéploiement des crédits de paiement pour les dépenses d'appui administratif dans la recherche (chapitre *08 01*) en 2013 concerne des dépenses non différenciées, ce qui entraîne une réduction correspondante des crédits d'engagement de 26,9 millions d'euros par rapport à la proposition de la Commission (voir page 346).

[49] Les mobilisations en 2013 de la réserve pour aides d'urgence, du Fonds de solidarité de l'UE et du Fonds européen d'ajustement à la mondialisation sont présentées dans le tableau 69, page 228.

[50] JO L 326 du 6.12.2013, p. 43.

[51] Dont 14,1 millions d'euros pour la Slovénie, 0,3 million d'euros pour la Croatie et 0,2 million d'euros pour l'Autriche.

[52] JO L 48 du 19.2.2014, p. 9.

[53] Dont 360,5 millions d'euros pour l'Allemagne, 21,7 millions d'euros pour l'Autriche, 15,9 millions d'euros pour la République tchèque et 2,5 millions d'euros pour la Roumanie.

Tableau 69. Les recours à la réserve pour aides d'urgence, au Fonds de solidarité et au Fonds européen d'ajustement à la mondialisation en 2013

En millions d'euros

Réserve pour aides d'urgence :				
Date	**Montant**		**Destination**	–
	c/e	*c/p*		
mai 2013	12,0	3,5	Mali (aide humanitaire)	–
mai 2013	38,0	12,0	Région du Sahel et Tchad (aide alimentaire)	–
mai 2013	65,0	19,5	Syrie (aide humanitaire)	–
juillet 2013	70,0	0	Syrie (aide humanitaire)	–
juillet 2013	15,0	8,0	République centrafricaine et République démocratique du Congo (aide humanitaire)	–
Total :	*200,0*	*43,0*		

Fonds de solidarité de l'Union européenne :			
Date	**Montant**	**Destination et fait générateur**	**JO L**
11 septembre 2013	14,6	Autriche, Croatie et Slovénie (inondations)	326 du 6.12.2013, p. 43
20 novembre 2013	400,5*	Allemagne, Autriche et République tchèque (inondations) et Roumanie (sécheresse et incendies de forêt)	48 du 19.2.2014, p. 9
Total :	*14,6*		

Fonds européen d'ajustement à la mondialisation :			
Date	**Montant**	**Destination et secteur**	**JO L**
21 mai 2013	3,9	Autriche (industrie du tabac)	160 du 12.6.2013, p. 11
21 mai 2013	3,7	Italie (technologies de l'information et de la communication)	160 du 12.6.2013, p. 12
21 mai 2013	5,0	Italie (fabrication d'appareils ménagers)	160 du 12.6.2013, p. 13
22 juillet 2013	0,8	Commission (assistance technique**)	209 du 3.8.2013, p. 16
9 octobre 2013	2,6	Italie (industrie automobile)	280 du 22.10.2013, p. 24
9 octobre 2013	1,2	Italie (technologies de l'information et de la communication et composants électroniques)	284 du 26.10.2013, p. 22
20 novembre 2013	0,8	Espagne (production de matériaux de construction)	323 du 4.12.2013, p. 33
11 décembre 2013	6,4	Danemark (fabrication d'éoliennes)	349 du 21.12.2013, p. 95
11 décembre 2013	9,8	Finlande (téléphonie mobile)	349 du 21.12.2013, p. 96
11 décembre 2013	2,3	Allemagne (fabrication de modules solaires)	349 du 21.12.2013, p. 97
Total :	*36,5*		

* *Dont 150 millions d'euros en crédits de paiement du budget pour 2014 (voir pages 227 et 294)*

** *Conformément à l'article 8 du règlement établissant le FEM*

mobilisé le plus bas depuis 2008 (voir Tome II, p. 171 et page 396).

Les mobilisations du FEM en 2013 sont résumées pages 324-325.

5. L'adaptation du cadre financier pour 2007-2013 pour tenir compte de l'adhésion de la Croatie

Conformément au point 29 de la Partie I de l'AII de 2006[54], la Commission a présenté le 18 mars 2013, en même temps que le projet de budget rectificatif n° 1/2013 (voir page 221), le projet d'adaptation du CF, prenant en compte les besoins de dépenses découlant de l'adhésion de la Croatie à l'Union européenne[55]. La Commission proposait d'augmenter, pour un montant total de 666 millions d'euros en crédits d'engagement, le plafond existant de cinq rubriques et sous-rubriques du CF et d'inscrire 75 millions d'euros à la rubrique *6 (Compensations)*, ainsi que de relever le plafond des crédits pour paiement de 374 millions d'euros. Le contenu de la proposition, qui est basée sur l'acte d'adhésion[56] (voir tableau 70), est résumé dans le tableau 71 ci-contre.

Il convient de relever que la Commission ne proposait pas de relever le plafond de la rubrique *5 (Administration)* du CF étant donné que les dépenses administratives liées à l'adhésion de la Croatie ont déjà été intégrées au budget pour 2013 (voir page 221).

La proposition de la Commission n'était pas acceptable par le Conseil en l'état, car ne respectant pas sa déclaration concernant les dispositions financières et budgétaires relatives à l'adhésion de la Croatie à l'UE, inscrite au procès-verbal du Conseil du 12 juillet 2011, et qui demandait de ne pas augmenter le plafond global des crédits pour engagements[57].

Tableau 70. Enveloppe financière prévue pour la Croatie

En millions d'euros

Rubrique ou sous-rubrique	Montant
1 (Croissance durable)	**496,8**
*1a (Compétitivité pour la croissance et l'emploi)**	*47,4*
1b (Cohésion pour la croissance et l'emploi)	*449,4*
dont : Fonds structurels	*299,6*
dont : Fonds de cohésion	*149,8*
2 (Conservation et gestion des ressources naturelles)	**20,4**
*dépenses relatives au marché**	*9,0*
paiements directs	*0*
réserve pour le déminage	*0*
développement rural	*0*
Fonds européen pour la pêche	*8,7*
*Autre soutien PCP, Life+**	*2,7*
3 (Citoyenneté, liberté, sécurité et justice)	**73,3**
*Liberté, sécurité et justice**	*2,1*
Facilité Schengen	*40,0*
*Citoyenneté**	*2,2*
Facilité transitoire	*29,0*
4 (L'UE acteur mondial)	**0**
5 (Administration)	**22,0**
6 (Compensations)**	**75,0**
Total des crédits pour engagements	**687,5**
Total des crédits pour paiements	***396,3***

** Dépenses non préallouées mentionnées à titre indicatif*
*** Facilité de trésorerie*

Tableau 71. Proposition de la Commission, du 18 mars 2013, concernant l'adaptation du cadre financier pour 2007-2013 afin de tenir compte de l'adhésion de la Croatie

UE-28, crédits pour engagements (montants additionnels en 2013), en millions d'euros

Rubrique ou sous-rubrique	Montant
1a (Compétitivité pour la croissance et l'emploi)	+47
1b (Cohésion pour la croissance et l'emploi)	+450
2 (Conservation et gestion des ressources naturelles)	+21
dont : dépenses de marché et paiements directs	*+9*
3a (Liberté, sécurité et justice)	+42
3b (Citoyenneté)	+31
4 (L'UE acteur mondial)	0
5 (Administration)	0
6 (Compensations)	+75
Total des crédits pour engagements	**+666**
Total des crédits pour paiements	***+374***

---

[54] Le point 29 de l'AII de 2006, intitulé "*Adaptation du cadre financier en fonction de l'élargissement*", se lit comme suit : "*En cas d'adhésion de nouveaux États membres à l'Union européenne au cours de la période couverte par le cadre financier, le Parlement européen et le Conseil, statuant sur proposition de la Commission et conformément au point 3* (c'est-à-dire le Conseil statuant à la majorité qualifiée et le Parlement européen à la majorité des membres qui le composent et des trois cinquièmes des suffrages exprimés), *adapteront conjointement le cadre financier pour tenir compte des besoins de dépenses découlant du résultat des négociations d'adhésion*". Il convient néanmoins de rappeler que suite à l'entrée en vigueur du TFUE et de son article 312, le Conseil doit adopter les adaptations du CFP afin de tenir compte des élargissements à l'*unanimité* (voir Tome II, pp. 209 et 285).

[55] Doc. *COM(2013) 157 final*.

[56] JO L 112 du 14.4.2012, pp. 21/34.

[57] Selon la déclaration du Conseil inscrite au procès-verbal du Conseil "Ecofin" du 12 juillet 2011 : "*Sur la base d'une adhésion de la Croatie à la date du 1er juillet 2013, la position commune de l'UE sur le chapitre 33 (Dispositions financières et budgétaires) prévoit, en faveur de la Croatie, des crédits d'engagement d'un montant total de 687,5 millions d'euros en prix courants pour le deuxième semestre de 2013. Le cadre finan-*

Après plusieurs mois de négociations compliquées par la nécessité de décider à l'unanimité au Conseil[58], les deux branches de l'autorité budgétaire sont finalement arrivées – à l'initiative du Conseil – à un accord sur une adaptation du CF qui augmente les plafonds (en crédits d'engagement) pour l'exercice 2013 d'un montant total de 603 millions d'euros, à raison de :

- 47 millions d'euros pour la sous-rubrique *1a* (*Compétitivité pour la croissance et l'emploi*) ;

- 450 millions d'euros pour la sous-rubrique *1b* (*Cohésion pour la croissance et l'emploi*) ;

- 31 millions d'euros pour la sous-rubrique *3b* (*Citoyenneté*), et

- 75 millions d'euros pour la nouvelle rubrique *6* (*Compensations*).

Ces augmentations sont intégralement compensées par une diminution correspondante du plafond (en crédits d'engagement) pour l'exercice 2013 de la rubrique *5* (*Administration*) du CF.

Par ailleurs, le plafond global des crédits pour paiements pour 2013 est relevé de 374 millions d'euros, comme proposé par la Commission[59].

Le compromis concernant l'adaptation du CF pour tenir compte de l'adhésion de la Croatie à l'Union européenne est résumé dans le tableau 72 ci-dessous :

Le Conseil a marqué son accord sur cette adaptation le 26 juin[60] et le Parlement européen le 4 juillet

Tableau 72. Contenu de l'accord concernant l'adaptation du cadre financier pour 2007-2013 pour tenir compte de l'adhésion de la Croatie

En crédits d'engagement et en millions d'euros

Rubrique ou sous-rubrique du CF	**Montant**
Augmentation du plafond de trois sous-rubriques en 2013 :	
1a (Compétitivité pour la croissance et l'emploi)	+47
1b (Cohésion pour la croissance et l'emploi)	+450
3b (Citoyenneté)	+31
Création de la rubrique 6 en 2013 :	
6 (Compensations)	+75
Mécanisme de compensation* :	
5 (Administration)	-603
Total des crédits pour engagements	**0**
Total des crédits pour paiements	***+374***

** Abaissement du plafond d'une rubrique en 2013*

cier de l'UE en vigueur porte sur la période 2007-2013. Le point 29 de l'actuel accord interinstitutionnel entre le Parlement européen, le Conseil et la Commission sur la discipline budgétaire et la bonne gestion financière (2006/C 139/01) du 14 juin 2006 prévoit que, en cas d'adhésion de nouveaux États membres à l'Union européenne au cours de la période couverte par le cadre financier, le Parlement européen et le Conseil, statuant sur proposition de la Commission, adapteront conjointement le cadre financier pour tenir compte des besoins de dépenses découlant du résultat des négociations d'adhésion.

[Des discussions ont actuellement lieu entre les institutions de l'Union à propos d'un projet de règlement du Conseil établissant le cadre financier pluriannuel conformément à l'article 312 du TFUE, ainsi que sur d'éventuelles modifications à apporter à l'actuel accord interinstitutionnel. La Commission élaborera sa proposition en vue d'adapter le cadre financier pour tenir compte des besoins de dépenses découlant du résultat des négociations d'adhésion avec la Croatie sur la base des procédures applicables en vertu des traités.]

Le Conseil souligne que l'enveloppe financière octroyée pour la Croatie doit clairement s'inscrire dans l'effort général de discipline budgétaire consenti par l'UE. À cet égard, le Conseil convient que l'enveloppe financière prévue pour la Croatie en 2013 ne devrait pas nécessiter une révision du plafond global des crédits d'engagement de l'UE, qui devrait rester fixé à 127 448 millions d'euros aux prix de 2004. La Commission est invitée à élaborer sa proposition sur cette base le moment venu.

La présente déclaration est également sans préjudice des négociations relatives au prochain cadre financier pluriannuel" (doc. *Conseil 12770/11 PV CONS 48 ECOFIN 513* du 26 octobre 2011, p. 7).

[58] Voir page 229, note en bas de page 54.

[59] En plus de la question d'un mécanisme de compensation concernant les crédits d'engagement, la question d'une augmentation du montant des crédits pour paiements a été le deuxième point délicat à négocier au Conseil, le Royaume-Uni n'étant en mesure de l'accepter que lors de la réunion du comité des représentants permanents ayant lieu avant (mais le même jour que) le Conseil.

[60] Doc. *Conseil 11588/13 FIN 374* du 26 juin 2013. Le Conseil a adopté à cette occasion la déclaration suivante : "*Fermement résolu à faire en sorte que l'adhésion de la Croatie se déroule dans de bonnes conditions, le Conseil a adopté le budget rectificatif n° 1/2013* [voir page 221] *afin de couvrir les engagements financiers pris envers la Croatie dans le traité d'adhésion pour l'exercice 2013. En exécution de ses obligations et eu égard à l'accord interinstitutionnel du 17 mai 2006 sur la discipline budgétaire et la bonne gestion financière et à la déclaration du Conseil de juillet 2011 concernant les dispositions financières et budgétaires relatives à l'adhésion de la Croatie à l'UE, le Conseil a également adopté une révision des plafonds des crédits d'engagement applicables aux rubriques du cadre financier dans le cadre du plafond global des crédits d'engagement ainsi qu'une révision du plafond des crédits de paiement pour l'exercice 2013 de 374 millions d'euros.*

Tableau 73. Le cadre financier pour 2007-2013 suite à son adaptation afin de tenir compte de l'adhésion de la Croatie

En millions d'euros et en prix de 2004
(Source : JO L 209 du 3.8.2013, p. 15)

Crédits pour engagements	2007	2008	2009	2010	2011	2012	2013	Total 2007-2013
1. Croissance durable	**50.865**	**53.262**	**55.879**	**56.435**	**55.693**	**57.708**	**59.111**	**388.953**
1a Compétitivité pour la croissance et l'emploi	8.404	9.595	12.018	12.580	11.306	12.677	13.112	79.692
1b Cohésion pour la croissance et l'emploi	42.461	43.667	43.861	43.855	44.387	45.031	45.999	309.261
2. Conservation et gestion des ressources naturelles	**51.962**	**54.685**	**51.023**	**53.238**	**52.136**	**51.901**	**51.284**	**366.229**
dont : dépenses de marché et paiements directs	43.120	42.697	42.279	41.864	41.453	41.047	40.645	293.105
3. Citoyenneté, liberté, sécurité et justice	**1.199**	**1.258**	**1.375**	**1.503**	**1.645**	**1.797**	**2.014**	**10.791**
3a Liberté, sécurité et justice	600	690	785	910	1.050	1.200	1.390	6.625
3b Citoyenneté	599	568	590	593	595	597	624	4.166
4. L'UE acteur mondial	**6.199**	**6.469**	**6.739**	**7.009**	**7.339**	**7.679**	**8.029**	**49.463**
5. Administration[1]	**6.633**	**6.818**	**6.816**	**6.999**	**7.044**	**7.274**	**7.106**	**48.690**
6. Compensations	**419**	**191**	**190**	**0**	**0**	**0**	**63**	**863**
Total des crédits pour engagements	**117.277**	**122.683**	**122.022**	**125.184**	**123.857**	**126.359**	**127.607**	**864.989**
en % du RNB	1,08%	1,09%	1,06%	1,06%	1,03%	1,03%	1,01%	1,05%
Total des crédits pour paiements	**115.142**	**119.805**	**109.091**	**119.245**	**116.394**	**120.649**	**120.731**	**821.057**
en % du RNB	1,06%	1,06%	0,95%	1,01%	0,97%	0,98%	0,96%	1,00%
Marge disponible	0,18%	0,18%	0,29%	0,22%	0,26%	0,25%	0,27%	0,23%
Plafond des ressources propres en pourcentage du RNB	1,24%	1,24%	1,24%	1,23%	1,23%	1,23%	1,23%	1,23%

[1] S'agissant des dépenses de pension, les montants pris en compte sous le plafond de cette rubrique sont calculés nets des contributions du personnel au régime correspondant, dans la limite de 500 millions d'euros aux prix de 2004 pour la période 2007-2013

2013[61]. Le cadre financier pluriannuel pour 2007-2013 qui en résulte[62] est repris dans le tableau 73 ci-dessus.

Il convient de relever que c'est seulement la deuxième fois que le plafond des crédits pour paiements du CF est augmenté au cours de la période d'application du cadre financier pour 2007-2013[63].

En ce qui concerne la décision de réviser le plafond des crédits pour paiements en l'augmentant de 374 millions d'euros, il est entendu que ce montant supplémentaire sera consacré exclusivement aux programmes relatifs à la Croatie après l'adhésion de celle-ci. Lorsqu'il sera amené à examiner d'éventuels autres budgets rectificatifs, le Conseil exigera des informations actualisées sur la mise en œuvre des programmes relatifs à la Croatie.

La décision de réviser le plafond des crédits de paiement ne préjuge pas de la position qu'adoptera le Conseil sur d'éventuelles autres propositions de budgets rectificatifs dans le courant de 2013. À cet égard, et rappelant le règlement financier, le Conseil engage la Commission à s'employer activement à gérer de façon prudente le budget de l'UE pour le reste de l'année 2013 et à continuer d'essayer de financer les besoins complémentaires en recourant d'abord au redéploiement" (*Ibid.*, p. 6).

[61] Doc. *PE P7_TA(2013)0331*. Dans sa résolution, le Parlement européen critique fortement l'attitude du Conseil notamment comme suit (points 5 et 7-9) :

"- (le Parlement européen) *regrette (...) la difficulté avec laquelle, même après l'eexpiration du délai de huit semaines, le Conseil est arrivé à un accord sur cette révision, ce qui a entraîné un retard dans la disponibilité du financement dû pour la Croatie à partir du 1er juillet 2013 (...) ;*

- déplore (...) qu'en ce qui concerne la révision des crédits d'engagement, le Conseil ait décidé de négliger l'importance politique qu'il y avait à adopter la proposition de la Commission en tant que telle, et qu'il ait plutôt opté pour la compensation des crédits requis ; estime que cette position est en contradiction avec l'esprit de la décision unanime prise lors de la signature du traité d'adhésion ainsi que de l'accord interinstitutionnel du 17 mai 2006 ; souligne qu'une telle décision envoie un signal politique négatif, non seulement à la Croatie, mais aussi aux autres pays candidats ;

- souligne que cette décision n'est acceptée que parce qu'elle concerne les six derniers mois de l'actuel cadre financier pluriannuel (2007-2013) ;

- insiste sur le fait qu'elle ne doit pas constituer un précédent pour les futurs élargissements qui pourraient avoir lieu pendant le prochain cadre financier pluriannuel (2014-2020) ;

- déplore que la rubrique 5 soit considérée comme la principale source de compensation des crédits d'engagement, étant donné que cela pourrait entraîner l'absence des ressources nécessaires pour couvrir les adaptations salariales contestées au cas où l'arrêt de la Cour de justice serait rendu avant la fin de 2013".

Cependant, "*considérant l'importance politique et l'urgence juridique d'assurer les financements nécessaires pour la Croatie,* (le Parlement européen) *décide d'approuver* (l'adaptation du CF) *telle que modifiée par le Conseil*".

Il convient en outre de relever que le PE a de nouveau rappelé qu'il "*estime que la période de huit semaines prévue à l'article 4 du protocole n° 1 sur le rôle des parlements nationaux dans l'Union européenne pour notifier un projet d'acte législatif aux parlements nationaux ne s'applique pas aux questions budgétaires*" (*Ibid.*, point 4).

[62] JO L 209 du 3.8.2013, pp. 14/15. L'adaptation du CF a été formellement signée par les deux branches de l'autorité budgétaire le 22 juillet 2013.

[63] La première fois était en 2010, dans le contexte de l'application du point 17 de la Partie I de l'AII de 2006 (voir Tome II, p. 181 et page 393).

6. Le nouveau cadre financier pluriannuel pour 2014-2020

Le Conseil européen des 7 et 8 février 2013 est parvenu à un accord sur le nouveau cadre financier pluriannuel pour 2014-2020[64]. Le contenu de l'accord est repris (aussi bien en prix 2011 qu'en prix courants) dans les tableaux 74 à 79, pages 233-234.

Selon le Conseil européen "(l)*e Conseil va à présent solliciter l'approbation du Parlement européen, conformément à l'article 312, paragraphe 2, du TFUE, qui prévoit que le Conseil adopte le règlement fixant le cadre financier pluriannuel après approbation du Parlement européen (...). Afin que le budget de l'UE puisse jouer son rôle essentiel de catalyseur de la croissance, de l'emploi et de la compétitivité, il convient à présent d'adopter dans les meilleurs délais les textes législatifs énumérés ci-après, conformément aux procédures inscrites dans le traité et en respectant le rôle des différentes institutions. En particulier :*

- le règlement fixant le CFP pour la période 2014-2020 ;

- l'accord interinstitutionnel sur la coopération en matière budgétaire et la bonne gestion financière ;

- la décision relative au système des ressources propres de l'Union européenne ainsi que ses mesures d'exécution.

Sur la base des niveaux des engagements figurant dans [l'accord obtenu au niveau du Conseil européen les 7 et 8 février 2013] *et en prenant note des chiffres indicatifs proposés par la Commission pour les objectifs relevant des différentes rubriques*[65]*, le Conseil et le Parlement européen sont invités à trouver en temps utile un accord sur le financement approprié de chacun des instruments, programmes et fonds proposés, qui seront financés dans le cadre du CFP, y compris la possibilité d'un réexamen.*

Rappelant les contacts intensifs qui ont été menés au cours des derniers mois avec le Parlement européen, que ce soit en marge des sessions du Conseil des affaires générales ou au niveau des présidents des institutions, conformément à l'article 324 du TFUE, le Conseil européen invite la présidence à faire progresser rapidement les discussions avec le Parlement européen.

La Commission est invitée à fournir toute l'assistance et le soutien qu'elle jugera utiles pour faire avancer le processus de prise de décision.

Le Conseil européen invite les colégislateurs à adopter rapidement les programmes de financement destinés à mettre en œuvre le cadre financier pluriannuel 2014-2020 afin qu'ils puissent être déployés en temps utile à partir du 1er janvier 2014. (...) Le Conseil européen se félicite des progrès accomplis dans les négociations en cours et engage les colégislateurs à adopter des programmes plus simples et qui se traduisent par une nette diminution des charges administratives pour les autorités publiques et les bénéficiaires. Cela rendrait les programmes plus accessibles, plus souples et résolument axés sur l'obtention de résultats en termes de croissance et d'emploi, conformément à notre stratégie "Europe 2020""[66].

S'agissant de la "flexibilité" du CFP, et en plus des différents instruments, Fonds et réserves présentés dans les tableaux 75 et 78, le Conseil européen a retenu l'idée d'une "marge pour imprévus"[67], "(pouvant atteindre) *0,03 % du revenu national brut de l'Union (...) constituée au-delà des plafonds fixés par le cadre financier pour la période 2014-2020, en tant que dernier recours face à des circonstances imprévues*"[68].

---

[64] Doc. *Conseil européen 37/13 CO EUR 5 CONCL 3* du 8 février 2013. Le calendrier d'adoption du nouveau CFP est repris dans le tableau 85, page 246.

[65] La Commission a transmis ces chiffres au Parlement européen et au Conseil le 27 mars 2013 (voir chapitre III). La Commission a transmis des chiffres "actualisés" le 19 juillet et le 25 octobre 2013 (doc. *Ares(2013)2708589* et *Ares(2013)3338188*).

[66] Doc. *Conseil européen 37/13*, points 11 et 12.

[67] Voir Tome II, pp. 209, 220/221, 239 et 286.

[68] Les modalités de mobilisation de cette marge pour imprévus seraient les suivantes : "*La décision de mobiliser cette marge est prise conjointement par les deux branches de l'autorité budgétaire. Le Conseil*

Tableau 74. Accord obtenu lors du Conseil européen du 8 février 2013 sur le cadre financier pluriannuel pour 2014-2020

En millions d'euros et en prix de 2011 (UE-28)
(Source : doc. Conseil européen 37/13 CO EUR 5 CONCL 3 du 8 février 2013)

Crédits pour engagements	2014	2015	2016	2017	2018	2019	2020	Total 2014-2020
1. Croissance intelligente et incluse	**60.283**	**61.725**	**62.771**	**64.238**	**65.528**	**67.214**	**69.004**	**450.763**
1a Compétitivité pour la croissance et l'emploi	15.605	16.321	16.726	17.693	18.490	19.700	21.079	125.614
Mécanisme pour l'interconnexion en Europe (MIE)								*29.299**
dont : transports								*23.174**
énergie								*5.126*
télécommunications								*1.000*
*Galileo, GMES** et ITER****								*12.793*
Déclassement nucléaire								*860*
1b Cohésion économique, sociale et territoriale	44.678	45.404	46.045	46.545	47.038	47.514	47.925	325.149
*Aide aux plus démunis** ***								*2.500*
2. Croissance durable : ressources naturelles	**55.883**	**55.060**	**54.261**	**53.448**	**52.466**	**51.503**	**50.558**	**373.179**
dont : dépenses relatives au marché et paiements directs	41.585	40.989	40.421	39.837	39.079	38.335	37.605	277.851
Développement rural								*84.936*
Réserve pour crises dans le secteur agricole								*2.800*
3. Sécurité et citoyenneté	**2.053**	**2.075**	**2.154**	**2.232**	**2.312**	**2.391**	**2.469**	**15.686**
4. L'Europe dans le monde	**7.854**	**8.083**	**8.281**	**8.375**	**8.553**	**8.764**	**8.794**	**58.704**
5. Administration	**8.218**	**8.385**	**8.589**	**8.807**	**9.007**	**9.206**	**9.417**	**61.629**
dont : dépenses administratives des institutions	6.649	6.791	6.955	7.110	7.278	7.425	7.590	49.798
6. Compensations	**27**	**0**	**0**	**0**	**0**	**0**	**0**	**27**
Total des crédits pour engagements	**134.318**	**135.328**	**136.056**	**137.100**	**137.866**	**139.078**	**140.242**	**959.988**
en pourcentage du RNB	1,03%	1,02%	1,00%	1,00%	0,99%	0,98%	0,98%	1,00%
Total des crédits pour paiements	**128.030**	**131.095**	**131.046**	**126.777**	**129.778**	**130.893**	**130.781**	**908.400**
en pourcentage du RNB	0,98%	0,98%	0,97%	0,92%	0,93%	0,93%	0,91%	0,95%
Marge disponible	0,25%	0,25%	0,26%	0,31%	0,30%	0,30%	0,32%	0,28%
Plafond des ressources propres en pourcentage du RNB	1,23%	1,23%	1,23%	1,23%	1,23%	1,23%	1,23%	1,23%

** 10 milliards d'euros seront transferrés à partir du Fonds de cohésion*
*** Programme européen de surveillance de la Terre (European Earth Monitoring Programme (Global Monitoring for Environment and Security)) : 3.786 millions d'euros*
**** Réacteur thermonucléaire expérimental international (International Thermonuclear Experimental Reactor) : 2.707 millions d'euros*
*** ** De la dotation allouée au Fonds social européen*

Tableau 75. Montants en dehors du cadre financier pluriannuel pour 2014-2020 conformément à l'accord obtenu lors du Conseil européen du 8 février 2013

En millions d'euros et en prix de 2011 (UE-28)
(Source : doc. Conseil européen 37/13)

Crédits d'engagement	2014	2015	2016	2017	2018	2019	2020	Total 2014-2020
Instruments spéciaux :								
- Fonds de solidarité de l'Union européenne	500	500	500	500	500	500	500	3.500
- Instrument de flexibilité	471	471	471	471	471	471	471	3.300
- Réserve pour aides d'urgence	280	280	280	280	280	280	280	1.960
- Fonds européen d'ajustement à la mondialisation	150	150	150	150	150	150	150	1.050
Total :	*1.401*	*1.401*	*1.401*	*1.401*	*1.401*	*1.401*	*1.401*	*9.810*
*Fonds européen de développement (FED)**	*2.952*	*3.868*	*3.911*	*3.963*	*4.024*	*4.094*	*4.174*	*26.984*
Total général	**4.353**	**5.269**	**5.312**	**5.364**	**5.425**	**5.495**	**5.575**	**36.794**
en pourcentage du RNB	0,03%	0,04%	0,04%	0,04%	0,04%	0,04%	0,04%	0,04%

** Pour mémoire (le "budget FED" n'est pas inclus dans le budget de l'Union européenne)*

Tableau 76. Montants retenus par le Conseil européen du 8 février 2013

En millions d'euros et en prix de 2011 (UE-28)
(Source : doc. Conseil européen 37/13, p. 46)

Crédits pour engagements	2014	2015	2016	2017	2018	2019	2020	Total 2014-2020
Inclus dans le CFP	134.318	135.328	136.056	137.100	137.866	139.078	140.242	**959.988**
En dehors du CFP	4.353	5.269	5.312	5.364	5.425	5.495	5.575	**36,793**
Total :	**138.671**	**140.597**	**141.368**	**142.464**	**143.291**	**144.573**	**145.817**	**996.781**
en pourcentage du RNB	1,06%	1,06%	1,04%	1,04%	1,03%	1,02%	1,02%	1,04%

---

statue à la majorité qualifiée. Le recours à la marge pour imprévus n'excède pas, au cours d'une année donnée, le montant maximal prévu dans le cadre de l'ajustement technique annuel du CFP et est compatible avec le plafond des ressources propres. Les montants rendus disponibles par la mobilisation de la marge pour imprévus sont entièrement prélevés sur les marges indiquées dans une ou plusieurs rubriques du cadre financier pour l'exercice financier en cours ou les exercices futurs. Les montants ainsi prélevés ne sont pas mobilisés au titre du cadre financier. Le recours à la marge pour imprévus n'occasionne pas de dépassement du total des plafonds de crédits d'engagement et de paiement qui y sont fixés pour l'exercice financier en cours et les exercices futurs" (doc. *Conseil européen 37/13*, point 107).

Tableau 77. Accord obtenu lors du Conseil européen du 8 février 2013 sur le cadre financier pluriannuel pour 2014-2020

En millions d'euros et en prix courants (UE-28)
(Source : doc. Conseil européen 37/13 COR 1 CO EUR 5 CONCL 3 du 21 février 2013, p. 2)

Crédits pour engagements	2014	2015	2016	2017	2018	2019	2020	Total 2014-2020
1. Croissance intelligente et incluse	**63.973**	**66.813**	**69.304**	**72.342**	**75.271**	**78.752**	**82.466**	**508.921**
1a Compétitivité pour la croissance et l'emploi	16.560	17.666	18.467	19.925	21.239	23.082	25.191	142.130
1b Cohésion économique, sociale et territoriale	47.413	49.147	50.837	52.417	54.032	55.670	57.275	366.791
2. Croissance durable : ressources naturelles	**59.303**	**59.599**	**59.909**	**60.191**	**60.267**	**60.344**	**60.421**	**420.034**
dont : dépenses relatives au marché et paiements directs	44.130	44.368	44.628	44.863	44.889	44.916	44.941	312.735
3. Sécurité et citoyenneté	**2.179**	**2.246**	**2.378**	**2.514**	**2.656**	**2.801**	**2.951**	**17.725**
4. L'Europe dans le monde	**8.335**	**8.749**	**9.143**	**9.432**	**9.825**	**10.268**	**10.510**	**66.262**
5. Administration	**8.721**	**9.076**	**9.483**	**9.918**	**10.346**	**10.786**	**11.254**	**69.584**
dont : dépenses administratives des institutions	7.056	7.351	7.679	8.007	8.360	8.700	9.071	56.224
6. Compensations	**29**	**0**	**0**	**0**	**0**	**0**	**0**	**29**
Total des crédits pour engagements	**142.540**	**146.483**	**150.217**	**154.397**	**158.365**	**162.951**	**167.602**	**1.082.555**
en pourcentage du RNB	1,03%	1,02%	1,00%	1,00%	0,99%	0,98%	0,98%	1,00%
Total des crédits pour paiements	**135.866**	**142.448**	**144.265**	**142.285**	**148.704**	**155.310**	**156.801**	**1.025.679**
en pourcentage du RNB	0,98%	0,99%	0,96%	0,92%	0,93%	0,94%	0,91%	0,95%
Marge disponible	0,25%	0,24%	0,27%	0,31%	0,30%	0,29%	0,32%	0,28%
Plafond des ressources propres en pourcentage du RNB	1,23%	1,23%	1,23%	1,23%	1,23%	1,23%	1,23%	1,23%

Tableau 78. Montants en dehors du cadre financier pluriannuel pour 2014-2020 conformément à l'accord obtenu lors du Conseil européen du 8 février 2013

En millions d'euros et en prix courants (UE-28)
(Source : doc. Conseil européen 37/13 COR 1, p. 2)

Crédits d'engagement	2014	2015	2016	2017	2018	2019	2020	Total 2014-2020
Instruments spéciaux :								
- Fonds de solidarité de l'Union européenne	531	541	552	563	574	586	598	3.945
- Instrument de flexibilité	500	510	520	531	542	552	563	3.718
- Réserve pour aides d'urgence	297	303	309	315	322	328	335	2.209
- Fonds européen d'ajustement à la mondialisation	159	162	166	169	172	176	179	1.183
Total :	*1.487*	*1.516*	*1.547*	*1.578*	*1.610*	*1.642*	*1.675*	*11.055*
*Fonds européen de développement (FED)**	*3.132*	*4.187*	*4.318*	*4.463*	*4.622*	*4.796*	*4.988*	*30.506*
Total général	**4.619**	**5.703**	**5.865**	**6.041**	**6.232**	**6.438**	**6.663**	**41.561**
en pourcentage du RNB	0,03%	0,04%	0,04%	0,04%	0,04%	0,04%	0,04%	0,04%

** Pour mémoire (le "budget FED" n'est pas inclus dans le budget de l'Union européenne)*

Tableau 79. Montants retenus par le Conseil européen du 8 février 2013

En millions d'euros et en prix courants (UE-28)
(Source : doc. Conseil européen 37/13 COR 1, p. 2)

Crédits pour engagements	2014	2015	2016	2017	2018	2019	2020	Total 2014-2020
Inclus dans le CFP	142.540	146.483	150.217	154.397	158.365	162.951	167.602	**1.082.555**
En dehors du CFP	4.619	5.703	5.865	6.041	6.232	6.438	6.663	**41.561**
Total :	**147.159**	**152.186**	**156.082**	**160.438**	**164.597**	**169.389**	**174.265**	**1.124.116**
en pourcentage du RNB	1,06%	1,06%	1,04%	1,04%	1,03%	1,02%	1,02%	1,04%

Par ailleurs, le point 109 mentionne qu'une "*flexibilité spécifique et aussi grande que possible sera mise en œuvre afin de respecter l'article 323 du TFUE et de permettre à l'Union de remplir ses obligations. Ce point fera partie du mandat sur la base duquel la présidence fera progresser les discussions avec le Parlement européen conformément au point 11* [voir *supra*]".

Le tableau 80 (page 235) compare l'accord obtenu au sein du Conseil européen au cadre financier pour 2007-2013 et à la proposition de la Commission du 6 juillet 2011.

Le Parlement européen a adopté, le 13 mars 2013, une résolution suite aux conclusions du Conseil européen[69], où il "*rejette* (l'accord obtenu au niveau

[69] Doc. *PE P7_TA(2013)0078.*

Tableau 80. L'accord obtenu lors du Conseil européen du 8 février 2013 sur le cadre financier pluriannuel pour 2014-2020 par rapport au cadre financier pour 2007-2013 et à la proposition de la Commission

En millions d'euros (sauf indication contraire) et en prix de 2011

Rubrique ou sous-rubrique du CFP	CFP 2014-2020 *(UE-28)*	CF 2007-2013 *(UE-27)*	Différence CFP/ CF		Différence CFP/ proposition COM*	
1. Croissance intelligente et incluse	450.763	446.310	+4,5bio	*+1,0%*		
1a Compétitivité pour la croissance et l'emploi	*125.614*	*91.495*	*+34,1bio*	*+37,3%*	*38,6bio*	*-23,5%*
1b Cohésion économique, sociale et territoriale	*325.149*	*354.815*	*-29,7bio*	*-8,4%*	*-14,3bio*	*-4,2%*
2. Croissance durable : ressources naturelles	373.179	420.682	-47,5bio	*-11,3%*	-16,5bio	*-4,2%*
3. Sécurité et citoyenneté	15.686	12.366	+3,3bio	*+26,8%*	-3,1bio	*-16,6%*
4. L'Europe dans le monde	58.704	56.815	+1,9bio	*+3,3%*	-13,7bio	*-18,9%*
5. Administration	61.629	57.082	+4,5bio	*+8,0%*	-1,5bio	*-2,4%*
6. Compensations	27	n.d.	n.d.	*n.d.*	0,0bio	*0,0%*
Total des crédits pour engagements	**959.988**	**994.176**	**-35,2bio**	***-3,5%***	**-87,7bio**	***-8,4%***
en pourcentage du RNB	*1,00%*	*1,12%*				
Total des crédits pour paiements	**908.400**	**942.778**	**-34,4bio**	***-3,7%***	**-92,1bio**	***-9,2%***
en pourcentage du RNB	*0,95%*	*1,06%*				
- Fonds de solidarité de l'Union européenne	3.500	7.000	-3,5bio	*-51,0%*	-3,5bio	*-50,0%*
- Instrument de flexibilité	3.300	1.400	+1,9bio	*+130,9%*	-0,2bio	*-5,7%*
- Réserve pour aides d'urgence	1.960	1.697	+0,3bio	*+15,5%*	-0,5bio	*-20,0%*
- Fonds européen d'ajustement à la mondialisation	1.050	3.500	-2,5bio	*-70,6%*	-2,0bio	*-65,0%*
*- Fonds européen de développement (FED)***	*26.984*	*26.826*	*+0,2bio*	*+0,6%*	-3,3bio	*-11,0%*
en pourcentage du RNB	*0,04%*	*0,05%*				
Total CF(P) et hors CF(P)	**996.782**	**1.035.031**	**-38,2bio**	***-3,7%***	**-94,8bio**	***-8,7%***
en pourcentage du RNB	*1,04%*	*1,17%*				

** Proposition de la Commission du 6 juillet 2012 (UE-28) (doc. COM(2012) 388 final ; voir deuxième partie, p. 142)*
*** Le "budget FED" n'est pas inclus dans le budget de l'Union européenne*

du Conseil européen) *sous sa forme actuelle parce qu'il ne reflète pas les priorités et les préoccupations qu'il a exprimées, notamment dans sa résolution du 23 octobre 2012*[70]*, et néglige le rôle et les compétences du Parlement européen tels que prévus par le traité de Lisbonne*".

Dans sa résolution[71] (adoptée par 506 votes pour, 162 votes contre et 23 abstentions), le Parlement notamment :

"- (demande) *de conduire des négociations sur un paquet général qui comprenne, outre le CFP, une révision complète et obligatoire, une flexibilité générale la plus grande et un accord sur les ressources propres et qui garantisse l'unité du budget de l'Union ;*

- *est fermement convaincu qu'en vue de s'assurer une pleine légitimité démocratique, la prochaine assemblée du Parlement européen et la nouvelle Commission – qui prendront leurs fonctions après les élections européennes de 2014 – devraient être en mesure de reconfirmer les priorités budgétaires de l'Union et de procéder à une révision du CFP 2014-2020 ; insiste dès lors sur sa position en faveur d'une révision complète et obligatoire du CFP ou, éventuellement, d'une clause d'expiration ; estime que la révision devrait être juridiquement contraignant, inscrite dans le règlement CFP et décidée à la majorité qualifié au Conseil, en faisant plein usage de la clause passerelle prévue à l'article 312, paragraphe 2, du TFUE ;*

---

[70] Doc. *PE P7_TA(2012)0360.*

[71] Le Parlement européen indique également dans sa résolution (aux points 6 et 7) qu'il "*s'oppose fermement à l'actuelle accumulation et reconduction dans le budget de l'Union de crédits de paiement non consommés ; exprime sa ferme opposition à un cadre financier qui pourrait entraîner le budget vers un déficit structurel, en violation des disposition du TFUE (articles 310 et 323) ; est dès lors résolu d'empêcher tout report supplémentaire de paiements de l'exercice 2013 au prochain CFP ; rappelle la déclaration annexée au budget de l'Union pour 2013 qui invitait la Commission à présenter, à un stade précoce durant l'exercice 2013, un projet de budget rectificatif dans le seul but de couvrir tous les crédits de paiement non consommés en 2012* [voir page 215] *; déclare solennellement qu'il ne commencera les négociations sur le CFP qu'après que la Commission aura présenté un budget rectificatif correspondant à sa volonté politique et qu'il se refusera à les conclure avant l'adoption définitive par le Conseil et par le Parlement européen de ce budget rectificatif ; demande également au Conseil un engagement politique selon lequel toutes les obligations légales encourues en 2013 seront acquittées avant la fin de l'exercice*".

- *insiste pour que le principe de l'unité du budget de l'Union soit rappelé et clairement exposé dans l'accord interinstitutionnel ; pense que toutes les dépenses et les recettes résultant de décisions prises par les institutions européennes ou en leur nom, y compris les opération de prêt, d'emprunt et de garantie, doivent être résumées dans un document annexé chaque année au projet de budget en donnant une vue générale des conséquences financières et budgétaires des activités de l'Union (…) ;*

- *insiste pour accélérer, parallèlement à celles sur le CFP, ses négociations avec le Conseil sur les bases juridiques spécifiques aux programmes et politiques de l'Union pour la période 2014-2020 ; souligne le fait que les négociations sur le CFP et l'accord interinstitutionnel et celles sur les programmes pluriannuels de l'Union constitue un même paquet*"[72].

Par ailleurs, le Parlement européen rappelle "*que, si aucun CFP n'était adopté avant la fin de l'exercice 2013, les plafonds et autres dispositions correspondant à 2013 seraient reconduites jusqu'au jour où un nouveau CFP est adopté ; signale qu'en ce cas, il serait prêt à parvenir rapidement à un accord avec le Conseil et la Commission pour adapter la structure interne du CFP, afin de refléter les priorités politiques de l'Union, et pour faire en sorte que les bases juridiques appropriées soient en place pour tous les programmes et politiques de l'Union d'ici à 2014*"[73].

Concernant plus particulièrement la flexibilité du CFP, le PE notamment :

"- (considère que) *les plafonds convenus dans le CFP pour les crédits d'engagement et les crédits de paiement (doivent être) utilisés au mieux au moment d'établir les budgets annuels de l'Union ;*

- *estime donc nécessaire que le maximum de flexibilité générale entre rubriques et dans les rubriques, ainsi que d'un exercice financier à l'autre, soit assuré dans le prochain CFP et décidé à la majorité qualifiée par le Conseil ;*

- (considère dès lors que cette) *flexibilité devrait inclure la possibilité d'user pleinement des marges disponibles pour chaque rubrique au cours d'un seul exercice (pour les crédits d'engagement), et ainsi qu'un report automatique des marges disponibles sur les autres exercices (tant pour les crédits d'engagement que pour les crédits de paiement)*"[74].

Quant à la marge pour imprévus, la réutilisation des excédents budgétaires et la "souplesse" législative, le Parlement européen renvoie avant tout à sa résolution du 23 octobre 2012[75].

Concernant enfin les ressources propres, le PE :

"- *insiste sur l'importance de parvenir à un accord sur une réforme en profondeur du système de ressources propres ; souligne que le budget de l'Union devrait être financé par d'authentiques ressources propres, comme le prévoit le traité ; professe, dès lors, son engagement en faveur d'une réforme qui réduise la part dans le budget de l'Union des contributions fondées sur le revenu national brut (RNB) à un maximum de 40 % et mette fin à tous les actuels rabais et autres mécanismes de correction ;*

- *renouvelle son soutien aux propositions législatives de la Commission du paquet "Ressources propres"* [voir première partie, page 30], *dont une feuille de route à valeur contraignante ; estime, en outre, dans le cas où le Conseil diluerait ces propositions au point qu'elles n'aboutissent plus à un diminution significative des contributions des États membres au budget de l'Union fondées sur le RNB, que la Commission devrait présenter d'autres propositions pour l'introduction de nouvelles ressources propres à part entière ; souligne que les recettes de la taxe sur les transactions financières devraient être affectées, du moins en partie, au budget de l'Union, en formant de véritables ressources propres*"[76].

Suite à six trilogues "politiques" organisés les 13 et 28 mai et les 4, 11, 18 et 19 juin 2013, le Parlement européen, le Conseil et la Commission sont

---

[72] Doc. *PE P7_TA(2013)0078*, points 8, 9 et 13-15.
[73] *Ibid.*, point 15.
[74] *Ibid.*, point 10.
[75] Doc. *PE P7_TA(2012)0360*, points 53-63.
[76] Doc. *PE P7_TA(2013)0078*, points 11 et 12.

parvenus, le 27 juin 2013, au niveau des présidents des institutions, à un accord politique[77] sur le nouveau CFP[78].

Le Parlement européen a confirmé cet accord politique en plénière le 3 juillet 2013[79].

Le Conseil a ainsi demandé au PE, conformément à l'article 312, paragraphe 2 du TFUE, son avis conforme sur le projet de règlement fixant le CFP le 22 juillet 2013[80], tout en demandant au Parlement et à la Commission de donner leur accord au projet de nouvel AII[81].

---

[77] L'accord comporte premièrement l'inclusion dans le projet de règlement fixant le CFP des trois nouveaux articles suivants :

a) article *3 bis* (intitulé "*Marge globale pour les paiements*") : "*1. Chaque année, à partir de 2015, dans le cadre des ajustements techniques prévus à l'article 4, la Commission ajuste à la hausse les plafonds des paiements pour les années 2015 à 2020 d'un montant correspondant à la différence entre les paiements exécutés et le plafond des paiements fixés dans le cadre financier pour l'exercice n-1.*

2. Pour les années 2018 à 2020, les ajustements annuels n'excèdent pas les montants maximaux ci-après (aux prix de 2011) par rapport au plafond initial des paiements des exercices en question :

2018 : 7 milliards d'euros,

2019 : 9 milliards d'euros,

2020 : 10 milliards d'euros.

3. Tout ajustement à la hausse est pleinement compensé par une réduction correspondante du plafond des paiements de l'exercice n-1".

b) article *9 septies* ("*Flexibilité spécifique pour faire face au chômage des jeunes et renforcer la recherche*") : "*Un montant pouvant atteindre 2 543 millions d'euros (aux prix de 2011) peut être concentré en début de période en 2014 et en 2015, dans le cadre de la procédure budgétaire annuelle, pour atteindre des objectifs politiques spécifiques liés à l'emploi des jeunes, à la recherche, à Erasmus – notamment en ce qui concerne les apprentissages – et aux petites et moyennes entreprises. Ledit montant est entièrement prélevé sur les crédits à l'intérieur des rubriques et/ou entre celles-ci afin de ne pas modifier les plafonds annuels totaux pour la période 2014-2020 et la dotation totale par rubrique ou sous-rubrique sur cette période*".

c) article *9 octies* ("*Marge globale pour des engagements en faveur de la croissance et de l'emploi, en particulier celui des jeunes*") : "*1. Les marges laissées disponibles sous les plafonds du cadre financier pour les crédits d'engagement pour les années 2014-2017 constituent une marge globale du cadre financier pour des engagements, à débloquer au-delà des plafonds établis dans le cadre financier pour les années 2016 à 2020 afin d'atteindre des objectifs politiques liés à la croissance et à l'emploi, en particulier celui des jeunes.*

2. Chaque année, dans le cadre des ajustements techniques prévus à l'article 4, la Commission calcule le montant disponible. La marge globale du cadre financier ou une partie de celle-ci peut être mobilisée par le Parlement européen et le Conseil dans le cadre de la procédure budgétaire en vertu de l'article 314 du TFUE".

Par ailleurs, concernant l'aide aux plus démunis, les trois institutions conviennent qu'"*afin de maintenir le niveau courant de financement pour le programme, en plus des 2,5 milliards d'euros déjà accordés, les États membres peuvent décider d'augmenter leur allocation pour un montant maximum de 1 million d'euros sur une base volontaire*".

Les trois institutions agréent également d'inclure le considérant suivant dans le projet de règlement fixant le CFP : "*Dans le contexte du réexamen/de la révision à mi-parcours du cadre financier, le Parlement européen, le Conseil et la Commission conviennent d'examiner conjointement, avant que la Commission ne présente ses propositions, la durée la plus appropriée pour le cadre financier suivant, en vue de trouver un juste équilibre entre la durée des mandats respectifs des membres du Parlement européen et de la Commission européenne, et la nécessité d'assurer la stabilité des cycles de programmation et la prévisibilité des investissements*". La Commission a fait dans ce contexte la déclaration suivante : "*La Commission étudiera aussi la possibilité de mettre ses propositions relatives aux prochain CFP en cohérence avec les cycles politiques des institutions*".

[78] Le Conseil s'est également engagé dans le cadre de l'accord à adopter sa position sur la "première tranche" du projet de budget rectificatif n° 2/2013 au plus tard lors du Conseil "Écofin" du 9 juillet 2013 (voir page 223). En même temps, "(l)*e Conseil s'engage à prendre toutes les mesures complémentaires nécessaires pour veiller à ce que les obligations de l'Union pour 2013 soient pleinement honorées. Sur la base d'une proposition à présenter par la Commission au début de l'automne 2013, fondée sur les dernières prévisions actualisées concernant les crédits de paiement, le Conseil s'engage à se prononcer, sans tarder, sur un nouveau projet de budget rectificatif afin d'éviter toute pénurie dans les crédits de paiement justifiés*"

[79] Doc. *PE P7_TA(2013)0304*. Cette résolution est reproduite pages 326-328.

[80] Cette demande a été faite sur la base du document *Conseil 11791/13 POLGEN 129 CADREFIN 170* du 17 juillet 2013. Les différents projets de déclarations faisant partie de l'accord de principe sont repris quant à eux dans l'addendum n° 1 du document *Conseil 11961/13 POLGEN 135 CADREFIN 180* du 15 juillet 2013.

[81] Doc. *Conseil 11298/13 POLGEN 117 CADREFIN 154* du 20 juin 2013.

Le Parlement européen a donné son avis conforme[82] sur le règlement fixant le nouveau cadre financier pluriannuel le 19 novembre 2013.

Le Conseil a ainsi adopté le règlement (UE, Euratom) nº 1311/2013 fixant le cadre financier pluriannuel pour la période 2014-2020 le 2 décembre 2013[83].

Le contenu du règlement fixant le CFP est repris dans le tableau 81 ci-dessous[84] :

Il convient avant tout de relever que :

- le règlement contient dans son article 5 des éléments nouveaux par rapport à l'AII de 2006, notamment en ce qui concerne la *marge globale pour les paiements*, ainsi que dans son article 4 des précisions sur le *respect des différents plafonds* du CFP ;

- il inclut une clause obligatoire de *réexamen à mi-parcours* du fonctionnement du CFP, débutant avant fin 2016 au plus tard (article 2) ;

Tableau 81. Le contenu du règlement fixant le cadre financier pluriannuel pour 2014-2020

		Article(s)
Chapitre 1	**Dispositions générales**	**1-8**
	Cadre financier pluriannuel	1
	Réexamen/révision à mi-parcours du cadre financier	2
	Respect des plafonds du cadre financier	3
	Respect du plafond des ressources propres	4
	Marge globale pour les paiements	5
	Ajustements techniques	6
	Ajustement des enveloppes en faveur de la politique de cohésion	7
	Adaptations se rapportant aux conditionnalités macroéconomiques liées à la coordination des politiques économiques des États membres	8
Chapitre 2	**Instruments spéciaux**	**9-16**
	Réserve pour aides d'urgence	9
	Fonds de solidarité de l'Union européenne	10
	Instrument de flexibilité	11
	Fonds européen d'ajustement à la mondialisation	12
	Marge pour imprévus	13
	Marge globale pour des engagements en faveur de la croissance et de l'emploi, en particulier celui des jeunes	14
	Flexibilité spécifique pour faire face au chômage des jeunes et renforcer la recherche	15
	Contribution au financement de projets à grande échelle	16
Chapitre 3	**Révision**	**17-26**
	Révision du cadre financier	17
	Révision liée aux conditions d'exécution	18
	Révision à la suite de l'adoption de nouvelles règles ou de nouveaux programmes concernant les Fonds structurels, le Fonds de cohésion, le Fonds européen agricole pour le développement rural, le Fonds européen pour les affaires maritimes et la pêche, le Fonds "Asile et migration" et le Fonds pour la sécurité intérieure	19
	Révision du cadre financier en cas de révision des traités	20
	Révision du cadre financier en cas d'élargissement de l'Union	21
	Révision du cadre financier en cas de réunification de Chypre	22
	Coopération interinstitutionnelle dans le cadre de la procédure budgétaire	23
	Unité du budget	24
	Transition vers le prochain cadre financier pluriannuel	25
	Entrée en vigueur	26
Annexe	**Cadre financier pluriannuel pour 2014-2020 (UE-28)**	

[82] Avec 537 votes pour, 126 contre et 26 abstentions. L'AII de 2013 (voir pages 241-243) a été adopté par la même occasion par 557 votes pour, 118 contre et 11 abstentions.
[83] JO L 347 du 20.12.2013, pp. 884/891.
[84] La flexibilité du nouveau CFP fera l'objet d'une présentation séparée.

Tableau 82. Le cadre financier pluriannuel pour 2014-2020

En millions d'euros et en prix 2011 (UE-28)
(Source : JO L 347 du 20.12.2013, p. 891)

Crédits pour engagements	2014	2015	2016	2017	2018	2019	2020	Total 2014-2020
1. Croissance intelligente et incluse	**60.283**	**61.725**	**62.771**	**64.238**	**65.528**	**67.214**	**69.004**	**450.763**
1a Compétitivité pour la croissance et l'emploi	15.605	16.321	16.726	17.693	18.490	19.700	21.079	125.614
1b Cohésion économique, sociale et territoriale	44.678	45.404	46.045	46.545	47.038	47.514	47.925	325.149
2. Croissance durable : ressources naturelles	**55.883**	**55.060**	**54.261**	**53.448**	**52.466**	**51.503**	**50.558**	**373.179**
dont : dépenses relatives au marché et paiements directs	41.585	40.989	40.421	39.837	39.079	38.335	37.605	277.851
3. Sécurité et citoyenneté	**2.053**	**2.075**	**2.154**	**2.232**	**2.312**	**2.391**	**2.469**	**15.686**
4. L'Europe dans le monde	**7.854**	**8.083**	**8.281**	**8.375**	**8.553**	**8.764**	**8.794**	**58.704**
5. Administration	**8.218**	**8.385**	**8.589**	**8.807**	**9.007**	**9.206**	**9.417**	**61.629**
dont : dépenses administratives des institutions	6.649	6.791	6.955	7.110	7.278	7.425	7.590	49.798
6. Compensations	**27**	**0**	**0**	**0**	**0**	**0**	**0**	**27**
Total des crédits pour engagements	**134.318**	**135.328**	**136.056**	**137.100**	**137.866**	**139.078**	**140.242**	**959.988**
en pourcentage du RNB	1,03%	1,02%	1,00%	1,00%	0,99%	0,98%	0,98%	1,00%
Total des crédits pour paiements	**128.030**	**131.095**	**131.046**	**126.777**	**129.778**	**130.893**	**130.781**	**908.400**
en pourcentage du RNB	0,98%	0,98%	0,97%	0,92%	0,93%	0,93%	0,91%	0,95%
Marge disponible	0,25%	0,25%	0,26%	0,31%	0,30%	0,30%	0,32%	0,28%
Plafond des ressources propres en pourcentage du RNB	1,23%	1,23%	1,23%	1,23%	1,23%	1,23%	1,23%	1,23%

- il définit à son chapitre 2 (articles 9 à 15) les "instruments spéciaux" suivants[85] :

a) la *réserve pour aides d'urgence* (avec une dotation annuelle de 280 million d'euros[86] et une nouvelle règle "*n+1*" par rapport à l'AII de 2006) ;

b) le *Fonds de solidarité de l'Union européenne* (500 millions d'euros, "*n+1*" et une nouvelle flexibilité additionnelle en cas de ressources financières insuffisantes, avec la possibilité pour la Commission de proposer d'utiliser des montants de l'année *n+1* de manière anticipative) ;

c) l'*instrument de flexibilité* (471 millions d'euros, avec une nouvelle règle "*n+3*") ;

d) le *Fonds d'ajustement à la mondialisation* (150 millions d'euros) ;

e) la nouvelle *marge pour imprévus* (pouvant atteindre 0,03 % du RNB de l'UE[87]) ;

f) la nouvelle *marge globale pour des engagements en faveur de la croissance et de l'emploi*, en particulier celui des jeunes, et

g) la nouvelle *flexibilité spécifique* pour faire face au *chômage des jeunes et pour renforcer la recherche* (voir page 237) ;

- il fixe le montant maximal de la contribution au *financement de projets à grande échelle*[88] pour la période 2014-2020 à 12 793 millions d'euros.

Par ailleurs, le règlement contient dans son unique annexe le *nouveau CFP* (voir tableau 82 ci-dessus). Le CFP se compose de *six rubriques*, de *deux sous-rubriques* et de *deux sous-plafonds*, à comparer aux

---

[85] Selon l'article 3, paragraphe 2 du règlement "(l)*es instruments spéciaux prévus aux articles 9 à 15 garantissent la flexibilité du cadre financier et sont mis en place pour assurer le bon déroulement de la procédure budgétaire. Les crédits d'engagement peuvent être inscrits au budget au-delà des plafonds des rubriques concernées, tels que définis dans le cadre financier, s'il est nécessaire d'utiliser les ressources de la réserve pour aides d'urgence, du Fonds de solidarité de l'Union européenne, de l'instrument de flexibilité, du Fonds européen d'ajustement à la mondialisation, de la marge pour imprévus, de la flexibilité spécifique pour faire face au chômage des jeunes et renforcer la recherche, et de la marge globale pour les engagements en faveur de la croissance et de l'emploi, en particulier celui des jeunes, conformément au règlement (CE) nº 2012/2002 du Conseil* (instituant le Fonds de solidarité ; JO L 311 du 14.11.2002, pp. 3/8), *au règlement (CE) nº 1927/2006 du Parlement européen et du Conseil* (instituant le Fonds européen d'ajustement à la mondialisation ; JO L 406 du 30.12.2006, pp. 1/6) *et à l'accord interinstitutionnel entre le Parlement européen, le Conseil et la Commission* [voir pages 241-243]".

[86] Tous les montants sont exprimés en prix de 2011.

[87] Cette marge pour imprévus remplace la possibilité pour le Conseil de réviser, conformément au point 22, deuxième alinéa de la Partie I de l'AII de 2006, le CF jusqu'à 0,03 % du PNB à la *majorité qualifiée* (voir Tome II, p. 209).

[88] Il s'agit des programmes européens de GNSS (*Global Navigation Satellite System* ou système mondial de (radio)navigation par satellite) "Egnos" et "Galileo", du projet ITER (*International Thermonuclear Experimental Reactor* ou réacteur thermonucléaire expérimental international) et du programme "Copernicus" d'observation de la terre (voir page 255).

six rubriques[89], quatre sous-rubriques[90] et un sous-plafond[91] en 2007-2013 :

- la rubrique *1* (intitulée désormais "*Croissance intelligente et inclusive*") continue à être divisée en deux sous-rubriques, "*Compétitivité pour la croissance et l'emploi*" (sous-rubrique *1a*), d'une part, et "*Cohésion économique, sociale et territoriale*" (nouvel intitulé de la sous-rubrique *1b*), d'autre part ;

- la rubrique *2* (intitulée dorénavant "*Croissance durable : ressources naturelles*") est dotée d'un sous-plafond pour les dépenses relatives au marché et les paiements directs relevant du Fonds européen agricole de garantie (FEAGA). Il est défini selon l'article 3 du règlement, "*sans préjudice de la flexibilité entre les deux piliers de la politique agricole commune (PAC). Le plafond ajusté à appliquer au pilier I de la PAC à la suite des transferts entre le Fonds européen agricole pour le développement rural et les paiements directs est défini dans l'acte juridique pertinent, et le cadre financier est ajusté en conséquence au titre des ajustements techniques du CFP*" ;

- la rubrique *3* (intitulée désormais "*Sécurité et citoyenneté*") n'est plus divisée, comme dans le CF précédent, en deux sous-rubriques ("*Liberté, sécurité et justice*" (sous-rubrique *3a*), d'une part, et "*Citoyenneté*" (sous-rubrique *3b*) d'autre part) ;

- la rubrique *4* est désormais intitulée "*L'Europe dans le monde*" ;

- la rubrique *5* (*Administration*) comporte dorénavant un sous-plafond regroupant les *dépenses administratives des institutions de l'Union européenne* ;

- la rubrique *6* (*Compensations*) comporte les montants prévus[92] en faveur de la Croatie dans le cadre de son adhésion à l'UE (voir page 229) ;

- le total des *crédits pour engagements* autorisé (au maximum) diminue (en comparant le montant au RNB escompté) de 1,03 % (en 2014) à 0,98 % (en 2020), pour s'établir en moyenne à 1 % du RNB escompté ;

- le total des *crédits pour paiements* autorisé diminue en même temps de 0,98 % (en 2014) à 0,91 % (en 2020), pour s'établir en moyenne à 0,95 % du RNB escompté, et

- en prenant en compte le plafond annuel des *ressources propres*, qui est maintenu à *1,23 %* du RNB sur toute la période, la *marge disponible* pour imprévus augmente de 0,25 % (en 2014) à 0,32 % (en 2020), s'établissant en moyenne à 0,28 % du RNB.

Il convient de relever que le CFP est rédigé en *prix 2011*, ce qui requiert un *ajustement technique annuel*, conformément à l'article 6 du règlement. Par ailleurs, le CFP est établi pour une UE à *28 États membres*, ce qui implique une *révision* du CFP en cas d'*élargissement de l'UE*, conformément à l'article 21 du règlement[93].

L'article 23 du règlement traite en termes généraux de la coopération interinstitutionnelle dans le cadre de la procédure budgétaire et l'article 24 de l'unité du budget de l'UE[94].

---

[89] Le CF ne comportait une rubrique *6* (*Compensation*) avec des montants que pour les années 2007-2009 et 2013. D'un point de vue budgétaire, les rubriques et les sous-rubriques ont le même statut. Les montants d'un sous-plafond ne peuvent pas être dépassés sans révision du sous-plafond. Par contre, les montants "non-utilisés" peuvent être utilisés en faveur des autres dépenses relevant de la rubrique, sans devoir avoir recours à une révision du CFP.

[90] Le CF comportait des sous-rubriques sous les rubriques *1* (*Croissance durable*) et *3* (*Citoyenneté, liberté, sécurité et justice*).

[91] Pour les dépenses de marché et les paiements directs sous la rubrique *2* (*Conservation et gestion des ressources naturelles*) du CF.

[92] Pour 2014 seulement.

[93] Le règlement fixant le CFP prévoit également une révision du CFP en cas de *révision des traités* (article 20) ou de *réunification de Chypre* (article 22). La Commission peut également proposer comme en 2007-2013 des *révisions en fonction de l'exécution* (article 18).

En outre, l'article 19 du règlement fixant le CFP comporte des provisions concernant une éventuelle *révision* du CFP à la suite de *l'adoption de nouvelles règles ou de nouveaux programmes concernant différents Fonds* et l'article 7 concernant *l'ajustement des enveloppes en faveur de la politique de cohésion* en 2016. Par ailleurs, l'article 8 contient les règles s'appliquant au *transfert des engagements suspendus*.

[94] Selon l'article "*toutes les dépenses et les recettes de l'Union et d'Euratom sont inscrites au budget*

Tableau 83. Le contenu de l'accord interinstitutionnel du 2 décembre 2013

		Point(s)
Introduction		1-6
Partie I	**CFP et instruments spéciaux**	**7-14**
A	Dispositions se rapportant au CFP	7-9
	Mise à jour des prévisions relatives aux crédits de paiement après 2020	*9*
B	Dispositions relatives aux instruments spéciaux ne figurant pas dans le CFP	10-14
	Réserve pour aides d'urgence	*10*
	Fonds de solidarité de l'Union européenne	*11*
	Instrument de flexibilité	*12*
	Fonds européen d'ajustement à la mondialisation	*13*
	Marge pour imprévus	*14*
Partie II	**Amélioration de la coopération interinstitutionnelle en matière budgétaire**	**15-27**
A	Procédure de coopération interinstitutionnelle	15
	Transparence budgétaire	*16*
B	Inscription de dispositions financières dans les actes législatifs	17-18
C	Dépenses relatives aux accords de pêche	19-21
D	Dépenses liées à la réserve pour les crises dans le secteur agricole	22
E	Financement de la politique étrangère et de sécurité commune (PESC)	23-25
F	Participation des institutions en ce qui concerne les questions relatives à la politique de développement et le FED	26
G	Coopération des institutions à la procédure budgétaire en matière de dépenses administratives	27
Partie III	**Bonne gestion financière des fonds de l'Union**	**28-33**
A	Gestion conjointe	28-30
	Rapport d'évaluation	*29*
	Programmation financière	*30*
B	Agences et Écoles européennes	31-33
Annexe	**Coopération interinstitutionnelle au cours de la procédure budgétaire**	

Enfin, l'article 25 traite de la "transition" vers le prochain cadre financier pluriannuel, dans les termes suivants :

"*La Commission présente, avant le 1er janvier 2018, une proposition pour un nouveau cadre financier pluriannuel.*

Si aucun règlement du Conseil fixant un nouveau cadre financier pluriannuel n'a été adopté avant le 31 décembre 2020, les plafonds et autres dispositions correspondant à la dernière année couverte par le cadre financier sont prorogés jusqu'à l'adoption d'un tel règlement. En cas d'adhésion de nouveaux États membres à l'Union après 2020, le cadre financier ainsi prorogé est révisé, si nécessaire, afin que l'adhésion soit prise en compte".

7. Le nouvel accord interinstitutionnel du 2 décembre 2013

En parallèle avec l'accord sur le règlement fixant le cadre financier pluriannuel pour 2014-2020 (voir pages 236-238), le Parlement européen, le Conseil et la Commission ont conclu un nouvel accord interinstitutionnel sur la discipline budgétaire, la coopération en matière budgétaire et la bonne gestion financière[95] (l'"AII de 2013").

Le contenu de l'AII de 2013 est repris dans le tableau 83 ci-dessus.

La Partie I (intitulée désormais "*CFP et instruments spéciaux*") comporte, par rapport à l'AII de 2006, premièrement un nouveau point 9 sur la mise à jour des prévisions relatives aux crédits de paiement après 2020, devant être effectuée en 2017[96].

---

général de l'Union conformément à l'article 7 du règlement financier, y compris les dépenses résultant de toute décision prise à l'unanimité par le Conseil après consultation du Parlement européen, dans le cadre de l'article 332 du TFUE [la "coopération renforcée"]".

[95] JO C 373 du 20.12.2013, pp. 1/11. Le président du Conseil et le membre de la Commission en charge du budget et de la programmation financière ont signé cet AII le 9 décembre et le président du Parlement européen le 10 décembre 2013. L'AII de 2013 est entré en vigueur le 23 décembre 2013 et remplace l'AII de 2006.

[96] Le point 7 stipule que les informations relatives aux opérations non reprises dans le budget général de l'Union, ainsi qu'à l'évolution prévisible des différentes catégories de ressources propres de l'Union, doivent être présentées par la Commission à titre indicatif dans des tableaux séparés. Ces informations doivent en outre être mises à jour chaque année avec les documents accompagnant le projet de budget.

Il convient cependant avant tout de noter que les points 10 à 14 comportent des dispositions complémentaires concernant les instruments spéciaux (voir page 239), et notamment leurs règles de mobilisation[97].

La Partie II (*Amélioration de la coopération interinstitutionnelle en matière budgétaire*) comporte de nouvelles dispositions par rapport à l'AII de 2006 à ses points 16 (sur la transparence budgétaire), 22 (sur les dépenses liées à la nouvelle réserve pour les crises dans le secteur agricole[98]), 26 (sur la participation des institutions aux dossiers relatifs à la politique de développement et au Fonds européen de développement) et 27 (sur la coopération des institutions en matière de dépenses administratives[99]). Les points 23 et 24 (comme les points 42 et 43 de la Partie II de l'AII de 2006) contiennent des dispositions spécifiques s'appliquant au financement de la politique étrangère et de sécurité commune (PESC). Il convient avant tout de relever que les nouveaux points ne contiennent plus de montant de référence pour la période 2014-2020[100].

La Partie III (*Bonne gestion financière des fonds de l'Union*) contient quant à elle de nouvelles dispositions sur la gestion conjointe (points 28-30). Par ailleurs, les points 31 à 33[101] sur les agences et les Écoles européennes consolident le texte du point 47 de l'AII de 2006 et de la déclaration commune de novembre 2009 sur les lignes directrices de la mise en œuvre de ce point (voir première partie, page 45).

Enfin, il convient de relever que l'annexe de l'AII de 2013 sur la coopération interinstitutionnelle au cours de la procédure budgétaire remplace la déclaration commune, du 30 novembre 2009, sur les mesures transitoires applicables à la procédure budgétaire après l'entrée en vigueur du traité de Lisbonne[102],

---

[97] Le fait que le Conseil puisse adopter toutes les mobilisations à la majorité qualifiée était une des conditions *sine qua non* du PE pour son accord au règlement fixant le CFP.

[98] Selon le point 22 de l'AII de 2013, "(l)*es crédits en rapport avec la réserve pour les crises dans le secteur agricole prévus à l'article 25 du règlement (UE) n° 1306/2013 du Parlement européen et du Conseil* (du 17 décembre 2013 relatif au financement, à la gestion et au suivi de la politique agricole commune ; JO L 347 du 20.12.2013, pp. 549/607) *sont directement inscrits au budget général de l'Union. Tout montant de la réserve qui n'aura pas été mis à disposition pour des mesures de crise sera reversé sur le poste des paiements directs.*

Les dépenses liées à des mesures prises en cas de crises survenant entre le 16 octobre et la fin de l'exercice peuvent être financées à partir de la réserve de l'exercice suivant, conformément aux exigences fixées au troisième alinéa.

Si la Commission considère qu'il convient d'appeler les ressources de la réserve, conformément à l'acte législatif pertinent, elle présente au Parlement européen et au Conseil une proposition de virement de crédits mis en réserve vers les lignes budgétaires permettant le financement des mesures qu'elle estime nécessaires. Toute proposition de la Commission visant à un virement à partir de la réserve est précédée d'un examen des possibilités de réaffectation des crédits.

Les virements à partir de la réserve sont effectués conformément au règlement financier.

En cas de désaccord, une procédure de trilogue est engagée".

[99] Selon le point 27 de l'AII de 2013, "(l)*es économies induites par le plafond de la rubrique 5 prévu à l'annexe du règlement CFP sont réparties proportionnellement entre l'ensemble des institutions et autres organes de l'Union en fonction de leur part respective des budgets administratifs* [voir page 398].

Chaque institution, organe ou agence est appelé à présenter des estimations de dépenses dans le cadre de la procédure budgétaire annuelle, qui sont conformes aux orientations visées au premier alinéa.

Afin de neutraliser la capacité additionnelle générée par l'augmentation du temps de travail à 40 heures par semaine, le Parlement européen, le Conseil et la Commission conviennent d'une réduction progressive de 5 % des effectifs figurant dans le tableau des effectifs à la date du 1er janvier 2013 (le Conseil et la Commission ont déjà procédé à une première réduction de 1 % des effectifs figurant dans leur tableau des effectifs à la date du 1er janvier 2013). Cette réduction devrait s'appliquer à l'ensemble des institutions, organes et agences et être effectuée entre 2013 et 2017. Cela ne préjuge pas les droits budgétaires du Parlement européen et du Conseil".

[100] Selon le point 42, cinquième alinéa de l'AII de 2006 "(l)*es institutions conviennent qu'un montant de 1 740 millions* [...] *au moins sera disponible* [sous la rubrique 4 du CF] *au titre de la PESC durant la période 2007-2013*".

[101] Il convient également de relever que le point 32 de l'AII de 2013 fait une référence à l'approche commune sur les agences décentralisées de l'UE, du 19 juillet 2012 (voir chapitre III), en indiquant que les "*dispositions pertinentes de l'approche commune figurant à l'annexe de la déclaration commune du Parlement européen, du Conseil de l'Union européenne et de la Commission* (...) *devraient être dûment prises en compte dans la procédure budgétaire*".

[102] Doc. *Conseil 16792/09* du 1er.12.2009, pp. 2/7, et *PE A7-0083/2009/err01* du 9.12.2009, pp. 1/4 (voir pages 373-376).

ainsi que les annexes des déclarations communes relatives au calendrier des procédures budgétaires et aux modalités de fonctionnement du comité de conciliation[103].

8. *Adoption d'actes délégués suite au règlement financier de 2012*

La Commission a adopté, le 30 septembre 2013, sur la base de l'article 208 du RF de 2012, le règlement délégué (UE) nº 1271/2013 portant règlement financier-cadre des organismes créés en vertu du TFUE et du traité Euratom, dotées d'une personnalité juridique et qui reçoivent une contribution du budget de l'UE[104].

Elle a adopté le même jour, sur la base de l'article 209 du RF de 2012, le règlement délégué (UE) nº 110/2014 portant règlement financier type pour les organismes de partenariat public-privé visés à l'article 209 du RF de 2012[105].

---

[103] Voir pages 109-111, 210-212 et 331-333. Il convient de souligner dans ce contexte le point 36 de l'annexe (intitulé "*Reste à liquider (RAL)*", qui notamment "officialise" les réunions interinstitutionnelles sur les paiements, organisées suite à des demandes du Parlement européen depuis 2012), et qui se lit comme suit : "*Compte tenu de la nécessité d'assurer une évolution ordonnée du total des crédits pour paiements par rapport aux crédits pour engagements de manière à éviter tout report anormal du RAL d'une année sur l'autre, le Parlement européen, le Conseil et la Commission conviennent de suivre de près le niveau du RAL afin d'atténuer le risque d'entrave à la mise en œuvre des programmes de l'Union en raison d'un manque de crédits de paiement au terme du CFP.*

Afin de garantir un niveau et un profil gérables pour les paiements dans toutes les rubriques, les règles de dégagement sont appliquées de manière stricte dans toutes les rubriques, en particulier les règles de dégagement d'office.

Au cours de la procédure budgétaire, les institutions se réunissent régulièrement en vue d'évaluer conjointement l'état de la situation et les perspectives d'exécution du budget durant l'exercice en cours et les exercices à venir. Ces rencontres prennent la forme de réunions interinstitutionnelles spécialement organisées au niveau approprié, avant lesquelles la Commission fournit des informations détaillées sur l'état de la situation, ventilées par Fonds et par État membre, concernant l'exécution des paiements, les demandes de remboursement reçues et les prévisions révisées. En particulier, afin d'assurer que l'Union est en mesure de remplir toutes ses obligations financières découlant d'engagements existants et futurs pendant la période 2014-2020, conformément à l'article 323 du TFUE, le Parlement européen et le Conseil analysent et examinent les estimations de la Commission en ce qui concerne le niveau requis des crédits de paiement".

[104] JO L 328 du 7.12.2013, pp. 42/68. Cet acte est applicable (à l'exception de quatre articles) à partir du 1er janvier 2014.

[105] JO L 38 du 7.2.2014, pp. 2/15. L'adoption de cet acte a été compliquée à cause de la question de la décharge des entreprises communes (voir page 356) conformément à l'article 209 du RF de 2012. Un accord sur ce point a été trouvé en janvier 2014 entre le Parlement européen, le Conseil et la Commission sur la base de la déclaration commune suivante : "*1. Le Parlement européen, le Conseil et la Commission conviennent que, pour permettre aux entreprises communes de bénéficier de règles financières simplifiées et mieux adaptées à leur nature de partenariat public-privé (PPP), ces entreprises devraient être établies conformément à l'article 209 du règlement financier.*

Toutefois, les trois institutions conviennent également que :

- compte tenu de la nature spécifique et du statut actuel des entreprises communes, et afin d'assurer la continuité par rapport au 7ème programme cadre, les entreprises communes devraient continuer d'être soumises à une décharge distincte à donner par le Parlement européen sur recommandation du Conseil. Des dérogations spécifiques à l'article 209 du règlement financier seront donc insérées dans les actes constitutifs des entreprises communes à établir dans le cadre du programme "Horizon 2020". Ces dérogations feront mention de la décharge distincte et comprendront toute autre adaptation requise ;

- afin que les entreprises communes puissent bénéficier immédiatement des simplifications apportées par le nouveau cadre financier pluriannuel, il est nécessaire que le règlement délégué de la Commission (...) sur le règlement financier type pour les organismes de partenariat public-privé visés à l'article 209 du règlement financier entre en vigueur.

2. Le Parlement européen et le Conseil notent que la Commission :

- veillera à ce que les règles financières des entreprises communes contiennent des dérogations au règlement financier type pour les PPP afin de tenir compte de l'introduction de la décharge distincte dans leurs actes constitutifs ;

- a l'intention de proposer les modifications pertinentes à apporter aux articles 209 et 60, paragraphe 7, du règlement financier dans le cadre de la révision future de celui-ci" (doc. *Conseil 5103/14 RECH 8 COMPET 11 BUDGET 1* du 13 janvier 2014, p. 5, et JO L 163 du 29.5.2014, p. 21).

9. La forme de l'acte établissant le budget de l'Union européenne et sa signature

La Cour de justice de l'Union européenne a rendu son arrêt dans l'affaire *C-77/11* (*Conseil contre Parlement européen*) le 17 septembre 2013.

Le Conseil avait en effet saisi, le 22 février 2011, la Cour de justice d'un recours en annulation de l'acte du président du Parlement européen, du 15 décembre 2010, établissant le budget de l'Union pour 2011[106] (voir Tome II, pp. 174/175).

La Cour a toutefois confirmé la validité de l'acte du 15 décembre 2010, signé par le seul président du Parlement européen, constatant l'adoption définitive du budget de l'Union européenne pour 2011.

La Cour rejette, tout d'abord, l'argument du Conseil selon lequel l'adoption définitive du budget de l'Union pour 2011 aurait dû être établie par un acte législatif, signé conjointement par les présidents du Conseil et du Parlement. La Cour constate en effet que le TFUE (et son article 314) ne requiert pas l'existence d'un acte législatif cosigné par les présidents des deux institutions.

Par ailleurs, la Cour rappelle que le budget est désormais adopté selon une procédure législative spéciale. Le budget "*constitue un document essentiellement comptable comportant les prévisions pour l'Union de toutes les recettes et dépenses à effectuer pendant une certaine période. Ce document est joint, après vérification par le président du Parlement de la conformité de la procédure avec les dispositions du traité FUE, à l'acte par lequel ce dernier constate, sur le fondement de l'article 314, paragraphe 9, TFUE, que le budget est définitivement adopté*". Cet acte, signé du seul président du Parlement européen, "*constitue la phase ultime de la procédure d'adoption du budget de l'Union*" et lui confère force obligatoire à l'égard tant des institutions que des États membres. Cet acte ne prend pas, en raison de la nature du budget, "*la forme d'un acte législatif proprement dit, au sens des articles 288 TFUE et 289, paragraphe 2, TFUE, mais constitue, en tout état de cause, un acte attaquable au sens de l'article 263 TFUE* [c'est-à-dire soumis au contrôle de la Cour], *dans la mesure où il confère force obligatoire au budget de l'Union*"[107].

La Cour réfute, par ailleurs, l'argument du Conseil selon lequel le Parlement européen, en adoptant l'acte attaqué, aurait manqué à son devoir de coopération loyale. Elle relève qu'un accord était intervenu sur le contenu du budget pour 2011 entre le Parlement et le Conseil, à la suite du vote du budget par le Parlement en session plénière le 15 décembre 2010. Dès lors, selon la Cour, "(l)*a circonstance que ces deux institutions entretenaient un différend sur la formalisation de cet accord n'empêchait pas le président du Parlement de constater,* [ce même jour], *que la procédure engagée en application de l'article 314 TFUE était achevée et que le budget général de l'Union pour l'exercice 2011 était définitivement adopté*". La Cour en conclut que, dans la mesure où "*seul le président du Parlement est habilité à signer l'acte attaqué, la question d'une violation du devoir de coopération loyale par le président du Parlement ne se pose pas*". De même, le Parlement n'a pas commis de violation des formes substantielles. En raison de cet accord sur le contenu du budget, "*le président du Parlement pouvait, en pleine conformité avec les dispositions de l'article 314 TFUE, adopter, ce même jour, l'acte attaqué*"[108].

---

[106] À l'appui de son recours, le Conseil faisait notamment valoir que suite à l'entrée en vigueur du traité de Lisbonne, le 1er décembre 2009, la procédure budgétaire a été modifiée, faisant du Parlement et du Conseil des "partenaires égaux". Ainsi, selon le Conseil, le budget de l'Union et les budgets rectificatifs devraient désormais, en fin de procédure, être établis par un acte législatif sous la forme d'un règlement ou d'une directive, voire d'une décision, signé conjointement par les présidents des deux institutions. Dès lors, l'acte qui constate l'adoption définitive du budget pour 2011 serait illégal, dans la mesure où il s'agit d'un acte atypique (non législatif) par lequel le président du Parlement a constaté, seul, la fin de la procédure budgétaire.

Tout en ne contestant pas la substance même du budget, le Conseil avait demandé à la Cour de maintenir de façon temporaire les effets du budget pour 2011 tels que publiés au JO, "*jusqu'à la date où ce budget sera établi en conformité avec le TFUE*".

[107] Arrêt de la Cour (grande chambre), du 17 septembre 2013, points 59, 50 et 60.

[108] *Ibid.*, points 66, 67 et 70.

III. – La procédure budgétaire pour 2014

Le budget de l'Union européenne pour 2014 est présenté par rubriques et sous-rubriques du cadre financier pluriannuel (en crédits d'engagement et de paiement) page 316. Les différentes étapes chiffrées de la procédure budgétaire pour 2014 sont présentées pages 317-323. Elles sont résumées dans le tableau 84, page 246.

1. Le calendrier des travaux

Le calendrier des travaux qui ont conduit à l'adoption du budget de l'Union européenne pour 2014 est résumé dans le tableau 85, page 246. Le tableau présente également les différentes étapes menant en 2013 à l'adoption du règlement du Conseil fixant le nouveau CFP pour 2014-2020 et du nouvel AII de 2013 (voir chapitre II).

Le Parlement européen, le Conseil et la Commission ont organisé en 2013 *quatre* trilogues formels dans le domaine budgétaire, dont un trilogue dans le cadre de la procédure de conciliation. Il convient de relever que, suite à la présentation tardive du projet de budget pour 2014, le trilogue ayant normalement lieu *avant* l'adoption de la position du Conseil a été organisé le jour suivant son adoption formelle, le 3 septembre 2013 (voir pages 272 et 274).

Par ailleurs, comme l'année précédente[109], le Parlement européen, le Conseil et la Commission ont organisé le 26 septembre 2013 une réunion interinstitutionnelle sur la situation des crédits de paiement (voir pages 275-276).

A. Lors du trilogue du *19 mars 2013*, les deux branches de l'autorité budgétaire et la Commission ont avant tout discuté, conformément au point 4 de la déclaration commune, du 30 novembre 2009, sur les mesures transitoires applicables à la procédure budgétaire après l'entrée en vigueur du traité de Lisbonne (voir pages 373-376), des priorités budgétaires pour 2014 (voir page 248).

Le Parlement européen a surtout exprimé sa grande préoccupation concernant la situation des crédits de paiement (voir *infra*), mais également concernant le volume sans cesse croissant du RAL. Par ailleurs, il a rappelé sa demande que la Commission présente – tant qu'il n'y aura pas d'accord entre le PE et le Conseil sur le nouveau CFP – le projet de budget pour 2014 sur la base des propositions de la Commission concernant le CFP, et non sur la base des conclusions du Conseil européen des 7 et 8 février 2013[110] (voir chapitre II).

Sur des sujets plus spécifiques, le Parlement a avant tout souligné son souhait de voir suffisamment de crédits du budget de l'Union alloués à des mesures en faveur de la croissance et de la lutte contre le chômage, notamment celui des jeunes, mais également pour les dépenses administratives et les subventions aux différentes agences décentralisées de l'UE, notamment dans le domaine des services financiers et de la surveillance financière.

Le Conseil pour sa part a rappelé l'importance d'un budget "réaliste", tenant compte de la situation économique difficile existante, et qui sache garantir un bon équilibre entre l'austérité et les investissements contribuant à atténuer les effets de la crise. Les taux d'exécution passés et escomptés, ainsi que le volume croissant du RAL, devraient dûment être pris en compte. Le Conseil a également rappelé l'importance qu'il attachait à une bonne gestion financière des ressources limitées disponibles, celles-ci devant être concentrées avant tout sur des programmes et des projets produisant des "résultats tangibles".

Par ailleurs, le Conseil a exprimé son souhait d'atteindre un accord sur le budget pour 2014 indépendamment des progrès réalisés dans les négociations sur le nouveau CFP, en ne liant pas les questions budgétaires annuelles à d'autres questions. Sur ce point, le PE a rejoint le Conseil, souhaitant également de son côté mener la procédure budgétaire

---

[109] Voir deuxième partie, page 157.

[110] Il convient de relever que la Commission présentera fin juin 2013 son PB pour 2014 en fonction de l'état des négociations sur le CFP au mois de mai 2013, ainsi que sur base des montants ayant été nécessaires les années précédentes en début d'un nouveau cadre financier pluriannuel et d'une nouvelle période de programmation (voir chapitre I).

Tableau 84. La procédure budgétaire pour 2014

En millions d'euros	**Budget pour 2013***		**CFP 2014****	**PB*****		**Position du Conseil**		**Amendements du PE** ******		**Budget adopté**		
	c/e	*c/p*	*c/e*	*c/e*	*c/p*	*c/e*	*c/p*	*c/e*	*c/p*	*c/e*	*c/p*	*Marges*
1. Croissance intelligente et inclusive	70.831	69.127	63.973	63.825	62.789	63.761	62.160	64.132	62.823	63.986	62.393	
1a Compétitivité pour la croissance et l'emploi	*15.723*	*12.778*	*16.560*	*16.264*	*11.695*	*16.204*	*11.268*	*16.495*	*11.721*	*16.484*	*11.441*	*76*
1b Cohésion économique, sociale et territoriale	*55.108*	*56.350*	*47.413*	*47.561*	*51.094*	*47.557*	*50.891*	*47.637*	*51.102*	*47.502*	*50.951*	** ** *
2. Croissance durable : ressources naturelles	59.885	57.814	59.303	59.248	56.532	59.246	56.420	59.295	56.575	59.267	56.459	*36*
dont dépenses de marché et paiements directs	*43.655*	*43.660*	*44.130*	*43.778*	*43.777*	*43.778*	*43.777*	*43.806*	*43.805*	*43.778*	*43.777*	
3. Sécurité et citoyenneté	2.362	1.894	2.179	2.139	1.668	2.134	1.658	2.179	1.698	2.172	1.677	*7*
4. L'Europe dans le monde	9.341	6.732	8.335	8.176	6.251	8.159	6.095	8.385	6.345	8.325	6.191	*10*
5. Administration	8.418	8.418	8.721	8.595	8.597	8.442	8.443	8.607	8.608	8.405	8.406	*316*
dont dépenses administratives des institutions	*6.850*	*6.850*	*7.056*	*6.936*	*6.938*	*6.835*	*6.837*	*6.947*	*6.949*	*6.798*	*6.799*	*258*
Commission	*3.323*	*3.323*		*3.349*	*3.350*	*3.268*	*3.270*	*3.349*	*3.350*	*3.266*	*3.267*	
Autres institutions	*3.527*	*3.527*		*3.588*	*3.588*	*3.567*	*3.567*	*3.598*	*3.598*	*3.532*	*3.532*	
Pensions	*1.390*	*1.390*		*1.490*	*1.490*	*1.441*	*1.441*	*1.491*	*1.491*	*1.442*	*1.442*	
Écoles européennes	*178*	*178*		*168*	*168*	*165*	*165*	*168*	*168*	*165*	*165*	
6. Compensations	75	75	29	29	29	29	29	29	29	29	29	*0*
Total	**150.912**	**144.060**	**142.540**	**142.011**	**135.866**	**141.771**	**134.805**	**142.626**	**136.077**	**142.184**	**135.155**	*445*
Instruments spéciaux :												
Réserve pour aides d'urgence	264	80	-	297	150	297	150	297	297	297	150	
Fonds européen d'ajustement à la mondialisation	500	45	-	159	50	159	50	159	70	159	50	
Fonds de solidarité de l'Union européenne	415	265	-	p.m.	p.m.	p.m.	p.m.	p.m.	p.m.	p.m.	150	
Total	**1.179**	**390**	-	**456**	**200**	**456**	**200**	**456**	**367**	**456**	**350**	
Total général	**152.091**	**144.450**		**142.468**	**136.066**	**142.227**	**135.005**	**143.082**	**136.444**	**142.640**	**135.505**	
c/e et c/p (% du RNB)	1,16%	1,10%		1,06%	1,01%	1,05%	1,00%	1,06%	1,01%	1,06%	1,00%	

** À titre indicatif, budgets rectificatifs n° 1-9/2013 compris ** Voir tableau 86, page 249 *** PB hors lettres rectificatives ** ** Lettre rectificative n° 1/2014 comprise*

*** ** * Mobilisation de l'instrument de flexibilité (89,33 millions d'euros)*

Tableau 85. Calendrier de la procédure budgétaire pour 2014 et des réunions interinstitutionnelles en 2013

6 février 2013	Adoption des orientations budgétaires du Parlement européen (autres sections) (Strasbourg)
7/8 février 2013	*Accord au sein du Conseil européen sur le nouveau CFP pour 2014-2020 (Bruxelles)*
12 février 2013	Adoption des orientations budgétaires du Conseil (Bruxelles)
13 mars 2013	Adoption des orientations budgétaires du Parlement européen (section III) (Strasbourg)
13 mars 2013	*Résolution du PE suite aux conclusions du Conseil européen sur le nouveau CFP (Strasbourg)*
19 mars 2013	*Trilogue – priorités budgétaires (Bruxelles)*
26 juin 2013	**Adoption du projet de budget* (PB) (Commission)**
27 juin 2013	*Accord politique sur le nouveau CFP pour 2014-2020** (Bruxelles)*
3 juillet 2013	*Confirmation de l'accord politique sur le nouveau CFP par le Parlement européen (Strasbourg)*
22 juillet 2013	*Demande du Conseil au PE d'un avis conforme sur le règlement établissant le CFP*
2 septembre 2013	**Position du Conseil sur le projet de budget*** (Bruxelles)**
3 septembre 2013	*Trilogue – position du Conseil sur le projet de budget (Bruxelles)*
4 septembre 2013	*Approbation du nouvel AII de 2013 par la Commission (Bruxelles)*
10 septembre 2013	Présentation de la position du Conseil au Parlement européen (Strasbourg)
18 septembre 2013	***Lettre rectificative n° 1/2014 au PB (accord sur le CFP)** *****
26 septembre 2013	Réunion interinstitutionnelle sur la situation des crédits de paiement (Bruxelles)
16 octobre 2013	***Lettre rectificative n° 2/2014 au PB (agriculture, externalisation etc.)** *****
16 octobre 2013	*Trilogue – amendements du Parlement européen (Bruxelles)*
23 octobre 2013	**Amendements du Parlement européen** ** (Strasbourg)**
23 octobre 2013	Lettre du Conseil au Parlement européen** ** **
24 octobre 2013	Début de la période de conciliation
4 novembre 2013	**Réunion du comité de conciliation (Bruxelles)**
7 novembre 2013	*Trilogue (Bruxelles)*
11/12 novembre 2013	**Réunion du comité de conciliation (Bruxelles)**
13 novembre 2013	Fin de la période de conciliation
19 novembre 2013	**Approbation du projet commun de budget par le Conseil** ** ** * (Bruxelles)**
19 novembre 2013	*Avis conforme du PE sur le règlement établissant le CFP pour 2014-2020** ** ** ** (Strasbourg)*
20 novembre 2013	**Approbation du projet commun de budget par le Parlement européen (Strasbourg)**
20 novembre 2013	**Constatation de l'adoption et signature du budget par le président du PE (Bruxelles)**
2 décembre 2013	*Adoption du règlement du Conseil établissant le CFP pour 2014-2020 (Bruxelles)** ** ** ** **

** Adoption formelle du PB et mise à disposition de l'autorité budgétaire et des parlements nationaux dans toutes les langues officielles de l'UE le 28 juin 2013*

*** Préparé par des trilogues les 13 et 28 mai et les 4, 11, 18 et 19 juin 2013*

**** Adoption par "procédure écrite"*

*** ** Adoption par la Commission*

*** ** * Et convocation, en accord avec le président du Conseil, du comité de conciliation*

*** ** ** Confirmation que le Conseil ne peut pas accepter tous les amendements votés par le Parlement européen*

*** ** ** * Adoption en tant que "point A"*

*** ** ** ** Et approbation du nouvel AII de 2013*

*** ** ** ** * Et signature du nouvel AII sur la discipline budgétaire, la coopération en matière budgétaire et la bonne gestion financière les 9 et 10 décembre 2013* pour 2014 sans faire de lien politique avec les négociations en cours sur le CFP (voir chapitre II).

La Commission a, quant à elle, tout en prenant bonne note des priorités et des différents points soulevés par les deux branches de l'autorité budgétaire, essentiellement rappelé sa lettre du 7 janvier 2013 invitant les institutions à réduire de 1 % par an les postes repris à leurs tableaux des effectifs respectifs et à viser un gel nominal (au niveau de 2013) des dépenses administratives proposées non liées aux salaires (voir pages 329-330).

Concernant le calendrier s'appliquant à la procédure budgétaire pour 2014, il convient avant tout de relever que, en raison de l'incertitude concernant la date d'adoption, par la Commission, de son projet de budget pour 2014 (voir chapitre I), les trois institutions n'ont pas été en mesure d'adopter lors du trilogue, comme les années précédentes[111], de déclaration commune sur les dates de la procédure budgétaire et les modalités de fonctionnement du comité de conciliation. Une telle déclaration commune ne sera agréée que lors du trilogue du 3 septembre 2013 (voir page 273).

S'agissant du budget pour 2013, la Commission a informé les deux branches de l'autorité budgétaire du contenu du projet de budget rectificatif nº 1/2013 concernant le financement de l'adhésion de la Croatie à l'Union européenne (et le passage d'un budget d'une UE à vingt-sept États membres à un budget à vingt-huit), ainsi que de la proposition d'adaptation du CF l'accompagnant, adoptés la veille par la Commission (voir chapitre II).

Les trois institutions ont également fait le point sur la mise en œuvre du budget pour 2013 et sur les prévisions de paiement, sur la base d'une note de la Commission[112]. Cette dernière a surtout souligné que, fin 2012, le montant des demandes de paiement en suspens en ce qui concerne les programmes liés à la période 2007-2013 s'élevait dans le domaine de la cohésion à plus de 16 milliards d'euros, à comparer à une marge en 2013 sous le plafond des crédits pour paiements de 11,2 milliards d'euros (voir chapitre II). À ceci s'ajoute le fait que, à la fin de l'année 2013, l'application de la règle du dégagement en "*n+3*" au titre de la politique de cohésion prendra fin (devenant une règle "*n+2*"). La Commission a insisté sur le fait que le budget pour 2013 "n'a pas été conçu pour couvrir tous les impayés de 2012 reportés à l'année suivante".

La Commission a également confirmé son intention de présenter, avant la fin du mois de mars 2013, un projet de budget rectificatif couvrant, d'une part, les demandes de paiements en suspens jusqu'à octobre 2012 et, d'autre part, les nouvelles demandes de paiements reçues en novembre et décembre 2012 (voir chapitre II).

Le Parlement européen a avant tout soulevé la question de la nécessité de trouver rapidement, dans le respect des déclarations communes agréées lors de la procédure budgétaire pour 2013, une solution au manque de crédits de paiement soulevé par la Commission, résultant des accords budgétaires de 2011 et 2012 (voir première partie, pages 34-97, et deuxième partie, pages 147-197).

Dans ce contexte, le Parlement a insisté pour que la Commission indique clairement quel montant de crédits de paiement additionnels sera nécessaire en 2013 et, tenant compte de la marge existant sous le plafond des crédits pour paiements du CF en

---

[111] Voir première partie, page 32, et deuxième partie, page 145.

[112] La Commission a adopté cette note, basée sur les informations fournies par le système d'alerte budgétaire, le 27 février 2013. Cette note fait état de l'exécution du budget de l'Union européenne au 31 décembre 2012. Selon cette note (et après la prise en compte des reports de crédits), 99,9 % des crédits d'engagement autorisés dans le budget pour 2012 ont été exécutés, ce qui laisse un montant de 77 millions d'euros de crédits non-utilisés. Concernant les crédits de paiement, le taux d'exécution a été de 99,6 %, ce qui laisse un montant de 66 millions d'euros seulement de crédits non-utilisés.

Ces bons taux d'exécution sont en partie liés au nouveau "virement de fin d'année" (voir page 389). La note souligne avant tout que l'exécution des crédits de paiement en 2012 était de 9,4 milliards d'euros plus élevée qu'en 2011, et de 2,3 milliards d'euros plus élevé que le montant des crédits pour paiements inscrits dans le budget pour 2013. De même, les crédits supplémentaires (de 6 milliards d'euros) mis à la disposition du budget de l'Union par le biais du budget rectificatif nº 6/2012 (voir première partie, pages 22-24) ont également été exécutés dans leur entièreté en 2012.

2013 (voir *supra*), si tous les besoins pourront être honorés[113].

Le Conseil a convenu qu'une solution à la situation des crédits de paiement devra être trouvée en 2013, sur la base de projets de budgets rectificatifs présentés par la Commission.

Enfin, conformément au point 47 de la Partie III de l'AII de 2006[114], la Commission a informé les deux branches de l'autorité budgétaire du contenu de sa proposition de modification de la base légale établissant l'Agence du GNSS européen (GSA), changeant notamment sa "structure de gouvernance" et élargissant les tâches de l'agence[115].

B. Les autres trilogues sont traités pages 272-289.

2. Les travaux préparatoires (décembre 2012 – avril 2013)

A. La Direction générale du budget de la Commission a établi, le 4 décembre 2012, sa note concernant les paramètres à retenir pour établir les états prévisionnels des institutions et le projet de budget pour 2014[116]. Elle a envoyé sa circulaire budgétaire pour 2014 aux directions générales de la Commission en décembre 2012[117].

Selon une démarche similaire à celle suivie lors des deux procédures budgétaires précédentes (voir première partie, page 34, et deuxième partie, pages 146-147), le membre de la Commission chargé de la programmation financière et du budget a adressé, le 7 janvier 2013, aux présidents des institutions, au Médiateur européen, au Contrôleur européen de la protection des données et à la Haute représentante de l'Union pour les affaires étrangères et la politique de sécurité une lettre concernant la préparation des états prévisionnels des institutions pour 2014. Cette lettre, qui rappelle l'importance du maintien de la rigueur dans les dépenses administratives de toutes les institutions de l'UE en 2014 (en appelant notamment "*un gel nominal au niveau 2013 des dépenses administratives totales non liées aux salaires*") et de la poursuite de l'objectif de réduction de 1 % par an du nombre des postes dans les tableaux des effectifs, est reproduite pages 329-330.

B. Le Parlement européen a adopté ses "orientations budgétaires" le 6 février et 13 mars 2013[118] et le Conseil le 12 février 2013[119]. Ces orientations ont fait l'objet d'un échange de vues lors du trilogue du 19 mars 2013 (voir page 245).

3. Le cadre financier pluriannuel pour l'exercice 2014

Le cadre financier pluriannuel appliqué lors de la procédure budgétaire pour 2014 est présenté dans le tableau 86, page 249[120].

---

[113] Une révision du plafond des crédits pour paiements du CF (comme toute révision) nécessite, outre une proposition de la Commission et le vote favorable du PE à la majorité de ses membres et des trois cinquièmes des suffrages exprimés, l'unanimité au Conseil.

En cas d'impossibilité d'honorer toutes les demandes de paiements, le Parlement européen a demandé d'identifier sans tarder les programmes et actions qui "*devront peut-être être arrêtés par manque de crédits disponibles en 2013*". Par ailleurs, le Parlement a insisté sur la nécessité d'améliorer les méthodes d'évaluation des besoins en crédits de paiement notamment pour les programmes en gestion partagée. Il a demandé d'inclure des dispositions à cet effet dans le nouvel AII en cours de négociation.

[114] Voir page 44, note en bas de page 136.

[115] Doc. *COM(2013) 40final* du 6 février 2013. La Commission proposera dans le projet de budget rectificatif n° 4/2013, présenté le 29 avril 2013, d'ajouter dans le tableau des effectifs de la GSA vingt nouveaux postes AD. Le BR n° 4/2013 a été adopté, tel que proposé par la Commission, le 11 septembre 2013 (voir chapitre II).

[116] Les évolutions du coût de vie sont estimées à +1,6 % à Bruxelles et à +1,8 % à Luxembourg pour 2013-2014. Les paramètres pour les adaptations et les ajustements des salaires et des pensions à être utilisés sont de +1,1 % en 2013 et à +1,4 % en 2014. La note demande de nouveau, comme en 2012, de préciser "*les demandes liées à l'élargissement de la Croatie,* (qui) *doivent être clairement identifiées et indiquées en tant que telles*".

[117] Il convient de relever que la Commission n'a pas présenté en cette dernière année du CF de programmation financière actualisée.

[118] Doc. *PE P7_TA(2013)0048* (autres sections) et *PE P7_TA(2013)0081* (section III) respectivement.

[119] Doc. *Conseil 5757/13 FIN 48 PE-L 8 INST 40.*

[120] Il convient de relever qu'"(é)*tant fondé sur les nouvelles dispositions du règlement CFP qui, lors du lancement de la procédure budgétaire pour l'exercice n+1, n'avait pas encore été adopté, l'ajustement tech-*

Tableau 86. Le cadre financier pluriannuel pour l'exercice 2014

UE-28, crédits pour engagements (sauf indication contraire), en millions d'euros

Rubrique	Montant
1. Croissance intelligente et inclusive	63.973
1a Compétitivité pour la croissance et l'emploi	*16 560**
1b Cohésion économique, sociale et territoriale	*47 413***
2. Croissance durable : ressources naturelles	59.303
*dont : FEAGA - dépenses relatives au marché et paiements directs****	*44.130*
3. Sécurité et citoyenneté	2.179
4. L'Europe dans le monde	8.335
5. Administration	8.721
dont : dépenses administratives des institutions	*7.056*
6. Compensations	29
Total des crédits pour engagements	142.540
Crédits pour engagements (en % du RNB** **)	1,06
Total des crédits pour paiements	135.866
Crédits pour paiements (en % du RNB** **)	1,01
Marge disponible (%)	0,22
Plafond des ressources propres (en % du RNB)	1,23

** Le plafond retenu lors de l'adoption du projet de budget pour 2014 est de 16.390 millions d'euros, afin que la Commission puisse inclure dans le PB le "frontloading" en faveur de l'"initiative pour l'emploi des jeunes" (IEJ) en 2014, pour un montant de 170 millions d'euros (sous-rubrique 1b du CFP)*

*** Le plafond retenu lors de l'adoption du projet de budget est de 47.583 millions d'euros, y compris le "frontloading" en faveur de l'IEJ*

**** Ce montant ne tient pas compte du transfert net entre le FEAGA et le Feader (351,9 millions d'euros)*

*** ** Avec un RNB pour 2014 estimé à 13.499.401 millions d'euros*

Il est conforme à l'accord du Conseil européen des 7 et 8 février 2013, à l'accord politique des présidents du Parlement européen, du Conseil et de la Commission, du 27 juin 2013, et au règlement du Conseil fixant le CFP, adopté le 2 décembre 2013 (voir chapitre II).

Il convient de relever que la Commission a présenté en juin 2013 le projet de budget pour 2014 en incluant dans le CFP pour 2014 une augmentation du plafond de la sous-rubrique *1b* (*Cohésion économique, sociale et territoriale*), pour un montant de 170 millions d'euros[121], afin de pouvoir inclure dans le PB le financement de l'"initiative pour l'emploi des jeunes" (IEJ) en 2014, conformément à l'accord politique du 27 juin 2013 sur le CFP (voir chapitre II).

Cette augmentation était compensée, en ligne avec l'article 9 *septies* du projet de règlement du Conseil fixant le CFP[122], par une diminution correspondante[123] du plafond en 2014 de la sous-rubrique *1a* (*Compétitivité pour la croissance et l'emploi*) du CFP.

Les plafonds des sous-rubriques *1a* et *1b* du CFP ont été rétablis par le biais de la lettre rectificative n° 1/2014 au projet de budget pour 2014, présentée par la Commission le 18 septembre 2013 (voir page 303).

4. Le projet de budget pour 2014 (26 juin 2013[124])

A. Le projet de budget pour 2014 adopté par la Commission s'élève à 142 468 millions d'euros en crédits pour engagements (-5,6 % par rapport au budget pour 2013[125]) et à 136 066 millions d'euros en crédits pour paiements[126] (+2,4 %). Ceci représente 1,06 % et 1,01 % respectivement du RNB de l'UE. Les marges laissées sous les plafonds du CFP sont de 529 millions d'euros en crédits pour engagements et de 195 920 euros seulement[127] en crédits pour paiements.

---

nique pour 2014 n'a exceptionnellement pas eu lieu en amont de la procédure budgétaire" (doc. *COM(2013) 928 final* du 20 décembre 2013, p. 2).

[121] Ou 160 millions d'euros aux prix 2011.

[122] Voir page 237, note en bas de page 77. Cet article deviendra l'article 15 du règlement du Conseil fixant le CFP (JO L 347 du 20.12.2013, p. 888).

[123] Cette "concentration en amont" ("*frontloading*"), effectuée par une augmentation de l'allocation pour 2014 du Fonds social européen (voir pages 250-259), était ainsi neutre du point de vue du plafond pour 2014 de la rubrique *1* (*Croissance intelligente et inclusive*) du CFP.

[124] Comme les années précédentes (voir première partie, page 34, et deuxième partie, page 147), la Commission a adopté, le 26 juin 2013, l'état prévisionnel de la Commission [pour l'exercice 2014] (doc. *SEC(2013) 370*). Elle a adopté le projet de budget pour 2014 le 28 juin 2013 (doc. *COM(2013) 450 final*) et l'a mis à la disposition de l'autorité budgétaire et des parlements nationaux dans toutes les langues officielles de l'UE (sauf le Croate) le 4 juillet 2013. Tous les montants présentés sous ce point concernent ce PB "formel".

Le Comité des représentants permanents a approuvé l'état prévisionnel pour 2014 pour le Conseil européen et le Conseil le 27 mars 2013 (doc. *Conseil 7534/13 FIN 139* du 15 mars 2013). Le Parlement européen a approuvé l'état prévisionnel pour 2014 pour la section I en plénière le 17 avril 2013 (doc. *PE P7_TA(2013)0173*).

[125] Budgets rectificatifs non compris.

[126] La Commission propose ainsi un PB pour 2014 qui réduit les crédits pour engagements de 8 431 millions d'euros et augmente les crédits pour paiements de 3 229 millions d'euros par rapport au budget pour 2013 (hors budgets rectificatifs).

[127] Selon la présentation de la Commission. Ce montant exclut les 150 millions d'euros en crédits de paiement proposés pour la réserve pour aides d'urgence et les 50 millions d'euros en crédits de paiement proposés pour le Fonds européen d'ajustement à la mondialisation (voir page 265).

Selon la Commission les crédits pour engagements proposés sont le "*reflet du stade très avancé des négociations sur le CFP, moyennant un ajustement afin de tenir compte de l'incidence (160 millions d'euros aux prix de 2011 ou 170 millions d'euros aux prix courants) qu'a sur les plafonds des sous-rubriques 1a et 1b la proposition de la Commission de concentrer sur 2014 les financements en faveur de l'"initiative pour l'emploi des jeunes" (IEJ)* [voir page 249]. *Globalement, le niveau proposé pour les dépenses reflète les plafonds de dépenses du nouveau cadre financier pluriannuel fixé par le Conseil européen en février 2013, tandis que les montants alloués aux différents programmes reflètent la répartition du CFP pour 2014-2020 en fonction de la liste des programmes ayant fait l'objet d'un ajustement technique à la suite des conclusions du Conseil européen et qui a été transmise à l'autorité budgétaire le 27 mars 2013* [voir chapitre II]. *Dans les grandes lignes, il est prévu une réduction en glissement annuel des crédits d'engagement dans toutes les rubriques par rapport au budget 2013, sauf dans la sous-rubrique 1a (Compétitivité pour la croissance et l'emploi)*"[128].

Il convient de relever que la Commission a présenté le 18 septembre 2013 une première lettre rectificative destinée à inclure dans le PB les effets (en plus de celui concernant l'IEJ) de l'accord politique du 27 juin 2013 sur le nouveau CFP. Une seconde lettre rectificative a été présentée le 16 octobre 2013 afin d'inclure dans le PB, outre de nouvelles prévisions concernant les dépenses agricoles, notamment les résultats de l'exercice d'externalisation concernant la délégation de la mise en œuvre des programmes de l'Union européenne aux agences exécutives pendant la période 2014-2020 (voir pages 303-305).

S'agissant des crédits pour paiements, et en excluant les 150 millions d'euros proposés pour la réserve pour aides d'urgence et les 50 millions d'euros proposés pour le FEM, la Commission ne laisse quasiment aucune marge sous le plafond des paiements du CFP qui, pour 2014, est "*inférieur de -8 385,0 millions d'euros au niveau des crédits de paiement dans le budget 2013 tel que modifié par les projets de budgets rectificatifs* [tels que proposés par la Commission]. *La proposition de la Commission reflète les besoins en paiements, en partant du principe que l'intégralité du montant des crédits de paiement supplémentaires demandés avec le PBR n° 2/2013* [voir chapitre II] *sera approuvé. Sur ce montant global prévu pour 2014, 54 670,2 millions d'euros* [soit environ 40 %] *serviront à acquitter des dépenses non dissociées (les engagements étant égaux aux paiements), comme des aides directes à l'agriculture et des frais administratifs, 70 710,7 millions d'euros* [52 %] *seront consacrés à des paiements relatifs aux engagements restant à liquider des années antérieures (ce qu'on appelle le "reste à liquider" ou "RAL") et 10 684,8 millions d'euros* [8 %] *sont destinés à la mise en œuvre des nouveaux programmes qui démarreront en 2014*"[129].

B. Selon la Commission "(l)*e budget de l'UE est plus que jamais un outil d'investissement : il s'agit d'un outil essentiel parmi les moyens d'action dont dispose l'Union pour favoriser une croissance intelligente, durable et inclusive et pour veiller à la solidarité entre les États membres et les régions. À cet égard, le démarrage des nouveaux programmes de dépenses en 2014 offre une occasion particulière de renforcer la contribution du budget de l'UE en faveur de la croissance et de l'emploi, grâce notamment à une nouvelle initiative pour l'emploi des jeunes (…), ainsi qu'à une nouvelle initiative conjointe avec la Banque européenne d'investissement (BEI) destinée à favoriser l'accès au financement pour les petites et moyennes entreprises (PME).* (…)

Le Parlement européen et le Conseil devraient adopter en temps utile les décisions législatives sur le CFP 2014-2020 et les nouvelles bases légales applicables aux programmes de dépenses correspondants, afin que la mise en œuvre des nouveaux programmes puisse commencer sans tarder. Dans le même temps, la clôture des programmes actuels doit être progressivement menée à bonne fin ; pour ce faire, un niveau suffisant de crédits de paiement est nécessaire, notamment pour honorer les obligations envers les bénéficiaires des financements de l'UE.

---

[128] Doc. *COM(2013) 450* du 28 juin 2013, pp. 16 et 19.
[129] *Ibid.*, p. 19.

Enfin, les propositions de la Commission se rapportant aux dépenses en faveur des institutions et organes de l'UE témoignent des restrictions imposées, malgré des demandes visant à intensifier et/ou étendre leurs actions au cours de la nouvelle période financière, ainsi que des défis à relever"[130].

Sur cette base la Commission a retenu les "quatre priorités essentielles" suivantes comme base de son projet de budget pour 2014 :

- renforcement des actions en faveur de la jeunesse et des petites et moyennes entreprises ;

- mise en place des nouveaux programmes au titre du cadre financier pluriannuel pour 2014-2020 ;

- respect des obligations de l'UE, et

- restrictions concernant les dépenses administratives relevant de la rubrique *5* (*Administration*) du CFP.

S'agissant du *renforcement des actions en faveur de la jeunesse et des PME*, "*une des actions clés en 2014 résidera dans une nouvelle "initiative pour l'emploi des jeunes"*[131] *(IEJ) visant ceux d'entre eux qui sont sans emploi et qui ne suivent ni études ni formation*[132]*. La Commission a proposé d'axer l'aide sur les NEET de 15 à 24 ans dans les régions qui enregistrent un taux de chômage supérieur à 25 %. Afin que cette initiative touche rapidement ses bénéficiaires, la Commission propose, conformément à l'article 9 septies du projet de règlement du Conseil fixant le CFP pour la période 2014-2020* [voir page 237], *de concentrer sur les deux premières années du (...) CFP un montant total de 6 milliards d'euros en crédits d'engagement (aux prix de 2011) au titre de l'IEJ (...). Cette opération permet ainsi à l'Union d'engager, dès 2014, un montant de 3,6 milliards d'euros (aux prix courants, soit 56,2 % de l'enveloppe totale de l'IEJ). La dotation en faveur de la ligne budgétaire spécifique consacrée à cette initiative pour 2014 s'élève à 1,8 milliard d'euros*"[133].

Par ailleurs, la Commission a lancé dans le cadre des actions en faveur des PME une initiative conjointe avec la Banque européenne d'investissement (BEI) afin de favoriser l'accès des PME aux financements[134].

Concernant la *mise en place des nouveaux programmes au titre du nouveau CFP*, la Commission souligne avant tout que "*le début de la nouvelle période de programmation 2014-2020 constitue l'occasion de lancer de nouveaux programmes qui répondent mieux aux défis actuels et qui visent à stimuler la croissance, l'emploi et la compétitivité.*

Le 27 mars 2013, la Commission a fourni une ventilation indicative par programme pour ladite période [voir page 232]. *Elle propose un ajustement à cette ventilation technique pour tenir compte de la proposition de concentrer sur 2014 et 2015*[135] *les financements en faveur de l'IEJ en repous-*

---

[130] *Ibid.*, p. 11.
[131] Doc. *COM(2013) 447* du 19 juin 2013.
[132] Les "NEET" pour "*not in employment, education or training*".
[133] Doc. *COM(2013) 450*, p. 12.
[134] Selon la Commission, "*compte tenu de l'importance des PME pour l'économie, il est essentiel que les pouvoirs publics fassent pleinement usage des moyens qui sont à leur disposition pour soutenir les prêts accordés par le secteur privé, dont les PME sont fortement tributaires sur le plan financier. La BEI aura un rôle essentiel à jouer en ce qui concerne le retour à des conditions normales de prêt à l'économie réelle, notamment par la mise en œuvre de sa récente augmentation de capital à hauteur de 10 milliards d'euros, de manière à procurer un soutien financier supplémentaire aux PME. À cet égard, les instruments communs de partage des risques visant à soutenir l'accès des PME aux financements seront utilisés plus largement dans le cadre du nouveau CFP, notamment par le biais des instruments de partage des risques prévus dans le nouveau programme "Compétitivité des entreprises et des petites et moyennes entreprises" (COSME) et le nouveau "programme-cadre pour la recherche et l'innovation" (2014-2020) ("Horizon 2020") sous la sous-rubrique 1a (Compétitivité pour la croissance et l'emploi) et par le biais des instruments financiers relevant des Fonds structurels sous la sous-rubrique 1b (Cohésion économique, sociale et territoriale), afin de créer des effets de levier allant au-delà des possibilités propres à chaque État membre par la réalisation d'économies d'échelle au niveau de l'UE*" (doc. *COM(2013) 450*, p. 12).
[135] C'est-à-dire une "concentration en amont" ou "*frontloading*".

sant à des exercices ultérieurs[136] *les engagements au titre de la contribution du Fonds de cohésion au mécanisme pour l'interconnexion en Europe (MIE) – Transports et à la coopération territoriale européenne (CTE) (sous-rubrique 1b du CFP), ainsi qu'au MIE – Énergie (sous-rubrique 1a). Cet ajustement, qui reflète un profil de mise en œuvre plus pragmatique du MIE et des programmes de CTE, est conforme à l'article 9 septies du projet de règlement du Conseil fixant le cadre financier pluriannuel pour la période 2014-2020. La dotation totale pour la période reste inchangée, respectant comme avant les dotations nationales transférées du Fonds de cohésion vers le MIE jusqu'au 31 décembre 2016, comme prévu au point 17 des conclusions du Conseil européen des 7 et 8 février 2013* [voir page 232].

Le Parlement et le Conseil devront prendre sans tarder des décisions en vue de l'adoption des programmes de dépenses de la nouvelle génération, afin qu'ils soient tous en place pour un démarrage en temps opportun de la nouvelle période de programmation. À cet égard, la Commission souligne qu'il importe de préserver, comme elle l'avait proposé, l'approche orientée sur les résultats et la simplification de la législation, afin que les nouveaux programmes restent focalisés sur les objectifs clés et que les résultats escomptés des programmes puissent être obtenus aussi rapidement que possible"[137].

Concernant le *respect des obligations de l'UE*, la Commission rappelle notamment que "*lors des dernières procédures budgétaires annuelles, le Parlement européen et le Conseil ont eu des difficultés à s'accorder sur le niveau global des crédits de paiement et à fixer le niveau de paiements requis, en dépit du fait que les taux constamment élevés de l'exécution budgétaire et les besoins restant à couvrir étaient manifestes. À cet égard, la Commission souligne une nouvelle fois que le budget de l'UE est essentiellement un budget d'investissement et que le niveau requis pour les crédits de paiement découle en grande partie des engagements convenus par le Parlement et le Conseil dans les budgets des exercices précédents. Par ailleurs, l'article 310, paragraphe 5, du TFUE prévoit que le "budget est exécuté conformément au principe de la bonne gestion financière".*

Témoignant du caractère transitoire du budget 2014, qui se situe entre deux périodes de programmation, les paiements requis pour 2014 se composeront, d'une part, de paiements relatifs à des engagements nouveaux, notamment des préfinancements et des dépenses non dissociées (comme pour l'agriculture et l'administration) et, d'autre part, de paiements intermédiaires et finaux se rapportant à des engagements restant à liquider issus de la période 2007-2013. En ce qui concerne le niveau des engagements restant à liquider à la fin de l'année 2013, le PB pour 2014 part du principe que le montant supplémentaire de 11,2 milliards d'euros en crédits de paiement demandé dans le projet de budget rectificatif n° 2/2013 [voir chapitre II] *sera autorisé intégralement en 2013. Sur cette base, le niveau des paiements pour 2014 est fixé à 136,1 milliards d'euros, ce qui ne laisse aucune marge sous le plafond des paiements pour 2014.*

Ce niveau de paiements reflète l'estimation très prudente des besoins globaux en paiements effectuée par la Commission, notamment en ce qui concerne le calendrier pour l'introduction des demandes de paiement des États membres, les dégagements d'office à la fin de 2013 et le lancement de nouveaux programmes. Dans ce contexte, il apparaît clairement que le niveau des paiements proposés dans le PB pour 2014 pourrait se révéler insuffisant pour couvrir tous les besoins : plus de 90 % des crédits de paiement demandés seront utilisés pour couvrir les engagements restant à liquider relatifs aux programmes de 2007-2013 et pour des dépenses non dissociées, et il subsistera moins de 10 % pour couvrir les paiements relatifs aux engagements de 2014.

La Commission constate à cet égard que le plafond des paiements pour 2014 résultant du stade très avancé des négociations sur le CFP est ramené au niveau des paiements opérés dans le budget 2012, et que ce chiffre est inférieur de 8,4 milliards

[136] Soit un "*backloading*".
[137] Doc. *COM(2013) 450*, p. 12.

d'euros aux besoins en paiements résultant du PBR n° 2/2013, alors que le profil des paiements découlant des budgets antérieurs aurait nécessité un plafond davantage ancré dans la continuité de celui de 2013"[138].

Enfin, s'agissant des *restrictions concernant les dépenses administratives*, et en excluant l'incidence de l'adhésion de la Croatie à l'Union européenne, la Commission propose, pour la deuxième année de suite, une diminution de 1 % de ses effectifs, dans le cadre de la réduction du personnel des institutions de l'UE de 5 % sur cinq ans[139] (voir page 147). En outre, elle a réduit ses propres dépenses administratives sous la rubrique *5* (*Administration*) du CFP de 1,1 % par rapport à 2013, hors dépenses liées aux traitements, limitant l'augmentation globale de ses dépenses administratives à 0,8 % (+0,1 % hors dépenses administratives supplémentaires liées à l'adhésion de la Croatie).

De la même manière, à l'exception du Parlement européen, les autres institutions ont appliqué une réduction de 1 % de leurs effectifs et/ou ont fait part de leur intention de procéder de la sorte jusqu'en 2017, et elles ont également adopté une approche restrictive lorsqu'elles ont établi leurs états prévisionnels respectifs. Par conséquent, l'augmentation proposée pour les dépenses administratives des autres institutions dans leur ensemble s'élève dans le projet de budget pour 2014 à 1,7 % (voir tableau 95, page 271).

Il convient de relever que suite à l'avancement et l'évolution des discussions sur le nouveau Statut des fonctionnaires de l'UE lors du trilogue du 25 juin 2013, la Commission a exclu l'inclusion dans le projet de budget pour 2014 d'une adaptation des rémunérations à la fin de 2013 et pour 2014, et ce pour l'ensemble des institutions. En conséquence, les dépenses administratives proposées pour toutes les institutions s'élèvent à un total de 6 936,3 millions d'euros (+1,3 %[140]).

S'agissant des *agences exécutives*, la Commission avait indiqué dans ses propositions de juin 2011 concernant le nouveau CFP (voir première partie, pages 28-30) son intention de recourir davantage aux agences exécutives pour la gestion des nouveaux programmes de dépenses afin de réaliser des gains d'efficacité et d'efficience. Les travaux préparatoires en vue de cette délégation de tâches étant toujours en cours (et notamment en ce qui concerne l'analyse coûts/avantages d'une gestion "déléguée" par rapport à une gestion "interne" des programmes) et dans l'attente d'un accord sur le nouveau CFP, le projet de budget pour 2014 repose sur une approche de "statu quo", selon laquelle les effectifs de chaque agence exécutive sont maintenus à niveau constant, moyennant une correction des effets de l'inflation qui a été appliquée comme limite supérieure de l'ajustement de la subvention de l'UE proposée pour les dépenses de fonctionnement des agences exécutives[141].

---

[138] Doc. *COM(2013) 450*, p. 13. Dans ce contexte, la Commission indique que "*cette situation confirme la nécessité d'une flexibilité spécifique et aussi grande que possible dans le contexte du CFP pour 2014-2020. Tout au long de 2013 et 2014, la Commission maintiendra une surveillance étroite de l'exécution budgétaire, et elle proposera des mesures correctrices en recourant, si nécessaire, aux outils fournis par le CFP pour 2014-2020, de manière à permettre à l'UE de continuer à remplir ses obligations*" (*Ibid.*, p. 13).

[139] Il convient de relever que le Conseil européen des 7 et 8 février 2013 a élargi cette réduction de 5 % des effectifs au cours de la période 2013-2017 à tous les organes et agences de l'UE (doc. *Conseil européen 37/13*, point 99). Ce principe a été retenu lors de l'accord politique du 27 juin 2013 sur le nouveau CFP et inclus au point 27 de l'AII de 2013 (voir chapitre II).

[140] Il convient également de noter que les dépenses pour les pensions et les Écoles européennes enregistrent une hausse plus forte (+5,8 %), pour s'établir à 1 658,8 millions d'euros, ce qui est dû à l'évolution des dépenses de pensions, suite notamment à une augmentation du nombre de départs à la retraite (+4,3 %).

[141] Il convient de relever que la Commission a inclus dans la lettre rectificative n° 2/2013, présentée le 16 octobre 2013, les résultats de l'analyse coûts/avantages et les incidences d'une délégation accrue de la mise en œuvre des programmes sur les effectifs et les subventions des agences exécutives (voir page 304).

Une nouvelle entreprise commune, l'entreprise commune "Shift2Rail" (S2R ; voir page 355), s'ajoutera en 2014, suite à une proposition de la Commission du 16 décembre 2013 (doc. *COM(2013) 922 final*). Les aspects budgétaires de la création de cette nouvelle entreprise commune seront inclus dans le budget de l'Union pour 2014 par le biais du budget rectificatif n° 1/2014, adopté le 16 avril 2014 (JO L 204 du 11.7.2014, pp. 1/67).

S'agissant des *agences décentralisées de l'Union européenne*, la Commission a appliqué deux principes pour définir les demandes d'effectifs et de crédits retenus dans le PB pour 2014 : d'une part, le respect des enveloppes indicatives prévisionnelles pour les dépenses des agences par rubrique et sous-rubrique du CFP et, d'autre part, l'objectif de réduction des effectifs des agences de 5 % sur cinq ans[142] (voir page 253).

La Commission propose ainsi un montant global de 790,1 millions d'euros en crédits d'engagement et de paiement pour les subventions des agences décentralisées (+39,1 millions d'euros par rapport à 2013, soit +5,2 %). Cette augmentation est en grande partie due à la baisse du montant total des excédents des agences (14,7 millions d'euros, contre 24,4 millions d'euros l'année précédente) et à la forte augmentation (+18,4 millions d'euros) des dépenses proposées en faveur de la nouvelle Agence européenne pour la gestion opérationnelle des systèmes d'information à grande échelle au sein de l'espace de liberté, de sécurité et de justice (eu.LISA), qui est devenue opérationnelle à la fin de l'année 2012.

En même temps, le nombre global d'emplois inscrits dans les tableaux des effectifs combinés des agences est réduit de 54 postes[143] par rapport à 2013. La réduction globale de 1 % des emplois des agences a été appliquée par la Commission au moyen d'une approche différenciée, selon que l'agence relève de la catégorie "vitesse de croisière", "nouveau mandat" ou "phase de démarrage"[144]. Il convient de relever que la Commission a instauré dans ce contexte un "pool de redéploiement" du personnel des agences destiné à faciliter la mise en œuvre de l'objectif de réduction de 5 % du personnel inscrit aux tableaux des effectifs des agences en 2013-2017[145].

Enfin, s'agissant des *projets pilotes* et des *actions préparatoires*, la Commission n'a pas prévu de crédits d'engagement dans le PB pour 2014, étant donné "qu'il s'agit de la première année d'un nouveau cadre financier". Les crédits de paiement proposés (22,9 millions d'euros pour les projets pilotes et 43,1 millions d'euros pour les actions préparatoires) sont liés à la mise en œuvre des projets et actions adoptés les années précédentes.

Il convient de relever que la Commission a, en règle générale, inscrit dans le PB pour 2014 les crédits sur les lignes budgétaires correspondantes même dans les nombreux cas où les bases légales relatives aux nouveaux programmes pour la période 2014-2020 n'ont pas encore été adoptées par l'autorité législative, dans l'attente d'un accord sur le nouveau CFP. La Commission propose de "*repasser la situation en revue durant la conciliation budgétaire ; à ce moment-*

---

[142] Selon la Commission, "*compte tenu de ces* (deux) *éléments, le PB pour 2014 a été élaboré parallèlement à un exercice plus vaste de la Commission visant à établir une programmation des ressources humaines et financières pour les organismes décentralisés pendant la période 2014-2020, afin de parvenir, avec le Parlement et le Conseil, à une conception commune des besoins des agences en ressources à moyen terme. Dans cette perspective, les nouvelles tâches et les ressources correspondantes doivent être mises en adéquation, dans la limite des (…) contraintes fixées par le CFP. La Commission compte présenter les résultats de cet exercice en juillet 2013, comme point de départ de la procédure prévue au point 47 de l'accord interinstitutionnel sur la discipline budgétaire et la bonne gestion financière (point 25 du projet d'AII pour 2014-2020). La programmation financière pour chacune des agences, au sein de chaque rubrique de dépenses du CFP, sera fournie une fois que cet exercice sera achevé*" (doc. *COM(2013) 450*, p. 14).

Le 10 juillet 2013, la Commission a présenté sa communication au Parlement européen et au Conseil sur la programmation des ressources humaines et financières pour les agences décentralisées en 2014-2020 (doc. *COM(2013) 519* ; voir page 274).

[143] Y compris les agences autofinancées, à savoir l'Office de l'harmonisation dans le marché intérieur (OHMI) et l'Office communautaire des variétés végétales (OCVV).

[144] Voir doc. *COM(2013) 450*, p. 15, et tableau 107, page 302.

[145] Selon la Commission, ce "pool de redéploiement" consiste à appliquer un "*prélèvement de 1 % sur les emplois de l'ensemble des agences. Il est proposé d'attribuer les emplois résultant de cet exercice en particulier aux agences en "phase de démarrage", notamment celles actives dans le domaine de la surveillance financière (Autorité bancaire européenne, Autorité européenne des assurances et des pensions professionnelles et Autorité européenne des marches financiers), ainsi qu'à celles relevant de la catégorie "nouveau mandat", et notamment l'Agence du GNSS européen (GSA)*" (doc. *COM(2013) 450*, p. 82).

là, les crédits dont les bases légales n'auront pas encore été adoptées pourront être inscrits en réserve"[146].

C. Le projet de budget pour 2014 se présente par rubriques et sous-rubriques du CFP comme suit :

- la Commission propose de doter la sous-rubrique *1a* (*Compétitivité pour la croissance et l'emploi*) de 16 264 millions d'euros en crédits d'engagement (+3,6 % par rapport à 2013) et de 11 695 millions d'euros en crédits de paiement (-1,8 %). La marge restante sous le plafond s'établit ainsi à 126 millions d'euros[147].

Cette sous-rubrique contient des programmes et des actions qui selon la Commission sont au "cœur" de la stratégie "Europe 2020", dont le nouveau programme "Horizon 2020" et les trois grands projets "Egnos" et "Galileo"[148], ITER et "Copernicus"[149].

Le cadre stratégique commun (CSC) mis en œuvre par le nouveau programme "Horizon 2020" finançant la recherche et l'innovation de l'Union[150] absorbera plus de la moitié du total des crédits proposés pour la sous-rubrique[151]. Il regroupe toutes les actions de financement de la recherche et de l'innovation de l'UE, notamment au titre du programme-cadre de recherche, des activités liées à l'innovation du programme-cadre pour l'innovation et la compétitivité (PIC) et de l'Institut européen d'innovation et de technologie (IET)[152]. En outre, il est complété par le programme de recherche et de formation de la Communauté européenne de l'énergie atomique pour 2014-2018[153].

Le programme "Galileo" doit entrer dans sa phase d'exploitation en 2014, avec notamment le lancement de nouveaux satellites destinés à compléter la constellation.

"Copernicus" est le nouveau nom de l'ancien programme d'observation de la Terre GMES (voir Tome II, p. 185).

Le mécanisme pour l'interconnexion en Europe[154] (MIE) est destiné à soutenir la mise en œuvre de projets visant à développer ou moderniser des infrastructures existantes dans les domaines du transport[155], de l'énergie et des télécommunications ou à

---

[146] Doc. *COM(2013) 450*, p. 84. Dans la pratique l'autorité budgétaire acceptera de laisser les montants sur les lignes budgétaires correspondantes même en l'absence de bases légales définitivement adoptées en novembre 2013 (voir page 297 et chapitre IV).

[147] Il convient de relever que le calcul des marges pour les sous-rubriques *1a* et *1b* du CFP inclut les modifications des plafonds correspondants (pour un total de 170 millions d'euros) dans le contexte du financement de l'IEJ (voir page 249).

[148] Les deux composantes des programmes de GNSS.

[149] JO L 347 du 20.12.2013, pp. 1/24, L 349 du 21.12.2013, pp. 100/102 et L 122 du 24.4.2014, pp. 44/66 respectivement.

[150] JO L 347 du 20.12.2013, pp. 81/173 et 948/1041.

[151] Le CSC a un rôle central dans la mise en œuvre de l'initiative phare "Une Union de l'innovation" relevant de la stratégie "Europe 2020" (voir première partie, page 35), ainsi que d'autres initiatives phares telles que "Une Europe efficace dans l'utilisation des ressources", "Une politique industrielle à l'ère de la mondialisation" et "Une stratégie numérique pour l'Europe", ainsi que dans le développement et le fonctionnement de l'Espace européen de la recherche (EER). "Horizon 2020" comporte trois priorités distinctes (voir tableau 87, page 257).

[152] L'IET se fonde sur le concept de "plateformes" de partenariat public-privé transfrontières, appelées "communautés de la connaissance et de l'innovation" (CCI). Aux trois CCI existantes, centrées sur les énergies renouvelables (appelée "CCI InnoEnergy"), le changement climatique ("CCI Climate") et la société de l'information et de la communication ("EIT ICT Labs"), viendront s'ajouter six nouvelles CCI entre 2014 et 2020. Le règlement modifié relatif à l'IET et le "Programme stratégique d'innovation" (PSI), qui définit le cadre des activités de l'EIT pour la période allant de 2014 à 2020 (JO L 347 du 20.12.2013, pp. 892/923), entreront en vigueur en 2014.

[153] Ce programme est fondé sur le traité Euratom. Il concerne des activités de recherche dans le domaine de l'énergie nucléaire (fusion et fission) et de la protection radiologique.

[154] JO L 348 du 20.12.2013, pp. 129/171.

[155] Il convient de relever qu'afin de tenir compte des besoins particuliers des États membres éligibles au financement par le Fonds de cohésion en ce qui concerne la préparation et la mise en œuvre des projets, le budget du programme "MIE Transports" est complété par des fonds provenant du Fonds de cohésion (relevant de la sous-rubrique *1b* – *Cohésion économique, sociale et territoriale* – du CFP). Ces fonds seront exclusivement réservés aux projets d'infrastructure dans le cadre des réseaux transeuropéen de transport (RTE-T) dans les États membres éligibles au financement par le Fonds de cohésion.

en construire de nouvelles. Il devrait générer quelque 900 milliards d'euros d'investissements publics et privés d'ici à 2020 en vue de mettre en place des réseaux transeuropéens dans les domaines des transports, de l'énergie et des communications.

Le nouveau programme unique "Erasmus+"[156] couvre les domaines de l'éducation, de la formation, de la jeunesse et des sports et remplace les programmes "Éducation et formation tout au long de la vie", "Jeunesse en action" et "Erasmus Mundus" de la période 2007-2013.

Le programme "COSME" ("Programme pour la compétitivité des entreprises et des petites et moyennes entreprises (2012-2020)"[157]) succède quant à lui au programme-cadre pour l'innovation et la compétitivité (PIC) en ce qui concerne les actions visant à promouvoir la compétitivité des entreprises européennes sur le marché mondial[158].

Le nouveau programme de l'UE pour l'emploi et l'innovation sociale[159] (EaSI) résulte pour sa part de la fusion de trois programmes : "Progress", "Eures" et l'instrument européen de microfinancement Progress (voir Tome II, p. 185).

Les nouveaux programmes "Douane 2020"[160] et "Fiscalis 2020"[161] sont destinés à poursuivre les programmes "Douane 2013" et "Fiscalis 2013".

Enfin, les activités de lutte anti-fraude sont quant à elles poursuivies par les programmes "Hercule III"[162] (qui est destiné à lutter contre la fraude notamment à l'encontre du budget de l'Union et qui continue les objectifs du programme "Hercule II") et "Pericles 2020"[163] (un programme d'action en matière d'échanges, d'assistance et de formation pour la protection de l'euro contre le faux monnayage, et qui succède au programme "Pericles").

Les propositions de la Commission concernant la sous-rubrique *1a* sont reprises dans le tableau 87, page 257[164] ;

- les crédits proposés pour la sous-rubrique *1b*[165] (*Cohésion économique, sociale et territoriale*) s'élèvent à 47 561 millions d'euros en crédits d'en-

[156] JO L 347 du 20.12.2013, pp. 50/73. Le programme "Erasmus+" vise à atteindre les objectifs stratégiques que l'Union s'est fixés dans les domaines de l'éducation, de la formation, de la jeunesse et des sports notamment en dynamisant les aptitudes et les compétences des étudiants, en favorisant des améliorations qualitatives dans les établissements/institutions œuvrant dans les secteurs de l'enseignement, de la formation ou de la jeunesse et en promouvant l'élaboration de ces politiques.

[157] JO L 347 du 20.12.2013, pp. 25/34.

[158] Les actions dans le domaine de l'innovation mises en œuvre jusqu'à fin 2013 dans le cadre du PIC seront couvertes à partir de 2014 par le programme "Horizon 2020". Le programme "COSME" est ainsi destiné à mettre principalement l'accent sur différentes mesures destinées à rendre les entreprises et PME européennes plus dynamiques et plus compétitives au niveau international.

[159] JO L 347 du 20.12.2013, pp. 238/254. Ce programme a pour but de fournir un financement de l'UE destiné à coordonner la mise en œuvre de la stratégie "Europe 2020" pour une croissance inclusive. Dans le cadre de son volet "Progress", il est destiné à soutenir l'élaboration, la mise en œuvre, le suivi et l'évaluation de la politique sociale et de l'emploi de l'Union, ainsi que de la législation relative aux conditions de travail. Il est également destiné à favoriser l'élaboration de politiques fondées sur l'innovation, en collaboration notamment avec les partenaires sociaux et différentes organisations de la société civile. Le volet "Eures" vise à encourager la mobilité géographique des travailleurs et à multiplier les possibilités d'emploi en développant des marchés du travail ouverts et accessibles à tous dans l'Union. Enfin, le volet "Microfinance" permet une aide de l'UE visant à faciliter l'accès au financement des entrepreneurs (et en particulier des personnes les plus "éloignées" du marché du travail) et des entreprises sociales.

[160] JO L 347 du 20.12.2013, pp. 174/220.

[161] *Ibid.*, pp. 25/32.

[162] JO L 84 du 20.3.2014, pp. 6/13.

[163] JO L 103 du 5.4.2014, pp. 1/9.

[164] Les tableaux 87 à 93 prennent en compte aussi bien les dépenses pour la gestion des programmes que – le cas échéant – les dépenses de fonctionnement des agences exécutives et des entreprises communes (voir page 355).

[165] L'article 174 du TFUE prévoit que, pour renforcer sa cohésion économique, sociale et territoriale, l'Union vise à réduire l'écart entre les niveaux de développement des diverses régions et le retard des régions ou îles les moins favorisées, et qu'une attention particulière soit accordée aux zones rurales, aux zones où s'opère une transition industrielle et aux régions qui souffrent de handicaps naturels ou démographiques graves et permanents.

Tableau 87. Proposition de la Commission concernant la sous-rubrique *1a* (*Compétitivité pour la croissance et l'emploi*) du cadre financier pluriannuel dans le PB pour 2014

En millions d'euros

	Crédits d'engagement			Crédits de paiement		
	PB pour 2014	%	Budget pour 2013*	PB pour 2014	%	Budget pour 2013*
Cadre stratégique commun (CSC) pour la recherche et l'innovation	9.114	*56,0*	10.481	6.329	*54,1*	8.305
- Horizon 2020 (2014-2020)	*8.827*	*54,3*	*10.217*	*6.077*	*52,0*	*8.036*
Excellence scientifique	*2.671*	*16,4*		*90*	*0,8*	
Primauté industrielle	*1.936*	*11,9*		*468*	*4,0*	
Défis de société	*3.305*	*20,3*		*229*	*2,0*	
Institut européen d'innovation et de technologie (IET)	*235*	*1,4*		*121*	*1,0*	
Activités non nucléaires du CCR	*34*	*0,2*		*11*	*0,1*	
Dépenses d'appui	*646*	*4,0*	*649*	*646*	*5,5*	*649*
Achèvement des activités antérieures (avant 2014)	*0*	*0,0*	*9.569*	*4.513*	*38,6*	*7.388*
- Programme Euratom de recherche et de formation (2014-2018)	*287*	*1,8*	*263*	*251*	*2,1*	*269*
Euratom	*151*	*0,9*		*68*	*0,6*	
Dépenses d'appui	*136*	*0,8*	*125*	*136*	*1,2*	*125*
Achèvement des activités antérieures à 2014	*0*	*0,0*	*139*	*48*	*0,4*	*145*
Grands projets d'infrastructures	2.629	*16,2*	969	1.987	*17,0*	966
- Systèmes européens de navigation par satellite (GNSS) "Egnos" et "Galileo"	*1.326*	*8,2*	*1*	*1.198*	*10,2*	*377*
- Réacteur thermonucléaire experimental international (ITER)	*940*	*5,8*	*912*	*588*	*5,0*	*541*
- Programme européen d'observation de la Terre (Copernicus)	*363*	*2,2*	*56*	*201*	*1,7*	*48*
Mécanisme pour l'interconnexion en Europe (MIE)	1.966	*12,1*	1.511	886	*7,6*	785
- Transports	*1.482*	*9,1*	*1.485*	*852*	*7,3*	*761*
- Énergie	*411*	*2,5*	*23*	*14*	*0,1*	*13*
- Technologies de l'information et des communications (TIC)	*74*	*0,5*	*3*	*19*	*0,2*	*11*
Éducation, formation, jeunesse et sport ("Erasmus+")	1.418	*8,7*	1.430	1.219	*10,4*	1.396
Compétitivité des entreprises et des petites et moyennes entreprises ("COSME")	244	*1,5*	308	237	*2,0*	243
- Améliorer l'accès au financement	*135*	*0,8*		*88*	*0,8*	
- Promouvoir l'esprit d'entreprise	*98*	*0,6*		*15*	*0,1*	
- Dépenses d'appui	*11*	*0,1*	*8*	*11*	*0,1*	*8*
- Achèvement des activités antérieures à 2014	*0*	*0,0*	*300*	*123*	*1,1*	*235*
Sûreté nucléaire et démantèlement	130	*0,8*	267	180	*1,5*	182
Programme pour l'emploi et l'innovation sociale	119	*0,7*	110	110	*0,9*	88
Programmes "Douane 2020" et "Fiscalis 2020" et lutte contre la fraude	118	*0,7*	106	86	*0,7*	83
Projets énergétiques en vue d'aider à la relance économique (plan de relance)	-		-	100	*0,9*	286
Autres programmes et actions	161	*1,0*	180	192	*1,6*	210
Prérogatives et compétences spécifiques de la Commission	131	*0,8*	144	117	*1,0*	112
Projets pilotes et actions préparatoires	p.m.		26	19	*0,2*	27
Subventions pour quatorze agences décentralisées et l'IET**	233	*1,4*	218	233	*2,0*	216
Total	**16.264**	***100,0***	**15.749**	**11.695**	***100,0***	**12.897**

* *À titre de comparaison (doc. COM(2013) 450, pp. 10/21)* ** *Voir tableau 107, page 302*

gagement (-12,8 %) et à 51 094 millions d'euros en crédits de paiement (+8,3 %). Ceci laisse une marge sous le plafond de la sous-rubrique de 22 millions d'euros[166].

Le montant total des crédits d'engagement proposé est conforme au plafond annuel pour 2014 prévu dans le nouveau CFP, tel que fixé par le Conseil européen en février 2013, ajusté afin de tenir compte de l'incidence, sur les plafonds des sous-rubriques *1a* et *1b*, de la proposition de la Commission de concentrer sur 2014 les financements en faveur de la mise en œuvre de l'initiative pour l'emploi des jeunes[167].

Selon la Commission "*le montant total des crédits de paiement proposé pour cette sous-rubrique suit essentiellement l'évolution escomptée des paiements intermédiaires de la période 2007-2013, pour laquelle sont prévus 46 676,5 millions d'euros (-11,3 %), ce qui représente 91,4 % du total des paiements pour la sous-rubrique 1b. Les crédits de paiement pour la clôture de la période 2000-2006 diminueront de -83,0 % pour s'établir à 592,0 millions d'euros et serviront à l'achèvement des projets du Fonds de cohésion antérieurs à 2007. Pour la nouvelle période 2014-2020, il est proposé des crédits de paiement limités, qui reflètent principalement le nouveau montant de préfinancement initial pour 2014, qui est de 1 % du soutien du Fonds européen de développement régional (FEDER), du Fonds social européen (FSE ; y compris l'enveloppe spécifique complémentaire pour l'IEJ) et du Fonds de cohésion (FC) aux programmes opérationnels pour l'ensemble de la période de programmation et de 1,5 % lorsqu'un État membre bénéficie d'une assistance financière. Un préfinancement plus élevé, de 11 %, est applicable au "Fonds européen d'aide aux plus démunis" (FEAD). Les paiements intermédiaires en faveur des nouveaux programmes ne concerneront que l'IEJ, la Commission ayant proposé d'autoriser le démarrage de sa mise en œuvre avant la soumission du contrat de partenariat*"[168].

S'agissant de l'initiative pour l'emploi des jeunes, la Commission propose de compléter et de renforcer par son biais le soutien apporté par les Fonds structurels à l'intention des jeunes (voir pages 250-252). Elle est ouverte à toutes les régions de niveau "NUTS 2"[169] ayant enregistré un taux de chômage des jeunes supérieur à 25 % en 2012. Le soutien accordé au titre de cette initiative est destiné à être financé pour moitié par une ligne budgétaire spécifique créée dans le budget pour 2014[170], tandis qu'un montant "*au moins équivalent*" devrait être financé sous forme d'investissements ciblés du FSE. "*Afin que l'initiative pour l'emploi des jeunes touche rapidement ses bénéficiaires, la Commission propose de concentrer un montant total de 6 milliards d'euros (aux prix de 2011) en crédits d'engagement au titre de l'IEJ sur les deux premières années du prochain CFP, ce qui permettra à l'Union d'engager, dès 2014, 3,6 milliards d'euros (aux prix courants, soit 56,2 % de l'enveloppe totale de l'IEJ),*

Les règlements pour les *Fonds structurels et d'investissement européens* (FSIE) pour la période 2014-2020 (voir JO L 347 du 20.12.2013) se composent des règlements suivants :
- règlement portant dispositions communes (RPDC) relatives au Fonds européen de développement régional (FEDER), au Fonds social européen (FSE), au Fonds de cohésion, au Fonds européen agricole pour le développement rural (Feader) et au Fonds européen pour les affaires maritimes et la pêche (FEAMP) (*Ibid.*, pp. 320/347) ;
- règlement du FEDER (*Ibid.*, pp. 289/302) ;
- règlement du FSE (*Ibid.*, pp. 470/486) ;
- règlement sur la coopération territoriale européenne (CTE) (*Ibid.*, pp. 259/280) ;
- règlement du groupement européen de coopération territoriale (GECT) (*Ibid.*, pp. 303/319) ,
- règlement du Fonds de cohésion (*Ibid.*, pp. 281/288) ;
- règlement du Feader (*Ibid.*, pp. 487/548), et
- règlement du FEAMP (JO L 149 du 20.5.2014, pp. 1/66).

[166] Voir page 266, note en bas de page 206.

[167] L'incidence nette au niveau du plafond global de la rubrique *1* (*Croissance intelligente et inclusive*) du CFP étant ainsi nulle (voir page 249).

[168] Doc. *COM(2013) 450*, p. 23.

[169] NUTS pour "nomenclature des unités territoriales européennes".

[170] Il s'agit de l'article *04 02 64* (intitulé "*Initiative pour l'emploi des jeunes*" et doté de 1 804,1 millions d'euros en crédits d'engagement et de 450 millions d'euros en crédits de paiement).

dont 1,8 milliard d'euros pour la dotation complémentaire à la ligne budgétaire spécifiquement créée pour cette initiative "[171].

S'agissant du nouveau Fonds européen d'aide aux plus démunis[172] (FEAD), dont les crédits sont inscrits sous la sous-rubrique *1b*, son objectif est de "*promouvoir la cohésion sociale dans l'Union, en contribuant à la réalisation de l'objectif de la stratégie "Europe 2020" visant à réduire d'au moins 20 millions le nombre de personnes menacées de pauvreté et d'exclusion sociale. Le fonds lutte contre la privation alimentaire, le sans-abrisme et la privation matérielle des enfants. Chaque État membre peut choisir d'agir sur une ou plusieurs de ces formes de privation*"[173].

Les propositions de la Commission concernant la sous-rubrique *1b* sont reprises dans le tableau 89, page 260.

Le tableau 90 (page 260) présente pour sa part la part des différents Fonds dans le financement de la sous-rubrique ;

- les crédits proposés pour la rubrique *2* (*Croissance durable : ressources naturelles*) sont de 59 248 millions d'euros en crédits d'engagement (-1,1 %), dont 43 778 millions d'euros pour les dépenses de marché et paiements directs (+0,3 %), et de 56 532 millions d'euros en crédits de paiement (-1,2 %), dont 43 777 millions d'euros pour les dépenses de marché et paiements directs (+0,3 %). La marge restante sous le plafond de la rubrique est de 55 millions d'euros.

Conformément aux conclusions du Conseil européen des 7 et 8 février 2013, le plafond fixé pour la rubrique *2* pour 2014 baisse globalement de plus de 2 milliards d'euros par rapport à 2013. Par rapport au budget pour 2013, le montant en crédits d'engagement proposé par la Commission dans le projet de budget pour 2014 représente une baisse de 637,4 millions d'euros. L'enveloppe allouée dans le PB au Fonds européen agricole de garantie (FEAGA) est égale au sous-plafond net fixé pour la sous-rubrique *2* après prise en compte des transferts financiers en faveur du Fonds européen agricole pour le développement rural (Feader ; voir *infra*) car, selon les prévisions de la Commission, les dépenses relatives au marché et les aides directes devraient dépasser ce sous-plafond net[174]. Le PB ne contient ainsi aucune marge pour ce type de dépenses.

Selon la Commission "*compte tenu d'un montant de recettes affectées estimé à 828 millions d'euros, les prévisions budgétaires concernant les dépenses du FEAGA en 2014 ont fait ressortir la probabilité d'un dépassement de 1 046,9 millions d'euros du*

---

[171] Doc. *COM(2013) 450*, p. 26. Les détails du financement de l'IEJ tel que proposé par la Commission dans le cadre du PB pour 2014 sont les suivants :

Tableau 88. Initiative pour l'emploi des jeunes (IEJ) : programmation initiale et révisée

En millions d'euros, en crédits d'engagement et en prix de 2011 (montants arrondis)

	2014	2015	2016	2017	2018	2019	2020	Total
IEJ : enveloppe spécifique complémentaire								
Programmation initiale	428,6	428,6	428,6	428,6	428,6	428,6	428,6	**3.000,0**
Programmation révisée	1.700,0	1.300,0						**3.000,0**
Différence	+1.271,0	+871,4	-428,6	-428,6	-428,6	-428,6	-428,6	**0,0**
*Concentration en début de période**	*+2.143,0*				*-2 143,0*			***0,0***
IEJ : montant correspondant versé par le Fonds social européen								
Programmation initiale	428,6	428,6	428,6	428,6	428,6	428,6	428,6	**3.000,0**
Programmation révisée	1.700,0	1.300,0						**3.000,0**
Différence	+1.271,0	+871,4	-428,6	-428,6	-428,6	-428,6	-428,6	**0,0**
Total	**+3.400,0**	**+2.600,0**						**6.000,0**

** Article 9 septies du projet de règlement et article 15 du règlement du Conseil fixant le CFP*

[172] JO L 72 du 12.3.2014, pp. 1/41.
[173] Doc. *COM(2013) 450*, p. 27.
[174] Il convient de noter qu'en vertu de l'article 11, paragraphe 1, deuxième alinéa du règlement (CE) n° 73/2009 du Conseil, tel que modifié par le règlement (CE) n° 671/2012, la marge de sécurité du FEAGA de 300 millions d'euros n'est pas applicable en 2014.

Tableau 89. Proposition de la Commission concernant la sous-rubrique *1b* (*Cohésion économique, sociale et territoriale*) du cadre financier pluriannuel dans le PB pour 2014

En millions d'euros

	Crédits d'engagement			Crédits de paiement		
	PB pour 2014	%	Budget pour 2013*	PB pour 2014	%	Budget pour 2013*
Investissement pour la croissance et l'emploi	44.532	*93,6*	53.477	48.829	*95,6*	55.138
- Convergence régionale (régions moins développées)	*23.332*	*49,1*	*33.648*	*29.802*	*58,3*	*36.070*
- Compétitivité (régions plus développées)	*7.348*	*15,4*	*7.329*	*7.615*	*14,9*	*7.504*
- Régions en transition	*4.720*	*9,9*	*p.m.*	*288*	*0,6*	*62*
- Régions ultrapériphériques et à faible densité de population	*209*	*0,4*	-	*13*	*0,0*	-
- Fonds de cohésion	*8.922*	*18,8*	*12.500*	*11.111*	*21,7*	*11.502*
- dont part consacrée au MIE	*983*	*2,1*	-	*p.m.*		-
Coopération territoriale européenne	675	*1,4*	1.380	1.369	*2,7*	1.131
Assistance technique et actions innovatrices	185	*0,4*	94	133	*0,3*	74
Initiative pour l'emploi des jeunes (IEJ)**	1.804	*3,8*	-	450	*0,9*	-
Aide européenne aux plus démunis (FEAD)	365	*0,8*	-	306	*0,6*	-
Total	**47.561**	***100,0***	**54.958**	**51.094**	***100,0***	**56.350**

** À titre de comparaison (doc. COM(2013) 450, p. 22)*   *** Enveloppe spécifique complémentaire*

Tableau 90. Proposition de la Commission concernant la sous-rubrique *1b* (*Cohésion économique, sociale et territoriale*) du cadre financier pluriannuel dans le PB pour 2014 par Fonds

En millions d'euros

Période		Crédits d'engagement			Crédits de paiement		
		PB pour 2014	%	Budget pour 2013*	PB pour 2014	%	Budget pour 2013*
2000-2006	FEDER	-		-			1.281
	Fonds de cohésion	-		-	592	*100,0*	1.041
	FSE	-		-			1.155
	Total	-		-	**592**	***100,0***	**3.477**
2007-2013	FEDER	-		30.580	26.899	*57,6*	29.954
	Fonds de cohésion	-		12.500	10.003	*21,4*	10.461
	FSE	-		11.645	9.775	*20,9*	12.190
	Total	-		**54.725**	**46.677**	***100,0***	**52.604**
2014-2020	FEDER	24.959	*52,7*	-	1.587	*44,5*	-
	Fonds de cohésion	8.922	*18,8*	-	516	*14,5*	-
	FSE	13.129	*27,7*	-	1.156	*32,4*	-
	- dont enveloppe spéciale complémentaire de l'IEJ	*1.804*	*3,8*	-	*450*	*12,6*	-
	FEAD	365	*0,8*	-	306	*8,6*	-
	Total	**47.376**	***100,0***	-	**3.565**	***100,0***	-
Total	FEDER	24.959	*52,7*	30.580	28.486	*56,0*	31.235
	Fonds de cohésion	8.922	*18,8*	12.500	11.111	*21,9*	11.502
	FSE	13.129	*27,7*	11.645	10.931	*21,5*	13.345
	- dont enveloppe spéciale complémentaire de l'IEJ	*1.804*	*3,8*	-	*450*	*0,9*	-
	FEAD	365	*0,8*	-	306	*0,6*	-
	Total	**47.376**	***100,0***	**54.725**	**50.834**	***100,0***	**56.082**
Assistance technique et actions innovatrices		185	*0,4*	94	133	*0,3*	74
Autres		0	*0,0*	140	127	*0,0*	194
Total général		**47.561**		**54.958**	**51.094**		**56.350**

plafond net de ce Fonds. La Commission a donc proposé de réduire en conséquence le niveau des paiements directs au moyen du mécanisme de discipline financière, afin de respecter le plafond net du FEAGA. Les montants ajustés des aides directes dans le projet de budget 2014 sont entièrement compatibles avec le sous-plafond du FEAGA, compte tenu également du montant de 424,5 millions d'euros qui doit être mis à la disposition de la réserve pour les situations de crise dans le secteur agricole[175]*. Le taux d'ajustement au titre de la discipline financière qui est nécessaire pour respecter le plafond net du FEAGA, en tenant compte du fait qu'il ne s'applique qu'aux montants dépassant 5 000 euros dans les États membres qui ne sont plus dans la phase d'introduction progressive des paiements directs, est de 4,981759 %"*[176].

[175] Voir page 261.

[176] Doc. *COM(2013) 450*, pp. 31/32. En d'autres termes, les besoins du FEAGA pour 2014, avant application du mécanisme de discipline financière, sont estimés globalement par la Commission à 45 653 millions d'euros, contre 45 188 millions d'euros l'année précédente. Les chiffres du FEAGA pour 2013 ont été recalculés en excluant les dépenses afférentes aux mesures vétérinaires et phytosanitaires, transférées à la rubrique *3* du CFP (voir page 263). Les interventions sur le marché des produits de la pêche ont elles aussi été exclues car elles relèvent désormais du Fonds européen pour les affaires maritimes et la pêche.

Compte tenu du montant de recettes affectées qui devrait être disponible en 2014, les crédits budgétaires nécessaires pour couvrir ces besoins s'élèveraient selon la Commission à 44 825 millions d'euros. Cependant, comme ce montant dépasse le plafond net fixé pour ce fonds en 2014, les crédits alloués aux aides

S'agissant des transferts du FEAGA au Feader, la Commission a inclus dans le projet de budget pour 2014 un montant supplémentaire disponible pour le Feader de 351,9 millions d'euros. Ces crédits concernent l'application de l'ajustement facultatif des paiements directs au Royaume-Uni durant l'année 2013[177] (296,3 millions d'euros), l'inclusion du programme national de restructuration du secteur du coton en Grèce dans la nouvelle génération de programmes de développement rural[178] (4 millions d'euros), ainsi que le transfert du FEAGA au Feader des aides directes non utilisées de l'année 2013 (42,6 millions d'euros pour l'Allemagne et 9 millions d'euros pour la Suède)[179].

Il convient également de noter que la rubrique *2* ne contient plus de dépenses négatives à la ligne concernant l'apurement comptable (voir première partie, page 50 et deuxième partie, page 162), les montant étant devenus des recettes affectées.

Concernant la nouvelle réserve pour les crises dans le secteur agricole (voir page 242), la Commission propose de l'inscrire dans un nouvel article *05 03 10*, doté de 424,5 millions d'euros[180].

S'agissant des affaires maritimes et de pêche, le nouveau Fonds européen pour les affaires maritimes et la pêche[181] (FEAMP) non seulement remplace l'ancien Fonds européen pour la pêche (FEP), mais intègre aussi toutes les autres mesures relatives aux affaires maritimes et à la pêche, à l'exception des accords de pêche durable (APD) et des contributions obligatoires aux organisations internationales et aux organisations régionales de gestion des pêches (ORGP), qui possèdent leur propre base légale.

Enfin, s'agissant de l'environnement et de l'action pour le climat, le programme "Life"[182], précédemment régi par le règlement "Life+", est maintenu pendant la période 2014-2020, un nouveau sous-programme étant créé dans le programme destiné à financer l'action pour le climat.

Les propositions de la Commission concernant la rubrique *2* sont reprises dans le tableau 91, page 262 ;

- les crédits proposés pour la rubrique *3* (*Sécurite et citoyenneté*) s'élèvent à 2 139 millions d'euros en crédits d'engagement (-7,8 %) et à 1 668 millions

---

directes ont été réduits par l'application du mécanisme de discipline financière. C'est ainsi que le montant proposé pour les crédits d'engagement concernant les dépenses du FEAGA dans le projet de budget 2014 est égal au sous-plafond net du FEAGA, soit 43 778 millions d'euros, sans laisser de marge par conséquent, mais y compris une réserve pour situations de crise. Par rapport au budget de 2013, cela représente une augmentation de 123,2 millions d'euros (+0,3 %) si l'on exclut certaines dépenses de la comparaison.

En incluant les dépenses relatives aux mesures vétérinaires et phytosanitaires ainsi que les interventions sur le marché des produits de la pêche, le budget pour 2013 proposé pour le FEAGA représente 43 957 millions d'euros, ce qui laisse sous le sous-plafond net une marge de 982,4 millions d'euros (après transferts). En outre, le budget du FEAGA pour 2013 inclut des crédits (soit 500 millions d'euros) destinés au programme alimentaire en faveur des personnes les plus démunies.

[177] Conformément à l'article 10 ter du règlement (CE) n° 73/2009 du Conseil.

[178] Conformément à l'article 52 de la proposition de règlement du Parlement européen et du Conseil établissant les règles relatives aux paiements directs en faveur des agriculteurs au titre des régimes de soutien relevant de la politique agricole commune (doc. *COM(2011) 625 final/3* du 14 mai 2012).

[179] Conformément à l'article 136 du règlement (CE) n° 73/2009 du Conseil.

[180] Cette réserve fait partie du FEAGA et les crédits dont elle est dotée servent à financer les mesures nécessaires au traitement des situations de crise majeure résultant d'un problème de sécurité alimentaire ou d'une évolution soudaine des marchés agricoles, dans le cas où les crédits disponibles sur les autres lignes opérationnelles, en particulier celles qui financent les interventions sur les marchés agricoles, ne sont pas suffisants.

Lorsque la Commission considère qu'il y a lieu de faire appel à la réserve, elle présente à l'autorité budgétaire, conformément à l'acte législatif pertinent concernant les mesures concrètes à prendre, une proposition de transfert de la réserve aux lignes budgétaires correspondantes finançant les mesures jugées nécessaires.

En cas d'appel durant l'année, le montant de la réserve est retransféré vers les mêmes régimes d'aide directe. Une nouvelle réserve est créée chaque année par application du mécanisme de discipline financière aux aides directes.

[181] Voir page 258, note en base de page 165.

[182] JO L 347 du 20.12.2013, pp. 185/208.

Tableau 91. Proposition de la Commission concernant la rubrique *2* **(*Croissance durable : ressources naturelles*) du cadre financier pluriannuel dans le PB pour 2014**

En millions d'euros

	Crédits d'engagement			Crédits de paiement		
	PB pour 2014	**%**	**Budget pour 2013***	**PB pour 2014**	**%**	**Budget pour 2013***
FEAGA – dépenses relatives aux marchés et paiements directs	43.778	*73,9*	43.655	43.777	*77,4*	43.660
FEADER	13.991	*23,6*	14.809	11.655	*20,6*	13.060
FEAMP, organisations régionales de gestion des pêches et accords de pêche durable	1.017	*1,7*	987	766	*1,4*	788
Environnement et action pour le climat (Life+)	405	*0,7*	367	263	*0,5*	266
- Politique environnementale au niveau de l'UE et au niveau international	*303*	*0,5*	*344*	*244*	*0,4*	*244*
- Action pour le climat au niveau de l'UE et au niveau international	*101*	*0,2*	*23*	*19*	*0,0*	*22*
Prérogatives et compétences spécifiques de la Commission	6	*0,0*	0	3	*0,0*	0
Projets pilotes et actions préparatoires	p.m.		16	18	*0,0*	22
Subventions pour trois agences décentralisées**	50	*0,1*	52	50	*0,1*	52
Total	**59.248**	***100,0***	**59.885**	**56.533**	***100,0***	**57.849**

** À titre de comparaison (doc. COM(2013) 450, pp. 29 et 37)   ** Voir tableau 107, page 302*

d'euros en crédits de paiement (-2,4 %). La marge restante sous le plafond de la rubrique s'établit ainsi à 40 millions d'euros.

Le Fonds "Asile et migration" (FAM) remplace le Fonds européen pour le retour, le Fonds européen pour les réfugiés et le Fonds européen d'intégration des ressortissants de pays tiers. Ce nouveau fonds a notamment pour objectif de contribuer à la gestion des flux migratoires dans l'Union s'inscrivant dans l'espace de liberté, de sécurité et de justice.

Le Fonds pour la sécurité intérieure (FSI) succède quant à lui au Fonds pour les frontières extérieures, au programme "Prévention, préparation et gestion des conséquences en matière de terrorisme" et au programme "Prévenir et combattre la criminalité". Il a pour objectif de contribuer à l'établissement d'un niveau élevé de sécurité dans l'Union en apportant notamment un concours financier en matière de coopération policière, de prévention et de répression de la criminalité, de gestion des crises, ainsi que dans le domaine des frontières extérieures et des visas.

Le nouveau programme-cadre pour les secteurs culturels et créatifs, "Europe créative"[183], fusionne les anciens programmes "Culture", "Media" et "Media Mundus".

Les objectifs généraux du nouveau programme d'action de l'Union "Santé (2014-2020)"[184] consistent à aider les États membres à encourager l'innovation dans les soins de santé et à accroître la viabilité des systèmes de santé, ainsi qu'à améliorer la santé des citoyens de l'Union et à les protéger des menaces sanitaires transfrontières.

Le programme "Droits et citoyenneté" succède aux programmes "Droits fondamentaux et citoyenneté", "Daphné III" et aux sections "Lutte contre la discrimination et diversité" et "Égalité entre les hommes et les femmes" du programme pour l'emploi et la solidarité sociale ("Progess").

Le programme "Justice" remplace quant à lui les programmes "Justice civile", "Justice pénale" et "Prévenir la consommation de drogue et informer le public".

Le nouveau mécanisme de protection civile de l'Union[185] réunit le précédent mécanisme de protection civile, qui facilite la coopération renforcée entre les États membres et l'Union européenne dans le domaine de la protection civile, et l'instrument financier pour la protection civile, qui finance les actions entreprises au titre du mécanisme en vue d'assurer la protection contre les catastrophes naturelles et les catastrophes d'origine humaine.

Le nouveau programme "Consommateurs"[186] contribue à protéger la santé, la sécurité et les intérêts économiques des consommateurs, et à promouvoir leur droit à l'information et à l'éducation ainsi que leur droit de s'organiser pour défendre leurs intérêts. Le programme "L'Europe pour les citoyens"[187] sera poursuivie en 2014-2020.

---

183 JO L 347 du 20.12.2013, pp. 221/237

184 JO L 86 du 21.3.2014, pp. 1/13.

185 JO L 347 du 20.12.2013, pp. 924/947.

186 JO L 84 du 20.3.2014, pp. 42/56

187 JO L 115 du 17.4.2014, pp. 3/13.

Les systèmes informatiques financés par cette rubrique couvrent le Système d'information Schengen (SIS II), le Système d'information sur les visas (VIS) et l'unité centrale d'"Eurodac"[188].

Enfin, le traité d'adhésion de la Croatie à l'Union européenne instaure "la facilité Schengen" pour la Croatie (voir chapitre II), en tant qu'instrument temporaire d'appui à cet nouvel État membre entre la date de son adhésion et la fin de 2014. Il a pour objet de financer des actions aux nouvelles frontières extérieures de l'Union pour la mise en œuvre de l'acquis de Schengen et aux fins du contrôle aux frontières extérieures.

Il convient également de relever que les dépenses afférentes aux mesures vétérinaires et phytosanitaires ont été transférées de la rubrique *2* (*Conservation et gestion des ressources naturelles*) du CF à la rubrique *3* du nouveau CFP (voir page 260).

En même temps, le financement de la subvention de l'UE à l'Agence européenne des médicaments passe de la sous-rubrique *1a* (*Compétitivité pour la croissance et l'emploi*) du CF à la rubrique *3* du CFP.

Les propositions de la Commission concernant la rubrique *3* sont reprises dans le tableau 92 ci-après ;

- les crédits proposés pour la rubrique *4* (*L'Europe dans le monde*) s'élèvent à 8 176 millions d'euros en crédits d'engagement (-12,2 %) et à 6 251 millions d'euros en crédits de paiement (+0,3 %). La marge restante sous le plafond de cette rubrique s'établit ainsi à 159 millions d'euros.

Les bases légales des instruments géographiques et thématiques relevant de la rubrique *4* ont été révisés pour la période 2014-2020[189], se composant désormais avant tout de l'instrument de financement de la coopération au développement pour la période 2014-2020 (ICD), de l'instrument européen de voisinage (IEV), de l'instrument d'aide de préadhésion (IAP II), de l'instrument contribuant à la stabilité et à la paix (IdS), de l'instrument financier pour la démocratie et les droits de l'homme dans le monde (l'instrument européen pour la démocratie et les droits de l'homme IEDDH) et de l'instrument relatif à la coopération en matière de sûreté nucléaire (ICSN). Ces instruments garantissent en même temps une continuité avec les activités couvertes pendant le cadre financier pluriannuel pour 2007-2013.

La rubrique *4* contient en outre un nouvel instrument – l'instrument de partenariat pour la coopération avec les pays tiers (IP) – pour compléter l'éventail

Tableau 92. Proposition de la Commission concernant la rubrique *3* (*Sécurité et citoyenneté*) du cadre financier pluriannuel dans le PB pour 2014

En millions d'euros

	Crédits d'engagement			Crédits de paiement		
	PB pour 2014	%	Budget pour 2013*	PB pour 2014	%	Budget pour 2013*
Fonds "Asile et migration" (FAM)	403	*18,8*	495	146	*8,8*	315
Fonds pour la sécurité intérieure (FSI)	403	*18,8*	486	230	*13,8*	301
Denrées alimentaires et aliments pour animaux	253	*11,8*	275	219	*13,1*	247
Europe créative	179	*8,4*	190	185	*11,1*	176
Santé	59	*2,8*	56	45	*2,7*	56
Droit et citoyenneté	55	*2,6*	75	55	*3,3*	59
Justice	47	*2,2*	48	36	*2,2*	30
Protection civile	28	*1,3*	24	30	*1,8*	18
Protection des consommateurs	24	*1,1*	24	22	*1,3*	22
L'Europe pour les citoyens	23	*1,1*	30	28	*1,7*	31
Systèmes informatiques	19	*0,9*	46	11	*0,7*	50
Système d'information Schengen (SIS II)	*9*	*0,4*	*37*	*6*	*0,4*	*23*
Système d'information sur les visas (VIS)	*9*	*0,4*	*9*	*6*	*0,4*	*27*
Base de données européenne des empreintes digitales (Eurodac)	*0*	*0,0*	*p.m.*	*0*	*0,0*	*p.m.*
Autres programmes et actions	p.m.		2	1	*0,1*	1
Prérogatives et compétences spécifiques de la Commission	160	*7,5*	141	165	*9,9*	129
- dont actions de communication	*79*	*3,7*	*100*	*84*	*5,0*	*88*
Projets pilotes et actions préparatoires	p.m.		16	10	*0,6*	12
Subventions pour douze agences décentralisées**	487	*22,8*	459	487	*29,2*	448
Total général	**2.140**	***100,0***	**2.362**	**1.668**	***100,0***	**1.894**

** À titre de comparaison (doc. COM(2013) 450, pp. 39/43)   ** Voir tableau 107, page 302*

[188] Il s'agit d'un système permettant la comparaison des empreintes digitales aux fins de l'application de la "convention de Dublin".

[189] Les nouvelles bases légales pour la période 2014-2020 ont été publiées au JO L 77 du 15.3.2014, pp. 1/116.

existant d'instruments[190]. Il succède à l'instrument financier de coopération avec les pays industrialisés et les autres pays et territoires à revenu élevé (IPI/IPI+).

La rubrique contient, par ailleurs, des crédits pour le nouveau "Corps volontaire européen d'aide humanitaire – initiative des volontaires de l'aide de l'Union européenne" (VAUE), qui sera créé en 2014[191].

Enfin, la rubrique *4* contient plusieurs activités pour lesquelles les bases légales n'ont pas dû être actualisées étant donné qu'elles sont fondées sur les traités ou qu'elles n'ont pas une durée limitée dans le temps. Il s'agit notamment de l'aide humanitaire et de la politique étrangère et de sécurité commune, ainsi que des activités de stabilisation économique et des instruments qui bénéficient de l'effet de levier des marchés financiers[192].

S'agissant du "budget PESC" (chapitre *19 03*), la Commission propose un montant de 314,5 millions d'euros en crédits d'engagement et de 234,8 millions d'euros en crédits de paiement[193].

Les propositions de la Commission concernant la rubrique *4* sont reprises dans le tableau 93 ci-dessous :

Tableau 93. Proposition de la Commission concernant la rubrique *4* (*L'Europe dans le monde*) du cadre financier pluriannuel dans le PB pour 2014

En millions d'euros

	Crédits d'engagement			Crédits de paiement		
	PB pour 2014	**%**	**Budget pour 2013***	**PB pour 2014**	**%**	**Budget pour 2013***
Instrument de financement de la coopération au développement (ICD)	2.310	*28,3*	2.642	1.744	*27,9*	1.952
Instrument européen de voisinage (IEV)	2.113	*25,8*	2.471	1.356	*21,7*	1.403
Instrument d'aide de préadhésion (IAP II)	1.574	*19,3*	1.899	1.411	*22,6*	1.496
Aide humanitaire	905	*11,1*	865	791	*12,7*	827
Instrument contribuant à la stabilité et à la paix (IdS)	315	*3,9*	325	216	*3,5*	216
Politique étrangère et de sécurité commune (PESC)	315	*3,9*	396	235	*3,8*	317
Instrument européen pour la démocratie et les droits de l'homme (IEDDH)	179	*2,2*	177	122	*2,0*	150
Instrument de partenariat pour la coopération avec les pays tiers (IP)	113	*1,4*	72	48	*0,8*	26
Assistance macrofinancière (AMF)	76	*0,9*	95	63	*1,0*	56
Garantie de l'UE aux prêts	58	*0,7*	156	58	*0,9*	156
Instrument relatif à la coopération en matière de sûreté nucléaire (ICSN)	31	*0,4*	79	60	*1,0*	66
Protection civile et centre européen de réaction d'urgence	20	*0,2*	-	8	*0,1*	-
Corps volontaire européen d'aide humanitaire – Volontaires de l'aide de l'UE	13	*0,2*	-	5	*0,1*	-
Autres programmes et actions	73	*0,9*	77	56	*0,9*	53
Prérogatives et compétences spécifiques de la Commission	63	*0,8*	63	50	*0,8*	49
Projets pilotes et actions préparatoires	p.m.		5	11	*0,2*	24
Subvention pour la Fondation européenne pour la formation	20	*0,2*	20	20	*0,3*	21
Total général	**8.176**	***100,0***	**9.341**	**6.251**	***100,0***	**6.811**

** À titre de comparaison (doc. COM(2013) 450, p. 48)*

[190] L'instrument de partenariat pour la coopération avec les pays tiers est un instrument "global" qui complète d'autres instruments financiers thématiques et géographiques. Son objectif principal est de promouvoir et de défendre les intérêts de l'UE ainsi que ceux qu'elle partage avec d'autres pays. Il contribue en outre avec les autres principaux instruments géographiques de la rubrique *4* (IAP II, IEV et ICD) à la "dimension internationale" du nouveau programme "Erasmus+" (voir page 256).

[191] JO L 122 du 24.4.2014, pp. 1/17.

[192] Il s'agit avant tout de l'assistance macrofinancière (AMF) et du Fonds de garantie relatif aux actions extérieures.

[193] Y inclus les crédits pour le poste *19 01 04 02* (*Dépenses d'appui pour la politique étrangère et de sécurité commune (PESC)*). La Commission propose pour le chapitre *19 03* la nomenclature suivante :

a) article *19 03 01* (*Soutien à la préservation de la stabilité au moyen des missions dans le cadre de la politique étrangère et de sécurité commune (PESC) et des représentants spéciaux de l'Union européenne*), divisé sept postes comme suit :

- *19 03 01 01* (*Mission d'observation en Géorgie*) ;
- *19 03 01 02* (*EULEX Kosovo*) ;
- *19 03 01 03* (*Eupol Afghanistan*) ;
- *19 03 01 04* (*Autres mesures et opérations de gestion de crise*) ;
- *19 03 01 05* (*Actions d'urgence*) ;
- *19 03 01 06* (*Actions préparatoires et de suivi*) ;
- *19 03 01 07* (*Représentants spéciaux de l'Union européenne*), et

b) article *19 03 02* (*Soutien à la non-prolifération et au désarmement*).

Cette nomenclature reprend dans les grandes lignes celle suggérée au point 24, dernier paragraphe de la Partie II de l'AII de 2013.

- les crédits proposés pour la rubrique *5 (Administration)* s'élèvent à 8 595 millions d'euros en crédits d'engagement et à 8 597 millions d'euros en crédits de paiement (+2,1 %). La marge restante sous le plafond de cette rubrique s'établit ainsi à 126 millions d'euros.

Les crédits proposés pour les dépenses administratives des institutions s'élèvent à 6 936 millions d'euros en crédits d'engagement et à 6 938 millions d'euros en crédits de paiement (+1,3 %). La marge est ainsi de 120 millions d'euros.

L'année 2014 est la dernière année pour laquelle la Commission demande des nouveaux postes supplémentaires (194 en tout[194]) liés à l'adhésion de la Croatie à l'Union européenne. "*Une hausse modérée des crédits pour la Commission liés à cet élargissement interviendra en 2015, car ce sera la première année où se fera pleinement sentir l'effet de la dernière tranche des 194 postes demandés au titre de la rubrique 5 dans le projet de budget pour 2014. Pour toutes les autres institutions concernées, ce plein effet a déjà été intégré dans le PB pour 2014*"[195].

S'agissant des autres institutions que la Commission, les demandes pour 2014 se basent selon la Commission sur une réduction nette globale de 53 postes[196].

Pour plusieurs institutions (Parlement européen, Commission, Médiateur européen et Contrôleur européen de la protection des données), l'année 2014 est marquée par des augmentations particulières résultant des dépenses liées à l'arrivée à échéance, en 2014, du mandat de leurs membres.

Les montants demandés par les différentes institutions sont récapitulés dans le tableau 95, page 271. Les modifications proposées concernant les postes inscrits dans les tableaux des effectifs sont quant à elles résumées dans le tableau 105, page 300, et

- les crédits proposés pour la rubrique *6 (Compensations)* s'élèvent à 28,6 millions d'euros en crédits d'engagement et de paiement. La marge restante sous le plafond de cette rubrique s'établit ainsi à 400 000 euros.

S'agissant des *instruments spéciaux*, la Commission propose :

- 297 millions d'euros en crédits d'engagement et 150 millions d'euros en crédits de paiement pour la réserve pour aides d'urgence (article *40 02 42*), et

- 159,2 millions d'euros en crédits d'engagement et 50 millions d'euros en crédits de paiement pour le Fonds européen d'ajustement à la mondialisation[197] (articles *04 04 01* et *40 02 43*[198]).

Pour le Fonds de solidarité de l'Union européenne[199] (articles *13 06 01* et *13 06 02*[200]), la Commission a inclus dans le PB, comme d'habitude, un "p.m." aussi bien en ce qui concerne les crédits d'engagement que les crédits de paiement.

5. La position du Conseil sur le projet de budget pour 2014 (2 septembre 2013[201])

A. La position du Conseil sur le projet de budget pour 2014 s'élève à 142 227 millions d'euros en crédits pour engagements et à 135 005 millions d'eu-

[194] Outre la réduction de 192 postes proposée en 2014, la programmation financière prévoit pour la Commission une nouvelle diminution de 579 postes entre 2015 et 2017 dans le cadre de la réduction de 5 % des effectifs.
[195] Doc. *COM(2013) 450*, pp. 7/8.
[196] Pour la période 2015-2020, les autres institutions que la Commission prévoient une nouvelle réduction de 92 du nombre de postes inscrits sur leurs tableaux des effectifs.
[197] JO L 347 du 20.12.2013, pp. 855/864.
[198] Intitulés "*Fonds européen d'ajustement à la mondialisation*" et "*Réserve pour le Fonds européen d'ajustement à la mondialisation*" respectivement. Le premier article contient un "p.m." en crédits d'engagement et 50 millions d'euros en crédits de paiement et le second 159,2 millions d'euros en crédits d'engagement et un "p.m." en crédits de paiement.
[199] JO L 189 du 27.6.2014, pp. 143/154.
[200] Le premier article est destiné aux montants pour les États membres et le second aux montants destinés aux pays dont l'adhésion est en cours de négociation.
[201] Afin de respecter les délais prévus à l'article 4 du protocole n° 1 sur le rôle des parlements nationaux dans l'Union européenne (voir première partie, page 22), le Conseil a adopté sa position sur le projet de

ros en crédits pour paiements[202], ce qui correspond à une diminution de -6,2 % et à une augmentation de +1,4 % respectivement par rapport au budget pour 2013[203]. Les crédits pour engagements correspondent à 1,05 % et les crédits pour paiements à 1 % du RNB. Les marges laissées sous les plafonds du CF sont de 769 millions d'euros en crédits pour engagements et de 1 061 millions d'euros en crédits pour paiements[204].

B. Lors de l'adoption de sa position sur le projet de budget pour 2014, le Conseil a tenu compte notamment des principes suivants[205] :

- s'inscrire dans le cadre des orientations budgétaires définies pour le budget pour 2014 dans les conclusions du Conseil adoptées le 12 février 2013 (voir *supra*, point 2, *b)*) ;

- suivre une approche débouchant sur un budget respectant la discipline budgétaire et la bonne gestion financière, et tenant également dûment compte des contraintes budgétaires et économiques actuelles dans les États membres ;

- veiller à ce que les différentes priorités de l'Union européenne bénéficient d'un financement adéquat, en déterminant les crédits sur la base de l'exécution budgétaire passée et en cours et de capacités d'absorption réalistes ;

- prévoir les crédits nécessaires pour permettre le démarrage intégral des nouveaux programmes au cours de la première année du cadre financier pluriannuel pour 2014-2020 ;

- dégager des marges suffisantes sous les plafonds des rubriques et sous-rubriques du cadre financier pluriannuel, sauf en ce qui concerne la sous-rubrique *1b* (*Cohésion économique, sociale et territoriale*) du CFP[206], afin de pouvoir faire face à des situations imprévues, et

- conserver une maîtrise rigoureuse des crédits de paiement pour toutes les rubriques et sous-rubriques du cadre financier pluriannuel, en ajustant les montants sur la base d'une analyse de l'exécution budgétaire passée et en cours et de capacités d'absorption réalistes.

Le Conseil a approuvé, à ce titre, la déclaration "traditionnelle" suivante relative aux crédits de paiement : "*Le Conseil demande à la Commission de présenter le plus rapidement possible la lettre rectificative portant sur l'agriculture (en incluant les informations relatives à un éventuel report des recettes affectées) afin de déterminer le niveau adéquat des ressources devant figurer au budget 2014 pour la rubrique 2 (Croissance durable: ressources naturelles).*

Le Conseil demande en outre à la Commission de présenter un projet de budget rectificatif si les crédits de paiement inscrits dans le budget pour 2014 se révélaient insuffisants pour couvrir les dépenses relevant de la sous-rubrique 1a (Compétitivité pour la croissance et l'emploi), de la sous-rubrique 1b (Cohésion économique, sociale et territoriale), de la rubrique 2 et de la rubrique 4 (L'Europe dans le monde).

---

budget pour 2014 par "procédure écrite". La Belgique, le Danemark et le Royaume-Uni se sont abstenus.
La décision arrêtant la position du Conseil a été publiée au JO C 256 du 5.9.2013, p. 12. La lettre de transmission au Parlement européen est datée du 11 septembre 2013 (voir page 381).

[202] En d'autres termes, le Conseil a réduit les crédits pour engagements proposés par la Commission dans son PB de 241 millions d'euros et les crédits pour paiements de 1 061 millions d'euros. Par rapport au budget pour 2013 (budget rectificatif nº 1/2013 inclus), la position du Conseil réduit les crédits pour engagements de 9,3 milliards d'euros et augmente les crédits pour paiements de 1,8 milliard d'euros.

[203] Budget rectificatif nº 1/2013 compris (voir chapitre II).

[204] Selon la présentation de la Commission. Le Conseil a retenu dans sa position les 150 millions d'euros en crédits de paiement proposés pour la réserve pour aides d'urgence et les 50 millions d'euros en crédits de paiement proposés pour le Fonds européen d'ajustement à la mondialisation (voir page 272).

[205] Doc. *Conseil 13176/13 BUDGET 42* du 2 septembre 2013, pp. 11/41.

[206] Comme le point 13, deuxième paragraphe de la Partie I de l'AII de 2006 (voir page 37, note en bas de page 122), le point 8 la Partie I de l'AII de 2013 prévoit que : "*Les institutions, par souci d'une bonne gestion financière, veillent à laisser, dans la mesure du possible, lors de la procédure budgétaire et de l'adoption du budget, des marges suffisantes disponibles sous les plafonds pour les différentes rubriques du CFP, sauf pour la sous-rubrique "Cohésion économique, sociale et territoriale"*" (voir également article

Il demande instamment à la Commission de présenter le plus rapidement possible des chiffres actualisés concernant la situation et les estimations relatives aux crédits de paiement relevant de la sous-rubrique 1b et, si nécessaire, de présenter un projet de budget rectificatif à cette seule fin. Le Conseil se prononcera sur le projet de budget rectificatif dans les plus brefs délais afin d'éviter toute insuffisance dans les crédits de paiement"[207].

En ce qui concerne les *dépenses administratives*[208], le Conseil a "*pris note des efforts accomplis par les institutions afin de limiter l'augmentation demandée de leurs dépenses administratives pour l'exercice 2014 et de réduire le nombre de leurs effectifs conformément à l'objectif d'une diminution de 5 % au cours de la période 2013-2017 fixé par le Conseil européen dans ses conclusions des 7 et 8 février 2013*"[209]. Il a établi les budgets administratifs des institutions sur la base des éléments suivants :

- conserver une maîtrise rigoureuse du volume des dépenses administratives des institutions, conformément à l'approche suivie par les États membres pour leurs fonctions publiques respectives ;

- fixer au niveau approprié le budget administratif de chaque institution (à l'exception du Parlement européen), en tenant compte de ses spécificités et de ses besoins réels et justifiés ;

- accepter les nouveaux postes demandés par les institutions dans le cadre de l'élargissement à la Croatie, tout en attachant une attention particulière au respect de la réduction des postes repris dans les tableaux des effectifs, en ligne avec l'objectif de réduction de 5 % pendant la période 2013-2017 ;

- procéder à des réductions ciblées et augmenter l'abattement forfaitaire standard sur les salaires[210] pour certaines institutions et certains offices[211], en tenant compte de leur exécution budgétaire passée et en cours et de leurs taux de vacance ;

- exclure (à l'exception du PE) les montants relatifs à une éventuelle adaptation des rémunérations et des pensions de 2011 et 2012, si de tels montants ont été inclus par les institutions[212], et

- accepter toutes les conversions, transformations, revalorisations et transferts de postes demandés, en conformité avec le Statut des fonctionnaires et le régime applicable aux autres agents de l'Union européenne.

Selon le Conseil, "*cette approche s'est traduite par un niveau de dépenses administratives approprié pour assurer le bon fonctionnement des institutions*"[213].

Concernant son propre budget administratif (section II du budget de l'Union), le Conseil l'a réduit de 2,6 millions d'euros par rapport au PB, grâce aux économies découlant du fait qu'il organisera en 2014 moins de sommets multilatéraux que prévu.

Le Conseil a également axé ses travaux sur les *dépenses d'appui administratif* liées aux programmes opérationnels. À cet égard, il a décidé de procéder à des réductions ciblées en se fondant sur les mêmes

176 du RF de 2012).

[207] Doc. *Conseil 13176/13*, p. 13.

[208] Parlement européen exclu, conformément au "*Gentlemen's agreement*" (voir Tome II, p. 37).

[209] Doc. *Conseil 13176/13*, p. 12, et *Conseil européen 37/13*, point 99. Il convient de relever que les institutions suivantes ont appliqué une réduction de 1 % des postes inscrits dans leurs tableaux des effectifs pour 2014 par rapport à 2013 (postes liés à l'adhésion de la Croatie exclus) : Conseil européen et Conseil (section II), Commission (section III), Cour des comptes (section V), Comité économique et social européen (section VI), Comité des régions (section VII) et SEAE (section X).

[210] Voir première partie, page 46.

[211] Il s'agit de la Commission (de 3,7 à 3,8 %), de la Cour de justice (de 3 à 3,75 %), de la Cour des comptes (de 2,7 à 3 %) et du Service européen pour l'action extérieure (de 5,3 à 5,8 % pour le personnel statutaire au siège et de 2,7 % à 4 % pour le personnel statutaire dans les délégations), ainsi que de l'Office pour les infrastructures et la logistique à Bruxelles (OIB ; de 2,5 à 2,8 %) et de l'Office pour les infrastructures et la logistique à Luxembourg (OIL ; de 1,9 à 2,5 %).

[212] Seuls le Conseil européen et le Conseil (section II) et la Cour de justice (section IV) n'ont pas inclus ces montants dans leurs états prévisionnels respectifs (voir tableau 96, page 272).

[213] Doc. *Conseil 13176/13*, p. 12.

principes que ceux suivis pour les dépenses administratives des institutions[214].

S'agissant des *agences exécutives* ainsi que des *projets pilotes* et des *actions préparatoires*, le Conseil a accepté les propositions présentées par la Commission dans le PB.

Enfin, en ce qui concerne les *agences décentralisées de l'Union européenne*, le Conseil a appliqué une approche similaire à celle adoptée pour les institutions. Par conséquent, proportionnellement au nombre de postes prévus dans les tableaux des effectifs des agences (à l'exception des postes autofinancés), une réduction correspondant aux montants relatifs à l'adaptation éventuelle des rémunérations de 2011 et 2012 a été appliquée à la contribution accordée à toutes les agences.

En ce qui concerne la *nomenclature* du budget de l'Union, le Conseil a accepté les propositions de la Commission, à l'exception de la scission d'un article en trois postes[215].

Le tableau 94 ci-dessous résume les montants des réductions de crédits opérées par le Conseil dans sa position sur le projet de budget pour 2014. Il indique également le montant des marges laissées par le Conseil sous les différentes rubriques et sous-rubriques du CFP.

En règle générale, le Conseil n'a pas réduit dans sa position les montants proposés par la Commission dans le PB concernant les dépenses opérationnelles pour les programmes relevant du nouveau CFP[216], le Conseil concentrant ses réductions sur les lignes budgétaires relevant de la période couverte par le CF pour 2007-2013, concernant la gestion administrative et l'assistance technique des programmes ou concernant la clôture des programmes pour la période 2000-2006.

C. Les résultats de la lecture du Conseil s'établissent par rubrique et sous-rubrique du CFP comme suit :

- les crédits de la sous-rubrique *1a* (*Compétitivité pour la croissance et l'emploi*) s'élèvent à 16 204 millions d'euros en crédits d'engagement et à 11 268 millions d'euros en crédits de paiement (+2,9 % et -5,5 % respectivement par rapport à 2013[217]). La marge s'établit à 186 millions d'euros[218].

Le Conseil a réduit les crédits d'engagement proposés par la Commission pour un montant total de

Tableau 94. Les réductions de crédits opérées par le Conseil dans sa position sur le projet de budget pour 2014

En millions d'euros

Rubrique ou sous-rubrique du CFP	Crédits d'engagement*	Crédits de paiement*	Agences décentr. Montant	*Nb*	Total c/e	Total c/p	*Marge c/e*	*Marge c/p***
1a (Compétitivité pour la croissance et l'emploi)	56,7	423,2	3,3	*13*	60,0	426,5	*185,8*	
1b (Cohésion économique, sociale et territoriale)	3,3	202,3	0	*0*	3,3	202,3	*25,7*	
2 (Croissance durable : ressources naturelles)	1,0	112,0	0,6	*4*	1,6	112,6	*56,9*	
3 (Sécurité et citoyenneté)	0,7	5,5	4,5	*12*	5,2	10,0	*44,8*	
4 (L'Europe dans le monde)	17,1	156,4	0,2	*1*	17,3	156,6	*176,5*	
*5 (Administration)****	153,3	153,3	0	*0*	153,3	153,3	*279,2*	
6 (Compensations)	0	0	0	*0*	0	0	*0,4*	
Instruments spéciaux	0	0	0	*0*	0	0	-	
Total	**232,1**	**1.052,7**	**8,6**	***30***	**240,7**	**1.061,2**	***769,3***	***1.061,4***

** Hors subventions pour les agences décentralisées de l'Union européenne*
*** Selon la présentation de la Commission*
**** Pour le détail, voir tableau 95, page 271*

[214] Voir pages 267 et 271-272.

[215] Il s'agit de l'article *15 02 01* (*Promouvoir l'excellence et la coopération dans le domaine de l'éducation, de la formation et de la jeunesse en Europe, son adéquation par rapport au marché du travail et la participation des jeunes à la vie démocratique en Europe* ; voir *infra*).

[216] Le Conseil n'a ainsi par exemple pas modifié (contrairement à ce qui a parfois été avancé) les montants proposés par la Commission dans le PB notamment pour le programme-cadre pour la recherche et l'innovation ("Horizon 2020"), le programme de l'UE pour l'éducation, la formation, la jeunesse et le sport ("Erasmus+") ou le programme pour la compétitivité des entreprises et des petites et moyennes entreprises ("COSME").

[217] Budget rectificatif n° 1/2013 compris (voir chapitre II).

[218] Il convient de relever que comme dans le cas du PB pour 2014 (voir page 255, note en bas de page 147), le calcul des marges pour les sous-rubriques *1a* et *1b* du CFP inclut les modifications des plafonds correspondants dans le contexte du financement de l'IEJ comme proposé par la Commission (voir page 249).

60 millions d'euros. Ces réductions concernent, outre treize lignes budgétaires liées au financement des agences décentralisées (pour un montant total de 3,3 millions d'euros), 76 lignes concernant avant tout les dépenses d'appui administratif.

S'agissant des crédits de paiement, le Conseil a opéré une réduction d'un montant total de 426,5 millions d'euros dans les crédits demandés dans le PB pour 2014 (y inclus 3,3 millions d'euros de réduction dans les subventions pour treize agences décentralisées relevant de cette sous-rubrique), dont 154 millions d'euros dans le domaine des grands projets d'infrastructures[219], 120,7 millions d'euros dans le domaine de la recherche et l'innovation, 86,9 millions d'euros en ce qui concerne le mécanisme pour l'interconnexion en Europe et les programmes le précédant[220] et 61,3 millions d'euros dans d'autres programmes et projets.

Par ailleurs, et suite à l'accord politique entre les deux branches de l'autorité législative sur la nouvelle base légale concernant le programme "Erasmus+", le Conseil a exceptionnellement modifié la nomenclature proposée par la Commission dans son projet de budget en scindant l'article *15 02 01* (intitulé "*Promouvoir l'excellence et la coopération dans le domaine de l'éducation, de la formation et de la jeunesse en Europe, son adéquation par rapport au marché du travail et la participation des jeunes à la vie démocratique en Europe*"), relevant du chapitre *15 02* (intitulé "*Erasmus+*"), en trois postes[221] :

- éducation et formation (nouveau poste *15 02 01 01*, doté de 1 331,3 millions d'euros en crédits d'engagement et de 897,2 millions d'euros en crédits de paiement[222]) ;

- jeunesse (nouveau poste *15 02 01 02*, doté d'un "p.m."), et

- subventions de fonctionnement en faveur des agences nationales (nouveau poste *15 02 01 03*, également doté d'un "p.m.") ;

- les crédits de la sous-rubrique *1b* (*Cohésion économique, sociale et territoriale*) s'élèvent à 47 557 millions d'euros en crédits d'engagement (-13,5 %) et à 50 891 millions d'euros en crédits de paiement (+7,5 %). La marge s'établit à 26 millions d'euros[223].

Le Conseil a accepté les crédits d'engagement proposés par la Commission pour les programmes opérationnels. S'agissant de deux lignes budgétaires liées aux dépenses de support et à l'assistance technique non opérationnelle pour le Fonds social européen et le Fonds européen de développement régional, le Conseil a réduit les montants proposés de 3,3 millions d'euros[224].

S'agissant des crédits de paiement, le Conseil les a réduits de 202,3 millions d'euros sur douze différentes lignes budgétaires[225], dont 125,1 millions d'euros concernant le Fonds européen de développement régional, 32,8 millions d'euros concernant

---

[219] C'est-à-dire concernant les programmes de GNSS "Egnos" et "Galileo", ITER et GMES/Copernicus. Le Conseil a fondé ses réductions de crédits de paiement sur une importante incertitude quant à la possibilité d'exécuter tous les paiements envisagés par la Commission en 2014, en utilisant comme exemple les enseignements tirés notamment de la mise en œuvre du Plan européen pour la relance économique (voir Tome II, pp. 94 et 100/104, première partie, page 21, et deuxième partie, page 136).

[220] Dont -81,5 millions d'euros dans le domaine des transports, -4,2 millions d'euros dans le domaine des TIC et -1,3 million d'euros dans le domaine de l'énergie, la plus importante réduction des crédits de paiement proposés ayant été apportée aux programmes couvrant la période 2007-2013, notamment due aux taux de mise en œuvre des programmes comme "Marco Polo" ou des grands projets dans le domaine des transports.

[221] Il convient de relever que le Parlement européen ne retiendra que deux postes (voir page 282).

[222] Soit les montants proposés par la Commission dans le PB pour l'article *15 02 01*.

[223] Voir page 266, note en bas de page 206.

[224] Il s'agit des deux postes suivants :

- Dépenses d'appui pour le Fonds social européen (FSE) et l'assistance technique non opérationnelle (poste *04 01 04 01*) : -1,8 million d'euros, et

- Dépenses d'appui pour le Fonds européen de développement régional (FEDER) (poste *13 01 04 01*) : -1,5 million d'euros.

[225] Ces réductions se répartissent par lignes budgétaires comme suit :

- Dépenses d'appui pour le FSE et l'assistance technique non opérationnelle (poste *04 01 04 01*) : -1,8 million d'euros ;

le Fonds social européen et 44,3 millions d'euros concernant le Fonds de cohésion[226] ;

- les crédits de la rubrique *2* (*Croissance durable : ressources naturelles*) s'élèvent à 59 246 millions d'euros en crédits d'engagement (-1,1 %), dont 43 778 millions d'euros pour les dépenses de marché et paiements directs (+0,3 %), et à 56 420 millions d'euros en crédits de paiement (-1,4 %), dont 43 777 millions d'euros pour les dépenses de marché et paiements directs (+0,3 %). La marge s'établit à 57 millions d'euros.

S'agissant des crédits d'engagement, le Conseil a réduit les montants proposés dans le PB de 1,6 million d'euros notamment en ce qui concerne les dépenses d'appui administratif relatives aux affaires maritimes et à la pêche (-1 million d'euros) et les subventions à quatre agences décentralisées relevant de cette rubrique (-0,6 million d'euros).

S'agissant des crédits de paiement, le Conseil a opéré une réduction d'un montant total de 112,6 millions d'euros, dont 54,3 millions d'euros dans le domaine du développement rural, 46 millions d'euros en ce qui concerne le Fonds européen pour les affaires maritimes et la pêche, 10,7 millions d'euros en ce qui concerne l'environnement et l'action pour le climat, 1 million d'euros en ce qui concerne les organisations régionales de gestion des pêches et les accords de pêche durable et 0,6 million d'euros dans les contributions accordées aux agences décentralisées, sur la base de l'exécution budgétaire passée, en cours ou escomptée.

Il convient de relever que suite à l'activation du mécanisme de discipline financière par la Commission (voir page 260), le Conseil a retenu les montants proposés par la Commission dans le PB pour les dépenses relevant du FEAGA. En même temps tous les montants relevant de cette sous-rubrique, "*estimés sur la base des informations actuellement disponibles sont susceptibles d'être réexaminés à la lumière de la lettre rectificative attendue à l'automne*"[227] ;

- les crédits de la rubrique *3* (*Sécurité et citoyenneté*) s'élèvent à 2 134 millions d'euros en crédits d'engagement (-9,6 %) et à 1 658 millions d'euros en crédits de paiement (-5,3 %). La marge s'établit à 45 millions d'euros.

Le Conseil a réduit les crédits d'engagement demandés de 5,2 millions d'euros pour 31 lignes budgétaires spécifiques concernant, outre les agences (onze lignes budgétaires, pour un total de -4,5 millions d'euros), les dépenses d'appui administratif.

S'agissant des crédits de paiement, le Conseil les a réduits d'un montant total de 10 millions d'euros, sur la base de l'exécution budgétaire passée, en cours ou escomptée ;

- les crédits de la rubrique *4* (*L'Europe dans le monde*) s'élèvent à 8 159 millions d'euros en crédits

---

- Achèvement du FSE – Compétitivité régionale et emploi (2007-2013) (article *04 02 19*) : -12 millions d'euros ;
- FSE – Régions en transition – Objectif "Investissement pour la croissance et l'emploi" (article *04 02 61*) : -6,3 millions d'euros ;
- FSE – Régions plus développées – Objectif "Investissement pour la croissance et l'emploi" (article *04 02 62*) : -12,7 millions d'euros ;
- Dépenses d'appui pour le FEDER (poste *13 01 04 01*) : -1,5 million d'euros ;
- Achèvement du FEDER – Compétitivité régionale et emploi (article *13 03 18*) : -17 millions d'euros ;
- Achèvement du FEDER – Coopération territoriale européenne (article *13 03 19*) : -81,7 millions d'euros ;
- FEDER – Régions en transition – Objectif "investissement pour la croissance et l'emploi" (article *13 03 61*) : -9,7 millions d'euros ;
- FEDER – Régions plus développées – Objectif "investissement pour la croissance et l'emploi" (article *13 03 62*) : -12,1 millions d'euros ;
- FEDER – Coopération territoriale européenne (article *13 03 64*) : -3,1 millions d'euros ;
- Achèvement des programmes du Fonds de cohésion antérieurs à 2007 (article *13 04 01*) : -29,6 millions d'euros, et
- Fonds de cohésion – Objectif "investissement pour la croissance et l'emploi" (article *13 04 60*) : -14,7 millions d'euros.

[226] Ces réductions concernent en particulier les domaines de l'investissement pour la croissance et l'emploi (-114 millions d'euros) et de la coopération territoriale européenne (-85 millions d'euros).

[227] Doc. *Conseil 13176/13*, p. 17.

d'engagement (-12,7 %) et à 6 095 millions d'euros en crédits de paiement (-3,6 %). La marge s'établit à 176 millions d'euros.

S'agissant des crédits d'engagement, le Conseil les a réduits de 17,3 millions d'euros pour 67 lignes budgétaires spécifiques concernant, outre la Fondation européenne pour la formation (-0,2 million d'euros), les dépenses d'appui administratif au titre de cette sous-rubrique.

S'agissant des crédits de paiement, le Conseil a opéré une réduction d'un montant total de 156,6 millions d'euros, sur la base de l'exécution budgétaire passée, en cours ou escomptée, et de capacités d'absorption prévisionnelles.

S'agissant du "budget PESC", le Conseil a, de nouveau, accepté les montants proposés dans le projet de budget pour le chapitre *19 03* (soit 314,5 millions d'euros en crédits d'engagement et 234,8 millions d'euros en crédits de paiement[228]), et

- les crédits de la rubrique *5* (*Administration*) s'élèvent à 8 442 millions d'euros en crédits d'engagement et à 8 443 millions d'euros en crédits de paiement (+0,3 %). La marge s'établit ainsi à 279 millions d'euros. La marge s'établit à 279 millions d'euros.

Les crédits pour les dépenses administratives des institutions s'élèvent à 6 835 millions d'euros en crédits d'engagement et à 6 837 millions d'euros en crédits de paiement. La marge est ainsi de 221 millions d'euros.

Le tableau 95 ci-dessous synthétise les réductions de crédits (pour un montant total de 153,3 millions d'euros) opérées par le Conseil par institution. Comme indiqué *supra*, le Conseil a retenu dans sa position (hors Parlement européen, couvert par le "*Gentlemen's agreement*"[229]) un "gel" (relatif) des crédits administratifs des institutions pris dans leur ensemble par rapport à 2013.

Le tableau 96 (page 272) présente le contenu de réductions apportées par le Conseil.

Les modifications aux tableaux des effectifs retenues par le Conseil dans sa position sur le projet de budget pour 2014 sont récapitulées pour leur part dans le tableau 105, page 300.

Tableau 95. Montant des réductions de crédits par institution dans la position du Conseil sur le projet de budget pour 2014

En euros

Institution(s)	Budget pour 2013	Montants demandés dans le PB pour 2014	Réductions opérées par le Conseil	Montants retenus par le Conseil	*% d'augmentation demandé**	% d'augmentation retenu*
Parlement européen	1.750.463.939	1.793.634.098	0	1.793.634.098	*2,47%*	2,47%
Conseil européen et Conseil	535.511.300	536.800.000	-2.597.700	534.202.300	*0,24%*	-0,24%
Commission**	3.020.821.491	3.048.899.800	-74.448.845	2.974.450.955	*0,93%*	-1,54%
OP	*84.274.000*	*82.646.000*	-1.891.000	80.755.000	*-1,93%*	*-4,18%*
OLAF	*57.657.000*	*58.523.000*	-1.317.000	57.206.000	*1,50%*	*-0,78%*
EPSO et EUSA	*28.535.000*	*28.231.000*	-348.000	27.883.000	*-1,07%*	*-2,28%*
PMO	*36.721.000*	*36.817.000*	-557.000	36.260.000	*0,26%*	*-1,26%*
OIB	*69.455.000*	*70.013.000*	-1.265.971	68.747.029	*0,80%*	*-1,02%*
OIL	*25.191.000*	*25.041.000*	-584.155	24.456.845	*-0,60%*	*-2,91%*
Écoles européennes	*178.402.083*	*168.491.635*	-3.077.992	165.413.643	*-5,56%*	*-7,28%*
Pensions (toutes institutions)	*1.389.802.000*	*1.490.330.000*	-49.002.000	1.441.328.000	*7,23%*	*3,71%*
Commission (total)	4.890.858.574	5.008.992.435	-132.491.963	4.876.500.472	*2,42%*	-0,29%
Cour de justice	354.880.000	355.433.000	-1.497.000	353.936.000	*0,16%*	-0,27%
Cour des comptes	142.760.618	138.161.000	-4.663.425	133.497.575	*-3,22%*	-6,49%
CESE	130.104.400	130.986.509	-2.444.188	128.542.321	*0,68%*	-1,20%
Comité des régions	87.373.636	89.279.030	-1.902.499	87.376.531	*2,18%*	0,00%
Médiateur européen	9.731.371	10.103.988	-246.341	9.857.647	*3,83%*	1,30%
CEPD	7.661.409	8.432.256	-162.526	8.269.730	*10,06%*	7,94%
SEAE	508.762.493	524.915.791	-7.277.812	517.637.979	*3,18%*	1,74%
Total hors Parlement européen	***6.667.643.801***	***6.803.104.009***	**-153.283.454**	**6.649.820.555**	***2,03%***	**-0,27%**
Total hors Commission	***3.527.249.166***	***3.587.745.672***	**-20.791.491**	**3.566.954.181**	***1,72%***	***1,13%***
Total hors Écoles et pensions	***6.849.903.657***	***6.937.916.472***	**-101.203.462**	**6.836.713.010**	***1,28%***	***-0,19%***
Total	**8.418.107.740**	**8.596.738.107**	**-153.283.454**	**8.443.454.653**	***2,12%***	**0,30%**

** Par rapport au budget de l'Union européenne pour 2013* *** En crédits de paiement, hors offices européens, Écoles européennes et pensions*

[228] Y inclus les crédits pour le poste *19 01 04 02* (*Dépenses d'appui pour la politique étrangère et de sécurité commune (PESC)*).

[229] Voir Tome II, p. 37.

Tableau 96. Réductions opérées par institution dans la position du Conseil sur le projet de budget pour 2014 pour 2013

En euros

Institution(s)	Réduction liée à l'adaptation des salariale de 2011 et 2012	Réduction liée à d'autres éléments	Total
Parlement européen*	0	0	0
Conseil européen et Conseil**	0	2.597.700	2.597.700
Commission	130.904.992	1.586.971	132.491.963
Cour de justice**	0	1.497.000	1.497.000
Cour des comptes	4.373.000	290.425	4.663.425
CESE	2.444.188	0	2.444.188
Comité des régions	1.632.499	270.000	1.902.499
Médiateur européen	246.341	0	246.341
CEPD	162.526	0	162.526
SEAE	6.325.242	952.570	7.277.812
Total	**146.088.788**	**7.194.666**	**153.283.454**

** Respect du "Gentlemen's agreement" ** Adaptation salariale de 2011 et 2012 non incluse dans le PB (estimée à 11,7 millions d'euros pour le Conseil européen et le Conseil et à 8,2 millions d'euros pour la Cour de justice)*

S'agissant de la rubrique *6* (*Compensations*) et des *instruments spéciaux*, le Conseil a accepté les propositions de la Commission.

En tout, le Conseil a modifié dans sa position *452 lignes budgétaires*, dont *219 lignes budgétaires* concernant les crédits opérationnels ou les crédits destinés à la gestion administrative proposées par la Commission dans la section III – Commission – de son projet de budget pour 2014[230]. Le nombre des lignes réduites est résumé par rubrique et sous-rubrique du CFP dans le tableau 97 ci-dessous.

D. Lors du trilogue du *3 septembre 2013*, le Parlement européen, le Conseil et la Commission ont, en premier lieu, abordé le contenu de la position du Conseil sur le projet de budget pour 2014 adoptée la veille par "procédure écrite". Le Parlement[231] a critiqué, comme il était prévisible, les réductions de crédits opérées par le Conseil sur un projet de budget qui, selon le PE tout comme selon la Commission (voir pages 250-255), était déjà très réduit par rapport aux années précédentes et par rapport aux besoins. Le Parlement européen a souligné tout particulièrement que les réductions concernant la sous-rubrique *1a* (*Compétitivité pour la croissance et l'emploi*) mettaient à mal le rôle du budget de l'UE dans le domaine de la croissance et des emplois et que le PE rejetait d'emblée un grand nombre des réductions de crédits concernant la rubrique *4* (*L'Europe dans le monde*) du CFP.

Le Parlement a également indiqué que, à la différence des années précédentes, il portera une très grande attention à la question des crédits de paiement à retenir dans le budget pour 2014, tout comme à la question de la maîtrise du RAL.

Tableau 97. Lignes budgétaires modifiées par le Conseil dans sa position sur le projet de budget pour 2014

Crédits opérationnels et pour la gestion administrative et lignes destinées aux subventions aux agences décentralisées (section III – Commission)

Rubrique ou sous-rubrique du CFP	Nombre de lignes modifiées	Dont ligne avec c/e	Dont ligne avec c/p	Dont ligne avec crédits non dissociés	Dont lignes concernant les agences décentralisées
1a (Compétitivité pour la croissance et l'emploi)	89*	0	50	26	13
1b (Cohésion économique, sociale et territoriale)	12	0	10	2	0
2 (Croissance durable : ressources naturelles)	20	0	15	1	4
3 (Sécurité et citoyenneté)	31	0	9	10	12
4 (L'Europe dans le monde)	67	0	57	9	1
6 (Compensations)	0	0	0	0	0
Instruments spéciaux	0	0	0	0	0
Total	**219**	**0**	**141**	**48**	**30**

** Et scission de l'article 15 02 01 (Promouvoir l'excellence et la coopération dans le domaine de l'éducation, de la formation et de la jeunesse en Europe, son adéquation par rapport au marché du travail et la participation des jeunes à la vie démocratique en Europe) en trois postes (voir page 269)*

---

230 Le reste des 233 lignes budgétaires réduites par le Conseil dans sa position concerne les dépenses administratives des institutions de l'Union (sections II à X ; voir page 397).

231 Le mandat du Parlement européen pour le trilogue est repris dans le doc. *PE 2013/2017 (BUD)* de juillet 2013.

Concernant la rubrique *5* (*Administration*), le PE a souligné son désaccord quant à l'"approche horizontale" utilisée par le Conseil en décidant de ses réductions de crédits, en plaidant pour un examen détaillé et au cas par cas des institutions, et tout en rappelant la nécessité de pouvoir faire face aux conséquences pour toutes les institutions de l'UE d'un éventuel jugement de la Cour de justice favorable à la Commission dans les affaires concernant les adaptations des rémunérations et des pensions de 2011et 2012 (voir page 292).

S'agissant enfin de la réunion interinstitutionnelle sur les paiements, le PE a regretté qu'il n'ait pas été possible de l'organiser au cours du premier semestre de 2013[232].

Le Conseil s'est fortement défendu d'avoir procédé à des réductions purement "horizontales", en soulignant que ses instances préparatoires avaient procédé – dans un temps bien plus court qu'à l'accoutumée suite à la présentation plus tardive que d'habitude par la Commission de son projet de budget pour 2014 – à un examen détaillé de l'exécution passée et des capacités d'absorption escomptées des lignes budgétaires réduites dans sa position. S'agissant des dépenses administratives des institutions, le Conseil a souligné que sa position était basée sur un examen précis de toutes les demandes présentées dans le PB et que les montants retenus permettaient un financement adéquat de toutes les dépenses de fonctionnement prévisibles.

La Commission a, pour sa part, elle aussi fortement critiqué les réductions de crédits opérées par le Conseil dans sa position, en faisant notamment valoir que seulement 10 % des crédits de paiement proposés étaient destinés aux nouveaux programmes pour la période 2014-2020. Elle a également émis des doutes sur le fait que les capacités d'absorption puissent encore être utilisées – comme peut-être par le passé – pour justifier des réductions retenues. Par ailleurs, la Commission a aussi émis de sérieuses réserves quant aux réductions de crédits concernant les lignes budgétaires prévues pour la gestion administrative des programmes, notamment en ce qui concerne la sous-rubrique *1a* du CFP, la Commission considérant le support administratif comme "essentiel pour une mise en œuvre effective des programmes".

La Commission a également fait part de son intention de présenter une lettre rectificative au projet de budget le 18 septembre 2013 afin d'inclure dans le PB des conséquences de l'accord politique du 27 juin 2013 sur le nouveau CFP, la traditionnelle lettre rectificative agricole devant être présentée selon le calendrier établi à la mi-octobre 2013.

Les trois institutions ont également discuté, conformément à l'annexe II, point D de l'AII de 2006, des projets pilotes et des actions préparatoires[233] à retenir dans le budget pour 2014, sur la base d'une réponse écrite de la Commission à un projet du PE de liste de projets et actions à retenir en 2014. Le Parlement a surtout indiqué son intention de vouloir revenir sur cette question dans le contexte de la préparation de ses amendements à l'automne 2013, le Conseil se limitant à rappeler l'importance d'une approche sélective en examinant leur valeur ajoutée. La Commission a notamment indiqué que des 162 nouveaux projets pilotes et nouvelles actions préparatoires envisagés par le Parlement européen, les évaluations de la Commission appuyaient à ce stade la faisabilité de 66 d'entre eux.

Enfin, les trois institutions ont marqué leur accord sur une déclaration commune relative au calendrier de la procédure budgétaire et aux modalités de fonctionnement du comité de conciliation en 2013[234].

S'agissant du budget pour 2013, la Commission a informé les deux branches de l'autorité budgétaire du contenu des projets de budgets rectificatifs n° 6/2013 (lié aux ressources propres) et 7/2013 (concernant l'octroi de 150 millions d'euros en

[232] Cette réunion a finalement eu lieu le 26 septembre 2013 (voir page 275).
[233] Les projets pilotes et les actions préparatoires sont traités à l'article 54, paragraphe 2 du RF de 2012.
[234] Doc. *Conseil 12248/13 FIN 433 INST 401* du 15 juillet 2013, pp. 2/7. Il convient de relever que cette déclaration a été agréée bien plus tard que les années précédentes suite aux incertitudes quant à la date d'adoption par la Commission de son PB pour 2014 (voir page 220). Cette déclaration commune est reprise pages 331-333.

crédits d'engagement du Fonds social européen à l'Espagne, à la France et à l'Italie ; voir chapitre II). Si le Parlement européen a souligné le caractère technique du premier PBR, il s'est notamment interrogé sur le calendrier des besoins en crédits de paiement liés au second, la Commission ne proposant que des crédits d'engagement (voir chapitre II).

S'agissant du suivi de la situation des crédits de paiement dans le budget, la Commission a souligné que la mise en œuvre du budget début septembre 2013 était de l'ordre de 9 milliards d'euros au-dessus du niveau de la mise en œuvre à la même période en 2012, même dans une situation où la Commission a dû reporter certains paiements par manque d'argent disponible. Elle a rappelé l'extrême urgence quant à l'adoption de la "première tranche" du PBR nº2/2013 (pour un montant de 7,3 milliards d'euros ; voir chapitre II) afin de résoudre les problèmes de trésorerie qu'elle connaissait actuellement et afin de pouvoir procéder au paiement des factures les plus urgentes en instance[235].

En même temps la Commission a lancé un appel urgent aux deux branches de l'autorité budgétaire afin d'adopter la "deuxième tranche" (de 3,9 milliards d'euros) encore en octobre 2013, en indiquant qu'elle allait présenter le projet de budget rectificatif correspondant[236] "tout de suite après le vote du PE sur le projet de budget rectificatif nº 2/2013"[237].

Le Parlement européen a souligné qu'il ne donnera son avis conforme au projet de règlement fixant le CFP pour 2014-2020 et n'approuvera en ce qui le concerne le projet de nouvel AII qu'une fois que "le Conseil aura fourni de fortes garanties quant à l'octroi de ces 3,9 milliards d'euros" (voir chapitre II).

Conformément au point 47 de la Partie III de l'AII de 2006[238], la Commission a informé les deux branches de l'autorité budgétaire de sa communication sur la programmation des ressources humaines et financières pour les agences décentralisées en 2014-2020[239].

Le Parlement européen a avant tout critiqué l'approche horizontale proposée par la Commission dans sa communication, notamment dans le contexte de la création d'un "pool de redéploiement" destiné à atteindre l'objectif de réduction de 5 % du personnel inscrit aux tableaux des effectifs des agences en 2013-2017 (voir page 254). Le Parlement a plaidé en faveur d'une évaluation "complète" de toutes les agences au "cas par cas", en soulignant notamment les synergies possibles entre les différentes agences.

Le Conseil a avant tout indiqué que la question de l'efficience des agences dépasse largement le contexte purement budgétaire, surtout si cette analyse inclut la question de la création de nouvelles agences ou de la fusion d'agences existantes.

Enfin, les deux branches de l'autorité budgétaire ont discuté, sur la base du point 47 de l'AII de 2006, de l'Agence de coopération des régulateurs de l'énergie (ACER), suite à l'entrée en vigueur, le 1er juin 2013, du règlement (UE) nº 347/2013 du Parlement européen et du Conseil concernant des orientations pour les infrastructures énergétiques transeuropéennes (RTE-E)[240]. Elles ont convenu de revenir sur cette question lors du trilogue du 16 octobre 2013 (voir page 277).

---

[235] La "première tranche" du projet de budget rectificatif nº 2/2013 sera adoptée le 11 septembre 2013, ensemble avec trois autres PBR (voir chapitre II).

[236] Il s'agit du PBR nº 8/2013 (voir chapitre II).

[237] Le vote du PE sur la position du Conseil sur le projet de budget rectificatif nº 2/2013 a eu lieu le 11 septembre 2013. La Commission a présenté le PBR nº 8/2013 deux semaines plus tard (voir chapitre II).

[238] Voir page 44, note en bas de page 136.

[239] Doc. *COM(2013) 519 final* du 10 juillet 2013. Selon la Commission elle "*compte engager (sur la base de la communication) la procédure prévue au point 47 de l'actuel accord interinstitutionnel sur la discipline budgétaire et la bonne gestion financière*" (*Ibid.*, p. 23).

[240] JO L 115 du 25.4.2013, pp. 39/115. Ce règlement modifie le règlement établissant l'Agence de coopération des régulateurs de l'énergie et octroie à l'agence de nouvelles tâches dès 2013.

Il convient de relever que la Commission a proposé dans son PB pour 2014 d'ajouter cinq nouveaux postes au tableau des effectifs de l'agence dans ce contexte. Les deux branches de l'autorité budgétaire les ont acceptés lors leurs lectures respectives du projet de budget.

E) La réunion interinstitutionnelle sur la situation des crédits de paiement dans le budget, organisée[241] le *26 septembre 2013*, a eu pour objet de donner aux deux branches de l'autorité budgétaire le même niveau d'information sur les dernières prévisions actualisées concernant les crédits de paiement ainsi que sur les besoins jusqu'à fin 2013 afin de parvenir – autant que possible – à une "interprétation commune" ("*common understanding*") sur les besoins réels de paiement, et ceci "*sans préjudice des décisions à prendre au cours des négociations portant sur la "deuxième tranche" du projet de budget rectificatif n° 2/2013 et le budget pour 2014*"[242].

La Commission a présenté, lors de cette réunion, l'"état des lieux" des demandes de paiements au 23 septembre 2013, en indiquant que le taux de mise en œuvre du budget de l'Union était supérieur de plus de 7 milliards d'euros en crédits de paiement par rapport à la même période en 2012, surtout dû aux demandes supérieures en paiement dans le domaine de la cohésion, et que les demandes de paiements attendues de la part des États membres avant fin octobre 2013 (c'est-à-dire les paiements éligibles pour un remboursement avant la fin de l'année 2013) pourraient conduire à des demandes de paiement supplémentaires de l'ordre de 3 milliards d'euros dans le seul domaine de la cohésion.

Dans ce contexte, la Commission a rappelé le contenu du projet de budget rectificatif n° 8/2013 (la "deuxième tranche" du PBR n° 2/2013 concernant les crédits de paiement supplémentaires en 2013 ; voir chapitre II) et du "virement global"[243], adoptés par la Commission la veille. Selon la Commission, le PBR n° 8/2013 devrait être "définitivement adopté lors de la plénière du Parlement européen de fin octobre 2013, afin de permettre de mettre à la disposition de la Commission les crédits de paiement nécessaires avant la fin de l'année"[244].

Enfin, la Commission a rappelé qu'un dernier PBR devra être présenté avant la fin de l'année afin de

---

[241] Cette réunion a été organisée suite à une demande du Parlement européen, qui a rappelé la déclaration commune sur les crédits de paiement pour 2013 agréée dans le cadre de la procédure budgétaire pour 2013 ("*Le Parlement européen, le Conseil et la Commission suivront activement l'exécution du budget pour 2013 tout au long de l'année, en mettant l'accent sur l'exécution des paiements, les demandes de remboursement reçues et les prévisions révisées, sur la base d'informations détaillées communiquées par la Commission*" ; voir deuxième partie, page 214), ainsi que le point 39 du projet de nouvel AII ("*Au cours de la procédure budgétaire, les trois institutions se réunissent régulièrement en vue d'évaluer conjointement l'état de la situation et les perspectives d'exécution du budget durant l'exercice en cours et les exercices à venir. Ces rencontres prennent la forme de réunions interinstitutionnelles spécialement organisées au niveau approprié, avant lesquelles la Commission fournit des informations détaillées sur l'état de la situation, par Fonds et par État membre, concernant l'exécution des paiements, les demandes de remboursement reçues et les prévisions révisées. En particulier, afin que l'Union soit en mesure de remplir toutes ses obligations financières découlant d'engagements existants et futurs pendant la période 2014-2020, conformément à l'article 323 du TFUE, les deux branches de l'autorité budgétaire analysent et examinent les estimations de la Commission en ce qui concerne le niveau requis des crédits de paiement*").

Il convient de relever que dans sa résolution du 13 mars 2013 sur les orientations générales pour la préparation du budget pour 2014 (section III – Commission ; voir page 248), le Parlement européen avait demandé la création d'un groupe de travail interinstitutionnel spécifique dans ce contexte dans les termes suivants: "(le PE) *demande par ailleurs instamment la constitution immédiate d'un groupe de travail interinstitutionnel sur les paiements, sur le modèle des réunions interinstitutionnelles sur les paiements qui ont été organisées dans le contexte de la procédure budgétaire de 2013 ; est fermement convaincu que de telles réunions au niveau politique sont essentielles pour éviter tout malentendu sur l'exactitude des chiffres et des estimations quant aux besoins de paiements ; estime en particulier que ce groupe de travail devrait se pencher en priorité sur la question du fossé entre les prévisions fournies par les autorités des États membres quant aux dépenses de gestion partagée et le niveau des crédits de paiement que le Conseil impose de manière collective pendant les négociations budgétaires ; demande que la première réunion interinstitutionnelle sur les paiements ait lieu au premier semestre 2013*" (doc. *PE P7_TA(2013)0081*, point 11).

[242] Lettre d'invitation du Parlement européen, du 12 septembre 2013, p. 1.

[243] Il s'agit du virement "DEC 26/2013", qui s'élevait dans la proposition de la Commission à 509,8 millions d'euros. Il convient de rappeler que le Conseil l'a approuvé le 30 octobre 2013 pour un montant de 109,3 millions d'euros (doc. *Conseil 14869/13 FIN 637 INST 535 PE-L 86* du 25 octobre 2013), les 400,5 millions d'euros restant devant servir à couvrir les crédits de paiement du PBR n° 9/2013 (voir pages 226-227).

[244] Le PBR n° 8/2013 sera finalement adopté le 19 novembre 2013, pour un montant de 3,9 milliards d'euros (voir chapitre II).

financer la deuxième mobilisation du Fonds de solidarité en 2013[245] et que des crédits de paiement supplémentaires seront également nécessaires pour financer une assistance supplémentaire en Syrie (voir chapitre II).

Le Conseil a, avant tout, rappelé le contenu de l'accord politique sur le nouveau CFP, du 27 juin 2013, dans le cadre duquel il s'est engagé à "prendre toutes les mesures complémentaires nécessaires pour veiller à ce que les obligations de l'Union pour 2013 soient pleinement honorées, et à se prononcer, sans tarder, sur le PBR n° 8/2013 afin d'éviter toute pénurie dans les crédits de paiement justifiés" (voir chapitre II). Le Conseil a néanmoins rappelé la situation particulièrement difficile des finances publiques des États membres de l'Union, nécessitant d'établir un "bon équilibre et d'identifier clairement le paiement en temps utile des demandes justifiées et obligatoires – *a fortiori* dans le cas où un retard mènerait à un devoir de verser des intérêts de retard – et le financement souhaitable "d'autres projets et actions"".

Le Parlement européen, tout en insistant sur le fait que les "importantes demandes de crédits de paiement ne devaient pas arriver comme une surprise, cette accumulation d'impayés étant soit la conséquence très prévisible des décisions budgétaires passées, soit la conséquence naturelle du cycle de dépenses prévu dans le CF et le montant élevé d'engagements contractés les années précédentes", a émis des doutes quant à la réelle possibilité pour le budget de l'Union de faire face à tous les impayés, même dans le cas de l'adoption de la "deuxième tranche" du BR n° 2/2013, "une "boule de neige" de quelque 15 milliards d'euros de demandes de paiements non réglées en 2013 devant être reportés à 2014, alors que le plafond global des crédits pour paiements est déjà très serré". Selon le PE, "des crédits de paiement suffisants devraient rapidement être mis à la disposition de la Commission par les États membres afin de lui permettre de régler dans la mesure du possible tous les impayés encore en 2013".

La Commission a confirmé que son intention n'était pas de proposer de dépasser en 2013 le plafond global des crédits pour paiements, tenant compte de l'incertitude qui existait sur le montant exact des demandes de paiement finalement soumises par les États membres (et les différents bénéficiaires) en 2013. Elle a néanmoins souligné qu'à son avis, les crédits de paiement liés aux mobilisations du Fonds de solidarité de l'UE sont en dehors du plafond global des crédits pour paiements. Le Parlement a fortement partagé cet avis.

S'agissant enfin du budget pour 2014, la Commission s'est déclarée confiante sur le fait que les demandes de paiements reportées en 2014 puissent être couvertes sous le plafond global des crédits pour paiements, car les profils des paiements des programmes pour la nouvelle période de programmation ne prévoyaient que peu de montants devant être payés dès la première année du CFP.

6. Les amendements du Parlement européen (23 octobre 2013)

A. Les amendements du Parlement européen concernant la position du Conseil sur le projet de budget pour 2014 s'élèvent (lettre rectificative n° 1/2014 incluse) à 143 082 millions d'euros en crédits pour engagements et à 136 444 millions d'euros en crédits pour paiements[246], en diminution de -5,6 % et -2,9 % respectivement par rapport au budget pour 2013[247]. Les crédits pour engagements correspondent à 1,06 % et les crédits pour paiements à 1,01 % du RNB de l'Union européenne. Le Parlement propose de mobiliser l'instrument de flexibilité pour un montant de 274,2 millions d'euros en crédits d'en-

[245] La Commission présentera le PBR n° 9/2013 destiné à financer, pour un montant de 400,5 millions d'euros en crédits d'engagement et de paiement, la mobilisation du Fonds de solidarité de l'UE en faveur de l'Allemagne, de l'Autriche, de la République tchèque et de la Roumanie, le 3 octobre 2013 (voir chapitre II).

[246] En d'autres termes, le Parlement européen a augmenté les crédits pour engagements de 855 millions d'euros et les crédits pour paiements de 1 440 millions d'euros par rapport au projet de budget (lettre rectificative n° 1/2014 incluse). Par rapport à la position du Conseil sur le PB, le PE a augmenté les crédits pour engagements de 855 millions d'euros et les crédits pour paiements de 1 440 millions d'euros.

[247] Budgets rectificatifs n° 1-6/2013 compris (voir chapitre II).

gagement[248] et de 211,2 millions d'euros en crédits de paiement (voir pages 282-303).

B. Lors du trilogue du *16 octobre 2013* le Parlement européen, le Conseil et la Commission ont avant tout discuté des amendements que le PE s'apprêtait à voter concernant la position du Conseil sur le projet de budget pour 2014.

Le Parlement européen a indiqué vouloir adopter une attitude "prudente" lors de l'adoption de ses amendements, et qui respecte le projet de règlement fixant le CFP, y inclus en ce qui concerne la mobilisation de l'instrument de flexibilité. Le Parlement a avant tout souligné sa volonté d'assurer un "*frontloading*" des crédits pour la recherche, l'éducation et l'innovation (voir page 279), un financement adéquat des agences décentralisées de l'Union (en indiquant rejeter le "pool de redéploiement" proposé par la Commission et vouloir adopter à la place une approche au "cas par cas" ; voir page 274) et l'inclusion dans le budget pour 2014 de l'adaptation des rémunérations et des pensions de 2011 et 2012 proposée par la Commission. Par ailleurs, il a indiqué vouloir amender la partie "recettes" du budget (voir page 280). Le Parlement européen a surtout rappelé que le montant des crédits pour paiements à retenir dans le budget pour 2014 sera la question-clef des négociations budgétaires interinstitutionnelles en 2013, le montant proposé par la Commission dans son projet de budget étant "clairement une ligne rouge".

Le Conseil a, tout en rappelant le contenu de sa position sur le PB pour 2014, invité le PE à prendre en compte les efforts financiers et budgétaires considérables que les États membres doivent consentir en 2013 et 2014 et à adopter des amendements qui conduisent à doter le budget de l'Union pour 2014 de crédits "suffisants mais non surestimés".

La Commission a, de son côté, salué les amendements visant à restaurer les montants proposés dans le projet de budget et réduits par le Conseil, tout en exprimant des doutes sur les amendements qui visent à aller au-delà du PB, notamment quand ces montants sont financés en ayant recours à l'instrument de flexibilité. Par ailleurs, la Commission a fortement critiqué les augmentations de postes dans les agences décentralisées envisagées par le Parlement, en défendant la création du "pool de redéploiement", seule "*à même de garantir au niveau global une réduction de 1 % des postes repris dans les tableaux des effectifs des agences en 2014*". Enfin, la Commission s'est déclarée opposée à ce stade à un transfert des lignes budgétaires concernant les représentants spéciaux de l'UE de la section III – Commission – à la section X – Service européen pour l'action extérieure – et concernant les pensions des anciens membres du PE de la section I – Parlement européen – à la section III.

Les trois institutions ont également eu un échange de vues sur la lettre rectificative n° 1/2014 concernant avant tout l'inclusion dans le PB pour 2014 de l'accord sur le nouveau CFP (voir page 303). La Commission a également présenté le contenu de la lettre rectificative n° 2/2014 (concernant notamment les dépenses agricoles et l'exercice d'"externalisation" entrepris par la Commission), adoptée le jour même (voir page 304).

S'agissant du budget pour 2013, le Parlement européen, le Conseil et la Commission ont fait le point sur l'état d'avancement des procédures d'adoption des projets de budgets rectificatifs n° 6/2013 (concernant les recettes), n° 7/2013 (concernant les crédits d'engagement du Fonds social européen en faveur de l'Espagne, de la France et de l'Italie), n° 8/2013 (la "deuxième tranche" du PBR n° 2/2013) et n° 9/2013 (concernant la mobilisation du Fonds de solidarité de l'UE pour l'Allemagne, l'Autriche, la République tchèque et la Roumanie ; voir pages 224-227).

Le Conseil a rappelé le contenu de l'accord politique obtenu au sein du Comité des représentants permanents le 14 octobre 2013 sur les PBR n° 6, 8 et 9/2013[249], en soulignant que le Conseil honorerait dans ce contexte avant fin octobre 2013

---

[248] Dont 224,2 millions d'euros pour la sous-rubrique *1b* (*Croissance durable : ressources naturelles*) et 50 millions d'euros pour la rubrique *4* (*L'Europe dans le monde*) du CFP (voir pages 282-284 et 301-303).

[249] C'est-à-dire le PBR n° 6/2013 comme proposé par la Commission, y inclus la lettre rectificative présentée le 18 septembre 2013, le PBR n° 8/2013 pour un montant de 3 925,2 millions d'euros et le PBR n° 9/2013 en couvrant les crédits de paiement nécessaires par redéploiements (voir chapitre II).

son engagement sur l'adoption de la "deuxième tranche" du PBR nº 2/2013. Le Conseil a aussi rappelé qu'il avait adopté sa position concernant le PBR nº 7/2013 le 7 octobre 2013, acceptant en l'état la proposition de la Commission (voir chapitre II).

Le Parlement européen a fortement critiqué le lien établi par le Conseil entre l'adoption des PBR nº 8/2013 et 9/2013, le qualifiant de "provocation" et de "problème politique majeur" car créant une nouvelle condition qui n'était pas prévue dans l'accord sur le CFP entre les présidents des trois institutions, du 27 juin 2013 (voir chapitre II). Le Parlement a également regretté le délai dans l'adoption de la position du Conseil sur le PBR nº 8/2013, "*l'adoption de la position du Conseil n'intervenant qu'après la deuxième plénière d'octobre du PE*[250]".

S'agissant du PBR nº 7/2013, le PE a indiqué qu'il "*faisait partie du "paquet CFP"*", et "*serait ainsi traité par le Parlement dans ce contexte*".

Enfin, le Parlement européen a fortement insisté sur le fait que le PBR nº 9/2013 devait être négocié séparément des PBR nº 6, 7 et 8/2013[251].

La Commission a avant tout insisté sur la "*nécessité d'adopter rapidement le PBR nº 8/2013 afin d'éviter toute pénurie de crédits de paiement avant fin novembre 2013*" (voir chapitre II et page 275).

Les trois institutions ont également clos, sur la base du point 47 de l'AII de 2006, l'examen du financement des nouvelles tâches de l'Agence de coopération des régulateurs de l'énergie (voir page 274). Elles ont adopté à ce titre la déclaration commune suivante[252] :

"*Conformément au point 47 de l'accord interinstitutionnel du 17 mai 2006, le Parlement européen, le Conseil et la Commission conviennent de ce qui suit, sur la base des informations transmises par la Commission :*

- le financement du montant présenté dans la fiche financière pour les "nouvelles tâches" de l'Agence de coopération des régulateurs de l'énergie (ACER) peut être effectué au moyen d'un redéploiement dans le domaine politique 32 (Énergie). Par conséquent, il peut avoir lieu dans la limite du plafond de dépenses approuvé pour la sous-rubrique 1a du cadre financier pluriannuel pour la période 2007-2013".

Enfin, sous le point "Divers", et à la demande du Parlement européen, les trois institutions ont fait le point sur les travaux relatifs à la mise en place du groupe de haut niveau sur les ressources propres[253].

---

[250] Cette plénière s'est tenue du 21 au 24 octobre 2013.

[251] Le Conseil a indiqué qu'il lui serait impossible de trouver une majorité qualifiée pour l'adoption de sa position sur le PBR nº 8/2013 si le lien avec le PBR nº 9/2013 était rompu, tout en rappelant que pour le Conseil les deux PBR devaient être traités en parallèle car ils "*concernent tous les deux l'octroi de crédits supplémentaires dans le cadre de la manifestation de la solidarité entre les États membres de l'Union*". Par ailleurs, le Conseil a rappelé l'importance d'utiliser les crédits de paiement que la Commission avait identifiés comme "disponibles" dans sa proposition de "virement global" (voir chapitre II), et de financer en conséquence le PBR nº 9/2013 intégralement par des redéploiements de crédits de paiement.

La Commission a rappelé dans ce contexte que le "virement global" ne recensait pas seulement les crédits de paiement "devenus disponibles", mais présentait également les besoins urgents identifiés et que la Commission proposait de couvrir en priorité par ces crédits de paiement.

[252] Doc. *Conseil 14977/13 FIN 650 ENER 470 INST 540* du 21 octobre 2013, p. 2. Le Conseil a adopté pour sa part cette déclaration commune le 15 novembre 2013.

[253] Ce groupe de haut niveau est basé sur la déclaration commune sur les ressources propres suivante, agréée dans le cadre de l'accord sur le nouveau règlement fixant le CFP : "*1. Selon l'article 311 du TFUE, l'Union se dote des moyens nécessaires pour atteindre ses objectifs et pour mener à bien ses politiques ; cet article prévoit également que le budget est, sans préjudice des autres recettes, intégralement financé par des ressources propres. L'article 311, troisième alinéa, précise que le Conseil, statuant conformément à une procédure législative spéciale, à l'unanimité et après consultation du Parlement européen, adopte une décision relative au système des ressources propres de l'Union et que, dans ce cadre, le Conseil peut établir de nouvelles catégories de ressources propres ou abroger une catégorie existante.*

2. C'est sur cette base que la Commission a présenté, en juin 2011, une série de propositions visant à réformer le système de ressources propres de l'Union. Lors de sa réunion des 7 et 8 février, le Conseil européen est convenu que les arrangements relatifs aux ressources propres devraient être guidés par l'objectif

C. La lecture du Parlement européen a notamment été marquée par les éléments suivants :

Le financement de la stratégie "Europe 2020", et notamment des mesures stimulant la croissance et la compétitivité, ainsi que la création d'emplois et la lutte contre le chômage, surtout celui des jeunes (notamment par une amélioration de la qualité des systèmes éducatifs), a été une des grandes priorités du PE lors de la procédure budgétaire pour 2014. Dans ce contexte, le Parlement européen a retenu la "concentration en amont" des crédits d'engagement pour "Horizon 2020", "Erasmus+" et "COSME", proposée par la Commission dans la lettre rectificative n° 1/2014.

Ce "*frontloading*" a été compensé par un "*backloading*" des crédits d'engagement pour ITER et pour la coopération territoriale européenne (CTE), comme proposé par la Commission (voir page 250).

Le Parlement européen a surtout insisté sur la nécessité d'inclure dans le budget pour 2014 suffisamment de crédits de paiement afin de pouvoir financer toutes les priorités de l'Union européenne lors de la première année du nouveau CFP, tout en garantissant le paiement des factures se rapportant à la période 2007-2013.

Ainsi, tout en se déclarant "conscient des contraintes qui pèsent sur les budgets nationaux", le Parlement européen a souligné que le budget de l'Union, s'il est pourvu de suffisamment de crédits, est un "instrument pouvant contribuer utilement à une sortie de la crise".

S'agissant des dépenses administratives des institutions, le Parlement, tout en demandant de les "limiter le plus possible, voire de les geler en ligne avec les contraintes pesant sur les budgets nationaux", a prôné pour une approche au cas par cas, tenant compte des spécificités de chaque institution (et notamment de celles de la Cour de justice et du Service européen pour l'action extérieure).

Le PE a également opté pour une approche au cas par cas pour les agences décentralisées de l'Union européenne, conduisant à augmenter les montants proposés dans le projet de budget pour leurs subventions de 22,7 millions d'euros en crédits d'engagement et de 23,5 millions d'euros en crédits de paiement, ainsi que le nombre de postes proposés dans les tableaux des effectifs de 196 postes.

Le Parlement a néanmoins inscrit 5 millions d'euros en réserve, dans l'attente d'informations complémentaires de la part de la Commission sur le développement des agences décentralisées, tout en rejetant fermement l'approche horizontale proposée par celle-ci concernant les agences, et notamment leur classification en trois groupes distincts ainsi que

---

général de simplicité, de transparence et d'équité. Par ailleurs, le Conseil européen a demandé au Conseil de poursuivre les travaux sur la proposition de la Commission en vue d'une nouvelle ressource propre fondée sur la taxe sur la valeur ajoutée (TVA). Il a en outre invité les États membres participant à la coopération renforcée dans le domaine de la taxe sur les transactions financières (TTF) à examiner si celle-ci pourrait servir de base à une nouvelle ressource propre pour le budget de l'UE.

3. Il est nécessaire de poursuivre les travaux sur la question des ressources propres. À cette fin, un groupe de haut niveau, composé de membres désignés par les trois institutions, sera invité à se réunir. Il prendra en considération toutes les contributions existantes et futures que les trois institutions européennes et les parlements nationaux pourraient apporter. Il devrait s'appuyer sur des compétences adéquates, y compris celles des autorités budgétaires et fiscales nationales et celles d'experts indépendants.

4. Le groupe procédera à un réexamen général du système des ressources propres en tenant compte des objectifs généraux de simplicité, de transparence, d'équité et de responsabilité démocratique. Une première évaluation sera disponible à la fin de 2014. L'état d'avancement des travaux sera évalué au niveau politique dans le cadre de réunions organisées régulièrement, tous les six mois au moins.

5. Les parlements nationaux seront invités à participer à une conférence interinstitutionnelle dans le courant de l'année 2016 afin d'examiner les résultats des travaux menés.

6. Se fondant sur les résultats de ces travaux, la Commission évaluera s'il convient d'entreprendre de nouvelles initiatives concernant les ressources propres. Cette évaluation sera menée parallèlement au réexamen visé à l'article 1er bis du règlement relatif au CFP afin d'envisager d'éventuelles réformes pour la période couverte par le prochain cadre financier pluriannuel" (doc. *Conseil 11961/13 ADD1*, pp. 2/3).

Il convient de rappeler que le PE avait fait de la mise en place de ce groupe une des préconditions pour un avis conforme sur le nouveau règlement fixant le CFP. Le groupe a tenu sa première réunion constitutive le 3 avril 2014.

l'instauration d'un "pool de redéploiement" (voir pages 254 et 302).

Le Parlement européen a, par ailleurs, adopté un "paquet" de projets pilotes et d'actions préparatoires sous les différentes rubriques et sous-rubriques du CFP, pour un montant total de 79,4 millions d'euros en crédits d'engagement et de 127,7 millions d'euros en crédits de paiement, soit 61,7 millions d'euros en crédits de paiement au-delà de ce qui était proposé par la Commission dans le projet de budget (la Commission n'ayant pas proposé de crédits d'engagement ; voir page 254).

Lors de sa lecture, le Parlement a également, et ce de manière exceptionnelle, amendé la partie "recettes" du budget en ce qui concerne les frais de perception des ressources propres traditionnelles, le montant du surplus prévisionnel à être budgétisé et les revenus découlant des amendes payées par des tiers.

L'*approche générale* du Parlement européen lors de l'adoption de ses amendements[254] a été :

- d'accroître les crédits d'engagement et de paiement destinés aux programmes et actions qu'il considère prioritaires et avant tout liés au financement de la stratégie "Europe 2020" (voir *supra*) ;

- d'accroître au-delà des montants proposés par la Commission dans le projet de budget pour 2014 les crédits de paiement de plusieurs autres lignes budgétaires afin de limiter un accroissement du RAL ;

- de rétablir les montants proposés par la Commission dans le projet de budget pour 2014 concernant la quasi-totalité des lignes budgétaires réduites par le Conseil dans sa position[255], à l'exception des cas par rubrique et sous-rubrique du CFP mentionnés ci-dessous ;

- de rétablir en partie les montants demandés pour les budgets administratifs des institutions[256] et réduits par le Conseil dans sa position ;

- d'inclure dans le budget pour 2014[257] les effets de l'adaptation des rémunérations et des pensions de 2011 et 2012 telle que proposée par la Commission (et non retenue par le Conseil dans sa position) ;

- d'accepter les modifications concernant les postes repris aux tableaux des effectifs des institutions telles que retenues dans la position du Conseil, tout en augmentant de treize postes par rapport au PB le nombre total des postes repris au tableau des effectifs du Parlement européen ;

- de créer de nouveaux projets pilotes et de nouvelles actions préparatoires sous différentes rubriques et sous-rubriques du CFP (voir pages 281-287), et

- d'inscrire en réserve un certain nombre de crédits sous différentes rubriques et sous-rubriques du CFP, inscriptions assorties de conditions pour "lever" ces réserves (voir *infra*).

S'agissant de la nomenclature du budget[258], le PE a apporté des changements au projet de budget, afin d'y inclure notamment l'état des négociations sur les nouvelles bases légales pour la période 2014-2020 (voir pages 232-241 et 281-288).

D. La lecture du Parlement européen s'établit par rubriques et sous-rubriques du cadre financier pluriannuel pour 2014-2020 comme suit :

- le montant de la sous-rubrique *1a* (*Compétitivité pour la croissance et l'emploi*) s'élève à 16 495 millions d'euros en crédits d'engagement (+4,7 % par rapport à 2013[259]) et à 11 721 millions d'euros

---

[254] En plus d'amendements spécifiques, le Parlement européen a de nouveau adopté des "amendements horizontaux" ciblés (voir première partie, page 56, et deuxième partie, page 167), afin de mettre en œuvre son approche générale.

[255] Y inclus les lignes budgétaires administratives de soutien.

[256] Conseil européen et Conseil exclus, dans le respect du *Gentlemen's agreement*.

[257] De nouveau section II (Conseil européen et Conseil) exclus, la Cour de justice (section IV) étant un cas à part (voir page 267).

[258] En ce qui concerne le changement de nomenclature proposé par le Conseil, le Parlement européen a retenu deux des trois nouveaux postes proposés (voir page 269), tout en distribuant différemment les montants sur les lignes.

[259] Budgets rectificatifs n° 1-6/2013 compris.

en crédits de paiement (-6,7 %), ce qui laisse une marge de 65 millions d'euros sous le plafond de cette sous-rubrique.

Le Parlement européen propose ainsi d'augmenter les crédits de cette sous-rubrique de 230,4 millions d'euros en crédits d'engagement et de 25,7 millions d'euros en crédits de paiement par rapport au PB[260].

Le Parlement a avant tout rétablit les montants proposés par la Commission dans le PB pour 2014 et réduits par le Conseil dans sa position (voir pages 268-269).

En outre, l'inclusion de la lettre rectificative nº 1/2014 conduit à augmenter les crédits d'engagement de cinq lignes budgétaires, pour un montant total de 381,4 millions d'euros[261], et de les diminuer de 212,2 millions d'euros concernant ITER[262] (voir page 303).

Le Parlement européen a augmenté le montant de six lignes budgétaires au-delà de ce qui était proposé dans le PB, pour un montant total de 23 millions d'euros en crédits d'engagement et de 7,3 millions d'euros en crédits de paiement.

Il a, par ailleurs, augmenté de 3,3 millions d'euros au-delà de ce qui était proposé dans le PB les crédits d'engagement de la ligne budgétaire concernant le dialogue social[263], tout en réduisant les crédits de paiement proposés de 119 853 euros.

Le Parlement européen a réduit de 4 millions d'euros les crédits d'engagement et de paiement[264] proposés dans le PB pour la coordination, surveillance et communication relatives à l'Union économique et monétaire, y compris l'euro (article *01 02 01*), tout en plaçant 2 millions d'euros en crédits d'engagement et de paiement en réserve. En même temps, il a retenu la réduction de 12 millions d'euros en crédits de paiement proposée par le Conseil par rapport au PB en ce qui concerne ITER (article *08 04 01*).

S'agissant des agences décentralisées de l'UE relevant de cette sous-rubrique, le PE a renforcé les crédits proposés dans le PB pour six d'entre elles[265], pour un montant total de 12,2 millions d'euros en crédits d'engagement et de 13 millions d'euros en crédits de paiement.

S'agissant des projets pilotes et des actions préparatoires, le PE a créé de nouveaux projets et de nouvelles actions ou a renforcé des actions et des projets

---

[260] Hors lettre rectificative nº 1/2014 (voir page 303), agences décentralisées, projets pilotes et actions préparatoires, le PE propose d'augmenter les crédits d'engagement du PB de 28,3 millions d'euros et de diminuer les crédits de paiement de 0,9 million d'euros.

[261] Il s'agit de la "concentration en amont" ("*frontloading*") en ce qui concerne le programme-cadre pour la recherche et l'innovation ("Horizon 2020"), le programme de l'UE pour l'éducation, la formation, la jeunesse et le sport ("Erasmus+") et le programme pour la compétitivité des entreprises et des petites et des moyennes entreprises ("COSME"), suite de l'accord politique du 27 juin 2013 concernant le cadre financier pluriannuel pour 2014-2020 (voir page 237). Les lignes budgétaires concernées sont les suivantes :
- *02 02 01* (*Promouvoir l'esprit d'entreprise et améliorer la compétitivité et l'accès aux marchés des entreprises de l'Union*), +5 millions d'euros ;
- *02 02 02* (*Améliorer l'accès au financement pour les petites et moyennes entreprises, sous forme d'investissements en capital-risque et sous forme de prêts*), +26,7 millions d'euros ;
- *08 02 01 01* (*Renforcement de la recherche aux frontières de la connaissance au CER – Conseil européen de la recherche*), +106,1 millions d'euros ;
- *15 02 01 02* (*Jeunesse*), +137,5 millions d'euros, et
- *15 03 01 01* (*Actions Marie Skłodowska-Curie – Produire de nouvelles compétences et de l'innovation*), +106,1 millions d'euros.

[262] Article *08 04 01* (*Construction, fonctionnement et exploitation des installations ITER – Entreprise commune ITER – Fusion for Energy (F4E)*).

[263] Le PE a, par la même occasion, scindé le poste *04 03 01 02* du PB pour 2014 en trois postes :
- *04 03 01 06* (*Information, consultation et participation des représentants des entreprises*) ;
- *04 03 01 05* (*Actions de formation et d'information en faveur des organisations de travailleurs*), et
- *04 03 01 08* (*Relations du travail et dialogue social*).

[264] C'est-à-dire que le PE a augmenté, de 2,5 millions d'euros, la réduction opérée par le Conseil dans sa position concernant les crédits de paiement proposés par la Commission pour cette ligne budgétaire.

[265] Il s'agit de l'Agence européenne des produits chimiques, de l'Agence européenne pour la sécurité maritime, de l'Agence ferroviaire européenne, de l'Autorité bancaire européenne, de l'Autorité européenne des assurances et des pensions professionnelles et de l'Autorité européenne des marches financiers.

existants pour un montant total de +18,6 millions d'euros en crédits d'engagement et +13,5 millions d'euros en crédits de paiement par rapport au PB.

En outre, le Parlement a :

- retenu deux des trois nouveaux postes créés par le Conseil (voir page 269), tout en distribuant les montants différemment[266] ;

- créé un nouvel article *15 02 10* (intitulé "*Événements annuels spéciaux*"), doté de 6 millions d'euros en crédits d'engagement et de paiement, et

- créé trois nouvelles lignes budgétaires sans inscrire aucun montant (c'est-à-dire dotées de "p.m.") dans le cadre du programme "Horizon 2020"[267], afin de refléter le contenu de l'accord dégagé dans le cadre des négociations sur la base légale (voir page 255), ainsi qu'un nouveau poste pour la nouvelle entreprise commune "Shift2Rail"[268].

Enfin, le Parlement européen a inscrit en réserve[269] les crédits pour les normes dans les domaines de l'information financière et du contrôle des comptes[270], ainsi que 2,5 millions d'euros en crédits d'engagement en ce qui concerne l'Autorité bancaire européenne[271] et 1,8 million d'euros en crédits d'engagement et de paiement en ce qui concerne l'Agence ferroviaire européenne[272] ;

- le montant de la sous-rubrique *1b* (*Cohésion économique, sociale et territoriale*) s'élève à 47 637 millions d'euros en crédits d'engagement (-13,3 %) et à 51 102 millions d'euros en crédits de paiement (-4 %). Le Parlement européen demande de mobiliser l'instrument de flexibilité pour un montant total de 224,2 millions d'euros, dont 134,9 millions d'euros destinés à financer le Fonds européen d'aide aux plus démunis, 78,4 millions d'euros destinés à financer l'assistance supplémentaire à Chypre[273], 6 millions d'euros destinés à financer de nouveaux projets pilotes et de nouvelles actions préparatoires et 5 millions d'euros destinés à financer la stratégie européenne pour la région de la mer Baltique et pour la région du Danube (voir page 301).

Le Parlement européen, en plus de rétablir les montants proposés par la Commission dans le PB et réduits par le Conseil dans sa position (voir pages 269-270), a surtout inclus dans ses amendements le contenu de la lettre rectificative nº 1/2014 en ce qui concerne le "*backloading*" des montants destinés à la coopération territoriale européenne (CTE) au titre du FEDER[274], les montants additionnels pour Chypre au titre des Fonds structurels[275] et la création

---

[266] Il s'agit des postes *15 02 01 01* (*Éducation et formation*) et *15 02 01 02* (*Jeunesse*). Le Parlement européen n'a par contre pas retenu la création du nouveau poste *15 02 01 03* (*Subventions de fonctionnement en faveur des agences nationales*).

[267] Il s'agit de l'article *08 02 05* (*Science pour et avec la société*) et des postes *02 04 02 04* (*Rationalisation du soutien aux PME via un instrument consacré aux PME*) et *32 04 03 02* (*Programme "Énergie intelligente – Europe III"*).

[268] Il s'agit du poste *06 03 07 33*. Ce nouveau poste ne sera pas retenu lors de la procédure de conciliation (voir pages 296-297), la structure budgétaire pour l'entreprise commune "Shift2Rail" n'étant mis en place qu'en 2014 par voie de budget rectificatif (voir page 253).

[269] Il convient également de rappeler les 2 millions d'euros en crédits d'engagement et de paiement placés en réserve pour la coordination, surveillance et communication relatives à l'Union économique et monétaire, y compris l'euro (voir *supra*), le Parlement liant la levée des crédits inscrits en réserve à la fourniture par la Commission d'informations sur le besoin et l'efficacité du programme "Prince".

[270] Soit 6,8 millions d'euros en crédits d'engagement et 5,3 millions d'euros en crédits de paiement (article *12 03 01*). Le Parlement européen lie la levée des crédits inscrits en réserve à l'adoption d'une base légale appropriée.

[271] Le Parlement européen lie la levée des crédits inscrits en réserve à la présentation par l'Autorité bancaire européenne des informations sur ses projets immobiliers, conformément à l'article 203 du RF de 2012.

[272] Le Parlement lie la levée des crédits inscrits en réserve à l'adoption du "quatrième paquet ferroviaire".

[273] Comme proposé par la Commission dans la lettre rectificative nº 1/2014 (voir page 303).

[274] Article *13 03 64* (*Fonds européen de développement régional (FEDER) – Coopération territoriale européenne*), pour un montant de 169,2 millions d'euros en crédits d'engagement.

[275] Articles *04 02 62* (*Fonds social européen (FSE) – Régions plus développées – Objectif "Investissement pour la croissance et l'emploi"* ; 30,7 millions d'euros en crédits d'engagement) et *13 03 62* (*Fonds européen de développement régional (FEDER) – Régions plus développées – Objectif "Investissement pour la croissance et l'emploi"* ; 69,3 millions d'euros en crédits d'engagement). Tout comme la Commission, le PE demande la mobilisation de l'instrument de flexibilité dans ce contexte pour un montant de 78,4 millions d'euros.

de cinq lignes budgétaires d'accueil[276] afin de permettre à la Commission de gérer une partie de l'enveloppe nationale de l'assistance technique au titre des Fonds structurels et d'investissement européens (voir page 258) à la demande des États membres qui connaissent des difficultés budgétaires temporaires.

Par ailleurs, le PE a augmenté au-delà du PB les montants des articles suivants, pour un montant total de 139,9 millions d'euros en crédits d'engagement (et en demandant la mobilisation de l'instrument de flexibilité ; voir *supra*) et de 5 millions d'euros en crédits paiement :

- *04 06 01* (*Favoriser la cohésion sociale et atténuer les formes les plus graves de pauvreté dans l'Union*) : 134,9 millions d'euros en crédits d'engagement ;

- *13 03 67* (*Stratégies macro-régionales 2014-2020 – Stratégie européenne pour la région de la mer Baltique – Assistance technique*) : 2,5 millions d'euros en crédits d'engagement et de paiement, et

- *13 03 68* (*Stratégies macro-régionales 2014-2020 – Stratégie de l'Union européenne pour la région du Danube – Assistance technique*) : 2,5 millions d'euros en crédits d'engagement et de paiement.

Le PE a en outre créé de nouveaux projets et de nouvelles actions ou a renforcé des actions et des projets existants pour un montant total de +6 millions d'euros en crédits d'engagement (tout en demandant la mobilisation de l'instrument de flexibilité ; voir *supra*) et +3,7 millions d'euros en crédits de paiement par rapport au PB ;

- le montant de la rubrique *2* (*Croissance durable : ressources naturelles*) s'élève à 59 295 millions d'euros en crédits d'engagement (-1 %), dont 43 806 millions d'euros pour les dépenses de marché et paiements directs (+0,4 %), et à 56 575 millions d'euros en crédits de paiement (-1,8 %), dont 43 805 millions d'euros pour les dépenses de marché et paiements directs (+0,3 %). Ceci laisse une marge sous le plafond de la rubrique de 8 millions d'euros.

Suite à l'amendement visant à augmenter les crédits pour le programme en faveur de la consommation de fruits à l'école (voir *infra*), la marge pour les dépenses de marché et paiements directs devient "*négative*" de 28 millions d'euros[277].

Le Parlement européen propose ainsi d'augmenter les crédits de cette rubrique de 47,5 millions d'euros en crédits d'engagement et de 42,3 millions d'euros en crédits de paiement par rapport au PB.

En plus de rétablir les montants proposés dans le projet de budget et réduits par le Conseil dans sa position (voir page 270), le Parlement a augmenté au-delà du PB les montants des deux lignes budgétaires suivantes, pour un montant total de 29 millions d'euros en crédits d'engagement et 28 millions d'euros en crédits de paiement :

- *05 02 08 12* (*Programme en faveur de la consommation de fruits à l'école*) : 28 millions d'euros, et

- *05 08 80* (*Participation de l'Union à l'exposition universelle Milan 2015 "Nourrir la planète – Énergie pour la vie")* : 1 million d'euros en crédits d'engagement.

Le PE a en outre créé de nouveaux projets et de nouvelles actions ou a renforcé des actions et des projets existants pour un montant total de +18,5 millions d'euros en crédits d'engagement et +14,3 millions d'euros en crédits de paiement par rapport au PB ;

- le montant de la sous-rubrique *3* (*Sécurité et citoyenneté*) s'élève à 2 179 millions d'euros en crédits d'engagement (-7,8 %) et à 1 698 millions d'euros en crédits de paiement (-7,9 %), ce qui laisse une marge sous le plafond de la rubrique de 299 082 euros seulement.

Le Parlement européen propose ainsi d'augmenter les crédits de cette rubrique de 39,2 millions d'euros en crédits d'engagement et de 29,9 millions d'euros en crédits de paiement par rapport au PB.

---

[276] C'est-à-dire assorties de mentions "p.m.".

[277] C'est-à-dire que le PE dépasse dans ses amendements le sous-plafond de ce montant.

En plus de rétablir les montants proposés dans le PB pour 2014 et réduits par le Conseil dans sa position (voir page 270), le Parlement a augmenté au-delà du PB les montants des cinq lignes budgétaires suivantes, pour un montant total de 11,3 millions d'euros en crédits d'engagement et 6,6 millions d'euros en crédits de paiement :

- *16 03 01 01* (*Actions multimédia*) : 6,8 millions d'euros en crédits d'engagement et 4 millions d'euros en crédits de paiement ;

- *16 02 01* (*L'Europe pour les citoyens – Conforter la mémoire et renforcer la capacité de participation civique au niveau de l'Union*) : 2 millions d'euros en crédits d'engagement et de paiement ;

- *15 04 02* (*Soutenir le secteur de la culture pour opérer en Europe et au-delà et pour encourager la circulation transnationale et la mobilité*) : 1 million d'euros en crédits d'engagement et 0,6 million d'euros en crédits de paiement ;

- *15 04 03* (*Soutenir le secteur MEDIA pour opérer en Europe et au-delà et pour encourager la circulation transnationale et la mobilité*) : 1 million d'euros en crédits d'engagement, et

- *33 02 02* (*Promouvoir la non-discrimination et l'égalité*) : 0,5 million d'euros en crédits d'engagement.

S'agissant des agences décentralisées de l'UE, le PE a renforcé les crédits proposés dans le PB pour six d'entre elles[278], pour un montant total de 10,5 millions d'euros en crédits d'engagement et de paiement.

Le PE a en outre créé de nouveaux projets et de nouvelles actions ou a renforcé des actions et des projets existants pour un montant total de +17,4 millions d'euros en crédits d'engagement et +12,8 millions d'euros en crédits de paiement par rapport au PB ;

- le montant de la rubrique *4* (*L'Europe dans le monde*) s'élève à 8 385 millions d'euros en crédits d'engagement (-10,2 %) et à 6 345 millions d'euros en crédits de paiement (-4,4 %). Le Parlement européen demande de mobiliser l'instrument de flexibilité pour un montant de 50 millions d'euros, afin de financer le processus de paix au Moyen-Orient (voir page 302).

Le Parlement européen propose ainsi d'augmenter les crédits de cette rubrique de 209,2 millions d'euros en crédits d'engagement et de 93,4 millions d'euros en crédits de paiement par rapport au PB.

En plus de rétablir les montants proposés dans le projet de budget et réduits par le Conseil dans sa position (voir page 271), le Parlement a augmenté au-delà du PB les montants de 21 lignes budgétaires, pour un montant total de 233 millions d'euros en crédits d'engagement et 104,9 millions d'euros en crédits de paiement. Il s'agit de lignes liées notamment au financement de la coopération au développement, de l'aide humanitaire et de la Palestine.

Par ailleurs, le PE a diminué les montants proposés dans le PB pour les deux lignes budgétaires suivantes, pour un montant total de 41,3 millions d'euros en crédits d'engagement et de 27,5 millions d'euros en crédits de paiement :

- *19 03 01 07* (*Représentants spéciaux de l'Union européenne*) : 25 millions d'euros en crédits d'engagement et 12,5 millions d'euros en crédits de paiement[279], et

[278] Il s'agit de l'Agence européenne des médicaments, de l'Agence européenne pour la gestion opérationnelle des systèmes d'information à grande échelle (eu.LISA), de l'Agence "Frontex", du Bureau européen d'appui en matière d'asile, d'Europol et de l'Observatoire européen des drogues et des toxicomanies.

[279] Le Parlement européen a ainsi réduit le montant du "budget PESC" (chapitre *19 03* et poste *19 01 04 02*) à 289,5 millions d'euros en crédits d'engagement et 222,3 millions d'euros en crédits de paiement. S'agissant des représentants spéciaux de l'UE (transférés sous la section X – SEAE), le PE propose la création d'un nouvel article *3 1 0* sous la section X, doté des six postes suivants :

- *3 1 0 0* (*Représentant spécial de l'UE en Afrique Sub-saharienne* et doté de 3 millions d'euros) ;

- *3 1 0 1* (*Représentants spéciaux de l'UE en Afrique du Nord et dans le Bassin méditerranéen* ; 1,5 million d'euros) ;

- *01 03 02* (*Aide macrofinancière*) : 16,3 millions d'euros en crédits d'engagement et 15 millions d'euros en crédits de paiement.

La réduction des montants de la ligne pour les représentants spéciaux de l'Union européenne est accompagnée par le transfert par le PE des lignes budgétaires et d'un montant total de 12,5 millions d'euros en crédits d'engagement et de paiement de la section III (Commission) à la section X (Service européen pour l'action extérieure) du budget.

Outre les changements proposés à la nomenclature des lignes budgétaires concernant les représentants spéciaux de l'UE (voir page 284, note en bas de page 279), le PE propose le maintient de la nomenclature pour 2013 en ce qui concerne les lignes budgétaires concernant l'instrument de financement de la coopération au développement, la Commission ayant proposé une nouvelle nomenclature basée sur une ventilation géographique et thématique.

Le PE a en outre créé de nouveaux projets et de nouvelles actions ou a renforcé des actions et des projets existants pour un montant total de +17,4 millions d'euros en crédits d'engagement et +15,9 millions d'euros en crédits de paiement par rapport au PB ;

- le montant de la rubrique *5* (*Administration*) s'élève à 8 607 millions d'euros en crédits d'engagement (+2,2 %) et à 8 608 millions d'euros en crédits d'engagement (+2,3 %). Ceci laisse une marge sous le plafond de la rubrique de 114 millions d'euros.

Les crédits pour les dépenses administratives des institutions s'élèvent à 6 947 millions d'euros en crédits d'engagement et à 6 949 millions d'euros en crédits de paiement. La marge est ainsi de 109 millions d'euros.

Le Parlement européen propose ainsi d'augmenter les crédits de la rubrique *5* de 11,4 millions d'euros en crédits d'engagement et de paiement par rapport au PB.

Pour ce qui est de la section III – Commission – le Parlement européen a rétabli les montants proposés dans le projet de budget, à l'exception du montant de la contribution de l'Agence européenne des produits chimiques au financement d'une École européenne de type "II"[280].

Le Parlement européen a également inscrit 1,2 million d'euros sous la poste *19 01 01 01* (*Dépenses relatives aux fonctionnaires et au personnel temporaire du "service des instruments de politique étrangère"*) en réserve, avec la condition suivante pour sa levée :

"La réserve sera débloquée lorsque la Commission aura modifié le format de fichier (en le convertissant au format Excel ou CSV, par exemple) des rapports de gestion de l'aide extérieure transmis au Parlement conformément à l'article 67, paragraphe 3, du règlement financier, et qu'elle y inclura une brève analyse comparative des résultats basée sur ces chiffres à titre de leçon tirée au cours de l'exercice examiné".

Comme lors de la procédure budgétaire pour 2013 (voir deuxième partie, page 173) le PE a, en outre, scindé l'article *A3 01 01* (*Dépenses relatives aux fonctionnaires et aux agents temporaires*) en deux postes (*A3 01 01 01* et *A3 01 01 02*), afin de distinguer les montants destinés au secrétariat du comité de surveillance de l'OLAF (nouveau poste *A3 01 01 02*, intitulé "*Dépenses relatives aux fonctionnaires et aux agents temporaires – secrétariat du comité de surveillance*" et doté de 1,1 million d'euros).

- *3 1 0 2* (*Représentants spéciaux de l'UE dans les Balkans et dans le Caucase du Sud* ; 2,3 millions d'euros) ;
- *3 1 0 3* (*Représentants spéciaux de l'UE en Asie et en Asie centrale* ; 3,5 millions d'euros) ;
- *3 1 0 4* (*Représentants spéciaux de l'UE pour des mandats thématiques* ; 0,5 million d'euros), et
- *3 1 0 5* (*Autres représentants spéciaux de l'UE* ; 1,8 million d'euros).

Selon la justification du PE "*dans un souci de transparence, les représentants spéciaux doivent être identifiés par un poste spécifique au sein de l'article pertinent. En cas de décision adoptée au cours d'un exercice budgétaire, les crédits associés doivent être inscrits au poste "Autres représentants spéciaux de l'UE"*".

[280] Les Écoles européennes de type "II" sont des écoles appartenant au système national d'un État membre mais comportant une ou plusieurs sections linguistiques habilitées à délivrer le baccalauréat européen.

Par la même occasion, le PE a identifié dans le tableau des effectifs de l'OLAF, comme en 2012, huit postes destinés au secrétariat du comité de surveillance de l'OLAF[281].

Pour ce qui est des autres institutions[282], le Parlement européen a également, en grande partie, rétabli les montants proposés dans le PB et réduits par le Conseil dans sa position[283]. Il a notamment restauré les montants liés à l'adaptation proposée de 1,7 % des rémunérations et des pensions de 2011 et 2012, y inclus pour les Écoles européennes[284].

S'agissant plus particulièrement de la section I (Parlement européen), le Parlement a adopté un amendement réduisant les montants demandés dans le PB de 9,7 millions d'euros, résultant en une augmentation de +1,9 % par rapport à 2013 (à comparer au +2,5 % initialement demandé, voir tableau 95, page 271). Il a ajouté treize postes à son tableau des effectifs (voir tableau 105, page 300).

Par ailleurs, le PE propose de transférer de la section I (Parlement européen) à la section III (Commission) les dépenses liées aux pensions d'ancienneté, d'invalidité et de survie des anciens membres du Parlement européen[285].

S'agissant de la Cour de justice (section IV), le PE a augmenté le montant de la section IV de 8,2 millions d'euros au-delà de ce qui était proposé dans le PB, essentiellement pour y inclure l'adaptation proposée des rémunérations de 2011 et 2012[286] (voir *supra*).

S'agissant de la Cour des comptes (section V), le Parlement a retenu une réduction de 290 425 euros par rapport au PB. En même temps, il a inscrit 1,8 million d'euros correspondant aux rémunérations, indemnités et pensions (poste *1 0 0 0*) en réserve, en indiquant que "*la réserve sera libérée dès que le membre croate aura apporté une explication satisfaisante au fait qu'il a mal informé le Parlement européen*"[287].

S'agissant du Comité économique et social européen (section VI), le PE a placé 600 000 euros en réserve, en indiquant que "*si l'accord de coopéra-*

---

[281] Il s'agit d'un poste AD 12, d'un poste AD 10, d'un poste AD 9, d'un poste AD 6, d'un poste AST 6, d'un poste AST 4 et de deux autres postes AD. Il convient néanmoins de relever dans ce contexte l'article 18 (intitulé "*Financement*") du règlement (UE, Euratom) n° 883/2013 du Parlement européen et du Conseil, du 11 septembre 2013, relatif aux enquêtes effectuées par l'OLAF et abrogeant le règlement (CE) n° 1073/1999, selon lequel "(l)*e montant total des crédits de l'Office, y compris du comité de surveillance et de son secrétariat, est inscrit sur une ligne budgétaire spécifique à l'intérieur de la section du budget général de l'Union européenne afférente à la Commission et est exposé en détail dans une annexe de cette section.*

Le tableau des effectifs de l'Office, y compris du secrétariat du comité de surveillance, est annexé au tableau des effectifs de la Commission" (JO L 248 du 18.9.2013, p. 15).

[282] S'agissant de la section II – Conseil européen et Conseil – le Parlement européen a continué à respecter le "*Gentlemen's agreement*".

[283] S'agissant des postes des institutions, le Parlement européen a accepté la position du Conseil, sauf en ce qui concerne la section I (voir tableau 105, page 300).

[284] Suivant une approche horizontale le Parlement européen l'a incluse également pour la section IV (Cour de justice), même si la Cour n'en avait pas fait la demande dans son état prévisionnel (voir page 267).

[285] Nouveaux postes *30 01 16 01* (*Pensions d'ancienneté des anciens députés au Parlement européen*), *30 01 16 02* (*Pensions d'invalidité des anciens députés au Parlement européen*) et *30 01 16 03* (*Pensions de survie des anciens députés au Parlement européen*) sous la section III – Commission – du budget de l'Union (sous un nouvel article *30 01 16* intitulé "*Pensions – Autres institutions*"), et dotés en tout de 383 000 euros.

[286] Le Parlement européen a par ailleurs procédé à une réduction de 0,6 million d'euros des dépenses proposées par la Cour de justice.

[287] Selon l'article 286, paragraphe 2 du TFUE, "(l)*es membres de la Cour des comptes sont nommés pour six ans. Le Conseil, après consultation du Parlement européen, adopte la liste des membres établie conformément aux propositions faites par chaque État membre*". Le 12 juin 2013, suite à une audition, la commission du contrôle budgétaire du Parlement européen (CONT) a émis un avis défavorable sur le candidat croate, M. MATES. En dépit de la position du PE, le Conseil a décidé, dans le respect de l'article 286, le 1er juillet 2013, de nommer M. MATES membre de la Cour des comptes à partir du 15 juillet 2013 (JO L 191 du 12.7.2013, p. 11), le candidat ne retirant pas sa candidature malgré une déclaration faite dans ce sens à la CONT. Cette dernière a organisé le 4 novembre 2013 une nouvelle audition, sans pour autant changer de position.

Tableau 98. Montants pour 2014 par institution retenus par le Parlement européen

En euros

Institution(s)	Montants demandés dans le PB pour 2014	Montants retenus par le Conseil	Montants retenus par le PE	*Différence par rapport au PB*	*Différence par rapport au CNS*
Parlement européen	1.793.634.098	1.793.634.098	1.783.976.098	*-9.658.000*	*-9.658.000*
Conseil européen et Conseil	536.800.000	534.202.300	534.202.300	*-2.597.700*	*0*
Commission*	3.048.899.800	2.974.450.955	3.049.199.800	*300.000*	*74.748.845*
OP	*82.646.000*	*80.755.000*	*82.646.000*	*0*	*1.891.000*
OLAF	*58.523.000*	*57.206.000*	*58.523.000*	*0*	*1.317.000*
EPSO et EUSA	*28.231.000*	*27.883.000*	*28.231.000*	*0*	*348.000*
PMO	*36.817.000*	*36.260.000*	*36.817.000*	*0*	*557.000*
OIB	*70.013.000*	*68.747.029*	*70.013.000*	*0*	*1.265.971*
OIL	*25.041.000*	*24.456.845*	*25.041.000*	*0*	*584.155*
Écoles européennes	*168.491.635*	*165.413.643*	*168.491.635*	*0*	*3.077.992*
Pensions (toutes institutions)	*1.490.330.000*	*1.441.328.000*	*1.490.713.000*	*383.000*	*49.385.000*
Commission (total)	5.008.992.435	4.876.500.472	5.009.675.435	*683.000*	*133.174.963*
Cour de justice	355.433.000	353.936.000	363.662.500	*8.229.500*	*9.726.500*
Cour des comptes	138.161.000	133.497.575	137.870.575	*-290.425*	*4.373.000*
CESE	130.986.509	128.542.321	130.986.509	*0*	*2.444.188*
Comité des régions	89.279.030	87.376.531	89.269.030	*-10.000*	*1.892.499*
Médiateur européen	10.103.988	9.857.647	10.103.988	*0*	*246.341*
CEPD	8.432.256	8.269.730	8.432.256	*0*	*162.526*
SEAE	524.915.791	517.637.979	539.988.220	*15.072.429*	*22.350.241*
Total "autres institutions"	***3.587.745.672***	***3.566.954.181***	***3.598.491.476***	***10.745.804***	***31.537.295***
Total général	**8.596.738.107**	**8.443.454.653**	**8.608.166.911**	***11.428.804***	***164.712.258***

** En crédits de paiement, hors offices européens, Écoles européennes et pensions*

tion avec le Parlement européen n'est pas conclu, la réserve sera débloquée"[288].

S'agissant du Comité des régions (section VII), le PE a réduit les montants proposés dans le PB de 10 000 euros. Comme pour le Comité économique et social européen, le PE a placé un montant de 400 000 euros en réserve, avec la même remarque.

S'agissant du Service européen pour l'action extérieure (section X), le Parlement européen a augmenté les crédits de 15,1 millions d'euros au-delà de ce qui était proposé dans le PB afin de renforcer les lignes budgétaires pour les agents contractuels (poste *1 2 0 0*) et pour les technologies de l'information et de la communication (TIC) sécurisées (poste *2 1 0 1*).

En outre, le PE propose de transférer les lignes budgétaires concernant les représentants spéciaux de l'Union européenne de la section III (Commission) à la section X (12,5 millions d'euros ; voir pages 284-285).

Le tableau 98 ci-dessus récapitule les montants par institution retenus par le Parlement européen. Les modifications des postes inscrits aux tableaux des effectifs retenues sont présentées dans le tableau 105, page 300.

Le PE a, en outre, créé sous la rubrique *5* du CFP de nouveaux projets et de nouvelles actions ou a renforcé des actions et des projets existants pour un montant total de +1,5 million d'euros en crédits d'engagement et de paiement par rapport au PB.

---

[288] L'accord de coopération entre le Parlement européen, le Comité économique et social européen et le Comité des régions, en cours de négociation en 2013, porte avant tout sur une collaboration accrue entre les trois institutions (en amont dans le cadre des avis d'initiative ou en aval par la réalisation, par les deux comités, d'évaluations d'impact), tout en revêtant également un volet administratif, en prévoyant notamment la création de synergies, par exemple au niveau des moyens de traduction, de recherche et de documentation. Dans ce contexte, il prévoie également la possibilité d'un transfert de 80 postes maximum (dont 48 postes du CESE et 32 postes du CdR maximum) vers la section I – PE – du budget.

Suite à ces négociations, le tableau des effectifs pour 2014 du Parlement européen comprend la note en bas de page numéro 3 suivante : "*Il pourrait s'avérer nécessaire de créer 80 postes dans le tableau des effectifs du Parlement européen à la suite de la conclusion des négociations sur la future coopération interinstitutionnelle entre le Parlement européen, le Comité économique et social européen et le Comité des régions. Le transfert progressif de ces postes du Comité économique et social européen et du Comité des régions dépendra d'un accord définitif entre le Parlement européen, le Comité économique et social européen et le Comité des régions*" (JO L 51 du 20.2.2014, p. I/192).

L'accord de coopération entre les trois institutions a finalement été signé le 5 février 2014 à Strasbourg.

S'agissant de la rubrique *6* (*Compensations*), le PE a retenu (comme le Conseil) les propositions de la Commission.

Enfin, en ce qui concerne les *instruments spéciaux*, le Parlement européen propose d'augmenter les crédits de paiement pour la réserve pour aides d'urgence de 147 millions d'euros[289] et ceux pour le Fonds européen d'ajustement à la mondialisation de 20 millions d'euros par rapport au PB.

Au total, le Parlement européen a adopté 509 amendements à la position du Conseil (voir page 397), dont une vingtaine d'amendements touchant seulement les commentaires (et non les montants). Dix amendements concernent exceptionnellement la partie "recettes" du budget (voir page 280). En tout, le Parlement a modifié 975 lignes budgétaires, 274 lignes budgétaires étant "clôturées".

7. La procédure de conciliation (24 octobre – 13 novembre 2013)

A. La procédure de conciliation s'est composée :

- d'un trilogue, organisé le 7 novembre 2013, et

- de deux réunions du comité de conciliation, qui se sont tenues le 4 et les 11 et 12 novembre 2013.

Elle a permis aux deux branches de l'autorité budgétaire d'aboutir, pour la deuxième fois depuis l'entrée en vigueur du traité de Lisbonne, à un accord sur un projet commun de budget, conformément à l'article 314, paragraphe 5 du TFUE.

B. La première réunion du comité de conciliation, organisée le *4 novembre 2013*, a – comme les années précédentes – servi avant tout à ouvrir officiellement les négociations finales sur le budget pour 2014.

Les deux branches de l'autorité budgétaire ont entamé, avec l'aide de la Commission, leurs travaux sur le budget pour 2014, comme les années précédentes (voir première partie, page 65, et deuxième partie, page 175), par "blocs thématiques", cette fois selon l'ordre suivant :

- lettres rectificatives n° 1/2014 (concernant avant tout l'inclusion dans le PB pour 2014 de l'accord sur le nouveau CFP) et 2/2014 (concernant notamment les dépenses agricoles et l'"externalisation") ;

- approche par rubrique et sous-rubrique du CFP (en crédits d'engagement) ;

- questions horizontales :

i) agences décentralisées de l'Union européenne,

ii) projets pilotes et actions préparatoires,

iii) réserves, et

iv) commentaires budgétaires ;

- approche générale concernant les crédits de paiement, et

- propositions de mobilisation de l'instrument de flexibilité.

Le Parlement européen et le Conseil ont également pris note des "lettres d'exécutabilité" présentées non seulement par la Commission[290], mais également par la Cour de justice (en ce qui concerne la section IV) et le Service européen d'action extérieure (section X).

En outre, les trois institutions ont fait le point sur les projets de budgets rectificatifs n° 7/2013 (concernant les crédits d'engagement du Fonds social européen en faveur de l'Espagne, de la France et de l'Italie), 8/2013 (la "deuxième tranche" du BR n° 2/2013) et 9/2013 (concernant la mobilisation du Fonds de solidarité de l'UE pour l'Allemagne, l'Autriche, la République tchèque et la Roumanie ; voir chapitre II).

---

[289] Soit d'inscrire dans le budget pour 2014 pour la réserve pour aides d'urgence le même montant en crédits d'engagement et de paiement (soit 297 millions d'euros).
[290] Voir Tome II, p. 44.

Le Conseil a rappelé avoir adopté sa position sur le PBR nº 7/2013 le 7 octobre 2013 et – suite à une demande insistante du Parlement européen en ce qui concerne le premier – sur les PBR nº 8/2013 et 9/2013 le 30 octobre 2013. Par la même occasion, le Conseil a de nouveau fortement insisté sur le fait que, pour lui, les projets de budgets rectificatifs nº 8/2013 et 9/2013 forment un "paquet indissociable", car "*traitant tous les deux de questions liées à la solidarité et au partage des charges entre les États membres de l'Union européenne*" (voir page 278).

Le PE a, dans ce contexte, fortement critiqué l'adoption d'une position *conditionnelle* par le Conseil concernant le PBR nº 8/2013 (voir chapitre II et page 278).

C. Lors du trilogue organisé le *7 novembre 2013,* le Parlement européen, le Conseil et la Commission ont poursuivi leurs travaux entamés lors de la réunion du comité de conciliation du 4 novembre 2013, les deux branches de l'autorité budgétaire indiquant leurs "premières marges de flexibilité éventuelles" (dans le cadre d'un accord global sur le budget pour 2014) et leurs "lignes rouges" respectives[291] (voir chapitre II).

S'agissant des projets de budgets rectificatifs nº 8/2013 et 9/2013 les négociateurs ont souligné la nécessité de trouver des "solutions pratiques de compromis", dans le cadre d'un accord global.

À la fin du trilogue, la Commission a présenté son premier projet de conclusions communes (qui incluent, outre le budget pour 2014, les PBR nº 8/2013 et 9/2013) ce document, "*qui n'est pas une proposition formelle de la Commission*", présentant, comme les années précédentes, des "*pistes pour un compromis, tout en étant une suggestion pour servir de base aux négociations*"[292].

D. Lors de sa réunion des *11 et 12 novembre 2013*[293], le comité de conciliation est parvenu, pour la deuxième fois sous le traité de Lisbonne, à un accord sur un projet commun de budget. Cet accord est acté sous forme de "conclusions communes"[294], co-signées par les deux coprésidents du comité de conciliation[295].

Les conclusions communes comportent trois parties :

- le budget 2014 (voir *infra*, points a) – k)) ;

---

[291] Le Conseil a avant tout rappelé son souci de laisser suffisamment de marges sous les différentes rubriques et sous-rubriques du CFP et d'éviter autant que possible tout recours à l'instrument de flexibilité (tout en indiquant une ouverture en ce qui concerne la mobilisation de l'instrument de flexibilité pour Chypre), afin de pouvoir faire face à des situations imprévues en 2014.

S'agissant des crédits pour paiements, le Conseil a insisté pour fixer leur montant à un niveau très proche de celui retenu par le Conseil dans sa position sur le PB.

Le Parlement européen, quant à lui, a surtout rappelé le contenu de sa lecture en insistant avant tout sur ses amendements concernant la coordination, surveillance et communication relatives à l'Union économique et monétaire (sous-rubrique *1a*), les stratégies macrorégionales 2014-2020 (sous-rubrique *1b*), la Palestine et l'aide humanitaire (rubrique *4*, y inclus un recours à l'instrument de flexibilité) et les budgets administratifs de la Commission, de la Cour de justice et du SEAE (rubrique *5*). En même temps, le PE a indiqué une certaine flexibilité, notamment en ce qui concerne les montants à retenir pour les événements annuels spéciaux, le financement de l'aide aux plus démunis ou les représentants spéciaux de l'UE.

S'agissant des adaptations des rémunérations et des pensions de 2011 et 2012 en suspens, le Parlement a insisté (avec la Commission) sur la nécessité d'inclure (éventuellement en réserve) des montants suffisants dans le budget pour 2014 et, concernant les agences décentralisées de l'UE, il a rappelé son désaccord avec "l'approche horizontale" suivie par la Commission (et le Conseil), tout en soulignant la "situation particulière" des agences autofinancées.

S'agissant enfin des crédits de paiement, le Parlement européen a indiqué qu'il défendra lors de négociations le montant global proposé par la Commission dans le PB pour 2014. Pour terminer, le PE a rappelé son souhait de pouvoir être en position de voter, lors de sa plénière de novembre 2013, aussi bien le budget pour 2014 que le BR nº 8/2013 et le "paquet CFP".

[292] Intervention de la Commission lors du trilogue du 7 novembre 2013.

[293] La seconde réunion du comité de conciliation, prévue à l'origine pour le lundi 11 novembre 2013 (voir page 331), s'est terminée, après plus de seize heures de négociations, sur un accord le mardi 12 novembre 2013, à quatre heures du matin.

[294] Doc. *PE P7_TA(2013)0472* du 20 novembre 2013, annexe, et *Conseil 16025/13 PV/CONS 54 ECOFIN 1004 BUDGET 63* du 21 janvier 2014, pp. 4/19.

[295] C'est-à-dire le président de la commission des budgets du PE et le vice-ministre des Finances de la Lituanie, pays assumant la présidence tournante du Conseil.

- les budgets rectificatifs nº 8 et nº 9 au budget 2013 (voir *infra*, point E), et

- les déclarations adoptées lors du comité de conciliation (voir *infra*, point F).

Ces conclusions communes sont reproduites pages 334-351.

a) L'accord sur le budget pour 2014 a été bâti sur le principe selon lequel, *sauf décision contraire* du comité de conciliation, *toutes les lignes budgétaires qui n'ont été modifiées ni par le Conseil ni par le Parlement européen* ainsi que celles pour lesquelles *le Parlement a accepté les modifications apportées par le Conseil lors de leurs lectures respectives* du projet de budget (soit les lignes budgétaires "techniquement closes") sont *confirmées*.

b) S'agissant des *crédits d'engagement*, et sans préjudice des lignes budgétaires "clôturées", des *agences décentralisées de l'Union européenne* (voir *infra*, point d)) et des *projets pilotes* et des *actions préparatoires* (voir *infra*, point g)), le comité de conciliation a convenu des *modifications suivantes* par rubriques et sous-rubriques du CFP :

i) sous-rubrique *1a* (*Compétitivité pour la croissance et l'emploi*) : le comité de conciliation a fixé les crédits d'engagement au niveau proposé par la Commission dans le projet de budget, tel que modifié par les lettres rectificatives n° 1/2014 et 2/2014 (voir pages 303-305) avec les exceptions suivantes[296], suite à une demande du Parlement européen :

- 10 millions d'euros sont accordés pour *accélérer le déploiement des réseaux à haut débit* (article *09 03 01*) ;

- 5 millions d'euros supplémentaires sont accordés pour le *renforcement de la recherche dans le domaine des FET*[297] (poste *09 04 01 01*) ;

- 4 millions d'euros supplémentaires sont accordés pour les *activités de soutien à la politique européenne des transports et aux droits des passagers, y compris les activités de communication* (article *06 02 05*) ;

- 3 millions d'euros sont accordés pour les *événements annuels spéciaux* (article *15 02 10*) ;

- 2 millions d'euros supplémentaires sont accordés pour *encourager la mobilité géographique des travailleurs et multiplier les possibilités d'emploi* (poste *04 03 02 02*), et

- 1,4 million d'euros supplémentaires sont accordés pour la *microfinance et l'entrepreneuriat social – faciliter l'accès au financement pour les entrepreneurs, en particulier les personnes les plus éloignées du marché du travail, et pour les entreprises sociales* (poste *04 03 02 03*).

En même temps le comité de conciliation est convenu de diminuer de 2 millions d'euros en crédits d'engagement le montant de la ligne pour la *coordination, surveillance et communication relatives à l'Union économique et monétaire, y compris l'euro* (article *01 02 01*) par rapport au PB ;

ii) sous-rubrique *1b* (*Cohésion économique, sociale et territoriale*) : les crédits d'engagement sont fixés au niveau proposé dans le projet de budget, tel que modifié par la lettre rectificative n° 1/2014, à l'exception, suite à une demande du Parlement européen (voir page 283), des deux articles suivants, pour lesquels un montant de 2,5 millions d'euros en crédits d'engagement est retenu dans chaque cas :

- *13 03 67 "Stratégies macrorégionales 2014-2020 – Stratégie européenne pour la région de la mer Baltique – Assistance technique*", et

---

[296] Suite à une demande du PE, le poste *04 03 01 02* ("*Dialogue social*") du projet de budget est en outre scindé en trois nouveaux postes comme suit (et dotés au total de 41,8 millions d'euros, soit 3,3 millions d'euros supplémentaires par rapport aux montants proposés par la Commission dans le PB) :
- *04 03 01 05* (*Actions de formation et d'information en faveur des organisations de travailleurs*), doté de 18,6 millions d'euros ;
- *04 03 01 06* (*Information, consultation et participation des représentants des entreprises*), doté de 7,3 millions d'euros, et
- *04 03 01 08* (*Relations industrielles et dialogue social*), doté de 15,9 millions d'euros.

[297] C'est-à-dire la recherche dans le domaine des technologies émergentes et futures.

- *13 03 68 "Stratégies macro-régionales 2014-2020 – Stratégie de l'Union européenne pour la région du Danube – Assistance technique"*.

En outre, en ce qui concerne le *Fonds européen d'aide aux plus démunis* (chapitre *04 06*), le comité de conciliation a retenu un montant supplémentaire de 134,9 millions d'euros en crédits d'engagement par rapport au PB pour 2014. Cette augmentation est compensée par une diminution correspondante des crédits d'engagement destinés au Fonds social européen (chapitre *04 02*), selon la répartition suivante :

-67,9 millions d'euros pour les "*Régions moins développées*" (article *04 02 60*) ;

-22,2 millions d'euros pour les "*Régions en transition*" (article *04 02 61*), et

-44,8 millions d'euros pour les "*Régions plus développées*" (article *04 02 62*).

Le comité de conciliation a retenu une mobilisation de l'instrument de flexibilité à hauteur de 89,33 millions d'euros afin de financer l'assistance supplémentaire à Chypre en 2014[298] ;

iii) rubrique *2* (*Croissance durable : ressources naturelles*) : les crédits d'engagement sont fixés au niveau proposé par la Commission dans le projet de budget, tel que modifié par la lettre rectificative n° 2/2014, à l'exception de l'article *05 08 80* relatif à la participation de l'Union à l'exposition universelle Milan 2015 "Nourrir la planète – Énergie pour la vie" pour lequel, suite à une demande du Parlement européen, le comité de conciliation a retenu un montant supplémentaire de 1 million d'euros en crédits d'engagement ;

iv) rubrique *3* (*Sécurité et citoyenneté*) : le comité de conciliation a fixé les crédits d'engagement au niveau proposé par la Commission dans le projet de budget, tel que modifié par la lettre rectificative n° 2/2014 avec, suite à des demandes du PE, les cinq exceptions suivantes :

- 6,8 millions d'euros supplémentaires sont accordés aux *actions multimédia* (poste *16 03 01 01*) ;

- 2 millions d'euros supplémentaires sont accordés à *L'Europe pour les citoyens – Conforter la mémoire et renforcer la capacité de participation civique au niveau de l'Union* (article *16 02 01*) ;

- 1 million d'euros supplémentaires sont accordés pour soutenir les *secteurs de la culture et de la création pour opérer en Europe et au-delà et pour encourager la circulation transnationale et la mobilité* (article *15 04 02*) et 1 million d'euros supplémentaires pour soutenir le *sous-programme MEDIA – Soutenir les secteurs de la culture et de la création pour opérer dans l'Union et au-delà et pour encourager la circulation transnationale et la mobilité* (article *15 04 03*), et

- 0,5 million d'euros supplémentaires sont accordés pour *promouvoir la non-discrimination et l'égalité* (article *33 02 02*) ;

v) rubrique *4* (*L'Europe dans le monde*) : le comité de conciliation a retenu les crédits d'engagement proposés par la Commission dans le projet de budget, tel que modifié par la lettre rectificative n° 2/2014, tout diminuant[299] les montants proposés pour *17* lignes budgétaires[300], et en renforçant *34* lignes budgétaires (dont 14 nouvelles lignes) (voir page 339-341) ;

vi) rubrique *5* (*Administration*) : en ce qui concerne les *tableaux des effectifs* des institutions, le comité de conciliation a retenu le niveau proposé par la Commission dans le projet de budget tel que modifié par la lettre rectificative n° 2/2014, sauf en ce

---

[298] Cette assistance supplémentaire s'élève à 100 millions d'euros en crédits d'engagement (voir page 303).

[299] L'effet net est ainsi de +131,8 millions d'euros en crédits d'engagement par rapport au PB pour 2014.

[300] La seule diminution "réelle" concerne l'aide macrofinancière (article *01 03 02*), pour un montant de 16,3 millions d'euros en crédits d'engagement par rapport au PB, le reste des réductions étant lié à de nouveaux "regroupements" de crédits (voir page 339-341).

qui concerne le *Parlement européen*, pour lequel sa propre lecture est adoptée[301].

Les *crédits* sont fixés au niveau proposé par la Commission dans le projet de budget, tel que modifié par la lettre rectificative n° 2/2014, avec les deux exceptions suivantes :

- les montants correspondant aux *adaptations des rémunérations et des pensions de 2011 et 2012 proposées par la Commission* ne sont pas inclus dans le budget pour 2014. Le comité de conciliation a souscrit à ce titre à la déclaration commune suivante :

"Le Parlement européen et le Conseil conviennent de ne pas inclure à ce stade les crédits relatifs aux adaptations salariales proposées, à hauteur de 1,7 % pour 2011 et de 1,7 % pour 2012 dans le budget pour 2014, en attendant l'issue des affaires pendantes devant la Cour de justice.

Si la Cour de justice se prononce en faveur de la Commission, cette dernière présentera un projet de budget rectificatif en 2014 pour couvrir les adaptations salariales proposées, concernant toutes les sections. Dans ce cas de figure, le Parlement européen et le Conseil s'engagent à statuer rapidement sur ledit projet de budget rectificatif"[302] ;

- les crédits proposés par le *Parlement européen* sont retenus pour les *autres sections* du budget[303]. Néanmoins :

• pour la *Cour de justice* (section IV), un montant de 355,4 millions d'euros est retenu ;

• pour la *Cour des comptes* (section V), le taux d'abattement forfaitaire proposé par le *Conseil* (voir page 267) est retenu, et

• pour le *Service européen pour l'action extérieure* (section X), le transfert des *représentants spéciaux de l'Union européenne* proposé par le Parlement européen (voir pages 284-285) n'est pas retenu. Le comité de conciliation a souscrit dans ce contexte à la déclaration commune suivante :

"Le Parlement européen et le Conseil conviennent d'examiner le transfert des crédits pour les représentants spéciaux de l'Union européenne du budget de la Commission (section III) vers le budget du Service

---

[301] En même temps, les tableaux des effectifs de l'ensemble des institutions et organes de l'Union sont modifiés tel que proposé dans la lettre rectificative n° 2/2014 (voir page 304) afin de tenir compte de la création, dans le Statut du personnel, d'un nouveau groupe de fonctions *"AST/SC"*.

[302] Il convient de relever que la Cour de justice a rendu son arrêt dans les affaires *C-63/12*, *C-66/12* et *C-196/12* le 19 novembre 2013, dans lequel elle indique que le Conseil était en droit de refuser les propositions de la Commission visant à l'adaptation des rémunérations et pensions pour l'année 2011, et où elle rejette tous les recours introduits à ce sujet.

L'affaire *C-63/12* concernait le recours de la Commission visant à l'annulation de la décision du Conseil qui refusait d'adopter la proposition de la Commission d'augmenter de 1,7 %, avec effet au 1er juillet 2011, les rémunérations et pensions des fonctionnaires et autres agents de l'UE, l'affaire *C-196/12* était un recours en carence introduit par la Commission contre le Conseil et l'affaire *C-66/12* un recours introduit par le Conseil contre la Commission pour violation de la clause d'exception.

Pour mémoire, la Commission avait soumis fin 2011 une proposition d'adaptation de la rémunération des fonctionnaires pour une augmentation de 1,7 %, sur la base de la "méthode" définie à l'annexe XI du Statut des fonctionnaires de l'UE. Le Conseil, ayant essuyé un refus de la part de la Commission de sa demande d'une nouvelle proposition prenant davantage en compte la détérioration de la situation économique et sociale à l'intérieur de l'Union (conformément à la clause d'exception de l'article 10 de l'annexe XI du Statut), avait décidé, le 19 décembre 2011, de ne pas adopter la proposition de la Commission.

La Commission avait alors engagé les deux procédures juridiques mentionnées ci-dessus à l'encontre du Conseil qui, à son tour, avait engagé une procédure à l'encontre de la Commission pour refus de suivre sa demande d'appliquer la clause d'exception.

Suite à l'arrêt, la Commission a soumis au Parlement et au Conseil le 10 décembre 2013 une nouvelle proposition visant à l'adaptation des rémunérations et des pensions pour l'année 2011 et qui tient compte de la détérioration grave et soudaine de la situation économique et sociale constatée par le Conseil en 2011.

L'autorité législative a finalement adopté, le 16 avril 2014, une adaptation salariale de 0,0 % pour 2011 et de 0,8 % pour 2012, avec effet au 1er juillet 2012 (JO L 129 du 30.4.2014, pp. 5/18, avec un rectificatif au JO L 140 du 14.5.2014, p. 178).

[303] Conformément au *"Gentlemen's agreement"*, le PE n'a pas modifié les montants (et les postes) proposés pour la section II (Conseil européen et Conseil ; voir page 292).

européen pour l'action extérieure (section X) dans le contexte de la procédure budgétaire pour 2015".

En outre, trois nouveaux postes (*30 01 16 01*, *30 01 16 02* et *30 01 16 03*) sont introduits pour les pensions d'ancienneté, d'invalidité et de survie pour les anciens membres du PE sous la section III – Commission – du budget, avec le niveau de crédits correspondant à celui proposé par le Parlement européen dans sa lecture (voir page 286) ;

vii) rubrique *6* (*Compensations*) : les crédits d'engagement sont fixés au niveau proposé dans le projet de budget, et

viii) instruments spéciaux : les crédits d'engagement pour la réserve pour aides d'urgence et pour le Fonds européen d'ajustement à la mondialisation sont fixés au niveau proposé dans le projet de budget.

c) S'agissant des *crédits de paiement*, l'accord a été établi sur les bases suivantes :

i) le montant total des *crédits pour paiements* pour le budget pour 2014 s'élève à *135 505 millions d'euros*. Suite à une demande de la Commission, le comité de conciliation a souscrit à la déclaration commune suivante relative aux crédits de paiement :

"*Le Parlement européen, le Conseil et la Commission rappellent leur responsabilité partagée, consacrée par l'article 323 du traité sur le fonctionnement de l'Union européenne (TFUE), qui dispose que* "le Parlement européen, le Conseil et la Commission veillent à la disponibilité des moyens financiers permettant à l'Union de remplir ses obligations juridiques à l'égard des tiers*".*

Le Parlement européen et le Conseil rappellent la nécessité de veiller, en fonction de l'exécution, à une évolution ordonnée des paiements afin d'éviter un transfert anormal d'engagements restant à liquider ("RAL") vers le budget pour 2015. À cet égard, ils auront recours le cas échéant aux différents mécanismes de flexibilité prévus dans le règlement sur le CFP, entre autres à son article 13.

Le Parlement européen et le Conseil conviennent de fixer le niveau des crédits de paiement à 135 504 613 000 euros pour l'exercice 2014. Ils demandent à la Commission d'engager toute action nécessaire, sur la base des dispositions du projet de règlement fixant le CFP et du règlement financier, pour couvrir la responsabilité conférée par le traité et, en particulier, après avoir examiné la possibilité de réaffectation des crédits concernés, en tenant notamment compte de toute sous-exécution prévisible des crédits (article 41, paragraphe 2, du règlement financier), pour demander des crédits de paiement supplémentaires dans un budget rectificatif si les crédits inscrits au budget 2014 sont insuffisants pour couvrir les dépenses.

Le Parlement européen et le Conseil se prononceront sur tout projet de budget rectificatif dans les plus brefs délais afin d'éviter toute insuffisance dans les crédits de paiement. En outre, le Parlement européen et le Conseil s'engagent à traiter rapidement tout virement éventuel de crédits de paiement, y compris d'une rubrique du cadre financier pluriannuel à l'autre, de façon à utiliser au mieux les crédits de paiement inscrits au budget et à les adapter aux besoins concrets et à une exécution effective.

Le Parlement européen, le Conseil et la Commission suivront de près l'état de l'exécution du budget pour 2014 pendant tout l'exercice, et en particulier en ce qui concerne la sous-rubrique 1b (Cohésion économique, sociale et territoriale) et le développement rural au titre de la rubrique 2 (Croissance durable : ressources naturelles). Ce suivi prendra la forme de réunions interinstitutionnelles spécialement organisées, conformément au point 36 de l'annexe de l'accord interinstitutionnel, afin de faire le point sur l'exécution des paiements et les prévisions révisées"[304] [305] ;

---

[304] Le Parlement européen et la Commission ont adopté dans ce contexte la déclaration suivante sur les crédits de paiement (voir pages 352-353) : "*Le Parlement européen et la Commission rappellent la nécessité d'une flexibilité spécifique et aussi grande que possible dans le cadre du CFP pour 2014-2020. Les modifications aux bases légales proposées convenues par l'autorité législative accroîtront la pression exercée sur les plafonds de paiement au titre du CFP pour 2014-2020. Dans le contexte de la finalisation du train de mesures législatives relatives à la politique de cohésion pour la période 2014-2020 et en tenant compte de l'incidence possible de l'initiative PME, la Commission a fait une déclaration relative à l'incidence qu'aura*

ii) La *position du Conseil sur le projet de budget* est utilisée comme point de départ pour procéder à la répartition des crédits de paiement sur l'ensemble des lignes budgétaires en 2014 comme suit :

- premièrement, il est tenu compte du niveau convenu des crédits d'engagement pour les *dépenses non dissociées* (pour lesquelles le niveau des crédits de paiement est par définition égal à celui des crédits d'engagement) ;

- deuxièmement, et par analogie au point ci-dessus, le niveau des crédits de paiement pour la contribution de l'Union européenne pour les *agences décentralisées* est adapté afin de tenir compte des nouveaux montants retenus en crédits d'engagement (voir page 295) ;

- troisièmement, les crédits de paiement pour les *nouveaux projets pilotes* et les *nouvelles actions préparatoires* sont fixés à 50 % des crédits d'engagement correspondants ou au niveau proposé par le Parlement s'il est inférieur (voir page 296). Dans le cas d'une *prolongation* de projets pilotes ou d'actions préparatoires existants, le niveau des crédits de paiement correspond au montant fixé dans le projet de budget, auquel on ajoute un montant équivalent à 50 % des nouveaux crédits d'engagement correspondants, ou au niveau proposé par le Parlement s'il est inférieur ;

- quatrièmement, les montants suivants sont prévus de manière spécifique :

• conformément à l'accord sur le PBR n° 9/2013 (voir pages 345-346), le niveau des crédits de paiement du *Fonds de solidarité de l'Union européenne* est fixé, pour 2014, à *150 millions d'euros* ;

• les crédits de paiement pour les *initiatives technologiques conjointes* sont fixés au niveau proposé dans la *lettre rectificative n° 1/2014*, tandis que ceux pour les *accords de pêche internationaux* sont établis au niveau proposé dans la *lettre rectificative n° 2/2014* (voir pages 303-304) ;

• le niveau des crédits de paiement pour le "*Soutien au processus de paix et aide financière à la Palestine et à l'Office de secours et de travaux des Nations unies pour les réfugiés de Palestine (UNRWA)*" est fixé à *200 millions d'euros*[306] ;

• le niveau des crédits de paiement pour les *événements annuels spéciaux* est fixé au niveau des crédits d'engagement retenus (soit *3 millions d'euros*[307] ; voir page 290) ;

• le niveau des crédits de paiement pour *les stratégies macrorégionales 2014-2020* est fixé à 50 % du niveau des crédits d'engagement retenus (soit *2,5 millions d'euros* au total[308] ; voir pages 290-291).

---

l'accord obtenu en ce qui concerne la réserve de performance et les niveaux de préfinancement sur les besoins de paiement. S'il est estimé que l'incidence générale de ces changements sur les crédits de paiement supplémentaires dans le CFP pour 2014-2020 restera limitée, la Commission a déclaré que les fluctuations annuelles du niveau global des paiements seraient gérées par l'intermédiaire de la marge globale pour les paiements. En cas de besoin, la Commission peut avoir recours à l'instrument de flexibilité et à la marge pour imprévus, qui ont fait l'objet d'un accord dans le projet de règlement sur le CFP.

Par conséquent, la Commission entend proposer des mesures correctives en fonction de l'exécution, en utilisant, dans la mesure nécessaire, tous les instruments proposés par le nouveau CFP. En particulier, au cours de l'exercice 2014, la Commission pourrait devoir proposer un recours à la marge pour imprévus, conformément à l'article 13 du projet de règlement CFP".

[305] Suite à la déclaration du Parlement européen et de la Commission (voir *supra*), le Conseil a adopté la déclaration suivante (voir page 353) : "*Le Conseil rappelle que les instruments spéciaux peuvent uniquement être utilisés pour faire face à des situations réellement imprévues.*

Il rappelle que la marge pour imprévus ne doit pas entraîner un dépassement des plafonds totaux de crédits d'engagement et de paiement.

En ce qui concerne les autres instruments spéciaux, le Conseil rappelle que l'article 3, paragraphe 2, du projet de règlement CFP dispose que les crédits d'engagement peuvent être inscrits au budget en sus des plafonds des rubriques concernées".

[306] Il s'agit du poste *21 03 01 04*.

[307] Il s'agit de l'article *15 02 10*.

[308] Il s'agit des articles *13 03 67* et *13 03 68*.

Les tirets ci-dessus ont une incidence nette de +285 millions d'euros sur le niveau des crédits de paiement par rapport à la position du Conseil sur le projet de budget pour 2014. En tenant compte de la différence entre le niveau global des crédits de paiement retenu dans l'accord (soit 135 505 millions d'euros) et la position du Conseil sur le projet de budget (135 005 millions d'euros), le montant restant (soit *215 millions d'euros*) permet une *augmentation des crédits de paiement répartie sur l'ensemble des lignes budgétaires ayant des crédits dissociés*, qui n'ont pas fait l'objet de règles spécifiques définies aux tirets ci-dessus, *proportionnellement à la différence entre le projet de budget proposé par la Commission et la position du Conseil.*

d) S'agissant des *agences décentralisées de l'Union européenne*, le montant de la *contribution* de l'Union (en crédits d'engagement et de paiement) est fixée au niveau proposé par la Commission dans le projet de budget, sauf dans les cas suivants :

i) Autorité bancaire européenne[309] (ABE), pour laquelle un montant supplémentaire de 2,1 millions d'euros est retenu ;

ii) Autorité européenne des marchés financiers (AEMF), pour laquelle un montant supplémentaire de 2 millions d'euros est retenu ;

iii) Agence "Frontex", pour laquelle un montant supplémentaire de 2 millions d'euros est retenu ;

iv) Europol, pour lequel un montant supplémentaire de 1,7 million d'euros est retenu ;

v) Autorité européenne des assurances et des pensions professionnelles (AEAPP), pour laquelle un montant supplémentaire de 1,2 million d'euros est retenu, et

vi) Bureau européen d'appui en matière d'asile, pour lequel un montant supplémentaire de 0,13 million d'euros est retenu.

Le nombre de *postes* attribués est fixé au niveau proposé par la Commission dans le projet de budget, sauf dans les cas suivants :

i) Autorité bancaire européenne : *huit* postes supplémentaires ;

ii) Agence européenne de la sécurité aérienne : *sept* postes supplémentaires ;

iii) Autorité européenne des marchés financiers : *cinq* postes supplémentaires ;

iv) Autorité européenne des assurances et des pensions professionnelles : *trois* postes supplémentaires, et

v) Bureau européen d'appui en matière d'asile et *Europol* : *deux* postes supplémentaires chacun.

Le comité de conciliation a souscrit à la déclaration commune suivante sur les agences décentralisées :

"Le Parlement européen, le Conseil et la Commission rappellent l'importance de réduire progressivement les effectifs de l'ensemble des institutions, organes et agences de l'Union de 5 % dans les cinq années à venir, selon ce qui a été convenu au point 23 du projet d'accord interinstitutionnel sur la discipline budgétaire, la coopération en matière budgétaire et la bonne gestion financière.

Le Parlement européen et le Conseil s'engagent à procéder progressivement à ladite réduction des effectifs de 5 % durant la période 2013-2017, tout en insistant sur le bon fonctionnement des agences, afin qu'elles puissent s'acquitter des tâches qui leur ont été attribuées par l'autorité législative. À cet égard, ils estiment que des mesures supplémentaires, y compris d'ordre structurel, pourraient être nécessaires pour parvenir à cette réduction dans les organismes décentralisés. Dans ce contexte, la Commission continuera à examiner les possibilités de fusion et/ou de suppression de certaines

309 Pour l'Autorité bancaire européenne, l'Autorité européenne des marchés financiers et l'Autorité européenne des assurances et des pensions professionnelles le montant supplémentaire retenu est basé sur une clef de répartition attribuant 40 % du financement à l'Union européenne, les 60 % restant devant être cofinancés par les autorités de surveillance nationales.

des agences existantes, et/ou d'autres moyens d'obtenir des synergies.

Dans le prolongement des travaux effectués par le groupe de travail interinstitutionnel, dont le résultat a été l'approche commune sur les organismes décentralisés adoptée en juillet 2012[310]*, le Parlement européen, le Conseil et la Commission conviennent de la nécessité d'un contrôle plus étroit et plus permanent de l'évolution des organismes décentralisés afin de garantir une approche cohérente. Sans préjudice de leurs prérogatives respectives, ils conviennent d'instituer un groupe de travail interinstitutionnel spécifique dans le but de définir une trajectoire de développement claire pour les agences, sur la base de critères objectifs. Le groupe devrait en particulier débattre des points suivants :*

- évaluation des tableaux des effectifs au cas par cas ;

- moyens de fournir des crédits et des effectifs suffisants pour les missions supplémentaires attribuées aux différentes agences par l'autorité budgétaire ;

- traitement réservé aux agences qui sont intégralement ou partiellement financées par des redevances ;

- structure administrative des agences, modèles de financement, gestion des recettes affectées ;

- réévaluation des besoins ; fusions/fermetures potentielles ; transfert de tâches à la Commission.

Le Parlement européen et le Conseil tiendront dûment compte des résultats obtenus par le groupe de travail interinstitutionnel dans les délibérations qu'ils mèneront en leur qualité d'autorité législative et budgétaire".

e) S'agissant des *agences exécutives*[311], leur financement et le nombre de postes attribués sont fixés au niveau proposé par la Commission dans la lettre rectificative n° 2/2014 (voir page 304).

f) S'agissant des *initiatives technologiques conjointes* (et des *entreprises communes*[312]), la contribution de l'Union (en crédits d'engagement et en crédits de paiement) et le nombre de postes sont fixés au niveau proposé par la Commission dans le projet de budget, tel que modifié par la lettre rectificative n° 1/2014 (voir page 303).

g) Pour ce qui est des *projets pilotes* et des *actions préparatoires*, le comité de conciliation est convenu d'un ensemble de 68 projets pilotes et actions préparatoires, pour un montant de 79,4 millions d'euros en crédits d'engagement[313], tel que l'a proposé le Parlement européen. Dans ce contexte, "(l)*orsqu'un projet pilote ou une action préparatoire semble couvert par une base juridique existante, la Commission peut proposer le virement des crédits vers la base juridique correspondante afin de faciliter la mise en œuvre de l'action en question*".

h) S'agissant des *commentaires budgétaires*, toutes les modifications introduites par le Parlement européen ou par le Conseil sont adoptées[314], "*étant entendu qu'ils ne peuvent modifier ou étendre le champ d'application d'une base légale existante ou affecter l'autonomie administrative des institutions, et que l'action peut être couverte par des ressources disponibles*".

i) Quant à la *nomenclature budgétaire*, sauf indication contraire dans les conclusions communes arrêtées par le comité de conciliation[315] ou adoptées conjointement par les deux branches de l'autorité

---

[310] Déclaration commune du Parlement européen, du Conseil et de la Commission sur les agences décentralisées, du 19 juillet 2012.

[311] Les agences exécutives pour la nouvelle période à partir de 2014 sont présentées page 355.

[312] Les entreprises communes pour la période à partir de 2014 sont reprises page 355.

[313] En ce qui concerne les crédits de paiement, voir page 294.

[314] Moyennant les modifications présentées à l'annexe 1 des conclusions communes pour les lignes budgétaire suivantes (les trois premières sont liées au "dialogue social" ; voir page 290) :
- *04 03 01 05* (*Actions de formation et d'information en faveur des organisations de travailleurs*) ;
- *04 03 01 06* (*Information, consultation et participation des représentants des entreprises*) ;
- *04 03 01 08* (*Relations industrielles et dialogue social*), et
- *15 02 10* (Événements annuels spéciaux ; voir pages 346-352).

[315] Les conclusions communes contiennent une liste de *vingt-quatre nouvelles lignes budgétaires* approuvées par les deux branches de l'autorité budgétaire d'un commun accord (voir pages 344-345). En plus,

budgétaire dans leur lecture respective, elle est acceptée telle que proposée par la Commission dans le projet de budget et les lettres rectificatives n° 1/2014 et 2/2014, à l'exception des intitulés des projets pilotes et des actions préparatoires, où la position du Parlement européen est adoptée.

j) S'agissant des *réserves*, seule la réserve de 2 millions d'euros constituée par le Parlement européen à l'article *01 02 01* (intitulé "*Coordination, surveillance et communication relatives à l'Union économique et monétaire, y compris l'euro*") est retenue.

k) S'agissant enfin du volet *recettes* du budget pour 2014, il est approuvé tel que proposé par la Commission dans le projet de budget tel que modifié par la lettre rectificative n° 2/2014[316].

E. Pour donner suite à une demande du Parlement européen, fortement appuyée par la Commission, les deux branches de l'autorité budgétaire ont inclus, dans l'accord global sur le budget de l'Union européenne pour 2014, un accord sur le *projet de budget rectificatif n° 9/2013.* Par ailleurs, pour donner suite à une demande du Conseil, elles ont également inclus l'accord sur le *projet de budget rectificatif n° 8/2013* (voir chapitre II).

F. L'accord comporte également quatre déclarations communes portant sur[317] :

- les *crédits de paiement* (voir page 293) ;

- les *agences décentralisées de l'Union européenne* (voir pages 295-296) ;

- la *rubrique 5* (*Administration*) et les *adaptations salariales* (voir page 292), et

- les *représentants spéciaux de l'UE* (voir pages 292-293).

Le Parlement européen et la Commission, d'une part, et le Conseil, d'autre part, ont également fait des déclarations sur les crédits de paiement[318].

Le contenu de toutes ces déclarations est repris pages 352-354.

8. La confirmation du projet commun par le Conseil et le Parlement européen et signature du budget (19 et 20 novembre 2013)

Le Conseil a approuvé le projet commun de budget pour 2014 à la majorité qualifiée[319] (en tant que "point A") le 19 novembre 2013. Le Parlement européen l'a fait (par 494 votes pour, 158 contre et 13 abstentions) lors de sa plénière le jour suivant[320].

Après avoir constaté, conformément à l'article 314, paragraphe 9 du TFUE, son adoption définitive, le président du Parlement européen a signé le budget de l'Union européenne pour 2014.

9. Le budget de l'Union européenne pour 2014

A. Le budget de l'Union européenne pour 2014 s'élève comme déjà mentionné dans l'introduction (chapitre I) à 142 640 millions d'euros en crédits pour engagements et à 135 505 millions d'euros en crédits pour paiements.

---

suite à une demande du Parlement européen, un "ajustement technique" ajoute une nouvelle ligne budgétaire intitulée "*Science pour et avec la société*" (nouvel article *08 02 04*) sous "Horizon 2020" dans le budget pour 2014.

[316] Le niveau des paiements étant naturellement adapté selon l'accord obtenu au sein du comité de conciliation (voir page 293).

[317] Doc. *PE P7_TA(2013)0472* du 20 novembre 2013, pp. 13/15 de l'annexe, et *Conseil 16025/13 PV/ CONS 54 ECOFIN 1004 BUDGET 63* du 21 janvier 2014, pp. 11/13.

[318] Voir pages 293-294, notes en bas de page 304 et 305. Suite à la déclaration du Conseil, le PE a indiqué, le 19 novembre 2013, dans sa résolution sur le PBR n° 8/2013 (voir chapitre II), qu'il "*maintient sa position de principe selon laquelle les instruments spéciaux, comme le Fonds de solidarité de l'Union européenne, devraient être financés au moyen de nouveaux crédits, aussi bien d'engagement que de paiement, en sus des plafonds du cadre financier pluriannuel*" (doc. *PE P7_TA(2013)0458*, p. 79).

[319] Cette approbation a été faite sur la base du doc. *Conseil 16106/13 FIN 746 + ADD 1 + ADD 2 + ADD 3 + ADD 4 + ADD 5* du 18 novembre 2013, le Danemark, les Pays-Bas, le Royaume-Uni et la Suède votant contre.

[320] Cette approbation a été faite sur la base du doc. *PE P7_TA(2013)0472* du 20 novembre 2013.

B. En termes de *recettes*, le budget de l'UE est destiné à être financé pour 12 % par des ressources fondées sur les ressources propres traditionnelles, pour 13,2 % par des ressources fondées sur la TVA et pour 73,6 % par des ressources fondées sur la ressource RNB. Les recettes diverses et les excédents des exercices précédents représentent environ 1 % du financement prévisionnel.

C. Le budget de l'Union européenne pour 2014 s'établit par rubriques et sous-rubriques du cadre financier pluriannuel pour 2014-2020 comme suit :

- les dépenses de la sous-rubrique *1a* (*Compétitivité pour la croissance et l'emploi*) s'élèvent à 16 484 millions d'euros en crédits d'engagement (soit +4,8 % par rapport au budget pour 2013[321]) et à 11 441 millions d'euros en crédits de paiement (-10,5 %).

Les principaux domaines de dépenses sont récapitulés dans le tableau 99 ci-après :

Tableau 99. Montants retenus pour la sous-rubrique *1a* (*Compétitivité pour la croissance et l'emploi*) du cadre financier pluriannuel dans le budget pour 2014

En crédits d'engagement et en millions d'euros

CSC* pour la recherche et l'innovation	9.331	*56,6%*
Grands projets d'infrastructure**	2.417	*14,7%*
Mécanisme pour l'interconnexion en Europe (MIE)	1.976	*12,0%*
Éducation, formation, jeunesse et sport (Erasmus+)	1.556	*9,4%*
Compétitivité des entreprises et des PME (COSME)	275	*1,7%*
Sûreté nucléaire et déclassement	130	*0,8%*
Emploi et innovation sociale	123	*0,7%*
Douane 2020, Fiscalis 2020 et lutte contre la fraude	118	*0,7%*
Autres programmes et actions	161	*1,0%*
Prérogatives et compétences spécifiques de la Commission	139	*0,8%*
Projets pilotes et actions préparatoires	19	*0,1%*
Agences décentralisées***	239	*1,4%*
Total	**16.484**	***100,0%***

** Cadre stratégique commun ** Galileo et Egnos, ITER et Copernicus*
**** Voir tableau 107, page 302*

La marge sous la sous-rubrique *1a* s'établit à 76 millions d'euros ;

- les crédits de la sous-rubrique *1b* (*Cohésion économique, sociale et territoriale*) s'élèvent à 47 502 millions d'euros en crédits d'engagement (-13,8 %) et à 50 951 millions d'euros en crédits de paiement (-9,6 %).

L'instrument de flexibilité est mobilisé pour cette sous-rubrique pour un montant de 89,33 millions d'euros en crédits d'engagement, afin de financer l'assistance supplémentaire à Chypre au titre des Fonds structurels (voir page 301).

Les crédits d'engagement retenus sont récapitulés dans le tableau 100 ci-dessous :

Tableau 100. Montants retenus pour la sous-rubrique *1b* (*Cohésion économique, sociale et territoriale*) du cadre financier pluriannuel dans le budget pour 2014

En crédits d'engagement et en millions d'euros

Convergence régionale (régions moins développées)	23.264	*49,0%*
Fonds de cohésion	8.922	*18,8%*
Compétitivité	7.403	*15,6%*
Régions en transition	4.698	*9,9%*
Initiative pour l'emploi des jeunes (IEJ)*	1.804	*3,8%*
Coopération territoriale européenne	506	*1,1%*
Régions ultrapériphériques et à faible densité de pop.	209	*0,4%*
Autres programmes et actions	696	*1,5%*
Total	**47.502**	***100,0%***

** Enveloppe spécifique complémentaire*

- les crédits de la rubrique *2* (*Croissance durable : ressources naturelles*) s'élèvent à 59 267 millions d'euros en crédits d'engagement (-1 %) et à 56 459 millions d'euros en crédits de paiement (-2,3 %). Les dépenses de marché et paiements directs agricoles budgétisés s'élèvent à 43 778 millions d'euros en crédits d'engagement et à 43 777 millions d'euros en crédits de paiement (+0,3 %).

Les principales catégories de dépenses retenues sont récapitulées dans le tableau 101 ci-dessous :

Tableau 101. Montants retenus pour la rubrique *2* (*Croissance durable : ressources naturelles*) du cadre financier pluriannuel dans le budget pour 2014

En crédits d'engagement et en millions d'euros

Fonds européen agricole de garantie (FEAGA)*	43.778	*73,9%*
Fonds européen agricole pour le développement rural (Feader)	13.991	*23,6%*
Fonds européen pour les affaires maritimes et la pêche (FEAMP)	1.017	*1,7%*
Environnement et action pour le climat (Life)	405	*0,7%*
Autres programmes et actions**	76	*0,1%*
Total	**59.267**	***100,0%***

** Dépenses relatives au marché et paiements directs*
*** Y compris les subventions aux agences décentralisées (voir tableau 107, page 302)*

La marge laissée sous le plafond de la rubrique est de 36 millions d'euros ;

- les crédits de la rubrique *3* (*Sécurité et citoyenneté*) s'établissent à 2 172 millions d'euros en crédits d'engagement (-8,1 %) et à 1 677 millions d'euros en crédits de paiement (-11,5 %).

Les principaux domaines de dépenses sont récapitulés dans le tableau 102, page 299.

[321] Budgets rectificatifs nº 1-9/2013 compris (voir chapitre II).

Tableau 102. Montants retenus pour la rubrique *3* (*Sécurité et citoyenneté*) du cadre financier pluriannuel dans le budget pour 2014

En crédits d'engagement et en millions d'euros

Fonds pour les migrations et l'asile	403	*18,6%*
Fonds pour la sécurité intérieure	403	*18,6%*
Alimentation humaine et animale	253	*11,7%*
Europe créative	181	*8,3%*
Santé en faveur de la croissance	59	*2,7%*
Droits et citoyenneté	55	*2,5%*
Justice	47	*2,2%*
Protection civile	28	*1,3%*
L'Europe pour les citoyens	25	*1,2%*
Protection des consommateurs	24	*1,1%*
Systèmes d'information	19	*0,9%*
Autres programmes et actions	184	*8,5%*
Agences décentralisées*	490	*22,6%*
Total	**2.172**	***100,0%***

** Voir tableau 107, page 302*

La marge restante sous le plafond de cette rubrique est de 7 millions d'euros ;

- les crédits de la rubrique *4* (*L'Europe dans le monde*) s'établissent à 8 325 millions d'euros en crédits d'engagement (-10,9 %) et à 6 191 millions d'euros en crédits de paiement (-8 %).

Les principaux domaines de dépenses sont récapitulés dans le tableau 103 ci-dessous :

Tableau 103. Montants retenus pour la rubrique *4* (*L'Europe dans le monde*) du cadre financier pluriannuel dans le budget pour 2014

En crédits d'engagement et en millions d'euros

Instrument de financement de la coopération au développement (ICD)	2.341	*28,1%*
Instrument européen de voisinage (IEV)	2.192	*26,3%*
Instrument d'aide de préadhésion (IAP II)	1.578	*19,0%*
Aide humanitaire	920	*11,1%*
Instrument contribuant à la stabilité et à la paix (IdS)	318	*3,8%*
Politique étrangère et de sécurité commune (PESC)	315	*3,8%*
Instrument européen pour la démocratie et les droits de l'homme (IEDDH)	184	*2,2%*
Instrument de partenariat pour la coopération avec les pays tiers (IP)	119	*1,4%*
Autres programmes et actions*	357	*4,3%*
Total	**8.325**	***100,0%***

** Y inclus la subvention à la Fondation européenne pour la formation (voir tableau 107, page 302)*

La marge laissée sous le plafond de cette rubrique s'élève à 10 millions d'euros ;

- les dépenses de la rubrique *5* (*Administration*) s'élèvent à 8 405 millions d'euros en crédits d'engagement (-0,2 %) et à 8 406 millions d'euros en crédits de paiement (-0,1 %). Ceci laisse une marge sous le plafond de la rubrique de 316 millions d'euros.

Les crédits pour les dépenses administratives des institutions s'élèvent à 6 798 millions d'euros en crédits d'engagement (-0,8 %) et à 6 799 millions d'euros en crédits de paiement (-0,7 %). La marge est ainsi de 258 millions d'euros.

Le montant des dépenses octroyées aux différentes institutions sont récapitulés dans le tableau 104 ci-après :

Tableau 104. Montants retenus pour la rubrique *5* (*Administration*) du cadre financier pluriannuel dans le budget pour 2014

En crédits d'engagement et en millions d'euros

Parlement européen	1.756	*20,9%*
Conseil européen et Conseil	534	*6,4%*
Commission	3.266	*38,9%*
Cour de justice	355	*4,2%*
Cour des comptes	133	*1,6%*
CESE	129	*1,5%*
Comité des régions	88	*1,0%*
Médiateur européen	10	*0,1%*
CEPD	8	*0,1%*
SEAE	519	*6,2%*
Pensions	*1.442*	*17,2%*
Écoles européennes	*165*	*2,0%*
Total	**8.405**	***100,0%***

Les modifications concernant les postes inscrits aux tableaux des effectifs retenues lors de la procédure budgétaire pour 2014 sont récapitulées dans le tableau 105, page 300.

Le tableau 106 (page 300) récapitule pour sa part les effectifs autorisés pour 2014 aussi bien dans les différentes institutions que dans différents organismes de l'Union européenne ;

- les crédits de la rubrique *6* (*Compensations*) s'élèvent à 29 millions d'euros en crédits d'engagement et de paiement (-61,9 %). La marge restante sous le plafond de cette rubrique s'établit ainsi à 400 000 euros.

S'agissant des *instruments spéciaux*, le budget pour 2014 prévoit :

- 297 millions d'euros en crédits d'engagement et 150 millions d'euros en crédits de paiement pour la réserve pour aides d'urgence, et

- 159,2 millions d'euros en crédits d'engagement et 50 millions d'euros en crédits de paiement pour le Fonds européen d'ajustement à la mondialisation.

Le Fonds de solidarité de l'Union européenne est doté d'un "p.m." en crédits d'engagement et, suite à l'accord sur le financement du budget rectificatif n° 9/2013, exceptionnellement de 150 mil-

Tableau 105. Modifications concernant les postes repris aux tableaux des effectifs lors de la procédure budgétaire pour 2014

Postes permanents et temporaires

Institution(s)	Projet de budget*			Position du Conseil			Position du PE			**Budget adopté****		
Groupe de fonctions	AD	AST	Total	AD	AST	Total	AD	AST	Total	AD	AST	**Total**
Parlement européen***	37	-7	30	37	-7	30	70	-27	43	70	-27	**43**
Conseil européen et Conseil** **	6	-48	-42	2	-54	-52	2	-54	-52	2	-54	**-52**
Commission** ** (hors offices)	365	-390	-25	365	-390	-25	365	-390	-25	289	-434	**-145**
OP	*0*	*-14*	*-14*	*0*	*-14*	*-14*	*0*	*-14*	*-14*	*0*	*-14*	***-14***
OLAF	*7*	*-4*	*3*	*7*	*-4*	*3*	*7*	*-4*	*3*	*7*	*-4*	***3***
EPSO et EUSA	*1*	*-2*	*-1*	*1*	*-2*	*-1*	*1*	*-2*	*-1*	*1*	*-2*	***-1***
PMO	*0*	*-2*	*-2*	*0*	*-2*	*-2*	*0*	*-2*	*-2*	*0*	*-2*	***-2***
OIB	*5*	*-8*	*-3*	*5*	*-8*	*-3*	*5*	*-8*	*-3*	*5*	*-8*	***-3***
OIL	*1*	*-2*	*-1*	*1*	*-2*	*-1*	*1*	*-2*	*-1*	*1*	*-2*	***-1***
Commission** ** (total)	379	-422	-43	379	-422	-43	379	-422	-43	303	-466	**-163**
Cour de justice** ** *	18	-22	-4	18	-22	-4	18	-22	-4	18	-22	**-4**
Cour des comptes	0	-9	-9	0	-9	-9	0	-9	-9	0	-9	**-9**
CESE	-3	-4	-7	-3	-4	-7	-3	-4	-7	-3	-4	**-7**
Comité des régions	-3	-2	-5	-3	-2	-5	-3	-2	-5	-3	-2	**-5**
Médiateur européen	1	-1	0	1	-1	0	1	-1	0	1	-1	**0**
CEPD	0	0	0	0	0	0	0	0	0	0	0	**0**
SEAE** **	18	-27	-9	18	-27	-9	18	-27	-9	18	-27	**-9**
Total	**453**	**-542**	**-89**	**449**	**-548**	**-99**	**482**	**-568**	**-86**	**406**	**-612**	**-206**

	Projet de budget*	Position du Conseil	Position du PE	Budget adopté**
Agences décentralisées de l'UE	-16	-16	180	**11**
Institut européen de technologie	5	5	5	**5**
Agences exécutives	2	2	2	**66**
Entreprises communes	0	0	0	**26**
Total	**-9**	**-9**	**187**	**108**

** Projet de budget pour 2014 hors lettres rectificatives*

*** Y inclus effet des lettres rectificatives n° 1 et 2/2014*

**** Le PE a augmenté par voie d'amendement de 13 le nombre de postes proposés dans le PB*

*** ** Y inclus le transfert de 10 postes du Conseil au SEAE et de 2 postes du SEAE à la Commission*

*** ** * Y inclus 9 nouveaux postes AD de référendaires, hors BR n° 4/2013 (voir page 224)*

Tableau 106. Les effectifs autorisés pour 2014

Personnel inscrit au tableau des effectifs
(Source : JO L 124 du 25.4.2014, pp. 30/31)

Institution(s)	2014		2013		*Différence 2014-2013*	
	Permanents	Temporaires	Permanents	Temporaires	Permanents	Temporaires
Parlement européen	5.636	1.150	5.592	1.151	44	-1
Conseil européen et Conseil	3.065	36	3.117	36	-52	0
Commission (fonctionnement)	18.857	364	18.906	364	-49	0
Commission (RDT)	3.677	-	3.773	-	-96	-
OP	*655*	-	*669*	-	*-14*	-
OLAF	*310*	*71*	*303*	*75*	*7*	*-4*
EPSO/ EUSA	*121*	*3*	*122*	*3*	*-1*	*0*
PMO	*180*	-	*182*	-	*-2*	-
OIB	*400*	-	*403*	-	*-3*	-
OIL	*143*	-	*144*	-	*-1*	-
Commission (total)	24.343	438	24.502	442	-159	-4
Cour de justice	1.555	436	1.578	417	-23	19
Cour des comptes	743	139	752	139	-9	0
CESE	685	35	692	35	-7	0
Comité des régions	489	43	494	43	-5	0
Médiateur européen	45	22	39	28	6	-6
CEPD	45	-	45	-	0	-
SEAE	1.660	1	1.669	1	-9	0
Total	**38.266**	**2.300**	**38.480**	**2.292**	**-214**	**8**

Organismes	2014		2013		*Différence 2014-2013*	
	Permanents	Temporaires	Permanents	Temporaires	Permanents	Temporaires
Agences décentralisées de l'UE	128	5.004	133	4.988	-5	16
Institut européen de technologie	-	39	-	34	-	5
Agences exécutives	-	491	-	425	-	66
Entreprises communes	62	345	62	319	0	26
Total	**190**	**5.879**	**195**	**5.766**	**-5**	**87**

lions d'euros en crédits de paiement (voir chapitre II et page 345).

Enfin, les montants retenus pour 2014 pour les subventions des agences décentralisées de l'Union européenne relevant des différentes rubriques et sous-rubriques du CFP sont présentés dans le tableau 107, page 302.

10. Mobilisations de l'instrument de flexibilité

A. Le 25 juillet 2013, ensemble avec le projet de budget rectificatif n° 7/2013 (voir chapitre II), la Commission a proposé de mobiliser, conformément au point 27 de la Partie I de l'AII de 2006, l'instrument de flexibilité pour la sous-rubrique *1b* (*Cohésion pour la croissance et l'emploi*) du CF[322], pour un montant de 134,05 millions d'euros en crédits d'engagement[323].

Cette proposition de mobilisation était destinée à faire face au manque de marge sous le plafond de la sous-rubrique *1b* pour financer par le biais du Fonds social européen des actions supplémentaires en faveur de la lutte contre le chômage, en particulier chez les jeunes, la pauvreté et l'exclusion sociale en Espagne, en France et en Italie.

Le Conseil a approuvé cette mobilisation le 7 octobre 2013 et le Parlement européen le 20 novembre 2013. La décision de mobilisation de l'instrument de flexibilité a été ainsi signée le 20 novembre 2013[324].

B. Le 18 septembre 2013, ensemble avec la lettre rectificative n° 1/2014 (voir page 303), la Commission a proposé de mobiliser l'instrument de flexibilité pour la sous-rubrique *1b* (*Cohésion économique, sociale et territoriale*) du CFP, pour un montant de 78,4 millions d'euros en crédits d'engagement[325].

Cette proposition de mobilisation était destinée à financer l'assistance supplémentaire à Chypre au titre des Fonds structurels[326] (voir page 303).

Le Parlement européen, lors de l'adoption de ses amendements sur la position du Conseil sur le projet de budget pour 2014 le 23 octobre 2013, a pour sa part proposé de mobiliser l'instrument de flexibilité pour un montant de 274,2 millions d'euros en crédits d'engagement comme suit :

- 224,2 millions d'euros en crédits d'engagement pour la sous-rubrique *1b* (*Cohésion économique, sociale et territoriale*) du CFP, dont :

i) 134,9 millions d'euros afin de financer le Fonds européen d'aide aux plus démunis[327] ;

ii) 78,4 millions d'euros pour financer l'assistance supplémentaire à Chypre (comme proposé par la Commission) ;

iii) 6 millions d'euros pour financer de nouveaux projets pilotes et de nouvelles actions préparatoires ;

iv) 5 millions d'euros pour financer la stratégie européenne pour la région de la mer Baltique et pour la région du Danube[328], et

---

[322] Articles *04 02 17* (*Fonds social européen (FSE) – Convergence*) et *04 02 19* (*Fonds social européen (FSE) – Compétitivité régionale*).

[323] Doc. *COM(2013) 559 final*. De par sa nature spécifique (les programmes relevant de la sous-rubrique *1b* du CFP sont basés sur une programmation couvrant toute la période 2014-2020) et dans le respect du point 8 de la Partie I de l'AII de 2013 et de l'article 176 du RF de 2012 (voir page 266), la sous-rubrique ne contient qu'une très petite marge non allouée, destinée avant tout à financer l'assistance technique.

[324] JO L 48 du 19.2.2014, p. 8. Il convient de relever qu'il ne s'agit que de la deuxième fois depuis sa création en 2000 que l'instrument de flexibilité est mobilisé dans le cadre d'un budget rectificatif, la première fois ayant été en 2005, avec le BR n° 3/2005 (voir page 394).

[325] Doc. *COM(2013) 647 final*.

[326] Articles *04 02 62* (*Fonds social européen (FSE) – Régions plus développées – Objectif "Investissement pour la croissance et l'emploi"*) et *13 03 62* (*Fonds européen de développement régional (FEDER) – Régions plus développées – Objectif "Investissement pour la croissance et l'emploi"*).

[327] Article *04 06 01* (*Favoriser la cohésion sociale et atténuer les formes les plus graves de pauvreté dans l'Union*).

[328] Nouveaux articles *13 03 67* (*Stratégies macro-régionales 2014-2020 – Stratégie européenne pour la région de la mer Baltique – Assistance technique* ; 2,5 millions d'euros) et *13 03 68* (*Stratégies macro-régionales 2014-2020 – Stratégie de l'Union européenne pour la région du Danube – Assistance technique* ; 2,5 millions d'euros).

Tableau 107. Les agences décentralisées de l'Union européenne dans le budget de l'Union pour 2014

En euros, crédits inscrits en réserve inclus

	*	Article	Montant	
			c/e	*c/p*
Sous-rubrique *1a* (*Compétitivité pour la croissance et l'emploi*)				
*Agence européenne des produits chimiques (Helsinki)****	**A**	*02 03 03*	*p.m.*	*p.m.*
Agence du GNSS européen (Prague)	**B**	*02 05 11***	*24.587.000*	*24.587.000*
Fondation européenne pour l'amélioration des conditions de vie et de travail (Dublin)	**A**	*04 03 11***	*19.854.000*	*19.854.000*
Agence européenne pour la sécurité et la santé au travail (Bilbao)	**A**	*04 03 12***	*14.013.900*	*14.013.900*
Agence européenne de la sécurité aérienne (Cologne)	**A**	*06 02 02***	*34.173.871*	*34.173.871*
Agence européenne pour la sécurité maritime (Lisbonne)	**B**	*06 02 03***	*50.378.795* [a]	*38.431.237* [a]
Agence ferroviaire européenne (Lille-Valenciennes)	**A**	*06 02 04***	*23.573.064*	*23.573.064*
Agence européenne chargée de la sécurité des réseaux et de l'information (Heraklion)	**B**	*09 02 03*	*8.739.000*	*8.739.000*
Office de l'Organe des régulateurs européens des communications électroniques (Riga)	**A**	*09 02 04*	*3.617.948*	*3.617.948*
Autorité bancaire européenne (Londres)	**C**	*12 03 02***	*12.999.920*	*12.999.920*
Autorité européenne des assurances et des pensions professionnelles (Francfort-sur-le-Main)	**C**	*12 03 03***	*8.588.800*	*8.588.800*
Autorité européenne des marchés financiers (Paris)	**C**	*12 03 04***	*10.368.000*	*10.368.000*
Centre européen pour le développement de la formation professionnelle (Thessalonique)	**A**	*15 02 11***	*17.428.900*	*17.428.900*
Agence de coopération des régulateurs de l'énergie (Ljubljana)	**B**	*32 02 10***	*10.188.000*	*10.188.000*
Total			**238.511.198**	**226.563.640**
Rubrique *2* (*Croissance durable : ressources naturelles*)				
*Agence européenne des produits chimiques** ** (Helsinki)*	**C**	*07 02 05***	*6.308.987*	*6.308.987*
Agence européenne pour l'environnement (Copenhague)	**A**	*07 02 06***	*35.365.929*	*35.365.929*
Agence communautaire de contrôle des pêches (Vigo)	**A**	*11 06 64***	*8.716.900*	*8.716.900*
Total			**50.391.816**	**50.391.816**
Rubrique *3* (*Sécurité et citoyenneté*)				
Centre européen de prévention et de contrôle des maladies (Stockholm)	**A**	*17 03 10***	*56.766.000*	*56.766.000*
Autorité européenne de sécurité des aliments (Parme)	**A**	*17 03 11***	*76.545.000*	*76.545.000*
*Agence européenne des médicaments (Londres)** ** **	**B**	*17 03 12***	*37.333.000* [b]	*37.333.000* [b]
Ag. eur. pour la gestion de la coopération opérationnelle aux frontières extérieures (Varsovie)	**B**	*18 02 03*	*82.910.000*	*82.910.000*
Office européen de police (La Haye)	**A**	*18 02 04***	*81.658.000*	*81.658.000*
*Collège européen de police (Bramshill** ** **)*	**A**	*18 02 05***	*7.436.000*	*7.436.000*
Observatoire européen des drogues et des toxicomanies (Lisbonne)	**A**	*18 02 06***	*14.751.000*	*14.751.000*
Agence eur. pour la gestion opérationnelle des systèmes d'information à grande échelle (Tallinn)	**C**	*18 02 07***	*59.380.000*	*59.380.000*
Bureau européen d'appui en matière d'asile (La Valette)	**C**	*18 03 02***	*14.518.000*	*14.518.000*
Agence des droits fondamentaux de l'Union européenne (Vienne)	**A**	*33 02 06***	*21.109.000*	*21.109.000*
Institut européen pour l'égalité entre les hommes et les femmes (Vilnius)	**A**	*33 02 07***	*6.776.081*	*6.776.081*
Eurojust (La Haye)	**A**	*33 03 04***	*31.206.671*	*31.206.671*
Total			**490.388.752**	**490.388.752**
Rubrique *4* (*L'Europe dans le monde*)				
Fondation européenne pour la formation (Turin)	**A**	*15 02 12***	*20.018.500*	*20.018.500*
Total			**20.018.500**	**20.018.500**
Rubrique *5* (*Administration*)				
Centre de traduction des organes de l'Union européenne (Luxembourg)	**A**	*31 01 10***	*p.m.*	*p.m.*
Total			**p.m.**	**p.m.**
Total général			**799.310.266**	**787.362.708**
Sous-rubrique *1a* (*Compétitivité pour la croissance et l'emploi*)				
*Institut européen d'innovation et de technologie (Budapest)** ** ** **	**A**	*15 03 05***	*235.059.644*	*121.406.196*
Total général, y inclus l'IET			**1.034.369.910**	**908.768.904**

** Classification utilisée par la Commission dans le PB pour 2014 : **A** : en "vitesse de croisière" ; **B** : avec de nouvelles tâches ;*
***C** : nouvelle agence (ou en phase de démarrage)*
*** Nouvel article par rapport au budget de l'Union pour 2013   *** Législation sur les produits chimiques*
*** ** Activités dans le domaine de la législation relative aux biocides et concernant les exportations et importations de produits chimiques dangereux*
*** ** * Transferré de la sous-rubrique 1a (Compétitivité pour la croissance et l'emploi) du CF*
*** ** ** Budapest à partir du 1er septembre 2014 (JO L 163 du 29.5.2014, pp. 5/6)   ** ** ** * Cas spécial*
[a] *Avec les mesures antipollution (poste 06 02 03 02** ; 19,7 millions d'euros en crédits d'engagement et 7,7 millions d'euros en crédits de paiement)*
[b] *Avec la contribution spéciale en faveur des médicaments orphelins (poste 17 03 12 02** ; 6 millions d'euros en crédits d'engagement et de paiement)*

- 50 millions d'euros en crédits d'engagement pour la rubrique *4* (*L'Europe dans le monde*) du CFP, afin de financer le processus de paix au Moyen-Orient[329].

En même temps le PE a proposé de mobiliser l'instrument de flexibilité pour un montant de 211,2 millions d'euros en crédits de paiement (voir pages 276-277).

Dans le cadre de l'accord global sur le budget pour 2014, obtenu lors de la réunion de conciliation du 11 et 12 novembre 2013 (voir page 291), les deux branches de l'autorité budgétaire ont décidé de mobiliser l'instrument de flexibilité pour la sous-rubrique *1b* (*Cohésion économique, sociale et territoriale*) du CFP, pour un montant de 89,33 millions d'euros en crédits

---

[329] Poste *21 03 01 04* (*Soutien au processus de paix et aide financière à la Palestine et à l'Office de secours et de travaux des Nations unies pour les réfugiés de Palestine (UNRWA)*).

d'engagement, afin de financer l'assistance supplémentaire à Chypre au titre des Fonds structurels[330].

11. Les lettres rectificatives présentées lors de la procédure budgétaire pour 2014

La Commission a présenté au cours de la procédure budgétaire pour 2014 *deux* lettres rectificatives au PB (voir tableau 85, page 246).

a) La *LR nº 1/2014*, adoptée par la Commission le 18 septembre 2013[331], portait sur :

- la concentration en amont ("*frontloading*") des crédits d'engagement, pour un montant total de 381,4 millions d'euros[332], en ce qui concerne le programme-cadre pour la recherche et l'innovation ("Horizon 2020"), le programme de l'UE pour l'éducation, la formation, la jeunesse et le sport ("Erasmus+") et le programme pour la compétitivité des entreprises et des petites et moyennes entreprises ("COSME"), à la suite de l'accord politique du 27 juin 2013 concernant le cadre financier pluriannuel pour 2014-2020[333] ;

- l'assistance supplémentaire à Chypre au titre des Fonds structurels[334], pour un montant de 100 millions d'euros en crédits d'engagement[335] ;

- les conséquences, en termes de ressources humaines et financières, de la nouvelle génération d'initiatives technologiques conjointes[336], et

- la création de cinq lignes budgétaires d'accueil assorties de mentions "p.m." afin de permettre à la Commission de gérer une partie de l'enveloppe nationale de l'assistance technique au titre des Fonds structurels et d'investissement européens à la demande des États membres qui connaissent des difficultés budgétaires temporaires.

L'incidence budgétaire nette de ces changements consiste en une augmentation de 100 millions d'euros des crédits d'engagement par rapport au projet de budget pour 2014[337]. La LR nº 1/2014 ne propose aucun changement aux crédits de paiement.

Les deux branches de l'autorité budgétaire ont pris en compte cette lettre rectificative lors des négocia-

---

330 JO L 50 du 20.2.2014, p. 19.

331 Doc. *COM(2013) 644 final*.

332 Ce *frontloading* est compensé par un "*backloading*" des crédits d'engagement pour ITER (de 212,2 millions d'euros) et pour la coopération territoriale européenne (de 169,2 millions d'euros), afin de pouvoir respecter les plafonds des sous-rubriques *1a* (*Compétitivité pour la croissance et l'emploi*) et *1b* (*Cohésion économique, sociale et territoriale*) du CFP (voir page 249).

333 Ce *frontloading* s'ajoute à celui pour l'initiative pour l'emploi des jeunes (IEJ), déjà inclus par la Commission dans le projet de budget pour 2014, présenté le 26 juin 2013 (voir pages 250-256).

334 Articles *04 02 62*, pour un montant de 30,7 millions d'euros, et *13 03 62*, pour un montant de 69,3 millions d'euros. Cette proposition fait suite à un appel du Conseil européen des 27 et 28 juin 2013 (doc. *Conseil européen 104/13* du 28 juin 2013, point 18).

335 Dont 21,6 millions d'euros en ayant recours à la marge existant sous le plafond la sous-rubrique *1b* (*Cohésion économique, sociale et territoriale*) du CFP et 78,4 millions d'euros en proposant de mobiliser l'instrument de flexibilité (voir page 301).

336 Il s'agit des cinq ITC et entreprises communes (voir pages 134 et 355) suivantes : "initiative en matière de médicaments innovants" (IMI 2), "*bio-based industries*" (BBI, qui est une nouvelle ITC), "piles à combustible et hydrogène" (FCH2), "Clean Sky 2" et "composants et systèmes électroniques pour un leadership européen" (ECSEL), cette dernière rassemblant les ITC et entreprises communes "Artemis" et "ENIAC" existantes. Outre les nouvelles ITC, la Commission a proposé dans le cadre d'"Horizon 2020" d'élargir le champ d'opération de l'entreprise commune "SESAR" (pour *Single European Sky Air Traffic Management Research*). Par ailleurs, une nouvelle entreprise commune (S2R) viendra s'ajouter en 2014.

En termes d'effectifs, la LR propose d'augmenter le nombre de postes inscrits aux tableaux des effectifs de 37 postes.

Les entreprises communes pour la période à partir de 2014 sont reprises page 355.

337 La LR nº 1/2014 touche sept lignes budgétaires réduites par le Conseil dans sa position sur le PB pour 2014, pour un montant de 106,5 millions d'euros en crédits d'engagement et de 6,5 millions d'euros en crédits de paiement. Le Parlement européen, quant à lui, a pris en compte cette LR lors de l'adoption de ses amendements le 23 octobre 2013 (voir page 276), en retenant les propositions de la Commission, sauf en ce qui concerne les redéploiements proposés à l'intérieur du programme "Horizon 2020" dans le cadre des JTI. Par ailleurs, le PE n'a pas retenu les réductions de crédits proposées par la Commission en ce qui concerne des lignes de support administratif.

tions dans le cadre de la procédure de conciliation sur le budget pour 2014[338] (voir pages 289-297).

b) La *LR n° 2/2014,* adoptée par la Commission le 16 octobre 2013[339], est, pour partie, la traditionnelle lettre rectificative d'octobre ("LR *ad hoc*"), qui a notamment pour but d'actualiser les données concernant les dépenses agricoles[340] et les accords internationaux en matière de pêche[341].

En outre, cette lettre rectificative porte sur[342] :

- une révision des prévisions relatives aux ressources propres traditionnelles à percevoir en 2014, afin de prendre en considération l'évolution constatée en 2013 dans leur perception[343] ;

- les conséquences, en termes de ressources humaines et financières, de la délégation prévue aux agences exécutives de la gestion de programmes opérationnels au titre du nouveau CFP, et

- l'intégration du nouveau groupe de fonctions "AST/SC"[344] dans les tableaux des effectifs des institutions et organes de l'UE, suite au nouveau statut des fonctionnaires et le régime applicable aux autres agents de l'Union européenne[345].

L'impact budgétaire net est une diminution de 4,9 millions d'euros en crédits d'engagement et de paiement par rapport au PB pour 2014[346] (lettre rectificative n° 1/2014 incluse).

---

[338] Il convient de relever qu'à la différence du Conseil, le Parlement européen a pu prendre en compte cette LR lors de l'adoption de ses amendements sur la position du Conseil sur le PB pour 2014, le 23 octobre 2013.

[339] Doc. *COM(2013) 719 final.*

[340] Les modifications proposées sont neutres au niveau global des crédits demandés, la discipline financière étant revue à la baisse.

[341] La Commission propose de transférer 7,3 millions d'euros en crédits d'engagement et 10,3 millions d'euros en crédits de paiement de la ligne de réserve pour les accords internationaux en matière de pêche sur les lignes budgétaires respectives suite à la conclusion d'accords bilatéraux avec la Côte d'Ivoire, le Gabon, les Comores et les Seychelles et pour couvrir les crédits de paiement destinés à la composante d'appui sectoriel de l'accord avec la Mauritanie.

[342] Il convient de relever que la Commission attire dans la lettre rectificative l'attention du Parlement européen et du Conseil sur les mesures qui sont nécessaires en cas de retard dans l'adoption de certaines nouvelles bases légales liées au nouveau CFP, ainsi que sur les mesures correctives proposées, qui pourraient se révéler nécessaires avant l'entrée en vigueur des nouvelles bases légales comme suit : "*L'accord politique sur le nouveau CFP est intervenu en juin 2013 et l'élaboration des bases légales de certains programmes pour la période 2014-2020 est encore en cours. Si certains de ces programmes n'étaient pas adoptés avant la fin 2013, cela créerait un vide juridique, notamment pour les programmes en cours qui s'achèvent à la fin de l'année 2013, et qui seront incorporés dans des programmes et instruments nouveaux. Pour assurer la continuité de la mise en œuvre des programmes en cours (qui ont déjà été approuvés), et compte tenu de l'accord politique intervenu dans les négociations du CFP sur les nouveaux programmes et les enveloppes financières correspondantes, la Commission a l'intention de continuer à utiliser les crédits destinés à l'assistance technique et à l'appui administratif nécessaires à la mise en œuvre des programmes concernés, notamment dans l'éventualité d'une période transitoire avant l'adoption définitive des nouvelles bases légales*" (doc. *COM(2013) 719 final*, p. 5).

[343] Suite à une diminution escomptée de 1,9 milliard d'euros du montant des ressources propres traditionnelles collectées, la LR propose d'augmenter les contributions des États membres au titre de la ressource RNB du même montant.

[344] SC pour "secrétaire/commis". Dans la pratique, le nombre effectif d'emplois à intégrer dans le nouveau groupe de fonctions AST/SC est lié à la transformation d'emplois AST existants de secrétaires et de commis. Par conséquent, le nombre d'agents concernés dépendra du nombre de départs de membres du personnel AST existant, par exemple pour cause de retraite, qui seront remplacés par de nouveaux membres du personnel ayant réussi un concours pour le groupe de fonctions AST/SC. "*Dans l'attente d'une estimation fiable du nombre d'emplois AST/SC nécessaires en 2014, la Commission propose de créer le nouveau groupe de fonctions AST/SC sans indiquer, à ce stade, les chiffres exacts pour chaque grade, à moins que certaines institutions aient déjà déterminé le niveau escompté de transformation d'emplois AST en emplois AST/SC. La nouvelle structure sera pourvue progressivement à compter de 2014, conformément à l'article 50 du règlement financier, qui permet à chaque institution et organe, sous certaines conditions, de modifier son tableau des effectifs à concurrence de 10 % des emplois autorisés dans le tableau des effectifs*" (doc. *COM(2013) 719 final*, p. 21).

Il convient de relever que les institutions suivantes ont fourni dans la lettre rectificative des estimations détaillées de la structure par grade à inscrire aux tableaux des effectifs pour le nouveau groupe de fonctions "SC" : Parlement européen (section I du budget de l'UE) : 5 SC 1 et 25 SC 2, Conseil européen et Conseil (section II) : 15 SC 1 et Cour des comptes (section V): 2 SC 2.

[345] JO L 287 du 29.10.2013, pp. 15/62.

[346] Par rapport à la position du Conseil sur le PB pour 2014, cette LR représente une augmentation de 99,7 millions d'euros en crédits d'engagement et de 110 millions d'euros en crédits de paiement. Ceci est

Tableau 108. Les différentes phases de la procédure budgétaire pour 2014

En millions d'euros

			Différence par rapport au budget adopté	
	c/e	*c/p*	*c/e*	*c/p*
Projet de budget*	142.468	136.066	-172	+561
Projet de budget**	142.563	136.061	-77	+556
Position du Conseil	142.227	135.005	-413	-500
Amendements du PE	143.082	136.444	+442	+939
Budget de l'UE pour 2014	**142.640**	**135.505**	–	–

* *PB sans lettres rectificatives*

** *PB lettres rectificatives n° 1 et 2/2014 telles que présentées par la Commission incluses*

Comme pour la LR n° 1/2014, l'autorité budgétaire a pris en compte cette lettre rectificative dans le cadre des négociations lors de la procédure de conciliation sur le budget pour 2014 (voir pages 289-297).

12. Analyse

A. Les différentes phases de la procédure budgétaire pour 2014 sont récapitulées dans le tableau 108 ci-dessus.

Malgré les spécificités de l'année 2013 (voir chapitres I à III) et son caractère "pré-électoral"[347], les discussions lors de la procédure budgétaire pour 2014 ont de nouveau porté sur des sujets que l'on peut qualifier de "traditionnels" : crédits de paiement, questions touchant à la sous-rubrique *1a* (*Compétitivité pour la croissance et l'emploi*) et à la rubrique *4* (*L'Europe dans le monde*) du CFP, dépenses administratives, agences décentralisées de l'UE et recours à l'instrument de flexibilité.

B. La question des *crédits de paiement* à retenir non seulement dans le budget pour 2014[348], mais également dans les budgets rectificatifs adoptés en 2013, a beaucoup compliqué les négociations budgétaires en 2013. Le Parlement européen a de façon systématique insisté sur le fait que les crédits de paiement retenus pour 2013 et 2014 doivent permettre à l'UE de remplir ses obligations de paiements, sans conduire à reporter artificiellement aux années à venir les paiements dus. Le Parlement a systématiquement défendu ce point de vue également pendant les négociations sur le CFP[349].

Conformément à sa position de principe, le Conseil[350] a, pour sa part, milité en faveur de l'inscription, dans les budgets rectificatifs adoptés en 2013 et dans le budget pour 2014, de montants de crédits de paiement estimés "nécessaires" mais non "surestimés".

La Commission a avant tout défendu les montants inclus dans ses propositions, tout en rappelant l'importance de trouver en 2013 une solution au grave problème des "arriérés de paiement".

In fine, le montant des crédits de paiement inscrit dans le budget pour 2014 est de 500 millions d'euros plus élevé que le montant retenu par le Conseil dans sa position, à comparer au montant de 142 millions d'euros lors de la procédure budgétaire précédente[351].

De même, il convient de relever la différence d'interprétation concernant le traitement des crédits de paiement pour les instruments spéciaux[352] entre,

avant tout dû aux réductions moins importantes proposées par la Commission concernant son budget administratif qu'effectuées par le Conseil.

[347] Les élections du Parlement européen ont eu lieu du 22 au 25 mai 2014.

[348] Il convient de relever que l'écart entre les positions du PE et du Conseil était de 1,4 milliard d'euros alors que lors de la procédure budgétaire précédente il était de 5,2 milliards d'euros.

[349] En d'autres termes, le Parlement européen a insisté pour que le problème de l'"insuffisance" des crédits de paiement ne soit pas purement "repoussé au nouveau Parlement et au nouveau cadre financier pluriannuel".

[350] Il convient néanmoins de souligner que le Conseil est resté divisé sur la question des crédits de paiement nécessaires, la position du Conseil ayant été adoptée à la majorité qualifiée.

[351] S'agissant des *crédits pour engagements*, leur montant est de 413 millions d'euros plus élevé que celui retenu par le Conseil dans sa position sur le PB pour 2014.

[352] Voir chapitre II. La différence d'interprétation touche la question de savoir s'il faut inclure les crédits de paiement sous le plafond global des crédits pour paiements (c'est-à-dire que l'augmentation des crédits de paie-

d'une part, le Parlement européen et la Commission et, d'autre part, le Conseil (qui reste néanmoins divisé sur cette question), comme en témoignent les déclarations adoptées par le Parlement européen (et la Commission) et le Conseil dans le cadre de l'accord sur le budget pour 2014 (voir pages 293-294). Ces différences n'ont jamais été directement abordées en 2013, les deux branches de l'autorité budgétaire retenant dans le budget pour 2014 les montants (à l'exception des 150 millions d'euros en crédits de paiement inscrits pour le Fonds de solidarité de l'UE dans le budget pour 2014 ; voir *infra*, point C) pour les instruments spéciaux proposés par la Commission dans le projet de budget. Elles ressurgiront sans aucun doute en 2014, en raison de la très petite marge laissée sous le plafond des crédits pour paiements et d'importants besoins annoncés (voir pages 245-297 et chapitre V).

C. Par ailleurs six[353] des neuf *budgets rectificatifs* adoptés en 2013 ont fait l'objet de discussions complexes, car liés soit à des augmentations de crédits de paiement[354] (et engendrant ainsi des contributions supplémentaires des États membres au titre de la ressource RNB[355]), aux tractations en cours sur le nouveau cadre financier pluriannuel pour 2014-2020 ou encore à des "paquets" de budgets rectificatifs. Ces négociations ont finalement permis d'adopter un ensemble de budgets rectificatifs augmentant le montant des crédits de paiement en 2013 pour un montant total record de 11,6 milliards d'euros, soit pratiquement le maximum de ce que permettait le plafond des crédits pour paiements[356]. Ce montant supplémentaire a certainement contribué à résorber une partie du RAL et des "impayés", mais n'a néanmoins pas permis de résoudre tous les problèmes liés à l'accumulation des arriérés de paiement ces dernières années (voir chapitre V).

D. S'agissant de la sous-rubrique *1a* (*Compétitivité pour la croissance et l'emploi*) du CFP, les discussions ont porté avant tout sur les différentes opérations de "*frontloading*" et de "*backloading*" proposées par la Commission (voir page 250), ainsi que sur le rôle de la sous-rubrique (et du budget de l'UE en général) dans le financement des mesures en faveur de la croissance et de la lutte contre le chômage, notamment celui des jeunes. Les réductions des crédits pour la gestion administrative des programmes opérées par le Conseil dans sa position sur le PB ont également fait l'objet de débats.

S'agissant de la rubrique *4* (*L'Europe dans le monde*) du CFP, les discussions ont de nouveau porté, d'une part, sur les raisons des importantes réductions opérées par rapport au projet de budget par le Conseil dans sa position et, d'autre part, sur les possibilités de prendre en compte les différentes priorités du PE dans cette rubrique[357].

---

ment pour ces instruments spéciaux réduit d'autant la marge disponible sous le plafond), ou si, au contraire, ces crédits sont en "dehors" du plafond comme les crédits d'engagement (pour lesquels il n'y a pas de contestation).

[353] C'est-à-dire les budgets rectificatifs nº 1/2013 (car lié à l'adaptation du CF suite à l'élargissement à la Croatie), 2 et 8/2013 (concernant avant tout l'augmentation en 2013 des crédits de paiement), 6/2013 (concernant les recettes), 7/2013 (concernant l'octroi de montants supplémentaires du Fonds social européen à l'Espagne, la France et l'Italie ; ce BR n'a pas été difficile à négocier en soi car faisant suite aux conclusions du Conseil européen des 27 et 28 juin 2013 et ne concernant que les crédits d'engagement, mais à cause de son inclusion *de facto* dans le "paquet" composé des PBR nº 6, 8 et 9/2013 et du CFP) et 9/2013 (concernant le financement de la mobilisation du Fonds de solidarité pour l'Allemagne, l'Autriche, la République tchèque et la Roumanie).

[354] Le fait qu'une majorité qualifiée d'États membres ait souhaité scinder le PBR nº 2/2014 en deux n'est qu'une des illustrations de la difficulté des négociations – et des débats au sein du Conseil afin de parvenir à dégager une majorité qualifiée permettant d'adopter sa position. En même temps, le besoin de recueillir une majorité qualifiée a conduit le Conseil à établir un "paquet" des PBR nº 6, 8 et 9/2013, et à adopter une position conditionnelle concernant le PBR nº 8/2013 (voir chapitre II et pages 277-297). Ceci a encore compliqué les négociations budgétaires interinstitutionnelles en 2013.

[355] Ceci est également le cas pour le PBR nº 6/2013, lettre rectificative incluse (voir chapitre II).

[356] La question de la marge restante sous le plafond global des crédits pour paiements a conduit les trois institutions à faire preuve de flexibilité et d'ingéniosité afin de trouver un accord en 2013, comme le démontre le traitement des crédits de paiement destinés à financer la seconde mobilisation du Fonds de solidarité de l'UE en faveur de l'Allemagne, de l'Autriche, de la République tchèque et de la Roumanie, avec le report à 2014 d'une partie du paiement (soit 150 millions d'euros sur 400 millions d'euros ; voir chapitre II), ce "report" des crédits de paiement pour le Fonds de solidarité étant une première.

[357] Il convient de relever dans ce contexte que le "budget PESC" pour 2014 a été adopté avec le montant (314,5 millions d'euros en crédits d'engagement et 234,8 millions d'euros en crédits de paiement) et la nomenclature proposée par la Commission dans le projet de budget (voir page 264).

En même temps il convient de relever que s'agissant des *dépenses relatives au marché et des paiements directs*, le fait que la Commission ait activé le mécanisme de la discipline financière (voir pages 259-260) n'a pas laissé aux deux branches de l'autorité budgétaire la possibilité de modifier les montants concernant le premier pilier de la PAC relevant de la rubrique *2* (*Croissance durable : ressources naturelles*) du CFP.

E. Concernant les *institutions de l'Union européenne*, le budget pour 2014 continue à leur imposer une rigueur des dépenses administratives. Par ailleurs il poursuit la réduction de 1 % du nombre des postes inscrits dans les tableaux des effectifs. L'effet net de la réduction des postes a néanmoins été de nouveau mitigé, notamment par les nouveaux postes octroyés dans le cadre de l'élargissement à la Croatie (voir tableau 105, page 300).

F. Les *agences décentralisées de l'UE* ont également fait l'objet de nombreuses discussions lors des négociations budgétaires en 2013, et ce bien au-delà du total du budget de l'UE que représente le montant de leurs contributions[358]. Les discussions se sont avant tout concentrées sur le respect de la réduction de 5 % en 2013-2017 du total des postes inscrits aux tableaux des effectifs, le PE s'opposant fermement au "pool de redéploiement" instauré par la Commission afin de parvenir à cet objectif[359] (voir page 254). Finalement, dans le cadre de l'accord global sur le budget pour 2014, les deux branches de l'autorité budgétaire et la Commission sont arrivées à un accord sur la mise en place d'un groupe de travail interinstitutionnel spécifique sur les ressources des agences, sur la base d'une déclaration commune[360].

G. S'agissant des questions liées à la *flexibilité*, le Conseil a fermement écarté tout recours à l'instrument de flexibilité dans sa position sur le projet de budget pour 2014, en insistant en même temps sur le besoin de laisser des marges pour des situations imprévues sous les différents plafonds du CFP, et en indiquant que l'instrument de flexibilité ne devrait être mobilisé que pour faire face à des circonstances réellement imprévues.

Le Parlement européen, pour sa part, lors de sa lecture, a demandé de dépasser les plafonds de la sous-rubrique *1b* (*Cohésion économique, sociale et territoriale*) et de la rubrique *4* (*L'Europe dans le monde*) du CFP, pour un montant total de 274,2 millions d'euros[361], afin de financer ses priorités. Exceptionnellement, et pour la première fois au cours des procédures budgétaires de l'UE, il a également demandé de mobiliser l'instrument de flexibilité pour les crédits de paiement, pour un montant de 211,2 millions d'euros (voir page 302).

Dans le cadre de l'accord global sur le budget pour 2014, le Conseil a finalement accepté de mobiliser l'instrument de flexibilité en 2014 pour un montant de 89,33 millions d'euros en crédits d'engagement dans le contexte d'une assistance supplémentaire à Chypre au titre des Fonds structurels[362]. Ceci démontre que la dynamique des négociations lors de la procédure budgétaire pour 2014 a continué à suivre le modèle de celui des années précédentes, le Conseil acceptant de faire des concessions envers le Parlement européen en ce qui concerne les crédits d'engagement, en contrepartie de concessions de la part du PE en ce qui concerne les crédits de paiement.

---

[358] Les contributions de l'UE aux agences décentralisées et à l'Institut européen d'innovation et de technologie représentent moins de 1 % du total du budget de l'UE.

[359] Le Parlement européen a également souhaité remettre en cause la classification de la Commission des agences selon qu'elles relèvent de la catégorie "vitesse de croisière", "nouveau mandat" ou "phase de démarrage", et l'approche différenciée adoptée par la Commission sur cette base (voir page 254 et tableau 107, page 302).

[360] Voir pages 295-296. La première réunion constitutive de ce nouveau groupe de travail interinstitutionnel sur les ressources des agences a eu lieu le 3 mars 2014.

[361] La Commission avait proposé, dans le cadre de la lettre rectificative nº 1/2014, de mobiliser l'instrument de flexibilité pour un montant de 78,4 millions d'euros en crédits d'engagement, afin d'accorder une assistance supplémentaire à Chypre (voir page 302).

[362] Il convient de rappeler dans ce contexte qu'en 2007, l'instrument de flexibilité n'avait pas été mobilisé lors de la première année du nouveau cadre financier. Il convient cependant de noter que la sous-rubrique *1b* (*Cohésion économique, sociale et territoriale*) du CFP ne contient, de par sa nature, pratiquement aucune marge (voir page 45), et qu'une mobilisation de l'instrument de flexibilité est ainsi pratiquement inévitable si l'on souhaite financer de nouveaux besoins, comme convenu pour Chypre dans les conclusions du Conseil européen des 27 et 28 juin 2013 (voir page 303).

H. Il convient également de prendre note que la Commission et le Conseil ont dû travailler sous d'importantes contraintes de temps pendant la procédure budgétaire pour 2014, le première afin d'arriver à inclure dans le projet de budget (et qui comporte d'importants changements par rapport au budget pour 2013 ; voir pages 249-265 et *infra*, point J) l'état des négociations en cours sur le CFP, et le second afin de pouvoir adopter sa position aussi rapidement que possible suite à la présentation tardive du PB[363]. Malgré ces contraintes, les deux branches de l'autorité budgétaire ont pu, avec l'aide de la Commission, adopter le budget pour 2014 dans les délais fixés par le traité.

I. Il n'en demeure pas moins que la procédure budgétaire et le budget de l'Union pour 2014 continuent à refléter la crise économique touchant les États membres de l'Union européenne. Ainsi, les crédits de paiement sont toujours inscrits dans le budget de l'Union à un niveau relativement plus bas que celui observé pendant des périodes de croissance économique dans l'Union[364], et les crédits administratifs restent soumis à d'importantes contraintes (voir pages 248 et 329-330 et *supra*, point E). De même, le budget pour 2014 prend en compte le nouveau CFP dont les montants, suite à nouveau à des considérations avant tout économiques et financières, ont été globalement revus à la baisse par rapport aux cadres financiers pluriannuels précédents. Ceci étant dit, des signes de la reprise économique perceptibles dans l'Union se traduisent dans le budget de l'UE, que ce soit dans les domaines de la recherche et de l'innovation (et avant tout dans le cadre du financement de "Horizon 2020"), des infrastructures (MIE), de l'éducation ("Erasmus+"), de la jeunesse (IEJ) ou de la compétitivité des entreprises ("COSME").

J. Il convient également de relever que le budget de l'Union pour 2014 comporte d'importants changements de contenu par rapport au budget pour 2013. Ainsi le budget reflète non seulement les nouveaux montants et les nouvelles rubriques et sous-rubriques du CFP, mais sa nomenclature a été également modifiée pour se conformer à l'accord sur le nouveau CFP et les nouvelles bases légales pour la période 2014-2020[365]. Par la même occasion, les commentaires budgétaires ont subi de nombreuses modifications. Par ailleurs, il convient de noter qu'il s'agit du premier budget pour une Union à 28 États membres pour une année pleine.

K. S'agissant de la *section III – Commission* – du budget de l'Union européenne pour 2014[366], le tableau 109 page suivante résume la procédure budgétaire du point de vue des changements apportés aux domaines politiques[367] au cours des différentes phases aussi bien en crédits d'engagement que de paiement[368].

Il convient de relever que :

- lors de l'établissement de sa position sur le projet de budget pour 2014, le Conseil a accepté tels que proposés par la Commission les montants pour *cinq domaines politiques*[369] (sur 34[370]). Comme présenté

[363] Le Conseil a ainsi dû parvenir (au niveau du Coreper) à un accord politique sur sa position en seulement *trois semaines*, ce qui est un record. Ce n'est que pour respecter le délai de huit semaines réservé aux parlements nationaux que le Conseil a *formellement* adopté sa position sur le projet de budget pour 2014 le 2 septembre 2013 seulement.

[364] Il convient de noter à ce titre que le plafond des crédits pour paiements pour 2014 est de 8,5 milliards d'euros plus bas que celui pour 2013 pour une UE à 28 États membres (soit -6 %).

[365] Pour des raisons de calendrier, une partie des modifications requises ne pourront être apportées qu'en 2014, non seulement par voie de virements de crédits, mais avant tout par le biais du budget rectificatif nº 1/2014, adopté le 16 avril 2014, et qui concerne surtout l'inclusion dans le budget pour 2014 de changements suite à l'adoption des nouvelles bases légales concernant le programme "Horizon 2020" et la nouvelle entreprise commune "Shift2Rail".

[366] Y inclus les pensions et les Écoles européennes.

[367] Les domaines politiques de la section III dans le budget de l'Union européenne pour 2014 sont récapitulés dans le tableau 110, page 310.

[368] Le tableau 109 ne prend pas en compte les lignes "*XX*" ni les amendements qui ne concernent que les commentaires. Le tableau prend, par contre, en compte les deux lettres rectificatives présentées par la Commission (voir pages 303-304).

[369] Il s'agit (comme l'année précédente) des domaines politiques suivants : *03* (*Concurrence*), *25* (*Coordination des politiques de la Commission et conseil juridique*), *27* (*Budget*), *28* (*Audit*) et *31* (*Services linguistiques*).

[370] Hors titre *40* (*Réserves*).

Tableau 109. Évolution de la procédure budgétaire pour 2014 par domaine politique

Section III – Commission, lignes "XX", lignes relevant de la rubrique 5 (Administration) du CFP et offices européens exclus

Domaine politique :	*01* [2]	*02* [1,2]	*03* [2]	*04* [1,2]	*05* [1,2]	*06* [1,2]	*07* [2]	*08* [1,2]	*09* [2]	*10*	*11* [1,2]	*12* [2]	*13* [1,2]	*14* [2]	*15* [1,2]	*16* [2]	*17* [2]
Position du Conseil	X	X	O	X	X	X	X	X	X	X	X	X	X	X	X	X	X
Amendements du PE	X	X	O	X	X	X	X	X	X	X	X	X	X	X	X	X	X
Budget adopté	≠	≠	(=)	≠	≠	≠	≠	≠	≠	≠	≠	≠	≠	≠	≠	≠	≠

Domaine politique :	*18* [2]	*19* [2]	*20* [2]	*21* [2]	*22* [2]	*23* [2]	*24*	*25* [2]	*26* [2]	*27* [2]	*28* [2]	*29* [2]	*30*	*31* [2]	*32* [1,2]	*33* [2]	*34* [2]
Position du Conseil	X	X	X	X	X	X	X	O	X	O	O	X	X	O	X	X	X
Amendements du PE	X	X	X	X	X	X	X	O	X	O	O	X	X	O	X	X	X
Budget adopté	≠	≠	≠	≠	≠	≠	≠	(=)	≠	(=)	(=)	≠	≠	(=)	≠	≠	≠

PB modifié par [1] : LR n° 1/2014 [2] : LR n° 2/2014

X : modifications/ amendements O : pas de modification/ d'amendement

(=) : domaine politique modifié marginalement par rapport au PB, lettres rectificatives n° 1 et 2/2014 incluses

≠ : domaine politique modifié sensiblement par rapport au PB, lettres rectificatives n° 1 et 2/2014 incluses

page 272, il a modifié en tout *219 lignes budgétaires* (articles ou postes) concernant les *crédits opérationnels ou les crédits pour la gestion administrative* de la section III[371] (voir tableau 97, page 272) relevant de *vingt-neuf domaines politiques*. S'agissant des *crédits administratifs*, le Conseil a modifié *150* lignes budgétaires[372] ;

- comme le Conseil, le Parlement européen a amendé les montants relevant de *vingt-neuf* domaines politiques[373].

L. S'agissant enfin des *crédits administratifs* des *autres sections* du budget de l'Union européenne que de la section III, le Conseil a modifié *83 lignes budgétaires* proposées, dont seize lignes budgétaires de la section II (Conseil européen et Conseil) et de la section IV (Cour de justice), ainsi que vingt-quatre lignes budgétaires concernant la section à X (SEAE)[374].

Le Parlement européen pour sa part a adopté, le 23 octobre 2013, *64 amendements*, dont quinze amendements concernant sa propre section[375] (section I du budget de l'Union européenne).

IV. – L'établissement du budget par activités

1. Développement de la nomenclature budgétaire

Comme tout budget de l'Union en début d'un nouveau cadre financier pluriannuel[376], le budget pour 2014 (et avant tout la section III – Commission – qui contient les dépenses opérationnelles de l'Union) a subi d'importants changements par rapport à 2013[377],

---

[371] C'est-à-dire un nombre de lignes budgétaires inférieur à celui des années précédentes (voir page 397). En même temps le Conseil a augmenté le nombre de lignes budgétaires "administratives" modifiées dans sa position (voir *infra*). Ceci est en partie dû à l'"enlèvement" dans la position du Conseil des montants proposés pour l'adaptation des rémunérations et des pensions de 2011 et 2012.

[372] Y inclus les lignes "*XX*", mais excluant les annexes de la section III traitant des budgets administratifs des offices européens.

[373] Le Parlement européen a adopté concernant la section III un total de 445 amendements, ce qui est de nouveau un record (voir page 397). Une partie importante de ces amendements concerne comme les années précédentes le rétablissement du projet de budget pour les lignes budgétaires modifiées par le Conseil ou les "blocs" d'"amendements horizontaux". Dix amendements concernent exceptionnellement la partie "recettes" du budget (voir page 280).

[374] Voir page 397. En ligne avec le "*Gentlemen's agreement*", le Conseil n'a pas modifié la section I – Parlement européen – du budget de l'Union européenne.

[375] De nouveau dans le respect du "*Gentlemen's agreement*", le Parlement européen n'a pas adopté d'amendement concernant la section II – Conseil européen et Conseil – du budget de l'Union européenne. Par ailleurs neuf amendements concernent la section IV (Cour de justice) et la section V (Cour des comptes) chacun, sept amendements la section VI (Comité économique et social européen), quatre amendements la section VII (Comité des régions), cinq amendements la section VIII (Médiateur européen), trois amendements la section IX (Contrôleur européen de la protection des données) et douze amendements la section X (Service européen pour l'action extérieure).

[376] Voir Tome I, pp. 103/161 et 209.

[377] Les changements de nomenclature proposés par la Commission dans le projet de budget pour 2014 par rapport au budget pour 2013 sont présentés dans le doc. *COM(2013) 450*, pp. 347/354.

afin d'aligner son contenu aux nouvelles rubriques et sous-rubriques du CFP et aux nouvelles bases légales pour la période 2014-2020[378] (voir pages 232-301).

Concernant les titres (et domaines politiques) de la section III, il convient avant tout de souligner la création d'un nouveau titre *34,* intitulé "*Action pour le climat*".

Par ailleurs, il convient de relever les changements suivants par titre :

- *02* : ajout de "*l'industrie*" aux "*entreprises*" ;

- *04* : ajout de "*l'inclusion*" à "*l'emploi et aux affaires sociales*" ;

- *07* : transfert des lignes budgétaires relatives à "*l'action pour le climat*" sous le nouveau titre *34.* L'intitulé du titre *07* redevient ainsi (comme en 2004-2010) "*Environnement*" ;

- *08* : ajout de "*l'innovation*" à la "*recherche*" ;

- *09* : modification du titre "*société de l'information et médias*" en "*réseaux de communication, contenu et technologies*" ;

- *12* : ajout des "*services*" au "*marché intérieur*" ;

- *13* : ajout de la "*politique urbaine*" à la "*politique régionale*" ;

- *19* : remplacement des "*relations extérieures*" par les "*instruments de politique étrangère*" ;

- *21* : remplacement du "*développement et relations avec les États ACP*" par "*développement et coopération*", et

- *23* : ajout de la "*protection civile*" à "*l'aide humanitaire*".

Les *35 titres* de la section III du budget de l'Union européenne pour 2014 sont récapitulés dans le tableau 110 ci-dessous.

Les changements de nomenclature concernant les lignes des *subventions de l'Union européenne aux différentes agences décentralisées* sont pour leur part récapitulées dans le tableau 107, page 302. Il convient de relever que la subvention est de nouveau inscrite sur *une* ligne budgétaire[379].

Tableau 110. Les domaines politiques dans la section III – Commission – du budget de l'Union européenne pour 2014

01	*Affaires économiques et financières*	**19**	*Instruments de politique étrangère*
02	*Entreprises et industrie*	**20**	*Commerce*
03	*Concurrence*	**21**	*Développement et coopération*
04	*Emploi, affaires sociales et inclusion*	**22**	*Élargissement*
05	*Agriculture et développement rural*	**23**	*Aide humanitaire et protection civile*
06	*Mobilité et transports*	**24**	*Lutte contre la fraude*
07	*Environnement*	**25**	*Coordination des politiques de la Commission et conseil juridique*
08	*Recherche et innovation*	**26**	*Administration de la Commission*
09	*Réseaux de communication, contenu et technologies*	**27**	*Budget*
10	*Recherche directe*	**28**	*Audit*
11	*Affaires maritimes et pêche*	**29**	*Statistiques*
12	*Marché intérieur et services*	**30**	*Pensions et dépenses connexes*
13	*Politique régionale et urbaine*	**31**	*Services linguistiques*
14	*Fiscalité et union douanière*	**32**	*Énergie*
15	*Éducation et culture*	**33**	*Justice*
16	*Communication*	**34**	*Action pour le climat*
17	*Santé et protection des consommateurs*	**40**	*Réserves*
18	*Affaires intérieures*	**XX**	*Dépenses administratives par domaine politique*

[378] Comme indiqué page 253, une partie des modifications requises (et qui concerne notamment l'inclusion dans le budget pour 2014 de changements suite à l'adoption des nouvelles bases légales concernant le programme "Horizon 2020" et suite à la création de la nouvelle entreprise commune "Shift2Rail") ne sera apportée qu'en 2014, avant tout par le biais du BR n° 1/2014.

[379] C'est-à-dire un article. Entre 2003 et 2013, suite à une demande du Parlement européen (voir Tome I, p. 149), les subventions étaient inscrites sur *deux* postes (soit, d'une part, un poste pour les subventions aux dépenses administratives et de personnel relevant des titres *1* et *2* et, d'autre part, un poste pour les subventions aux dépenses opérationnelles relevant du titre *3*).

Tableau 111. Développement de la nomenclature du budget de l'Union européenne de 2013 à 2014

Année	2013	2014	*Différence*		2013	2014	*Différence*
Section I – Parlement européen :			*2014-2013*	**Section VI – CESE :**			*2014-2013*
Titres	5	5	*0*		3	3	*0*
Chapitres	19	19	*0*		12	12	*0*
Articles	50	42	*-8*		28	25	*-3*
Postes	60	62	*2*		46	46	*0*
Imputations*	92	95	*3*		61	61	*0*
Section II – Conseil européen et Conseil :				**Section VII – Comité des régions :**			
Titres	4	3	*-1*		3	3	*0*
Chapitres	13	9	*-4*		12	12	*0*
Articles	33	21	*-12*		29	26	*-3*
Postes	102	72	*-30*		45	45	*0*
Imputations*	109	77	*-32*		61	61	*0*
Section III – Commission :**				**Section VIII – Médiateur :**			
Titres	34	35	*1*		4	4	*0*
Chapitres	161	126	*-35*		13	13	*0*
Articles	742	615	*-127*		28	26	*-2*
Postes	649	784	*135*		25	26	*1*
Imputations*	1.191	1.165	*-26*		42	42	*0*
Annexes de la section III* :**				**Section IX – CEPD :**			
Titres	6	6	*0*		4	4	*0*
Chapitres	17	17	*0*		6	6	*0*
Articles	58	58	*0*		13	12	*-1*
Postes	18	18	*0*		45	51	*6*
Imputations*	68	68	*0*		48	54	*6*
Section IV – Cour de justice :				**Section X – SEAE :**			
Titres	4	4	*0*		4	4	*0*
Chapitres	12	12	*0*		11	11	*0*
Articles	36	34	*-2*		19	18	*-1*
Postes	36	36	*0*		52	52	*0*
Imputations*	60	60	*0*		59	60	*1*
Section V – Cour des comptes :				**Total :**			
Titres	3	3	*0*		**74**	**74**	*0*
Chapitres	11	11	*0*		**287**	**248**	*-39*
Articles	35	33	*-2*		**1.071**	**910**	*-161*
Postes	35	35	*0*		**1.113**	**1.227**	*114*
Imputations*	59	59	*0*		**1.850**	**1.802**	*-48*

** Articles ou postes   ** Les chiffres n'incluent pas le titre "XX"*

**** OP, OLAF, EPSO (avec l'EUSA), PMO, OIB et OIL*

Tableau 112. Le développement de la nomenclature de la section III – Commission – de 2012 à 2014

Titre	Chapitres			Articles			Postes			Imputations*		
	2012	2014	*Diff.*	2012	2014	*Diff.*	2012	2014	*Diff.*	2012	2014	*Diff.*
01 (Affaires économiques et financières)	4	4	*0*	13	15	*2*	13	6	*-7*	21	17	*-4*
02 (Entreprises) (Entreprises et industrie)	5	6	*1*	29	24	*-5*	33	37	*4*	51	54	*3*
03 (Concurrence)	2	1	*-1*	4	4	*0*	2	2	*0*	5	5	*0*
04 (Emploi et affaires sociales) (Emploi, affaires sociales et inclusion)	6	6	*0*	46	40	*-6*	21	39	*18*	61	70	*9*
05 (Agriculture et développement rural)	8	9	*1*	43	46	*3*	129	114	*-15*	145	129	*-16*
06 (Mobilité et transports)	4	3	*-1*	21	21	*0*	24	26	*2*	37	37	*0*
07 (Environnement et action pour le climat) (Environnement)	6	2	*-4*	43	13	*-30*	11	33	*22*	49	41	*-8*
08 (Recherche) (Recherche et innovation)	22	5	*-17*	38	24	*-14*	10	45	*35*	44	57	*13*
09 (Société de l'information et médias) (Réseaux de communication etc.)	5	4	*-1*	19	24	*5*	22	26	*4*	33	37	*4*
10 (Recherche directe)	5	5	*0*	10	13	*3*	7	14	*7*	14	23	*9*
11 (Affaires maritimes et pêche)	8	3	*-5*	31	26	*-5*	14	19	*5*	40	39	*-1*
12 (Marché intérieur) (Marché intérieur et services)	3	3	*0*	12	11	*-1*	9	7	*-2*	16	16	*0*
13 (Politique régionale) (Politique régionale et urbaine)	5	5	*0*	40	48	*8*	9	37	*28*	45	74	*29*
14 (Fiscalité et union douanière)	5	4	*-1*	11	11	*0*	4	4	*0*	13	13	*0*
15 (Éducation et culture)	5	4	*-1*	36	29	*-7*	27	29	*2*	54	48	*-6*
16 (Communication)	5	3	*-2*	20	16	*-4*	19	26	*7*	30	33	*3*
17 (Santé et protection des consommateurs)	4	4	*0*	30	22	*-8*	27	34	*7*	45	49	*4*
18 (Affaires intérieures)	5	3	*-2*	36	20	*-16*	22	20	*-2*	49	34	*-15*
19 (Relations extérieures) (Instruments de politique étrangère)	11	6	*-5*	42	18	*-24*	47	23	*-24*	77	33	*-44*
20 (Commerce)	2	2	*0*	6	5	*-1*	9	8	*-1*	11	10	*-1*
21 (Développement et relations avec les États ACP) (Dév. et coopération)	9	9	*0*	30	39	*9*	25	76	*51*	49	99	*50*
22 (Élargissement)	2	3	*1*	14	12	*-2*	25	21	*-4*	31	23	*-8*
23 (Aide humanitaire) (Aide humanitaire et protection civile)	3	4	*1*	14	13	*-1*	4	12	*8*	16	18	*2*
24 (Lutte contre la fraude)	2	4	*2*	5	8	*3*	0	1	*1*	5	8	*3*
25 (Coordination des politiques de la Commission et conseil juridique)	2	2	*0*	10	10	*0*	12	10	*-2*	15	16	*1*
26 (Administration de la Commission)	3	3	*0*	18	18	*0*	44	41	*-3*	51	51	*0*
27 (Budget)	2	2	*0*	8	8	*0*	7	7	*0*	13	13	*0*
28 (Audit)	1	1	*0*	3	3	*0*	2	2	*0*	4	4	*0*
29 (Statistiques)	2	2	*0*	8	7	*-1*	4	3	*-1*	10	8	*-2*
30 (Pensions et dépenses connexes)	1	1	*0*	3	4	*1*	9	12	*3*	9	12	*3*
31 (Services linguistiques)	1	1	*0*	7	7	*0*	12	9	*-3*	13	12	*-1*
32 (Énergie)	5	4	*-1*	31	23	*-8*	21	22	*1*	46	37	*-9*
33 (Justice)	6	3	*-3*	29	16	*-13*	14	14	*0*	38	26	*-12*
34 (Action pour le climat)	-	2	*2*	-	10	*10*	-	5	*5*	-	12	*12*
40 (Réserves)	3	3	*0*	8	7	*-1*	0	0	*0*	8	7	*12*
Total	**162**	**126**	***-36***	**718**	**615**	***-103***	**638**	**784**	***146***	**1.148**	**1.165**	***17***

* *Articles ou postes*

Le tableau 111 (page 311) retrace l'évolution de la nomenclature du budget de l'Union de 2013 à 2014.

À part la section III, la nomenclature du budget reste relative stable de 2013 à 2014. S'agissant de la section de la Commission, le tableau 112 (page 312) présente le détail du développement de la nomenclature de la section III de 2012 à 2014.

2. Examen des fiches de programme

Les anciennes fiches d'activité (introduites suite au règlement financier de 2002[380]) sont devenues en 2013 des "fiches de programme". Selon la Commission "(a)*fin de faire ressortir les aspects des nouveaux programmes se rapportant aux performances, le projet de budget pour 2014 fournit des informations détaillées sur les objectifs de chaque programme, ainsi que le calendrier de réalisation correspondant. Ces informations sont présentées dans des fiches de programmes ("Programme statements"), qui contiennent des données chiffrées et textuelles essentielles*"[381].

En outre, ces fiches de programmes seront "*mis à jour lors des prochains projets de budgets annuels, ce qui permettra ensuite à l'autorité budgétaire de suivre les progrès réalisés dans la mise en œuvre des programmes et, ainsi, de prendre des décisions mieux étayées*"[382].

Dans la pratique, en raison du peu de temps disponible en 2013 pour adopter sa position, suite à la présentation tardive du projet de budget pour 2014 (voir chapitres I et III), le Conseil n'a pu utiliser que de manière extrêmement limitée en 2013 les informations contenues dans les fiches de programme pour former sa position.

Le Parlement européen, pour sa part, a en partie utilisé le contenu des fiches de programme pour établir certains de ses amendements à la position du Conseil.

V. – Conclusion

Le budget de l'Union européenne pour 2014 est un budget important car il forme la base de la transition entre deux cadres financiers pluriannuels. En même temps, il établit la base de référence pour les années suivantes.

Les crédits d'engagement retenus permettront le démarrage des nouveaux programmes et actions sous la nouvelle période de programmation, tels qu'agréés dans le cadre des négociations sur le CFP.

De même, les crédits de paiement retenus se rapportent à la fois à la première année de la nouvelle période de programmation 2014-2020, ainsi qu'à la poursuite de la mise en œuvre de la période 2007-2013.

La question du montant des crédits de paiement à inclure dans le budget pour 2014, en parallèle avec la question du montant des crédits de paiement à retenir dans les budgets rectificatifs adoptés en 2013, ont marqué le plus fortement les négociations budgétaires interinstitutionnelles en 2013.

Pourtant malgré le montant record de crédits de paiement retenus dans les budgets rectificatifs en 2013 (+11,6 milliards d'euros) et le "bras de fer" entre le Parlement européen et le Conseil sur les crédits de paiement à retenir dans le budget pour 2014 (qui est de 500 millions d'euros supérieur au montant retenu dans la position du Conseil sur le projet de budget[383]), l'Union européenne pourrait être confrontée en 2014, selon les estimations de la Commission[384], à un montant de factures impayées de 2013 de plus de 23 milliards d'euros uniquement dans le cadre de la politique régionale et de cohésion. Les négociations budgétaires pendant la première année du nouveau cadre financier pluriannuel s'annoncent ainsi difficiles, vu le peu de marges existantes, notamment sous le plafond des crédits pour paiements en 2014.

---

[380] Voir Tome I, pp. 61/62, et première partie, page 94.
[381] Doc. *SEC(2013) 370* de juin 2013, p. 2.
[382] *Ibid.*, p. 3.
[383] Il convient de rappeler qu'en ce qui concerne les budgets pour 2011 et pour 2012, le montant des crédits de paiement retenus dans le budget correspondait à celui repris dans la position du Conseil et que, en ce qui concerne le budget pour 2013, il n'était supérieur que de 142 millions d'euros par rapport à la position du Conseil.
[384] Intervention du membre de la Commission chargé de la programmation financière et du budget devant le Parlement européen, le 4 mars 2014. De même, les lignes budgétaires destinées à l'aide humanitaire montreraient en 2014 un "déficit prévisible" de l'ordre de 400 millions d'euros, dont 150 millions d'euros qui seraient nécessaires avant juillet 2014.

ANNEXES CONCERNANT LA PROCÉDURE BUDGÉTAIRE POUR 2014

LE BUDGET DE L'UNION EUROPÉENNE POUR 2014 PAR RUBRIQUES DU CFP
(en crédits pour engagements)

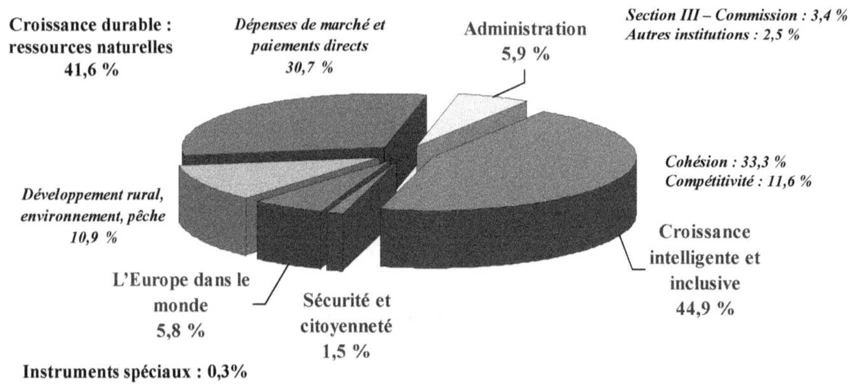

LE BUDGET DE L'UNION EUROPÉENNE POUR 2014 PAR RUBRIQUES DU CFP
(en crédits pour paiements)

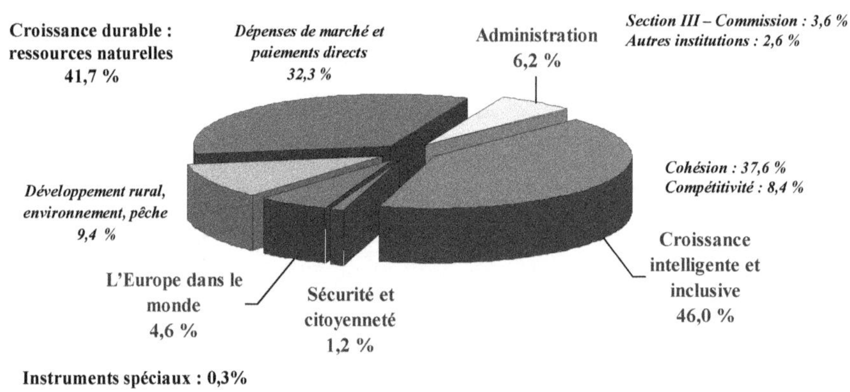

	Description	1		2		3		4		5		5/1	
		Budget pour 2013 (BR n° 1/2013 à 9/2013 inclus)		Projet de budget pour 2014 (hors lettres rectificatives)		Position du Conseil sur le projet de budget pour 2014		Amendements du Parlement européen		Budget pour 2014		Variation (%)	
		c/e	c/p	c/e	c/p	c/e	c/p	c/e	c/p	c/e	c/p	c/e	c/p
1	***CROISSANCE INTELLIGENTE ET INCLUSIVE***	**70 830 682 960**	**69 127 255 205**	**63 824 732 827**	**62 788 667 818**	**63 761 450 281**	**62 159 951 818**	**64 131 783 672**	**62 823 040 906**	**63 986 340 779**	**62 392 787 058**	**-9,66%**	**-9,74%**
	Plafond			*63 973 000 000*		*63 973 000 000*		*64 197 230 000*		*64 062 330 000*			
	Marge			*148 267 173*		*211 549 719*		*65 446 328*		*75 989 221*			
1a	***Compétitivité pour la croissance et l'emploi***	***15 722 633 923***	***12 777 710 469***	***16 264 152 827***	***11 694 938 804***	***16 204 170 281***	***11 268 479 258***	***16 494 553 672***	***11 720 611 892***	***16 484 010 779***	***11 441 322 326***	***+4,84%***	***-10,46%***
	Plafond			*16 390 000 000*		*16 390 000 000*		*16 560 000 000*		*16 560 000 000*			
	Marge			*125 847 173*		*185 829 719*		*65 446 328*		*75 989 221*			
	Grands projets d'infrastructures	968 140 721	676 145 605	2 629 379 405	1 987 059 676	2 628 029 405	1 832 959 676	2 417 137 805	1 975 059 676	2 417 137 805	1 874 476 490	+149,67%	+177,23%
	Systèmes européens de radionavigation par satellite (Egnos et Galileo) (02 — Entreprises et industrie)	1 000 000	376 830 882	1 326 180 000	1 197 887 000	1 325 830 000	1 096 137 000	1 326 180 000	1 197 887 000	1 326 180 000	1 123 150 928	+132518,00%	+198,05%
	Réacteur thermonucléaire expérimental international (ITER) (08 — Recherche et innovation)	911 140 721	251 243 216	940 266 405	587 972 676	939 766 405	553 872 676	728 024 805	575 972 676	728 024 805	563 208 060	-20,10%	+124,17%
	Programme européen d'observation de la Terre (Copernicus) (02 — Entreprises et industrie)	56 000 000	48 071 507	362 933 000	201 200 000	362 4[illegible]3 000	182 950 000	362 933 000	201 200 000	362 933 000	188 117 502	+548,09%	+291,33%
	Sûreté nucléaire et démantèlement (32 — Énergie)	267 250 000	182 119 118	130 377 000	180 000 000	130 377 000	180 000 000	130 377 000	180 000 000	130 377 000	180 000 000	-51,22%	-1,16%
	Cadre stratégique commun (CSC) pour la recherche et l'innovation	10 454 405 075	8 478 042 473	9 113 699 000	6 328 522 973	9 059 199 000	6 207 772 973	9 330 940 600	6 330 522 973	9 330 940 600	6 279 693 931	-10,75%	-25,93%
	Horizon 2020	10 193 205 940	8 212 828 331	8 826 452 000	6 077 136 426	8 782 702 000	5 971 286 426	9 043 693 600	6 079 136 426	9 043 693 600	6 031 366 109	-11,28%	-26,56%
	02 — Entreprises et industrie	*851 614 010*	*692 700 004*	*425 307 500*	*521 290 964*	*422 307 500*	*50[illegible] 440 964*	*425 307 500*	*521 290 964*	*424 720 474*	*509 758 862*	*-50,13%*	*-26,41%*
	05 — Agriculture et développement rural			*54 645 955*	*4 773 923*	*54 645 955*	*[illegible] 773 923*	*54 645 955*	*4 773 923*	*54 534 240*	*4 662 208*		
	06 — Mobilité et transports	*67 974 795*	*62 302 523*	*231 930 000*	*37 189 732*	*230 930 000*	*3[illegible] 189 732*	*231 930 000*	*37 189 732*	*221 377 688*	*36 640 381*	*+225,68%*	*-41,19%*
	08 — Recherche et innovation	*5 848 065 779*	*4 587 105 420*	*5 175 730 046*	*3 399 633 051*	*5 163 980 046*	*3 38[illegible] 883 051*	*5 281 850 846*	*3 399 633 051*	*5 319 757 191*	*3 398 372 025*	*-9,03%*	*-25,91%*
	09 — Réseaux de communication, contenu et technologies	*1 746 151 835*	*1 464 252 687*	*1 484 300 999*	*892 006 780*	*1 476 550 999*	*87[illegible] 756 780*	*1 489 300 999*	*894 006 780*	*1 487 419 806*	*880 912 560*	*-14,82%*	*-39,84%*
	10 — Recherche directe	*275 393 756*	*273 025 754*	*268 073 000*	*263 851 591*	*248 823 000*	*24[illegible] 601 591*	*268 073 000*	*263 851 591*	*268 073 000*	*262 377 506*	*-2,66%*	*-3,90%*
	15 — Éducation et culture	*1 089 940 610*	*932 192 097*	*864 412 000*	*729 903 906*	*864 412 000*	*71[illegible] 153 906*	*970 532 800*	*729 903 906*	*970 421 085*	*721 131 946*	*-10,97%*	*-22,64%*
	32 — Énergie	*314 065 155*	*201 249 846*	*322 052 500*	*228 486 479*	*321 052 500*	*21[illegible] 486 479*	*322 052 500*	*228 486 479*	*297 390 116*	*217 510 621*	*-5,31%*	*+8,08%*
	Programme Euratom de recherche et de formation	261 199 135	265 214 142	287 247 000	251 386 547	276 497 000	23[illegible] 486 547	287 247 000	251 386 547	287 247 000	248 327 822	+9,97%	-6,37%
	08 — Recherche et innovation	*143 173 735*	*147 718 589*	*157 464 000*	*122 528 068*	*155 214 000*	*115 128 068*	*157 464 000*	*122 528 068*	*157 464 000*	*119 469 343*	*+9,98%*	*-19,12%*
	10 — Recherche directe	*118 025 400*	*117 495 553*	*129 783 000*	*128 858 479*	*121 283 000*	*129 358 479*	*129 783 000*	*128 858 479*	*129 783 000*	*128 858 479*	*+9,96%*	*+9,67%*
	Compétitivité des entreprises et petites et moyennes entreprises (COSME)	307 495 400	239 077 587	243 617 275	236 514 804	243 117 275	23[illegible] 764 804	275 317 275	236 514 804	275 317 275	232 645 333	-10,46%	-2,69%
	01 — Affaires économiques et financières	*208 950 000*	*119 884 191*	*p.m.*	*95 000 000*	*p.m.*	*92 000 000*	*p.m.*	*95 000 000*	*p.m.*	*92 788 874*	*-100,00%*	*-22,60%*
	02 — Entreprises et industrie	*98 545 400*	*119 193 396*	*243 617 275*	*141 514 804*	*243 117 275*	*138 764 804*	*275 317 275*	*141 514 804*	*275 317 275*	*139 856 459*	*+179,38%*	*+17,34%*
	Éducation, formation, jeunesse et sport (Erasmus +) (15 — Éducation et culture)	1 430 210 154	1 402 906 369	1 418 281 000	1 219 414 601	1 418 281 000	1 219 414 601	1 555 781 000	1 219 414 601	1 555 781 000	1 219 414 601	+8,78%	-13,08%
	Changement social et innovation sociale (04 — Emploi, affaires sociales et inclusion)	109 953 000	87 680 888	119 360 000	109 594 560	119 [illegible]10 000	[illegible] 444 560	122 776 000	110 212 428	122 776 000	102 371 547	+11,66%	+16,75%
	Douane, Fiscalis et lutte contre la fraude	105 832 000	83 146 816	118 294 900	85 950 000	118 294 900	78 415 000	118 294 900	85 950 000	118 294 900	80 396 387	+11,78%	-3,31%
	14 — Fiscalité et union douanière	*84 132 000*	*67 430 952*	*97 270 000*	*67 250 000*	*97 270 000*	*61 065 000*	*97 270 000*	*67 250 000*	*97 270 000*	*62 691 394*	*+15,62%*	*-7,03%*
	24 — Lutte contre la fraude	*21 700 000*	*15 715 864*	*21 024 900*	*18 700 000*	*21 024 900*	*17 350 000*	*21 024 900*	*18 700 000*	*21 024 900*	*17 704 993*	*-3,11%*	*+12,66%*
	Mécanisme pour l'interconnexion en Europe (MIE)	1 510 830 000	784 734 528	1 966 173 001	885 925 000	1 966 173 001	798 975 000	1 976 173 001	887 925 000	1 976 173 001	821 839 186	+30,80%	+4,73%
	Énergie (32 — Énergie)	22 800 000	12 572 009	410 453 000	14 228 000	410 453 000	12 978 000	410 453 000	14 228 000	409 627 500	12 481 197	+1696,61%	-0,72%
	Transports (06 — Mobilité et transports)	1 485 180 000	761 436 434	1 481 545 001	852 258 000	1 481 545 001	7[illegible]0 758 000	1 481 545 001	852 258 000	1 482 442 498	793 086 563	-0,18%	+4,16%
	Technologies de l'information et de la communication (TIC) (09 — Réseaux de communication, contenu et technologies)	2 850 000	10 726 085	74 175 000	19 439 000	74 175 000	5 239 000	84 175 000	21 439 000	84 103 003	16 271 426	+2850,98%	+51,70%
	Projets énergétiques en vue d'aider à la relance économique (plan de relance) (32 — Énergie)	—	285 532 789	—	100 000 000	—	[illegible]0 000 000	—	100 000 000	—	85 259 157		-70,14%

Autres actions et programmes	180 025 200	205 015 459	161 297 000	192 369 142	161 297 000	181 427 142	161 906 000	192 509 142	161 297 000	184 304 426	-10,40%	-10,10%
01 — Affaires économiques et financières	*1 000 000*	*988 419*	*p.m.*	*p.m.*	*p.m.*	*p.m.*	*p.m.*	*p.m.*	*p.m.*	*p.m.*	*-100,00%*	*-100,00%*
02 — Entreprises et industrie	*27 360 000*	*17 874 706*	*21 230 000*	*17 160 000*	*21 230 000*	*15 460 000*	*21 230 000*	*17 160 000*	*21 230 000*	*15 907 028*	*-22,40%*	*-11,01%*
04 — Emploi, affaires sociales et inclusion	*10 397 000*	*7 493 934*	*10 087 000*	*8 227 000*	*10 087 000*	*8 227 000*	*10 087 000*	*8 227 000*	*10 087 000*	*8 227 000*	*-2,98%*	*+9,78%*
06 — Mobilité et transports	—	*582 998*	—	*p.m.*	—	*p.m.*	—	*p.m.*	—	*p.m.*		*-100,00%*
08 — Recherche et innovation	*p.m.*	*31 815 789*	*p.m.*	*16 391 176*	*p.m.*	*16 391 176*	*p.m.*	*16 391 176*	*p.m.*	*16 391 176*		*-48,48%*
09 — Réseaux de communication, contenu et technologies	—	*12 240 598*	—	*p.m.*	—	*p.m.*	—	*p.m.*	—	*p.m.*		*-100,00%*
10 — Recherche directe	*30 900 000*	*29 204 688*	*26 999 000*	*29 000 000*	*26 999 000*	*29 000 000*	*26 999 000*	*29 000 000*	*26 999 000*	*29 000 000*	*-12,62%*	*-0,70%*
12 — Marché intérieur et services	*7 650 000*	*7 373 371*	*6 800 000*	*7 771 000*	*6 800 000*	*7 771 000*	*6 800 000*	*7 771 000*	*6 800 000*	*7 771 000*	*-11,11%*	*+5,39%*
13 — Politique régionale et urbaine	*p.m.*	*p.m.*	*p.m.*	*p.m.*	*p.m.*	*p.m.*	*p.m.*	*p.m.*	*p.m.*	*p.m.*		
26 — Administration de la Commission	*40 838 200*	*34 122 059*	*34 990 000*	*26 220 000*	*34 990 000*	*23 638 000*	*34 990 000*	*26 220 000*	*34 990 000*	*24 316 957*	*-14,32%*	*-28,74%*
27 — Budget	*p.m.*	*p.m.*	*p.m.*	*p.m.*	*p.m.*	*p.m.*	*p.m.*	*p.m.*	*p.m.*	*p.m.*		
29 — Statistiques	*57 180 000*	*45 712 297*	*56 291 000*	*81 260 000*	*56 291 000*	*74 760 000*	*56 900 000*	*81 400 000*	*56 291 000*	*76 469 226*	*-1,55%*	*+67,28%*
32 — Énergie	*4 700 000*	*17 606 600*	*4 900 000*	*6 339 966*	*4 900 000*	*6 179 966*	*4 900 000*	*6 339 966*	*4 900 000*	*6 222 039*	*+4,26%*	*-64,66%*
Actions financées dans le cadre des prérogatives de la Commission et des compétences spécifiques conférées à la Commission	144 160 000	111 491 968	130 480 000	116 847 026	130 480 000	109 847 026	141 765 000	123 227 173	138 765 000	113 793 294	-3,74%	+2,06%
01 — Affaires économiques et financières	*13 000 000*	*12 953 676*	*13 000 000*	*13 000 000*	*13 000 000*	*11 500 000*	*11 000 000*	*11 000 000*	*11 000 000*	*11 000 000*	*-15,38%*	*-15,08%*
02 — Entreprises et industrie	*20 300 000*	*15 487 868*	*18 100 000*	*17 500 000*	*18 100 000*	*15 750 000*	*18 100 000*	*17 500 000*	*18 100 000*	*16 210 176*	*-10,84%*	*+4,66%*
04 — Emploi, affaires sociales et inclusion	*42 235 000*	*32 927 252*	*38 925 000*	*33 025 000*	*38 925 000*	*30 775 000*	*42 210 000*	*32 905 147*	*42 210 000*	*31 366 655*	*-0,06%*	*-4,74%*
06 — Mobilité et transports	*28 710 000*	*16 941 718*	*18 529 000*	*16 514 026*	*18 529 000*	*15 014 026*	*22 529 000*	*19 014 026*	*22 529 000*	*15 408 463*	*-21,53%*	*-9,05%*
09 — Réseaux de communication, contenu et technologies	*3 095 000*	*2 666 838*	*3 150 000*	*2 968 000*	*3 150 000*	*2 968 000*	*3 150 000*	*2 968 000*	*3 150 000*	*2 968 000*	*+1,78%*	*+11,29%*
12 — Marché intérieur et services	*10 150 000*	*9 546 351*	*11 670 000*	*11 050 000*	*11 670 000*	*11 050 000*	*11 670 000*	*11 050 000*	*11 670 000*	*11 050 000*	*+14,98%*	*+15,75%*
14 — Fiscalité et union douanière	*3 620 000*	*2 992 206*	*3 000 000*	*2 900 000*	*3 000 000*	*2 900 000*	*3 000 000*	*2 900 000*	*3 000 000*	*2 900 000*	*-17,13%*	*-3,08%*
15 — Éducation et culture							*6 000 000*	*6 000 000*	*3 000 000*	*3 000 000*		
32 — Énergie	*23 050 000*	*17 976 059*	*24 106 000*	*19 890 000*	*24 106 000*	*19 890 000*	*24 106 000*	*19 890 000*	*24 106 000*	*19 890 000*	*+4,58%*	*+10,65%*
Projets pilotes et actions préparatoires	26 200 000	27 364 835	p.m.	19 295 713	p.m.	19 295 713	18 640 000	32 785 713	18 640 000	28 365 713	-28,85%	+3,66%
02 — Entreprises et industrie	*5 000 000*	*7 656 000*	*p.m.*	*5 119 313*	*p.m.*	*5 119 313*	*3 690 000*	*7 059 313*	*3 690 000*	*6 714 313*	*-26,20%*	*-12,30%*
04 — Emploi, affaires sociales et inclusion	*9 000 000*	*8 830 000*	*p.m.*	*7 965 000*	*p.m.*	*7 965 000*	*6 000 000*	*12 165 000*	*6 000 000*	*10 965 000*	*-33,33%*	*+24,18%*
06 — Mobilité et transports	*1 000 000*	*1 250 000*	*p.m.*	*950 000*	*p.m.*	*950 000*	*1 500 000*	*1 950 000*	*1 500 000*	*1 700 000*	*+50,00%*	*+36,00%*
09 — Réseaux de communication, contenu et technologies	—	*p.m.*	—	*p.m.*	—	*p.m.*	*3 500 000*	*3 500 000*	*3 500 000*	*1 750 000*		
12 — Marché intérieur et services	*3 200 000*	*2 705 000*	*p.m.*	*1 350 000*	*p.m.*	*1 350 000*	*2 950 000*	*3 700 000*	*2 950 000*	*2 825 000*	*-7,81%*	*+4,44%*
15 — Éducation et culture	*8 000 000*	*6 663 835*	*p.m.*	*3 691 400*	*p.m.*	*3 691 400*	*1 000 000*	*4 191 400*	*1 000 000*	*4 191 400*	*-87,50%*	*-37,10%*
17 — Santé et protection des consommateurs	*p.m.*	*200 000*	*p.m.*	*80 000*	*p.m.*	*80 000*	*p.m.*	*80 000*	*p.m.*	*80 000*		*-60,00%*
32 — Énergie	—	*60 000*	—	*140 000*	—	*140 000*	—	*140 000*	—	*140 000*		*+133,33%*
Agences décentralisées	218 132 373	214 452 034	233 194 246	233 445 309	229 911 700	230 162 763	245 445 091	246 490 382	238 511 198	238 762 261	+9,34%	+11,34%
02 — Entreprises et industrie	*11 700 000*	*11 700 000*	*24 587 000*	*24 587 000*	*24 344 302*	*24 344 302*	*25 787 000*	*25 787 000*	*24 587 000*	*24 587 000*	*+110,15%*	*+110,15%*
04 — Emploi, affaires sociales et inclusion	*34 150 000*	*34 150 000*	*33 867 900*	*33 867 900*	*33 527 143*	*33 527 143*	*33 867 900*	*33 867 900*	*33 867 900*	*33 867 900*	*-0,83%*	*-0,83%*
06 — Mobilité et transports	*113 298 724*	*109 618 385*	*108 125 730*	*108 376 793*	*106 728 382*	*106 979 445*	*113 859 623*	*114 904 914*	*108 125 730*	*108 376 793*	*-4,57%*	*-1,13%*
09 — Réseaux de communication, contenu et technologies	*11 974 954*	*11 974 954*	*12 356 948*	*12 356 948*	*12 200 052*	*12 200 052*	*12 356 948*	*12 356 948*	*12 356 948*	*12 356 948*	*+3,19%*	*+3,19%*
12 — Marché intérieur et services	*22 254 000*	*22 254 000*	*26 639 768*	*26 639 768*	*25 867 548*	*25 867 548*	*31 956 720*	*31 956 720*	*31 956 720*	*31 956 720*	*+43,60%*	*+43,60%*
15 — Éducation et culture	*17 384 900*	*17 384 900*	*17 428 900*	*17 428 900*	*17 188 654*	*17 188 654*	*17 428 900*	*17 428 900*	*17 428 900*	*17 428 900*	*+0,25%*	*+0,25%*
32 — Énergie	*7 369 795*	*7 369 795*	*10 188 000*	*10 188 000*	*10 055 619*	*10 055 619*	*10 188 000*	*10 188 000*	*10 188 000*	*10 188 000*	*+38,24%*	*+38,24%*

1b	***Cohésion économique, sociale et territoriale***	***55 108 049 037***	***56 349 544 736***	***47 560 580 000***	***51 093 729 014***	***47 557 280 000***	***50 891 472 560***	***47 637 230 000***	***51 102 429 014***	***47 502 330 000***	***50 951 464 732***	***-13,80%***	***-9,58%***
	Plafond			*47 583 000 000*		*47 583 000 000*		*47 413 000 000*		*47 413 000 000*			
	Mobilisation de l'instrument de flexibilité							*224 230 000*		*89 330 000*			
	Marge			*22 420 000*		*25 720 000*		*0*		*0*			
	Investissement pour la croissance et l'emploi	53 626 851 061	54 901 110 005	44 531 600 000	48 828 500 000	44 531 600 000	48 714 349 019	44 631 600 000	48 828 500 000	44 496 700 000	48 744 365 925	-17,03%	-11,21%
	Convergence régionale (régions moins développées)	33 664 438 370	35 768 175 841	23 332 000 000	29 802 000 000	23 332 000 000	29 802 000 000	23 332 000 000	29 802 000 000	23 264 100 000	29 802 000 000	-30,89%	-16,68%
	04 — Emploi, affaires sociales et inclusion	*8 354 332 569*	*9 984 185 846*	*5 704 200 000*	*7 133 000 000*	*5 704 200 000*	*7 133 000 000*	*5 704 200 000*	*7 133 000 000*	*5 636 300 000*	*7 133 000 000*	*-32,53%*	*-28,56%*
	13 — Politique régionale et urbaine	*25 310 105 801*	*25 783 989 995*	*17 627 800 000*	*22 669 000 000*	*17 627 800 000*	*22 669 000 000*	*17 627 800 000*	*22 669 000 000*	*17 627 800 000*	*22 669 000 000*	*-30,35%*	*-12,08%*
	Régions en transition	p.m.	62 024 594	4 719 900 000	288 000 000	4 719 900 000	271 977 567	4 719 900 000	288 000 000	4 697 700 000	276 190 792		+345,29%
	04 — Emploi, affaires sociales et inclusion	*p.m.*	*62 024 594*	*1 854 500 000*	*113 000 000*	*1 854 500 000*	*106 713 420*	*1 854 500 000*	*113 000 000*	*1 832 300 000*	*108 366 526*		*+74,72%*
	13 — Politique régionale et urbaine			*2 865 400 000*	*175 000 000*	*2 865 400 000*	*165 264 147*	*2 865 400 000*	*175 000 000*	*2 865 400 000*	*167 824 266*		
	Compétitivité (régions plus développées)	7 462 612 691	7 656 412 121	7 348 200 000	7 615 000 000	7 348 200 000	7 561 183 350	7 448 200 000	7 615 000 000	7 403 400 000	7 575 334 869	-0,79%	-1,06%
	04 — Emploi, affaires sociales et inclusion	*3 440 529 741*	*3 305 847 411*	*3 766 600 000*	*3 235 000 000*	*3 766 600 000*	*3 210 297 441*	*3 797 300 000*	*3 235 000 000*	*3 752 500 000*	*3 216 793 173*	*+9,07%*	*-2,69%*
	13 — Politique régionale et urbaine	*4 022 082 950*	*4 350 564 710*	*3 581 600 000*	*4 380 000 000*	*3 581 600 000*	*4 350 885 909*	*3 650 900 000*	*4 380 000 000*	*3 650 900 000*	*4 358 541 696*	*-9,23%*	*+0,18%*
	Régions ultrapériphériques et à faible densité de population (13 — Politique régionale et urbaine)			209 100 000	13 000 000	209 130 000	13 000 000	209 100 000	13 000 000	209 100 000	13 000 000		
	Fonds de cohésion	12 499 800 000	11 414 497 449	8 922 400 000	11 110 500 000	8 922 400 000	11 066 188 102	8 922 400 000	11 110 500 000	8 922 400 000	11 077 840 264	-28,62%	-2,95%
	dont : partie affectée au Mécanisme pour l'interconnexion en Europe (06 — Mobilité et transports)			*983 000 000*	*p.m.*	*983 000 000*	*p.m.*	*983 000 000*	*p.m.*	*983 000 000*	*p.m.*		
	13 — Politique régionale et urbaine	*12 499 800 000*	*11 414 497 449*	*7 939 400 000*	*11 110 500 000*	*7 939 400 000*	*11 066 188 102*	*7 939 400 000*	*11 110 500 000*	*7 939 400 000*	*11 077 840 264*	*-36,48%*	*-2,95%*
	Coopération territoriale européenne	1 380 297 976	1 367 723 270	674 900 000	1 369 000 000	674 900 000	1 284 194 527	505 700 000	1 369 000 000	505 700 000	1 306 494 793	-63,36%	-4,48%
	13 — Politique régionale et urbaine	*1 299 481 349*	*1 282 523 270*	*674 900 000*	*1 301 000 000*	*674 900 000*	*1 216 194 527*	*505 700 000*	*1 301 000 000*	*505 700 000*	*1 238 494 793*	*-61,08%*	*-3,43%*
	21 — Développement et coopération	*80 816 627*	*85 200 000*	*p.m.*	*68 000 000*	*p.m.*	*68 000 000*	*p.m.*	*68 000 000*	*p.m.*	*68 000 000*	*-100,00%*	*-20,19%*
	Assistance technique et actions innovatrices	93 700 000	73 777 298	184 880 000	133 380 000	181 980 000	130 080 000	189 880 000	138 380 000	189 880 000	135 880 000	+102,65%	+84,18%
	04 — Emploi, affaires sociales et inclusion	*25 700 000*	*22 200 000*	*26 780 000*	*28 780 000*	*24 580 000*	*26 980 000*	*26 780 000*	*28 780 000*	*26 780 000*	*28 780 000*	*+4,20%*	*+29,64%*
	13 — Politique régionale et urbaine	*68 000 000*	*51 577 298*	*158 100 000*	*104 600 000*	*156 600 000*	*103 100 000*	*163 100 000*	*109 600 000*	*163 100 000*	*107 100 000*	*+139,85%*	*+107,65%*
	Aide européenne aux plus démunis (FEAD) (04 — Emploi, affaires sociales et inclusion)			365 100 000	306 000 000	365 100 000	306 000 000	500 000 000	306 000 000	500 000 000	306 000 000		
	Initiative pour l'emploi des jeunes (enveloppe spécifique complémentaire) (04 — Emploi, affaires sociales et inclusion)			1 804 100 000	450 000 000	1 804 100 000	450 000 000	1 804 100 000	450 000 000	1 804 100 000	450 000 000		
	Projets pilotes et actions préparatoires (13 — Politique régionale et urbaine)	7 200 000	6 934 163	p.m.	6 849 014	p.m.	6 849 014	5 950 000	10 549 014	5 950 000	8 724 014	-17,36%	+25,81%
2	***CROISSANCE DURABLE : RESSOURCES NATURELLES***	**59 885 141 416**	**57 814 298 094**	**59 247 714 684**	**56 532 492 046**	**59 246 121 423**	**56 419 898 785**	**59 295 214 684**	**56 574 792 046**	**59 267 214 684**	**56 458 930 369**	**-1,03%**	**-2,34%**
	Plafond			*59 303 000 000*		*59 303 000 000*		*59 303 000 000*		*59 303 000 000*			
	Marge			*55 285 316*		*56 878 577*		*7 785 316*		*35 785 316*			
	Fonds européen agricole de garantie (FEAGA) — dépenses relatives au marché et paiements directs	**43 654 926 842**	**43 660 236 872**	**43 778 100 000**	**43 776 956 403**	**43 778 100 000**	**43 776 956 403**	**43 806 100 000**	**43 804 956 403**	**43 778 100 000**	**43 776 956 403**	**+0,28%**	**+0,27%**
	Plafond			*44 130 000 000*		*44 130 000 000*		*44 130 000 000*		*44 130 000 000*			
	Transfert net entre le FEAGA et le Feader			*- 351 900 000*		*- 351 900 000*		*- 351 900 000*		*- 351 900 000*			
	Marge			*0*		*0*		*- 28 000 000*		*0*			
	05 — Agriculture et développement rural	*43 654 926 842*	*43 660 236 872*	*43 778 100 000*	*43 776 956 403*	*43 778 100 000*	*43 776 956 403*	*43 806 100 000*	*43 804 956 403*	*43 778 100 000*	*43 776 956 403*	*+0,28%*	*+0,27%*
	17 — Santé et protection des consommateurs			*p.m.*	*p.m.*	*p.m.*	*p.m.*	*p.m.*	*p.m.*	*p.m.*	*p.m.*		
	Fonds européen agricole pour le développement rural (Feader) (05 — Agriculture et développement rural)	14 808 455 797	13 026 086 520	13 991 006 059	11 655 110 416	13 991 006 059	11 600 810 416	13 991 006 059	11 655 110 416	13 991 006 059	11 615 089 028	-5,52%	-10,83%
	Fonds européen pour les affaires maritimes et la pêche (FEAMP), organisations régionales de gestion des pêches (ORGP) et accords de pêche durable (APD)	986 904 480	785 038 024	1 017 304 809	765 716 091	1 016 304 809	718 716 091	1 017 304 809	765 716 091	1 017 304 809	731 812 153	+3,08%	-6,78%
	Fonds européen pour les affaires maritimes et la pêche (FEAMP) (11 — Affaires maritimes et pêche)	837 674 480	681 528 415	866 274 809	616 307 750	865 274 809	570 307 750	866 274 809	616 307 750	866 274 809	583 140 854	+3,41%	-14,44%
	Organisations régionales de gestion des pêches (ORGP) et accords de pêche durable (APD) (11 — Affaires maritimes et pêche)	149 230 000	103 509 609	151 030 000	149 408 341	151 030 000	148 408 341	151 030 000	149 408 341	151 030 000	148 671 299	+1,21%	+43,63%

	Environnement et action pour le climat (Life+)	366 891 000	268 893 750	404 612 000	263 042 881	404 612 000	252 342 881	404 612 000	263 042 881	404 612 000	255 156 530	+10,28%	-5,11%
	07 — Environnement	*343 786 000*	*247 412 261*	*303 351 999*	*243 905 932*	*303 351 999*	*234 205 932*	*303 351 999*	*243 905 932*	*303 892 999*	*237 297 623*	*-11,60%*	*-4,09%*
	34 — Action pour le climat	*23 105 000*	*21 481 489*	*101 260 001*	*19 136 949*	*101 260 001*	*18 136 949*	*101 260 001*	*19 136 949*	*100 719 001*	*17 858 907*	*+335,92%*	*-16,86%*
	Actions financées dans le cadre des prérogatives de la Commission et des compétences spécifiques conférées à la Commission (05 — Agriculture et développement rural)			6 300 000	3 000 000	6 300 000	3 000 000	7 300 000	3 000 000	7 300 000	3 000 000		
	Projets pilotes et actions préparatoires	15 600 000	21 679 631	p.m.	18 274 439	p.m.	18 274 439	18 500 000	32 574 439	18 500 000	26 524 439	+18,59%	+22,35%
	02 — Entreprises et industrie	*p.m.*	*375 000*	*p.m.*	*373 350*	*p.m.*	*373 350*	*p.m.*	*373 350*	*p.m.*	*373 350*		*-0,44%*
	05 — Agriculture et développement rural	*3 500 000*	*3 439 631*	*p.m.*	*2 611 089*	*p.m.*	*2 611 089*	*4 200 000*	*4 411 089*	*4 200 000*	*3 711 089*	*+20,00%*	*+7,89%*
	07 — Environnement	*5 500 000*	*9 370 000*	*p.m.*	*6 365 000*	*p.m.*	*6 365 000*	*1 750 000*	*7 865 000*	*1 750 000*	*7 240 000*	*-68,18%*	*-22,73%*
	08 — Recherche et innovation	*p.m.*	*p.m.*	*p.m.*	*125 000*	*p.m.*	*125 000*	*p.m.*	*125 000*	*p.m.*	*125 000*		
	11 — Affaires maritimes et pêche	*1 600 000*	*2 445 000*	*p.m.*	*1 250 000*	*p.m.*	*1 250 000*	*4 100 000*	*4 850 000*	*4 100 000*	*3 300 000*	*+156,25%*	*+34,97%*
	17 — Santé et protection des consommateurs	*2 000 000*	*2 400 000*	*p.m.*	*2 500 000*	*p.m.*	*2 500 000*	*5 500 000*	*6 950 000*	*5 500 000*	*5 250 000*	*+175,00%*	*+118,75%*
	23 — Aide humanitaire et protection civile	*p.m.*	*500 000*	—	*p.m.*	—	*p.m.*	—	*p.m.*	—	*p.m.*		*-100,00%*
	32 — Énergie	—	*150 000*	—	*350 000*	—	*350 000*	*1 750 000*	*2 100 000*	*1 750 000*	*1 225 000*		*+716,67%*
	34 — Actions pour le climat	*3 000 000*	*3 000 000*	—	*4 700 000*	—	*4 700 000*	*1 200 000*	*5 900 000*	*1 200 000*	*5 300 000*	*-60,00%*	*+76,67%*
	Agences décentralisées	52 363 297	52 363 297	50 391 816	50 391 816	49 798 555	49 798 555	50 391 816	50 391 816	50 391 816	50 391 816	-3,77%	-3,77%
	07 — Environnement	*43 429 397*	*43 429 397*	*41 674 916*	*41 674 916*	*41 211 584*	*41 211 584*	*41 674 916*	*41 674 916*	*41 674 916*	*41 674 916*	*-4,04%*	*-4,04%*
	11 — Affaires maritimes et pêche	*8 933 900*	*8 933 900*	*8 716 900*	*8 716 900*	*8 586 971*	*8 586 971*	*8 716 900*	*8 716 900*	*8 716 900*	*8 716 900*	*-2,43%*	*-2,43%*
3	***SÉCURITÉ ET CITOYENNETÉ***	**2 362 164 568**	**1 894 151 766**	**2 139 460 732**	**1 668 006 729**	**2 134 222 376**	**1 657 999 647**	**2 178 700 918**	**1 697 922 815**	**2 171 998 732**	**1 677 039 976**	**-8,05%**	**-11,46%**
	Plafond			*2 179 000 000*		*2 179 000 000*		*2 179 000 000*		*2 179 000 000*			
	Marge			*39 539 268*		*44 777 624*		*299 082*		*7 001 268*			
	Fonds "Asile et migration" (FAM) (18 — Affaires intérieures)	495 430 000	319 248 010	403 259 040	146 386 390	403 145 299	146 272 649	403 259 040	146 386 390	403 259 040	146 386 390	-18,60%	-54,15%
	Fonds pour la sécurité intérieure (FSI) (18 — Affaires intérieures)	485 880 000	301 327 872	403 259 040	230 270 000	403 145 299	230 156 259	403 259 040	230 270 000	403 259 040	230 270 000	-17,00%	-23,58%
	Systèmes informatiques (18 — Affaires intérieures)	45 500 000	49 621 753	18 571 000	11 070 000	18 571 000	9 470 000	18 571 000	11 070 000	18 571 000	9 890 732	-59,18%	-80,07%
	Justice (33 — Justice)	47 700 000	29 660 117	47 012 000	35 700 000	46 948 516	35 636 516	47 012 000	35 700 000	47 012 000	35 700 000	-1,44%	+20,36%
	Droits et citoyenneté (33 — Justice)	74 454 000	58 754 331	54 758 000	55 184 000	54 699 807	55 125 807	55 258 000	55 184 000	55 258 000	55 184 000	-25,78%	-6,08%
	Protection civile (23 — Aide humanitaire et protection civile)	23 500 000	18 388 070	28 219 000	29 950 000	28 219 000	29 950 000	28 219 000	29 950 000	28 219 000	29 950 000	+20,08%	+62,88%
	L'Europe pour les citoyens (16 — Communication)	29 950 000	31 394 577	23 388 000	27 853 600	23 380 170	27 845 770	25 388 000	29 853 600	25 388 000	27 853 600	-15,23%	-11,28%
	Denrées alimentaires et aliments pour animaux (17 — Santé et protection des consommateurs)	274 670 000	247 303 732	253 394 000	218 466 000	253 314 646	218 386 646	253 394 000	218 466 000	253 394 000	218 466 000	-7,75%	-11,66%
	La santé en faveur de la croissance (17 — Santé et protection des consommateurs)	55 509 000	52 581 275	58 579 000	44 776 500	58 499 646	44 697 146	58 579 000	44 776 500	58 579 000	44 776 500	+5,53%	-14,84%
	Protection des consommateurs (17 — Santé et protection des consommateurs)	23 491 000	21 570 963	24 053 000	21 812 000	23 994 807	21 753 807	24 053 000	21 812 000	24 053 000	21 812 000	+2,39%	+1,12%
	Europe créative (15 — Éducation et culture)	189 614 000	175 195 411	178 572 900	185 323 150	178 501 481	183 851 731	180 572 900	185 923 150	180 572 900	184 291 291	-4,77%	+5,19%
	Autres actions et programmes (16 — Communication)	2 000 000	494 210	p.m.	645 000	p.m.	645 000	p.m.	645 000	p.m.	645 000	-100,00%	+30,51%
	Actions financées dans le cadre des prérogatives de la Commission et des compétences spécifiques conférées à la Commission	140 486 000	128 932 877	159 865 000	164 548 000	159 802 309	162 716 583	166 665 000	168 548 000	166 665 000	163 244 374	+18,63%	+26,61%
	dont : actions de communication (16 — Communication)	*99 536 000*	*87 983 995*	*78 845 000*	*83 528 000*	*78 782 309*	*81 696 583*	*85 645 000*	*87 528 000*	*85 645 000*	*82 224 374*	*-13,96%*	*-6,55%*
	09 — Réseaux de communication, contenu et technologies	*950 000*	*948 882*	*1 020 000*	*1 020 000*	*1 020 000*	*1 020 000*	*1 020 000*	*1 020 000*	*1 020 000*	*1 020 000*	*+7,37%*	*+7,49%*
	18 — Affaires intérieures	*40 000 000*	*40 000 000*	*80 000 000*	*80 000 000*	*80 000 000*	*80 000 000*	*80 000 000*	*80 000 000*	*80 000 000*	*80 000 000*	*+100,00%*	*+100,00%*
	Projets pilotes et actions préparatoires	15 250 000	11 475 000	p.m.	9 491 337	p.m.	9 491 337	17 380 000	22 247 237	17 380 000	18 181 337	+13,97%	+58,44%
	02 — Entreprises et industrie	*p.m.*	*1 250 000*	*p.m.*	*850 000*	*p.m.*	*850 000*	*p.m.*	*850 000*	*p.m.*	*850 000*		*-32,00%*
	09 — Réseaux de communication, contenu et technologies	*1 500 000*	*900 000*	—	*750 000*	—	*750 000*	*1 500 000*	*1 500 000*	*1 500 000*	*1 500 000*		*+66,67%*
	15 — Éducation et culture	*3 450 000*	*2 050 000*	*p.m.*	*1 678 337*	*p.m.*	*1 678 337*	*2 500 000*	*3 179 237*	*2 500 000*	*2 928 337*	*-27,54%*	*+42,85%*

	16 — Communication	*750 000*	*525 000*	*p.m.*	*375 000*	*p.m.*	*375 000*	*2 750 000*	*2 000 000*	*2 750 000*	*1 750 000*	*+266,67%*	*+233,33%*
	17 — Santé et protection des consommateurs	*3 300 000*	*2 000 000*	*p.m.*	*1 290 000*	*p.m.*	*1 290 000*	*3 030 000*	*4 020 000*	*3 030 000*	*2 805 000*	*-8,18%*	*+40,25%*
	18 — Affaires intérieures	*3 500 000*	*2 625 000*	*p.m.*	*2 250 000*	*p.m.*	*2 250 000*	*5 000 000*	*6 250 000*	*5 000 000*	*4 750 000*	*+42,86%*	*+80,95%*
	23 — Aide humanitaire et protection civile	—	—	*p.m.*	*p.m.*	*p.m.*	*p.m.*	*p.m.*	*p.m.*	*p.m.*	*p.m.*		
	33 — Justice	*2 750 000*	*2 125 000*	*p.m.*	*2 298 000*	*p.m.*	*2 298 000*	*2 600 000*	*4 448 000*	*2 600 000*	*3 598 000*	*-5,45%*	*+69,32%*
	Agences décentralisées	458 730 568	448 203 568	486 530 752	486 530 752	482 000 396	482 000 396	497 090 938	497 090 938	490 388 752	490 388 752	+6,90%	+9,41%
	17 — Santé et protection des consommateurs	*170 291 000*	*167 827 000*	*170 644 000*	*170 644 000*	*169 055 434*	*169 055 434*	*172 541 000*	*172 541 000*	*170 644 000*	*170 644 000*	*+0,21%*	*+1,68%*
	18 — Affaires intérieures	*231 039 140*	*222 976 140*	*256 795 000*	*256 795 000*	*254 620 527*	*254 620 527*	*265 458 186*	*265 458 186*	*260 653 000*	*260 653 000*	*+12,82%*	*+16,90%*
	33 — Justice	*57 400 428*	*57 400 428*	*59 091 752*	*59 091 752*	*58 324 435*	*58 324 435*	*59 091 752*	*59 091 752*	*59 091 752*	*59 091 752*	*+2,95%*	*+2,95%*
4	***L'EUROPE DANS LE MONDE***	**9 341 336 711**	**6 731 869 945**	**8 175 802 134**	**6 251 299 380**	**8 158 521 094**	**6 094 707 648**	**8 384 999 998**	**6 344 688 559**	**8 325 000 000**	**6 191 238 421**	**-10,88%**	**-8,03%**
	Plafond			*8 335 000 000*		*8 335 000 000*		*8 335 000 000*		*8 335 000 000*			
	Mobilisation de l'instrument de flexibilité							*50 000 000*					
	Marge			*159 197 866*		*176 478 306*		*2*		*10 000 000*			
	Instrument d'aide de préadhésion (IAP)	1 898 646 789	1 340 081 339	1 573 485 000	1 410 823 005	1 570 235 000	1 381 613 713	1 583 485 000	1 410 823 005	1 578 425 933	1 391 689 911	-16,87%	+3,85%
	04 — Emploi, affaires sociales et inclusion	*114 522 077*	*66 517 574*	*p.m.*	*71 200 000*	*p.m.*	*69 436 416*	*p.m.*	*71 200 000*	*p.m.*	*69 900 164*	*-100,00%*	*+5,09%*
	05 — Agriculture et développement rural	*259 328 000*	*49 138 665*	*90 545 000*	*113 365 000*	*90 545 000*	*110 821 652*	*90 545 000*	*113 365 000*	*90 545 000*	*111 542 038*	*-65,08%*	*+126,99%*
	13 — Politique régionale et urbaine	*503 395 051*	*365 816 951*	*39 000 000*	*375 393 200*	*39 000 000*	*362 552 632*	*39 000 000*	*375 393 200*	*39 000 000*	*365 929 160*	*-92,25%*	*+0,03%*
	22 — Élargissement	*1 021 401 661*	*858 608 149*	*1 443 940 000*	*850 864 805*	*1 440 690 000*	*838 733 013*	*1 453 940 000*	*850 864 805*	*1 448 880 933*	*844 318 549*	*+41,85%*	*-1,66%*
	Instrument européen de voisinage (21 — Développement et coopération)	2 470 791 527	1 403 309 321	2 112 974 432	1 355 742 055	2 107 974 432	1 337 542 055	2 222 134 432	1 405 896 222	2 192 204 999	1 380 205 243	-11,28%	-1,65%
	Instrument de coopération au développement (ICD) (21 — Développement et coopération)	2 641 623 755	1 948 841 447	2 309 514 000	1 744 125 834	2 308 214 000	1 711 773 834	2 373 239 198	1 744 125 834	2 341 000 200	1 721 239 202	-11,38%	-11,68%
	Instrument de partenariat	71 914 000	26 263 476	113 292 764	47 845 790	111 342 764	31 595 790	124 622 764	52 625 790	118 890 842	37 527 200	+65,32%	+42,89%
	19 — Instruments de politique étrangère	*24 014 000*	*18 899 754*	*113 292 764*	*27 699 336*	*111 342 764*	*17 149 336*	*124 622 764*	*32 479 336*	*118 890 842*	*21 802 999*	*+395,09%*	*+15,36%*
	21 — Développement et coopération	*47 900 000*	*7 363 722*	—	*20 146 454*	—	*14 446 454*	—	*20 146 454*	—	*15 724 201*	*-100,00%*	*+113,54%*
	Instrument européen pour la démocratie et les droits de l'homme (IEDDH)	177 067 000	150 085 504	179 302 765	121 990 810	177 552 765	117 390 810	189 302 765	121 990 810	184 243 699	120 332 465	+4,05%	-19,82%
	19 — Instruments de politique étrangère	*38 446 000*	*30 177 574*	*41 070 869*	*24 300 000*	*40 865 869*	*22 125 000*	*41 070 869*	*24 300 000*	*41 070 869*	*22 825 916*	*+6,83%*	*-24,36%*
	21 — Développement et coopération	*138 621 000*	*119 907 930*	*138 231 896*	*97 690 810*	*136 686 896*	*95 865 810*	*148 231 896*	*97 690 810*	*143 172 830*	*97 506 549*	*+3,28%*	*-18,68%*
	Instrument de stabilité	325 417 000	201 332 807	314 468 828	215 587 745	312 968 828	203 337 745	321 968 828	215 587 745	318 174 528	207 664 542	-2,23%	+3,14%
	19 — Instruments de politique étrangère	*248 852 000*	*152 564 529*	*230 867 000*	*164 815 000*	*229 6.7 000*	*155 315 000*	*236 867 000*	*164 815 000*	*233 831 560*	*158 734 402*	*-6,04%*	*+4,04%*
	21 — Développement et coopération	*76 565 000*	*48 768 278*	*83 601 828*	*50 772 745*	*83 3.1 828*	*48 022 745*	*85 101 828*	*50 772 745*	*84 342 968*	*48 930 140*	*+10,16%*	*+0,33%*
	Aide humanitaire (23 — Aide humanitaire et protection civile)	865 257 000	932 035 150	905 276 000	790 953 165	902 976 000	781 153 165	920 276 000	840 953 165	920 276 000	785 425 349	+6,36%	-15,73%
	Politique étrangère et de sécurité commune (PESC) (19 — Instruments de politique étrangère)	396 332 000	316 794 119	314 469 000	234 825 000	314 469 000	234 825 000	289 469 000	222 325 000	314 469 000	234 825 000	-20,66%	-25,87%
	Instrument relatif à la coopération en matière de sûreté nucléaire (ICSN (21 — Développement et coopération)	78 876 000	65 553 343	30 546 872	59 450 000	30 546 872	54 450 000	30 546 872	59 450 000	30 546 872	55 764 789	-61,27%	-14,93%
	Assistance macrofinancière (AMF) (01 — Affaires économiques et financières)	94 550 000	46 339 890	76 257 346	63 208 643	76 257 346	43 208 643	60 000 000	48 208 643	60 000 000	52 153 011	-36,54%	+12,54%
	Garanties de l'UE aux prêts (01 — Affaires économiques et financières)	155 660 000	155 660 000	58 432 294	58 432 294	58 432 294	58 432 294	58 432 294	58 432 294	58 432 294	58 432 294	-62,46%	-62,46%
	Protection civile et centre européen de réaction d'urgence (23 — Aide humanitaire et protection civile)			19 546 000	7 468 500	19 546 000	5 468 500	19 546 000	7 468 500	19 546 000	5 994 416		
	Corps volontaire européen d'aide humanitaire — Volontaires de l'aide de l'UE (EUAV) (23 — Aide humanitaire et protection civile)			12 677 000	4 762 500	12 677 000	2 762 500	12 677 000	4 762 500	12 677 000	3 288 416		
	Autres actions et programmes	77 020 140	53 029 895	72 690 823	55 455 972	72 690 823	50 455 972	75 690 823	55 455 972	74 173 103	51 770 762	-3,70%	-2,37%
	01 — Affaires économiques et financières	*p.m.*	*p.m.*	*p.m.*	*p.m.*	*p.m.*	*p.m.*	*p.m.*	*p.m.*	*p.m.*	*p.m.*		
	05 — Agriculture et développement rural	*6 629 000*	*5 069 602*	*6 696 000*	*6 696 000*	*6 596 000*	*5 196 000*	*6 696 000*	*6 696 000*	*6 696 000*	*5 590 437*	*+1,01%*	*+10,27%*
	07 — Environnement	*2 250 000*	*1 813 469*	*3 500 000*	*3 500 000*	*3 500 000*	*2 000 000*	*3 500 000*	*3 500 000*	*3 500 000*	*2 394 437*	*+55,56%*	*+32,04%*

	14 — Fiscalité et union douanière	*1 250 000*	*1 186 103*	*1 218 352*	*1 218 352*	*1 218 352*	*1 218 352*	*1 218 352*	*1 218 352*	*1 218 352*	*1 218 352*	*-2,53%*	*+2,72%*
	17 — Santé et protection des consommateurs	*468 000*	*462 580*	*476 000*	*476 000*	*476 000*	*476 000*	*476 000*	*476 000*	*476 000*	*476 000*	*+1,71%*	*+2,90%*
	21 — Développement et coopération	*34 473 140*	*29 574 709*	*29 950 471*	*24 545 882*	*29 950 471*	*22 545 882*	*29 950 471*	*24 545 882*	*29 950 471*	*23 071 798*	*-13,12%*	*-21,99%*
	22 — Élargissement	*31 000 000*	*14 265 853*	*30 000 000*	*18 169 738*	*30 000 000*	*18 169 738*	*33 000 000*	*18 169 738*	*31 482 280*	*18 169 738*	*+1,56%*	*+27,37%*
	34 — Action pour le climat	*950 000*	*657 579*	*850 000*	*850 000*	*850 000*	*850 000*	*850 000*	*850 000*	*850 000*	*850 000*	*-10,53%*	*+29,26%*
	Actions financées dans le cadre des prérogatives de la Commission et des compétences spécifiques conférées à la Commission	63 155 000	48 492 470	62 850 510	49 812 250	62 850 510	43 812 250	66 150 510	49 812 250	64 481 018	45 389 998	+2,10%	-6,40%
	19 — Instruments de politique étrangère	*12 300 000*	*11 861 029*	*12 000 000*	*14 997 250*	*12 000 000*	*11 997 250*	*12 000 000*	*14 997 250*	*12 000 000*	*12 786 124*	*-2,44%*	*+7,80%*
	20 — Commerce	*13 930 000*	*10 633 879*	*15 493 000*	*12 000 000*	*15 493 000*	*9 000 000*	*15 493 000*	*12 000 000*	*15 493 000*	*9 788 874*	*+11,22%*	*-7,95%*
	21 — Développement et coopération	*36 925 000*	*25 997 562*	*35 357 510*	*22 815 000*	*35 357 510*	*22 815 000*	*38 657 510*	*22 815 000*	*36 988 018*	*22 815 000*	*+0,17%*	*-12,24%*
	Projets pilotes et actions préparatoires	5 000 000	23 524 684	p.m.	10 797 317	p.m.	10 797 317	17 440 012	26 752 329	17 440 012	19 517 323	+248,80%	-17,03%
	07 — Environnement	*p.m.*	*650 000*	*p.m.*	*487 500*	*p.m.*	*487 500*	*p.m.*	*487 500*	*p.m.*	*487 500*		*-25,00%*
	08 — Recherche et innovation	*500 000*	*250 000*	—	*112 500*	—	*112 500*	—	*112 500*	—	*112 500*	*-100,00%*	*-55,00%*
	19 — Instruments de politique étrangère	*p.m.*	*p.m.*	*p.m.*	*225 000*	*p.m.*	*225 000*	*1 000 000*	*1 225 000*	*1 000 000*	*725 000*		
	21 — Développement et coopération	*2 500 000*	*19 692 684*	—	*7 638 687*	—	*7 638 687*	*16 440 012*	*22 593 699*	*16 440 012*	*15 858 693*	*+557,60%*	*-19,47%*
	22 — Élargissement	*p.m.*	*932 000*	*p.m.*	*1 853 630*	*p.m.*	*1 853 630*	*p.m.*	*1 853 630*	*p.m.*	*1 853 630*		*+98,89%*
	23 — Aide humanitaire et protection civile	*2 000 000*	*2 000 000*	*p.m.*	*480 000*	*p.m.*	*480 000*	*p.m.*	*480 000*	*p.m.*	*480 000*	*-100,00%*	*-76,00%*
	Agences décentralisées (15 — Éducation et culture)	20 026 500	20 526 500	20 018 500	20 018 500	19 788 060	19 788 060	20 018 500	20 018 500	20 018 500	20 018 500	-0,04%	-2,47%
5	***ADMINISTRATION***	**8 418 116 740**	**8 417 791 740**	**8 595 115 307**	**8 596 738 107**	**8 441 831 853**	**8 443 454 653**	**8 606 544 111**	**8 608 166 911**	**8 405 144 376**	**8 406 017 176**	**-0,15%**	**-0,14%**
	Plafond			*8 721 000 000*		*8 721 000 000*		*8 721 000 000*		*8 721 000 000*			
	Marge			*125 884 693*		*279 168 147*		*114 455 889*		*315 855 624*			
	Pensions et Écoles européennes	1 568 204 083	1 568 204 083	1 658 821 635	1 658 821 635	1 606 741 643	1 606 741 643	1 659 204 635	1 659 204 635	1 607 124 643	1 607 124 643	+2,48%	+2,48%
	Pensions	1 389 802 000	1 389 802 000	1 490 330 000	1 490 330 000	1 441 328 000	1 441 328 000	1 490 713 000	1 490 713 000	1 441 711 000	1 441 711 000	+3,73%	+3,73%
	Écoles européennes	178 402 083	178 402 083	168 491 635	168 491 635	165 413 643	165 413 643	168 491 635	168 491 635	165 413 643	165 413 643	-7,28%	-7,28%
	Dépenses administratives des institutions	**6 849 912 657**	**6 849 587 657**	**6 936 293 672**	**6 937 916 472**	**6 835 090 210**	**6 836 713 010**	**6 947 339 476**	**6 948 962 276**	**6 798 019 733**	**6 798 892 533**	**-0,76%**	**-0,74%**
	Plafond			*7 056 000 000*		*7 056 000 000*		*7 056 000 000*		*7 056 000 000*			
	Marge			*119 706 328*		*220 909 790*		*108 660 524*		*257 980 267*			
	Parlement européen	1 750 463 939	1 750 463 939	1 793 634 098	1 793 634 098	1 793 634 098	1 793 634 098	1 783 976 098	1 783 976 098	1 755 631 742	1 755 631 742	+0,30%	+0,30%
	Conseil européen et Conseil	535 511 300	535 511 300	536 800 000	536 800 000	534 202 300	534 202 300	534 202 300	534 202 300	534 202 300	534 202 300	-0,24%	-0,24%
	Commission	3 322 663 491	3 322 338 491	3 348 548 000	3 350 170 800	3 268 136 029	3 269 758 829	3 348 848 000	3 350 470 800	3 266 372 000	3 267 244 800	-1,69%	-1,66%
	Commission (hors offices)	*3 017 980 491*	*3 017 780 491*	*3 047 277 000*	*3 047 649 800*	*2 972 828 155*	*2 973 200 955*	*3 046 077 000*	*3 046 449 800*	*2 969 396 000*	*2 969 768 800*	*-1,61%*	*-1,59%*
	Annexe 2 - Office des publications	*84 274 000*	*84 274 000*	*82 646 000*	*82 646 000*	*80 755 000*	*80 755 000*	*82 646 000*	*82 646 000*	*80 755 000*	*80 755 000*	*-4,18%*	*-4,18%*
	Annexe 3 - Office européen de lutte antifraude	*57 657 000*	*57 657 000*	*58 523 000*	*58 523 000*	*57 206 000*	*57 206 000*	*58 523 000*	*58 523 000*	*57 206 000*	*57 206 000*	*-0,78%*	*-0,78%*
	Annexe 4 - Office européen de sélection du personnel	*28 535 000*	*28 535 000*	*28 231 000*	*28 231 000*	*27 883 000*	*27 883 000*	*28 231 000*	*28 231 000*	*27 883 000*	*27 883 000*	*-2,28%*	*-2,28%*
	Annexe 5 - Office de gestion et de liquidation des droits individuels	*36 721 000*	*36 721 000*	*36 817 000*	*36 817 000*	*36 260 000*	*36 260 000*	*36 817 000*	*36 817 000*	*36 260 000*	*36 260 000*	*-1,26%*	*-1,26%*
	Annexe 6 - Office pour les infrastructures et la logistique — Bruxelles	*69 455 000*	*69 455 000*	*70 013 000*	*70 013 000*	*68 747 029*	*68 747 029*	*70 013 000*	*70 013 000*	*68 833 000*	*68 833 000*	*-0,90%*	*-0,90%*
	Annexe 7 - Office pour les infrastructures et la logistique — Luxembourg	*25 191 000*	*25 191 000*	*25 041 000*	*25 041 000*	*24 456 845*	*24 456 845*	*25 041 000*	*25 041 000*	*24 539 000*	*24 539 000*	*-2,59%*	*-2,59%*
	Projets pilotes et actions préparatoires	*2 850 000*	*2 725 000*	*p.m.*	*1 250 000*	*p.m.*	*1 250 000*	*1 500 000*	*2 750 000*	*1 500 000*	*2 000 000*	*-47,37%*	*-26,61%*
	Agences décentralisées	*p.m.*	*p.m.*	*p.m.*	*p.m.*	*p.m.*	*p.m.*	*p.m.*	*p.m.*	*p.m.*	*p.m.*		
	Cour de justice de l'Union européenne	354 880 000	354 880 000	355 433 000	355 433 000	353 936 000	353 936 000	363 662 500	363 662 500	355 367 500	355 367 500	+0,14%	+0,14%
	Cour des comptes	142 760 618	142 760 618	138 161 000	138 161 000	133 497 575	133 497 575	137 870 575	137 870 575	133 497 575	133 497 575	-6,49%	-6,49%
	Comité économique et social européen	130 104 400	130 104 400	130 986 509	130 986 509	128 542 321	128 542 321	130 986 509	130 986 509	128 559 380	128 559 380	-1,19%	-1,19%
	Comité des régions	87 373 636	87 373 636	89 279 030	89 279 030	87 376 531	87 376 531	89 269 030	89 269 030	87 636 531	87 636 531	+0,30%	+0,30%
	Médiateur européen	9 731 371	9 731 371	10 103 988	10 103 988	9 857 647	9 857 647	10 103 988	10 103 988	9 857 002	9 857 002	+1,29%	+1,29%
	Contrôleur européen de la protection des données	7 661 409	7 661 409	8 432 256	8 432 256	8 269 730	8 269 730	8 432 256	8 432 256	8 267 256	8 267 256	+7,91%	+7,91%
	Service européen pour l'action extérieure	508 762 493	508 762 493	524 915 791	524 915 791	517 637 979	517 637 979	539 988 220	539 988 220	518 628 447	518 628 447	+1,94%	+1,94%

6	*COMPENSATIONS*	75 000 000	75 000 000	28 600 000	28 600 000	28 600 000	28 600 000	28 600 000	28 600 000	28 600 000	28 600 000	-61,87%	-61,87%
	Plafond			*29 000 000*		*29 000 000*		*29 000 000*		*29 000 000*			
	Marge			*400 000*		*400 000*		*400 000*		*400 000*			
	Compensations (27 — Budget)	75 000 000	75 000 000	28 600 000	28 600 000	28 600 000	28 600 000	28 600 000	28 600 000	28 600 000	28 600 000	-61,87%	-61,87%
	Cadre financier pluriannuel	**150 912 442 395**	**144 060 366 750**	**142 011 425 684**	**135 865 804 080**	**141 770 747 627**	**134 804 612 551**	**142 625 843 383**	**136 077 211 237**	**142 184 298 571**	**135 154 613 000**	**-5,78%**	**-6,18%**
	Mobilisation de l'instrument de flexibilité							*274 200 000*	*211 211 500*	*89 330 000*			
	Marge			*528 574 316*	*195 920*	*769 252 373*	*1 061 387 449*	*188 386 617*	*263*	*445 031 429*	*711 387 000*		
	Crédits en % du RNB	**1,15%**	**1,10%**	**1,06%**	**1,01%**	**1,06%**	**1,00%**	**1,06%**	**1,01%**	**1,06%**	**1,01%**		

INSTRUMENTS SPÉCIAUX

Description	1		2		3		4		5		5/1	
	Budget pour 2013 (BR n° 1/2013 à 9/2013 inclus)		Projet de budget pour 2014 (hors lettres rectificatives)		Position du Conseil sur le projet de budget pour 2014		Amendements du Parlement européen		Budget pour 2014		Variation (%)	
	c/e	c/p	c/e	c/p	c/e	c/p	c/e	c/p	c/e	c/p	c/e	c/p
Réserve pour aides d'urgence	264 115 000	80 000 000	297 000 000	150 000 000	297 000 000	150 000 000	297 000 000	297 000 000	297 000 000	150 000 000	+12,45%	+87,50%
Fonds européen d'ajustement à la mondialisation (FEM)	500 000 000	45 338 161	159 181 000	50 000 000	159 181 000	50 000 000	159 181 000	70 000 000	159 181 000	50 000 000	-68,16%	+10,28%
Fonds de solidarité de l'Union européenne (FSUE)	415 127 031	265 127 031	p.m.	p.m.	p.m.	p.m.	p.m.	p.m.	p.m.	150 000 000	-100,00%	-43,42%
Instruments spéciaux	1 179 242 031	390 465 192	456 181 000	200 000 000	456 181 000	200 000 000	456 181 000	367 000 000	456 181 000	350 000 000	-61,32%	-10,36%
Crédits en % du RNB	0,01%	0,00%	0,00%	0,00%	0,00%	0,00%	0,00%	0,00%	0,00%	0,00%		

TOTAL

Description	1		2		3		4		5		5/1	
	Budget pour 2013 (BR n° 1/2013 à 9/2013 inclus)		Projet de budget pour 2014 (hors lettres rectificatives)		Position du Conseil sur le projet de budget pour 2014		Amendements du Parlement européen		Budget pour 2014		Variation (%)	
	c/e	c/p	c/e	c/p	c/e	c/p	c/e	c/p	c/e	c/p	c/e	c/p
Cadre financier pluriannuel	150 912 442 395	144 060 366 750	142 011 425 684	135 865 804 080	141 770 747 627	134 804 612 551	142 625 843 383	136 077 211 237	142 184 298 571	135 154 613 000	-5,78%	-6,18%
Instruments spéciaux	1 179 242 031	390 465 192	456 181 000	200 000 000	456 181 000	200 000 000	456 181 000	367 000 000	456 181 000	350 000 000	-61,32%	-10,36%
Total général	152 091 684 426	144 450 831 942	142 467 606 684	136 065 804 080	142 226 928 627	135 004 612 551	143 082 024 383	136 444 211 237	142 640 479 571	135 504 613 000	-6,21%	-6,19%
Crédits en % du RNB	1,16%	1,10%	1,06%	1,01%	1,06%	1,01%	1,07%	1,02%	1,06%	1,01%		

LES MOBILISATIONS DU FONDS EUROPÉEN D'AJUSTEMENT À LA MONDIALISATION EN 2013

Le Fonds européen d'ajustement à la mondialisation (FEM) a été mobilisé dix fois en 2013, pour un montant total de 36,5 millions d'euros en crédits d'engagement et de paiement.

Ces mobilisations peuvent être résumées comme suit :

- la première mobilisation, pour un montant de 3,9 millions d'euros, est intervenue le 21 mai 2013 à la suite de 320 licenciements intervenus chez Austria Tabak GmbH et quatorze de ses fournisseurs ou producteurs en aval en Autriche[1] ;

- la deuxième mobilisation, pour un montant de 3,7 millions d'euros, est intervenue le 21 mai 2013 à la suite de 1 257 licenciements survenus dans l'entreprise Agile S.r.l.opérant dans le secteur des technologies de l'information et de la communication en Italie[2] ;

- la troisième mobilisation, pour un montant de 5 millions d'euros, est intervenue le 21 mai 2013 après 1 517 licenciements survenus dans l'entreprise Antonio Merloni SpA opérant dans le secteur de la fabrication d'appareils ménagers dans les provinces d'Ancône et de Pérouse en Italie[3] ;

- la quatrième mobilisation, pour un montant de 0,8 million d'euros, est intervenue le 22 juillet 2013[4]. Elle est destinée à financer l'assistance technique, conformément à l'article 8 du règlement établissant le FEM[5] ;

- la cinquième mobilisation, pour un montant de 2,6 millions d'euros, est intervenue le 9 octobre 2013 après 1 010 licenciements survenus dans l'entreprise De Tomaso Automobili en Italie[6] ;

- la sixième mobilisation, pour un montant de 1,2 million d'euros, est intervenue le 9 octobre 2013 après 529 licenciements survenus dans deux entreprise opérant dans le secteur de technologies de l'information et de la communication (TIC) et des composants électroniques en Lombardie en Italie[7] ;

- la septième mobilisation, pour un montant de 0,8 million d'euros, est intervenue le 20 novembre 2013 après 630 licenciements survenus dans 140 entreprises opérant dans la production de matériaux de construction dans la *Comunidad Valenciana* en Espagne[8] ;

- la huitième mobilisation, pour un montant de 6,4 millions d'euros, est intervenue le 11 décembre 2013 après 611 licenciements survenus au sein du Groupe Vestas fabriquant des éoliennes au Danemark[9] ;

---

[1] JO L 160 du 12.6.2013, p. 11.
[2] *Ibid.*, p. 12.
[3] *Ibid.*, p. 13.
[4] JO L 209 du 3.8.2013, p. 16.
[5] JO L 167 du 29.6.2009, p. 28.
[6] JO L 280 du 22.10.2013, p. 24.
[7] JO L 284 du 26.10.2013, p. 22.
[8] JO L 323 du 4.12.2013, p. 33.
[9] JO L 349 du 21.12.2013, p. 95. Le Groupe Vestas avait déjà fait l'objet d'une mobilisation du FEM en 2012 (voir deuxième partie, page 208).

- la neuvième mobilisation, pour un montant de 9,8 millions d'euros, est intervenue le 11 décembre 2013 après 4 509 licenciements survenus dans l'entreprise Nokia plc, sa filiale Nokia Siemens Networks et chez trente de leurs fournisseurs et sous-traitants opérant dans le secteur de la téléphonie mobile en Finlande[10], et

- la dixième mobilisation pour un montant de 2,3 millions d'euros, est intervenue le 11 décembre 2013 après 1 244 licenciements dans l'entreprise First Solar Manufacturing GmbH fabriquant des modules solaires en Allemagne[11].

Lors de toutes les mobilisations du FEM, les crédits d'engagement proviennent de l'article *40 02 43* (*Réserve pour le Fonds européen d'ajustement à la mondialisation*) et les crédits de paiement de l'article *04 05 01* (*Fonds européen d'ajustement à la mondialisation*).

---

[10] JO L 349 du 21.12.2013, p. 96. Il s'agit du deuxième cas pour la compagnie Nokia en Finlande (voir deuxième partie, page 209).

[11] JO L 349 du 21.12.2013, p. 97.

RÉSOLUTION DU PARLEMENT EUROPÉEN, DU 3 JUILLET 2013, SUR L'ACCORD POLITIQUE CONCERNANT LE CADRE FINANCIER PLURIANNUEL POUR 2014-2020[1]

Le Parlement européen,

– vu les articles 310, 311, 312 et 323 du traité sur le fonctionnement de l'Union européenne (TFUE),

– vu sa résolution du 23 octobre 2012 visant à favoriser un résultat positif de la procédure d'approbation du cadre financier pluriannuel 2014-2020[2],

– vu sa résolution du 13 mars 2013 sur les conclusions du Conseil européen des 7 et 8 février concernant le cadre financier pluriannuel[3],

– vu les conclusions du Conseil européen du 8 février 2013,

– vu les conclusions du Conseil européen du 28 juin 2013,

– vu l'article 110, paragraphes 2 et 4, de son règlement,

1. se félicite de l'accord politique dégagé le 27 juin 2013 au plus haut niveau politique entre le Parlement, la présidence du Conseil et la Commission sur le cadre financier pluriannuel (CFP) pour la période 2014-2020, après de longues et intenses négociations ; rend hommage, à cet égard, à la présidence irlandaise pour les efforts considérables qu'elle a déployés en vue de parvenir à cet accord ;

2. souligne qu'ont été adoptées pour la première fois, grâce à la persévérance du Parlement dans les négociations, plusieurs dispositions qui seront déterminantes pour rendre le nouveau cadre financier opérationnel, cohérent, transparent et mieux adapté aux besoins des citoyens de l'Union européenne ; met en évidence, notamment, les nouvelles modalités relatives à la révision du CFP, à la flexibilité, aux ressources propres et à l'unité et à la transparence du budget, autant de points qui constituaient les principales priorités du Parlement dans les négociations ;

3. se déclare disposé à mettre aux voix le règlement CFP et le nouvel accord interinstitutionnel au début de l'automne, dès lors que les conditions techniques et juridiques nécessaires à l'établissement de la version finale des textes concernés seront réunies, de manière à ce que ces derniers correspondent à l'accord général dégagé par le Conseil et le Parlement ;

4. rappelle, cependant, la position qu'il a déjà défendue dans sa résolution du 13 mars 2013 sur le cadre financier pluriannuel, à savoir qu'il ne saurait y avoir de vote d'approbation du règlement CFP sans une garantie absolue du fait que les crédits de paiement non consommés pour 2013 seront intégralement pris en charge ; attend dès lors du Conseil qu'il prenne une décision officielle concernant le projet de budget rectificatif n° 2/2013 pour un montant de 7,3 milliards d'euros, au plus tard lors du Conseil "Ecofin" qui doit se tenir le 9 juillet 2013 ; demande instamment au Conseil de respecter son engagement politique d'adopter sans retard un autre budget rectificatif afin d'éviter toute insuffisance dans les crédits de paiement qui pourrait se traduire par un déficit structurel dans le budget de l'Union européenne à la fin de l'année

[1]Doc. *PE P7_TA(2013)0304.*
[2]Doc. *PE P7_TA(2012)0360.*
[3]Doc. *PE P7_TA(2013)0078.*

2013 ; affirme que le Parlement n'approuvera pas le nouveau règlement fixant le CFP ou n'adoptera pas le budget 2014 jusqu'à l'adoption, par le Conseil, dudit nouveau budget rectificatif, couvrant le déficit résiduel identifié par la Commission ;

5. souligne, en outre, que le règlement CFP ne peut être légalement adopté sans un accord politique sur les bases juridiques appropriées, notamment sur les points qui se retrouvent dans le règlement CFP ; se déclare disposé à conclure les négociations concernant les bases juridiques pour tous les programmes pluriannuels le plus tôt possible et réaffirme sa fidélité au principe selon lequel il n'y a accord sur rien tant qu'il n'y a pas accord sur tout ; exige le respect intégral des pouvoirs législatifs conférés au Parlement par le traité de Lisbonne et demande au Conseil de négocier comme il se doit toutes les parties dites "liées au cadre financier pluriannuel" des bases juridiques ; se félicite des accords politiques intervenus jusqu'à présent sur plusieurs nouveaux programmes pluriannuels de l'Union européenne ;

6. est conscient de l'assainissement des finances publiques auquel les États membres sont soumis ; estime cependant que le volume total du prochain CFP, tel qu'il a été décidé par le Conseil européen, reste en deçà des objectifs politiques de l'Union européenne et de la nécessité d'assurer le succès de la mise en œuvre de la stratégie "Europe 2020" ; s'inquiète de ce que ce niveau de ressources ne soit pas suffisant pour doter l'Union européenne des moyens nécessaires pour se rétablir de la crise actuelle d'une manière coordonnée et en ressortir renforcée ; regrette que les États membres continuent de sous-évaluer le rôle et la contribution du budget de l'Union européenne au renforcement de la gouvernance économique et de la coordination budgétaire dans l'ensemble de l'Union européenne ; craint, en outre, que le niveau si peu élevé des plafonds du CFP ne réduise considérablement la marge de manœuvre du Parlement dans les procédures budgétaires annuelles ;

7. souligne l'importance du réexamen et de la révision ultérieure obligatoires du prochain CFP avant la fin de l'année 2016, de manière à permettre à la prochaine Commission et au prochain Parlement de réévaluer les priorités politiques de l'Union européenne, d'adapter le CFP aux nouveaux enjeux et aux nouveaux besoins et de tenir pleinement compte des projections macroéconomiques les plus récentes ; préconise que le réexamen obligatoire que la Commission devra effectuer tant du volet dépenses que du volet recettes du budget de l'Union européenne s'accompagne d'une proposition législative visant à réviser le règlement CFP, comme prévu dans la déclaration de la Commission annexée au dit règlement ; entend faire de cette révision obligatoire du CFP une revendication de premier plan lors de l'investiture du prochain Président de la Commission ;

8. rappelle l'importance cruciale d'une plus grande flexibilité dans le CFP pour 2014-2020 en vue de tirer pleinement parti des différents plafonds du CFP en ce qui concerne les engagements (960 milliards d'euros) et les paiements (908,4 milliards d'euros), comme l'impose le Conseil européen ; se félicite dès lors de l'approbation par le Conseil de deux propositions clés avancées par le Parlement, à savoir la création d'une marge globale pour les paiements et d'une marge globale pour les engagements, ce qui permettra un report automatique des crédits inutilisés d'un exercice à l'autre ; juge cependant regrettables les limites (temporelles et quantitatives) imposées par le Conseil, qui sont susceptibles de restreindre le recours à ces instruments ; estime que l'amélioration de ces mécanismes devra faire partie intégrante de la révision postélectorale du CFP que la Commission devra proposer ;

9. souligne que les latitudes autorisées en matière d'engagements devraient conduire, au cours du CFP pour 2014-2020, à des crédits supplémentaires pour les programmes liés à la croissance et à l'emploi, notamment l'initiative pour l'emploi des jeunes, de manière à assurer un financement continu et à maximiser le recours efficace aux plafonds convenus ;

10. se félicite de la concentration des crédits en début de période sur 2014 et 2015 en ce qui concerne l'initiative pour l'emploi des jeunes et précise que les crédits supplémentaires seront nécessaires dès 2016 pour assurer la viabilité et l'efficacité de ce programme ;

11. souligne que, grâce à l'insistance du Parlement, les financements des programmes "Horizon 2020", "Erasmus" et "COSME" seront également concentrés sur 2014 et 2015, de manière à réduire le déficit de financement entre les crédits correspondants dans les budgets 2013 et 2014 ; insiste, en outre, sur le fait qu'il est essentiel de prévoir des fonds supplémentaires pour l'agenda numérique ;

12. se félicite du fait qu'une augmentation supplémentaire pouvant aller jusqu'à 1 milliard d'euros ait été prévue pour le programme de distribution de denrées alimentaires à destination des États membres souhaitant utiliser cette augmentation pour venir en aide aux plus démunis dans l'Union ; s'attend à ce que le Conseil et le Parlement s'accordent dès que possible sur les modalités concrètes de la réalisation de cet engagement dans le cadre des négociations en cours sur la base juridique pour le programme en question ;

13. regrette que le Conseil n'ait pas été en mesure d'avancer sur la question de la réforme du système de ressources propres sur la base des propositions législatives déposées par la Commission ; souligne que le budget de l'Union européenne devrait être financé par des ressources véritablement propres, ainsi que le prévoit le traité, et affirme son attachement à une réforme qui réduirait la part dans le budget de l'Union des contributions fondées sur le revenu national brut (RNB) à un maximum de 40 % ; espère, par conséquent, que la déclaration commune sur les ressources propres élaborée d'un commun accord par les trois institutions européennes permettra d'accomplir des progrès tangibles, notamment dans la perspective d'un réexamen ou d'une révision à mi-parcours du CFP ; demande, dès lors, que se réunisse, lors de l'adoption formelle du règlement CFP, le groupe de haut niveau sur les ressources propres, investi de la mission d'examiner tous les aspects de la réforme du système des ressources propres ;

14. se félicite du résultat des négociations sur l'unité et la transparence du budget de l'Union européenne ; estime que tout budget propre à la zone euro qui pourrait être envisagé à l'avenir devrait être soit intégré, soit annexé, au budget de l'Union européenne ;

15. juge profondément regrettable la procédure qui a conduit à cet accord sur le CFP pour la période 2014-2020, laquelle a en réalité eu pour effet de priver le Parlement des véritables pouvoirs budgétaires qui lui sont conférés par le traité sur le fonctionnement de l'Union européenne ; estime que les nombreuses réunions tenues au cours des dernières années entre sa délégation et les présidences successives du Conseil en marge des réunions pertinentes du Conseil "Affaires générales", ainsi que sa participation à des réunions informelles du Conseil portant sur le cadre financier pluriannuel n'ont servi à rien, puisqu'elles n'ont eu aucune incidence sur l'esprit, le calendrier ou le contenu des négociations ni sur la position du Conseil, notamment quant à la nécessité de distinguer les aspects législatifs des aspects budgétaires de l'accord sur le cadre financier pluriannuel ;

16. demande par conséquent à sa commission des budgets, en coopération avec sa commission des affaires constitutionnelles, d'en tirer les conclusions qui s'imposent et de présenter de nouvelles propositions en ce qui concerne les modalités de telles négociations, de manière à garantir le caractère démocratique et transparent de l'ensemble de la procédure budgétaire ;

17. charge son Président de transmettre la présente résolution au Conseil européen, au Conseil, à la Commission, aux gouvernements et aux parlements des États membres, ainsi qu'aux autres institutions et organismes concernés.

LETTRE DE LA COMMISSION EUROPÉENNE, DU 7 JANVIER 2013, CONCERNANT L'ÉTABLISSEMENT DES ÉTATS PRÉVISIONNELS POUR 2014 DES INSTITUTIONS DE L'UNION EUROPÉENNE

JANUSZ LEWANDOWSKI
MEMBER OF THE EUROPEAN COMMISSION

B-1049 BRUSSELS

-7 JAN. 2013
Ares 14771

Mr Martin SCHULZ
President of the European Parliament
Mr Eamon GILMORE
President of the Council
Mr Vassilios SKOURIS
President of the European Court of Justice
Mr Vítor Manuel DA SILVA CALDEIRA
President of the Court of Auditors
Ms Catherine ASHTON
High Representative, European External Action Service
Mr Staffan NILSSON
President of European Economic and Social Committee
Mr Ramón Luis VALCARCEL SISO
President of the Committee of the Regions
Mr Nikiforos DIAMANDOUROS
European Ombudsman
Mr Peter HUSTINX
European Data Protection Supervisor

Subject: Establishment of estimates of administrative expenditure of Institutions for the 2014 Draft Budget

Dear Sirs

At a time when substantial fiscal consolidation in Member States is set to continue, tensions remain over the overall expenditure levels in the EU budget and the corresponding impact on GNI contributions from Member States.

Despite administrative expenditure constituting a limited share in the overall EU budget, efforts to contain it must continue in all Institutions by exploiting to the maximum extent all possibilities for rationalisation and savings, and if possible, developing synergies.

The Commission, when presenting the MFF 2014-2020 proposal, suggested that all Institutions reduce staffing levels by 5% over five years. The Commission, committed to reaching this target, has already integrated a first 1% reduction in the 2013 budget and will in 2014, reduce by another 1% the number of its human resources (establishment plans and other personnel). This means that any new tasks will be met through available (and decreasing) human resources, also counting on the simplification of delivery modes as proposed in the new generation of spending programmes.

I would like to invite all Institutions to propose a similar reduction in staffing levels in their estimates of expenditure for the year 2014. Even though at this stage the impact of the negotiations on the new Staff Regulations remains uncertain, the reduction in the number of staff would structurally contribute to containing the evolution of administrative expenditure.

The Commission will base its budget request for salary expenditure on its proposed changes to the Staff Regulations and will thus incorporate the estimated savings arising from the measures it proposed.

Furthermore, in order to offset to the extent possible the increase resulting from the annual salary adjustment, career progression, and the effect of Croatia's accession in July 2013, the Commission will aim at a nominal freeze at the 2013 level of all non-salary related expenditure. Since part of such expenditure is often subject to indexation (e.g. for rents), a nominal freeze will require further cuts in other expenditure items.

I would expect all Institutions to make similar efforts aiming at a nominal freeze at the 2013 level of overall non-salary related expenditure.

Based on the expenditure levels authorised in the 2013 budget, the Commission's share of total administrative expenditure under Heading 5 is 40%, compared to 42% for the other Institutions (pensions and European schools, common to all Institutions, account for the remainder). Therefore, the overall evolution of administrative expenditure depends on budgetary demands from other Institutions at least as much as on the Commission.

That is why I would like to call on all Institutions to follow the Commission approach, and make all possible efforts towards limiting their requests in preparing their own estimates of expenditure for the draft budget 2014. It is of utmost importance to continue to demonstrate that the European Institutions are acting responsibly in the light of the difficult economic and budgetary conditions in Member States and to send the right signal to the European public.

On this note, I would like to turn to the Commission's role in consolidating the draft budget. Article 314§1 of the TFEU states that: "*...each Institution shall...draw up estimates of its expenditure for the following financial year. The Commission shall consolidate these estimates in a draft budget, which may contain different estimates.*"

I trust you share my concerns and count on your support for submitting estimates of expenditure that the Commission would be able to easily integrate, without modifications, in the 2014 draft budget.

Yours faithfully,

DÉCLARATION COMMUNE SUR LES DATES DE LA PROCÉDURE BUDGÉTAIRE ET LES MODALITÉS DE FONCTIONNEMENT DU COMITÉ DE CONCILIATION EN 2013[1]

"A. Le Parlement européen, le Conseil et la Commission fixent les dates pivots ci-après pour la procédure budgétaire 2014 :

1. le Conseil fera le nécessaire pour adopter sa position et la transmettre au Parlement européen pour le 11 septembre 2013 au plus tard, afin de dégager plus facilement en temps voulu un accord avec le Parlement européen ;

2. la commission des budgets du Parlement européen voterait sur les amendements à la position du Conseil avant la fin de la semaine 41 (mi-octobre) au plus tard ;

3. un trilogue sera convoqué dans l'après-midi du 16 octobre avant la lecture du Parlement européen ;

4. le Parlement européen votera en séance plénière dans le cadre de la lecture du projet pendant la semaine 43 ;

5. la période de conciliation débutera le 24 octobre. En accord avec les dispositions de l'article 314, paragraphe 4, point c), du TFUE, le délai prévu pour la conciliation prendra fin le 13 novembre 2013 ;

6. le comité de conciliation se réunira le 4 novembre dans les locaux du Parlement européen et le 11 novembre dans ceux du Conseil ; les réunions du comité de conciliation seront préparées par un ou des trilogues. Un trilogue est prévu pour le 7 novembre. Un ou des trilogues supplémentaires peuvent être convoqués pendant les 21 jours que dure la période de conciliation.

B. Le Parlement européen, le Conseil et la Commission fixent également les modalités de fonctionnement du comité de conciliation, qui figurent en annexe, lesquelles seront d'application jusqu'à l'entrée en vigueur du nouvel accord interinstitutionnel.

Annexe

Modalités de fonctionnement du comité de conciliation en 2013

1. Si le Parlement européen vote des amendements à la position du Conseil, le président du Conseil prendra note, au cours de la même séance plénière, des différences entre les positions des deux institutions et donnera au président du Parlement européen son accord pour une convocation immédiate du comité de conciliation. La lettre de convocation du comité de conciliation sera envoyée le jour du vote en séance plénière et la période de conciliation commencera le jour suivant. Le délai de 21 jours est calculé en application du règlement (CEE, Euratom) n° 1182/71 portant détermination des règles applicables aux délais, aux dates et aux termes.

2. Si le Conseil ne peut accepter tous les amendements votés par le Parlement européen, il confirmera sa position par une lettre envoyée avant la date prévue pour la première réunion du comité de conciliation (voir point A.6). Dans ce cas, le comité de conciliation se déroulera dans les conditions énoncées aux points suivants.

[1] Doc. *Conseil 12248/13 FIN 433 INST 401* du 15 juillet 2013, pp. 2/7.

3. Une série commune de documents (documents de départ) comparant les différentes étapes de la procédure budgétaire sera mise à la disposition du comité de conciliation[1]. Elle comprendra des montants "ligne par ligne"[2], des totaux par rubrique du cadre financier et un document comparatif contenant à la fois les montants ainsi que les observations budgétaires et les amendements ligne par ligne relatifs à toutes les lignes budgétaires réputées techniquement "ouvertes". Ces documents seront classés selon la nomenclature budgétaire.

D'autres documents seront également annexés aux documents de départ destinés au comité de conciliation[3].

4. En vue de parvenir à un accord avant la fin de la période de conciliation, le ou les trilogues :

- définiront la portée des négociations des questions budgétaires à aborder ;

- examineront les questions en suspens recensées au titre du tiret précédent en vue de parvenir à un accord destiné à être approuvé par le comité de conciliation ;

- aborderont des questions thématiques, notamment par rubrique du cadre financier pluriannuel, éventuellement sur la base d'un ou de plusieurs documents de travail ou documents officieux.

Dans la mesure du possible, des conclusions provisoires seront établies conjointement au cours de chaque trilogue ou immédiatement après, en même temps que l'ordre du jour de la réunion suivante. Ces conclusions seront consignées par l'institution accueillant le trilogue.

5. Les conclusions provisoires du ou des trilogues et un document indiquant les lignes budgétaires pour lesquelles un accord sera provisoirement intervenu lors du ou des trilogues seront disponibles lors de la ou des réunions du comité de conciliation, en vue de leur éventuelle approbation.

6. La Commission prend toutes les initiatives nécessaires pour rapprocher les positions du Parlement européen et du Conseil. Dans cette perspective, l'égalité complète de traitement et d'information est garantie tant pour le Conseil que pour le Parlement européen.

7. Le texte commun prévu à l'article 314, paragraphe 5, du TFUE est élaboré par les Secrétariats du Parlement européen et du Conseil avec l'aide de la Commission. Il consistera en une note de transmission adressée au

---

[1] Ces étapes sont les suivantes : le budget 2013 (y compris les budgets rectificatifs adoptés) ; le projet de budget initial ; la position du Conseil sur le projet de budget ; les amendements du Parlement européen à la position du Conseil et les lettres rectificatives présentées par la Commission. À des fins de comparaison, le projet de budget initial ne comprendra que les lettres rectificatives examinées lors des lectures tant du Conseil que du Parlement européen.

[2] Les lignes techniquement closes seront mises en évidence dans les documents de départ. On entend par "ligne budgétaire techniquement close" une ligne pour laquelle il n'existe aucun désaccord entre le Parlement européen et le Conseil et qui n'a fait l'objet d'aucune lettre rectificative, sans préjudice de la décision finale du comité de conciliation.

[3] Notamment une lettre sur les possibilités d'exécution établie par la Commission concernant la position du Conseil et les amendements du Parlement européen ; une lettre rectificative pour l'agriculture (et, si nécessaire, pour d'autres domaines) ; éventuellement, la note du système d'alerte pour les prévisions budgétaires établie en automne par la Commission et plusieurs lettres éventuelles émanant d'autres institutions concernant la position du Conseil et les amendements du Parlement européen.

président du Parlement européen et au président du Conseil contenant la date de l'accord au sein du comité de conciliation et des annexes qui comprendront :

- les montants ligne par ligne pour tous les postes du budget[4] et des montants récapitulatifs par rubrique du cadre financier ;

- un document consolidé indiquant les montants et le texte final des modifications apportées au projet de budget[5] ou à la position du Conseil.

Le comité de conciliation peut aussi approuver des conclusions et d'éventuelles déclarations communes relatives au budget 2014.

8. Le texte commun sera traduit dans toutes les langues (par les services du Parlement européen) et sera soumis à l'approbation des deux branches de l'autorité budgétaire dans les 14 jours suivant la date de l'accord sur le texte commun en application du point 6 ci-dessus.

Le budget fera l'objet d'une mise au point par les juristes-linguistes après l'adoption du texte commun, en intégrant les annexes du texte commun et les lignes budgétaires n'ayant pas été modifiées au cours du processus de conciliation.

9. L'institution accueillant le trilogue ou la réunion du comité de conciliation assurera l'interprétation avec un régime linguistique intégral pour la ou les réunions du comité de conciliation et un régime linguistique approprié pour le ou les trilogues.

L'institution accueillant la réunion assurera la reproduction et la diffusion des documents de séance.

Les services des trois institutions coopéreront pour la transcription des résultats des négociations en vue de la mise au point du texte commun.

10. Afin que le comité de conciliation puisse achever ses travaux, les institutions agiront dans un esprit de coopération loyale, en échangeant en temps opportun les informations et documents utiles au niveau formel et informel et en entretenant régulièrement des contacts à tous les niveaux tout au long de la procédure budgétaire grâce au rôle proactif de leurs négociateurs respectifs."

---

[4] Les lignes n'ayant pas été modifiées par rapport au projet de budget ou à la position du Conseil seront mises en évidence.

[5] Y compris les lettres rectificatives examinées lors des lectures tant du Conseil que du Parlement européen.

CONCLUSIONS COMMUNES DE LA RÉUNION DU COMITÉ DE CONCILIATION DES 11 ET 12 NOVEMBRE 2013[1]

BUDGET 2014 – CONCLUSIONS COMMUNES

Les conclusions communes portent sur les sections suivantes :

1. Budget 2014

2. Budget 2013 – budgets rectificatifs n° 8/2013 et 9/2013

3. Déclarations

1. Budget 2014

1.1. Lignes "clôturées"

Sauf indication contraire dans les conclusions ci-après, toutes les lignes budgétaires qui n'ont été modifiées ni par le Conseil ni par le Parlement ainsi que celles pour lesquelles le Parlement a accepté les modifications apportées par le Conseil lors de leurs lectures respectives du budget sont confirmées.

Pour les autres postes budgétaires, le comité de conciliation a abouti aux conclusions suivantes :

1.2. Questions horizontales

Organismes décentralisés

Le nombre de postes attribués à l'ensemble des organismes décentralisés est fixé au niveau proposé par la Commission dans le projet de budget, sauf dans les cas suivants :

- *Agence européenne de la sécurité aérienne* (EASA), pour laquelle sept postes supplémentaires ont été autorisés ;
- *Autorité bancaire européenne* (EBA), pour laquelle huit postes supplémentaires ont été autorisés ;
- *Autorité européenne des assurances et des pensions professionnelles* (EIOPA), pour laquelle trois postes supplémentaires ont été autorisés ;
- *Autorité européenne des marchés financiers* (ESMA), pour laquelle cinq postes supplémentaires ont été autorisés ;
- *Bureau européen d'appui en matière d'asile* (EASO), pour lequel deux postes supplémentaires ont été autorisés, et
- *Europol,* pour lequel deux postes supplémentaires ont été autorisés.

---

[1] Doc. *PE P7_TA(2013)0472* du 20 novembre 2013, annexe, et *Conseil 16025/13 PV/CONS 54 ECOFIN 1004 BUGET 63* du 21 janvier 2014, pp. 4/23.

La contribution de l'Union (en crédits d'engagement et de paiement) pour les organismes décentralisés est fixée au niveau proposé par la Commission dans le projet de budget, sauf dans les cas suivants :

- *Autorité bancaire européenne* (EBA), pour laquelle un montant supplémentaire de 2,1 millions d'euros est retenu, sur la base d'une clé de répartition attribuant 40 % du financement à l'Union (60 % devant être cofinancés par les autorités de surveillance nationales) ;

- *Autorité européenne des assurances et des pensions professionnelles* (EIOPA), pour laquelle un montant supplémentaire de 1,2 million d'euros est retenu, sur la base d'une clé de répartition attribuant 40 % du financement à l'Union (60 % devant être cofinancés par les autorités de surveillance nationales) ;

- *Autorité européenne des marchés financiers* (ESMA), pour laquelle un montant supplémentaire de 2,0 millions d'euros est retenu, sur la base d'une clé de répartition attribuant 40 % du financement à l'Union (60 % devant être cofinancés par les autorités de surveillance nationales) ;

- *Bureau européen d'appui en matière d'asile* (EASO), pour lequel un montant supplémentaire de 0,130 million d'euros est retenu ;

- *Europol*, pour lequel un montant supplémentaire de 1,7 million d'euros est retenu, et

- *Frontex*, pour laquelle un montant supplémentaire de 2,0 millions d'euros est retenu.

Le comité de conciliation souscrit à la déclaration commune sur les organismes décentralisés suivante :

"*Le Parlement européen, le Conseil et la Commission rappellent l'importance de réduire progressivement les effectifs de l'ensemble des institutions, organes et agences de l'Union de 5 % dans les cinq années à venir, selon ce qui a été convenu au point 23 du projet d'accord interinstitutionnel sur la discipline budgétaire, la coopération en matière budgétaire et la bonne gestion financière.*

Le Parlement européen et le Conseil s'engagent à procéder progressivement à ladite réduction des effectifs de 5 % durant la période 2013-2017, tout en insistant sur le bon fonctionnement des agences, afin qu'elles puissent s'acquitter des tâches qui leur ont été attribuées par l'autorité législative. À cet égard, ils estiment que des mesures supplémentaires, y compris d'ordre structurel, pourraient être nécessaires pour parvenir à cette réduction dans les organismes décentralisés. Dans ce contexte, la Commission continuera à examiner les possibilités de fusion et/ou de suppression de certaines des agences existantes, et/ou d'autres moyens d'obtenir des synergies.

Dans le prolongement des travaux effectués par le groupe de travail interinstitutionnel, dont le résultat a été l'approche commune sur les organismes décentralisés adoptée en juillet 2012, le Parlement européen, le Conseil et la Commission conviennent de la nécessité d'un contrôle plus étroit et plus permanent de l'évolution des organismes décentralisés afin de garantir une approche cohérente. Sans préjudice de leurs prérogatives respectives, ils conviennent d'instituer un groupe de travail interinstitutionnel spécifique dans le but de définir une trajectoire de développement claire pour les agences, sur la base de critères objectifs. Le groupe devrait en particulier débattre des points suivants :

- évaluation des tableaux des effectifs au cas par cas ;

- moyens de fournir des crédits et des effectifs suffisants pour les missions supplémentaires attribuées aux différentes agences par l'autorité budgétaire ;

- traitement réservé aux agences qui sont intégralement ou partiellement financées par des redevances ;

- structure administrative des agences, modèles de financement, gestion des recettes affectées ;

- réévaluation des besoins ; fusions/fermetures potentielles ; transfert de tâches à la Commission.

Le Parlement européen et le Conseil tiendront dûment compte des résultats obtenus par le groupe de travail interinstitutionnel dans les délibérations qu'ils mèneront en leur qualité d'autorité législative et budgétaire".

Agences exécutives

La contribution de l'Union (en crédits d'engagement et en crédits de paiement) et le nombre de postes destinés aux agences exécutives sont fixés au niveau proposé par la Commission dans la lettre rectificative n° 2/2014.

Initiatives technologiques conjointes

La contribution de l'Union (en crédits d'engagement et en crédits de paiement) et le nombre de postes destinés aux initiatives techniques conjointes sont fixés au niveau proposé par la Commission dans le projet de budget, tel que modifié par la lettre rectificative n° 1/2014.

Projets pilotes/actions préparatoires

Un ensemble de 68 projets pilotes et actions préparatoires ont été convenus pour un montant de 79,4 millions d'euros en crédits d'engagement, tel que l'a proposé le Parlement. Lorsqu'un projet pilote ou une action préparatoire semble couvert par une base juridique existante, la Commission peut proposer le virement des crédits vers la base juridique correspondante afin de faciliter la mise en œuvre de l'action en question.

Cet ensemble de projets et d'actions respecte intégralement les plafonds prévus par le règlement financier pour les projets pilotes et les actions préparatoires.

1.3. Rubriques de dépenses du cadre financier – crédits d'engagement

Compte tenu des conclusions qui précèdent sur les lignes budgétaires "clôturées", les agences, les projets pilotes et les actions préparatoires, le comité de conciliation a convenu de ce qui suit :

Sous-rubrique 1a

Les crédits d'engagement sont fixés au niveau proposé par la Commission dans le projet de budget, tel que modifié par les lettres rectificatives n° 1 et 2/2014, avec les exceptions suivantes :

en millions d'euros

Ligne budgétaire	Intitulé	Augmentation/réduction des crédits d'engagement		
		PB 2014	Budget 2014	Différence
01 02 01	Coordination, surveillance et communication relatives à l'Union économique et monétaire, y compris l'euro	13,000	11,000	- 2,000
04 03 01 02	Dialogue social	38,500	-	- 38,500

04 03 01 05	Séances d'information et de formation en faveur des organisations de travailleurs	-	18,600	18,600
04 03 01 06	Information, consultation et participation des représentants des entreprises	-	7,250	7,250
04 03 01 08	Relations industrielles et dialogue social	-	15,935	15,935
04 03 02 02	EURES – Encourager la mobilité géographique des travailleurs et multiplier les possibilités d'emploi	19,310	21,300	1,990
04 03 02 03	Microfinance et entrepreneuriat social – Faciliter l'accès au financement pour les entrepreneurs, en particulier les personnes les plus éloignées du marché du travail, et pour les entreprises sociales	25,074	26,500	1,426
06 02 05	Activités de soutien à la politique européenne des transports et aux droits des passagers, y compris activités de communication	16,019	20,019	4,000
09 03 01	Accélérer le déploiement des réseaux à haut débit	-	10,000	10,000
09 04 01 01	Renforcement de la recherche dans le domaine des FET – Technologies émergentes et futures	241,003	246,003	5,000
15 02 10	Événements annuels spéciaux	-	3,000	3,000
	Total			**26,701**

Par conséquent, et compte tenu des projets pilotes et actions préparatoires ainsi que des organismes décentralisés, la marge sous le plafond des dépenses de la sous-rubrique 1a est de 76,0 millions d'euros.

Sous-rubrique 1b

Les crédits d'engagement sont fixés au niveau proposé dans le projet de budget, tel que modifié par la lettre rectificative n° 1/2014, à l'exception de ceux des lignes budgétaires suivantes, pour lesquelles un montant de 2,5 millions d'euros en crédits d'engagement est retenu dans chaque cas :

- 13 03 67 "Stratégies macrorégionales 2014-2020 – Stratégie européenne pour la région de la mer Baltique – Assistance technique", et
- 13 03 68 "Stratégies macro-régionales 2014-2020 – Stratégie de l'Union européenne pour la région du Danube – Assistance technique".

En outre, en ce qui concerne le Fonds européen d'aide aux plus démunis (chapitre 04 06), un montant supplémentaire de 134,9 millions d'euros en crédits d'engagement est retenu. Un montant correspondant en crédits d'engagement est viré à partir du Fonds social européen (FSE, chapitre 04 02), selon la répartition suivante :

- 67,9 millions d'euros pour les "Régions moins développées" (ligne budgétaire 04 02 60) ;
- 22,2 millions d'euros pour les "Régions en transition" (ligne budgétaire 04 02 61), et
- 44,8 millions d'euros pour les "Régions plus développées" (ligne budgétaire 04 02 62).

L'instrument de flexibilité sera mobilisé à hauteur de 89,3 millions d'euros pour octroyer une assistance supplémentaire à Chypre.

Rubrique 2

Les crédits d'engagement sont fixés au niveau proposé par la Commission dans le projet de budget, tel que modifié par la lettre rectificative n° 2/2014, avec l'exception suivante :

- ligne budgétaire 05 08 80 relative à la participation de l'Union à l'exposition universelle Milan 2015 "Nourrir la planète – Énergie pour la vie", pour laquelle un montant supplémentaire de 1 million d'euros en crédits d'engagement est retenu.

Par conséquent, et compte tenu des projets pilotes et actions préparatoires, la marge sous le plafond des dépenses de la rubrique 2 est de 35,8 millions d'euros.

Rubrique 3

Les crédits d'engagement sont fixés au niveau proposé par la Commission dans le projet de budget, tel que modifié par la lettre rectificative n° 2/2014, avec les exceptions suivantes :

en millions d'euros

Ligne budgétaire	Intitulé	Renforcement des crédits d'engagement		
		PB 2014	**Budget 2014**	**Différence**
15 04 02	Soutenir les secteurs de la culture et de la création pour opérer en Europe et au-delà et pour encourager la circulation transnationale et la mobilité	52,922	53,922	1,000
15 04 03	Sous-programme MEDIA – Soutenir les secteurs de la culture et de la création pour opérer dans l'Union et au-delà et pour encourager la circulation transnationale et la mobilité	102,321	103,321	1,000
16 02 01	L'Europe pour les citoyens – Conforter la mémoire et renforcer la capacité de participation civique au niveau de l'Union	21,050	23,050	2,000
16 03 01 01	Actions multimédia	18,740	25,540	6,800
33 02 02	Promouvoir la non-discrimination et l'égalité	30,651	31,151	0,500
	Total			**11,300**

Par conséquent, et compte tenu des projets pilotes et actions préparatoires ainsi que des organismes décentralisés, la marge sous le plafond des dépenses de la rubrique 3 est de 7,0 millions d'euros.

Rubrique 4

Les crédits d'engagement sont fixés au niveau proposé par la Commission dans le projet de budget, tel que modifié par la lettre rectificative n° 2/2014, avec les exceptions suivantes :

en millions d'euros

Ligne budgétaire	Intitulé	Augmentation/réduction des crédits d'engagement		
		PB 2014	**Budget 2014**	**Différence**
01 03 02	Aide macrofinancière	76,257	60,000	- 16,257
19 02 01	Réponse aux situations de crise et de crise émergente (Instrument de stabilité)	201,867	204,337	2,470
19 02 02	Aide à la prévention des conflits, à la préparation aux crises et à la consolidation de la paix (Instrument de stabilité)	22,000	22,494	0,494
19 05 01	Coopération avec les pays tiers afin de promouvoir et défendre les intérêts de l'Union européenne ainsi que ceux qu'elle partage avec d'autres pays	100,511	106,109	5,598
21 02 01 01	Amérique latine – réduction de la pauvreté et développement durable	205,735	0,000	- 205,735
21 02 01 02	Amérique latine – démocratie, État de droit, bonne gouvernance et respect des droits de l'homme	48,259	0,000	- 48,259
21 02 02 01	Asie – réduction de la pauvreté et développement durable	581,964	0,000	- 581,964
21 02 02 02	Asie – démocratie, État de droit, bonne gouvernance et respect des droits de l'homme	154,699	0,000	- 154,699

21 02 03 01	Asie centrale – réduction de la pauvreté et développement durable	65,240	0,000	- 65,240
21 02 03 02	Asie centrale – démocratie, État de droit, bonne gouvernance et respect des droits de l'homme	4,911	0,000	- 4,911
21 02 04 01	Moyen-Orient – réduction de la pauvreté et développement durable	37,305	0,000	- 37,305
21 02 04 02	Moyen-Orient – démocratie, État de droit, bonne gouvernance et respect des droits de l'homme	13,107	0,000	- 13,107
21 02 05 01	Afrique du Sud – réduction de la pauvreté et développement durable	22,768	0,000	- 22,768
21 02 05 02	Afrique du Sud – démocratie, État de droit, bonne gouvernance et respect des droits de l'homme	2,530	0,000	- 2,530
21 02 06 01	Pan-Afrique – réduction de la pauvreté et développement durable	85,210	0,000	- 85,210
21 02 06 02	Pan-Afrique – démocratie, État de droit, bonne gouvernance et respect des droits de l'homme	9,468	0,000	- 9,468
21 02 07 01	Biens publics mondiaux – réduction de la pauvreté et développement durable	620,988	0,000	- 620,988
21 02 07 02	Biens publics mondiaux – démocratie, État de droit, bonne gouvernance et respect des droits de l'homme	19,036	0,000	- 19,036
21 02 07 03	Environnement et changement climatique	0,000	163,094	163,094
21 02 07 04	Énergie durable	0,000	82,852	82,852
21 02 07 05	Développement humain	0,000	163,094	163,094
21 02 07 06	Sécurité alimentaire et agriculture durable	0,000	197,018	197,018
21 02 07 07	Migration et asile	0,000	46,319	46,319
21 02 08 01	Acteurs non étatiques et autorités locales – Réduction de la pauvreté et développement durable	183,452	0,000	- 183,452
21 02 08 02	Acteurs non étatiques et autorités locales – Démocratie, État de droit, bonne gouvernance et respect des droits de l'homme	61,151	0,000	- 61,151
21 02 08 03	La société civile dans le développement	0,000	212,399	212,399
21 02 08 04	Autorités locales du développement	0,000	36,366	36,366
21 02 09	Proche-Orient	0,000	51,182	51,182
21 02 10	Asie centrale	0,000	71,571	71,571
21 02 11	Pan-Afrique	0,000	97,577	97,577
21 02 12	Amérique latine	0,000	259,304	259,304
21 02 13	Afrique du Sud	0,000	25,978	25,978
21 02 14	Asie	0,000	537,057	537,057
21 02 15	Afghanistan	0,000	203,497	203,497
21 03 01 01	Pays méditerranéens – droits de l'homme et mobilité	205,355	211,087	5,731
21 03 01 02	Pays méditerranéens – réduction de la pauvreté et développement durable	680,400	687,811	7,411
21 03 01 03	Pays méditerranéens – mesures propres à instaurer la confiance, sécurité et prévention et règlement des conflits	75,950	80,199	4,249
21 03 01 04	Soutien au processus de paix et aide financière à la Palestine et à l'Office de secours et de travaux des Nations unies pour les réfugiés de Palestine (UNRWA)	250,000	300,000	50,000
21 03 02 01	Partenariat oriental – droits de l'homme et mobilité	240,841	247,067	6,226
21 03 02 02	Partenariat oriental – réduction de la pauvreté et développement durable	335,900	339,853	3,953
21 03 02 03	Partenariat oriental – mesures propres à instaurer la confiance, sécurité et prévention et règlement des conflits	11,800	12,966	1,166
21 03 03 03	Soutien à d'autres coopérations plurinationales dans les pays relevant du voisinage	163,277	163,771	0,494
21 04 01	Renforcer le respect des droits de l'homme et des libertés fondamentales et soutenir les réformes démocratiques	127,841	132,782	4,941
21 05 01	Menaces pesant sur la sécurité mondiale et transrégionale (Instrument de stabilité)	81,514	82,255	0,741
21 08 02	Coordination et sensibilisation dans le domaine du développement	11,700	13,331	1,631
22 02 01	Aide en faveur de l'Albanie, de la Bosnie-Herzégovine, du Kosovo, du Monténégro, de la Serbie et de l'ancienne République yougoslave de Macédoine			
22 02 01 01	Soutenir les réformes politiques et l'alignement progressif sur l'acquis communautaire ainsi que son adoption, sa mise en œuvre et son exécution	248,565	249,800	1,235

22 02 01 02	Soutenir le développement économique, social et territorial	248,565	249,800	1,235
22 02 03	Aide en faveur de la Turquie			
22 02 03 01	Soutenir les réformes politiques et l'alignement progressif sur l'acquis communautaire ainsi que son adoption, sa mise en œuvre et son exécution	292,938	294,173	1,235
22 02 03 02	Soutenir le développement économique, social et territorial	292,938	294,173	1,235
22 03 01	Soutien financier visant à encourager le développement économique de la communauté chypriote turque	30,000	31,482	1,482
23 02 01	Mise à disposition rapide et efficace d'une aide humanitaire et d'une assistance alimentaire en fonction des besoins	859,529	874,529	15,000
	Total			**131,755**

Par conséquent, et compte tenu des projets pilotes et actions préparatoires, la marge sous le plafond des dépenses de la rubrique 4 est de 10,0 millions d'euros.

Rubrique 5

En ce qui concerne les tableaux des effectifs des sections concernées, le niveau proposé par la Commission dans le projet de budget tel que modifié par la lettre rectificative n° 2/2014 est retenu, sauf en ce qui concerne le Parlement européen, pour lequel sa propre lecture est adoptée.

Les crédits d'engagement sont fixés au niveau proposé par la Commission dans le projet de budget, tel que modifié par la lettre rectificative n° 2/2014, avec l'exception suivante :

- les montants correspondant aux incidences des adaptations éventuelles des rémunérations, qui ne sont pas prises en compte dans les budgets de chaque section à ce stade, en attendant l'arrêt de la Cour de justice. Le comité de conciliation souscrit à la déclaration commune suivante :

"*Le Parlement européen et le Conseil conviennent de ne pas inclure à ce stade les crédits relatifs aux adaptations salariales proposées, à hauteur de 1,7 % pour 2011 et de 1,7 % pour 2012 dans le budget pour 2014, en attendant l'issue des affaires pendantes devant la Cour de justice.*

Si la Cour de justice se prononce en faveur de la Commission, cette dernière présentera un projet de budget rectificatif en 2014 pour couvrir les adaptations salariales proposées, concernant toutes les sections. Dans ce cas de figure, le Parlement européen et le Conseil s'engagent à statuer rapidement sur ledit projet de budget rectificatif" ;

- En outre, en ce qui concerne les crédits des autres sections, le niveau proposé par le Parlement européen est retenu, avec les exceptions suivantes :

  - pour la Cour des comptes (section V), le taux d'abattement proposé par le Conseil est approuvé ;

  - pour la Cour de justice (section IV), à l'exclusion de la réduction de 0,6 million d'euros proposée par le Parlement européen ;

  - pour le Service européen pour l'action extérieure (section X), à l'exclusion du transfert des représentants spéciaux de l'Union proposé par le Parlement européen. Le comité de conciliation souscrit à la déclaration commune suivante :

"*Le Parlement européen et le Conseil conviennent d'examiner le transfert des crédits pour les représentants spéciaux de l'Union européenne du budget de la Commission (section III) vers le budget du Service européen pour l'action extérieure (section X) dans le contexte de la procédure budgétaire 2015*" ;

- En outre, trois nouvelles lignes (30 01 16 01, 30 01 16 02, 30 01 16 03) sont introduites dans le budget de la Commission (section III), avec le niveau de crédits correspondant à celui proposé par le Parlement européen dans sa lecture.

Par conséquent, et compte tenu des projets pilotes et actions préparatoires, la marge sous le plafond des dépenses de la rubrique 5 est de 316 millions d'euros.

Création du groupe de fonctions AST/SC

Les tableaux des effectifs de l'ensemble des institutions et organes de l'Union seront modifiés afin de tenir compte de la création, dans le statut du personnel, d'un nouveau groupe de fonctions AST/SC, tel que proposé dans la lettre rectificative n° 2/2014.

Rubrique 6

Les crédits d'engagement sont fixés au niveau proposé par la Commission dans le projet de budget.

1.4. Instruments spéciaux

Les crédits d'engagement pour la réserve pour aides d'urgence et le Fonds européen d'ajustement à la mondialisation sont fixés au niveau proposé par la Commission dans le projet de budget.

1.5. Crédits de paiement

Le montant global des crédits de paiement pour le budget pour 2014 s'élève à 135 504 613 000 euros.

La position du Conseil sur le projet de budget est utilisée comme point de départ pour procéder, comme suit, à la répartition des crédits de paiement sur l'ensemble des lignes budgétaires en 2014 :

1. Premièrement, il est tenu compte du niveau convenu des crédits d'engagement pour les dépenses non dissociées, pour lesquelles le niveau des crédits de paiement est par définition égal à celui des engagements ;

2. Cette méthode s'applique également, par analogie, aux organismes décentralisés, pour lesquels la contribution de l'Union en termes de crédits d'engagement est fixée au niveau proposé à la section 1.2 ci-dessus ;

3. Les crédits de paiement pour les *nouveaux* projets pilotes et les *nouvelles* actions préparatoires sont fixés à 50 % des crédits d'engagement correspondants ou au niveau proposé par le Parlement s'il est inférieur ; dans le cas d'une *prolongation* de projets pilotes ou d'actions préparatoires existants, le niveau des paiements correspond au montant fixé dans le projet de budget, auquel on ajoute un montant équivalent à 50 % des nouveaux crédits d'engagement correspondants, ou au niveau proposé par le Parlement s'il est inférieur ;

4. Les montants suivants en crédits de paiement sont prévus de manière spécifique :

a) Le niveau des crédits de paiement du Fonds de solidarité de l'Union européenne est fixé, pour 2014, à 150 000 000 euros ;

b) Les crédits de paiement pour les initiatives technologiques conjointes sont fixés au niveau proposé dans la lettre rectificative n° 1/2014, tandis que ceux pour les accords de pêche internationaux sont établis au niveau proposé dans la lettre rectificative n° 2/2014 ;

c) Le niveau des crédits de paiement pour le "Soutien au processus de paix et aide financière à la Palestine et à l'Office de secours et de travaux des Nations unies pour les réfugiés de Palestine (UNRWA)" est fixé à 200 000 000 euros ;

d) Le niveau des crédits de paiement pour les stratégies macrorégionales 2014-2020 est fixé à 50 % du niveau des engagements défini à la sous-rubrique 1b, comme indiqué à la section 1.3 ci-dessus ;

e) Le niveau des crédits de paiement pour les événements annuels spéciaux est fixé au niveau des engagements défini à la sous-rubrique 1a, comme indiqué à la section 1.3 ci-dessus ;

5. Le niveau des crédits de paiement établi aux paragraphes 2 à 4 a une incidence nette de 285 millions d'euros, si l'on compare avec la position du Conseil sur le projet de budget pour les postes de dépenses concernés. En tenant compte de la différence entre le niveau global des crédits de paiement, soit 135 504 613 000 euros, et la position du Conseil sur le projet de budget, le montant restant, à savoir 215 millions d'euros, permet une augmentation des crédits de paiement répartie sur l'ensemble des lignes budgétaires ayant des crédits dissociés, qui n'ont pas fait l'objet de règles spécifiques définies au paragraphes 2 à 4 ci-dessus, proportionnellement à la différence entre le projet de budget proposé par la Commission et la position du Conseil.

Dans le cadre du compromis global, le comité de conciliation souscrit à la déclaration commune relative aux crédits de paiement suivante :

"*Le Parlement européen, le Conseil et la Commission rappellent leur responsabilité partagée, consacrée par l'article 323 du traité sur le fonctionnement de l'Union européenne (TFUE), qui dispose que* "le Parlement européen, le Conseil et la Commission veillent à la disponibilité des moyens financiers permettant à l'Union de remplir ses obligations juridiques à l'égard des tiers*".*

Le Parlement européen et le Conseil rappellent la nécessité de veiller, en fonction de l'exécution, à une évolution ordonnée des paiements afin d'éviter un transfert anormal d'engagements restant à liquider ("RAL") vers le budget pour 2015. À cet égard, ils auront recours le cas échéant aux différents mécanismes de flexibilité prévus dans le règlement sur le CFP, entre autres à son article 13.

Le Parlement européen et le Conseil conviennent de fixer le niveau des crédits de paiement à 135 504 613 000 euros pour l'exercice 2014. Ils demandent à la Commission d'engager toute action nécessaire, sur la base des dispositions du projet de règlement fixant le CFP et du règlement financier, pour couvrir la responsabilité conférée par le traité et, en particulier, après avoir examiné la possibilité de réaffectation des crédits concernés, en tenant notamment compte de toute sous-exécution prévisible des crédits (article 41, paragraphe 2, du règlement financier), pour demander des crédits de paiement supplémentaires dans un budget rectificatif si les crédits inscrits au budget 2014 sont insuffisants pour couvrir les dépenses.

Le Parlement européen et le Conseil se prononceront sur tout projet de budget rectificatif dans les plus brefs délais afin d'éviter toute insuffisance dans les crédits de paiement. En outre, le Parlement européen et le Conseil s'engagent à traiter rapidement tout virement éventuel de crédits de paiement, y compris d'une rubrique du cadre financier pluriannuel à l'autre, de façon à utiliser au mieux les crédits de paiement inscrits au budget et à les adapter aux besoins concrets et à une exécution effective.

Le Parlement européen, le Conseil et la Commission suivront de près l'état de l'exécution du budget pour 2014 pendant tout l'exercice, et en particulier en ce qui concerne la sous-rubrique 1b (Cohésion économique, sociale et territoriale) et le développement rural au titre de la rubrique 2 (Croissance durable : ressources naturelles). Ce suivi prendra la forme de réunions interinstitutionnelles spécialement organisées, conformément au point 36 de l'annexe de l'accord interinstitutionnel, afin de faire le point sur l'exécution des paiements et les prévisions révisées".

Le Conseil prend acte de la déclaration commune du Parlement européen et de la Commission sur les crédits de paiement [voir pages 352-353[2]].

1.6. Commentaires budgétaires

Tous les amendements introduits par le Parlement européen ou par le Conseil concernant le texte des commentaires budgétaires sont adoptés, moyennant les modifications présentées à l'annexe 1, étant entendu qu'ils ne peuvent modifier ou étendre le champ d'application d'une base légale existante ou affecter l'autonomie administrative des institutions, et que l'action peut être couverte par des ressources disponibles.

1.7. Lignes budgétaires nouvelles

Sauf indication contraire dans les conclusions communes arrêtées par le comité de conciliation ou adoptées conjointement par les deux branches de l'autorité budgétaire dans leur lecture respective, la nomenclature budgétaire telle que proposée par la Commission dans son projet de budget et ses lettres rectificatives n° 1 et 2/2014 demeurera inchangée, à l'exception des intitulés des projets pilotes et des actions préparatoires.

Ces modifications apportées à la nomenclature, qui ont été approuvées d'un commun accord, concernent les lignes budgétaires suivantes :

Ligne budgétaire	Intitulé
04 03 01 05	Actions de formation et d'information en faveur des organisations de travailleurs
04 03 01 06	Information, consultation et participation des représentants des entreprises
04 03 01 08	Relations industrielles et dialogue social
15 02 01	Promouvoir l'excellence et la coopération dans le domaine de l'éducation, de la formation et de la jeunesse en Europe, son adéquation par rapport au marché du travail et la participation des jeunes à la vie démocratique en Europe
15 02 01 01	Éducation et formation
15 02 01 02	Jeunesse
15 02 10	Événements annuels spéciaux
21 02 07 03	Environnement et changement climatique
21 02 07 04	Énergie durable
21 02 07 05	Développement humain
21 02 07 06	Sécurité alimentaire et agriculture durable
21 02 07 07	Migration et asile
21 02 08 03	La société civile dans le développement

[2] Le Conseil a fait une déclaration dans ce contexte (voir page 353).

21 02 08 04	Autorités locales du développement
21 02 09	Proche-Orient
21 02 10	Asie centrale
21 02 11	Pan-Afrique
21 02 12	Amérique latine
21 02 13	Afrique du Sud
21 02 14	Asie
21 02 15	Afghanistan
30 01 16 01	Pensions d'ancienneté des anciens députés au Parlement européen
30 01 16 02	Pensions d'invalidité des anciens députés au Parlement européen
30 01 16 03	Pensions de survie des anciens députés au Parlement européen

Les commentaires relatifs aux nouvelles lignes budgétaires concernant le dialogue social, tels que proposés par la Commission, figurent en annexe.

1.8. Réserves

La réserve de 2 000 000 euros constituée par le Parlement européen à la ligne budgétaire 01 02 01, intitulée "Coordination, surveillance et communication relatives à l'Union économique et monétaire, y compris l'euro", est adoptée.

1.9. Recettes

Le volet recettes du budget est approuvé tel qu'il était proposé par la Commission dans le projet de budget modifié par la lettre rectificative n° 2/2014, le niveau des paiements étant adapté selon ce qui a été convenu en comité de conciliation.

2. Budget 2013

Le projet de budget rectificatif (PBR) n° 8/2013 est approuvé, à hauteur des montants proposés par le Conseil.

Le projet de budget rectificatif (PBR) n° 9/2013 est approuvé tel que proposé par le Conseil, moyennant les modifications suivantes :

1. Une augmentation de 200 000 000 euros est convenue sur les lignes budgétaires suivantes, afin de combler les besoins non encore couverts en 2013 dans le domaine de la recherche :

en millions d'euros

Ligne budgétaire	Intitulé	Augmentation des crédits de paiement en 2013
06 06 02 03	Entreprise commune SESAR	12,458
08 02 02	Coopération – Santé – Entreprise commune pour l'initiative en matière de médicaments innovants	17,981
08 04 01	Coopération – Nanosciences, nanotechnologies, matériaux et nouvelles technologies de production	19,936
08 06 01	Coopération – Environnement (y compris le changement climatique)	2,804

08 10 01	Idées	41,884
08 19 01	Capacités – Soutien du développement cohérent des politiques de recherche	0,406
09 04 01 01	Appui à la coopération en matière de recherche dans le domaine des technologies de l'information et de la communication (TIC – Coopération)	40,813
10 03 01	Activités nucléaires du Centre commun de recherche (JRC)	0,406
15 07 77	Personnes	63,313
	Total	**200,000**

2. Il est convenu de redéployer des crédits de paiement, à hauteur de 50 000 000 euros en 2013, à partir des lignes budgétaires suivantes :

en millions d'euros

Ligne budgétaire	Intitulé	Redéploiement des crédits de paiement		
		Budget 2013	**PBR n° 9/2013**	**Différence**
01 03 02	Aide macrofinancière			10,000
04 05 01	Fonds européen d'ajustement à la mondialisation (FEM)			13,116
08 01 04 31	Agence exécutive pour la recherche (REA)			3,915
08 01 05 01	Dépenses liées au personnel de recherche			7,230
08 01 05 03	Autres dépenses de gestion pour la recherche			15,739
	Total			**50,000**

Le redéploiement des crédits de paiement pour les dépenses d'appui administratif dans la recherche (chapitre 08 01) en 2013 concerne les dépenses non différenciées, qui entraînent une réduction correspondante des crédits d'engagement (- 26 900 000 euros) sur les trois dernières lignes du tableau ci-dessus.

Un montant de 250 000 000 euros de crédits de paiement destinés au Fonds de solidarité de l'Union européenne est inclus dans le budget pour 2013, tandis qu'un montant de 150 000 000 euros de crédits de paiement destinés au Fonds de solidarité de l'Union européenne est inclus dans le budget pour 2014.

3. Déclarations

Les déclarations adoptées lors de la réunion du comité de conciliation sont présentées pages 352-354.

Annexe 1 – modification des commentaires budgétaires

En ce qui concerne la section 1.6 des conclusions communes, les modifications suivantes sont convenues par rapport aux commentaires budgétaires votés par le Conseil et le Parlement européen :

Sous-rubrique 1a

04 03 01 05 Actions de formation et d'information en faveur des organisations de travailleurs

Commentaires

Ce crédit est destiné à couvrir les dépenses afférentes aux actions d'information et de formation en faveur des organisations de travailleurs – y compris en faveur des représentants des organisations de travailleurs dans les pays candidats – découlant de ~~la mise en œuvre de~~ l'action de l'Union **dans le cadre**

de la concrétisation de l'espace social de l'Union. De telles actions devraient aider les organisations de travailleurs à **faire face** aux grands enjeux de la politique européenne en matière sociale et d'emploi, telle qu'elle est définie dans la stratégie "Europe 2020" ~~ainsi que dans l'agenda social~~, et dans le contexte d'initiatives de l'Union visant à surmonter les conséquences de la crise économique.

~~Par ailleurs, ce crédit est aussi destiné à fournir une aide aux programmes de travail des deux instituts syndicaux que sont l'Institut syndical européen (ETUI) et le Centre européen pour les travailleurs (EZA), qui ont été établis pour promouvoir le développement des capacités par des mesures éducatives et la recherche au niveau européen, y compris dans les pays candidats, pour associer davantage les représentants des travailleurs dans les processus décisionnels.~~

Ce crédit est destiné à couvrir notamment les activités suivantes :

– l'aide aux programmes de travail de deux instituts syndicaux spécifiques, à savoir l'Institut syndical européen (ETUI) et le Centre européen pour les travailleurs (EZA), qui ont été établis pour faciliter le développement des capacités par la formation et la recherche au niveau européen ainsi que pour améliorer le degré d'engagement des représentants des travailleurs dans la gouvernance européenne,

– les actions d'information et de formation en faveur des organisations de travailleurs – y compris en faveur des représentants des organisations de travailleurs dans les pays candidats – découlant de la mise en œuvre de l'action de l'Union relative à la concrétisation de l'espace social de l'Union,

– les mesures qui mobilisent les représentants des partenaires sociaux dans les pays candidats dans le but spécifique de promouvoir le dialogue social au niveau de l'Union. Il vise enfin à encourager l'égalité de participation des femmes et des hommes au sein des organes de décision des organisations de travailleurs.

Bases légales

Tâche découlant des compétences spécifiques directement attribuées à la Commission par l'article 154 du traité sur le fonctionnement de l'Union européenne.

Convention passée en 1959 entre la Haute Autorité de la Communauté européenne du charbon et de l'acier et le Centre international d'information, de sécurité et d'hygiène du travail du Bureau international du travail.

Directive 89/391/CEE du Conseil du 12 juin 1989 concernant la mise en œuvre de mesures visant à promouvoir l'amélioration de la sécurité et de la santé des travailleurs au travail (JO L 183 du 29.6.1989, p. 1), et ses directives particulières.

Directive 92/29/CEE du Conseil du 31 mars 1992 concernant les prescriptions minimales de sécurité et de santé pour promouvoir une meilleure assistance médicale à bord des navires (JO L 113 du 30.4.1992, p. 19).

04 03 01 06 Information, consultation et participation des représentants des entreprises

Commentaires

~~Ce crédit est destiné à fournir un financement pour les actions visant à favoriser le développement de la participation des travailleurs dans les entreprises, en application des directives 97/74/CE et 2009/38/~~

~~CE concernant les comités d'entreprise européens, des directives 2001/86/CE et 2003/72/CE concernant l'implication des travailleurs dans la société européenne et la société coopérative européenne, de la directive 2002/14/CE établissant un cadre général relatif à l'information et la consultation des travailleurs dans la Communauté européenne et de l'article 16 de la directive 2005/56/CE sur les fusions transfrontalières des sociétés de capitaux.~~

~~Il couvre le financement des actions visant à renforcer la coopération transnationale des représentants des travailleurs et des employeurs en matière d'information, de consultation et de participation des travailleurs dans les entreprises exerçant leurs activités dans plusieurs États membres. De courtes formations destinées aux négociateurs et aux représentants au sein des structures transnationales d'information, de consultation et de participation peuvent être financées dans ce contexte. Les partenaires sociaux des pays candidats peuvent également y prendre part. Ce crédit peut être utilisé pour financer des mesures permettant aux partenaires sociaux d'exercer leurs droits et de remplir leur mission en matière de participation des travailleurs, notamment dans les comités d'entreprise européens et au sein des PME, de se familiariser avec les accords d'entreprises transnationales et de coopérer davantage dans le domaine de la législation de l'Union sur la participation des travailleurs.~~

~~Il peut également être utilisé pour financer des mesures destinées à développer les compétences en matière de participation des travailleurs dans les différents États membres, à promouvoir la coopération entre les autorités et les acteurs concernés et à encourager les relations avec les institutions de l'Union afin de soutenir l'application de la législation de l'Union en matière de participation des travailleurs et d'en améliorer l'efficacité.~~

Ce crédit est destiné à couvrir notamment les activités suivantes :

– les mesures destinées à fixer les conditions du dialogue social et d'une participation adéquate des travailleurs dans les entreprises, telles que prévues par la directive 2009/38/CE concernant les comités d'entreprise européens, les directives 2001/86/CE et 2003/72/CE concernant l'implication des travailleurs dans, respectivement, la société européenne et la société coopérative européenne, la directive 2002/14/CE établissant un cadre général relatif à l'information et la consultation des travailleurs dans la Communauté européenne, la directive 98/59/CE sur les licenciements collectifs et l'article 16 de la directive 2005/56/CE sur les fusions transfrontalières des sociétés de capitaux ;

– peuvent être financées dans ce contexte des initiatives destinées à renforcer la coopération transnationale entre les représentants des travailleurs et ceux des employeurs en matière d'information, de consultation et de participation des travailleurs dans les entreprises opérant dans plusieurs États membres, ainsi que de courtes actions de formation destinées aux négociateurs et aux représentants au sein des structures transnationales d'information, de consultation et de participation ;
Il est possible d'y associer des partenaires sociaux des pays candidats ;

– les mesures permettant aux partenaires sociaux d'exercer leurs droits et de remplir leur mission en matière de participation des travailleurs, notamment dans les comités d'entreprise européens, de se familiariser avec les accords d'entreprises transnationales et de renforcer leur coopération dans le domaine de la législation de l'Union sur la participation des travailleurs ;

– les activités favorisant le développement de la participation des travailleurs dans les entreprises ;

– les actions novatrices relatives à la participation des travailleurs dans le but d'aider à l'anticipation des changements et à la prévention ou au règlement des différends dans le contexte

des restructurations, fusions, rachats et délocalisations concernant des entreprises et des groupes d'entreprises opérant à l'échelle de l'Union ;

– les mesures destinées à renforcer la coopération entre partenaires sociaux pour le développement de la participation des travailleurs dans la définition de solutions apportant une réponse aux conséquences de la crise économique, comme les licenciements collectifs ou la nécessité d'une réorientation vers une économie inclusive, durable et à faible émission de carbone ;

– l'échange transnational d'informations et de bonnes pratiques sur des questions relatives au dialogue social au niveau de l'entreprise.

Bases légales

Tâche découlant des compétences spécifiques directement attribuées à la Commission par les articles 154 et 155 du traité sur le fonctionnement de l'Union européenne.

Directive 94/45/CE du Conseil du 22 septembre 1994 concernant l'institution d'un comité d'entreprise européen dans les entreprises de dimension communautaire et les groupes d'entreprises de dimension communautaire en vue d'informer et de consulter les travailleurs (JO L 254 du 30.9.1994, p. 64), et notamment son article 15 sur un réexamen par la Commission.

Directive 97/74/CE du Conseil du 15 décembre 1997 étendant au Royaume-Uni la directive 94/45/CE concernant l'institution d'un comité d'entreprise européen dans les entreprises de dimension communautaire et les groupes d'entreprises de dimension communautaire en vue d'informer et de consulter les travailleurs (JO L 10 du 16.1.1998, p. 22).

Directive 2001/86/CE du Conseil du 8 octobre 2001 complétant le statut de la société européenne pour ce qui concerne l'implication des travailleurs (JO L 294 du 10.11.2001, p. 22).

Directive 98/59/CE concernant le rapprochement des législations des États membres relatives aux licenciements collectifs (JO L 225 du 12.8.1998, p. 16).

Directive 2001/23/CE concernant le rapprochement des législations des États membres relatives au maintien des droits des travailleurs en cas de transfert d'entreprises, d'établissements ou de parties d'entreprises ou d'établissements (JO L 82 du 22.3.2001, p. 16).

Directive 2002/14/CE du Parlement européen et du Conseil du 11 mars 2002 établissant un cadre général relatif à l'information et la consultation des travailleurs dans la Communauté européenne (JO L 80 du 23.3.2002, p. 29).

Directive 2003/72/CE du Conseil du 22 juillet 2003 complétant le statut de la société coopérative européenne pour ce qui concerne l'implication des travailleurs (JO L 207 du 18.8.2003, p. 25).

Directive 2005/56/CE du Parlement européen et du Conseil du 26 octobre 2005 sur les fusions transfrontalières des sociétés de capitaux (JO L 310 du 25.11.2005, p. 1).

Directive 2009/38/CE du Parlement européen et du Conseil du 6 mai 2009 concernant l'institution d'un comité d'entreprise européen ou d'une procédure dans les entreprises de dimension communautaire et les groupes d'entreprises de dimension communautaire en vue d'informer et de consulter les travailleurs (JO L 122 du 16.5.2009, p. 28).

Convention passée en 1959 entre la Haute Autorité de la Communauté européenne du charbon et de l'acier et le Centre international d'information, de sécurité et d'hygiène du travail du Bureau international du travail.

04 03 01 08 Relations industrielles et dialogue social

Commentaires

L'objectif de cette activité est de renforcer le rôle du dialogue social et de promouvoir l'adoption d'accords et d'autres actions conjointes entre les partenaires sociaux à l'échelle de l'UE. ~~Ce crédit est destiné à couvrir le financement de la participation des partenaires sociaux.~~ **Ces actions devraient aider les organisations de partenaires sociaux à apporter leur contribution** ~~à la stratégie européenne pour l'emploi ainsi que le financement de leur contribution~~ aux grands enjeux de la politique européenne en matière sociale et d'emploi, telle qu'elle est définie dans la stratégie "Europe 2020" ~~et dans l'agenda social~~, **y compris dans le contexte d'initiatives de l'Union visant à surmonter les conséquences de la crise économique, et à contribuer à l'amélioration et à la diffusion de connaissances relatives aux institutions et des pratiques régissant les relations industrielles.** ~~Il est par ailleurs destiné à financer des aides en vue de promouvoir le dialogue social sur les plans interprofessionnel et intersectoriel, conformément à l'article 154 du traité sur le fonctionnement de l'Union européenne. Ce crédit servira donc à financer les consultations, les réunions, les négociations et d'autres actions visant à atteindre les objectifs précités.~~

~~En outre, comme l'intitulé de la ligne budgétaire l'indique, ce crédit est destiné à soutenir des actions dans le domaine des relations industrielles, en particulier des actions visant à développer l'expertise et les échanges d'informations présentant un intérêt pour l'Union.~~

~~Ce crédit est destiné aussi à couvrir le financement de mesures qui mobilisent les représentants des partenaires sociaux dans les pays candidats dans le but spécifique de promouvoir le dialogue social au niveau de l'Union. Une approche tenant compte du genre est prise en considération lors de la mise en œuvre de cet objectif. et il vise dès lors à encourager l'égalité de participation des femmes et des hommes au sein des organes de décision des syndicats et des organisations patronales. Ces deux derniers éléments revêtent un caractère transversal.~~

~~Compte tenu de ces objectifs, deux sous-programmes ont été établis:~~

~~– le soutien au dialogue social européen,~~

~~– l'amélioration des compétences en matière de relations du travail.~~

Ce crédit est destiné à couvrir notamment les activités suivantes :

– les études, les consultations, les réunions d'experts, les négociations, l'information, la publication et les autres opérations directement liées à la réalisation de l'objectif précité ou des actions couverts par la présente ligne budgétaire ainsi que toute autre dépense d'assistance technique et administrative n'impliquant pas de mission de puissance publique sous-traitée par la Commission dans le cadre de contrats de prestations ponctuelles de services,

– les actions entreprises par les partenaires sociaux pour promouvoir le dialogue social (y compris les capacités des partenaires sociaux) au niveau interprofessionnel et sectoriel,

– les actions destinées à améliorer les connaissances relatives aux institutions et pratiques régissant les relations industrielles au sein de l'Union et la diffusion des résultats,

– les mesures qui mobilisent les représentants des partenaires sociaux dans les pays candidats dans le but spécifique de promouvoir le dialogue social au niveau de l'Union. Il est également prévu d'encourager l'égalité de participation des femmes et des hommes au sein des organes de décision des syndicats et des organisations patronales,

– les actions en vue de soutenir des mesures dans le domaine des relations industrielles, en particulier celles visant à développer l'expertise et les échanges d'informations présentant un intérêt pour l'Union.

Base légale

Tâche découlant des compétences spécifiques directement attribuées à la Commission par les articles 154 et 155 du traité sur le fonctionnement de l'Union européenne.

15 02 10 Événements annuels spéciaux

Commentaires

Les commentaires de cette ligne budgétaire sont formulés comme suit :

Ajouter le texte suivant :

Ce crédit est destiné à couvrir les coûts d'achèvement d'actions soutenues au titre d'événements annuels spéciaux.

Événement annuel spécial : semaine européenne MOVE

Engagements : 1 000 000 euros ; Paiements : 1 000 000 euros ;

La semaine européenne MOVE est un événement phare européen de promotion du sport et de l'activité physique à l'échelon local ainsi que de leur impact positif pour la société et les citoyens européens.

Dans le cadre du projet visant à encourager 100 millions d'Européens de plus à pratiquer une activité sportive et physique d'ici 2020, la semaine MOVE 2014 est une initiative qui associe les collectivités locales, les clubs sportifs, les écoles, les lieux de travail et les municipalités dans le cadre d'une vaste célébration du sport et de l'activité physique. Elle fait partie intégrante de la campagne européenne NowWeMove et constitue dès lors une contribution durable à une existence plus saine et plus active pour les citoyens européens.

La semaine MOVE 2014 regroupera au moins 300 manifestations des 28 États membres de l'Union et d'au moins 150 municipalités par la présentation de nouvelles initiatives dans le domaine du sport et de l'activité physique et la mise en valeur d'un très grand nombre d'actions réussies.

Événement annuel spécial : Jeux olympiques spéciaux européens d'été à Anvers (Belgique) en 2014

Engagements : 2 000 000 euros ; Paiements : 2 000 000 euros ;

Ce crédit est destiné à couvrir le coût d'actions soutenues au titre d'événements annuels spéciaux. Un montant de 2 000 000 euros est accordé au cofinancement de la manifestation pluriannuelle que sont les Jeux olympiques spéciaux européens d'été qui auront lieu à Anvers (Belgique) du 13 au 20 septembre 2014. Ce financement permettra également aux athlètes participants des 28 États membres de s'entraîner, de se préparer et d'assister aux jeux en Belgique.

La manifestation verra concourir pendant 10 jours 2 000 athlètes et leurs délégations originaires de 58 pays. Plus de 4 000 bénévoles apporteront leur aide à la réussite de cette manifestation sportive. Parallèlement au programme, d'autres manifestations scientifiques et éducatives et activités familiales seront organisées. 30 villes belges hébergeront les athlètes et Anvers accueillera la manifestation. De nombreuses manifestations spéciales auront lieu avant, pendant et après les Jeux.

LES DÉCLARATIONS ADOPTÉES LORS DE LA RÉUNION DU COMITÉ DE CONCILIATION DES 11 ET 12 NOVEMBRE 2013[1]

1. Déclaration commune relative aux crédits de paiement

"Le Parlement européen, le Conseil et la Commission rappellent leur responsabilité partagée, consacrée par l'article 323 du traité sur le fonctionnement de l'Union européenne (TFUE), qui dispose que "*le Parlement européen, le Conseil et la Commission veillent à la disponibilité des moyens financiers permettant à l'Union de remplir ses obligations juridiques à l'égard des tiers*".

Le Parlement européen et le Conseil rappellent la nécessité de veiller, en fonction de l'exécution, à une évolution ordonnée des paiements afin d'éviter un transfert anormal d'engagements restant à liquider ("RAL") vers le budget pour 2015. À cet égard, ils auront recours le cas échéant aux différents mécanismes de flexibilité prévus dans le règlement sur le CFP, entre autres à son article 13.

Le Parlement européen et le Conseil conviennent de fixer le niveau des crédits de paiement à 135 504 613 000 euros pour l'exercice 2014. Ils demandent à la Commission d'engager toute action nécessaire, sur la base des dispositions du projet de règlement fixant le CFP et du règlement financier, pour couvrir la responsabilité conférée par le traité et, en particulier, après avoir examiné la possibilité de réaffectation des crédits concernés, en tenant notamment compte de toute sous-exécution prévisible des crédits (article 41, paragraphe 2, du règlement financier), pour demander des crédits de paiement supplémentaires dans un budget rectificatif si les crédits inscrits au budget 2014 sont insuffisants pour couvrir les dépenses.

Le Parlement européen et le Conseil se prononceront sur tout projet de budget rectificatif dans les plus brefs délais afin d'éviter toute insuffisance dans les crédits de paiement. En outre, le Parlement européen et le Conseil s'engagent à traiter rapidement tout virement éventuel de crédits de paiement, y compris d'une rubrique du cadre financier pluriannuel à l'autre, de façon à utiliser au mieux les crédits de paiement inscrits au budget et à les adapter aux besoins concrets et à une exécution effective.

Le Parlement européen, le Conseil et la Commission suivront de près l'état de l'exécution du budget pour 2014 pendant tout l'exercice, et en particulier en ce qui concerne la sous-rubrique *1b* (*Cohésion économique, sociale et territoriale*) et le développement rural au titre de la rubrique *2* (*Croissance durable : ressources naturelles*). Ce suivi prendra la forme de réunions interinstitutionnelles spécialement organisées, conformément au point 36 de l'annexe de l'accord interinstitutionnel, afin de faire le point sur l'exécution des paiements et les prévisions révisées."

2. Déclaration du Parlement européen et de la Commission sur les crédits de paiement

"Le Parlement européen et la Commission rappellent la nécessité d'une flexibilité spécifique et aussi grande que possible dans le cadre du CFP pour 2014-2020. Les modifications aux bases légales proposées convenues par l'autorité législative accroîtront la pression exercée sur les plafonds de paiement au titre du CFP pour 2014-2020. Dans le contexte de la finalisation du train de mesures législatives relatives à la politique de cohésion pour la période 2014-2020 et en tenant compte de l'incidence possible de l'initiative PME, la Commission a fait une déclaration relative à l'incidence qu'aura l'accord obtenu en ce qui concerne la réserve de performance et les niveaux de préfinancement sur les besoins de paiement. S'il est estimé que l'in-

---

[1]Doc. *PE P7_TA(2013)0472* du 20 novembre 2013, pp. 13/15 de l'annexe, et *Conseil 16025/13 PV/CONS 54 ECOFIN 1004 BUDGET 63* du 21 janvier 2014, pp. 11/13.

cidence générale de ces changements sur les crédits de paiement supplémentaires dans le CFP pour 2014-2020 restera limitée, la Commission a déclaré que les fluctuations annuelles du niveau global des paiements seraient gérées par l'intermédiaire de la marge globale pour les paiements. En cas de besoin, la Commission peut avoir recours à l'instrument de flexibilité et à la marge pour imprévus, qui ont fait l'objet d'un accord dans le projet de règlement sur le CFP.

Par conséquent, la Commission entend proposer des mesures correctives en fonction de l'exécution, en utilisant, dans la mesure nécessaire, tous les instruments proposés par le nouveau CFP. En particulier, au cours de l'exercice 2014, la Commission pourrait devoir proposer un recours à la marge pour imprévus, conformément à l'article 13 du projet de règlement CFP."

3. Déclaration du Conseil relative aux crédits de paiement

"Le Conseil rappelle que les instruments spéciaux peuvent uniquement être utilisés pour faire face à des situations réellement imprévues.

Il rappelle que la marge pour imprévus ne doit pas entraîner un dépassement des plafonds totaux de crédits d'engagement et de paiement.

En ce qui concerne les autres instruments spéciaux, le Conseil rappelle que l'article 3, paragraphe 2, du projet de règlement CFP dispose que les crédits d'engagement peuvent être inscrits au budget en sus des plafonds des rubriques concernées."

4. Déclaration commune relative aux agences décentralisées

"Le Parlement européen, le Conseil et la Commission rappellent l'importance de réduire progressivement les effectifs de l'ensemble des institutions, organes et agences de l'Union de 5 % dans les cinq années à venir, selon ce qui a été convenu au point 23 du projet d'accord interinstitutionnel sur la discipline budgétaire, la coopération en matière budgétaire et la bonne gestion financière.

Le Parlement européen et le Conseil s'engagent à procéder progressivement à ladite réduction des effectifs de 5 % durant la période 2013-2017, tout en insistant sur le bon fonctionnement des agences, afin qu'elles puissent s'acquitter des tâches qui leur ont été attribuées par l'autorité législative. À cet égard, ils estiment que des mesures supplémentaires, y compris d'ordre structurel, pourraient être nécessaires pour parvenir à cette réduction dans les organismes décentralisés. Dans ce contexte, la Commission continuera à examiner les possibilités de fusion et/ou de suppression de certaines des agences existantes, et/ou d'autres moyens d'obtenir des synergies.

Dans le prolongement des travaux effectués par le groupe de travail interinstitutionnel, dont le résultat a été l'approche commune sur les organismes décentralisés adoptée en juillet 2012, le Parlement européen, le Conseil et la Commission conviennent de la nécessité d'un contrôle plus étroit et plus permanent de l'évolution des organismes décentralisés afin de garantir une approche cohérente. Sans préjudice de leurs prérogatives respectives, ils conviennent d'instituer un groupe de travail interinstitutionnel spécifique dans le but de définir une trajectoire de développement claire pour les agences, sur la base de critères objectifs. Le groupe devrait en particulier débattre des points suivants :

- évaluation des tableaux des effectifs au cas par cas ;

- moyens de fournir des crédits et des effectifs suffisants pour les missions supplémentaires attribuées aux différentes agences par l'autorité budgétaire ;

- traitement réservé aux agences qui sont intégralement ou partiellement financées par des redevances ;

- structure administrative des agences, modèles de financement, gestion des recettes affectées ;

- réévaluation des besoins ; fusions/fermetures potentielles ; transfert de tâches à la Commission.

Le Parlement européen et le Conseil tiendront dûment compte des résultats obtenus par le groupe de travail interinstitutionnel dans les délibérations qu'ils mèneront en leur qualité d'autorité législative et budgétaire."

5. Déclaration commune relative à la rubrique *5* et aux adaptations salariales

"Le Parlement européen et le Conseil conviennent de ne pas inclure à ce stade les crédits relatifs aux adaptations salariales proposées, à hauteur de 1,7 % pour 2011 et de 1,7 % pour 2012 dans le budget pour 2014, en attendant l'issue des affaires pendantes devant la Cour de justice.

Si la Cour de justice se prononce en faveur de la Commission, cette dernière présentera un projet de budget rectificatif en 2014 pour couvrir les adaptations salariales proposées, concernant toutes les sections. Dans ce cas de figure, le Parlement européen et le Conseil s'engagent à statuer rapidement sur ledit projet de budget rectificatif."

6. Déclaration commune sur les représentants spéciaux de l'UE

"Le Parlement européen et le Conseil conviennent d'examiner le transfert des crédits pour les représentants spéciaux de l'Union européenne du budget de la Commission (section III) vers le budget du Service européen pour l'action extérieure (section X) dans le contexte de la procédure budgétaire 2015."

LES AGENCES EXÉCUTIVES EN 2014

Nom	Période	Décision d'exécution de la Commission	Date	Implantation	JO L
Agence executive pour les consommateurs, la santé et l'alimentation	1.1.2014-31.12.2024	2013/770/UE	17.12.2013	Luxembourg	341 du 18.12.2013, pp. 69/72
Agence executive pour les petites et moyennes entreprises	1.1.2014-31.12.2024	2013/771/UE	17.12.2013	Bruxelles	341 du 18.12.2013, pp. 73/76
Agence exécutive "Éducation, audiovisuel et culture"	1.1.2014-31.12.2024	2013/776/UE	18.12.2013	Bruxelles	343 du 19.12.2013, pp. 46/53
Agence exécutive pour la recherche	1.1.2014-31.12.2024	2013/778/UE	13.12.2013	Bruxelles	346 du 20.12.2013, pp. 54/57
Agence exécutive du Conseil européen de la recherche	1.1.2014-31.12.2024	2013/779/UE	17.12.2013	Bruxelles	346 du 20.12.2013, pp. 58/60
Agence exécutive pour l'innovation et les réseaux	1.1.2014-31.12.2024	2013/801/UE	23.12.2013	Bruxelles	352 du 24.12.2013, pp. 65/67

LES ENTREPRISES COMMUNES EN 2014

Nom	Période	Acte de base	Date	Implantation	JO L
TFUE :					
Entreprise commune IMI* 2	Jusqu'au 31.12.2024	Règlement (UE) n° 557/2014 du Conseil	6.5.2014	Bruxelles	169 du 7.6.2014, pp. 54/76
Entreprise commune Clean Sky** 2	Jusqu'au 31.12.2024	Règlement (UE) n° 558/2014 du Conseil	6.5.2014	Bruxelles	169 du 7.6.2014, pp. 77/107
Entreprise commune "Piles à combustible et Hydrogène" (PCH 2)	Jusqu'au 31.12.2024	Règlement (UE) n° 559/2014 du Conseil	6.5.2014	Bruxelles	169 du 7.6.2014, pp. 108/129
Entreprise commune "Bio-industries" (BBI)***	Jusqu'au 31.12.2024	Règlement (UE) n° 560/2014 du Conseil	6.5.2014	Bruxelles	169 du 7.6.2014, pp. 130/151
Entreprise commune ECSEL** **	Jusqu'au 31.12.2024	Règlement (UE) n° 561/2014 du Conseil	6.5.2014	Bruxelles	169 du 7.6.2014, pp. 152/178
Entreprise commune SESAR** ** *	Jusqu'au 31.12.2024	Règlement (CE) n° 721/2014 du Conseil *(1)*	16.6.2014	Bruxelles	192 du 1.7.2014, pp. 1/8
Entreprise commune "Shift2Rail" (S2R)***	Jusqu'au 31.12.2024	Règlement (UE) n° 642/2014 du Conseil	16.6.2014	Bruxelles	177 du 17.6.2014, pp. 9/33
Traité Euratom :					
Entreprise commune pour ITER** ** ** et le développement de l'énergie de fusion (*Fusion for Energy – F4E*)	Jusqu'au 19.4.2042	Décision du Conseil 2013/791/Euratom *(2)*	13.12.2013	Barcelone	349 du 21.12.2013, pp. 100/102

** Initiative en matière de médicaments innovants*

*** Mise au point de technologies de transport aérien propres*

**** Nouvelle entreprise commune*

*** ** Electronic Components and Systems for European Leadership (Composants et systèmes électroniques pour un leadership européen). Cette nouvelle entreprise commune remplace les entreprises communes ENIAC et Artemis (voir page 134)*

*** ** * Système européen de nouvelle génération pour la gestion du trafic aérien*

*** ** ** International Thermonuclear Experimental Reactor (Réacteur thermonucléaire expérimental international)*

(1) Modification du règlement (CE) n° 219/2007 du Conseil, du 27 février 2007 (JO L 64 du 2.3.2007, pp. 1/11)

(2) Modification de la décision 2007/198/Euratom du Conseil, du 27 mars 2007 (JO L 90 du 30.3.2007, pp. 58/72)

LE CADRE LÉGISLATIF CHANGE, LE CONTEXTE BUDGÉTAIRE DEMEURE
Les procédures budgétaires de l'Union européenne pour 2012-2014

Les procédures budgétaires de l'Union européenne pour 2012-2014 se sont déroulées suivant les nouvelles règles budgétaires du traité de Lisbonne qui est entré en vigueur le 1er décembre 2009[1]. Elles comportent notamment la première procédure de conciliation budgétaire qui se soit achevée avec succès[2], ainsi que la première procédure budgétaire régie par le nouveau cadre législatif complet tenant compte à la fois des changements découlant de l'entrée en vigueur du traité de Lisbonne et du nouveau cadre financier pluriannuel pour 2014-2020[3], adopté en 2013 (voir *infra*).

Les procédures budgétaires pour 2012-2014 ont été marquées par la crise économique, financière et de l'euro à laquelle ont été confrontés pendant la période sous examen les États membres de l'Union européenne. Ainsi, comparées aux procédures budgétaires conduites dans des conditions économiques plus favorables (voir Tomes I et II), ces procédures budgétaires (ainsi que les procédures d'adoption de nombreux budgets rectificatifs en 2011-2013) ont été caractérisées avant tout par un climat de rigueur, conduisant notamment à d'importantes discussions interinstitutionnelles sur le montant des crédits de paiement à retenir dans les budgets et les budgets rectificatifs. Cette situation a conduit la Commission à qualifier la gestion budgétaire pendant la période sous examen avant tout de "gestion de la pénurie des moyens". Elle explique également en partie pourquoi les procédures budgétaires pendant la période sous examen ont été par moments hautement complexes.

Sur un plan général, les discussions budgétaires annuelles en 2011-2013 se sont concentrées avant tout autour de deux approches parfois difficilement conciliables : d'une part, celle d'un financement "adéquat" (avant tout en crédits de paiement) des engagements passés et/ou d'un accroissement des dépenses de l'Union européenne afin de relancer la croissance et les emplois et, d'autre part, celle d'une nécessité de "contenir" les dépenses de l'Union dans un esprit de discipline budgétaire, suite à la situation économique des États membres, aux procédures de déficits excessifs ou à la nécessité de laisser des marges afin de pouvoir faire face à des situations imprévues au cours des exercices budgétaires.

A. Le cadre général

1. Des procédures budgétaires annuelles dans un contexte de crise économique et financière

Pendant la période sous examen, le montant du budget de l'Union européenne (hors budgets rectificatifs) a diminué en *crédits pour engagements* de *147,2 milliards d'euros* à *142,6 milliards d'euros*[4] (-3,1 %), soit de *1,12 %* du revenu national brut estimé en 2012 à *1,06 %* en 2014. Cette diminution

---

[1] Le nouveau traité sur le fonctionnement de l'Union européenne (TFUE) a apporté d'importants changements à la procédure budgétaire annuelle de l'Union européenne, avec notamment la suppression de la distinction entre les dépenses obligatoires et les dépenses non obligatoires et les deux lectures des deux branches de l'autorité budgétaire (Parlement européen et Conseil) introduits dans les années 1970, le budget de l'UE devenant dans son intégralité "co-décidé" par le Parlement européen et le Conseil, dans le cadre d'une nouvelle "procédure de conciliation budgétaire" (voir Tome II, pp. 275/278, et pages 368-371). La première procédure budgétaire à se dérouler dans son intégralité conformément aux nouvelles dispositions du TFUE a été la procédure budgétaire pour 2011 (voir Tome II, pp. 165/247).

[2] Il s'agit de la procédure budgétaire pour 2012 (voir première partie, pages 17-134).

[3] Il s'agit de la procédure budgétaire pour 2014 (voir troisième partie, pages 219-355).

[4] En comparant ces chiffres, il convient de tenir compte de l'élargissement de l'Union européenne à la Croatie, le 1er juillet 2013 ("EU-28"). À ce titre, l'autorité budgétaire a *adapté* le cadre financier pour 2007-2013 afin de tenir compte de l'élargissement (JO L 209 du 3.8.2013, pp. 14/15) et a adopté le budget rectificatif n° 1/2013 le 4 juillet 2013 (pour un montant total de 655,1 millions d'euros en crédits d'engagement et de 374 millions d'euros en crédits de paiement ; JO L 256 du 27.9.2013, pp. 1/114).

est en ligne avec le nouveau cadre financier pluriannuel pour 2014-2020, qui prévoit en effet une baisse des dépenses de l'Union européenne[5].

En *crédits pour paiements*, le budget a augmenté de *129,1 milliards d'euros* en 2012 à *135,5 milliards d'euros* en 2014 (+5 %), ou de *0,98 %* à *1,00 %* du RNB.

En plus du nouveau cadre financier pluriannuel pour 2014-2020, cette évolution reflète la sévérité de la crise économique et financière qu'ont dû affronter les États membres de l'Union européenne, qui a eu un effet important sur le déroulement des procédures budgétaires annuelles de l'UE et sur le montant des crédits pour paiements inscrits dans les budgets adoptés pour 2012-2014, ainsi que dans les budgets rectificatifs en 2011-2013 (voir *infra*).

2. Les accords interinstitutionnels de 2006 et de 2013 et les cadres financiers pour 2007-2013 et pour 2014-2020 comme cadres de référence

Comme pour les procédures budgétaires de 2007 à 2011 (voir Tomes I et II), *l'accord interinstitutionnel du 17 mai 2006 sur la discipline budgétaire et la bonne gestion financière*[6] (l'"AII de 2006") et le *cadre financier pour 2007-2013* (le "CF") sont restés les éléments de référence par excellence pour les procédures budgétaires de l'Union européenne pour 2012 et pour 2013.

En décembre 2011, soit seize mois après la première proposition de la Commission et son rejet par le Parlement européen en décembre 2010[7], le Parlement européen et le Conseil ont adopté une *révision* du CF pour un financement complémentaire du projet ITER[8] en 2012 et 2013.

De même, le fait que la procédure budgétaire pour 2013 ait été "à la veille" du nouveau cadre financier pluriannuel pour la période 2014-2020 a eu des conséquences incontestables sur le déroulement et les résultats de la procédure, en particulier concernant le montant des crédits de paiement inscrits dans le budget.

À partir de la procédure budgétaire pour 2014, le cadre de référence est constitué du nouveau *règlement du Conseil fixant le cadre financier pluriannuel pour la période 2014-2020*[9] (le "CFP") et de *l'accord interinstitutionnel sur la discipline budgétaire, la coopération en matière budgétaire et la bonne gestion financière* (l'"AII de 2013") l'accompagnant[10], du 2 décembre 2013. Le fait que la date et le contenu des accords sur ces deux bases légales soient longtemps demeurés incertains a grandement influencé le déroulement de la procédure budgétaire pour 2014[11].

Il convient enfin de rappeler qu'en 2013, avant le début de la procédure budgétaire annuelle, l'autorité budgétaire a *adapté* le cadre financier pour 2007-2013 afin de tenir compte de l'adhésion de la Croatie à l'Union européenne le 1er juillet 2013[12].

---

[5] Voir *infra*, point 2.
[6] JO C 139 du 14.6.2006, pp. 1/17 et modification au JO C 326 du 20.12.2008, p. 3.
[7] Voir Tome II, pp. 232/234 et 238/239.
[8] *International Thermonuclear Experimental Reactor* ou Réacteur thermonucléaire expérimental international (JO L 4 du 7.1.2012, pp. 12/13). Les différentes révisions du CF sont récapitulées pages 392-393.
[9] JO L 347 du 20.12.2013, pp. 884/891. Le Parlement européen a adopté, le 15 avril 2014, un rapport sur les leçons à tirer des négociations sur le cadre financier pluriannuel pour 2014-2020, où le PE regrette notamment que *"l'assainissement budgétaire en cours dans les États membres n'a pas permis de conclure un accord plus ambitieux sur le CFP pour 2014-2020"* (doc. *PE P7_TA(2014)0378*, p. 1).
[10] JO C 373 du 20.12.2013, pp. 1/11.
[11] Voir troisième partie, pages 219-313.
[12] Voir *supra*, note en bas de page 4.

3. Un nouveau cadre législatif pour la période 2014-2020

Pendant la période sous examen, l'autorité législative a adopté, le 25 octobre 2012, un nouveau *règlement financier*[13] (le "RF de 2012"). Ce RF de 2012 est important non seulement par l'inclusion dans le RF de nouvelles dispositions suite à l'entrée en vigueur du traité de Lisbonne, mais également du point de vue plus général du développement de la bonne gestion des finances publiques de l'Union européenne, suite notamment aux enseignements de la mise en œuvre du règlement financier précédent, le RF du 25 juin 2002. Le RF de 2012 est entré en vigueur le 1er janvier 2013.

Le règlement financier du 25 octobre 2012 a fait l'objet d'une *première modification* le 15 mai 2014, afin d'y inclure des éléments de l'accord sur le nouveau cadre financier pluriannuel pour 2014-2020[14].

Fin 2013, l'autorité législative a également adopté, après de longues négociations, le *règlement du Conseil fixant le CFP* ainsi que l'*AII de 2013* qui accompagne ce règlement (voir *supra*, point 2). Il s'agit d'importantes bases légales car elles parachèvent l'intégration dans la législation financière de l'Union des effets de l'entrée en vigueur du traité de Lisbonne. Dans ce contexte, il convient de rappeler que le Parlement européen et le Conseil ne sont pas parvenus à un accord en 2010 ou 2011 sur le premier "paquet législatif Lisbonne", présenté par la Commission le 3 mars 2010[15].

Par ailleurs, l'autorité législative a adopté, en 2013 et 2014, les différentes bases légales sectorielles concernant les différents programmes de l'UE pendant la période 2014-2020 (voir *infra*, point B.4).

B. Les procédures budgétaires annuelles

Malgré les difficultés rencontrées pendant la période sous examen, le Parlement européen et le Conseil, avec l'aide de la Commission, sont de nouveau arrivés tous les ans à un accord sur le budget de l'Union européenne avant la fin de l'année *n-1*. Ceci est également vrai pour la procédure budgétaire pour 2013 qui s'est avérée particulièrement complexe.

Les trois institutions sont restées dans le cadre des AII de 2006 et de 2013 (et, depuis 2014, dans le cadre du règlement du Conseil fixant le CFP) et ont respecté les différents accords conclus pendant les différentes phases des procédures budgétaires, notamment lors des trilogues et de la deuxième réunion du comité de conciliation en novembre *n-1*.

Ces accords incluent un certain nombre de recours à différents éléments de flexibilité, prévus dans les AII de 2006 et de 2013 et dans le règlement du Conseil fixant le CFP, et de déclarations

---

[13] JO L 298 du 26.10.2012, pp. 1/96.

[14] Et notamment concernant le report des crédits d'engagement relatif au mécanisme pour l'interconnexion en Europe et à la réserve pour aides d'urgence, ainsi que la reconstitution des crédits en lien avec la réserve de performance fixée à l'article 20 du règlement (UE) nº 1303/2013 et avec l'instrument financier spécifique en faveur des petites et moyennes entreprises (JO L 163 du 29.5.2014, pp. 18/21).

[15] Le "paquet législatif Lisbonne" était composé :
- d'une proposition de règlement du Conseil fixant le cadre financier pluriannuel pour 2007-2013 ;
- d'un projet pour un nouvel accord interinstitutionnel entre le Parlement européen, le Conseil et la Commission sur la coopération en matière budgétaire, et
- d'une proposition de modification du règlement financier, afin d'inclure dans le RF notamment des éléments liés à l'entrée en vigueur du traité de Lisbonne (voir Tome II, pp. 285/286, et première partie, page 28).

communes[16] ou conjointes importantes pour le bon déroulement de la procédure budgétaire ou pour l'obtention des accords budgétaires annuels.

1. Des marges de manœuvre limitées

La marge de manœuvre de l'autorité budgétaire ou de la Commission pour faire de grands changements au cours des procédures budgétaires annuelles, ou d'un budget à l'autre, a toujours été limitée au cours de la période d'application d'un cadre financier pluriannuel. Ceci est dû non seulement au cadre financier lui-même, avec ses différents plafonds, mais également aux accords budgétaires globaux entre les deux branches de l'autorité budgétaire lors des procédures budgétaires annuelles (qui traditionnellement ne privilégient pas les "changements radicaux"), à la programmation financière ou à l'importance des montants des enveloppes financières de référence, suite à l'augmentation du nombre de programmes pluriannuels adoptés selon la procédure législative ordinaire (l'ancienne "procédure de co-décision").

Tous ces différents éléments laissent peu de marge à l'autorité budgétaire ou à la Commission et contribuent à la relative "stabilité" des montants des budgets de l'Union européenne non seulement au cours des différentes phases de la procédure budgétaire, mais également d'une année à l'autre pendant une période de programmation donnée[17].

Il est néanmoins incontestable que cette marge de manœuvre a encore été affectée à partir de 2009 par la crise économique et financière qu'ont connu les États membres de l'UE et, ceci, non seulement suite à l'évolution du contexte économique, mais également suite au durcissement de la position de plusieurs États membres qui sont confrontés à de nouvelles contraintes budgétaires au niveau national. Cet état de fait a encore été renforcé par l'entrée en vigueur du traité de Lisbonne, le Conseil étendant son pouvoir de co-décision sur tout le budget de l'Union (voir *supra*).

2. Des problèmes budgétaires récurrents

Sans préjudice des problèmes spécifiques à chaque année[18], les négociations lors des procédures budgétaires annuelles de l'Union européenne pour 2012-2014 (ainsi que lors des procédures d'adoption de nombreux budgets rectificatifs en 2011-2013) ont continué à porter – comme lors des procédures budgétaires précédentes (voir Tomes I et II) – avant tout sur la question du *montant des crédits de paiement* à retenir. Ceci est dû à un nombre de raisons :

[16] Dans le cadre des accords globaux sur les budgets de l'Union européenne pour 2011-2014, le Parlement européen et le Conseil ont adopté au total *treize* déclarations communes (quatre en 2010, trois en 2012 et six en 2013) sur un certain nombre de sujets, incluant chaque année une déclaration commune sur les crédits de paiement (voir première partie, pages 124-125, deuxième partie, pages 215-216, et troisième partie, pages 353-355).

[17] Ceci ne veut naturellement pas dire que les budgets de l'Union européenne (et les négociations budgétaires annuelles) ne doivent pas faire face chaque année par exemple à des situations imprévues, résultant notamment de catastrophes alimentaires, humanitaires et naturelles ou des effets de la mondialisation (et exigeant par exemple la mobilisation de différents Fonds et réserves, voir *infra*, point C.2), mais également suite à de nouveaux développements, engagements ou initiatives politiques (tels que résultant récemment par exemple de la situation en Ukraine ou suite au Plan d'investissement pour l'Europe (le "plan Juncker") et à la proposition de la Commission de mettre en place un nouveau Fonds européen pour les investissements stratégiques).

Un nouveau cadre financier pluriannuel ouvre par contre naturellement la possibilité de revoir la question des montants globaux, ainsi que divers aspects liés à la flexibilité du cadre, comme en témoignent les négociations sur le cadre financier pluriannuel pour 2014-2020 (voir troisième partie, pages 232-243).

[18] Comme les questions liées à la révision du cadre financier pour 2007-2013 pour un financement additionnel du projet ITER lors de la procédure budgétaire pour 2012 (voir première partie, pages 76-85).

- la *situation économique et financière difficile* dans un grand nombre d'États membres de l'Union (ce qui a conduit les États membres à porter une attention particulière au montant total des crédits de paiement à retenir dans les budgets et les budgets rectificatifs adoptés[19]) ;

- la différence croissante entre, d'une part, les *crédits d'engagement* et, d'autre part, les *crédits de paiement* inscrits dans les budgets, conduisant à une augmentation constante du "*reste(s) à liquider*" ou "RAL"[20], ou

- le volume sans cesse croissant des *paiements dus*[21] (qui résultent notamment des crédits de paiement qui ont été inscrits ces dernières années dans les budgets de l'UE à des niveaux nettement inférieurs à ceux préconisés par la Commission) ne sont que quelques aspects à prendre en compte pour expliquer cet état de fait[22].

En raison du montant sans cesse croissant du RAL (et des arriérés de paiement, mais également en raison des négociations sur le cadre financier pluriannuel pour 2014-2020, les "engagements menant pour la majeure partie à terme à des paiements"), un nombre croissant d'États membres a, en outre, attaché plus d'importance que par le passé à une "maîtrise" des crédits d'engagement proposés par la Commission[23]. Le Parlement européen et la Commission ont pour leur part avant tout défendu une augmentation des crédits de paiement afin de faire face au problème du RAL et des impayés. Le PE a également systématiquement insisté sur le fait que les paiements devraient suivre de façon quasi automatique les décisions prises concernant les engagements, tout en déplorant le fait que les négociations budgétaires interinstitutionnelles se focalisent désormais de plus en plus sur la question du paiement de "décisions passées" (et non sur des questions touchant le futur).

---

[19] La question du montant des crédits pour paiements retenu dans le budget de l'Union européenne est primordiale pour les États membres car il conditionne le montant de leurs versements au budget de l'Union au titre des "ressources propres". Par ailleurs, cette question revêt pour des raisons évidentes une grande importance pour les États membres "bénéficiaires nets".

[20] Le montant du RAL résulte du délai dans le temps entre les engagements juridiques et budgétaires envers des tiers, et les paiements correspondants, ces derniers effectués soit sur base de factures reçues, soit conformément aux préfinancements ou aux paiements intermédiaires. Le RAL reflète ainsi les engagements concrets envers les tiers (les "obligations de paiement"), mais qui ne sont pas encore dus. Les restes à liquider sont ainsi en partie une conséquence normale des crédits dissociés utilisés dans le système budgétaire de l'Union européenne (c'est-à-dire d'un système faisant une différence entre crédits d'engagement et de paiement). Ce qui est moins "normal" est l'augmentation importante du RAL surtout ces dernière années, notamment suite au manque de crédits de paiement correspondants budgétisés et disponibles.

Fin 2013, le RAL s'élevait à quelque 222,4 milliards d'euros (voir page 389), dont plus de 60 % concernaient le domaine de la politique régionale et de cohésion.

[21] Les "paiements dus" incluent aussi bien le montant des factures dues aux tiers que le volume des remboursements aux États membres suite à des paiements effectués par ceux-ci à des tiers. Suite aux montants des crédits de paiement inscrits dans les budgets annuels de l'Union ces dernières années (et qui se sont révélés insuffisants), le total des factures et des remboursements qui aurait pu être payés avant la fin de l'année budgétaire (et qui suite au manque de crédits disponibles ont été reportés à l'année suivante) a augmenté année après année, pour s'établir selon la Commission à la fin de 2013 dans le domaine de la politique régionale et de cohésion à quelque 23,4 milliards d'euros, soit 7,1 milliards d'euros de plus que fin 2012 ou 12,7 milliards de plus que fin 2011 (un montant "normal" de paiements dus à la fin de l'année étant de l'ordre de 5 à 6 milliards d'euros, des demandes de remboursement étant notamment envoyées par les États membres trop tard pour être étudiées et honorées avant fin décembre). La presse parle dans ce contexte d'"effet boule de neige de factures impayées". Pour une analyse approfondie des différentes causes ainsi que du contenu et montant exact des "arriérés de paiement" concernant la période 2007-2013, voir le document de la Commission européenne intitulé "*Elements for a payment plan to bring the EU budget back onto a sustainable track*", du 23 mars 2015.

[22] Cet état de fait a conduit la Commission à indiquer de façon répétée en 2011-2014 que suite à la crise économique et financière que traversent les États membres de l'Union européenne, la gestion du budget de l'Union est devenue une "gestion de la pénurie", avec notamment un accroissement constant de reports d'une année à l'autre de paiement de factures arrivées à échéance.

[23] Selon le schéma devenu désormais classique, le Conseil a été, les années précédentes, prêt à faire des concessions envers le Parlement européen en ce qui concerne les crédits d'engagement (et la flexibilité), en retour de concessions de la part du PE en ce qui concerne les crédits de paiement (voir Tomes I et II).

Tout ceci conduira à des négociations budgétaires difficiles également au cours des années à venir.

Les autres sujets majeurs des discussions interinstitutionnelles lors des procédures budgétaires pendant la période 2011-2014 sont restés "traditionnels"[24] :

- les questions concernant la *sous-rubrique 1a* (*"Compétitivité pour la croissance et l'emploi"*) et la *rubrique 4* (*"L'UE acteur mondial"*, puis depuis 2014 *"L'Europe dans le monde"*) du CF et du CFP ;

- les *dépenses administratives* (qui, suite à la crise économique et financière, ont fait l'objet de beaucoup d'attention de la part des deux branches de l'autorité budgétaire et de la Commission[25]) ;

- les *agences décentralisées de l'UE*, et

- les *questions liées à la flexibilité* (et surtout concernant le montant des marges et le recours à l'instrument de flexibilité).

L'*instrument de flexibilité* a été mobilisé en 2011-2013 comme suit (en crédits d'engagement) :

- au cours de la procédure budgétaire pour *2012*, pour un montant de 200 millions d'euros, afin de financer la politique de voisinage de l'Union européenne (150 millions d'euros) et la stratégie "Europe 2020" (50 millions d'euros) ;

- l'instrument de flexibilité n'a pas été mobilisé au cours de la procédure budgétaire pour *2013*. Par contre il a été mobilisé en cours d'année, par le biais du *budget rectificatif n° 7/2013*, afin de financer, pour un montant de 134 millions d'euros, une allocation supplémentaire du Fonds social européen pour l'Espagne, la France et l'Italie. C'est seulement la deuxième fois, depuis sa création en 2000, que l'instrument de flexibilité est mobilisé par voie de budget rectificatif (voir page 394), et

- au cours de la procédure budgétaire pour *2014*, pour un montant de 89,33 millions d'euros, pour financer une allocation supplémentaire des Fonds structurels pour Chypre (voir page 394).

3. Une procédure budgétaire annuelle de l'UE qui se cherche

Comme il a été indiqué *supra* (page 356), un des grands changements apportés par le traité de Lisbonne est le fait que les deux branches de l'autorité budgétaire[26] doivent désormais trouver un accord ("co-décider") sur la totalité du budget de l'Union[27].

---

[24] Notons que le budget pour la politique étrangère et de sécurité commune (PESC ; chapitre *19 03* du budget de l'Union européenne) n'a plus fait l'objet de négociations particulières entre les deux branches de l'autorité budgétaire car, suite à l'entrée en vigueur du traité de Lisbonne, le "budget PESC" a perdu sa spécificité d'avoir été le seul domaine faisant l'objet d'un traitement budgétaire *sui generis* (conformément aux points 42 et 43 de la Partie II de l'AII de 2006).

[25] Les économies dans les dépenses administratives de l'Union sont accompagnées par une réduction entre 2013 et 2017 de 5 % du personnel inscrit dans les tableaux des effectifs de toutes les institutions, organes et agences de l'UE (voir point 27 de l'AII de 2013 ; JO C 373 du 20.12.2013, p. 5).

[26] En ce qui concerne leurs budgets administratifs, le Parlement européen et le Conseil ont continué à respecter pendant la période sous examen le *"Gentlemen's agreement"* du 22 avril 1970, en s'abstenant d'intervenir dans l'examen de leurs prévisions budgétaires respectives (sections I et II du budget de l'Union européenne).

[27] Le fait que le budget de l'Union européenne et les budgets rectificatifs soient devenus co-décidés par les deux branches de l'autorité budgétaire a augmenté les possibilités de blocage que ce soit par une minorité de blocage d'États membres, soit par une minorité de blocage au Parlement européen. Ainsi, il convient de souligner l'importance de pouvoir dégager sur le projet d'accord (concernant par exemple le projet commun

Le nouveau traité n'a pourtant pas modifié fondamentalement la *dynamique* des négociations budgétaires annuelles de l'UE, comme elle s'est développée depuis les années 1970, avec son système d'accords budgétaires globaux entre les deux branches de l'autorité budgétaire, avec l'aide de la Commission. Avec les nouvelles règles budgétaires instaurées par le traité de Lisbonne (article 314 du TFUE), la *seconde réunion du comité de conciliation* en *novembre n-1* est devenue le "moment-clef" des négociations budgétaires interinstitutionnelles[28] car c'est pendant cette réunion que les accords budgétaires sont conclus – ou que l'impossibilité de parvenir à un accord sur un projet commun de budget est notée, comme c'était le cas lors de la procédure budgétaire pour 2013[29].

Il n'en demeure pas moins que seulement deux des procédures budgétaires conduites sous les règles du traité de Lisbonne (sur un total de quatre) ont comporté des procédures de conciliation budgétaires qui se sont achevées avec succès[30].

Les critiques de la nouvelle procédure budgétaire de l'UE, suite à l'entrée en vigueur du traité de Lisbonne[31], ont notamment souligné que les positions des institutions (et avant tout celui du Conseil) n'évoluent pas vraiment avant cette deuxième réunion du comité de conciliation ce qui, d'une part, n'est pas la meilleure façon de mettre à profit la période de vingt et un jours accordée par le traité aux travaux dans le cadre de la nouvelle procédure de conciliation budgétaire (et qui n'est sans doute pas la façon la plus efficace de conduire des négociations complexes) et, d'autre part, comporte le risque que les deux branches de l'autorité budgétaire ne parviennent pas à un accord, par simple manque de temps lors de cette étape décisive de la procédure budgétaire annuelle. Ceci étant, il semble difficile dans la pratique d'attendre qu'une majorité qualifiée d'États membres donnent leur accord à un "paquet", sans pression de temps favorisant l'esprit de compromis.

---

de budget) un vote à la majorité qualifiée au Conseil (en restant autant que possible, lors des points abordés, dans le cadre de l'article 314 du TFUE), tout en garantissant que le Parlement européen puisse dégager une majorité nécessaire pour l'accepter également pour sa part. La technique des "paquets d'accords" (comportant non seulement le budget pour l'année à venir, mais également un nombre de budgets rectificatifs et de déclarations communes) s'est ainsi révélée essentielle pour parvenir à ces fins (voir première partie, pages 66-71, deuxième partie, pages 180-182, et troisième partie, pages 289-297).

[28] Ainsi, lors des étapes préparatoires à la procédure de conciliation, le Conseil pris dans son ensemble, notamment dans un esprit de discipline budgétaire et afin de pouvoir faire face à des dépenses imprévues au cours de l'année budgétaire, a poursuivi sa pratique, lors de l'adoption de sa position sur le projet de budget, visant à accroître le montant des marges sous les plafonds des différentes rubriques et sous-rubriques du cadre financier pluriannuel et à opérer des réductions des crédits par rapport aux propositions de la Commission.

Le Parlement européen, quant à lui, a continué à adopter un nombre important d'amendements (voir page 397) visant avant tout à financer ses différentes priorités ou à rétablir les montants proposés par la Commission et réduits par le Conseil, y compris des amendements conduisant à dépasser les plafonds du cadre financier pluriannuel, afin d'entamer des discussions avec le Conseil sur le recours aux différents éléments de flexibilité prévus dans les AII de 2006 et de 2013 (et dans le règlement fixant le CFP).

La position du Conseil et les amendements du Parlement européen ont ainsi conservé pendant la période sous examen un caractère "tactique" en vue de la réunion de conciliation de novembre (voir Tome II, p. 303).

[29] Voir deuxième partie, page 176.

[30] Il s'agit des procédures budgétaires pour 2012 et pour 2014, la Commission ayant dû présenter (conformément à l'article 314, paragraphe 8 du TFUE) lors des procédures budgétaires pour 2011 et pour 2013 un nouveau projet de budget en novembre *n-1*, suite à l'impossibilité pour le comité de conciliation d'établir un projet commun de budget.

[31] Le plus critique envers la procédure budgétaire conformément à l'article 314 du TFUE a certainement été le Parlement européen qui, notamment lors du trilogue du 2 avril 2014, a émis de grands doutes sur le fonctionnement de la procédure de conciliation, en indiquant entre autres considérer la première réunion du comité de conciliation comme "inutile, car ne débouchant sur aucun accord, même partiel", et dénonçant les avancées au "compte-goutte" et les résultats "à l'arraché, à la dernière minute" lors de la seconde réunion du comité de conciliation. Le PE a également été très critique par exemple suite à l'absence de ministres représentant le Conseil lors des réunions du comité de conciliation (voir deuxième partie, page 175).

En définitive, les procédures budgétaires pour 2012-2014 sont restées encore des "procédures de transition", notamment parce que la "Lisbonisation" de la législation financière de l'Union n'a été parachevée qu'avec l'adoption fin 2013 du "paquet MFF" pour la période 2014-2020[32], et tenant compte du fait qu'une partie des "nouveaux éléments de flexibilité" du CFP s'appliqueront à partir de 2015 seulement[33].

Les *projets de budgets*, tels que modifiés par les *lettres rectificatives*[34] présentées par la Commission, sont demeurés les "points de référence" pendant les procédures budgétaires annuelles. Nonobstant ce fait, le montant total des *crédits de paiement* retenus dans les budgets pour 2012, 2013[35] et 2014 (budgets rectificatifs exclus) était respectivement de 3,6 milliards, de 5,1 milliards et de 0,6 milliard d'euros plus bas que proposés par la Commission.

En parallèle, comparés aux projets de budgets (lettres rectificatives incluses), les *crédits d'engagement* ont été réduits dans les budgets adoptés pour 2012 et 2013 de 531 et 9 millions d'euros respectivement, et augmentés de 77 millions d'euros dans le budget pour 2014 (budgets rectificatifs exclus).

Ceci explique en partie les difficultés découlant des montants différents en crédits d'engagement et de paiement budgétisés avec lesquels le système budgétaire de l'UE a dû composer ces dernières années – et les problèmes que les négociateurs du budget ont dû affronter chaque année en 2011-2014, surtout dans une situation où, en sus des procédures budgétaires annuelles, l'autorité budgétaire a dû adopter en 2011-2013, souvent suite à de longues négociations, un total de huit *budgets rectificatifs*[36] qui, tout en augmentant le montant des crédits d'engagement de quelque 1,5 milliard d'euros en total, ont augmenté les crédits de paiement budgétisés de près de 17,8 milliards d'euros[37].

---

[32] Et en 2014 en ce qui concerne la modification du RF de 2012, afin d'y inclure de nouvelles dispositions suite à l'adoption du règlement fixant le CFP (voir *supra*, point A.3).

[33] Voir notamment l'article 5 (intitulé "*Marge globale pour les paiements*") du règlement fixant le CFP.

[34] Voir article 314, paragraphe 2, deuxième phrase du TFUE et article 39 du RF de 2012. Au cours des procédures budgétaires pour 2012-2014, la Commission a présenté au total *six* lettres rectificatives au projet de budget. Il convient avant tout de rappeler l'importance de la lettre rectificative "*ad hoc*" (présentée par la Commission en octobre *n-1*, après la clôture de l'"année agricole", le 15 octobre), qui met à jour notamment les dépenses agricoles proposées, suite aux dernières estimations, et qui influence à ce titre le montant des dépenses de la rubrique *2* ("*Conservation et gestion des ressources naturelles*", puis depuis 2014 "*Croissance durable : ressources naturelles*") du cadre financier pluriannuel retenu dans le budget.

Ainsi, la question du montant des dépenses agricoles a de nouveau été résolue, comme lors des procédures budgétaires pour 2009-2011 (voir Tome II, p. 303), avant tout par le biais de l'adoption de cette lettre rectificative telle que proposée par la Commission. Par ailleurs, lors de la procédure budgétaire pour 2013, le contenu de la lettre rectificative "agricole" a été inclus dans le nouveau projet de budget présenté par la Commission en novembre 2012.

Il convient également de relever la lettre rectificative nº 1/2014, présentée par la Commission le 18 septembre 2013, et qui avait pour objet d'inclure dans le projet de budget pour 2014 le contenu de l'accord politique du 27 juin 2013 entre le Parlement européen, le Conseil et la Commission sur le CFP pour 2014-2020 (voir troisième partie, page 303).

[35] Le montant pour 2013 concerne le projet de budget "initial" présenté par la Commission en mai 2012.

[36] Budgets rectificatifs liés au financement des mobilisations du Fonds de solidarité de l'UE exclus.

[37] Dont 200 millions d'euros en 2011, 6 milliards d'euros en 2012 et un montant record de 11,6 milliards d'euros en 2013 (voir *infra*, point C.1). L'"étalement" de la procédure budgétaire annuelle sur toute l'année budgétaire, avec un recours à d'importants budgets rectificatifs (en termes de montants) en cours d'année pour combler le manque de crédits de paiement afin de permettre à la Commission de faire face aux demandes de paiements reçues au cours de l'exercice budgétaire, a conduit la presse à critiquer le fait que l'Union européenne a pris, depuis la crise économique et financière, l'habitude d'"adopter un budget pour une partie de l'année seulement, quitte à combler le manque de crédits de paiement budgétisés par de nombreux budgets rectificatifs adoptés en cours d'année afin de permettre à la Commission de faire face à ses obligations de paiement".

Les crédits de paiement additionnels autorisés en 2013 par le biais des budgets rectificatifs adoptés ont virtuellement épuisé la marge existant sous le plafond global des crédits pour paiements du cadre financier pluriannuel. Une "pénurie"[38] semblable des crédits de paiement disponibles permettant à la Commission de faire face aux demandes de paiements additionnelles se produira également en 2014, suite au profil des plafonds globaux des crédits pour paiements retenu dans le règlement fixant le nouveau cadre financier pluriannuel pour 2014-2020. Ceci présage de négociations budgétaires compliquées dans l'Union européenne également pendant les années à venir.

4. Une nomenclature du budget de l'Union européenne en constante évolution

Après une relative stabilité de la nomenclature du budget de l'Union européenne pour 2012 et 2013 par rapport à 2011, le budget de l'Union pour 2014 comporte d'importants changements de contenu par rapport au budget pour 2013.

Ainsi, le budget reflète non seulement les nouveaux montants et les nouvelles rubriques et sous-rubriques du CFP mais sa nomenclature a également été modifiée pour se conformer à l'accord sur le nouveau CFP et les nouvelles bases légales pour la période 2014-2020. Par la même occasion, les commentaires budgétaires ont subi de nombreuses modifications.

Par ailleurs, notons que le budget pour 2014 est le premier budget pour une Union à 28 États membres pour une année pleine.

C. L'exécution du budget de l'Union européenne

1. Un record de crédits de paiement accordés par voie de budgets rectificatifs

Le Parlement européen et le Conseil ont adopté, entre 2011 et 2013, en tout *vingt-deux budgets rectificatifs* (BR), soit en moyenne plus de sept BR par an (voir page 390). Plus que le nombre de budgets rectificatifs adoptés[39], c'est le montant des augmentations des crédits de paiement inscrits dans les budgets qui est à souligner.

Pris dans leur ensemble, les budgets rectificatifs adoptés de 2011 à 2013 ont augmenté les crédits d'engagement inscrits dans les budgets de l'Union européenne de quelque 2,7 milliards d'euros[40] (soit environ 0,6 % du montant des budgets initiaux). Les crédits de paiement quant à eux ont été augmentés de près de 18,5 milliards d'euros (soit environ 4,8 % du montant des budgets), ce qui est un record dans l'histoire financière de l'Union européenne[41].

---

[38] Cette situation est encore compliquée par les interprétations divergentes au sein du Conseil depuis 2013 concernant la question de l'inclusion (ou non) des crédits de paiement correspondant à une mobilisation en crédits d'engagement des différents "instruments spéciaux" (et avant tout du Fonds de solidarité de l'UE, du Fonds européen d'ajustement à la mondialisation et de la réserve pour aides d'urgence) sous le plafond global des crédits pour paiements.

[39] Le nombre de budgets rectificatifs adoptés en cours d'année est lié non seulement à l'exigence, suite aux RF de 2002 et de 2012, de disposer d'un budget rectificatif annuel spécifique pour l'inscription des soldes définitifs des exercices budgétaires ou à la volonté de l'autorité budgétaire d'avoir recours (depuis 2008) à des BR spécifiques pour les mobilisations du Fonds de solidarité de l'Union européenne, mais également à l'existence d'"événements exceptionnels", comme le budget rectificatif n° 1/2013 lié au financement de l'adhésion de la Croatie à l'Union européenne le 1er juillet 2013 (et non un 1er janvier, ce qui aurait permis d'inclure d'emblée dans le budget les crédits liés à l'élargissement ; voir troisième partie, page 231).

[40] Pendant la période 2008-2010, ce montant était de 4,2 milliards d'euros (voir Tome II, p. 306).

[41] Durant la période 2008-2010, les BR adoptés avaient au total réduit les crédits de paiement retenus dans les budgets annuels d'environ 7,6 milliards d'euros.

Pendant la période 2011-2013, il convient avant tout de rappeler le BR n° 6/2012, adopté le 12 décembre

Ceci démontre clairement que le montant des crédits de paiement inscrits dans les budgets adoptés (suite aux accords en conciliation, mais avant tout afin de pouvoir dégager une majorité qualifiée au sein du Conseil pour parvenir à des accords) a été sous-estimé, et que, afin de pouvoir faire face aux différents "arriérés de paiement", l'autorité budgétaire a dû recourir à la procédure des budgets rectificatifs pour permettre à l'Union européenne de faire face à ses obligations de paiement.

En d'autres termes[42], la procédure budgétaire a été "fractionnée" sur toute l'année, en partie afin de permettre d'"étaler" dans le temps les versements effectués par les États membres au titre des ressources propres.

2. D'importants appels à des réserves et à des Fonds

Entre 2011 et 2013, la *réserve pour aides d'urgence* a été mobilisée *quinze* fois (soit cinq fois par an en moyenne), pour faire face à des situations d'urgence ou de crise dans le monde, et le *Fonds de solidarité de l'Union européenne* en tout *sept* fois (soit plus de deux fois par an en moyenne), afin de faire face à diverses catastrophes naturelles.

La *réserve pour aides d'urgence* a été mobilisée en 2011 dans son entièreté en crédits d'engagement et de paiement et, en 2012, pour la totalité des crédits de paiement inscrits dans le budget (voir page 395).

Le *Fonds de solidarité de l'Union européenne*[43], quant à lui, a octroyé en novembre 2012 à l'Italie, suite aux séismes en Émilie-Romagne en mai 2012, le montant le plus important jamais mobilisé par le Fonds (soit 670,2 millions d'euros[44]).

Enfin, le *Fonds européen d'ajustement à la mondialisation* ("FEM") a été mobilisé, entre 2011 et 2013, *cinquante-quatre fois*, pour un montant total de 242,1 millions d'euros.

Après l'année record 2010[45], le nombre de mobilisations et les montants mobilisés ont été en constante diminution (voir page 396), passant de vingt-quatre mobilisations en 2011[46] (pour un montant total de 131,3 millions d'euros), à dix mobilisations en 2013 (pour un montant de 36,5 millions d'euros), ce qui est le montant mobilisé le plus bas depuis 2008[47].

Ce développement est en partie dû (une fois que les dernières demandes, déposées avant fin 2011, aient été traitées) à la fin de l'élargissement des critères pour l'octroi de l'aide du Fonds, décidée en 2009 suite à la crise économique et financière dans le contexte du plan européen pour la relance économique.

2012 (+6 milliards d'euros de crédits de paiement), ainsi que les BR nº 2/2013 et 8/2013, adoptés le 11 septembre et 19 novembre 2013 (+11,2 milliards d'euros).

[42] Voir également *supra*, note en bas de page 37.

[43] S'agissant du financement en crédits de paiement des mobilisations du Fonds de solidarité, il convient avant tout de souligner les problèmes rencontrés lors de sa seconde mobilisation en 2013, suite aux catastrophes provoquées par la sécheresse en Roumanie en été 2012, ainsi que par les inondations en Allemagne, en Autriche et en République tchèque en mai et en juin 2013 (voir troisième partie, pages 226).

[44] Voir deuxième partie, pages 141, et page 395. Le précédent record remontait à 2009 et aux 493,8 millions d'euros octroyés suite aux dégâts provoqués par un tremblement de terre dans les Abruzzes en Italie en avril 2009 (voir Tome II, p. 93).

[45] Avec trente et une mobilisations, pour un montant total de 82,1 millions d'euros (voir Tome II, pp. 173 et 254/256).

[46] La première mobilisation en 2011 a été effectuée à partir de crédits inscrits dans le budget de l'UE pour 2010 (voir pages 106 et 396).

[47] Le montant de mobilisation le plus bas (soit 18,6 millions d'euros) a été enregistré en 2007, année de la création du FEM (voir Tome II, p. 345).

3. Des excédents en diminution depuis 2010

Après l'excédent relativement important pour l'exercice pour 2010 (soit 4,5 milliards d'euros[48]), les *excédents des exercices budgétaires* annuels ont continué à diminuer pendant la période sous examen, passant de 1,5 milliard d'euros pour 2011 à 1 milliard d'euros pour 2012 et pour 2013 (voir page 389).

Cette diminution est due non seulement à l'adoption en 2011-2013 de budgets rectificatifs spécifiques destinés à utiliser les excédents pour des besoins en financement urgents et aux nouvelles règles du RF de 2012, dont le nouveau virement de "fin d'année" (article 179 ; voir troisième partie, pages 223-224, et page 389), mais s'explique avant tout par les bons taux d'exécution des crédits de paiement et le manque de crédits de paiement inscrits dans le budget de l'Union observé ces dernières années (voir *supra*).

Cette pénurie de crédits de paiement présage des discussions budgétaires difficiles également pour les années à venir.

---

[48] Ce montant est en partie dû à la non-adoption en 2010 du projet de budget rectificatif n° 10/2010, qui avait notamment pour objet de réduire le montant de l'excédent (voir Tome II, pp. 171/172).

ANNEXES CONCERNANT L'ARTICLE 314 DU TRAITÉ SUR LE FONCTIONNEMENT DE L'UNION EUROPÉENNE

L'ARTICLE 314 DU TRAITÉ SUR LE FONCTIONNEMENT DE L'UE

I. – Préparation du projet de budget (PB) par la Commission

- Chaque institution[1] doit dresser, avant le 1er juillet *n-1*, un *état prévisionnel de ses dépenses* (paragraphe 1, premier alinéa) ;

- la Commission groupe ces états dans un *projet de budget*, qui peut comporter des prévisions divergentes (paragraphe 1, premier alinéa) ;

- le PB comprend une prévision des recettes et une prévision des dépenses (paragraphe 1, deuxième alinéa) ;

- la Commission doit présenter la proposition contenant le PB au Parlement européen et au Conseil au plus tard le 1er septembre *n-1* (paragraphe 2, premier alinéa) ;

- la Commission peut modifier le PB jusqu'à la convocation du comité de conciliation[2] (paragraphe 2, deuxième alinéa).

II. – Position du Conseil sur le projet de budget

- Le Conseil adopte[3] sa *position* sur le PB et la transmet au Parlement européen au plus tard le 1er octobre *n-1* (paragraphe 3, première phrase) ;

- le Conseil doit informer pleinement le PE des raisons qui l'ont conduit à adopter sa position (paragraphe 3, deuxième phrase).

III. – Amendements du Parlement européen

- Le Parlement européen dispose de *42 jours*, à compter de la date de transmission par le Conseil de sa position, pour :

1) *approuver*[4] la position du Conseil. Dans ce cas le budget est *adopté* (paragraphe 4, premier alinéa, a)), ou

2) *adopter*, à la majorité des membres qui le composent, des *amendements* (paragraphe 4, premier alinéa, c)) :

- le projet ainsi amendé par le PE est transmis au Conseil et à la Commission ;

    - le président du PE, en accord avec le président du Conseil, convoque sans délai le *comité de conciliation*[2]. Toutefois, le comité de conciliation ne se réunit pas si, dans un délai de *dix jours* après cette transmission, le Conseil informe le PE qu'il *approuve tous ses amendements.*

---

[1] À l'exception de la Banque centrale européenne (paragraphe 1, premier alinéa).

[2] Voir *infra*, point IV.

[3] Conformément à l'article 16, paragraphes 3 et 5 du traité sur l'Union européenne, le Conseil statue au cours de la procédure budgétaire annuelle à la *majorité qualifiée* de ses membres (voir page 371 ; voir également article 293, paragraphe 1 du TFUE).

[4] Conformément à l'article 231, premier paragraphe du TFUE, à la *majorité des suffrages exprimés*.

3) si le Parlement européen n'a *pas statué* dans ce délai de 42 jours, le budget est réputé *adopté* (paragraphe 4, premier alinéa, b)).

IV. – Le comité de conciliation

- Le comité de conciliation dispose de *vingt et un jours* à partir de sa convocation pour aboutir, sur la base des positions du Parlement européen et du Conseil, à un accord[5] sur un *projet commun* (paragraphe 5, premier alinéa) ;

- la Commission participe aux travaux du comité de conciliation et doit prendre toutes les initiatives nécessaires en vue de promouvoir un rapprochement des positions du Parlement européen et du Conseil ;

A) Si le comité de conciliation *parvient à un accord* sur un projet commun, le Parlement européen et le Conseil disposent chacun d'un délai de *quatorze jours* à compter de la date de cet accord pour *approuver* le *projet commun* (paragraphe 6) :

> 1) si le PE et le Conseil *approuvent* tous deux le projet commun ou ne *parviennent pas à statuer*, ou si *l'une* de ces institutions *approuve* le projet commun tandis que l'*autre ne parvient pas à statuer*, le budget est réputé *définitivement adopté* conformément au *projet commun* (paragraphe 7, premier alinéa, a)) ;
>
> 2) si le PE et le Conseil *rejettent*[6] tous deux le projet commun, ou si l'*une* de ces institutions *rejette* le projet commun tandis que l'*autre* ne *parvient pas à statuer*, un *nouveau projet de budget* doit être présenté par la Commission (paragraphe 7, premier alinéa, b)) ;
>
> 3) si le PE *rejette*[6] le projet commun tandis que le Conseil l'*approuve*, un *nouveau projet de budget* doit être présenté par la Commission (paragraphe 7, premier alinéa, c)) ;
>
> 4) si le PE *approuve* le projet commun tandis que le Conseil le *rejette*, le PE peut, dans un délai de *quatorze jours à compter* de la date du rejet par le Conseil et statuant à la *majorité des membres qui le composent et des trois cinquièmes des suffrages exprimés*, décider de confirmer l'ensemble ou une partie de ses amendements[7] ;
>
> Si l'un des amendements du Parlement européen n'est *pas confirmé*, la *position agréée au sein du comité de conciliation* concernant la ligne budgétaire qui fait l'objet de cet amendement *est retenue* ;
>
> Le budget est réputé *définitivement adopté* sur cette base (paragraphe 7, premier alinéa, d)).

B) Si le comité de conciliation *ne parvient pas à un accord* sur un projet commun, un nouveau *projet de budget* doit être présenté par la Commission (paragraphe 8).

V. – Constatation de l'adoption définitive du budget

Lorsque la procédure prévue à l'article 314 du traité sur le fonctionnement de l'UE est achevée, le *président du Parlement européen* constate que le budget est *définitivement adopté* (paragraphe 9).

---

[5] Le PE à la *majorité des membres qui le représentent* et le Conseil à la *majorité qualifiée* des *membres du Conseil ou de leurs représentants* (paragraphe 5, premier alinéa).

[6] Le PE statuant à la *majorité des membres qui le composent* (paragraphe 7, paragraphes b) et c)). Il convient de noter qu'une *majorité des suffrages exprimés* suffit pour *approuver* le projet commun.

[7] Voir *supra*, point III, 2).

LA PROCÉDURE BUDGÉTAIRE DE L'UNION EUROPÉENNE (ARTICLE 314 DU TFUE)

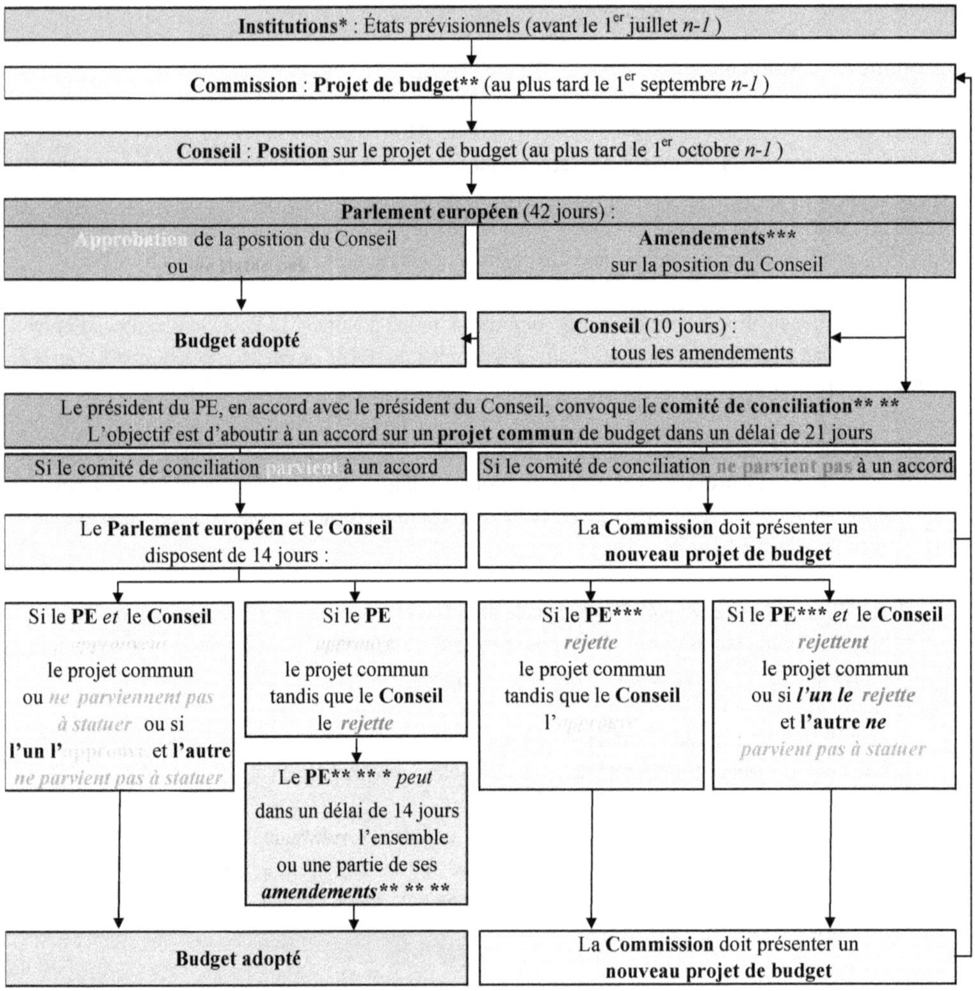

** À l'exception de la Banque centrale européenne*

*** La Commission peut présenter des lettres rectificatives au projet de budget jusqu'à la convocation du comité de conciliation*

**** Statuant à la majorité des membres qui le composent*

*** ** Le comité de conciliation réunit les membres du Conseil et autant de membres du PE. La Commission participe aux travaux*

*** ** * Statuant à la majorité des membres qui le composent et des 3/5 des suffrages exprimés*

*** ** ** Si l'un des amendements n'est pas confirmé, la position agréée au sein du comité de conciliation est retenue*

PONDÉRATION DES VOIX AU CONSEIL DU 1ER DÉCEMBRE 2009 AU 30 JUIN 2013

(Article 16, paragraphe 5 du TUE et article 3, paragraphe 3 du prototocole n° 36 sur les mesures transitoires)

Allemagne, France, Italie, Royaumi-Uni	29
Espagne, Pologne	27
Roumanie	14
Pays-Bas	13
Belgique, Grèce, Hongrie, Portugal, République tchèque	12
Autriche, Bulgarie, Suède	10
Danemark, Finlande, Irlande, Lituanie, Slovaquie	7
Chypre, Estonie, Lettonie, Luxembourg, Slovénie	4
Malte	3
Total	**345**

La *majorité qualifiée* dans le domaine budgétaire est acquise quand :
- *255* voix expriment un vote favorable (73,9 % du total) *et*
- ces voix expriment la majorité des États membres (*15* États membres dans le cas de UE-27)

Un État membre peut demander qu'il soit vérifié que les États membres constituant cette majorité qualifiée représentent au moins 62 % de la population totale de l'UE

Le seuil de 62 % de la population totale de l'Union européenne a été fixé à :
- 310,6761 millions du 1er janvier 2011 au 31 décembre 2011 (JO L 338 du 22.12.2010, pp. 47/48)
- 311,5418 millions du 1er janvier 2012 au 31 décembre 2012 (JO L 346 du 30.12.2011, pp. 17/18)
- 312,2814 millions du 1er janvier 2013 au 30 juin 2013 (JO L 16 du 19.1.2013, pp. 16/17)

"Minorité de blocage" : *91* voix *ou 14* États membres contre

PONDÉRATION DES VOIX AU CONSEIL DU 1ER JUILLET 2013 AU 31 OCTOBRE 2014[1]

Allemagne, France, Italie, Royaumi-Uni	29
Espagne, Pologne	27
Roumanie	14
Pays-Bas	13
Belgique, Grèce, Hongrie, Portugal, République tchèque	12
Autriche, Bulgarie, Suède	10
Croatie, Danemark, Finlande, Irlande, Lituanie, Slovaquie	7
Estonie, Chypre, Lettonie, Luxembourg, Slovénie	4
Malte	3
Total	**352**

La *majorité qualifiée* dans le domaine budgétaire est acquise quand :
- *260* voix expriment un vote favorable (73,9 % du total) *et*
- ces voix expriment la majorité des États membres (*15* États membres dans le cas de UE-28)

Un État membre peut demander qu'il soit vérifié que les États membres constituant cette majorité qualifiée représentent au moins 62 % de la population totale de l'UE

Le seuil de 62 % de la population totale de l'Union européenne a été fixé à :
- 312,2814 millions du 1er juillet 2013 au 31 décembre 2013 (JO L 16 du 19.1.2013, pp. 16/17)
- 313,4550 millions du 1er janvier 2014 au 31 octobre 2014 (JO L 333 du 12.12.2013, pp. 77/78)

"Minorité de blocage" : *93* voix *ou 14* États membres contre

[1] En application de l'article 16, paragraphe 4 du traité sur l'Union européenne, de l'article 238, paragraphe 2 du TFUE et de l'article 3, paragraphe 2 du protocole no 36 sur les dispositions transitoires, de nouvelles règles de vote sont entrées en application le 1er novembre 2014, avec une période transitoire s'étendant jusqu'au 31 mars 2017. Le règlement intérieur du Conseil (article 11 et annexe III) a été modifié le 29 septembre 2014 afin de tenir compte de ces changements (JO L 289 du 3.10.2014, pp. 18/20).

LES PRÉSIDENCES DU CONSEIL DE L'UNION EUROPÉENNE DE 2011 À 2014

Année	Premier semestre	Deuxième semestre
2011	Hongrie	Pologne
2012	Danemark	Chypre
2013	Irlande	Lituanie
2014	Grèce	Italie

Conformément aux conclusions du Conseil européen de Séville des 21 et 22 juin 2002, "*dans le cas particulier de l'examen du budget pour un exercice donné, les réunions des instances préparatoires du Conseil, autres que le Coreper, sont présidées par un délégué de l'État membre qui exercera la présidence au cours du deuxième semestre de l'année précédant l'exercice en cause. Il en va de même, moyennant l'accord de l'autre présidence, pour l'exercice de la présidence des sessions du Conseil au moment où les points en question sont examinés*" (doc. *Conseil 13463/02 POLGEN 52* du 24 octobre 2002, Annexe II, point 7, deuxième paragraphe)

RÈGLES DE VOTE AU CONSEIL DANS LE DOMAINE FINANCIER SUITE À L'ENTRÉE EN VIGUEUR DU TRAITÉ DE LISBONNE

Objet	Base juridique	Procédure	Règle de vote au Conseil
Décision "ressources propres"*	Article 311 du TFUE	Procédure législative *spéciale* - décision du Conseil - consultation du Parlement européen - approbation par les États membres	Unanimité
Cadre financier pluriannuel	Article 312 du TFUE	Procédure législative *spéciale* - règlement du Conseil - approbation du Parlement européen	Unanimité
Budget	Article 314 du TFUE	Procédure législative *spéciale* - accord commun entre le Parlement européen et le Conseil	Majorité qualifiée
Règlement financier	Article 322 du TFUE	Procédure législative *ordinaire* - règlement du Parlement européen et du Conseil - consultation de la Cour des comptes	Majorité qualifiée
Accords interinstitutionnels	**	Accords entre le Parlement européen, le Conseil et la Commission	Majorité qualifiée ou unanimité selon le contenu de l'accord
Déclarations	–	Déclarations du Conseil ou déclarations conjointes ou communes (avec les autres institutions)	Majorité qualifiée, unanimité ou "consensus" selon le contenu

* *Pour les mesures d'exécution du système des ressources propres : règlement du Conseil (adopté à la majorité qualifiée) après approbation du PE (article 311 du TFUE). Pour les modalités et la procédure de mise à disposition des ressources propres ainsi que pour les mesures à appliquer pour faire face aux besoins de trésorerie : règlement du Conseil (adopté à la majorité qualifiée) après consultation du PE et de la Cour des comptes (article 322 du TFUE)*

** *Mentionnés à l'article 295 du TFUE*

DÉCLARATION COMMUNE, DU 30 NOVEMBRE 2009, SUR LES MESURES TRANSITOIRES APPLICABLES À LA PROCÉDURE BUDGÉTAIRE APRÈS L'ENTRÉE EN VIGUEUR DU TRAITÉ DE LISBONNE[1]

"Le Parlement européen, le Conseil et la Commission, ci-après dénommés collectivement "les institutions", sont convenus de ce qui suit :

1. La présente déclaration vise à arrêter les mesures transitoires nécessaires pour assurer la continuité de l'action de l'UE et une transition sans heurts vers le nouveau cadre juridique applicable à la procédure budgétaire et découlant de l'entrée en vigueur du traité de Lisbonne.

2. Ces mesures transitoires s'appliqueront jusqu'à ce que les règles correspondantes soient établies dans le cadre législatif approprié.

3. La présente déclaration ne modifie pas les compétences budgétaires respectives des institutions prévues par le traité ni le droit dérivé.

I. Calendrier de la procédure budgétaire

4. Les institutions confirment leur intention d'organiser le trilogue sur les priorités budgétaires de l'année, en temps opportun, avant l'adoption du projet de budget par la Commission et, au plus tard, en avril.

5. Les institutions sont convenues que le calendrier ci-après, qui s'inspire de l'actuel calendrier pragmatique et qui est dicté par les exigences de la nouvelle procédure, sera applicable à la procédure budgétaire 2011 :

- la Commission adopte le projet de budget dans la semaine 17 (fin avril) ou, au plus tard, au cours de la semaine 18 (début mai) ;

- le Conseil achève sa lecture avant la fin de la semaine 30 (fin juillet) au plus tard.

Les institutions se réunissent pour un échange de vues, en temps utile, avant la lecture du projet par le Conseil ;

- dans le cadre de la lecture du projet, la commission des budgets (BUDG) du Parlement européen vote avant la fin de la semaine 39 (fin septembre/début octobre) ;

- dans le cadre de la lecture du projet, le Parlement européen vote en séance plénière pendant la semaine 42 (mi-octobre).

Jusqu'à ce que le comité de conciliation soit convoqué, la Commission peut, si nécessaire, modifier le projet de budget conformément à l'article 314, paragraphe 2, du TFUE y compris l'état prévisionnel actualisé des dépenses dans le domaine de l'agriculture. La Commission soumettra pour examen les informations concernant ces actualisations aux deux branches de l'autorité budgétaire dès qu'elles seront disponibles.

---

[1] Doc. *Conseil 16792/09 FIN 543 PE 367 INST 193* du 1er décembre 2009, pp. 2/7 et *PE A7-0083/2009/err01* du 9 décembre 2009, pp. 1/4.

Cette déclaration commune a été remplacée à partir du 23 decembre 2013 par l'annexe de l'AII de 2013 (JO C 373 du 20.12.2013, pp. 8/11).

Dès que le Parlement européen a voté dans le cadre de sa lecture en adoptant des amendements, comme le prévoit l'article 314, paragraphe 4, point c), du TFUE, le président du Parlement européen, en accord avec le président du Conseil, convoque sans délai le comité de conciliation. À cette fin :

- les institutions coopèrent étroitement afin que les travaux du comité de conciliation soient achevés dans un délai de vingt et un jours avant la fin de la semaine 45 (mi-novembre) ;

- en vue de préparer un accord sur un projet commun au sein du comité de conciliation, les institutions échangent, dès que possible, la documentation nécessaire.

Lorsque le comité de conciliation a abouti à un accord sur un projet commun, le Parlement européen et le Conseil s'efforcent d'approuver les résultats des travaux du comité, dès que possible, dans le cadre de l'article 314, paragraphe 6, du TFUE, conformément à leurs règlements intérieurs respectifs.

6. Sauf si les institutions conviennent d'un calendrier différent, les futures procédures budgétaires se dérouleront selon un calendrier similaire.

7. Les institutions confirment qu'elles ont l'intention d'approuver, avant adoption par la Commission du projet de budget pour 2011, les principes et modalités de collaboration dans le cadre de la procédure budgétaire, y compris l'organisation du comité de conciliation.

II. Coopération interinstitutionnelle relative aux budgets rectificatifs

Principes généraux

8. Eu égard au fait que les budgets rectificatifs sont fréquemment consacrés à des questions précises et parfois urgentes, les institutions approuvent les principes ci-après pour qu'une coopération interinstitutionnelle appropriée puisse s'instaurer afin d'adopter sans difficulté et rapidement les budgets rectificatifs tout en évitant, autant que possible, de devoir convoquer une réunion de conciliation pour les budgets rectificatifs.

9. Dans la mesure du possible, les institutions s'efforceront de limiter le nombre de budgets rectificatifs.

Calendrier

10. La Commission informera à l'avance les deux branches de l'autorité budgétaire des dates envisagées pour l'adoption de projets de budgets rectificatifs sans préjudice de la date définitive d'adoption.

11. Conformément à son règlement intérieur, chaque branche de l'autorité budgétaire s'efforcera d'examiner le projet de budget rectificatif proposé par la Commission dans les meilleurs délais après l'adoption.

12. Afin d'accélérer la procédure, les deux branches de l'autorité budgétaire veilleront à ce que leurs calendriers de travail respectifs soient, autant que possible, coordonnés pour que les travaux puissent être menés de manière cohérente et convergente. Elles s'attacheront donc à établir dès que possible un calendrier indicatif des différentes étapes conduisant à l'adoption définitive du budget rectificatif.

Les deux branches de l'autorité budgétaire tiendront compte de l'urgence relative du budget rectificatif et de la nécessité de l'adopter en temps utile pour qu'il produise ses effets durant l'année concernée.

Coopération de chaque branche de l'autorité budgétaire au cours de la lecture du projet

13. Les institutions coopéreront de bonne foi tout au long de la procédure pour permettre, autant que possible, l'adoption des budgets rectificatifs à un stade précoce de la procédure.

Le cas échéant et lorsqu'il existe un risque de divergence, chaque branche de l'autorité budgétaire, avant d'adopter sa position finale sur le budget rectificatif, ou la Commission peut proposer de convoquer un trilogue spécifique pour discuter des divergences et tenter de parvenir à un compromis.

14. Tous les projets de budgets rectificatifs proposés par la Commission qui n'ont pas encore été définitivement approuvés seront systématiquement inscrits à l'ordre du jour des trilogues prévus dans le cadre de la procédure budgétaire annuelle. La Commission présentera les projets de budgets rectificatifs et les deux branches de l'autorité budgétaire notifieront, dans la mesure du possible, leurs positions respectives avant le trilogue.

15. Si un compromis est dégagé au cours du trilogue, chaque branche de l'autorité budgétaire s'engage à tenir compte des résultats des travaux du trilogue lorsqu'elle statuera sur le budget rectificatif conformément au traité et à son règlement intérieur.

Coopération de chaque branche de l'autorité budgétaire après la lecture du projet

16. Si le Parlement européen approuve sans amendements la position du Conseil, le budget rectificatif est adopté.

17. Si le Parlement européen adopte, à la majorité des membres qui le composent, des amendements, l'article 314, paragraphe 4, point c), du TFUE s'applique. Cependant, un trilogue sera convoqué avant que le comité de conciliation ne se réunisse.

- si un accord est dégagé au cours du trilogue et sous réserve de l'accord de chaque branche de l'autorité budgétaire sur les résultats du trilogue, la conciliation sera close par un échange de lettres sans réunion du comité de conciliation.

- si aucun accord n'est dégagé au cours du trilogue, le comité de conciliation se réunira et organisera ses travaux en fonction des circonstances dans le but d'achever, autant que possible, le processus de décision avant l'expiration du délai de vingt et un jours prévu à l'article 314, paragraphe 6, du TFUE. Le comité de conciliation peut conclure ses travaux par un échange de lettres.

III. Virements

18. Si l'entrée en vigueur du traité de Lisbonne n'a pas d'incidence sur les dispositions relatives aux virements décidés par la Commission et d'autres institutions (notamment les articles 22 et 23 du règlement financier), les institutions reconnaissent que les dispositions de l'article 24 du règlement financier, fondées sur la distinction entre les dépenses obligatoires et les dépenses non obligatoires, sont rendues caduques par l'entrée en vigueur du traité de Lisbonne en raison de la suppression d'une telle distinction dans le TFUE.

19. Jusqu'à ce que les dispositions de l'article 24 du règlement financier aient été modifiées, les institutions conviennent qu'il est nécessaire de définir des procédures opérationnelles pour garantir le bon déroulement des virements. À cette fin, elles acceptent d'appliquer, à titre provisoire, l'actuel article 24, paragraphe 4, du règlement financier dont elles reconnaissent la compatibilité avec les compétences conférées aux deux branches de l'autorité budgétaire par le TFUE.

20. En pratique, la procédure de virements se déroule comme suit :

a) la Commission soumet sa proposition simultanément aux deux branches de l'autorité budgétaire ;

b) l'autorité budgétaire arrête des décisions sur les virements de crédits selon les modalités énoncées au point c), sauf dispositions contraires prévues au titre I de la deuxième partie du règlement financier ;

c) sauf cas d'urgence, le Conseil, à la majorité qualifiée, et le Parlement européen statuent sur la proposition de la Commission dans les six semaines qui suivent la date à laquelle ils reçoivent la proposition pour chaque virement qui leur est soumis ;

d) la proposition de virement est approuvée si dans le délai de six semaines :

- les deux branches de l'autorité budgétaire l'ont approuvée ;

- une des deux branches de l'autorité budgétaire l'a approuvée et l'autre s'abstient de statuer ;

- les deux branches de l'autorité budgétaire s'abstiennent de statuer ou n'ont pas pris de décision contraire à la proposition de la Commission ;

e) le délai de six semaines visé au point d) sera ramené à trois semaines, sauf demande contraire d'une des branches de l'autorité budgétaire, dans le cas où :

i) le virement représente moins de 10 % des crédits de la ligne à partir de laquelle le virement est opéré et ne dépasse pas 5 millions d'euros ;

ou

ii) le virement concerne uniquement des crédits de paiement et le montant total du virement ne dépasse pas 100 millions d'euros ;

f) si l'une des deux branches de l'autorité budgétaire a modifié le virement alors que l'autre l'a approuvé ou s'est abstenue de statuer, ou si les deux branches de l'autorité budgétaire ont modifié le virement, le plus petit montant approuvé soit par le Parlement européen soit par le Conseil est réputé approuvé, à moins que la Commission ne retire sa proposition."

LE CALENDRIER PRAGMATIQUE S'APPLIQUANT À LA PROCÉDURE BUDGÉTAIRE POUR 2012

Étape	TFUE	Date limite fixée par le traité	Calendrier pragmatique[1]	Date effective
États prévisionnels des institutions	Article 314, paragraphe 1	1er juillet *n-1*	Fin mars 2011 au plus tard**	Fin mars 2011***
Projet de budget (PB) (Commission)	Article 314, paragraphe 2	1er septembre *n-1*	Début mai 2011 au plus tard (semaine 18)	20 avril 2011** **
Position du Conseil sur le PB	Article 314, paragraphe 3	1er octobre *n-1*	Fin juillet 2011 au plus tard (semaine 30)	25 juillet 2011** ** *
Amendements du PE	Article 314, paragraphe 4	42 jours (12 novembre *n-1*)	Mi-octobre 2011 (semaine 43)	26 octobre 2011
Comité de conciliation	Article 314, paragraphe 5	21 jours (3 décembre *n-1*)	Du 1er novembre au 21 novembre 2011 (inclus)	1er – 21 novembre 2011
Approbation du projet commun (PE et Conseil)	Article 314, paragraphe 6	14 jours (17 décembre *n-1*)		30 novembre 2011 (Conseil) et 1er décembre 2011 (PE)
[PE : confirmation d'amendements]*	*Art. 314, paragraphe 7, d)*	*14 jours (31 décembre n-1)*		–
Constation de l'adoption du budget par le président du PE	Article 314, paragraphe 9			1er décembre 2011

[1] *Point 5 de la déclaration commune sur les mesures transitoires applicables à la procédure budgétaire à la suite de l'entrée en vigueur du traité de Lisbonne, adoptée le 30 novembre 2009 (voir pages 373-374) et point A de la déclaration commune sur les dates de la procédure budgétaire et les modalités de fonctionnement du comité de conciliation en 2011, adoptée le 30 mars 2011 (voir page 109)*

* *Seulement en cas d'*approbation *par le PE du projet commun et de son* rejet *par le Conseil*

** *31 mars 2011 (Lettre de la DG Budget de la Commission aux différentes institutions, du 10 décembre 2010)*

*** *Adoption de l'état prévisionnel (Estimate of expenditures) du Parlement européen (section I) en plénière le 6 avril 2011*

** ** *Adoption de l'état prévisionnel de la Commission (Statement of estimates), sur la base de l'article 314, paragraphe 1 du TFUE. La Commission a adopté le PB (conformément à l'article 314, paragraphe 2 du TFUE) dans toutes les langues officielles de l'UE et l'a mis à la disposition de l'autorité budgétaire et des parlements nationaux le 26 mai 2011 (voir première partie, pages 34-35)*

** ** * *La lettre de transmission de la position du Conseil au PE est datée du 16 septembre 2011*

LA PROCÉDURE BUDGÉTAIRE DE L'UNION EUROPÉENNE POUR 2012
(Article 314 du TFUE et déclarations communes du 30 novembre 2009 et du 30 mars 2011)

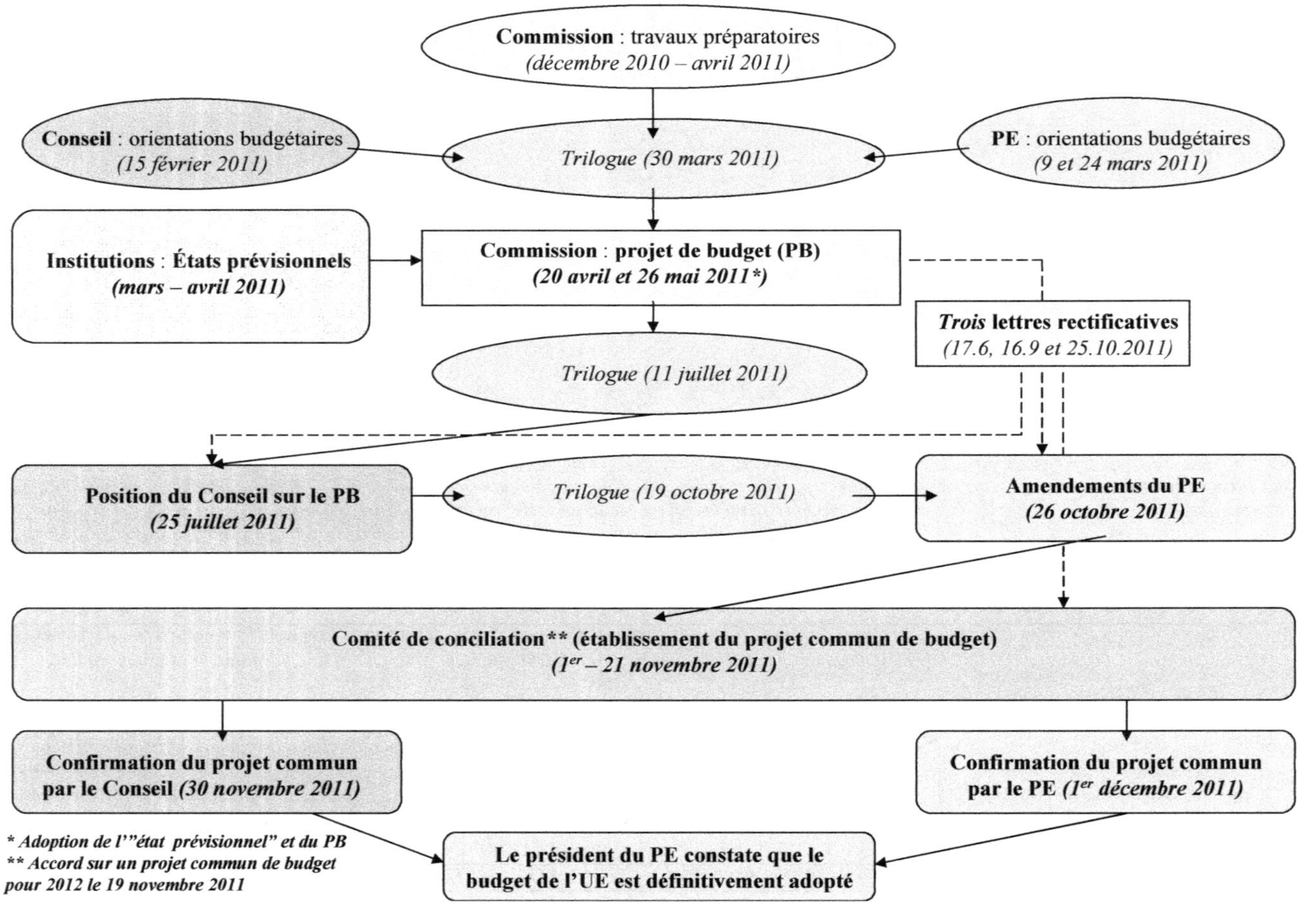

** Adoption de l'"état prévisionnel" et du PB*
*** Accord sur un projet commun de budget pour 2012 le 19 novembre 2011*

LE CALENDRIER PRAGMATIQUE S'APPLIQUANT À LA PROCÉDURE BUDGÉTAIRE POUR 2013

Étape	TFUE	Date limite fixée par le traité	Calendrier pragmatique[1]	Date effective
États prévisionnels des institutions	Article 314, paragraphe 1	1er juillet *n-1*	Fin mars 2012 au plus tard**	Fin mars 2012***
Projet de budget (PB) initial (Commission)	Article 314, paragraphe 2	1er septembre *n-1*	Début mai 2012 au plus tard (semaine 18)	25 avril 2012** **
Position du Conseil sur le PB	Article 314, paragraphe 3	1er octobre *n-1*	Fin juillet 2012 au plus tard (semaine 30)	24 juillet 2012** ** *
Amendements du PE	Article 314, paragraphe 4	42 jours (12 novembre *n-1*)	Mi-octobre 2012 (semaine 43)	23 octobre 2012
Comité de conciliation	Article 314, paragraphe 5	21 jours (3 décembre *n-1*)	Du 24 octobre au 13 novembre 2012 (inclus)	24 octobre – 13 novembre 2012
Approbation du projet commun (PE et Conseil)	Article 314, paragraphe 6	14 jours (17 décembre *n-1*)	–	–
Nouveau projet de budget (Commission)	Article 314, paragraphe 8		–	23 novembre 2012** ** **
Position du Conseil sur le nouveau PB	Article 314, paragraphe 3		–	6 décembre 2012** ** ** *
Position du Parlement européen	Article 314, paragraphe 4		–	12 décembre 2012
Constation de l'adoption du budget par le président du PE	Article 314, paragraphe 9		–	12 décembre 2012

[1] *Point 5 de la déclaration commune sur les mesures transitoires applicables à la procédure budgétaire à la suite de l'entrée en vigueur du traité de Lisbonne, adoptée le 30 novembre 2009 (voir pages 373-374) et point A de la déclaration commune sur les dates de la procédure budgétaire et les modalités de fonctionnement du comité de conciliation en 2012, adoptée le 26 mars 2012 (voir page 210)*

* *Seulement en cas d'* approbation *par le PE du projet commun et de son* rejet *par le Conseil*

** *28 mars 2012 (Lettre de la DG Budget de la Commission aux différentes institutions, du 8 décembre 2011)*

*** *Adoption de l'état prévisionnel du Parlement européen (section I) en plénière le 29 mars 2012*

** ** *Adoption de l'état prévisionnel de la Commission (voir page 377). La Commission a adopté le PB initial dans toutes les langues officielles de l'UE et l'a mis à la disposition de l'autorité budgétaire et des parlements nationaux le* 25 mai 2012 *(voir deuxième partie, page 147)*

** ** * *La lettre de transmission de la position du Conseil au PE est datée du 14 septembre 2012*

** ** ** *Mise à la disposition de l'autorité budgétaire et des parlements nationaux dans toutes les langues officielles de l'UE le 27 novembre 2012*

** ** ** * *La lettre de transmission est datée du même jour*

LA PROCÉDURE BUDGÉTAIRE DE L'UNION EUROPÉENNE POUR 2013
(Article 314 du TFUE et déclarations communes du 30 novembre 2009 et du 26 mars 2012)

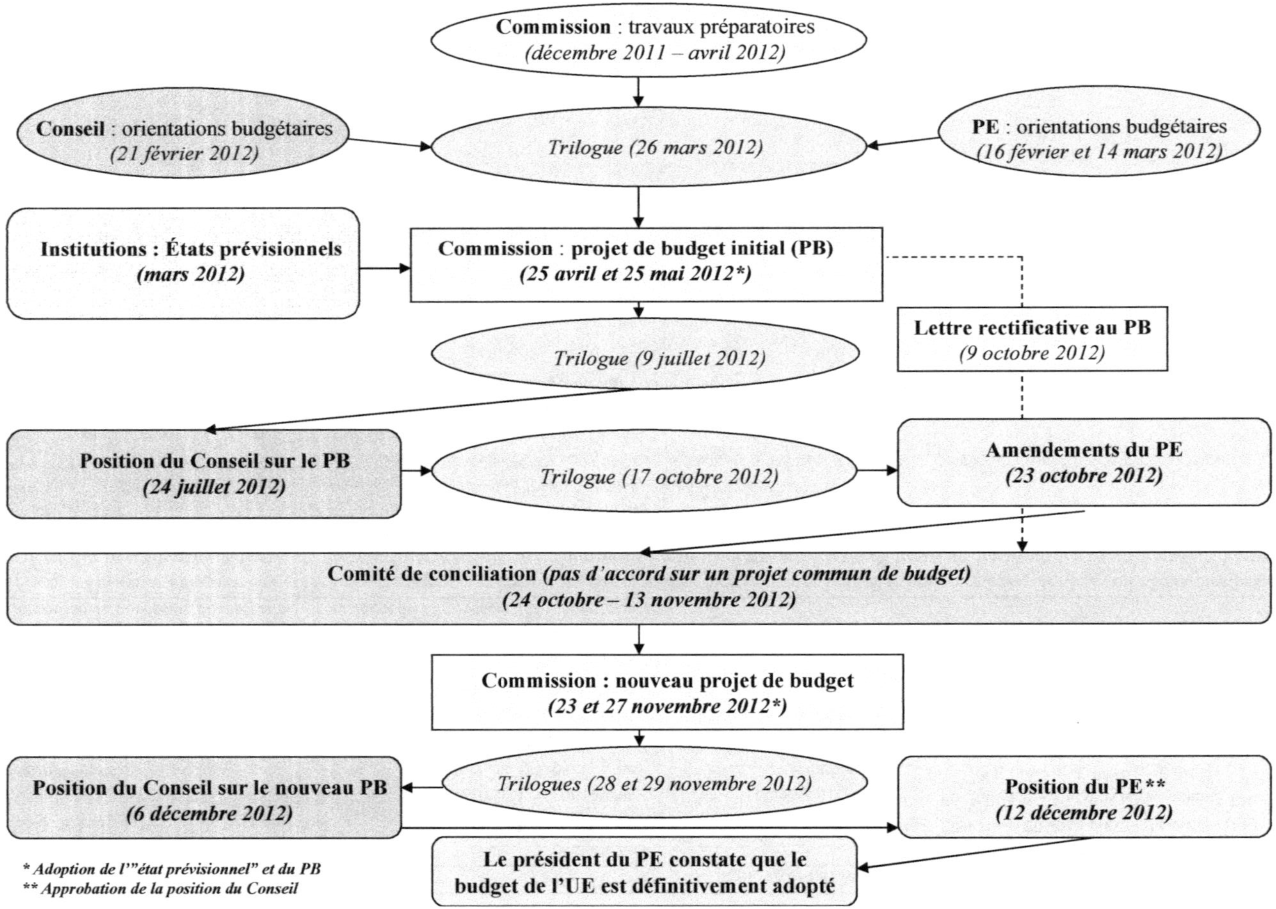

** Adoption de l'"état prévisionnel" et du PB*
*** Approbation de la position du Conseil*

LE CALENDRIER PRAGMATIQUE S'APPLIQUANT À LA PROCÉDURE BUDGÉTAIRE POUR 2014

Étape	TFUE	Date limite fixée par le traité	Calendrier pragmatique[1]	Date effective
États prévisionnels des institutions	Article 314, paragraphe 1	1er juillet *n-1*	Fin mars 2013 au plus tard**	Mi-mars 2013***
Projet de budget (PB) (Commission)	Article 314, paragraphe 2	1er septembre *n-1*		26 juin 2013** **
Position du Conseil sur le PB	Article 314, paragraphe 3	1er octobre *n-1*		2 septembre** ** *
Amendements du PE	Article 314, paragraphe 4	42 jours (12 novembre *n-1*)	Mi-octobre 2013 (semaine 41)	23 octobre 2013
Comité de conciliation	Article 314, paragraphe 5	21 jours (3 décembre *n-1*)	Du 24 octobre au 13 novembre 2013 (inclus)	24 octobre – 13 novembre 2013
Approbation du projet commun (PE et Conseil)	Article 314, paragraphe 6	14 jours (17 décembre *n-1*)		19 novembre 2013 (Conseil) et 20 novembre 2013 (PE)
[PE : confirmation d'amendements]*	*Art. 314, paragraphe 7, d)*	*14 jours (31 décembre n-1)*		–
Constatation de l'adoption du budget par le président du PE	Article 314, paragraphe 9			20 novembre 2013

[1] *Point 5 de la déclaration commune sur les mesures transitoires applicables à la procédure budgétaire à la suite de l'entrée en vigueur du traité de Lisbonne, adoptée le 30 novembre 2009 (voir pages 373-374) et point A de la déclaration commune sur les dates de la procédure budgétaire et les modalités de fonctionnement du comité de conciliation en 2013, adoptée en juillet 2013 (voir page 331)*

* *Seulement en cas d'*approbation *par le PE du projet commun et de son* rejet *par le Conseil*

** *18 mars 2013 (Lettre de la DG Budget de la Commission aux différentes institutions, du 4 décembre 2012)*

*** *Adoption de l'état prévisionnel du Parlement européen (section I) en plénière le 17 avril 2013*

** ** *Adoption de l'état prévisionnel de la Commission. La Commission a adopté le PB le 28 juin 2013 et l'a mis à la disposition de l'autorité budgétaire et des parlements nationaux dans toutes les langues officielles de l'UE (hors le Croate) le 4 juillet* 2013 *(voir troisième partie, page 249)*

** ** * *La lettre de transmission de la position du Conseil au PE est datée du 11 septembre 2013*

LA PROCÉDURE BUDGÉTAIRE DE L'UNION EUROPÉENNE POUR 2014
(Article 314 du TFUE et déclarations communes de novembre 2009 et de septembre 2013)

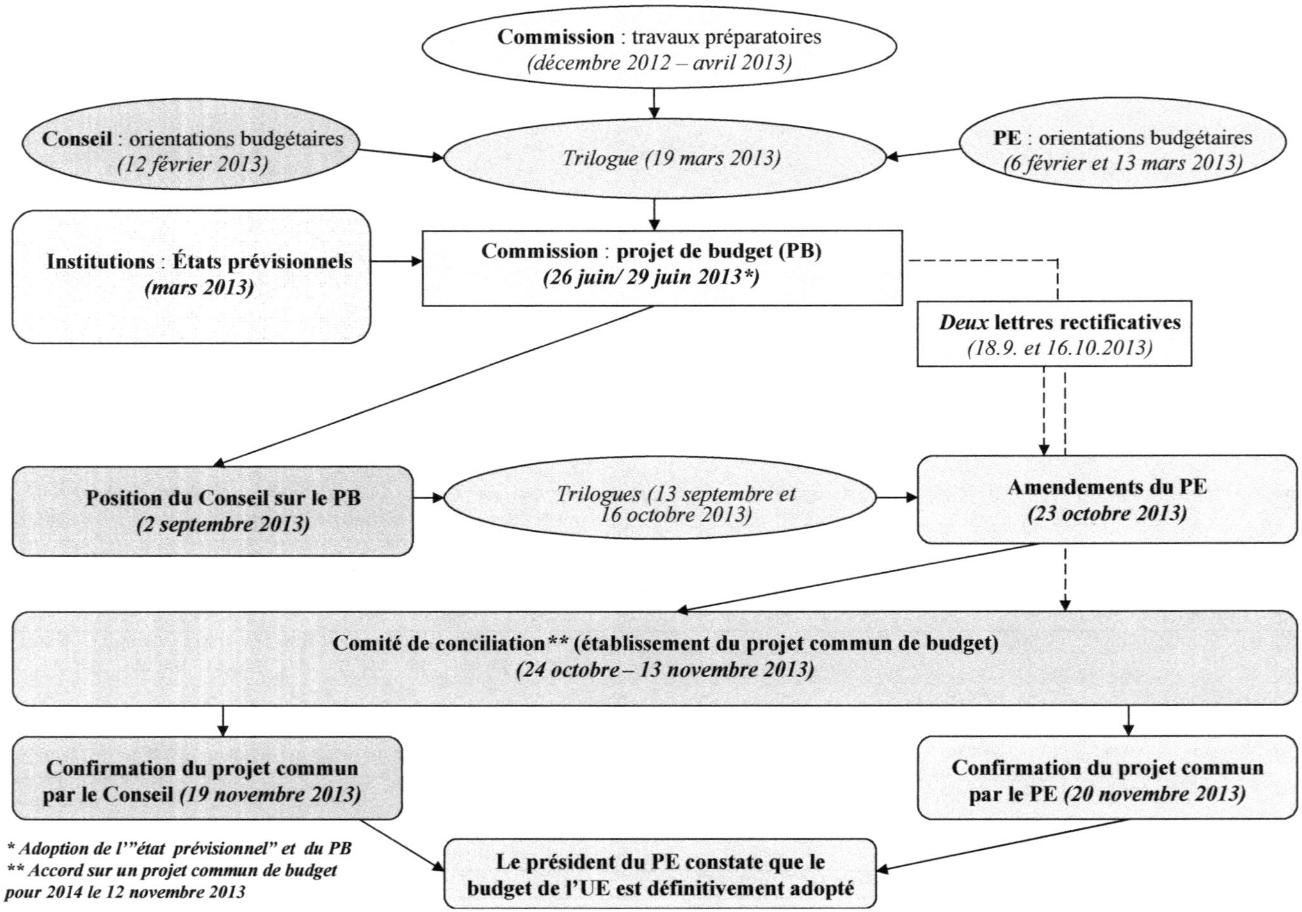

**** Adoption de l'"état prévisionnel" et du PB***
***** Accord sur un projet commun de budget pour 2014 le 12 novembre 2013***

ANNEXES CONCERNANT LES PROCÉDURES BUDGÉTAIRES DE L'UNION EUROPÉENNE, LES BUDGETS ET LEUR MISE EN ŒUVRE

LES BUDGETS DES COMMUNAUTÉS EUROPÉENNES / DE L'UNION EUROPÉENNE DE 1968 À 2014

Année	N:o	JO L	Nb de pages	Adoption	Rectificatif au JO L	Total *(en c/p)*	Observations
1968	*68/211*	109 du 10.5.1968	220	25.3.1968		2.176.917.671	Première année du budget général (CE-6)
1969	*69/53*	36 du 12.2.1969	230	10.12.1968		2.701.456.707	
1970	*70/183*	60 du 16.3.1970	244	19.12.1969		3.255.553.838	
1971	*71/109*	62 du 15.3.1971	301	14.12.1970		3.709.162.939	Entrée en vigueur du traité de Luxembourg du 22 avril 1970 et de la première décision "ressources propres" (RP) le 1er janvier 1971
1972	*72/249*	202 du 4.9.1972	459	20.12.1971		4.104.634.863	Incorporation du budget de recherches et d'investissement d'Euratom, renforcement du FSE
1973	*72/505*	307 du 31.12.1972	409	6.12.1972		4.245.282.241	Adhésion du Danemark, de l'Irlande et du Royaume-Uni (CE-9)
1974	*74/144*	115 du 29.4.1974	523	6.12.1973		5.079.465.923	
1975	*75/136*	54 du 28.2.1975	591	12.12.1974		5.825.283.360	Création du Fonds européen de développement régional
1976	*76/262*	66 du 15.3.1976	617	18.12.1975		7.576.859.148	
1977	*77/224*	79 du 28.3.1977	603	16.12.1976		8.800.026.869	Entrée en vigueur du traité de Bruxelles du 22 juillet 1975 le 1er juin 1977
1978	*78/67*	36 du 6.2.1978	565	21.12.1977	121 du 8.5.1978	12.362.004.592	
1979	*79/81*	23 du 31.1.1979	657	15.12.1978		13.494.353.875	
1980	*80/782*	242 du 15.9.1980	737	9.07.1980	269 du 14.10.1980 et 324 du 29.11.1980	15.683.097.261	Pleine application de la première décision RP
1981	*80/1310*	378 du 31.12.1980	787	23.12.1980	67 du 12.3.1981	19.327.630.620	Adhésion de la Grèce (CE-10)
1982	*82/49*	31 du 8.2.1982	917	21.12.1981	67 du 11.3.1982	21.984.441.540	
1983	*83/4*	19 du 24.1.1983	981	21.12.1982		21.558.552.185	
1984	*84/2*	12 du 16.1.1984	1.129	20.12.1983	17 du 20.1.1984	25.361.461.363	
1985	*85/363*	206 du 5.8.1985	1.247	13.06.1985		28.433.192.974	
1986	*85/554*	358 du 31.12.1985	1.343	18.12.1985		35.174.125.003	Adhésion de l'Espagne et du Portugal (CE-12), entrée en vigueur de la deuxième décision RP
	86/353	214 du 4.8.1986	339	10.7.1986**			
1987	*87/186*	86 du 30.3.1987	1.235	19.02.1987		36.313.424.475	Entrée en vigueur de l'Acte unique européen le 1er juillet 1987
1988	*88/421*	226 du 16.8.1988	1.357	1.06.1988		43.778.845.330	AII de 1988, réforme des Fonds structurels etc. (Paquet "Delors I")
1989	*89/40*	26 du 30.1.1989	1.375	15.12.1988	97 du 11.4.1989	44.837.799.585	Entrée en vigueur de la troisième décision RP (avec effet rétroactif au 1er janvier 1988)
1990	*90/26*	24 du 29.1.1990	1.177	13.12.1989	62 du 12.3.1990, 67 du 15.3.1990 et 104 du 24.4.1990	46.716.818.505	Réunification de l'Allemagne
1991	*91/34*	30 du 4.2.1991	1.523	13.12.1990	179 du 8.7.1991	55.556.138.640	
1992	*92/41*	26 du 3.2.1992	1.575	18.12.1991	142 du 25.5.1992	62.827.602.349	
1993	*93/62*	31 du 8.2.1993	1.701	17.12.1992	167 du 9.7.1993	65.522.639.052	Entrée en vigueur du traité de Maastricht le 1er novembre 1993** **, AII de 1993 (Paquet "Delors II")
1994	*94/56*	34 du 7.2.1994	1.757	16.12.1993	169 du 4.7.1994	70.013.524.706	
1995	*94/943*	369 du 31.12.1994	1.913	15.12.1994		76.527.080.173	Adhésion de l'Autriche, de la Finlande et de la Suède (UE-15)
	96/200	67 du 18.3.1996	8	31.1.1996***			
1996	*96/96*	22 du 29.1.1996	1.983	21.12.1995		81.888.440.991	Entrée en vigueur de la quatrième décision RP (avec effet rétroactif au 1er janvier 1995)
1997	*97/105*	44 du 14.2.1997	1.573	18.12.1996		82.365.587.317	
1998	*98/132*	44 du 16.2.1998	1.597	18.12.1997	98 du 31.3.1998, 161 du 4.6.1998 et 231 du 18.8.1998	83.529.167.286	
1999	*1999/105*	39 du 12.2.1999	1.567	17.12.1998	81 du 26.3.1999	85.557.738.703	Entrée en vigueur du traité d'Amsterdam le 1er mai 1999
2000	*2000/81*	40 du 14.2.2000	1.801	16.12.1999	88 du 10.4.2000 et 247 du 2.10.2000	89.386.951.293	AII de 1999 ("Agenda 2000")
2001	*2001/110*	56 du 26.2.2001	1.778	14.12.2000		92.569.368.837	
2002	*2002/50*	29 du 31.1.2002	1.767	13.12.2001		95.654.759.342	Entrée en vigueur de la cinquième décision RP (avec effet rétroactif au 1er janvier 2000)
2003	*2003/94*	54 du 28.2.2003	595+1.226*	19.12.2002	100 du 22.4.2003	97.502.937.098	Entrée en vigueur du traité de Nice le 1er février 2003
2004	*2004/132*	C 105 du 30.4.2004	593+1.587*	18.12.2003		99.724.386.671	UE-25 (élargissement le 1er mai 2004)
2005	*2005/144*	60 du 8.3.2005	621+1.599*	16.12.2004	80 du 29.3.2005	106.300.000.000	
2006	*2006/179*	78 du 15.3.2006	590+1.547*	15.12.2005		111.969.607.449	
2007	*2007/143*	77 du 16.3.2007	533+1.565*	14.12.2006	203 du 3.8.2007	115.497.218.621	Adhésion de la Bulgarie et de la Roumanie (UE-27), AII de 2006
2008	*2008/165*	71 du 14.3.2008	519+1.179*	18.12.2007		120.346.758.612	
2009	*2009/165*	69 du 13.3.2009	524+1.195*	18.12.2008	157 du 19.6.2009	116.096.062.329	Entrée en vigueur de la sixième décision RP (avec effet rétroactif au 1er janvier 2007) et du traité de Lisbonne (le 1er décembre 2009)
2010	*2010/117*	64 du 12.3.2010	1.718	17.12.2009	78 du 24.3.2010 et 206 du 6.8.2010	122.937.000.000	
2011	*2011/125*	68 du 15.3.2011	549+1.277*	15.12.2010	172 du 30.6.2011	126.527.133.762	
2012	*2012/70*	56 du 29.2.2012	555+1.342*	1.12.2011	79 du 19.3.2012 et 184 du 13.7.2012	129.088.042.948	
2013	*2013/102*	66 du 8.3.2013	567+1.368*	12.12.2012	134 du 18.5.2013	132.836.987.855	Budget pour une UE à 27 États membres (l'adhésion de la Croatie au 1er juillet 2013 sera prise en compte par le biais du BR n° 1/2013)
2014	*2014/67*	51 du 20.2.2014	551+1.430*	20.11.2013	111 du 15.4.2014, 124 du 25.4.2014 et 322 du 7.11.2014	135.504.613.000	UE-28, CFP pour 2014-2020 et AII de 2013

** Le budget est publié au Journal officiel de l'Union européenne en deux tomes*
*** Modification après l'arrêt de la Cour de justice dans l'affaire 34/86 (31 juillet 1986)*
**** Modification après l'arrêt de la Cour de justice dans l'affaire C-41/95 (7 décembre 1995)*
*** ** Fonds de cohésion, Instrument financier d'orientation de la pêche (IFOP), II et III pilier*

CALENDRIER DES PROCÉDURES BUDGÉTAIRES DE L'UNION EUROPÉENNE DE 2000 À 2014

Procédure pour	*Trilogue "informel"*	Décision de SPA de la Commission	Orientations budgétaires Conseil	Orientations budgétaires PE	*Trilogue **	Adoption de l'avant-projet de budget (Commission)	*Trilogue ***	Réunion de concertation	Adoption du PB (Conseil)	*Trilogue ****	I lecture du PE	*Trilogue ** ***	Réunion de concertation	*Trilogue ** ** **	II lecture du Conseil	*Réunion informelle*	II lecture du PE[d]
2000	*25.2.*	–	–	30.3.	*31.3.*	28.4.	*1er.7.*	16.7.	16.7.	*20.10.*	28.10.	*18.11.*	25.11.	–	26.11.	–	**16.12.**
2001	*24.2.*	–	–	30.3.	*12.4.*	10.5.	*6.7.*	20.7.	20.7.	*18.10.*	26.10.	*16.11.*	23.11.	–	24.11.	*5.12.*	**14.12.**
2002	*6.3.*	2[illegible].2.	12.3.	3.4.	*29.3.*	8.5.	*9.7.*	20.7.	20.7.	*15.10.*	25.10.	*19.11.*	21.11.	–	22.11.	–	**13.12.**
2003	*28.2.*	27.2.	5.3.	24 et 27.2.	*18.3.*	30.4.	*11.7.*	19.7.	19.7.	*9.10.*	24.10.	*15.11.*	25.11.	–	25.11.	–	**19.12.**
2004	*20.2.*	5.3.	7.3.	1.3.	*27.3.*	30.4.	*2.7.*	16.7.	18.7.[b]	*7.10.*	23.10.	*13.11.*	24.11.	–	25.11.[a]	–	**18.12.**
2005	*6.2.*	25.2.	9.3.	26.2 et 22.4.	*16.3.*	28.4.	*5.7.*	16.7.	19.7.[a]	*14.10.*	28.10.	*11.11.*	25.11.	–	29.11.[a]	–	**16.12.**
2006	–	2.3.	8.3.	9.3. et 13.4.	*5.4.*	27.4.	*11.7.*	15.7.	15.7.	*18.10.*	27.10.	*23.11.*	24.11.	*30.11.*	1er.12.[a]	–	**15.12.**
2007	–	14.3.	14.3.	15.3. et 18.5.	*28.4.*[c]	3.5.	*10.7.*	14.7.	17.7.[a]	*18.10.*	26.10.	*16.11.*	21.11.	*28.11.*	30.11.[a]	–	**14.12.**
2008	–	21.2.	27.3.	29.3. et 24.4.	*18.4.*	2.5.	*6.7.*	13.7.	13.7.	*16.10.*	25.10.	*16.11.*	23.11.	–	26.11.[a]	–	**13.12.**[e]
2009	–	13.2.	4.3.	10 et 24.4.	*16.4.*	6.5.	*10.7.*	17.7.	17.7.	–	23.10.	*13.11.*	21.11.	–	27.11.[a]	–	**18.12.**
2010	–	18.2.	10.3.	30.3.	*2.4.*	29.4.	*7.7.*	10.7.	13.7.[a]	*15.10.*	22.10.	*12.11.*	18.11.	–	20.11.[a]	–	**17.12.**[f]

Procédure pour	*Trilogue "informel"*	Décision de SPA de la Commission	Orientations budgétaires Conseil	Orientations budgétaires PE	*Trilogue **	Projet de budget "État prévisionnel"	Projet de budget PB "formel"	Projet de budget *Fin huit semaines*	*Trilogue ** ** ***	Position du Conseil	*Trilogue ** ** ** **	AMs du PE	Procédure de conciliation *Trilogue(s)*	Procédure de conciliation Réunions du comité de conciliation	Approbation du Conseil	Approbation du PE[d]	Nouveau PB Adoption (COM)	Nouveau PB Mise à disposition	*Trilogue(s)*	Position du Conseil	Position du PE
2011	–	–	16.3.	25.3.	*25.3.*	27.4.	15.6.	*11.8.*	*30.6.*	12.8.[b]	*11.10.*	20.10.	*27.10, 4 et 8.11.*	27.10. et 11/15.11.[g]	–	–	26.11.	10.12.	*6.12.*	10.12.[a i]	**15.12.**[j]
2012	–	–	15.2.	9 et 24.3.	*30.3.*	20.4.	26.5.	*22.7.*	*11.7.*	25.7.[b]	*19.10.*	26.10.	*3 et 14.11.*	8 et 18/19.11.[h]	30.11.[a]	**1er.12.**	–	–	–	–	–
2013	–	–	21.2.	16.2. et 14.3.	*26.3.*	25.4.	25.5.	*21.7.*	*9.7.*	24.7.[a]	*17.10.*	23.10.	*7.11.*	26.10. et 9/13.11.[g]	–	–	23.11.	27.11.	*28 et 29.11.*	6.12.[a i]	**12.12.**[j]
2014	–	–	12.2.	6.2. et 13.3.	*19.3.*	26.6.	28.6./4.7.	*30.8.*	–[k]	2.9.[b]	*16.10.*	23.10.	*7.11.*	4 et 11/12.11.	19.11.[a]	**20.11.**	–	–	–	–	–

** Trilogue sur les orientations budgétaires   ** Trilogue avant la première lecture du Conseil   *** Trilogue avant la première lecture du PE   ** ** Trilogue avant la deuxième lecture du Conseil   ** ** * Poursuite des négociations entamées lors de la réunion de concertation*

*** ** ** Trilogue avant l'adoption de la position du Conseil   ** ** ** * Trilogue avant l'adoption des amendements du PE*

[a] *Adoption en tant que "point A"*   [b] *Adoption par procédure écrite*   [c] *Sous forme simplifiée*   [d] *Et constation de l'arrêt définitif et signature du budget*   [e] *Signature du budget le 18 décembre 2007*   [f] *Accord portent sur un "projet commun de budget au sens de l'article 314 du TFUE"*

[g] *Pas d'accord sur un projet commun de budget*   [h] *Accord sur un projet commun de budget*   [i] *Raccourcissement du délai de huit semaines réservé aux Parlements des États membres en raison de l'urgence*   [j] *Approbation de la position du Conseil*

[k] *Trilogue seulement après l'adoption formelle de la position du Conseil (le 3 septembre 2013)*

LES PROCÉDURES BUDGÉTAIRES DE 2012 À 2014

En crédits pour engagements et en euros

Procédure budgétaire	PB*** (1)	PB avec LRs** ** (2)	Position du CNS (3)	AMs du PE (4)	Nouveau PB (5)	Budget adopté (6)	*Différence (%) (7) (= 6/2)*
2012*	147.435.342.140	147.762.788.241	146.245.338.276	147.763.820.009	–	147.232.172.662	*-0,36*
2013*	150.931.736.706	150.906.666.706	149.776.772.393	151.151.836.932	151.058.580.778	150.898.391.104	*-0,01*
2014**	142.467.606.684	142.562.755.684	142.226.928.627	143.082.024.383	–	142.640.479.571	*0,05*

En crédits pour paiements et en euros

Procédure budgétaire	PB*** (1)	PB avec LRs** ** (2)	Position du CNS (3)	AMs du PE (4)	Nouveau PB (5)	Budget adopté (6)	*Différence (%) (7) (= 6/2)*
2012*	132.738.712.588	132.668.458.689	129.088.042.948	133.139.127.032	–	129.088.042.948	*-2,70*
2013*	137.924.431.213	137.899.361.213	132.695.474.598	137.898.150.740	137.797.579.285	132.836.987.855	*-3,67*
2014**	136.065.804.080	136.060.953.080	135.004.612.551	136.444.211.237	–	135.504.613.000	*-0,41*

** UE-27 ** UE-28 *** Projet de budget mis à disposition des Parlements des États membres ** ** Lettres rectificatives telles que présentées par la Commission*

LES LETTRES RECTIFICATIVES PRÉSENTÉES LORS DES PROCÉDURES BUDGÉTAIRES DE 2011 À 2014

En euros

	Objet	c/e	c/p
PB pour 2011*		**142.565.167.849**	**130.135.942.102**
LR n° 1/2011	*SEAE*	*34.461.399*	*34.461.399*
LR n° 2/2011	*Agences décentralisées*	*1.776.000*	*1.776.000*
LR n° 3/2011	*LR "agricole"*	*-347.200.000*	*-346.200.000*
Total		**142.254.205.248**	**129.825.979.501**
** PB initial (voir Tome II, pp. 182/193)*			
PB pour 2012		**147.435.342.140**	**132.738.712.588**
LR n° 1/2012	*Politique de voisinage de l'UE*	*400.000.000*	*0*
LR n° 2/2012	*Adhésion de la Croatie*	*13.113.101*	*13.113.101*
LR n° 3/2012	*LR "agricole"*	*-85.667.000*	*-83.367.000*
Total		**147.762.788.241**	**132.668.458.689**
PB pour 2013*		**150.931.736.706**	**137.924.431.213**
LR n° 1/2013	*LR "agricole"*	*-25.070.000*	*-25.070.000*
Total		**150.906.666.706**	**137.899.361.213**
** PB initial (voir pages 147-154)*			
PB pour 2014		**142.467.606.684**	**136.065.804.080**
LR n° 1/2014	*Accord sur le CFP*	*100.000.000*	*0*
LR n° 2/2014	*LR "agricole" et "externalisation"*	*-4.851.000*	*-4.851.000*
Total		**142.562.755.684**	**136.060.953.080**

L'ÉVOLUTION DES CRÉDITS POUR ENGAGEMENTS DE 2011 À 2014

En millions d'euros

Année	PB[a] (1)	PB et LRs[b] (2)	Position du CNS (3)	AMs du PE (4)	Budget adopté (5)	Budget et BRs (6)
2011*	142.565[c]	142.254[d]	141.777	143.070	141.909	142.193
2012*	147.435	147.763	146.245	147.764	147.232	148.428
2013*	150.932[c]	150.907[d]	149.777	151.152	150.898	152.091
2014**	142.468	142.563	142.227	143.082	142.640	142.690

[a] *Projet de budget mis à disposition des Parlements des États membres* [b] *Lettres rectificatives telles que présentées par la Commission* [c] *PB initial*
** UE-27 ** UE-28*

L'ÉVOLUTION DES CRÉDITS POUR PAIEMENTS DE 2011 À 2014

En millions d'euros

Année	PB[a] (1)	PB et LRs[b] (2)	Position du CNS (3)	AMs du PE (4)	Budget adopté (5)	Budget et BRs (6)	Exécution[c] (7)	*Variation (8) (= 6-7)*	*Variation (%) (9) (= 8/6)*
2011*	130.136[d]	129.826[d]	126.527	130.559	126.527	126.727	126.497	*230*	*0,18*
2012*	132.739	132.668	129.088	133.139	129.088	135.758	135.602	*156*	*0,12*
2013*	137.924[d]	137.899[d]	132.695	137.898	132.837	144.451	143.766	*685*	*0,47*
2014**	136.066	136.061	135.005	136.444	135.505	139.034	n.d.	n.d.	n.d.

[a] *Projet de budget mis à disposition des Parlements des États membres* [b] *Lettres rectificatives telles que présentées par la Commission*
[c] *Crédits de l'exercice* n *et reports de crédits* n-1 *(Source : Commission)* [d] *PB initial*
** UE-27 ** UE-28*

L'ÉVOLUTION DES CRÉDITS POUR PAIEMENTS DE 2000 À 2014

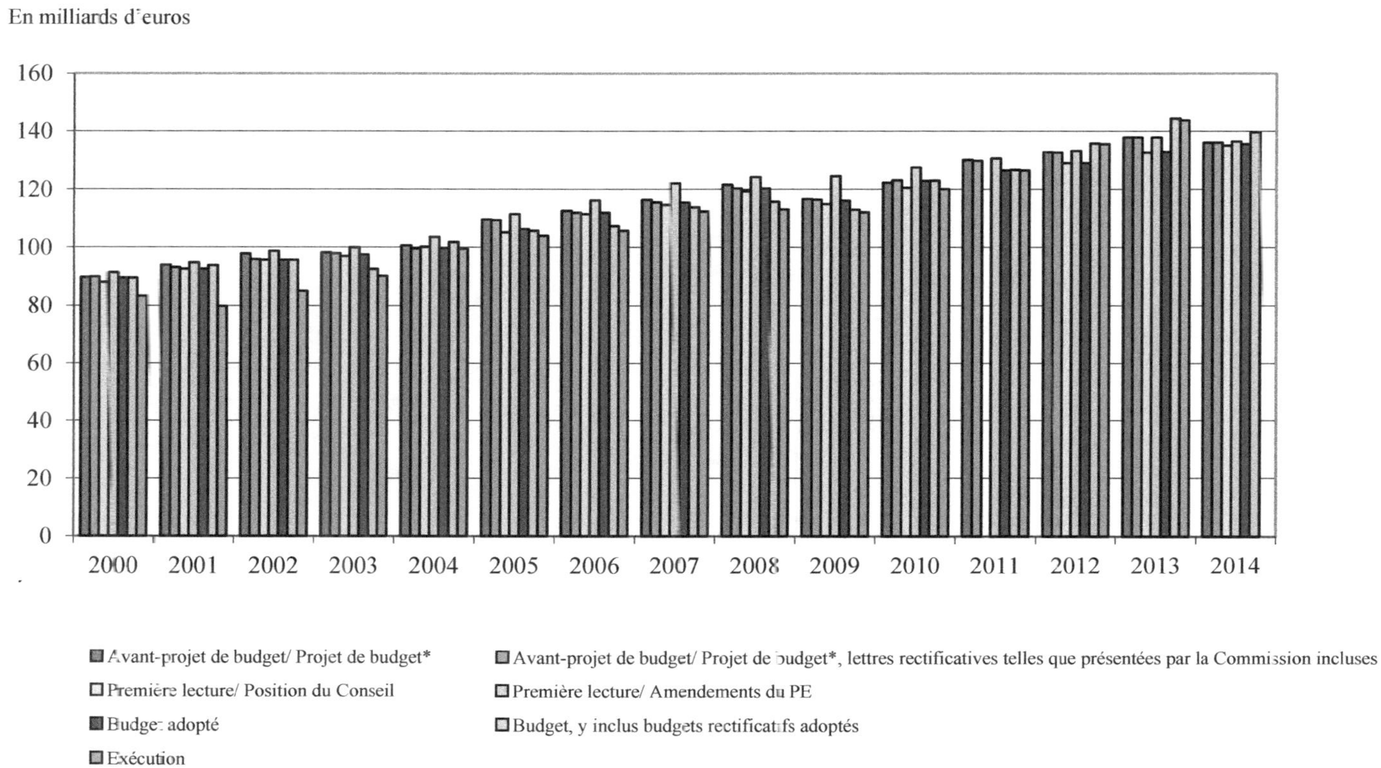

* 2011 et 2013 : projet de budget initial

LES MARGES SOUS LES RUBRIQUES ET SOUS-RUBRIQUES DU CF ET DU CFP DANS LES BUDGETS ADOPTÉS DE 2000 À 2014

En crédits d'engagement et en millions d'euros, mobilisation de l'instrument de flexibilité incluse

Rubrique ou sous-rubrique du CF 2000-2006	2000	2001	2002	2003	2004*	2005	2006
1 (Dépenses de la PAC)	744	1.232	2.332	2.598	2.524	1.763	1.567
1 (Développement rural)	0	0	0	0	0	0	0
2 (Actions structurelles)	0	0	*[200]*	*[12]*	0	*[45]* +17	62
3 (Politiques internes)	4	40	0	0	38	*[40]*	12
4 (Actions extérieures)	*[200]* +22	*[200]* +6	70	23	*[95]*	*[100]*	*[275]*
5 (Administration)	94	35	2	21	117	9	52
6 (Réserves)	0	0	0	0	0	0	0
7 (Aide/Stratégie de préadhésion)	7	0	0	0	1.723	1.391	1.085
8 (Compensation)	–	–	–	–	0	0	0
Total	**872**	**1.312**	**2.404**	**2.642**	**4.402**	**3.180**	**2.778**
Marge sous le plafond des crédits pour paiements	***2.095***	***2.324***	***4.590***	***5.435***	***11.830***	***7.935***	***7.323***

** Budget UE-25*

Rubrique ou sous-rubrique du CF 2007-2013	2007	2008	2009	2010	2011	2012	2013
1a (Compétitivité pour la croissance et l'emploi)	50	*[200]*	3	*[195]*	*[34]*	*[50]* +650*	2
1b (Cohésion pour la croissance et l'emploi)	0	11	1	0	6	8	15
2 (Conservation et gestion des ressources naturelles)	2.101	3.759	3.518	456	1.679	834	1.140
dont : dépenses de marché et paiements directs	*2.039*	*3.716*	*3.755*	*958*	*1.575*	*741*	*982*
3a (Liberté, sécurité et justice)	13	19	8	19	67	38	262
3b (Citoyenneté)	13	0	0	0	0	2	8
4 (L'UE acteur mondial)	0	*[70]*	*[420]*	1	*[71]*	*[150]*	276
5 (Administration)	173	173	76	73	243	327	750
6 (Compensations)	0	0	1	–	–	–	–
Total	**2.350**	**3.693**	**3.607**	**549**	**1.996**	**1.860**	**2.454**
Marge sous le plafond des crédits pour paiements	***8.369***	***9.650***	***8.084***	***11.681***	***7.935***	***12.446***	***11.240***

** Financement complémentaire du projet ITER (voir pages 76-85)*

Rubrique ou sous-rubrique du CFP 2014-2020	2014
1a (Compétitivité pour la croissance et l'emploi)	76
1b (Cohésion économique, sociale et territoriale)	*[89]*
2 (Croissance durable : ressources naturelles)	36
dont : dépenses de marché et paiements directs	*0*
3 (Sécurité et citoyenneté)	7
4 (L'Europe dans le monde)	10
5 (Administration)	316
dont : dépenses administratives des institutions	*258*
6 (Compensations)	0
Total	**445**
Marge sous le plafond des crédits pour paiements*	***711***
P.m. : c/p inscrits dans le budget pour les instruments spéciaux	*350*

** Selon la présentation de la Commission (voir pages 219-313)*

[...] : Mobilisation de l'instrument de flexibilité (voir page 394)

LES CRÉDITS POUR ENGAGEMENTS ET POUR PAIEMENTS DE 2011 À 2014 ET L'ÉVOLUTION DU RAL

Budgets adoptés, en millions d'euros

Budget pour	Crédits pour engagements	Crédits pour paiements
2011*	141.909	126.527
2012*	147.232	129.088
2013*	150.898	132.837
2014**	142.640	135.505

** UE-27 ** UE-28*

En millions d'euros

Année	RAL* à la fin de l'année
2011	207.443
2012	217.810
2013	222.410
2014	n.d.

** Reste à liquider total*

LES EXCÉDENTS DES EXERCICES BUDGÉTAIRES DE 2000 À 2013

En milliards d'euros

Année	BR "réduction des c/p"*					BR "solde"**		Excédent	
	N:o	Date	Montant			N:o	Date	Montant	% du budget***
2000	–	–	–			–	–	**11,6**	*13,0*
2001	–	–	–			–	–	**15,0**	*16,2*
2002	–	–	–			*2/03*	3.9.2003	**7,4**	*7,7*
2003	–	–	–			*7/04*	14.9.2004	**5,5**	*5,6*
2004	–	–	–			*4/05*	7.9.2005	**2,7**	*2,7*
2005	*8/05*	13.12.2005	-0,7			*2/06*	18.5.2006	**2,4**	*2,3*
2006	*6/06*	13.12.2006	-4,7			*3/07*	7.6.2007	**1,9**	*1,7*
2007	*7/07*	11.12.2007	-1,7			*4/08*	5.6.2008	**1,5**	*1,3*
2008	*9/08*	18.12.2008	-4,9			*5/09*	6.5.2009	**1,8**	*1,5*
2009	*10/09*	16.12.2009	-3,2			*2/10*	16.6.2010	**2,3**	*2,0*
2010	–	** **	–			*2/11*	5.7.2011	**4,5**	*3,7*
Année	**BR "augmentation des c/p"***			**Virement de "fin d'année"** ** ***		**BR "solde"****		**Excédent**	
	N:o	**Date**	**Montant**	**DEC N:o**	**Montant**	**N:o**	**Date**	**Montant**	**% du budget*****
2011	*6/11*	1er.12.2011	+0,2	–	–	*3/12*	5.7.2012	**1,5**	*1,2*
2012	*6/12*	12.12.2012	+6,0	*56/2012*	0,3	*3/13*	11.9.2013	**1,0**	*0,8*
2013	*2 et 8/13*	11.9 et 19.11.2013	+11,2	*45/2013*	0,1	*7/14*	17.12.2014	**1,0**	*0,8*

** Budget rectificatif "surplus" ou "excédent"*
*** Présenté et adopté conformément à l'article 15, paragraphe 3 du RF de 2002 et à l'article 18, paragraphe 3 du RF de 2012*
**** Budget adopté (en crédits pour paiements)*
*** ** Le Parlement européen n'a pas adopté le projet de BR n° 10/2010 proposé par la Commission et contre la position favorable du Conseil (voir Tome II, pp. 171/172)*
*** ** * Présenté et adopté conformément à l'article 179 du RF de 2012*

L'"*OUTTURN*" DE 2000 A 2012
(Source : Conseil)

En millions d'euros, budgets rectificatifs inclus

Année	Solde de l'exécution des dépenses (1)	Solde de la perception des recettes (2)	Solde des échanges monétaires (3)	Total (4) (=1+2+3)
2000	8.868	2.935	-191	11.613
2001	15.337	-408	74	15.003
2002	8.954	-1.287	-253	7.413
2003	9.729	850	-109	10.470
2004	-810	3.097	-50	2.237
2005	1.727	4.511	41	6.279
2006	5.656	3.582	-17	9.221
2007	3.231	4.398	-124	7.505
2008	1.571	7.659	-498	8.732
2009	1.318	4.238	186	5.741
2010	2.716	1.801	22	4.539
2011	528	1.948	97	2.574
2012	-5.756	3.800	60	-1.896

** L'"outturn" s'entend comme la somme :*
1) de la différence entre les crédits de paiement autorisés et l'exécution,
2) de la différence entre les recettes prévues dans un budget et les recettes effectivement perçues, et
3) du résultat des différences entre les taux de change pour l'exercice considéré

LE NOMBRE DE BUDGETS RECTIFICATIFS* ADOPTÉS DE 1968 À 2013

1968 : 1
1969 : 1
1970 : 3
1971 : 3
1972 : 2
1973 : 4
1974 : 1
1975 : 3
1976 : 3
1977 : 2
1978 : 3
1979 : 3
1980 : 2
1981 : 2
1982 : 0
1983 : 2
1984 : 1
1985 : 0
1986 : 0
1987 : 1
1988 : 1
1989 : 1
1990 : 3
1991 : 3
1992 : 3
1993 : 1
1994 : 2
1995 : 1
1996 : 1
1997 : 1
1998 : 1
1999 : 5
2000 : 2
2001 : 4
2002 : 6
2003 : 7
2004** : 10
2005 : 8
2006 : 6
2007 : 7
2008*** : 10
2009 : 10
2010 : 8
2011 : 7
2012 : 6
2013 : 9

Total : 160 budgets rectificatifs en 46 ans soit, en moyenne, environ trois budgets rectificatifs par an

* Budgets rectificatifs et/ou supplémentaires jusqu'à fin 2002
** Introduction de budgets rectificatifs "solde" spécifiques (voir Tome I, p. 38)
*** Introduction de budgets rectificatifs spécifiques pour la mobilisation du Fonds de solidarité de l'Union européenne (voir Tome II, p. 18)

LES BUDGETS RECTIFICATIFS ADOPTÉS DE 2011 À 2013

Année	N:o	Date d'adoption	JO L
2011	1/11	6.4.2011	172 du 30.6.2011, pp. 1/13
	2/11	5.7.2011	213 du 19.8.2011, pp. 1/20
	3/11	14.7.2011	251 du 27.9.2011, pp. 1/20
	4/11	28.9.2011	312 du 25.11.2011, pp. 1/56
	5/11	28.10.2011	342 du 22.12.2011, pp. 1/5
	6/11	1er.12.2011	20 du 24.1.2012, pp. 1/106
	7/11	13.12.2011	62 du 2.3.2012, pp. 1/16
2012	1/12	20.4.2012	184 du 13.7.2012, pp. 1/17
	2/12	12.6.2012	214 du 10.8.2012, pp. 1/14
	3/12	5.7.2012	221 du 17.8.2012, pp. 1/20
	4/12	23.10.2012	355 du 21.12.2012, pp. 1/56
	5/12	21.11.2012	15 du 18.1.2013, pp. 1/34
	6/12	12.12.2012	57 du 28.2.2013, pp. 1/165
2013	1/13	4.7.2013	256 du 27.9.2013, pp. 1/114
	2/13	11.9.2013	327 du 6.12.2013, pp. 1/217
	3/13	11.9.2013	327 du 6.12.2013, pp. 219/238
	4/13	11.9.2013	327 du 6.12.2013, pp. 239/271
	5/13	11.9.2013	327 du 6.12.2013, pp. 273/295
	6/13	24.10.2013	6 du 10.1.2014, pp. 1/48
	7/13	19.11.2013	49 du 19.2.2014, pp. 1/12
	8/13	19.11.2013	49 du 19.2.2014, pp. 13/230
	9/13	20.11.2013	49 du 19.2.2014, pp. 231/282

LE MONTANT CUMULÉ DES BUDGETS RECTIFICATIFS ADOPTÉS DE 2000 A 2013

En millions d'euros

Année	c/e	c/p
2000	42,6	53,6
2001	760,6	1.210,6
2002	799,6	1,6
2003	126,7	-4 978,1
2004	-1.599,9	2.082,2
2005	-598,5	-616,0
2006	-621,1	-4.591,1
2007	-167,9	-1.651,4
2008	1.420,0	-4.575,5
2009	2.730,1	-3.060,6
2010	98,8	18,9
2011	284,3	200,0
2012	1.196,1	6.670,2
2013	1.193,3	11.613,8

LES MODIFICATIONS DES ACCORDS INTERINSTITUTIONNELS ET LES RÉVISIONS ET ADAPTATIONS DES CADRES FINANCIERS PLURIANNUELS DE 2000 À 2014

Modifications des accords interinstitutionnels

AII du 6 mai 1999

Année	Date	Contenu	Point de l'AII	JO
-	-	–	–	–

AII du 17 mai 2006

Année	Date	Contenu	Point de l'AII	JO C
2008	18.12.2008	Montant de la réserve pour aides d'urgence en 2008 *(+240 millions d'euros)*	25	326 du 20.12.2008, p. 3

Révisions des cadres financiers pluriannuels

Perspectives financières 2000-2006

Année	Date	Contenu	Rubrique(s)	JO L
2003	19.5.2003	Révision liée à l'élargissement du 1er mai 2004 ("UE-10")	*3*	147 du 14.6.2003, pp. 31/37
2005	7.9.2005	Modulation agricole	*1a* et *1b*	269 du 14.10.2005, pp. 24/29

Cadre financier 2007-2013

Année	Date	Contenu	Rubriques	JO L
2007	18.12.2007	Financement des programmes de GNSS "Egnos" et "Galileo"	*1a* et *2*	6 du 10.1.2008, pp. 7/8
2009	6.5.2009	Financement du plan européen pour la relance économique en 2009	*1a* et *2*	132 du 29.5.2009, pp. 8/9
	17.12.2009	Financement du plan européen pour la relance économique en 2010	*1a*, *1b*, *2*, *3a* et *5*	347 du 24.12.2009, pp. 26/27
2011	13.12.2011	Financement complémentaire du projet ITER en 2012 et 2013	*1a*, *2* et *5*	4 du 7.1.2012, pp. 12/13

Adaptations des cadres financiers pluriannuels en fonction d'élargissements

Perspectives financières 2000-2006

Année	Date	Élargissement	JO L
2003	19.5.2003	"UE-10" (1er mai 2004)	147 du 14.6.2003, pp. 25/30

Cadre financier 2007-2013

Année	Date	Élargissement	JO L
2013	22.7.2013	Croatie (1er juillet 2013)	209 du 3.8.2013, pp. 14/15

Adaptations des cadres financiers pluriannuels liées aux conditions d'exécution

Perspectives financières 2000-2006

Année	Date	Contenu	Rubrique	JO L
2001	3.5.2001	Adaptation liée aux programmes relatifs aux actions structurelles (point 17 de l'AII de 1999)	*2a*	246 du 15.9.2001, pp. 28/32

Cadre financier 2007-2013

Année	Date	Contenu	Rubriques	JO L
2008	29.4.2008	Adaptation liée aux programmes relatifs aux actions structurelles etc. (point 48 de l'AII de 2006)	*1b* et *2*	128 du 16.5.2008, pp. 8/9

Ajustement des montants du cadre financier alloués au titre des Fonds soutenant la cohésion

Cadre financier 2007-2013

Année	Date	Contenu	Rubrique	JO
2010	16.4.2010	Ajustement des montants alloués au titre des Fonds soutenant la cohésion (point 17 de l'AII de 2006)	*1b*	–

Les révisions des cadres financiers pluriannuels de 2000 à 2014

Perspectives financières 2000-2006

Année	Date	Contenu	Montant*	Source	Destination	*Montant****
2003	19.5.2003	Révision liée à l'élargissement du 1er mai 2004 ("UE-10")	545	**	Rubrique *3* en 2004-2006	*0*
2005	7.9.2005	Modulation agricole	655	Sous-rubrique *1a* en 2006	Sous-rubrique *1b* en 2006	*0*

Cadre financier 2007-2013

Année	Date	Contenu	Montant*	Source(s)	Destination	*Montant****
2007	18.12.2007	Financement des programmes "Egnos" et "Galileo"	1.600	Rubrique *2* en 2007	Sous-rubrique *1a* en 2008-2013	*0*
2009	6.5.2009	Financement du plan européen de relance en 2009	2.000	Rubrique *2* en 2009	Sous-rubrique *1a* en 2009	*0*
	17.12.2009	Financement du plan européen de relance en 2010	1.779	En 2009 *(-1 489)* : Sous-rubrique *1a (3)* Sous-rubrique *1b (-1)* Rubrique *2 (-1 306)* Sous-rubrique *3a (-5)* Rubrique *5 (-174)*; En 2010 *(-290)* : Sous-rubrique *1b (-6)* Rubrique *2 (-158)* Rubrique *5 (-126)*	Sous-rubrique *1a* en 2010	*0*
2011	13.12.2011	Financement complémentaire d'ITER en 2012 et 2013	840	Rubrique *2* en 2011 *(-450)* Rubrique *5* en 2011 et 2012 *(-390)*	Sous-rubrique *1a* en 2012 *(+650)* Sous-rubrique *1a* en 2013 *(+190)*	*0*

Les adaptations des cadres financiers pluriannuels liées aux conditions d'exécution

Perspectives financières 2000-2006

Année	Date	Contenu	Montant*	Source	Destination	*Montant****
2001	3.5.2001	Application du point 17 de l'AII de 1999	6.153	Rubrique *2* en 2000	Rubrique *2* en 2001-2006	*0*

Cadre financier 2007-2013

Année	Date	Contenu	Montant*	Source(s)	Destination	*Montant****
2008	29.4.2008	Application du point 48 de l'AII de 2006	2.034	Sous-rubrique *1b (-426)* en 2007 Rubrique *2 (-1 608)* en 2007	Sous-rubrique *1b* et rubrique *2* en 2008-2013	*0*

L'ajustement des montants du cadre financier alloués au titre des Fonds soutenant la cohésion

Cadre financier 2007-2013

Année	Date	Contenu	Montant*	Source	Destination	*Montant****
2010	16.4.2010	Application du point 17 de l'AII de 2006	1.008	**	Sous-rubrique *1b* en 2011-2013	*+282*

Les adaptations des cadres financiers pluriannuels en fonction d'élargissements

Perspectives financières 2000-2006

Année	Date	Élargissement	Montant*	Source	Destination	*Montant****
2003	19.5.2003	"UE-10" (1er mai 2004)	41 334[a]	**	Rubr. *1* , *2* , *3* , *5* et *8* en 2004-2006	*+34 550*[a]

[a] Comparé au CF pour "UE-15" et en prix 1999, y compris la révision du CF augmentant le plafond de la rubrique 3 (Politiques internes) en 2004-2006, pour un montant de 545 millions d'euros en crédits d'engagement (voir supra)

Cadre financier 2007-2013

Année	Date	Élargissement	Montant*	Source	Destination	*Montant****
2013	22.7.2013	Croatie (1er juillet 2013)	603	Rubrique *5 (-603)* en 2013	Sous-rubrique *1a* en 2013 *(+47)* Sous-rubrique *1b* en 2013 *(+450)* Sous-rubrique *3b* en 2013 *(+31)* Rubrique *6* en 2013 *(+75)*	*+374*

** En crédits d'engagement et en millions d'euros   ** Pas de compensation   *** Montant total sur la période en crédits pour paiements et en millions d'euros*

LES RECOURS À L'INSTRUMENT DE FLEXIBILITÉ DE 2000 À 2014

En crédits d'engagement et en millions d'euros

Procédure budgétaire	Date	Montant	Utilisation	Rubrique ou sous-rubrique	JO
2000	16.12.1999	200	Reconstruction du Kosovo	*4*	C 41 du 14.2.2000, pp. 1/3
2001	14.12.2000	200	Reconstruction de la Serbie	*4*	L 246 du 15.9.2001, p. 27
2002	13.12.2001	200	Reconversion de navires et de pêcheurs : 170 Régions frontalières aux États candidats : 30	*2* *2*	L 53 du 23.2.2002, pp. 28/29
2003	19.12.2002	12	Reconversion de navires et de pêcheurs	*2*	L 53 du 28.2.2003, pp. 43/44
2004	18.12.2003	95	Reconstruction de l'Irak	*4*	L 54 du 23.2.2004, pp. 1/2
2005	16.12.2004	200	Reconstruction de l'Irak : 100 Programme "Peace II" : 45 Agences décentralisées de l'UE : 40	*4* *2* *3*	–
	7.9.2005		Tremblement de terre/ tsunami : 15 *	*4*	L 269 du 14.10.2005, p. 23
2006	15.12.2005	275	Réhabilitation et reconstruction de l'Irak : 100 Tremblement de terre/ tsunami : 95 PESC : 40 Réforme du protocole sur le sucre : 40	*4* *4* *4* *4*	–
Total 2000-2006 :		***1.182***			
2007	–	–	–	–	–
2008	18.12.2007	270	Programmes "Egnos" et "Galileo" : 200 PESC : 70	*1a* *4*	–
2009	18.12.2008	420	Facilité alimentaire	*4*	L 19 du 23.1.2009, p. 49
2010	17.12.2009	195	Plan européen pour la relance économique : 120 Démantèlement de la centrale de Kozloduy : 75	*1a* *1a*	L 347 du 24.12.2009, p. 29
2011**	15.12.2010	105	Palestine : 71 Éducation et formation tout au long de la vie : 18 Programme-cadre pour l'innovation et la compétitivité : 16	*4* *1a* *1a*	L 14 du 19.1.2011, p. 20
2012	13.12.2011	200	Politique de voisinage de l'Union européenne : 150 Stratégie "Europe 2020" : 50	*4* *1a*	L 4 du 7.1.2012, p.10
2013	20.11.2013	134	Fonds social européen (Espagne, France et Italie) **	*1b*	L 48 du 19.2.2014, p. 8
Total 2007-2013 :		***1.324***			
2014	20.11.2013	89,3	Fonds structurels (Chypre)	*1b*	L 50 du 20.2.2014, p. 19

** Par le biais du budget rectificatif n° 3/2005 (JO L 270 du 14.10.2005, pp. 1/16)*

*** Par le biais du budget rectificatif n° 7/2013 (JO L 49 du 19.2.2014, pp. 1/12)*

En crédits d'engagement et en millions d'euros

Année	**2000**	**2001**	**2002**	**2003**	**2004**	**2005**	**2006**	**Total**
Montant reportable *n-2*	–	–	0	0	0	93	93	
Montant reportable *n-1*	–	0	0	0	188	200	200	
Plafond annuel	*200*	*200*	*200*	*200*	*200*	*200*	*200*	*1.400*
Montants maxima disponibles	200	200	200	200	388	493	493	
Montant mobilisé	**200**	**200**	**200**	**12**	**95**	**200**	**275**	**1.182**

Année	**2007**	**2008**	**2009**	**2010**	**2011**	**2012**	**2013**	**Total**
Montant reportable *n-2*	18	200	130	0	0	10	10	
Montant reportable *n-1*	200	200	200	110	115	200	200	
Plafond annuel	*200*	*200*	*200*	*200*	*200*	*200*	*200*	*1.400*
Montants maxima disponibles	418	600	530	310	315	410	410	
Montant mobilisé	**0**	**270**	**420**	**195**	**105**	**200**	**134**	**1.324**

LES RECOURS À LA RÉSERVE NÉGATIVE DE 1986 À 2014

Section III (Commission), en millions d'euros

Année	Ligne budgétaire	Intitulé	c/e	c/p	JO L
1986	–	*Réserve négative*	***150***	–	214 du 4.8.1986, p. 337
1987	–	*Réserve négative*	***181,1***	***88,9***	86 du 30.3.1987, p. 933
1990	*[B-] 10 3*	*Réserve négative*	***38,4***	–	24 du 29.1.1990, pp.1014/1015
1992*	*B0-4 2 0*	*Réserve négative (rubrique 3)*	10 **	–	
	B0-4 2 1 et B0-4 2 3	*Réserve négative (rubrique 4)*	40	–	174 du 29.6.1992, pp. 18/19
	B0-4 2 2	*Réserve négative en paiements*	–	30	349 du 30.11.1992, pp. 118/119
Total			***50***	***30***	
1996	*B0-4 2 0*	*Réserve négative*	***200***	***100***	22 du 29.1.1996, pp. 1618/1619
1997	*B0-4 5 1*	*Réserve négative pour la rubrique 3 des PF*	26	26	44 du 14.2.1997, pp. 1253/1254
	B0 4 5 2	*Réserve négative pour les Fonds structurels*	100	70	
Total			***126***	***96***	
2011***	*40 03 01*	*Réserve négative (sous-rubrique 3b : Citoyenneté)*	p.m.	178,6	172 du 30.6.2011, pp. 12/13
	40 03 02	*Réserve négative (rubrique 4 : L'UE acteur mondial)*	p.m.	3,8	
Total			***p.m.***	***182,4***	

** Création par le biais des budgets rectificatifs et supplémentaires (BRS) n° 2/1992 et 3/1992 (JO L 174 du 29.6.1992, pp. 18/19 et L 349 du 30.11.1992, pp. 118/119)*

*** Apurement par le biais du BRS n° 3/1992 (JO L 349 du 30.11.1992, pp. 118/119)*

**** Création par le biais du BR n° 1/2011 (JO L 172 du 30.6.2011, pp. 12/13) et apurement par le biais du BR n° 3/2011 (JO L 251 du 27.9.2011, pp. 19/20)*

LES MOBILISATIONS DE LA RÉSERVE POUR AIDES D'URGENCE DE 2011 À 2013

En millions d'euros

Année	Crédits d'engagement					Crédits de paiement					Destination
	Budgétisé	*Mobilisé*	*%*	*Non mobilisé*	*%*	*Budgétisé*	*Mobilisé*	*%*	*Non mobilisé*	*%*	
2011	*253,9*	253,9	*100,0*	0		*100,0*	100,0	*100,0*	0		Côte d'Ivoire et Libye (avril et juin), Japon (avril), Corne de l'Afrique (septembre et novembre), Soudan et Soudan du Sud (septembre) et Pakistan (novembre)
2012	*258,9*	224,1	*86,6*	34,8	*13,4*	*90,0*	90,0	*100,0*	0		Région du Sahel (mai et juin), Soudan, Soudan du Sud, Syrie et Yémen (juillet), Corne de l'Afrique, Pakistan et Syrie (septembre) et Cuba, Haïti, Mali, Myanmar, République démocratique du Congo, Soudan, Soudan du Sud et Syrie (décembre)
2013	*264,1*	200,0	*75,7*	64,1	*24,3*	*80,0*	43,0	*53,8*	37,0	*46,3*	Mali, région du Sahel et Tchad (mai), Syrie (mai et juillet), République centrafricaine et République démocratique du Congo (juillet)

LES MOBILISATIONS DU FONDS DE SOLIDARITÉ DE L'UNION EUROPÉENNE DE 2011 À 2013

En crédits d'engagement et en euros

Année	Date	Montant	Destination et fait générateur	Trilogue	*BR n°*	JO L
2011	2.5.2011	182.388.893	Croatie* (3,8 millions), Hongrie (22,5 millions), Pologne (105,6 millions), République tchèque (5,1 millions), Roumanie (25 millions) et Slovaquie (20,4 millions) (inondations)	30.3.2011	*1/11*	132 du 19.5.2011, p. 13
	6.7.2011	19.546.647	Croatie* (1,2 million), République tchèque (10,9 millions) et Slovénie (7,5 millions) (inondations)	30.3.2011	*3/11*	236 du 13.9.2011, p. 6
	13.12.2011	37.979.875	Espagne (21,1 millions ; tremblement de terre en Murcie) et Italie (16,9 millions ; pluies torrentielles en Vénétie)	**	*7/11*	4 du 7.1.2012, p. 14
Total :	*3*	***239.915.415***				
2012	13.6.2012	18.061.682	Italie (inondations en Ligurie et en Toscane)	26.3.2012	*2/12*	178 du 10.7.2012, p. 13
	21.11.2012	670.192.359	Italie (séismes en Émilie-Romagne)	17.10. et 7.11.2012	*5/12*	56 du 28.2.2013, p. 15
Total :	*2*	***688.254.041***				
2013	11.9.2013	14.607.942	Autriche (0,2 million), Croatie (0,3 million) et Slovénie (14,1 millions) (inondations)	***	*5/13*	326 du 6.12.2013, p. 43
	20.11.2013	400.519.089	Allemagne (360,5 millions), Autriche (21,7 millions) et République tchèque (15,9 millions) (inondations) et Roumanie (2,5 millions) (sécheresse et incendies de forêt)	16.10. et 7.11.2013	*9/13*	49 du 19.2.2014, pp. 231/282
Total :	*2*	***415.127.031***				

** Pays dont l'adhésion est en cours de négociation* *** Déclaration commune adoptée lors de la réunion du comité de conciliation du 18 et 19 novembre 2011 (voir page 124)* **** Sous forme simplifiée*

LES MOBILISATIONS DU FONDS EUROPÉEN D'AJUSTEMENT À LA MONDIALISATION DE 2011 À 2013

En crédits d'engagement et de paiement et en euros

Année	Date	Montant	Destination et secteur	Trilogue	JO L
2011	3.2.2011	2.557.135*	Pays-Bas (technologies de l'information et de la communication)	** **	41 du 15.2.2011, p. 8
	5.4.2011	323.820	République tchèque (denrées alimentaires)	** **	98 du 13.4.2011, p. 13
	5.4.2011	453.570	Pologne (fabrication de machines)	** **	104 du 20.4.2011, p. 45
	6.7.2011	14.181.901	Danemark (construction navale)	** **	195 du 27.7.2011, p. 52
	6.7.2011	6.247.415	Danemark (fabrication d'éoliennes)	** **	195 du 27.7.2011, p. 53
	6.7.2011	9.593.931	Belgique (industrie automobile)	** **	195 du 27.7.2011, p. 54
	27.9.2011	8.284.908	Autriche (industrie métallurgique)	** **	263 du 7.10.2011, p. 9
	27.9.2011	1.221.128	Autriche (équippements électroniques)	** **	263 du 7.10.2011, p. 10
	27.9.2011	667.823	Pays-Bas (imprimerie et reproduction)	** **	263 du 7.10.2011, p. 11
	27.9.2011	718.140	Pays-Bas (imprimerie et reproduction)	** **	263 du 7.10.2011, p. 12
	27.9.2011	2.649.148	Pays-Bas (imprimerie et reproduction)	** **	263 du 7.10.2011, p. 13
	27.9.2011	1.849.086	Pays-Bas (imprimerie et reproduction)	** **	263 du 7.10.2011, p. 14
	27.9.2011	610.000	Commission (assistance technique***)	** **	263 du 7.10.2011, p. 15
	25.10.2011	4.347.868	Allemagne (industrie automobile)	** **	289 du 8.11.2011, p. 30
	25.10.2011	3.944.606	Danemark (fabrication d'éoliennes)	** **	289 du 8.11.2011, p. 31
	25.10.2011	1.449.500	Portugal (habillement et production de chaussures)	** **	289 du 8.11.2011, p. 32
	16.11.2011	3.643.770	Autriche (transport routier)	** **	317 du 30.11.2011, p. 28
	16.11.2011	2.918.500	Grèce (vente au détail)	** **	317 du 30.11.2011, p. 29
	16.11.2011	12.689.838	Irlande (construction de bâtiments)	** **	317 du 30.11.2011, p. 30
	16.11.2011	21.664.148	Irlande (travaux de construction spécialisés)	** **	317 du 30.11.2011, p. 31
	16.11.2011	1.387.819	Irlande (architecture, ingénierie, services de contrôle et analyses techniques)	** **	317 du 30.11.2011, p. 32
	13.12.2011	1.518.465	Portugal (industrie automobile)	** **	4 du 7.1.2012, p. 11
	13.12.2011	3.918.850	Italie (construction de bâtiments)	** **	4 du 7.1.2012, p. 15
	21.12.2011	24.493.525	France (industrie automobile)	19.10.2011	6 du 10.1.2012, p. 5
Total :	***24***	***131.334.894***			
2012	19.4.2012	1.642.030	Espagne (construction de bâtiments)	** **	130 du 17.5.2012, p. 21
	13.6.2012	1.631.565	Espagne (industrie du cuir et de la chaussure)	** **	174 du 4.7.2012, p. 23
	4.7.2012	730.000**	Commission (assistance technique***)	** **	192 du 20.7.2012, p. 11
	12.9.2012	1.300.000	Espagne (construction de bâtiments)	** **	269 du 4.10.2012, p. 7
	12.9.2012	6.455.104	Danemark (construction navale)	** **	269 du 4.10.2012, p. 8
	25.10.2012	11.949.666	France (industrie automobile)	** **	307 du 7.11.2012, p. 74
	25.10.2012	2.898.594	Pays-Bas (construction de bâtiments)	** **	307 du 7.11.2012, p. 75
	25.10.2012	4.325.854	Suède (industrie pharmaceutique)	** **	307 du 7.11.2012, p. 76
	25.10.2012	2.029.235	Espagne (construction navale)	** **	307 du 7.11.2012, p. 77
	25.10.2012	1.494.008	Pays-Bas (production d'aluminium)	** **	307 du 7.11.2012, p. 78
	25.10.2012	2.696.382	Irlande (services à la clientèle)	** **	307 du 7.11.2012, p. 79
	21.11.2012	7.488.000	Danemark (construction d'éoliennes)	** **	328 du 28.11.2012, p. 19
	21.11.2012	5.352.944	Allemagne (imprimerie)	** **	328 du 28.11.2012, p. 20
	12.12.2012	5.200.650	Autriche (services sociaux mobiles)	** **	8 du 12.1.2013, p. 12
	12.12.2012	1.370.910	Danemark (composantes électroniques)	** **	8 du 12.1.2013, p. 13
	12.12.2012	2.942.680	Roumanie (téléphonie mobile)	** **	8 du 12.1.2013, p. 14
	12.12.2012	1.299.545	Espagne (fabrication de produits métalliques)	** **	8 du 12.1.2013, p. 15
	12.12.2012	2.658.495	Italie (production de motocycles)	** **	8 du 12.1.2013, p. 16
	12.12.2012	5.454.560	Suède (industrie automobile)	** **	8 du 12.1.2013, p. 17
	12.12.2012	5.346.000	Finlande (téléphonie mobile)	** **	8 du 12.1.2013, p. 18
Total :	***20***	***74.266.222***			
2013	21.5.2013	3.941.999	Autriche (industrie du tabac)	** **	160 du 12.6.2013, p. 11
	21.5.2013	3.689.474	Italie (technologies de l'information et de la communication (TIC))	** **	160 du 12.6.2013, p. 12
	21.5.2013	5.037.482	Italie (fabrication d'appareils ménagers)	** **	160 du 12.6.2013, p. 13
	22.7.2013	750.000	Commission (assistance technique***)	** **	209 du 3.8.2013, p. 16
	9.10.2013	2.594.672	Italie (industrie automobile)	** **	280 du 22.10.2013, p. 24
	9.10.2013	1.164.930	Italie (TIC et composants électroniques)	** **	284 du 26.10.2013, p. 22
	20.11.2013	840.000	Espagne (production de matériaux de construction)	** **	323 du 4.12.2013, p. 33
	11.12.2013	6.364.643	Danemark (fabrication d'éoliennes)	** **	349 du 21.12.2013, p. 95
	11.12.2013	9.810.000	Finlande (téléphonie mobile)	** **	349 du 21.12.2013, p. 96
	11.12.2013	2.305.357	Allemagne (fabrication de modules solaires)	** **	349 du 21.12.2013, p. 97
Total :	***10***	***36.498.557***			

** À partir de crédits pour 2010   ** La Commission avait proposé 1 120 000 euros (doc. COM(2012) 160 final du 4.4.2012)*

**** Conformément à l'article 8 du règlement établissant le FEM   ** ** Sous forme simplifiée*

LE NOMBRE DE LIGNES BUDGÉTAIRES MODIFIÉES PAR LE CONSEIL LORS DES PROCÉDURES BUDGÉTAIRES DE 2011 À 2014

Procedure pour	Lignes budgétaires*** modifiées dans la position du Conseil			
	Section III – Commission** **		Autres sections** ** ** *	Total
	*Crédits opérationnels** ** ** *	*Crédits administratifs** ** **		
2011*	239	129	109	**477**
2012*	275	133	83	**491**
2013*	294	137	82	**513**
2014**	219	150	83	**452**

* *UE-27* ** *UE-28* *** *Articles ou postes* ** ** *Y inclus pensions et Écoles européennes*

** ** * *Y inclus crédits pour la gestion administrative et subventions aux agences décentralisées*

** ** ** *Y inclus lignes "XX", hors annexes pour les offices européens* ** ** ** * *Sections II et IV – X*

LE NOMBRE D'AMENDEMENTS ADOPTÉS PAR LE PARLEMENT EUROPÉEN LORS DES PROCÉDURES BUDGÉTAIRES DE 2011 À 2014

Procédure pour	Section III – Commission	Autres sections***	Total
2011*	346	68	**414**
2012*	369	58	**427**
2013*	411	81	**492**
2014**	445	64	**509**

* *UE-27* ** *UE-28* *** *Sections I et IV – X*

LES "VIREMENTS GLOBAUX" DE 2000 À 2014

Année	Virement n°	Date*	Montant	%**	Nb de lignes budgétaires concernées
2000	39/2000	18.10.	1.180,1	*1,3%*	82 (40 renforcements et 42 réductions)
2001	35/2001	23.10.	544,9	*0,6%*	41 (33 renforcements et 8 réductions)
2002	35/2002	15.10.	745,5	*0,8%*	37 (24 renforcements et 13 réductions)
2003	27/2003	27.10.	1.725,2	*1,8%*	44 (15 renforcements et 29 réductions)
2004	50/2004	20.10.	753,1	*0,8%*	131 (28 renforcements et 103 réductions)
2005	31/2005	20.10.	1.236,5	*1,2%*	162 (34 renforcements et 128 réductions)
2006	39/2006	20.10.	776,2	*0,7%*	124 (32 renforcements et 92 réductions)
2007	36/2007	8.10.	425,8	*0,4%*	65 (22 renforcements et 43 réductions)
2008	28/2008	17.10.	630,5	*0,5%*	95 (26 renforcements et 69 réductions)
2009	27/2009	12.10.	486,7	*0,4%*	79 (31 renforcements et 48 réductions)
2010	53/2010	29.9.	1.792,0	*1,5%*	95 (51 renforcements et 44 réductions)
2011	34/2011	3.10.	719,2	*0,6%*	103 (57 renforcements et 46 réductions)
2012	30/2012	27.9.	419,7	*0,3%*	110 (65 renforcements et 45 réductions)
2013	26/2013	25.9.	509,8***	*0,4%*	96 (59 renforcements et 37 réductions** ** *)
2014	31/2014	23.9.	175,1** **	*0,1%*	57 (26 renforcements et 31 réductions** ** *)

** Date de la proposition de virement de crédits de la Commission ** Du budget adopté*

**** Montant proposé par la Commission. L'autorité budgétaire a accepté le virement pour un montant de 109,3 millions d'euros (voir page 275)*

*** ** Montant proposé par la Commission. L'autorité budgétaire n'a pas accepté le virement suite au rejet de la proposition de virement par le Conseil, mais a inclus les renforcements et réductions de crédits proposés dans le budget rectificatif n° 2/2014, adopté le 17 décembre 2014*

*** ** * Proposition de la Commission*

PART DES DÉPENSES DES INSTITUTIONS DU TOTAL DE LA RUBRIQUE 5 (*ADMINISTRATION*) DU CADRE FINANCIER PLURIANNUEL DE 2000 À 2014

Budgets adoptés

Institution(s)	Budget 2000	Budget 2001	Budget 2002	Budget 2003	Budget 2004	Budget 2005	Budget 2006	Budget 2007	Budget 2008	Budget 2009	Budget 2010	Budget 2011	Budget 2012	Budget 2013	Budget 2014
Parlement européen	20,11%	20,00%	19,98%	20,19%	19,99%	20,00%	19,70%	19,85%	19,68%	19,87%	20,39%	20,03%	20,16%	19,25%	20,13%
Conseil européen et Conseil	–	–	–	–	–	–	–	–	–	–	8,04%	6,69%	6,26%	5,89%	6,13%
Conseil	7,25%	7,44%	7,76%	8,02%	8,52%	8,94%	8,82%	8,43%	8,06%	7,83%	–	–	–	–	–
Commission*	49,66%	50,18%	50,04%	49,12%	46,57%	47,21%	47,18%	46,51%	46,19%	46,36%	45,73%	39,41%	39,00%	36,67%	37,45%
Cour de justice	2,74%	2,87%	2,86%	2,80%	3,76%	3,65%	3,73%	3,87%	3,98%	4,09%	4,18%	4,05%	4,09%	3,90%	4,07%
Cour des comptes	1,47%	1,49%	1,64%	1,43%	1,55%	1,71%	1,69%	1,72%	1,80%	2,44%	1,88%	1,71%	1,67%	1,57%	1,53%
CESE	1,69%	1,58%	1,51%	1,51%	1,65%	1,63%	1,61%	1,60%	1,55%	1,57%	1,56%	1,53%	1,51%	1,43%	1,47%
Comité des régions	0,73%	0,71%	0,70%	0,72%	0,96%	0,95%	0,94%	0,95%	0,96%	0,99%	1,01%	1,00%	1,01%	0,96%	1,00%
Médiateur européen	0,08%	0,08%	0,08%	0,08%	0,09%	0,11%	0,11%	0,12%	0,12%	0,12%	0,12%	0,11%	0,11%	0,11%	0,11%
CEPD	–	–	0,02%	p.m.	–	0,05%	0,05%	0,07%	0,07%	0,09%	0,09%	0,09%	0,09%	0,08%	0,09%
SEAE	–	–	–	–	–	–	–	–	–	–	–	5,51%	5,73%	5,59%	5,95%
Pensions, Écoles eur. et marge	*16,27%*	*15,66%*	*15,41%*	*16,11%*	*16,90%*	*15,75%*	*16,15%*	*16,88%*	*17,58%*	*16,65%*	*17,00%*	*19,87%*	*20,36%*	*24,55%*	*22,05%*
Total	**100,00%**	**100,00%**	**100,00%**	**100,00%**	**100,00%**	**100,00%**	**100,00%**	**100,00%**	**100,00%**	**100,00%**	**100,00%**	**100,00%**	**100,00%**	**100,00%**	**100,00%**

** Hors Écoles européennes et pensions*

LES EFFECTIFS AUTORISÉS DE 2000 À 2014[1]

Postes permanents et temporaires

Institution	2000	2001	2002	2003	2004[a]	2005	2006	2007	2008	2009	2010[b]	2011	2012	2013	2014
Parlement européen*	4.144	4.173	4.259	4.881	5.320	5.597	5.801	5.933	5.940	6.081	6.285	6.537	6.684	6.743	6.786
Conseil européen** et Conseil	2.648	2.652	2.701	2.919	3.184	3.280	3.440	3.497	3.497	3.512	3.572	3.173	3.153	3.153	3.101
Commission***	21.537	21.613	22.282	22.363	23.141	23.841	24.396	25.235	26.020	26.209	26.179	25.061	25.065	24.944	24781
Agences exécutives					*12*	*100*	*123*	*167*	*327*	*368*	*390*	*401*	*413*	*425*	*491*
Total "Commission"	**21.537**	**21.613**	**22.282**	**22.363**	**23.153**	**23.941**	**24.519**	**25.402**	**26.347**	**26.577**	**26.569**	**25.462**	**25.478**	**25.369**	**25272**
Cour de justice	1.006	1.050	1.077	1.140	1.641	1.717	1.757	1.882	1.893	1.931	1.927	1.954	1.952	1.995	1.991
Cour des comptes	552	552	575	605	736	777	791	836	858	880	889	887	887	891	882
CESE	742	753	514	525	618	636	671	695	700	704	710	721	724	727	720
Comité des régions			250	252	408	428	459	466	491	502	506	524	531	537	532
Médiateur européen			27	31	38	51	57	57	57	63	63	64	66	67	67
CEPD					15	19	24	29	33	37	39	41	43	45	45
SEAE											100	1.643	1.670	1.670	1.661
Total "autres institutions"	**9.092**	**9.180**	**9.403**	**10.353**	**11.960**	**12.505**	**13.000**	**13.395**	**13.469**	**13.710**	**14.091**	**15.544**	**15.710**	**15.828**	**15.785**
Total "toutes institutions"	**30.629**	**30.793**	**31.685**	**32.716**	**35.113**	**36.446**	**37.519**	**38.797**	**39.816**	**40.287**	**40.660**	**41.006**	**41.188**	**41.197**	**41.057**
*Agences et organes** ***	*n.d.*	*n.d.*	*1.046*	*1.329*	*1.565*	*1.997*	*2.400*	*3.059*	*3.417*	*3.839*	*4.700*	*5.027*	*5.268*	*5.536*	*5.525*
Total général	**n.d.**	**n.d.**	**32.731**	**34.045**	**36.678**	**38.443**	**39.919**	**41.856**	**43.233**	**44.126**	**45.360**	**46.033**	**46.456**	**46.733**	**46.582**

[1] *Selon les tableaux des effectifs publiés au JO (budgets adoptés sauf indication contraire)*

[a] *BR n° 2/2004 inclus (voir Tome I, p. 42)* [b] *BR n° 2/2010 inclus (voir Tome II, p. 170)*

** Avec les postes pour le Médiateur européen en 2000 et 2001*

*** À partir de 2010*

**** Y inclus les postes pour les offices européens : OPOCE/OP, OLAF, EPSO (depuis 2003 et depuis 2007 avec l'EUSA), PMO, OIB et OIL (ces trois derniers depuis 2003)*

*** ** Agences décentralisées et organes de l'Union européenne recevant une subvention du budget de l'Union*

LE DÉVELOPPEMENT DE LA NOMENCLATURE DU BUDGET DE L'UNION EUROPÉENNE DE 2011 À 2014

Année*	**2011**	**2012**	**2013**	**2014**		**2011**	**2012**	**2103**	**2014**
Section I – Parlement européen :					**Section VII – Comité des régions :**				
Titres	5	5	5	5		3	3	3	3
Chapitres	19	19	19	19		12	12	12	12
Articles	43	44	50	42		26	26	29	26
Postes	65	65	60	62		45	45	45	45
Imputations**	97	98	92	95		61	61	61	61
Section II – Conseil européen et Conseil :					**Section VIII – Médiateur européen :**				
Titres	5	4	4	3		4	4	4	4
Chapitres	15	10	13	9		13	13	13	13
Articles	36	24	33	21		26	26	28	26
Postes	113	76	102	72		26	26	23	26
Imputations**	120	82	109	77		42	42	42	42
Section III – Commission* :**					**Section IX – CEPD :**				
Titres	33	34	34	35		3	3	4	4
Chapitres	159	162	161	126		5	5	6	6
Articles	692	718	742	615		7	7	13	12
Postes	658	638	649	784		28	29	45	51
Imputations**	1.140	1.148	1.191	1.165		32	32	48	54
Annexes de la section III ** :**					**Section X – SEAE :**				
Titres	6	6	6	6		4	4	4	4
Chapitres	17	17	17	17		11	11	11	11
Articles	58	58	58	58		16	17	19	18
Postes	18	18	18	18		67	52	52	52
Imputations**	68	68	68	68		71	59	59	60
Section IV – Cour de justice :					***Total hors section III :***				
Titres	4	4	4	4		*34*	*33*	*34*	*33*
Chapitres	12	12	12	12		*110*	*105*	*109*	*105*
Articles	34	34	36	34		*246*	*236*	*271*	*237*
Postes	36	36	36	36		*460*	*409*	*446*	*425*
Imputations**	60	60	60	60		*602*	*553*	*591*	*569*
Section V – Cour des comptes :					**Total général :**				
Titres	3	3	3	3		**73**	**73**	**74**	**74**
Chapitres	11	11	11	11		**286**	**284**	**287**	**248**
Articles	33	33	35	33		**996**	**1.012**	**1.071**	**910**
Postes	34	35	35	35		**1.136**	**1.065**	**1.113**	**1.227**
Imputations**	58	58	59	59		**1.810**	**1.769**	**1.850**	**1.802**
Section VI – Comité économique et social européen :									
Titres	3	3	3	3					
Chapitres	12	12	12	12					
Articles	25	25	28	25					
Postes	46	45	46	46					
Imputations**	61	61	61	61					

** 2011-2013 : UE-27 ; 2014 : UE-28* *** Articles ou postes*

**** Les chiffres n'incluent pas le titre "XX"* *** ** OP, OLAF, EPSO (avec l'EUSA), PMO, OIB et OIL*

LE RÈGLEMENT FINANCIER DU 25 JUIN 2002 ET SES TROIS MODIFICATIONS

Adoption	Règlement n°	JO L	Objet
25.6.2002	*1605/2002*	*248 du 16.9.2002, pp. 1/48***	*Règlement financier du 25 juin 2002 (applicable à partir du 1er janvier 2003*)*
13.12.2006	1995/2006	390 du 30.12.2006, pp. 1/26***	Modification du RF de 2002 conformément à son article 184 (1ère révision triennale)
17.12.2007	1525/2007	343 du 27.12.2007, pp. 9/10	Partis politiques au niveau européen et règles concernant leur financement
24.11.2010	1081/2010	311 du 26.11.2010, pp. 9/14	Service européen pour l'action extérieure

** Avec exceptions (voir article 181 du RF de 2002) ** Rectificatif au JO L 25 du 30.1.2003, p. 43 *** Rectificatif au JO L 48 du 22.2.2008, p. 88*

LES MODALITÉS D'EXÉCUTION DU RÈGLEMENT FINANCIER DU 25 JUIN 2002 ET SES TROIS MODIFICATIONS

Adoption	Règlement n°	JO L	Objet
23.12.2002	*2342/2002*	*357 du 31.12.2002, pp. 1/71**	*Modalités d'exécution du règlement financier du 25 juin 2002*
20.7.2005	1261/2005	201 du 2.8.2005, pp. 3/22	Prise en compte de la directive sur les marchés publics, nouvelles formes des actes de base etc.
7.8.2006	1248/2006	227 du 19.8.2006, pp. 3/21	Modification "*Fast track*" (mise en œuvre des principes budgétaires, rôle et responsabilité des acteurs financiers etc.)
23.4.2007	478/2007	111 du 28.4.2007, pp. 13/45	Modification liée à la 1ère révision triennale du RF de 2002

** Rectificatif au JO L 345 du 28.12.2005, pp. 35/36*

LE RÈGLEMENT FINANCIER DU 25 OCTOBRE 2012 ET SES MODIFICATIONS
(Situation fin 2014)

Adoption	Règlement n°	JO L	Objet
25.10.2012	*966/2012*	*298 du 26.10.2012, pp. 1/96**	*Règlement financier du 25 octobre 2012 (applicable à partir du 1er janvier 2013**)*
15.5.2014	547/2014	163 du 29.5.2014, pp. 18/21	Prise en compte de l'accord sur le règlement fixant le CFP pour 2014-2020***
22.10.2014	1142/2014	317 du 4.11.2014, pp. 28/34	Partis politiques au niveau européen et règles concernant leur financement** **
*18.6.2014** ** **			*Prise en compte des directives sur la passation des marchés publics et sur l'attribution de contrats de concession** ** ***

** Les onze déclarations adoptées lors de l'adoption du RF de 2012 sont reproduites au JO C 329 du 26.10.2012, pp. 1/3 ** Avec exceptions (voir article 214 du RF de 2012)*

**** Report des crédits d'engagement du MIE et de la réserve pour aides d'urgence et reconstitution des crédits en lien avec la réserve de performance et l'instrument financier spécifique en faveur des PME*

*** ** Cette modification est d'application à partir du 1er janvier 2017 ** ** * Proposition de modification de la Commission (doc. COM(2014) 358 final) ** ** ** JO L 94 du 28.3.2014, pp. 65/242 et 1/64*

RÈGLEMENTS DÉLÉGUÉS DE LA COMMISSION RELATIFS AU RÈGLEMENT FINANCIER DU 25 OCTOBRE 2012
(Situation fin 2014)

Adoption	Règlement n°	JO L	Objet
29.10.2012	*1268/2012*	*362 du 31.12.2012, pp. 1/111*	*Modalités d'exécution du règlement financier du 25 octobre 2012*
30.9.2013	1271/2013	328 du 7.12.2013, pp. 42/68	Règlement financier-cadre des organismes visés à l'article 208 du RF de 2012
30.9.2013	110/2014	38 du 7.2.2014, pp. 2/15	Règlement financier type pour les organismes de partenariat public-privé visés à l'article 209 du RF de 2012

BUDGETARY PROCEDURES OF THE EUROPEAN UNION FROM 2012 TO 2014

The transition from the Multiannual Financial Framework for the years 2007-2013 to the new Multiannual Financial Framework for the period 2014-2020

1. Two different sets of figures

The *total amount of the annual budget of the European Union* (amending budgets excluded) *decreased* from *147,2 billion euros in 2012* to *142,6 billion euros in 2014* in *appropriations for commitments*[1] (-3,1 %) and *increased* from *129,1 billion euros in 2012* to *135,5 billion euros in 2014* in *appropriations for payments* (+5 %). This represented (in appropriations for commitments) some 1,12 % of the estimated GNI in 2012 and 1,06 % of the estimated GNI in 2014. For appropriations for payments, the percentages were 0,98 and 1,00 respectively[2].

The decrease of appropriations for commitments is linked to the adoption of the *new multiannual financial framework* (MFF) *for the period 2014-2020* at the end of 2013[3], which entails a decrease in overall EU expenditure.

2. *2012*: a "first" in EU budget history

The *budgetary procedure for 2012* will remain known in the history of the public finances of the European Union as the first one during which the budgetary conciliation procedure introduced by the Lisbon Treaty[4] was completed successfully within the given

[1] In short, appropriations for commitments represent the total (maximum) cost of legal commitments the EU and its institutions can enter into under the Financial Regulation during the budget year (amending budgets excluded), and appropriations for payments represent the total of payments that can be made to honour legal commitments entered into during the financial year or during preceding financial years.

[2] When comparing the figures between 2012 and 2014, one should also take into account the accession of Croatia to the European Union on 1 July 2013 ("EU-28"). The budgetary authority adjusted for that purpose the MFF for the years 2007-2013 in order to cater for the enlargement (OJ L 209 of 3.8.2013, p. 14-15) and adopted amending budget No 1/2013 (for a total of 655,1 million euros in commitment and 374 million euros in payment appropriations; OJ L 256 of 27.9.2013, p. 1-114).

[3] Council Regulation (EU, Euratom) No 1311/2013 of 2 December 2013 laying down the multiannual financial framework for the years 2014-2020 ("MFF Regulation"; OJ L 347 of 20.12.2013, p. 884-891). It should be recalled in this context that the Lisbon Treaty did not change the importance of the MFF for the annual budgetary procedures of the EU. On the contrary, the new Treaty reinforced the status of the MFF, giving it a legal basis (new Article 312 of the Treaty on the Functioning of the EU (TFEU)), making it mandatory, and stating unambiguously that "*the annual budget of the Union shall comply with the multiannual financial framework*".

[4] The entry into force of the Lisbon Treaty on 1 December 2009 brought important changes to the annual budget procedures of the European Union. Among these changes, one can underline the following:

Firstly, the budgetary procedure became a special *legislative* procedure, with all the changes that this entails, such as the draft budget presented by the Commission (replacing the former "preliminary draft budget") becoming a formal legislative proposal, or the introduction of public debates when the Council decides on the EU budget.

Secondly, the budget procedure was "streamlined" compared to the previous system, with the disappearance of the two readings of the European Parliament and the Council. The Lisbon Treaty thus introduced only one reading by each arm of the budgetary authority, leading to the adoption of a Council's position on the draft budget and of EP's amendments on the Council's position. This is followed by a conciliation procedure in case of diverging views, with a view to reaching an agreement on a "joint text" within 21 days. In case of disagreement at the outcome of the conciliation procedure, the Commission has to present a new draft budget.

Thirdly, the new Treaty abolished the distinction between "compulsory expenditure" and "non-compulsory expenditure", introduced in the 1970s. As a result the so-called "Maximum rate of increase of NCE" (*taux maximal d'augmentation (des dépenses non obligatoires)*/ "MRI"or "TMA") disappeared, as did the two

21 days limit[5]. The resulting Union budget for 2012 reflects, however, the context of the triple crisis that EU Member States were facing in 2011: the economic, debt and euro crisis.

During that same year, the crisis affecting several Member States of the European Union also became apparent in the seven amending budgets that were adopted for the 2011 budget. The budgetary authority for instance included, at the Council's initiative and for the first time in fifteen years, a "negative reserve"[6] in amending budget No 1/2011 to cover the payment appropriations that were necessary to finance the mobilisation of the EU Solidarity Fund for Croatia, the Czech Republic, Hungary, Poland, Romania and Slovakia following severe floods between May and July 2010.

In the same way, again at the Council's initiative, in amending budget No 6/2011 the budgetary authority decreased the amount of payment appropriations proposed by the Commission (550 million euros), and adopted an amount of only 200 million euros[7], in the framework of an overall agreement on the Union's budget for 2012 reached at the Conciliation Committee meeting on 18 and 19 November 2011.

In 2011 the two arms of the budgetary authority also finally reached an agreement on a *revision* of the multiannual financial framework for 2007-2013 in order to finance the International Thermonuclear Experimental Reactor (ITER) project in 2012 and 2013, for an additional amount of 1,3 billion euros[8]. This agreement comes more than sixteen months after the presentation by the Commission of its first proposal, and following the European Parliament's refusal to revise the MFF for this purpose in December 2010.

3. *2013*: a rocky road to agreement

The *budgetary procedure for 2013* was particularly difficult. It took place at a critical moment, not only because of the ongoing economic, financial and euro crisis that the Member States of the European Union continued to face in 2012, but also coming at the end of the period of application of the MFF for the years 2007-2013. As a result, the budget for 2013 was a significant point of reference for the new MFF for the period 2014-2020.

In these complex circumstances, the budgetary conciliation procedure was unsuccessful, for the second time in three years[9]. The fact that the Commission presented[10] a new draft budget for 2013 shortly after that failure and that the two arms of the budgetary authority were just able to agree by December 2012 on the 2013 EU budget helped the European Union to avoid – once more – the system of "provisional twelfths"[11] – as well as a major budgetary crisis in the European Union.

---

sets of procedural rules governing the two types of expenditure. The new Treaty introduced only "one kind" of expenditure – and this is the most important change – "co-decided" as a *whole* by the two arms of the budgetary authority.

[5] In other words, the Conciliation Committee was able to reach an agreement on a joint text, in compliance with Article 314, paragraph 5 of the TFEU.

[6] As permitted by Article 44 of the Financial Regulation of 25 June 2002 (OJ L 248 of 16.9.2002, p. 15).

[7] This amending budget was the only one that increased payment appropriations in 2011, the Council being in general against an increase of payment appropriations during the year.

[8] OJ L 4 of 7.1.2012, p. 12-13.

[9] The conciliation procedure organized during the 2011 budget procedure had as well been non-conclusive.

[10] In accordance with Article 314, paragraph 8 of the TFEU.

[11] As provided for by Article 315 of the TFEU in case of no agreement on the budget for the following year before the end of year *n-1*.

The legislative authority also adopted on 25 October 2012 a new Financial Regulation[12] ("FR"). This FR is not only important because it includes new provisions following the entry into force of the Lisbon Treaty, but also from the more general point of view of further developing sound financial management of EU public finances, following *inter alia* experience gained from the implementation of its predecessor, the FR of 25 June 2002. The new FR entered into force on 1 January 2013.

4. *2014*: an incrementalist approach amidst uncertainties

Finally, the *budgetary procedure for 2014* was the second budget procedure of the EU during which the budgetary conciliation procedure was completed successfully within the 21 days period.

This budget procedure also turned out to be difficult, above all because of insufficient budgeted payment appropriations allowing the Commission to honour all payment claims received, but also because of the uncertainties concerning the date and the content of the agreement on the new multiannual financial framework for the period 2014-2020. Even though a political agreement was found among Heads of State or Government at the European Council meeting on 7 and 8 February 2013[13], it was only at the end of 2013 – after long negotiations – that the European Parliament, the Council and the Commission reached a final agreement on the new MFF[14] and on another important issue in this context: the new Interinstitutional Agreement (IIA) between the European Parliament, the Council and the Commission on budgetary discipline, on cooperation in budgetary matters and on sound financial management[15] that accompanies the MFF Regulation. These uncertainties concerning "final, agreed figures" led not only the Commission to present its draft budget for 2014 later than usual[16], but also influenced the content of the interinstitutional budgetary negotiations in 2013.

As far as amending budgets are concerned, six out of the nine draft amending budgets proposed by the Commission in 2013 were subject to complex negotiations between the two arms of the budgetary authority. Most notably, the Council wished to split into two the draft amending budget No 2/2013, which dealt with an important increase of payment appropriations, the Commission having proposed a total of 11,2 billion euros. The European Parliament insisted on the adoption of the amount proposed by the Commission, as a precondition for its consent to the MFF Regulation under discussion.

Taken together, the amending budgets adopted in 2013 led to the largest increase of payment appropriations in the financial history of the European Union during a given budget year (+11,6 billion euros). This extra amount of payment appropriations virtually exhausted the margin available under the global ceiling for payments provided for 2013 in the MFF.

It should also be recorded that in July 2013, the European Parliament and the Council *adjusted* the MFF for 2007-2013 in order to cater for the enlargement of the European Union to Croatia[17].

---

[12] OJ L 298 of 26.10.2012, p. 1-96.

[13] Doc. *European Council 37/13* of 8 February 2013. It should also be underlined that 2013 was a "pre-electoral" year for the European Parliament, EP's elections taking place in May 2014.

[14] See above, footnote 3.

[15] OJ C 373 of 20.12.2013, p. 1-11.

[16] The Commission presented its estimates of expenditure for 2014 only on 26 June 2013, and the draft budget for 2014 two days later. This late presentation had important consequences on the Council, which had to work under severe time pressure in order to be able to adopt its position on the draft budget for 2014 in respect of the deadlines set in the so called "pragmatic calendar" (doc. *Council 12248/13* of 15 July 2013).

[17] See above, footnote 2. It should be emphasised that this is only the second time that the global ceiling for payments of the MFF for the years 2007-2013 is increased (by +374 million euros), the first time being in 2010,

5. Some recurrent issues

The most difficult recurrent issue discussed during the annual budget procedures for 2012-2014 (as well as in relation to amending budgets adopted in 2011-2013) was the question of the *amount of payment appropriations*. There are many reasons for this: the strained economic situation prevailing in several Member States, which led a qualified majority of Member States to attach the utmost importance to the amount of payment appropriations entered in the EU budget[18]; the increasing gap between (higher) commitment and (lower) payment appropriations entered in the EU budgets (the so called outstanding commitments – "*reste(s) à liquider*" or "*RAL*"[19]); the increasing volume of outstanding payments[20] (which results *inter alia* from a level of payment appropriations in the last years' EU budgets set at a markedly lower level than proposed by the Commission); or the repeated calls, including at the highest political level by the European Council, to use the EU budget to boost growth and jobs. These are only some of the explanations for this state of affairs[21].

Because of the increasing volume of outstanding commitments and payments, the Council has also been more interested than before in decreasing the amount of commitment appropriations proposed by the Commission, the European Parliaments (and the Commission's) preferred solution in order to cater for increased RAL being traditionally an increase of payment appropriations. This will undoubtedly lead to difficult budgetary negotiations in the years to come as well.

The other major issues discussed during the period 2011-2014 at interinstitutional level during the budget procedure remained "traditional"[22]: discussions were heated above all in relation to Sub-Heading 1a ("Competitiveness for growth and jobs" and Heading 4 ("EU as a global player" then from 2014 "Global Europe" of the MFF, administrative expenditure (which, following the economic crisis, has been subject to intense scrutiny[23]), decentralised agencies of the EU, and flexibility (this concerns above all the question of which margins should be left under the various ceilings and sub-ceilings of the MFF, and the recourse to the Flexibility Instrument[24]).

---

in the context of the application of point 17 (concerning the technical adjustment related to the cumulated GDP of Member States for the years 2007-2009) of the IIA of 17 May 2006 (OJ C 139 of 14.6.2006, p. 3).

[18] Since an increase in budgeted payment appropriations leads to an increase in the call of own resources paid by Member States.

[19] The amount of the "RAL" results from the delay in time between the legal and financial commitments made towards third parties, and the actual payment of the corresponding amounts, either on the basis of actual invoices received or in line with agreements on advance or interim payments. The "RAL" reflects in other words concrete liabilities (payment obligations) towards third parties, but that are not yet due. At the end of 2013, recorded "RAL" amounted to some 222,4 billion euros, out of which nearly 62 % related to the Cohesion policy area.

[20] "Outstanding payments" include both the volume of invoices payable to third parties and the volume of reimbursements due to Member States for payments they have made to third parties. Due to insufficient payment appropriations entered in the EU's annual budgets especially since 2011, the amount of outstanding invoices/ reimbursements which could not be paid at the end of the budgetary year (and which were therefore rolled-over to the next year) has increased from year to year. According to the Commission, the unpaid payment claims at the end of 2013 in the area of Cohesion policy stood at 23,4 billion euros, some 7,1 billion euros more than at the end of 2012. The press talks in this context of a "snowball effect".

[21] This state of affairs has led the Commission to repeatedly indicate in the years 2011 to 2014 that since the economic crisis, the management of the EU budget has become a "management of scarcity", with notably an increasing roll-over of unpaid bills from one year to another (see previous footnote).

[22] It should be noted that the budget for Common Foreign and Security Policy (CFSP; Chapter *19 03* of the budget of the EU) no longer underwent the customary negotiation process since, following the entry into force of the Lisbon Treaty, the "CFSP Budget" lost its former specificity – enshrined in points 42 and 43 of the IIA of 17 May 2006 – of being the sole sector to be subject to a "*sui generis*" co-decision procedure.

[23] Savings in administrative expenditure are accompanied by a reduction between 2013 and 2017 of 5 % of the staff in the establishment plans of all EU institutions, bodies and agencies (see point 27 of the IIA of 2 December 2013; OJ C 373 of 20.12.2013, p. 5).

[24] See point 27 of the IIA of 17 May 2006, Article 11 of the MFF Regulation, and point 12 of the IIA of 2 December 2013.

The *Flexibility Instrument* was mobilized in 2011-2013 as follows (in commitment appropriations):

- During the budget procedure for 2012 for an amount of 200 million euros[25] in order to finance the European Neighbourhood Policy (for 150 million euros) and the "Europe 2020" Strategy (for 50 million euros);

- The Flexibility Instrument was not mobilised during the budget procedure for 2013, but during the year via amending budget No 7/2013 in order to finance, for an amount of 134 million euros, an extra allocation from the European Social Fund to France, Italy and Spain[26]. It should be noted that this is only the second time since its creation in 2000 that the Flexibility Instrument is mobilised by way of an amending budget (the first occurrence being in 2005);

- During the budget procedure for 2014 for an amount of 89,3 million euros in order to finance an additional allocation from the Structural Funds to Cyprus[27].

6. Did the dynamics of annual EU budget negotiations change following Lisbon?

One of the major changes brought by the Lisbon Treaty is the fact that *both* arms of the budgetary authority (European Parliament and Council) have nowadays to agree ("co-decide") on the whole EU budget[28].

However, the new Treaty did not change the overall dynamics of the annual EU budget procedure and interinstitutional negotiations, as developed since the 1980s, with the system of overall budgetary agreements, with the help of the Commission, between the two arms of the budgetary authority. Under TFEU budgetary rules (Article 314), the *second Conciliation Committee meeting in November* has thus become the "key moment" of the annual interinstitutional budgetary negotiations, since it is during this meeting that the budget deal is made, or note has to be taken of the impossibility to reach agreement, as happened in 2012.

Critics of the "new EU budget procedure" following the entry into force of the Lisbon Treaty have pointed out that the positions of the institutions (and especially that of the Council) do not evolve much before this second Conciliation Committee meeting which, on the one hand, is not good time management during a 21 days process (and not an efficient way of conducting negotiations) and, on the other hand, entails the risk of the two arms of the budgetary authority not being able to reach a complex agreement involving a large number of budget lines because of sheer lack of time during the decisive stage of the budget procedure. At the same time it would in practice be quite difficult to expect a qualified majority of Member States to agree on a package before real time pressure facilitates the acceptance of compromises.

Budget procedures from 2012 till 2014 were still "transitional procedures", especially since the "Lisbonisation" of the Union's financial legislation was only achieved with the adoption of the "MFF package" for the period 2014-2020 in 2013[29], and taking into account that part of the new "flexibility elements" included in the new MFF Regulation will only apply from 2015 onwards[30].

---

[25] OJ L 4 of 7.1.2012, p. 10.
[26] OJ L 48 of 19.2.2014, p. 8.
[27] OJ L 50 of 20.2.2014, p. 19.
[28] See before, footnote 4.
[29] And in 2014, as far as the amendment of the FR of 25 October 2012 is concerned, in order to include in the FR new provisions following the adoption of the MFF Regulation (see OJ L 163 of 29.5.2014, p. 18-21).
[30] See notably Article 5 (entitled "*Global margin for payments*") of the MFF Regulation.

7. If the Lisbon Treaty did not change the general dynamics of EU budget negotiations, the economy definitely did

The *draft budgets*, as modified by the letters of amendment[31] presented by the Commission, remained the "reference point" during the annual budgetary procedures[32]. However, the amounts of *payment appropriations* entered in the 2012, 2013 and 2014 budgets (amending budgets excluded) were 3,6 billion, 5,1 billion and 0,6 billion euros lower respectively than proposed by the Commission[33].

At the same time, compared to the draft budgets (amending letters included), commitment appropriations were lowered by 531 and 9 million euros in the adopted budgets for 2012 and 2013 (excluding amending budgets), and increased by 77 million euros in the 2014 budget.

This in part explains the difficulties of diverging commitment and payment appropriations that the budget system of the EU had to face – and the difficulties that the budget negotiators had to deal with each year in 2011-2013, especially since besides the annual budget procedures the budgetary authority, often after long negotiations, adopted in 2011-2013 a total of eight amending budgets[34] that, while increasing commitment appropriations by some 1,5 billion euros in total, increased payment appropriations by nearly 17,8 billion euros[35].

The additional payment appropriations adopted in the course of 2013 via amending budgets nearly exhausted the margin available under the global ceiling for payments provided for 2013 in the MFF. A similar shortage[36] of available payment appropriations enabling the Commission to face additional payment claims will occur in 2014, due to the global payment appropriations ceiling profile retained in the new MFF Regulation. This in turn presages turbulent times for EU budgetary negotiations in the years to come.

---

[31]See Article 314, paragraph 2, second sentence of the TFEU and Article 39 of the FR of 2012. During the budgetary procedures for 2012-2014, the Commission presented a total of six amending letters to the draft budget. Of particular importance is the "*ad hoc*" amending letter of October, which updates notably the proposed expenditure estimates for agricultural expenditure of the EU following the latest data available. Of special interest was letter of amendment No 1/2014, presented by the Commission on 18 September 2013, which included in the draft budget for 2014 the content of the political agreement between the European Parliament, the Council and the Commission, of 27 June 2013, on the MFF for the period 2014-2020 (doc. *COM(2013) 644 final*).

[32] This is due to the specificities of the budgetary system of the EU, with the MFF with its various ceilings and sub-ceilings, global agreements between the two arms of the budgetary authority during annual budgetary procedures (which do not favour "radical change"), the system of financial programming, and the importance of the financial envelopes of multiannual programmes adopted under the ordinary legislative procedure. At any rate, major shifts in EU expenditure are not made during the annual budget procedures, but during the negotiations concerning multiannual financial frameworks, as the agreement on the new MFF for the period 2014-2020 clearly demonstrates.

[33] The figure for 2013 is compared to the "initial" draft budget presented by the Commission in May 2012.

[34] Amending budgets dealing with the financing of the mobilisations of the EU Solidarity Fund excluded.

[35] Of which 200 million euros in 2011, 6 billion euros in 2012, and a record 11,6 billion euros in 2013. This "split over the whole year" of the annual budget procedure, i.e. recourse during the year to large amending budgets in order to enable the Commission to face all the received bills, notably following the severe economic constraints in many Member States, has led the press to criticize the EU somewhat jokingly for adopting an annual budget covering in fact only part of a year, and then deciding on multiple amending budgets during the year to cover the remaining necessary payment needs.

[36] This situation is complicated by diverging interpretations within the Council concerning the question as to whether payment appropriations related to "special instruments" (and before all to the EU Solidarity Fund, the European Globalisation Adjustment Fund and the Emergency Aid Reserve) should be included or not under the global ceiling for payment appropriations.

EPAP International Politics publications

Antonio De Chiara	*Multinational Corporations*
Roberto di Quirico (Ed.)	*Europeanisation and Democratisation*
Virgil Hawkins	*The Silence of the UN Security Council*
Jan van der Harst	*The Atlantic Priority*
S. Baroncelli, G. Varvesi	*Europe in Progress*
Xiaojie Xu	*Petro Dragon' s Rise*
Minoru Nakano	*New Japanese Political Economy and Political Reform*
Ryuji Mukae	*Japan' s Refugee Policy: To be of the World*
Hugo Fazio Vengoa	*El arco latino de la Unión Europea*
Aldo Olano	*El Peru del Siglo XX*
Ilkka Saarilahti	*Les procédures budgétaires de l'Union européenne de 2004 à 2008*
Ilkka Saarilahti	*40 Years of EU Budgeting - The Development of the General Budget from 1968 to 2008*
Elena Baracani	*Democratization and Hybrid Regimes. International Anchoring and Domestic Dynamics in European post-Soviet States*
Silvia Niccolai Ilenia Ruggiu	*Dignity in Change Exploring the Constitutional Potential of EU Gender and Anti-Discrimination Law*
Ilkka Saarilahti	*Les procédures budgétaires de l'Union européenne de 2009 à 2011*
Ilkka Saarilahti	*Euroopan Unionin taloushallintojärjestelmän joustavuus*
Elena Baracani, Roberto Di Quirico (Eds)	*Alternatives to Democracy. Non Democratic Regimes and the Limits to Democracy Diffusion in Eurasia*

European Press Academic Publishing (EPAP)
http://www.e-p-a-p.com
http://www.europeanpress.eu
orders@e-p-a-p.com

Printed in April 2015
Digital Team – Fano (Italy)

www.ingramcontent.com/pod-product-compliance
Lightning Source LLC
LaVergne TN
LVHW080333021026
849160LV00028B/1167
9788883980800